Sonne und Schild 2024

Alles, was ihr tut,
geschehe in Liebe.

(1. Korinther 16,14)

EVANGELISCHE VERLAGSANSTALT
Leipzig

DEUTSCHE
BIBEL
GESELLSCHAFT

Herausgeberin:

Elisabeth Neijenhuis, Freie Lektorin, Heidelberg

Bibliographische Information der Deutschen Nationalbibliothek
Die Deutsche Nationalbibliothek verzeichnet diese Publikation in der Deutschen Nationalbibliographie; detaillierte bibliographische Daten sind im Internet über http://dnb.dnb.de abrufbar.

Das Buch wurde auf alterungsbeständigem Papier gedruckt.

Cover: Ulrike Vetter, Leipzig
Coverbild: delbars/AdobeStock
Satz: verbum Druck- und Verlagsgesellschaft mbH, Berlin
Druck und Binden: C.H. BECK, Nördlingen

ISBN 978-3-374-07299-6
www.eva-leipzig.de

ISBN 978-3-438-07439-3
www.die-bibel.de

Jahreslosung 2024

Alles, was ihr tut, geschehe in Liebe.

(1. Korinther 16,14)

Liebe Leserinnen, liebe Leser!
„Liebe" – ist das nicht ein Begriff, der in unserer Zeit viel zu häufig benutzt wird? Man liebt sein Haustier und seinen Garten. Viele lieben die Spieler „ihrer" Fußballmannschaft, denen sie in Wirklichkeit noch nie begegnet sind. Man setzt liebe Grüße ans Ende von Geschäftsbriefen; und „Piep, piep, piep, wir haben uns alle lieb" wird aufgesagt als Ersatz für ein Tischgebet. Unter Christen hat sich vielfach ein Reden von einem „lieben" Gott breitgemacht, den manche, die das Christentum von außen beobachten, für einen seltsamen Garanten einer warmen Wohligkeit halten und wiederum andere, die sich längst enttäuscht von der Kirche verabschiedet haben, als verweichlicht und unwirksam verachten. Auf der ganz dunklen, ganz bösen Seite unserer Gesellschaft sind Missbrauch und sexuelle Ausbeutung nur zwei der erschreckenden Stichworte, die einem zum Stichwort „Liebe" schlagartig einfallen. Auch wenn mir all dies durch den Kopf geht: Die Jahreslosung für das Jahr 2024 meint das alles zum Glück nicht, sondern „Alles, was ihr tut, geschehe in Liebe" spricht von

Liebe im Sinne des neutestamentlichen Begriffs der Agape: „Gottes reine Liebe, die eine bedingungslose, einseitige, befreiende und auf andere zentrierte Liebe“ ist und „die sogar ihre Feinde liebt“, wie ich zu meiner Freude sogar in einem Artikel zu „Agape“ bei Wikipedia nachlesen konnte.
Liebe Leserinnen und Leser, zu einem ununterbrochenen Handeln in dieser „Agape“ ermunterte der Apostel Paulus die Christen in Korinth in seinem Brief. Und mit seinen Worten werden auch wir heutigen Christen zu genau dem Gleichen ermuntert. Der Satz „Alles, was ihr tut, geschehe in Liebe“ will das ganze Jahr 2024 lang unser Lebensmotto sein. Wir können diese Agape mit unseren ganz persönlichen Begabungen und Gegebenheiten zur Entfaltung bringen. Die Möglichkeiten sind unbegrenzt. Fangen wir einfach an einer Stelle an, alles, was wir tun, in Liebe geschehen zu lassen. Ein Schritt wird dem anderen folgen. Und Gottes Agape wird wachsen in uns und in unseren Beziehungen zu den Menschen um uns herum.

Ihre Elisabeth Neijenhuis

All denen sage ich ein herzliches Dankeschön, die an „Sonne und Schild“ 2024 mitgearbeitet und dafür gesorgt haben, dass wieder einmal ein bunter Strauß an nachdenkenswerten Andachten zu den Bibeltexten, an Gebeten, die zum Mitbeten einladen, und an gerne geteilten Details zu einem Tagesgedenken in diesem Kalender zusammengekommen ist und nun gedruckt vor Ihnen liegt, liebe Leserinnen und Leser. Ich wünsche uns allen ein von Gott gesegnetes und geleitetes Handeln in Liebe: in der Agape, von der die Jahreslosung spricht.

1. Januar

Montag | Neujahrstag

Tagesspruch: Hebräer 13,8
Tageslied: EG 64 oder EG.E 23 / EG 62 oder EG 65
Altes Testament: Josua 1,1–9
Epistel: Jakobus 4,13–15
Evangelium: Lukas 4,16–21

Wir lesen Psalm 89,1–19

Auf sicherem Grund

Manchmal ist es ein bestimmter Satz, der nachklingt. Beim Lesen dieses Psalms sind es für mich die Worte „Auf ewig steht die Gnade fest; du gibst deiner Treue sicheren Grund ..." aus Vers 3. Sicheren Grund unter den Füßen – wer wünscht sich das nicht? Mit dem ersten Schritt ins neue Jahr betreten wir wieder Neuland. Mit der Hoffnung, dass es ein gutes Jahr wird. Mit Vorsätzen, manches anders oder besser zu machen als bisher. Mit Plänen, von denen einige schon mit Datum und Ort im Terminkalender stehen und andere erst noch konkret werden müssen. Ins neue Jahr gehen wir auch mit Fragen: Wie werden wir mit den Sorgen und Ängsten zurechtkommen? Hoffnungen, Vorsätze, Pläne, Fragen – ein sicherer Grund unter den Füßen kann uns helfen, nicht abzuheben, uns nicht zu sehr unter Druck zu setzen, nicht in Stress zu geraten, sondern trotzdem gelassen und zuversichtlich zu bleiben. – Im Psalm erzählt jemand, warum er gelassen und zuversichtlich ist. Er verlässt sich ganz darauf, treu und gnädig. Und er erinnert an Erfahrungen, die zurückliegen und nicht seine eigenen sind. Aber sie wurden von Generation zu Generation weitergegeben und haben dabei nichts von ihrer Lebendigkeit eingebüßt. Sie wurden immer wieder erzählt und besungen. Und auf wunderbarer Weise werden sie dadurch bis heute zu einer Quelle für unser eigenes Leben. Die Erfahrung, dass die Erde, auf der wir leben, Gottes Schöpfung ist. Wir dürfen sie genießen und mitgestalten und bewahren. Mit Gottes Hilfe. Dass ein bewegtes Leben wie das des David mit all seinem Auf und Ab nicht einfach vergeht und vergessen wird, sondern dass davon etwas bleibt. Mit Gottes Hilfe. Auf die möchte ich mich auch gerne verlassen in diesem neuen Jahr. Mögen Gottes Gnade und Treue uns alle begleiten! *Johann Schneider*

Wir beten

Barmherziger und gnädiger Gott, ich halte mich an Dich. Wenn ich mich tastend nach Dir ausstrecke, lass mich spüren, dass Du da bist. Geh mit bei meinen mutigen und meinen ängstlichen Schritten. Amen.

Tag der Beschneidung und Namengebung Jesu | 1484 * Huldreich Zwingli | 1504 * Caspar Cruziger, Professor der Theologie in Wittenberg, Mitarbeiter Luthers | 1863 Emanzipationsproklamation durch Präsident Lincoln | 1899 Evangelische Frauenhilfe gegründet

2. Januar

Dienstag | SA 08:27 SU 16:25 MA 23:22 MU 11:38

Wochenspruch: Hebräer 13,8
Wochenlied: EG 64 oder EG.E 23

Wir lesen Markus 1,1–8

Wiederherstellung in der Wüste

Wie muss es den Menschen damals ergangen sein, als sie Johannes den Täufer sahen und hörten? Er muss jedenfalls eine Attraktion gewesen sein und eine gewaltige Wirkung auf die Menschen gehabt haben, denn „das ganze judäische Land und alle Leute von Jerusalem" suchten ihn auf. Was würde uns denn heute aus unserer warmen Stube hervorlocken? Was könnte denn unsere Aufmerksamkeit so binden, dass wir alles stehen und liegen lassen und uns sogar auf den Weg in die Wüste machen würden? – Was Johannes hier predigte, war absolut neu und nötig. Er verkündete keine altbekannte Drohbotschaft, sondern eine neue Frohbotschaft: Umkehr ist nötig, denn das Heil steht in Jesus Christus vor der Tür. Buße ist der Türspalt zur Freiheit und Gnade Gottes. Es gilt, nicht mehr das Heil per Einhaltung von Gesetzen und Satzungen herbeizuführen, sondern es zu empfangen. Darin liegt der Neuanfang. – Empfangsbereit leben, wie geht das? Wie wäre es, wieder bewusst Wüstenzeiten aufzusuchen? Die Wüste steht bildlich für das Nichts: Nichts kann uns ablenken. Sie ist der Ort der Besinnung auf das, was wirklich wichtig ist, und auf den Neustart, den wir vielleicht gerade brauchen. In unserem Nichts kann Gott wieder Raum einnehmen, so, wie Johannes der Täufer es zeichenhaft lebte und bezeugte: „Er muss wachsen, ich aber muss abnehmen." (Joh 3,30) *Konstantin Mascher*

Wir beten

Gott, wir danken Dir für die Ankündigung Deines Heils durch Johannes. Bereite uns für das Kommen Deines Sohnes. Hilf uns, Dich in unserem Leben zu empfangen. Amen.

Johann Kaspar Lavater († 1801)

Johann Kaspar Lavater (1741–1801) war ein bedeutender Theologe und Schriftsteller aus der Schweiz. Er galt als ein Verfechter der Aufklärung und befürwortete die Verbindung von Wissenschaft und Glauben. Lavater verfasste zahlreiche Werke, darunter sein bekanntestes Buch „Physiognomische Fragmente", in dem er die Physiognomie als Mittel zur Charakteranalyse untersuchte. Seine Arbeiten hatten einen großen Einfluss auf die Philosophie und Kunst des 19. Jahrhunderts.

379 † Basilius d. Gr., Bischof und Mönchsvater in Kappadozien (ev. Gedenktag; Sterbetag: 1.1.) | 1801 † Johann Kaspar Lavater, Theologe, Schriftsteller in der Schweiz | 1870 * Ernst Barlach, Bildhauer, Dichter, Dramatiker und Graphiker | 1872 † Wilhelm Löhe, Erneuerer der lutherischen Kirche in Bayern

3. Januar

Mittwoch | SA 08:26 SU 16:26 MA – MU 11:48

Wochenspruch: Hebräer 13,8
Wochenlied: EG 64 oder EG.E 23

Wir lesen Markus 1,9–13

Wer überwindet, kann überwinden

Ist es nicht irgendwie sonderbar, dass Gott sich mit väterlich-zugewandten Worten zu seinem Sohn bekennt und ihn dann in die raue Wüste treibt und den Versuchungen aussetzt? Was passiert hier? – Offenbar kann Jesus nicht aus einer sicheren Entfernung wirken, sondern muss mitten hindurch und sich in der unangenehmen Entbehrung und Versuchung bewähren. Damit er vollmächtig handeln kann, muss er wohl seiner eigenen Ohnmacht begegnen. Denn der Widersacher ist dafür bekannt, die persönlichen Schwächen auszunutzen und den Stolz mit reizvollen Verlockungen zu ködern. Damit macht er den Menschen gefügig und kann ihn wunderbar instrumentalisieren. Der Menschensohn stellt sich dieser extremen Herausforderung und geht am Ende als der Stärkere hervor. Weil er den Versuchungen widersteht, kann er später noch viel Größeres überwinden: Krankheiten, Dämonen, Naturgewalten und sogar den Tod. – Dieser Text erinnert uns, dass wir in den eigenen Versuchungen nicht alleine sind. Jesu Versuchungen sind auch unsere. Weil er sie aber überwunden hat, dürfen wir auf seine Kraft und Macht vertrauen. Wer sich in tiefster Not, Wüstenzeit und Entbehrung befindet, darf darauf vertrauen: Unsere Ohnmacht hat nicht das letzte Wort, sondern Christi Vollmacht gilt. *Konstantin Mascher*

Wir beten

Wir danken Dir, Herr Jesus, dass wir uns in allen Lagen an Dich wenden dürfen. Weil Du überwunden hast, haben mit Deiner Hilfe auch unsere Versuchungen nicht das letzte Wort. Amen.

1537 Schmalkaldische Artikel

Die Schmalkaldischen Artikel waren eine Reihe von Glaubensbekenntnissen, die 1537 von einer Gruppe lutherischer Theologen aus Schmalkalden verfasst wurden. Sie bildeten einen wichtigen Meilenstein in der Reformation. Die Artikel beschäftigten sich mit Themen wie der Erlösung durch den Glauben, der Autorität der Schrift und der Ablösung vom Papsttum. Sie dienten als Grundlage für den Schmalkaldischen Bund, eine Allianz lutherischer Fürsten, und hatten einen großen Einfluss auf die Entwicklung des Protestantismus.

um 306 † Gordius, Märtyrer in Kappadozien | 1537 Schmalkaldische Artikel | 1559 † Matthäus Ratzeberger | 1934 „Freie reformierte Synode“ in Barmen-Gemarke | 1972 † Frans Masareel, flämischer Maler und Graphiker | 1988 † Rose Ausländer, deutsch- und englischsprachige Schriftstellerin/Lyrikerin | 2011 † Eva Strittmatter, Lyrikerin

4. Januar

Donnerstag | SA 08:26 SU 16:27 MA 00:31 MU 11:58

Wochenspruch: Hebräer 13,8
Wochenlied: EG 64 oder EG.E 23

Wir lesen Markus 1,14–20

Er rief und sie folgten

Was für eine Anziehungskraft muss das gewesen sein: Jesus kommt, sieht und fordert die Jünger auf, ihm zu folgen. Ohne mit der Wimper zu zucken, verlassen sie ihre Netze, ihr sicheres Einkommen und gewohntes Umfeld und gehen ihm hinterher. Es bleibt erstaunlich, wie mit dieser scheinbar unbedeutenden Truppe von Fischern der Grundstein für die weltweite Kirche gelegt wird. Aus dieser kurzen Berufungsgeschichte geht schon hervor: Für das Reich Gottes braucht es keine Überflieger, sondern treue Weggefährten. Und die findet Jesus nicht in den Metropolen des jüdischen Reiches, sondern im abgelegenen Galiläa, was wörtlich übersetzt „Bezirk der Heiden" heißt. Ebendort, wo man es am wenigsten erwartet, schüttet Gott, durch seinen Sohn, die erlösende Freudenbotschaft in die Welt. So kurz und nüchtern dieser Abschnitt sein mag, offenbart er doch eine unglaubliche Dynamik und Dramatik. Bei allen damit verbundenen Unsicherheiten und Risiken, die die Jünger eingehen, ist gewiss: Wo Christus ruft und beruft, schickt er uns nicht allein los, sondern immer in Gemeinschaft. Diese kurze Geschichte fordert uns heraus:

Wo lassen wir uns noch rufen? Was müsste bei uns passieren, damit wir bereit wären, unser sicheres Netz aufzugeben, um an der großen Sache mitzumachen? *Konstantin Mascher*

Wir beten

Danke, Jesus, dass Du auch heute uns herausforderst und rufst. Bitte schenke uns immer wieder die Bereitschaft, Deinem Ruf zu folgen, sei es in den kleinen oder den großen Dingen. Amen.

Moses Mendelssohn (1729 – 1786)

Moses Mendelssohn war ein bedeutender deutscher jüdischer Philosoph, der als einer der Begründer der Haskala, der jüdischen Aufklärung, gilt. Er war ein Verfechter der Vernunft und der Menschenrechte und arbeitete an der Verbindung jüdischer Traditionen mit moderner Philosophie. Er war ein starker Befürworter der Bildung für Juden und trug zur Integration der jüdischen Gemeinschaft in die europäische Gesellschaft bei. Seine Ideen hatten einen großen Einfluss auf die jüdische Kultur und die moderne Philosophie und bleiben bis heute relevant.

1786 † Moses Mendelssohn, deutscher jüdischer Philosoph | 1849 Zentralausschuss für Innere Mission gegründet | 1876 * Konrad Adenauer | 1903 * Georg Elser | 1946 † Fritz von Bodelschwingh d. J., Glaubenszeuge in Westfalen

5. Januar

Freitag | SA 08:26 SU 16:28 MA 01:43 MU 12:10

Wochenspruch: Hebräer 13,8
Wochenlied: EG 64 oder EG.E 23

Wir lesen Markus 1,21–28

Heilsame Irritationen

Was ist das? Von dieser Frage ist es nicht weit zu der anderen Frage, die zwischen den Zeilen schwingt. Wer ist der? Wer ist dieser Jesus von Nazareth, der auf unerhörte Weise von Gott spricht, der Worte findet, die sogar Geister vertreiben? Was ist das? Wer ist der? Das Staunen in Kapernaum ist beim Lesen mit Händen zu greifen. Dass Jesus völlig aus dem Rahmen fällt, ist an den Reaktionen der Menschen abzulesen. Sie kommen aus dem Staunen nicht mehr heraus, sie sind fassungslos und erschüttert. – Wann kamen Sie das letzte Mal aus dem Staunen nicht mehr heraus, weil ein Mensch etwas gesagt hat, mit dem Sie nicht gerechnet haben? So, wie die Frau, die in der Gemeindeversammlung aufstand. Sie sagte: Lasst uns nicht darauf starren, dass wir immer weniger werden. Gott ist in unserer Kirche. Menschen sollen ihm begegnen. Lasst uns überlegen, wie wir jetzt Kirche für andere sein können. Das hat den Gedanken wieder Weite und Menschen Zuversicht gegeben. – Wann waren Sie das letzte Mal fassungslos, weil ein Mensch etwas getan hat, das Sie nicht erwartet haben? Jesus hat oft etwas anderes getan, als die Menschen von ihm erwartet haben, und hat so für heilsame Irritationen gesorgt. – Ich bin dankbar für solche Menschen. Sie geben meinen Gedanken eine neue Richtung. Sie geben mir Mut zum Unerwarteten. Sie spornen mich an, für das einzustehen, was mir wichtig ist. *Monika Lehmann-Etzelmüller*

Wir beten

Gott, unterbrich mich in den Routinen meiner Gedanken und Meinungen. Ich möchte Neues denken, Unvorhersehbares sagen und die eingefahrenen Wege verlassen. Ich will diesen Tag mit Überraschungen füllen. Amen.

Überraschungen sammeln

Heute will ich nach Menschen Ausschau halten, die Unerwartetes tun oder sagen. Wie Rosa Parks, die zu müde war, um im Bus für einen Weißen aufzustehen. Wie die jungen Menschen, die sich auf der Fahrbahn ankleben, um unsere Routinen zu unterbrechen. So wie der Mann zwei Straßen weiter. Er hat wenig Geld. Trotzdem hat er vor Weihnachten eine Spende für Brot für die Welt vorbeigebracht. Gerade, wenn Menschen mich irritieren und überraschen, inspirieren sie mich.

1547 † Johannes Heß, Reformator Schlesiens | 1828 * Emil Frommel, Pfarrer an der Berliner Garnisonkirche und Autor | 1894 † Feofan, Mönch und Seelsorger in Russland | 1924 † Wilhelm Steinhausen, volkstümlich-christlicher Maler

6. Januar

Sonnabend | Fest der Erscheinung des Herrn – Epiphanias

Tagesspruch: 1. Johannes 2,8b
Tageslied: EG 70 oder EG.E 1
Altes Testament: Jesaja 60,1–6
Epistel: Epheser 3,1–7
Evangelium: Matthäus 2,1–12

Wir lesen Markus 1,29–39

Die Stille suchen

Weg ist er. Die ganze Zeit war er da. Angefangen hat es mit der Schwiegermutter von Simon Petrus. Er hat sie gesund gemacht. Das hat sich herumgesprochen. Viele Menschen kommen. Jesus heilt die Kranken. Er wendet sich Menschen zu. Er bringt ihnen Gott zurück: Gott sieht dich. – Aber jetzt ist Jesus weg. Er hat sich weggeschlichen, bevor der Morgen dämmert. Er zieht sich in die Stille zurück, in die Einsamkeit. In Stille und Einsamkeit betet er. – Jesus tritt in die Öffentlichkeit, darum geht es in der Erzählung. Für mich rückt etwas anderes ins Zentrum: wie Jesus die Stille sucht, inmitten des Trubels, trotz aller Erwartungen und obwohl alle Welt ihn sucht. – Wer macht das denn schon? Unsere Tage ähneln allzu oft einem Wettbewerb, wie wir möglichst viel in sie hineinstopfen. Viele Menschen sehnen sich nach den Rückzugsorten im Alltag und retten sich doch von Urlaub zu Urlaub. Von mir selbst weiß ich: Ich brenne geistlich aus, wenn die Ruhe fehlt zum Beten und zum Lesen in der Bibel. Jesus bringt den Trubel seines Tages mit der Stille des Morgens und dem Gebet zusammen. – Wenn Sie heute „Sonne und Schild“ aufgeschlagen haben, haben Sie also schon alles richtig gemacht. Sie haben einen guten Anfang gefunden, um sich in Gottes Licht zu stellen. Jesus hat dafür die Stille des Morgens genutzt. Es hilft, die Ruhe-Insel zu planen. Jesus erfüllt nicht alle Erwartungen. Ich muss das auch nicht. – Der Tag heute ist ein wundervoller Anlass, das zu üben. Heute übe ich, mir Zeit zuzugestehen, Stille zu suchen und Ruhe zum Beten zu finden. In manchen Bundesländern ist Feiertag, aber gerade für den Alltag möchte ich es lernen. Heute zünde ich noch einmal die Kerzen am Weihnachtsbaum an und spüre der Freude und dem Glanz von Weihnachten nach.

Monika Lehmann-Etzelmüller

Wir beten

Ich möchte Stille suchen, Gott, die Stille in Deiner Nähe. Ich möchte ruhig werden, um beten zu können. Dann nehme ich mit von Deinem Licht und Deiner Liebe für meinen Tag. Amen.

Orthodoxer Feiertag: Heiliger Abend | 1852 † Louis Braille, Erfinder der Blindenschrift | 1919 † Walther Paucker, Märtyrer in Estland | 1977 † Hanns Lilje, Bischof der Evangelisch-Lutherischen Landeskirche Hannovers

7. Januar

Sonntag | 1. Sonntag nach Epiphanias

Wochenspruch: Römer 8,14
Wochenlied: EG 410 oder 441
Altes Testament: Jesaja 42,1–9
Epistel: Römer 12,1–8
Evangelium: Matthäus 3,13–17

Wir lesen Psalm 89,20–53

Du hast es doch versprochen!

Der Beter nimmt Gott beim Wort. Gott hatte David sein Wort gegeben. Sein Königtum sollte Bestand haben, für immer und ewig. Immer sollte ein Nachkomme Davids auf dem Thron Israels sitzen. Und jetzt? Nichts davon. Kein König mehr, kein Thron, kein Tempel. Alles liegt in Schutt und Asche. Und das Volk Israel ist in alle Winde zerstreut. Hat es überhaupt noch Zukunft? Der Psalmbeter versteht die Welt nicht mehr. Und Gott versteht er auch nicht. Gott, was ist mit deinem Versprechen von früher? – Mit der Taufe gibt Gott jedem Menschen sein Wort: „Du bist mein geliebtes Kind. Ich bin bei dir." Eltern, die ihr Kind zur Taufe bringen, hören das gerne. Dass Gott ihr Kind mit seinem Schutz und Segen ein Leben lang begleitet. Bei Erwachsenentaufen singen wir oft: „Ich möcht, dass einer mit mir geht, der's Leben kennt, der mich versteht, der mich zu allen Zeiten kann geleiten." (EG 209) – Jesus war um die 30, als er zu Johannes an den

Jordan kam, um sich taufen zu lassen. Johannes entgegnete, dass Jesus keine Taufe nötig habe. Aber der bestand darauf. Bei seiner Taufe hörte auch Jesus die Zusage seines himmlischen Vaters: „Du bist mein lieber Sohn." Die hat ihn getragen auf seinem Weg. Später kam auch er an den Punkt, wo er nichts von Gottes Liebe und Nähe spürte. „Mein Gott, warum hast du mich verlassen?", ruft er am Kreuz. Und es klingt genauso verzweifelt wie die Frage unseres Psalmbeters: Gott, was ist mit deinem Versprechen? – Von Gottes Antwort steht da nichts. Und doch bleibt diese Frage nicht das letzte Wort. Der Psalm endet mit den Worten: „Gelobt sei der *Herr* ewiglich! Amen! Amen." Martin Luther hat sich in dunklen Stunden den Satz „Ich bin getauft" aufgeschrieben. Trotzig klingt das. So trotzig möchte ich auch sein, wenn ich am Ende bin, und sagen: „Gott, du hast es versprochen. Und ich nehme dich beim Wort." *Johann Schneider*

Wir beten

Barmherziger Gott, lass mich nicht im Stich. Lass mich nicht nur glauben, sondern auch spüren, dass Du Dein Wort hältst und bei mir bleibst. Amen.

Orthodoxer Feiertag: Christfest | 303/304 † Die Märtyrer der heiligen Bücher in Nordafrika | 1529 † Peter Vischer, Nürnberger Bildgießer | 1590 † Jakob Andreä, Theologe aus Württemberg | 1692 kommt August Hermann Francke nach Halle

8. Januar

Montag | SA 08:25 SU 16:32 MA 05:38 MU 13:09

Wochenspruch: Römer 8,14
Wochenlied: EG 410 oder 441

Wir lesen Markus 1,40–45

Wes das Herz voll ist

In dieser Geschichte spüre ich eine große Spannung. Jesus macht unmissverständlich, ja, fast grob klar: Der Geheilte soll nicht weitererzählen, dass Jesus ihn geheilt hat. Der hält sich kein bisschen daran. Der Appell Jesu ist in etwa so wirksam, als wollte er einem Fisch das Schwimmen verbieten. Das verstehe ich so gut! Der Geheilte hat so Großartiges, im wahrsten Sinne des Wortes Wunderbares erlebt. Er hat sich ein Herz gefasst und um Hilfe gebeten. Er hat es gewagt und Jesus vertraut. Ich kann hören, wie er davon erzählt: Ich bin geheilt! Endlich kann ich wieder unter Leute! Endlich darf ich wieder nach Hause gehen. Ich darf leben. Ich kann meine Eltern und Freunde umarmen. Ich spüre wieder Zärtlichkeit, das Streicheln auf meiner Haut, die Nähe anderer Menschen. Ich bin so glücklich. So glücklich, dass ich es nicht für mich behalten kann. Mein Herz schwappt über. Ich habe es Jesus zu verdanken. Jesus hat mich geheilt. Gott hat ihn uns geschickt. Danke, Jesus! – Da zu schweigen? Unmöglich! – Warum bin ich eigentlich so schweigsam? Ich habe schon so vieles auf meinem Weg mit Jesus erlebt. Manches davon war wunderbar, manches alltäglich. Alles zusammen ist meine Geschichte mit Jesus. Mein Leben mit Gott. Ich werde Worte dafür suchen und finden. Ich werde erzählen, was für ein Glück es ist, dass Jesus in meinem Leben ist. *Monika Lehmann-Etzelmüller*

Wir beten

Jesus, jeder Tag ist ein Tag mit Dir. Jeder Weg ist ein Weg mit Dir, gerade auch die schweren. Wie gut, dass Du in meinem Leben bist. Ich will mutiger werden, von Dir zu erzählen. Amen.

Severin von Norikum

Einer der auch nicht schweigen konnte, war Severin von Norikum. Er war Missionar und Klostergründer in Bayern. Er wird meistens predigend dargestellt. Severin nutzte seine Bildung, sein Auftreten und seine Redegewandtheit im 5. Jahrhundert zum Wohle seiner Mitmenschen. Er ging zu den Machthabern und erwirkte Hilfe, Essen und Kleidung für Menschen in Not. Heute ist sein Gedenktag. An Severin wird vor allem in Niederösterreich und Bayern erinnert, wo er auch als Schutzpatron gilt.

482 † Severin, Glaubensbote in Bayern | 1642 † Galileo Galilei, Naturwissenschaftler

9. Januar

Dienstag | SA 08:24 SU 16:34 MA 06:58 MU 13:49

Wochenspruch: Römer 8,14
Wochenlied: EG 410 oder 441

Wir lesen Markus 2,1–12

Sünde benennen und vergeben

„Sie sprechen so wenig von Sünden", beschwerte sich eine Gottesdienstbesucherin. „Sünden und das Böse gibt es doch, und wir müssen das ernst nehmen." Und ich merke, dass mir als Pfarrerin der Satz „Deine Sünden sind dir vergeben" schwerfällt. Es fühlt sich dann an, als würde ich den Menschen vor mir, die gerade selber vor Gott ausgesprochen haben, was ihnen auf der Seele liegt, damit noch nachträglich unterstellen, dass sie zum Bösen tatsächlich fähig sind. Etwas in mir weigert sich. Mein Glaube an das Gute im Menschen? Meine eigenen Sünden? – Der alles verstehende und somit alles und alle schonen wollende wache Zeitgeist trifft hier auf uralte Kultur. Auf Gut und Böse, auf Schuld und Vergebung, Amtsvollmacht und die damit ausgestattete Person. Für die Buße und was falsch ist, haben wir viele Worte und Erklärungen. Aufrichtiges Vergeben und Verzeihen braucht nur den klaren Zuspruch. – Vom Gelähmten selber erfahren wir bei Markus nichts. Wir wissen nicht, was ihn bedrückt und am Aufstehen hindert. Die Freunde glauben und vertrauen. Sie nehmen die Anstrengung auf sich, tragen mit und legen

Jesus mit dem Gelähmten ihren eigenen Glauben zu Füßen. Sie vertrauen auf Heilung und erfahren Vergebung. Zuspruch, die Befreiung von Sünden, Abfallen von Last, vielleicht von Schuld, und das Aufstehen und Aufrichten aus eigener Kraft wird wieder ermöglicht. *Karin Bertheau*

Wir beten

Guter Gott, vergib uns unsere Schuld und unsere Sünden. Wir bringen sie vor Dich im Glauben und Vertrauen auf Deine Kraft zum Verzeihen, die uns aufrichtet und ins Leben schickt. Amen.

Philologe, Pädagoge, Bibelübersetzer

Seine Liebe zur Sprache und pädagogischem Erklären merkt man der Menge-Übersetzung auch in Mk 2,4 an: „… deckten sie über der Stelle, wo Jesus sich befand, das Hausdach ab und ließen das Tragbett, auf dem der Gelähmte lag, durch eine Öffnung, die sie hindurchgebrochen hatten, hinab." Bei Luther (2017) heißt es: „… deckten sie das Dach auf, wo er war, gruben es auf und ließen das Bett herunter, auf dem der Gelähmte lag." Seine zweite Lebenshälfte widmete Hermann Menge der Bibel, 97-jährig starb er am 9.1.1939 in Goslar.

529 Kloster auf Monte Cassino durch Benedikt gegründet | 1548 † Matthäus Zell, Reformator in Straßburg | 1560 † Johann Laski, Reformator in Ostfriesland und Polen (ev. Gedenktag; Sterbetag: 8.1.) | 1908 † Wilhelm Busch, evangelischer Dichter und Zeichner

10. Januar

Mittwoch | SA 08:24 SU 16:35 MA 08:09 MU 14:48

Wochenspruch: Römer 8,14
Wochenlied: EG 410 oder 441

Wir lesen Markus 2,13–17

Türen, Arme und Herzen öffnen

Das Unnormale ist das Interessante und die Neugier am eher Verruchten verbirgt sich gerne hinter Getuschel und geheuchelter Empörung. Auch wenn wir uns in unseren Kirchengemeinden ehrlicher geben und toleranter, so richtig offen laden auch wir die heutigen Zöllner und Sünder nicht ein. Wir beobachten sie eher, halten lieber Abstand, als zugewandt auf sie zuzugehen. Wir warten eher ab, ob Menschen jenseits der Kerngemeinde aus eigenem Interesse den Weg in unsere Gottesdienste, Gemeindegruppen oder zu Veranstaltungen in unseren Kirchen finden. Kirche sei zu leise, habe sich zurückgezogen, halte sich raus, heißt es kritisch und immer häufiger resigniert, auch von engagierten Christen. Unsichtbare Schwellen, eigene und eigenartige Sprache und ein Verhalten, das sich Außenstehenden nicht selbstverständlich erschließt, verunsichern Interessierte und Neugierige. Und dabei könnten wir so viel Hoffnung teilen, Vertrauen in die Zukunft weitergeben, zum klimagerechten, schöpfungsgemäßen Handeln ermutigen. Ja, wir sollen das sogar: Die tatsächlich schweren oder die nur gedachten Kirchentüren öffnen und mit ihnen unsere Arme und Herzen. Gewohntes hinterfragen und Ungewohntes ausprobieren. Das sind unsere Stärken, verbunden mit einem guten, zugewandten und liebevollen Blick auf unsere Mitmenschen. „Folge mir nach!", fordert Jesus alle auf, auch uns. *Karin Bertheau*

Wir beten

Guter Gott, schwach im Glauben und deshalb schuldig am anderen, so wollen wir nicht sein und bitten Dich um Glaubenskraft und einen guten Blick auf Deine Gerechtigkeit, die unser Leben verändert. Amen.

Wegbereiter der altkatholischen Kirche

Der Kirchengeschichtler und Politiker Ignaz von Döllinger stieß innerhalb der katholischen Kirche Türen auf. 1870 verweigerte er sich dem Weg des 1. Vatikanischen Konzils aus der apostolischen Tradition zur Unfehlbarkeit des Papstes. 1871 wird er exkommuniziert, 1872 wird er Rektor der Universität München, 1873 beruft ihn der bayerische König zum Präsidenten der Bayerischen Akademie der Wissenschaften. Von Döllinger gilt als einer der Wegbereiter der späteren altkatholischen Kirche. Er starb mit 90 Jahren am 10.1.1890 in München.

um 165 † Karpus und Papylus, Märtyrer in Kleinasien | 1356 Goldene Bulle | 1514 Neues Testament erstmals vollständig gedruckt | 1531 Reformation in England | 1890 † Ignaz (von) Döllinger, Theologe | 1946 erste Vollversammlung der UNO

11. Januar

Donnerstag | SA 08:23 SU 16:36 MA 09:04 MU 16:06

Wochenspruch: Römer 8,14
Wochenlied: EG 410 oder 441

Wir lesen Markus 2,18–22

Die neue Freiheit statt unnützes Frömmeln

Eines vorab: Hier und in den kommenden Bibelabschnitten geht es nicht um eine jüdische, sondern um eine generelle menschliche Fehlentwicklung. Ein Moslem konnte deshalb den Unterschied zwischen dem Islam und dem Islamismus so beschreiben: Der Islam gebietet den Menschen einen spirituellen inneren Dialog, im Islamismus treibt die Menschen vor allem um, was der Nachbar gerade falsch gemacht hat. Das ist eine treffende Beschreibung für ein böses Missverständnis jeglichen Glaubens. Moral, eifersüchtig bewachte und eingeforderte Gesetzestreue engen das Leben ein und behindern jede gemeinsame Zukunft. Dagegen steht Jesus mit seiner neuen Sicht auf das Leben. Kein sinnloses Ritual, an dem wir uns festklammern, als sei dieses Ritual selbst Gott, sondern ein sich Öffnen und ein Neues Wagen mit Gott. An seiner Seite in den Morgen gehen und dabei Gott dort erfahren, wo er sich zeigen will, und nicht dort, wo er steif und fest behauptet wird. Kein Ordnungsprinzip zum Heilsmoment erklären, sondern mit Gott leben und gespannt annehmen, was er als Zukunft für mich und für die Nächsten will. Nach Gott fragen, statt

Gott zu behaupten. Nur so wird aus totem Beharren, aus einer alles verhärtenden Rechthaberei lebendiger Glaube werden. Dahin will Jesus mit uns. *Christoph Wiesener*

Wir beten

Herr, großer Gott, wir wollen uns von Dir wach und froh die Zukunft schenken lassen, damit wir als Christen und nicht als Moralisten mit Dir leben – und miteinander. Amen.

Karl Hesselbacher († 1943)

Karl Hesselbacher (* 1871) entstammte einer Pfarrfamilie aus dem heutigen Neckar-Odenwald-Kreis. Er war Schriftsteller und evangelischer Theologe. In seiner Heimat ist er heute noch bekannt. Er war Militärseelsorger, hatte ein waches Auge für die Bedürfnisse der armen Leute, gründete für sie soziale Einrichtungen, zeichnete Begegnungen und Erlebnisse aus diesem Milieu in zahlreichen Geschichten auf, wurde darüber Dekan in Baden-Baden und Ehrendoktor der Universität Heidelberg. Seine Gesundheit zwang ihn immer wieder zu Pausen. Er verstarb mit 72 Jahren.

1546 † Ernst der Bekenner, Förderer der Reformation in Niedersachsen | 1846 erste Allianzgebetswoche angeregt | 1943 † Karl Hesselbacher

12. Januar

Freitag | SA 08:23 SU 16:38 MA 09:42 MU 17:36

Wochenspruch: Römer 8,14
Wochenlied: EG 410 oder 441

Wir lesen Markus 2,23–28

Regeln gegen Menschen sind Regeln gegen Gott

„Der Sabbat ist um des Menschen willen gemacht und nicht der Mensch um des Sabbats willen." Ein berühmt gewordenes Sprichwort, das nicht nur Christen gerne zitieren, wenn es um saubere Interessensabwägung geht. Wozu sind Regeln da? Das ist die Grundsatzfrage, die Jesus hier stellt. Sie gilt allen, die gnadenlos auf die Einhaltung von Gesetzen pochen. Welches Ziel verfolgen Regeln und wem sollen sie dienen? Plumpes Durchsetzen ist nicht im Sinne eines guten Regelwerkes. Regeln sollen uns in unserem Tun unterbrechen und uns anfragen, ob das alles noch in Ordnung ist, was wir da tun. Damit wir nicht zu selbstgefällig unsere Ziele verfolgen. Und die Antwort auf die Frage? Öffnet sie den Blick auf die anderen, lädt sie ein zu sinnvollem Tun, führt sie in neue Erfahrungen und Möglichkeiten – oder sperrt sie uns in das enge Korsett und die Härte des toten Buchstabens? Gott jedenfalls lädt uns zu Ersterem ein. Und dann dieser Schlusssatz! „Der Menschensohn ist Herr über den Sabbat." Es gibt – seit der Schöpfung – nur einen Herrn über den Sabbat, Gott selbst. Demnach beansprucht Jesus hier für sich göttlichen Status und göttliche Verfügungsgewalt. Wenn es um den Menschen geht und um die Liebe, um derentwillen wir miteinander Ordnung halten, dann spricht er, der Menschensohn, darüber das letzte Urteil. Amen. *Christoph Wiesener*

Wir beten

Herr, großer Gott, Gnade vor Recht sollen wir ergehen lassen, das lehrt uns Dein Sohn Jesus Christus. Lass uns das genauso empfinden und tun. Amen.

Otto Haendler († 1981)

Otto Haendler (* 1890 in Ostpreußen) wurde im Krieg 1915 schwer verwundet. Er wirkte in Berlin als Domhilfsprediger und Lazarettseelsorger. Seit 1927 leitete er homiletische und katechetische Seminare an der Universität Greifswald, habilitierte 1930 und leitete 1931 das Predigerseminar in Stettin-Kückenmühle. In seinem Werk „Die Predigt" plädierte er für die Berücksichtigung tiefenpsychologischer Wirkmechanismen. Dafür erhielt er 1943 die Ehrendoktorwürde und wurde 1946 auf den Lehrstuhl für Praktische Theologie an der Humboldt-Universität Berlin berufen.

533 † Remigius von Reims, Bischof in Gallien (ev. Gedenktag; Sterbetag: 13.1.) | 1746 * Heinrich Pestalozzi | 1981 † Otto Haendler, evangelischer Theologe und Psychologe | 1982 Lima-Papier

13. Januar

Sonnabend | SA 08:22 SU 16:39 MA 10:08 MU 19:10

Wochenspruch: Römer 8,14
Wochenlied: EG 410 oder 441

Wir lesen Markus 3,1–6

Mein Weltbild oder Gott – wer ist vorne?

Jesus packt den Stier bei den Hörnern. Er hat genug von den Verbohrten und Unbelehrbaren. Nun dreht er den Spieß um und fragt die Ankläger im Angesicht eines Betroffenen selbst. Sie sollen Jesus und dem Behinderten ins Gesicht sagen, dass sie nicht wollen, dass ihm geholfen werde. Schlagartig ist es vorbei mit ihrem vorschnellen Gerede. Keiner traut sich mehr, etwas zu sagen. Jesus aber zeigt Gottes Willen und heilt den Bedürftigen. – Dass hier ein Wunder geschieht, beeindruckt die Pharisäer aber wenig. Es freut sie gar nicht, dass hier einem Menschen geholfen wird. Wichtiger ist ihnen ihre heilige Ordnung, ihr unerschütterliches Weltbild. Und dafür wenden sie sich erneut gegen das Leben: Dieser Jesus muss sterben. – Wo Überzeugung zur Festung ausgerufen wird, da entsteht immer großer menschlicher Schaden. Da dient nichts mehr dem Leben, sondern nur noch dem Prinzip. Prinzip aber kommt von *principium* (der, die, das Erste), und somit verstößt jedes Prinzip, das nicht Gott selbst meint, gegen das erste Gebot. Prinzipienreiter sind also Götzendiener, so hart und einfach muss es logisch gefolgert werden. Und deshalb kann ein

Prinzip allein dort Gegenstand des Glaubens sein, wo es Gott selbst meint, er ist das erste und einzige Prinzip unseres Glaubens. Alles andere ist Götzendienst. *Christoph Wiesener*

Wir beten

Herr, großer Gott, lass uns nicht das Erste und Wichtigste vergessen, Deinen Willen zur Liebe, zur Gnade und Barmherzigkeit, damit wir nicht Regeln vergöttern, sondern Deinen Willen tun. Amen.

Hilarius von Poitiers († um 367)

Hilarius von Poitiers empfing als Erwachsener die Taufe und war der erste namentlich bekannte Bischof von Poitiers. 351 taufte er Martin von Tours. Er vermittelte die östliche Theologie in die lateinische Welt und umgekehrt, beherrschte Griechisch und Latein und ist einer der lateinischen Kirchenväter, die auch in der Orthodoxen Kirche geschätzt werden. Neben Theologie lernte er im Osten auch christliche Hymnen kennen. Im Westen waren bis dahin nur Psalmen und Bibeltexte vertont worden. Er war vermutlich der Erste, der lateinische Kirchenlieder schrieb.

um 367 † Hilarius von Poitiers, Bischof in Gallien | 1527 Reformation in Schweden | 1823 † Matthias Jorissen, Psalmen- und Liederdichter

14. Januar

Sonntag | 2. Sonntag nach Epiphanias

Wochenspruch: Johannes 1,16
Wochenlied: EG 74 oder 398
Altes Testament: 2. Mose 33,18–23
Epistel: 1. Korinther 2,1–10
Evangelium: Johannes 2,1–11

Wir lesen Psalm 148

Gott loben – ein gefährdetes Unternehmen

Mit einem bitteren Beigeschmack lese ich dies merkwürdig unangefochtene enzyklopädische Gotteslob des Psalms. Ist doch in Europa eine *Ordnung*, die Menschen um Gottes willen *nicht überschreiten dürfen*, überschritten worden. Ein *König* hat mit seinen *Fürsten und Richtern* internationales Recht gebrochen, eine Spur der Vernichtung durch sein Nachbarvolk gezogen und schämt sich nicht, sich zugleich als frommer Christ seiner Gott lobenden Kirche zu gebärden. Das „gefährdetste und gefährlichste Unternehmen in der Kirche" hat ein Theologe das Loben Gottes genannt und hinzugefügt: „Loben kann jeder, auch der Irrlehrer!" – Aber schauen wir nicht in die Ferne. Muss nicht auch uns die Aufforderung zum Gotteslob *der Wasser über dem Himmel* und des *Herrn auf Erden* mit den *großen Fischen und Tiefen des Meeres*, den *Fruchtbäumen* und *Tieren* im Munde ersterben? Wie können all diese Gottesgaben angesichts der Ausbeutung der Erde und der Überfischung der Meere ihren Schöpfer loben? So gilt es, innezuhalten und sich nach unsrer Lebensführung fragen zu lassen, ehe wir in die Aufforderung zum Gotteslob der Kreatur einstimmen. Gott sei Dank ist die Ächtung des gotteslästerlichen Gotteslobs unüberhörbar. Auch sind Maßnahmen zum Klimaschutz, die Ernährungsumstellung und die Transformation von Wirtschaft und Energieversorgung Zeichen der Hoffnung für die gebeutelte Erde. Doch nicht dies rechtfertigt das Gotteslob. Das tun vielmehr die Gottesgaben des Himmels und der Erde selber. Psalm 148 klingt wie ein Echo der göttlichen Verheißung nach der Sintflut: *Ich will hinfort nicht mehr die Erde verfluchen um des Menschen willen. Solange die Erde steht, soll nicht aufhören Saat und Ernte, Frost und Hitze, Sommer und Winter, Tag und Nacht.* Es liegt an uns, unsere Regierungen eingeschlossen, durch Bewahrung der wunderbaren Schöpfungsgaben und ihre gerechte Verteilung dieser Verheißung zu entsprechen. *Wilhelm Hüffmeier*

Wir beten

Himmlischer Vater, wir loben Dich, dass Du trotz unseres schändlichen Umgangs mit Deiner Schöpfung ihr und uns die Treue hältst. Gib unserm Lob den Ernst, Deinem bewahrenden Handeln nachzueifern. Amen.

Orthodoxer Feiertag: Beschneidung des Herrn | 1691 † George Fox, Quäker in England (ev. Gedenktag; Sterbetag: 13.1.) | 1683 * Gottfried Silbermann | 1887 Oberlinhaus Potsdam beginnt die Arbeit an Taubblinden

15. Januar

Montag | SA 08:21 SU 16:42 MA 10:42 MU 22:09

Wochenspruch: Johannes 1,16
Wochenlied: EG 74 oder 398

Wir lesen 1. Timotheus 1,1–11

Die Orientierung behalten

Ich bekam eine gute Drohne geschenkt. Nach dem Anschalten kommt eine Warnung: noch nicht startbereit – ungenügend GPS-Information. Ich kann sie zwar schon aufsteigen lassen – aber wenn ich sie dann aus dem Auge verliere, ist sie weg. Den Weg zurück findet sie nicht. Wenn es aber heißt: „Home point established“, kann es losgehen. Weil die Drohne „weiß“, wo zuhause ist, findet sie selber den Weg zurück. – Beim Entstehen des Timotheusbriefes sind etwa 50 Jahre seit Anfang der Kirche vergangen. Fehlentwicklungen, Lehren, Regeln, die nichts mit dem Evangelium zu tun haben, schleichen sich ein. Ist die Kirche dabei, ihre „Home Position“ zu verlieren? Vergisst sie, wo sie herkommt und was ihr Ziel ist? Dieser Brief macht klar: Das Evangelium ist „Home Position“, Ausgangspunkt, an dem die Kirche sich orientieren und zu dem sie immer wieder zurückkehren soll. Der Briefeingang sagt, was das Evangelium von Jesus Christus in uns bewirken will: Liebe aus reinem Herzen, gutem Gewissen und ungeheucheltem Glauben. – Für mich ist die tägliche Zeit mit Bibellese und Gebet wie die Drohnenorientierung.

Vor dem Start in den Tag werde ich mir bewusst, wo ich als Christ hingehöre, dass ich bei Christus zuhause bin. Ich weiß zwar nicht, was heute auf mich zukommt, aber die Zeit mit Gott hilft mir, in dem Wirrwarr der Ereignisse die Orientierung zu behalten. *Horst Müller*

Wir beten

Herr Jesus Christus, Du bist mein Herr. Ich gehöre Dir, zu Dir hin lebe ich. Hilf mir, in allem, was passiert, Dich nicht aus den Augen zu verlieren! Amen.

Der erste Timotheusbrief

Die Timotheusbriefe sind Teil der Pastoralbriefe. Paulus wird als Autor genannt. Schrieben Schüler des Paulus sie oder er selber zu einem späteren Zeitpunkt, über den die Apostelgeschichte nicht mehr berichtet? Auf jeden Fall richten sie sich an Gemeindeleiter, als die Gemeinden schon gefestigt sind. Die Evangelien sind bereits geschrieben und hier und dort bekannt. Fremde Lehren und Philosophien schleichen sich ein. Die Pastoralbriefe sollen der Gemeindeleitung helfen, die Kirche auf rechtem Kurs zu halten und Irrlehren zu erkennen.

1919 † Traugott Hahn, Märtyrer in Estland (ev. Gedenktag; Sterbetag: 14.1.) | 1929 * Martin Luther King | 1949 † Jakob Künzler

16. Januar

Dienstag | SA 08:20 SU 16:44 MA 10:56 MU 23:35

Wochenspruch: Johannes 1,16
Wochenlied: EG 74 oder 398

Wir lesen 1. Timotheus 1,12–20

Evangelium in Aktion

Nachdem Paulus auf die zentrale Stellung des Evangeliums hingewiesen hat, zeigt er nun, was dieses Evangelium konkret bewirkt. Es macht Sünder selig, oder, mal anders ausgedrückt: Von Gott getrennte Menschen werden Gottes Kinder. Gegner Gottes werden seine Mitarbeiter. Paulus selbst ist Paradebeispiel dafür, wie kräftig Jesus Christus wirkt. Der brutale Kirchenzerstörer wird ein Mensch, der Gemeinden gründet und aufbaut und sich ganz für das Evangelium einsetzt. Der ehemalige Gegner wird für treu erachtet und in den Dienst genommen. Gerade durch seine Vergangenheit wird die Kraft des Evangeliums deutlich: Wenn Christus sogar Paulus erneuern konnte, kann er es mit einem jeden Menschen tun! Der Gedanke an diese Kraft lässt Paulus jubeln. – Längst nicht alle Christen erleben einen so radikalen Wandel. Timotheus scheint, dank seiner Mutter und Oma, von Jugend an als Christ erzogen worden zu sein. Egal, wie mein Werdegang aussah, der Abschnitt lädt ein, zu überlegen: Was hat Christus in mir bewegt? Was wäre ich, wenn Christus mich nicht angenommen hätte? Und er fragt mich auch: Spiegelt mein

Leben dieses Evangelium wider? Es geht nicht darum aufzuzählen, was ich alles für Jesus getan habe und tue, sondern zu bekennen, was er an mir getan hat und tut. Nicht mir gilt der Jubel, sondern Gott, der in mir und durch mich gewirkt hat und wirkt. *Horst Müller*

Wir beten

Herr Jesus Christus, danke für alles, was Du in meinem Leben bewirkst. Wirke so in mir und durch mich, dass andere Dich erkennen, nach Dir fragen und über Dich staunen. Amen.

1920 wird der Völkerbund konstituiert

Weltmächte versuchten immer wieder, Weltfrieden durch Gewalt und Unterdrückung allen Widerstandes zu erreichen. Der Völkerbund und später die Vereinten Nationen haben einen andern Ansatz: Friedensverträge, Abrüstung und Respekt vor der Souveränität einzelner Staaten sollen Frieden garantieren. Bemerkenswert ist, dass besonders Großmächte sich schwertun, diesen Grundsatz zu unterschreiben. Beim Völkerbund blieb die USA Beobachter, die Sowjetunion trat 1934 bei und wurde 1939 wieder ausgeschlossen. Deutschland trat 1933 aus …

1545 † Georg Spalatin, Reformator in Sachsen | 1920 Völkerbund konstituiert | 1987 † Georges Casalis, französischer evangelischer Theologe

17. Januar

Mittwoch | SA 08:19 SU 16:45 MA 11:08 MU –

Wochenspruch: Johannes 1,16
Wochenlied: EG 74 oder 398

Wir lesen 1. Timotheus 2,1–7

Fürbitte ist nicht neutral!

Gerade habe ich einen Brief vom anglikanischen Erzbischof von Kapstadt, Thabo Magkoba, an alle Südafrikaner gelesen (Januar 2022). Er berichtet über seinen Besuch in der Ukraine und bittet: Wir können und dürfen bei Unrecht nicht neutral bleiben. Er erinnert an den Kampf gegen die Unterdrückung im Apartheidssystem. Die Bürger sollen der südafrikanischen Regierung deutlich sagen, dass sie gegen den Angriffskrieg Russlands sind und dass sie das auch von der Regierung erwarten. Lässt sich solche Kritik an Obrigkeit mit der Aufforderung aus der Tageslese vereinbaren? Dürfen Christen kritisieren, oder sollen sie neutral bleiben und nur Fürbitte halten? – Der Timotheusbrief entstand unter brutaler römischer Herrschaft. Er ist kein Aufruf zur Neutralität, sondern zum Gebet für die, die an der Macht sind – nicht, damit sie gesegnet sind, sondern damit sie so regieren, dass es zu Frieden und Gerechtigkeit kommt. Fürbitte deckt nicht zu, sondern nennt Unrecht beim Namen. Gott will nicht, dass wir uns in stille ruhige Ecken zurückziehen. Er will, dass alle Menschen, auch die Kriegssüchtigen, zur Erkenntnis der

Wahrheit kommen. Nur so kann es zu Frieden kommen. Fürbitte heißt: hinschauen, Unrecht benennen, für die Täter beten, für die Mutigen danken. Fürbitte ist niemals neutral! Sie ist immer gegen das Unrecht und für das Gute, das Gott will!

Horst Müller

Wir beten

Vater, hilf, dass Unrecht und Krieg uns nicht lähmen. Durch unser Gebet, Hinschauen und Auftreten wollen wir dazu beitragen, dass Friede wird, so wie Du ihn für uns willst. Amen.

1562 Toleranzedikt von St. Germain

Toleranz und Respekt sind nicht das Gleiche. Das wird bei diesem Edikt deutlich. Die Protestanten sollten toleriert werden und durch Diskussion und Dialog, statt durch Gewalt und Unterdrückung, zum katholischen Glauben zurückgeführt werden. Ihr Glaube wurde nicht respektiert! Im gleichen Jahr begannen die Hugenottenkriege, denn nur mit Toleranz lässt sich Frieden nicht bewerkstelligen. Es muss zu gegenseitigem Respekt kommen. Dieses geschieht nicht durch Edikte, sondern dann, wenn Menschen einander zuhören und voneinander lernen.

356 † Antonius, Mönchsvater in Ägypten | 395 † Theodosius, römischer Kaiser (erhob das Christentum zur Reichsreligion und verbot das Heidentum) | 1562 Toleranzedikt von St. Germain

18. Januar

Donnerstag | SA 08:18 SU 16:47 MA 11:22 MU 00:59

Wochenspruch: Johannes 1,16
Wochenlied: EG 74 oder 398

Wir lesen 1. Timotheus 2,8–15

Na so was!!

Wenn ich dieses in meinen Gemeinden praktiziert hätte, wäre ich hochkantig rausgeschmissen worden. – Ehrlich gesagt: Am liebsten würde ich diesen Abschnitt aus dem Timotheusbrief löschen. Ich liebe den Brief, aber dieser Abschnitt liegt mir quer im Magen. Sehr selektiv zitiert er Genesis. Wie Adam macht er die Frau für den Sündenfall verantwortlich, obwohl Gott Mann und Frau für verantwortlich hielt. Er macht die Frau zur Dienerin und ignoriert, dass im Schöpfungsbericht steht, dass Eva nicht als Dienerin geschaffen wurde, sondern um dem Mann zur Seite zu stehen. Bis heute berufen christliche Gruppen sich selektiv auf diesen und ähnliche Texte, um Frauen vom Predigen und Leiten auszuschließen. Dabei ignorieren sie, dass Jesus Frauen zu den ersten Boten des Osterevangeliums berief und dass an anderer Stelle steht, dass in Christus weder Mannsein noch Frausein etwas gilt, sondern dass alle eins in Christus sind. – Es gibt dennoch einen Grund, diesen Abschnitt nicht zu streichen. An ihm kann ich den Grundsatz Luthers erklären, der sagte, das Gottes Wort sei, was „Christum treibet“. Es genügt nicht, dass ein Text im

Neuen Testament steht – ich muss fragen, ob er dem Evangelium von Jesus Christus entspricht. Das bleibt der Maßstab! An ihm müssen unsere Ordnungen und Regeln gemessen werden und auch die Aussagen der Apostel! *Horst Müller*

Wir beten

Herr Jesus Christus, mache mich wachsam, damit ich nicht blindlings allem glaube, was fromme Menschen erzählen, und tue, was sie verlangen. Es geht um Dich und Deine Absichten! Amen.

„Was Christum treibet!"

Im Kleinen Katechismus hat Martin Luther dieses immer wieder hervorgehoben. Bei den Geboten erklärt er nicht nur das Verbot. Durch das „sondern" hebt er hervor, dass Christsein nicht im Nichttun des Bösen, sondern im Tun des Guten besteht. Es reicht nicht, nicht zu töten, sondern Christen sind aufgefordert, das Leben anderer zu schützen. Aus dem Verbot wird ein Aufruf, „was Christum treibet" zu tun. Bis heute bleibt der Kleine Katechismus eine Lebenshilfe, wenn er nicht nur auswendig gelernt, sondern gelebt wird. Es lohnt sich, ihn zu lesen!

1529 Luthers Kleiner Katechismus | 1871 Gründung des Deutschen Reiches | 1906 Diakonenanstalt Rickling gegründet | 1945 † Siegbert Stehmann, evangelischer Pfarrer und Liederdichter | 1945 † Ludwig Steil, Märtyrer in Westfalen (ev. Gedenktag; Sterbetag: 17.1.)

19. Januar

Freitag | SA 08:17 SU 16:49 MA 11:39 MU 02:22

Wochenspruch: Johannes 1,16
Wochenlied: EG 74 oder 398

Wir lesen 1. Timotheus 3,1–13

Entsprechung von Wort und Tat

Wer in der Gemeinde der Christen ein Leitungsamt anstrebt, übernimmt eine verantwortungsvolle, öffentlichkeitswirksame Aufgabe. In der Alten Kirche ist das nicht anders als in der Gegenwart. Wer als Bischof oder Diakon vom Evangelium erzählt, soll es so tun, dass sein Lebenswandel seine Worte nicht in Frage stellt. Sonst nehmen die Menschen ihm die Botschaft von der Liebe Gottes, der sich auf die Menschen einlässt und sie einlädt, nicht ohne Weiteres ab. Es ist gut und richtig, dass Hauptamtliche in unserer Kirche an ihrem Tun gemessen werden. Worte und Handeln müssen einander entsprechen. Zugleich hat die Reformation die kirchlichen Ämter demokratisiert: „Denn was aus der Taufe gekrochen ist, das kann sich rühmen, dass es schon zum Priester, Bischof und Papst geweiht sei, obwohl es nicht einem jeglichen ziemt, solch Amt [öffentlich] auszuüben." So schreibt Luther 1520 und begründet damit die reformatorische Vorstellung vom Priestertum aller Getauften. Danach sind nicht nur Bischöfe und Bischöfinnen und Diakone und Diakoninnen, die öffentlich in der Kirche wirken, Vorbilder, sondern jeder Christenmensch ist solch ein Vorbild. – Der heutige Text fordert uns alle heraus zu fragen: Glauben mir die Menschen, wenn ich von Gottes Liebe für die Welt und für die Menschen erzähle? Entsprechen meine Worte meinen Taten? *Sibylle Rolf*

Wir beten

Lebendiger Gott, Du lässt Dich auf mich ein und lädst mich ein, Dir zu vertrauen und mich von Dir lieben zu lassen. Lass mich in Deiner Liebe bleiben. Erfülle meine Worte und Taten mit Deiner Liebe. Amen.

Zum orthodoxen Feiertag: Taufe des Herrn

In der frühen Kirche wurde die Taufe Jesu als anstößig empfunden: Wie kann es sein, dass sich der Sohn Gottes von Johannes, zwar einem Propheten, aber doch einem Sünder, taufen lässt? Gerade diese Anstößigkeit deutet darauf hin, dass in den Evangelien ein tatsächliches historisches Geschehen beschrieben wird. Bei den Kirchenvätern wurde Jesu Taufe als Vorwegnahme von Tod und Auferstehung gedeutet. Johannes Chrysostomos (349/344–407) nennt das „Untertauchen und Auftauchen" ein „Bild für Abstieg in die Hölle und Auferstehung".

Orthodoxer Feiertag: Taufe des Herrn | 1563 Heidelberger Katechismus | 1576 † Hans Sachs, Schuhmacher und Dichter | 1819 † Johann Michael Hahn, Glaubenszeuge in Württemberg (ev. Gedenktag; Sterbetag: 20.1.)

20. Januar

Sonnabend | SA 08:16 SU 16:50 MA 12:00 MU 03:46

Wochenspruch: Johannes 1,16
Wochenlied: EG 74 oder 398

Wir lesen 1. Timotheus 3,14–16

Der ganze Glaube in Kürze

Gemäß dem biblischen Brief schwört der Apostel den Timotheus als Gemeindeleiter ein. Er gibt ihm eine Kurzfassung des Glaubens, die ihn tragen soll, solange der Apostel noch nicht persönlich bei ihm ist. – Jede Zeit ist neu gefordert, ihren Glauben zusammenzufassen und dafür eine Sprache zu finden, die trägt. Vielleicht so: Christus hat sich als Mensch gezeigt, ist im Geist der Liebe mit Gott dem Vater so verbunden, dass er als „gerechter" und damit treuer und wahrhaftiger Mensch wahrgenommen wurde. Engel als Boten Gottes haben seine Geburt, sein Leben, Sterben und Auferstehen begleitet und gedeutet. Seine Botschaft von der Liebe Gottes ist der ganzen Welt (und nicht nur einem bestimmten Volk) erzählt worden, seine Geschichte endet nicht, wo die Welt ihre geographischen und zeitlichen Grenzen hat. – Ein kurzgefasstes Glaubensbekenntnis hilft auch mir auszudrücken, was meinen Glauben ausmacht. So könnte es lauten: Jesus hat menschliche Eltern gehabt und erlebt, wie es ist, als ein Mensch zu leben – mit Freude und Schmerz, Kummer und Erfüllung. Zugleich hat er sich mit seinem Vertrauen und seiner Bezogenheit auf Gott als dessen wahres Ebenbild zu erkennen gegeben und mit seinem Sterben gezeigt, dass Gott unseren Schmerz und unsere Angst teilt und ins Leben führt. – Welche Worte finden Sie heute für Ihren Glauben? *Sibylle Rolf*

Wir beten

Herr, unser Gott, immer wieder suchen wir nach einer eigenen Sprache, um auszudrücken, was unser Glaube an Dich bedeutet. Hilf uns dabei. Gib uns Worte, die tragen, trösten und begeistern. Amen.

Kurt Reuber (* 26.5.1906; † vermutl. am 20.1.1944)

Er war evangelischer Pfarrer, bildender Künstler und Arzt. Weihnachten 1942 zeichnete er im eingekesselten Stalingrad für seine Kameraden die „Stalingradmadonna" auf die Rückseite einer russischen Landkarte. Das Original der Darstellung einer Frau mit Kind mit den Worten „Licht – Leben – Liebe" auf der rechten Bildseite befindet sich heute in der Berliner Kaiser-Wilhelm-Gedächtniskirche, dazu auch eine Ikone der Madonna mit Kind, von der Kirche in Wolgograd (früher Stalingrad) gestiftet. Reuber starb 1944 im Kriegsgefangenenlager Jelabuga.

288 † Sebastian, Märtyrer in Rom | 1813 † Christoph Martin Wieland | 1859 † Bettina von Arnim, Dichterin | 1944 † Kurt Reuber

21. Januar

Sonntag | 3. Sonntag nach Epiphanias

Wochenspruch: Lukas 13,29
Wochenlied: EG 293 oder EG.E 13
Altes Testament: 2. Könige 5,(1–8)9–15(16–18)19a
Epistel: Römer 1,13–17
Evangelium: Matthäus 8,5–13

Wir lesen Psalm 86

Weg mit und Wende zu Gott

Die Psalmen sind für viele Juden wie auch Christen so etwas wie ein Steinbruch für ihren geistlichen Hausbau – für gute wie für böse Tage. Mit der Intention zu solchem Hausbau haben wohl viele Jugendliche Psalm 86,11 als Konfirmationsspruch bekommen: *Weise mir, Herr, deinen Weg, dass ich wandle in deiner Wahrheit; erhalte mein Herz bei dem einen, dass ich deinen Namen fürchte.* Im Pochen auf Wahrheit und Wahrhaftigkeit kann ja ein solcher Psalmvers ein Echo bei vielen Jugendlichen finden. In der Teamarbeit für die nächsten „Konfis“ können sie dabei bleiben, den Weg mit Gott zu gehen. Doch bei nicht wenigen Konfirmierten erstirbt das Echo nach der Einsegnung und erst recht beim Blick auf den Posten Kirchensteuer der ersten Gehaltsabrechnung. Ist damit auch Gottes Wahrheit, seine *Güte und Treue*, zu Ende? Der Weg mit Gott ist unterbrochen, oft ganz abgebrochen. Doch vielleicht wird er in Momenten des Lebens fortgesetzt, die eine gnädige *Wende* bewirken. Zum Beispiel durch eine Errettung *aus der Tiefe des Todes* nach einem Unfall oder wenn ein einstiger Konfirmand Vater wird und nun das *Wunder* eines neuen Lebens erlebt. – Manchmal werden sogar heranwachsende Kinder zu Missionaren ihrer Eltern, oder Frauen führen ihre Ehemänner auf den Weg mit Gott. Ich denke an einen ehemaligen DDR-Soldaten, heute erfolgreicher Koch und Geschäftsmann. Strahlend erzählte er mir einst, dass er evangelischen Religionsunterricht nehme, weil er christlich heiraten wolle. Vorarbeit für diesen Schritt hatte die Freude an der Musik Bachs geleistet. Nun aber passte der auf Vers 11 folgende Ruf: *Ich danke dir, Herr, mein Gott, von ganzem Herzen, denn deine Güte ist groß über mir.* Der geistliche Hausbau begann. In den Garten seines weltlichen Hauses lädt er heute zu adventlichem Singen ein. Die Bitte an Gott: *Tu ein Zeichen an mir, dass mir's wohlgehe*, wurde – wissentlich oder unwissentlich – erfüllt.

Wilhelm Hüffmeier

Wir beten

Großer, gütiger Gott, alle, die meinen, ohne Dich ihren Weg zu gehen, empfehlen wir aus ganzem Herzen Dir und Deiner Gnade. Bleib Du bei ihnen und lass sie das auf Deine gütige Art bald erkennen. Amen.

1815 † Matthias Claudius, christlicher Dichter in Hamburg | 1831 † Achim von Arnim, Dichter und Sammler von Volksliedern | 1872 † Franz Grillparzer, Dichter

22. Januar

Montag | SA 08:14 SU 16:54 MA 13:09 MU 06:20

Wochenspruch: Lukas 13,29
Wochenlied: EG 293 oder EG.E 13

Wir lesen 1. Timotheus 4,1–11

Dankbar essen!

Nicht nur zur Zeit von Paulus und Timotheus, sondern auch heute treten immer wieder Menschen auf, die sich als besonders religiös hervortun, indem sie religiöse Speisegesetze aufstellen. Sie versprechen, man komme Gott näher, wenn diese Gesetze eingehalten werden. Wir kennen solche Vorschriften eher aus dem Bereich von Ernährung und Übergewicht. Da gibt es ja allerhand Versprechungen, die suggerieren, dass man bald schlank und dann auch glücklich und geliebt wird, wenn man abnimmt. So findet man sicherlich den Traumpartner, wenn man nur diese Ernährungsregeln einhält oder unbedingt jenes Mittel kauft und schluckt. Schon steht das Himmelreich auf Erden offen! Alles nur Altweiberfabeln, meint Paulus. Gott lässt sich weder durch schlanke Körper noch durch irgendwelche religiösen Vorschriften beeindrucken. Gott muss man auch gar nicht beeindrucken, sondern er hat uns die Speisen aus Flora und Fauna zum Leben geschenkt. Wir sollen uns daran erfreuen! Und wenn wir uns daran erfreuen, dann sind wir dankbar. Denn die Lebensmittel, die aus der Natur kommen, werden durch das Wort

Gottes und das Gebet geheiligt. Wie ist das zu verstehen? Gott selbst sagt, dass es keine Lebensmittel gibt, die unheilig sind. Und wenn wir vor dem Essen Gott im Gebet für die Speisen danken, dann sind die Speisen geheiligt. Jetzt sind wir Gott ganz nahe, weil wir seine Speisen mit Dankbarkeit essen. *Jörg Neijenhuis*

Wir beten

Schöpferischer Gott! Wir haben vor uns Speis und Trank, wir essen sie mit großem Dank! Amen.

Veit Stoß, Bildhauer († 1533)

Er hat in Krakau und Nürnberg gelebt. Der Krakauer Hochaltar gilt als sein Hauptwerk, in der St.-Lorenz-Kirche in Nürnberg ist sein Engelsgruß unübersehbar. Stoß war beim Nürnberger Rat nicht gern gesehen. Er galt als schwierig und stiftete Unruhe. Die Bürger von Nürnberg ließen sich trotzdem nicht davon abhalten, Werke von ihm zu bestellen. Selbst Kaiser Maximilian beauftragte ihn, an seinem Grabmal mitzuwirken. Der Rat der Stadt aber ließ selbst einen Gnadenbrief des Kaisers unberücksichtigt. Stoß ist als reicher Mann gestorben.

304 † Vincentius, Märtyrer in Spanien | 1533 † Veit Stoß, Bildhauer | 1536 Hinrichtung der Wiedertäufer in Münster | 1945 † Else Lasker-Schüler, Lyrikerin

23. Januar

Dienstag | SA 08:13 SU 16:55 MA 14:02 MU 07:21

Wochenspruch: Lukas 13,29
Wochenlied: EG 293 oder EG.E 13

Wir lesen 1. Timotheus 4,12–5,2

Jung und wirkungsvoll

Es ist gar nicht so leicht, ein Geistlicher zu sein, wenn man noch jung an Jahren ist. Natürlich kann man die Jugendlichen viel eher begeistern, als ein älterer Amtsbruder es kann. Aber ältere Gemeindemitglieder belehren? Gar ermahnen? Wie mag ihre Reaktion sein? Etwa: Was will uns ein junger Mann schon sagen mit seinen wenigen Lebensjahren und Lebenserfahrungen? Davon schreibt Paulus nichts, sondern gibt Timotheus den Rat, er solle ein Vorbild sein im Wort, im Wandel, in der Liebe, im Glauben und in der Reinheit. Wir würden heute vermutlich sagen, dass Timotheus authentisch und glaubwürdig sein soll. Er soll das Wort Gottes so verkündigen, dass es nicht nur verstanden, sondern auch geglaubt wird. Timotheus kann es als Vorbild am besten in seiner Lebensführung, in seinem Wandel zeigen, wie das Christsein praktisch aussieht. Dass er nämlich Liebe für Gott und für die Mitchristen empfindet. Sein Umgang mit anderen Menschen ist davon geprägt. Dass Gott Timotheus diese Aufgabe gegeben hat, ist ein Zeichen für die Liebe Gottes zu Timotheus. Diese Liebe gibt er an seine Mitchristen weiter. Auch rein soll er sein. Wir würden heute sagen, er soll ehrlich sein. Nichts tun, was man verschweigen muss, was nicht der Liebe zum Nächsten oder zu Gott entsprechen kann. Schauen wir uns diese Aussagen des Paulus an, so gelten sie eigentlich für alle Christen. *Jörg Neijenhuis*

Wir beten

Guter Gott, lass uns niemanden verachten, den Du mit dem besonderen Auftrag gesegnet hast, Dein Wort zu verkündigen und Deine Liebe zu leben. Amen.

Die Sendung mit der Maus

Wer kennt sie nicht, die Sendung mit der Maus? Am 23. Januar 1972 ging sie erstmals auf Sendung und ist seitdem von unzähligen Kindern angeschaut und sicherlich von sehr vielen Eltern und Großeltern „mitgesehen" worden. Jede Folge zeigt Sachgeschichten, z. B. wie ein Wasserhahn funktioniert oder wie Tomatenketchup hergestellt wird. Und es gibt Lachgeschichten. Dafür wurden neben der Maus der blaue Elefant und die gelbe Ente entwickelt. Eine Stofftier-Maus wurde sogar in die Raumstation Mir mitgenommen. Die Maus und der blaue Elefant sind als Plastiken in Erfurt auf dem Anger zu sehen.

1561 † Menno Simons, Glaubenszeuge in Friesland | 1579 Utrechter Union | 1872 Bodelschwingh übernimmt Bethel | 1945 † Helmuth James Graf von Moltke | 2020 † Gudrun Pausewang, Kinder- und Jugendbuchautorin

24. Januar

Mittwoch | SA 08:11 SU 16:57 MA 15:08 MU 08:07

Wochenspruch: Lukas 13,29
Wochenlied: EG 293 oder EG.E 13

Wir lesen 1. Timotheus 5,3–16

Schätze deine Kräfte gut ein!

Viel öfter, als es uns vielleicht lieb ist und wir es uns selbst eingestehen, schätzen wir unsere Kräfte falsch ein. Aus einem wohlmeinenden christlichen Impuls heraus erkennen wir Not und möchten helfen. Im Altertum waren es besonders die Witwen, die der Hilfe und Unterstützung der Gemeinschaft bedurften. Sie waren in der damaligen Gesellschaft alleine nicht überlebensfähig. In keinem anderen Text der Bibel werden Behandlung und Status der Witwen so detailliert beschrieben wie in unserem heutigen. Auch wenn wir ihn beim ersten Lesen als vielleicht herzlos und bürokratisch empfinden mögen, zeugt er doch von Realitätssinn und Verantwortungsbewusstsein hinsichtlich der Witwen, aber auch gegenüber der Gemeinde. Die Gemeinde hat bereits Erfahrungen mit der Bedürftigkeit von Gemeindegliedern gemacht. Feste Regeln sind daraus entstanden, die allen Beteiligten gerecht werden sollen. Nur die wirklich Bedürftigen, die alten Witwen, die sich selber nicht helfen können und keine Hilfe aus ihrer Verwandtschaft haben, sollen die notwendige Unterstützung von der Gemeinde empfangen.

Die noch rüstigen Witwen, die noch für sich selbst sorgen können, die vielleicht nochmals heiraten können, sie sollen sich alleine helfen. Jeder nach seiner Kraft und jeder nach seiner Bedürftigkeit – wenn hier eine ausgewogene Balance herrscht, ist allen gedient. *Peter Kuhlmann*

Wir beten

Gott, gib mir Gelassenheit, Dinge hinzunehmen, die ich nicht ändern kann, Mut, Dinge zu ändern, die ich ändern kann, und Weisheit, das eine vom anderen zu unterscheiden. Amen.

Katharina von Bora als Witwe

Nach Luthers Tod war der Status seiner Frau nicht gesichert, trotz testamentarischer Regelungen. Damaliges Recht verbot die Ehe zwischen Mönch und Nonne. Somit konnte Katharina nicht Luthers Witwe sein, blieb also unversorgt. Erst als der Landesherr ein Machtwort sprach und andere Fürsten Unterhalt zahlten, besserte sich ihre Situation. Trotz widriger Umstände wie Krieg, Zerstörung und Missernten hat sie für ihre Existenz gesorgt. Auf der Flucht verunglückte sie mit einem Pferdegespann vor den Toren Torgaus, starb dort am 20.12.1552.

1904 † Curt von Knobelsdorff, Botschafter des „Blauen Kreuzes“ | 1943 † Erich Sack, Märtyrer in Ostpreußen

25. Januar

Donnerstag | SA 08:10 SU 16:59 MA 16:20 MU 08:40

Tagesspruch: Galater 2,20a
Tageslied: EG 154 oder 359

Wir lesen 1. Timotheus 5,17–25

Verantwortung in der Gemeinde

Auch unsere heutigen Worte zeugen von großer Erfahrung der Gemeinde – und von hohem Verantwortungsbewusstsein. Jeder von uns, der einmal in einem Verein oder in der Gemeinde Verantwortung übernommen hat, im Vorstand oder der Gemeindeleitung, weiß darum, welch schweres Amt damit verbunden ist. Man kann es nicht allen recht machen, Entscheidungen bedürfen immer einer gewissenhaften Abwägung, feines Fingerspitzengefühl ist gefragt. Und nicht immer werden Personen in der Leitung ihrer Verantwortung gerecht. Gerade in den letzten Jahren mussten wir dieses besonders im kirchlichen Bereich schmerzlich erfahren. Unser Text mahnt zu Besonnenheit, lieber einmal mehr beraten und Meinungen hören, bevor man Personen ein leitendes Amt überträgt. Ist jemand dann in einem Amt, so braucht es Transparenz. Entscheidungen und Handlungen müssen von der Öffentlichkeit nachvollziehbar sein. Die Erfahrung lehrt uns, dass Vergehen in aller Regel letztlich bekannt werden. Damit Zusammenleben gelingt, bedarf es Gottes Zuspruchs. Nur so kann Vertrauen untereinander wachsen – alles zum Segen der

Gemeinschaft. Beten wir dafür, dass Zusammenleben gelingt. Der (oft ehrenamtliche) Einsatz für die Gemeinschaft lohnt! Denn Gemeinschaften können ohne mutige, umsichtige und verantwortungsvolle Frauen und Männer an ihrer Spitze nicht zum Wohle aller funktionieren. *Peter Kuhlmann*

Wir beten

Allmächtiger Gott, lass gemeinschaftliches Leben gelingen. Danke für alle, die in Leitungsämtern Verantwortung übernehmen, möge ihr Engagement der Gemeinschaft nutzen. Amen.

Berufung des Apostels Paulus

Paulus wurde von keinem Gremium ins Amt berufen, ihm erschien Jesus Christus. Dies war ihm Berufung, wurde zur Legitimation, aller Welt das Evangelium zu verkünden. Sich als Apostel zu bezeichnen, war ein Privileg. Zunächst war ausschließlich den Schülern Jesu das Apostelamt vorbehalten. Die Berufung war bei Paulus keine Bekehrung. Er wechselte nicht die Religion, blieb Jude, hatte ein reformiertes Judentum zum Ziel. Diese Spannung war nicht durchzuhalten. Das Christentum entwickelte sich in einem längeren Prozess aus dem Judentum.

Tag der Berufung des Apostels Paulus | Jüdischer Feiertag: Tu B'Shwat (Neujahrstag der Bäume) | 1366 † Heinrich Seuse, Mystiker am Oberrhein | 1586 † Lucas Cranach d. J., Maler | 1954 † Sarah Chakko, indische christliche Pädagogin

26. Januar

Freitag | SA 08:09 SU 17:00 MA 17:35 MU 09:03

Wochenspruch: Lukas 13,29
Wochenlied: EG 293 oder EG.E 13

Wir lesen 1. Timotheus 6,1–10

Eine andere Sicht auf Sklaven?

Im Brief an Philemon bittet Paulus darum, den Sklaven Onesimus als Bruder aufzunehmen. Die Sklaverei selbst stellt er nicht in Frage. Unter Christen zählt jedoch nicht der gesellschaftliche Status, sondern Sklave und Herr sollen sich als gleichwertig begegnen und behandeln. In diesem Sinne sollen Sklaven weiter ihren Dienst verrichten. In unserem Text ist die Blickrichtung hingegen eine andere. Hier wird vom Sklaven aus gesehen. Er soll seinen gläubigen Herrn nicht verachten, ihm vielmehr als Bruder gerne dienen. Von der Behandlung aus Sicht des Herren, der ja der Stärkere ist, wird hier nichts gesagt. Trotzdem wird deutlich auf die Tugend der Genügsamkeit hingewiesen. Zum Leben benötigt man lediglich Nahrung, Kleidung und ein Dach über dem Kopf; eine Grundversorgung sollte also gewährleistet sein. Das Anhäufen von Reichtum, meistenteils von unnützen Dingen, bringt keine innere Befriedigung. Vielmehr steht man in Gefahr, selbst zum Sklaven des Materiellen zu werden. Besitztümer sind oft Folge von Ungerechtigkeit und erzeugen vielfach Neid. Um wie viel wichtiger sind menschliche Beziehungen, die uns Vertrauen, Bestätigung und Zufriedenheit schenken. Christlicher Glaube befreit aus den Mühlen des Materiellen, er macht uns frei zum Blick auf den Menschen, der uns gegenübersteht. Glaubensfreiheit beglückt und schenkt Zufriedenheit. *Peter Kuhlmann*

Wir beten

Allmächtiger Gott, schenke uns Mut und Vertrauen, auf Menschen zuzugehen. Gelingende Beziehung ist geschenktes Glück. Wir danken Dir, im Glauben darauf vertrauen zu können. Amen.

Timotheus

Paulus war kein Einzelkämpfer. Er hatte eine Vielzahl von „Mitarbeitern“ an seiner Seite, die auf seinen Reisen mit ihm zogen, die in den Gemeinden „die Stellung hielten“ oder als Boten, Informationsgeber, Schreiber oder Berater ihm eine große Hilfe waren. Einer der wichtigsten im Kreise seiner Mitarbeiter war Timotheus. Zwei Briefe an ihn sind uns im Neuen Testament überliefert, wahrscheinlich nicht von Paulus selbst geschrieben, sondern von seinen Schülern in Ephesus. Einer Legende nach soll Timotheus um 97 verstorben sein.

um 97 † Timotheus und Titus, Apostelschüler | 1642 † Johann Matthäus Meyfart, Liederdichter in Thüringen | 1895 † Theodor Kliefoth, Theologe und Kirchenreformer | 1949 Lutherische Generalsynode in Leipzig

27. Januar

Sonnabend | SA 08:08 SU 17:02 MA 18:48 MU 09:21

Tagesspruch: 5. Mose 4,9a
Tageslied: EG 146 oder EG.E 2

Wir lesen 1. Timotheus 6,11–21

Dein Reich komme

Im Judentum ist der gläubige Blick in die Vergangenheit gerichtet, auf die Taten Gottes bei der Schöpfung und vor allem in der Geschichte. So wie Gott sein Volk beschützt hat, so wird er es weiterhin tun. Das Christentum schaut auch in die Zukunft, richtet sich darauf aus, auch wenn die Wiederkunft Christi auf sich warten lässt. Der 1. Timotheusbrief steht in dieser Erwartung: Jesus wird als Christus wiederkommen. Bis zu diesem Zeitpunkt gilt es in besonderer Weise, die Weisungen zu befolgen und in froher Erwartung zu leben. Auch das Vaterunser lebt von der Kraft der Zuversicht in der Bitte „Dein Reich komme". Ja, auch wenn wir in dieser Welt manches erleiden mögen, so ist dort ein „trotzdem": trotz all unserer Unzulänglichkeit – auf sein Reich hoffen wir, trotz aller Ungerechtigkeit in den Staaten dieser Welt – auf seine Welt schauen wir. Gustav Heinemann hat es kurz auf die Formel gebracht: „Andere Herren gehen, unser *Herr* kommt!". Hier spiegelt sich auch die Erfahrung, dass er einen sehr gewalttätigen Herrn hat gehen sehen. Also, jagen wir im Lichte dieser Erwartung der Gerechtigkeit nach, dem Glauben und der

Liebe. Auf unser Handeln kommt es an. Gott hat keine anderen Hände als unsere. Gehen wir mit Gelassenheit ans Werk, mit Nachsicht und Sanftmut. Denn: Den Sanftmütigen gehört das Erdreich. Welch tröstender Ausblick! *Peter Kuhlmann*

Wir beten

Allmächtiger Gott, komme auf uns zu, die wir uns machtlos und schwach fühlen. Schenke uns Kraft aus der Verheißung, dass Dein Reich komme – entgegen all unserer Erfahrungen. Amen.

Befreiung des KZ Auschwitz

Vor 79 Jahren wurde das KZ Auschwitz von der Roten Armee befreit. Seit einigen Jahren wird dieses Ereignisses gedacht. Jedoch war mit diesem Datum das Leid der KZ-Häftlinge noch nicht beendet. Auf Todesmärschen, gepfercht in Güterzüge wurden sie ins Reich getrieben. Hier haben sie in Arbeitslagern, in unterirdischen Stollen bis zu Erschöpfung oder Tod arbeiten müssen. Erst mit dem Kriegsende war dieses unermessliche Leid beendet. So starb Anne Frank im März 1945 in Bergen-Belsen, nachdem sie aus Auschwitz dorthin verbracht worden war.

Tag des Gedenkens an die Opfer des Nationalsozialismus | 1852 † Paavo Ruotsalainen, Glaubenszeuge in Finnland | 1914 † Johannes Burckhardt, Gründer des Burckhardthauses | 1945 Befreiung des KZ Auschwitz | 1972 † Mahalia Jackson, amerikanische Gospelsängerin

28. Januar

Sonntag | Letzter Sonntag nach Epiphanias (Verklärung Christi)

Wochenspruch: Jesaja 60,2
Wochenlied: EG 67 oder 450
Altes Testament: 2. Mose 3,1–8a(8b.9)10(11–12)13–14(15)
Epistel: 2. Korinther 4,6–10
Evangelium: Matthäus 17,1–9

Wir lesen Psalm 135

Aus der Erinnerung wächst Hoffnung

Am letzten Sonntag nach Epiphanias hören wir ein Gotteslob, wie man es sich gewaltiger nicht denken kann. Psalm 135 schließt zusammen mit seinem „Zwillingspsalm" 136 die Sammlung der Wallfahrtslieder ab. Die Aufforderung zum Lob Gottes in Psalm 135 steht also am Ende des Gottesdiensts im Jerusalemer Tempel. Alle, die im Hause des Herrn stehen, werden aufgefordert, Gott die Ehre zu geben, um wie in einem Schlusschoral in das große Halleluja miteinzustimmen. – Das Lob der Gemeinde rekapituliert die Geschichte Israels und nimmt zugleich jeden Einzelnen in den Blick. „Ich weiß", bekennen die Beter und Beterinnen dankbar, „dass der Herr groß ist und unser Herr über alle Götter." Erwiesen hat sich Gottes Überlegenheit und Macht nicht nur beim Auszug aus dem Sklavenhaus in Ägypten, sondern auch in den Siegen über die Könige Sihon und Og. Aus der Erinnerung an die

Zeichen und Wunder wachsen Hoffnung und Zuversicht, dass Gott auch in Zukunft seinem Volk rettend und schützend zur Seite stehen wird und nicht eher ruhen wird, bis Israel Recht widerfährt. – Psalm 135 ist sehr entschieden und klar: Der Macht Gottes kann niemand standhalten. Keine Macht dieser Welt ist ihm zu vergleichen. Lächerlich der Gedanke, von Götzen etwas zu erwarten. Diese Gebilde, gefertigt von Menschenhand, können nichts machen und sind nutz- und wertlos. Unfassbar, dass Menschen noch immer auf diese Truggebilde setzen. Ganz anders der Gott Israels! Seine Taten übersteigen alle menschlichen Vorstellungen und Möglichkeiten. – Gegen das Bild von einem „lieben“ Gott, der nichts tut und niemanden stört, betont Psalm 135, dass „der Herr alles, was er will, auch tut“. Auf diesen Gott, dessen Namen ewig ist, vertraut die betende Gemeinde in ihrem Gotteslob – und darauf, dass er ihr Recht schafft. *Gabriele Wulz*

Wir beten

Herr, unser Gott, Du schaffst Recht und Gerechtigkeit. Zeige Deine Macht in dieser Welt. Schenke Frieden und lass uns Dir vertrauen in Zeit und Ewigkeit. Amen.

814 † Karl der Große, Kaiser und Förderer des Christentums | 1521 Reichstag in Worms | 1868 † Adalbert Stifter, Schriftsteller | 2002 † Astrid Lindgren, schwedische Kinderbuchautorin

29. Januar

Montag | SA 08:05 SU 17:06 MA 21:09 MU 09:45

Wochenspruch: Jesaja 60,2
Wochenlied: EG 67 oder 450

Wir lesen 2. Timotheus 1,1–12

Die vor uns waren

Den 2. Timotheusbrief hat vermutlich ein Mitglied der Paulusschule um das Jahr 100 n. Chr. geschrieben. Da war Paulus bereits etwa 40 Jahre tot. Der Autor fühlt sich dem gedanklichen Erbe des Apostels verpflichtet und versucht das zu bewahren, wofür Paulus sich aus seiner Sicht eingesetzt hat. Und so hat sein Brief den Charakter eines mahnenden Testaments. – Wenn du eines Tages den Betrieb übernimmst, dann ... Mahnende Worte zum Umgang mit dem Nachlass sind uns vertraut, selbst wenn wir keinen Hof erben werden. Viele Menschen haben den Wunsch, dass das Erbe in ihrem Sinne weitergeführt wird, sei es der Umgang mit Möbeln, Äckern oder Werten. Aber wir kennen auch die Ambivalenz, die Nachfahren erleben: Einerseits fühlen sie sich dem Erbe verpflichtet, andererseits wollen sie neue Wege gehen. – Auf die zu verweisen, die vor uns waren, ist nicht nur eine paulinische Tradition. Wie schon meine Oma immer sagte ... Oft beziehen wir uns auf unsere Vorfahren und legitimieren damit unser Handeln. Und auch in der Politik oder in der Kirche beziehen wir uns rhetorisch auf die, die vor uns waren, und reihen uns in ihre Schule ein, sei es Dietrich Bonhoeffer oder Willy Brandt. – Welche Menschen und welche Schule haben mich geprägt, auch in meinem Glauben? Welches gedankliche Erbe will ich weitergeben, und welche Form wähle ich dafür? *Ricarda Schnelle*

Wir beten

Gott, wir wollen verantwortlich mit dem umgehen, was uns anvertraut ist. Wir bitten Dich für unsere Erben: Schenke ihnen die Kraft zu bewahren, und den Mut, neu aufzubrechen. Amen.

Das Erbe Luthers

Heute vor 525 Jahren wurde Katharina von Bora geboren. 1525 heiratete sie den Reformator Martin Luther. Bevor er 1546 starb, hatte er sie in seinem Testament zur Alleinerbin erklärt und ihr die Vormundschaft für die gemeinsamen Kinder übertragen. Das entsprach jedoch nicht dem damals geltenden Recht. Erst als Kurfürst Johann Friedrich I. von Sachsen, ein Freund Luthers, sich einschaltete, konnte sie das Erbe antreten und weiterhin die Verantwortung für die Kinder übernehmen. Katharina von Bora starb 1552 im Alter von 53 Jahren.

1814 † Johann Gottlieb Fichte | 1860 † Ernst Moritz Arndt | 1889 * Rudolf Mauersberger | 1953 † Theophil Wurm, Bischof in Württemberg (ev. Gedenktag; Sterbetag: 28.1.)

30. Januar

Dienstag | SA 08:03 SU 17:07 MA 22:18 MU 09:55

Wochenspruch: Jesaja 60,2
Wochenlied: EG 67 oder 450

Wir lesen 2. Timotheus 1,13–18

Du treue Seele

Eine treue Seele ruft noch mal an, obwohl ich vergessen habe zurückzurufen. Eine treue Seele bleibt ein Teil meines Lebens, selbst nach vielen Jahren. Eine treue Seele denkt an meinen großen Tag und wünscht mir viel Glück. Eine treue Seele kann ich fragen, ob sie schon wieder den Briefkasten während meines Urlaubs leert. Und manchmal trottet mein Hund wie eine treue Seele hinter mir her. – Ach ja, meine Seele, sie ist mir treu. Begleitet mich durchs Leben. Sie gibt meinem Verstand ein paar Widerworte und genießt mit mir die besonderen Momente des Lebens. Ich pflege meine Seele, gebe ihr Raum zum Atmen und bleibe ihr treu. Auf sie kann ich mich verlassen. Und manchmal vertraue ich ihr an, was mich im Innersten bewegt. Meine Seele und ich: Wir sind fest verbunden. – Timotheus und der Autor des Briefes, der sich Paulus nennt: zwei treue Seelen, die aneinander hängen. Sie schreiben sich und halten an Gott und ihrem Glauben fest, obwohl es oft schwer ist. Sie bewahren treu, was ihnen anvertraut ist: das Evangelium. – Eine treue Seele will ich sein. Mir selbst und meinem Gott treu bleiben. Und den

Menschen, die mir wichtig sind. Das kostbare Gut, das Gott mir in meinem Leben anvertraut hat, das will ich bewahren durch den Heiligen Geist, der in mir wohnt (V. 14). – Gott ist eine treue Seele. Ihm vertraue ich meine Seele an. Im Leben und im Sterben. *Ricarda Schnelle*

Wir beten

Gott, manchmal fühle ich mich wie eine verlorene Seele. Ich stolpere mühsam durch den Alltag und suche den rechten Weg. Komm Du mir entgegen und gib meiner Seele festen Halt. Amen.

Der treue Gott

Die Treue Gottes zu den Menschen zieht sich als Motiv durch die ganze Bibel. Nach der Sintflut wird sie im Regenbogen sichtbar, in den Psalmen wird die Beständigkeit Gottes von Ewigkeit zu Ewigkeit gepriesen, und in vielen Schriften erinnern die Menschen Gott an seine Treue. Auch Paulus bezieht sich auf die Treue Gottes und setzt sie in ein Verhältnis zu den Menschen. So schreibt er etwa in Römer 3,3 f.: „Dass aber einige nicht treu waren, was liegt daran? Sollte ihre Untreue Gottes Treue aufheben? Das sei ferne!"

1648 Ende des Dreißigjährigen Krieges | 1919 † Xaver Marnitz, Märtyrer in Lettland | 1948 † Mahatma Gandhi, indischer Menschenrechts- und Unabhängigkeitskämpfer

31. Januar

Mittwoch | SA 08:02 SU 17:09 MA 23:28 MU 10:05

Wochenspruch: Jesaja 60,2
Wochenlied: EG 67 oder 450

Wir lesen 2. Timotheus 2,1–13

Ein gefährlicher Staffellauf

Paulus ist ein Gefangener des römischen Reiches um des Evangeliums willen, für „welches ich leide bis dahin, dass ich gebunden bin wie ein Übeltäter“ (V. 9). Der Inhalt dieses Evangeliums ist „Jesus Christus, der auferstanden ist von den Toten, aus dem Geschlecht Davids“. Das war politischer Sprengstoff. Schon Jesus wurde als Gefahr für die römische Staatsmacht hingerichtet. Die römische Religionspolitik war zwar relativ tolerant, stand aber ganz im Dienst der politischen und wirtschaftlichen Interessen des römischen Imperiums. Die Juden jedoch, die den einen Gott, und nur diesen, verehrten, verweigerten die Teilnahme am polytheistischen Staatskult. Etwa fünf Jahre nach dem Tod des Paulus kam es zu gewaltsamer Revolte – mit verheerenden Konsequenzen! Der Tempel wurde zerstört und die Juden in die Zerstreuung verbannt. Paulus verkündigt Jesus als den Messias nicht allein der Juden, sondern als Erlöser und bald wiederkehrenden Herrscher aller Menschen. Das wird Paulus den Kopf kosten. Er weiß das im Voraus und sorgt deshalb für Verstärkung. Der Dienst am Evangelium, sagt er, muss fortgesetzt werden „um der Auserwählten willen, auf dass auch sie die Seligkeit erlangen in Christus Jesus mit ewiger Herrlichkeit“ (V. 10). Timotheus soll den Staffelstab von Paulus empfangen. – Auch wir sollen ihn empfangen und beizeiten weiterreichen. *Tobias Schlingensiepen*

Wir beten

Sind wir untreu, so bleibst Du, o Gott, doch treu. Wir danken Dir dafür. Amen.

Jack Roosevelt Robinson

Jackie Robinson, wie er unter US-Amerikanern besser bekannt ist, wurde am 31.1.1919 geboren. Er war der erste schwarze Athlet, der in der sogenannten Major League als Baseballspieler zugelassen wurde. Der hervorragende Athlet wurde 1962 in die Ruhmeshalle des Baseballsports (Baseball Hall of Fame) aufgenommen. Nur zu gut verstand er ,was es hieß, für die Rassenintegration zu leiden. Er widerstand den vielen rassistischen Angriffen auf seine Person mit großer Würde. Seine moralische Leistung stand seiner sportlichen in nichts nach. Seine anhaltende Popularität findet ihren Niederschlag in zahlreichen ihm gewidmeten Dokumentar- und Spielfilmen.

1888 † Giovanni Melchiorre Bosco | 1892 † Charles Spurgeon, Erweckungsprediger in England | 1950 Deutsches Müttergenesungswerk gegründet | 1955 † John R. Mott, Gründer des Christlichen Studenten-Weltbundes

1. Februar

Donnerstag | SA 08:01 SU 17:11 MA – MU 10:15

Wochenspruch: Jesaja 60,2
Wochenlied: EG 67 oder 450

Wir lesen 2. Timotheus 2,14–21

Paulus ermahnt – nicht nur – Timotheus

„Bemühe dich darum, dich vor Gott zu erweisen als ein angesehener und untadeliger Arbeiter, der das Wort der Wahrheit recht vertritt." (V. 14) Wie oft bemühen wir uns lieber um unseren gesellschaftlichen Stand als um unsere Treue zu Gott und Gottes Beispiel. Aber gerade darauf kommt es an! Wir sollten genau darauf achten, dass „die Wahrheit recht vertreten" nicht einfach intellektuell auf irgendwelche Lehrsätze zu beziehen ist, sondern auf unseren Lebenswandel insgesamt. Die Wahrheit, um die es hier geht, hat es mit dem zu tun, was Paulus andernorts als unser Sein „in Christus" bezeichnet. Und dieses Sein hat es mit unserer recht gemachten, neu gewordenen Beziehung zu Gott durch Jesus Christus zu tun. Diese Beziehung wird zunächst vermittelt durch unser Vertrauen in Gott, der uns im gekreuzigten und auferstandenen Herrn Jesus Christus neu begegnet ist. Gott begegnet als unendliche und unüberwindbare Liebe. Gottes Treue offenbart sich in seiner Verwundbarkeit. In Christus zeigt Gott uns, dass unser Leben seine Gnadengabe ist. Er lädt uns durch Kreuz und Auferstehung Jesu Christi ein, sowohl an Gottes Leidens- als auch an

Gottes Heilswerk teilzunehmen. Erst in diesem mühereichen Sein mit Gott, in unserer Teilnahme am Ringen Gottes um das Heilwerden der Welt, wird unser Leben zur dankbaren Entsprechung der Liebe Gottes. *Tobias Schlingensiepen*

Wir beten

Wenn ich mich selten einmal doch für jemanden einsetze, es mir schwerfällt und ich es bereuen will, gerade dann bist Du plötzlich da, ganz der Gekreuzigte und Liebende. Selbst sterbend gibst Du nicht auf. Danke! Amen.

Der 13. Artikel der US-amerikanischen Verfassung

Am 1.2.1864 unterschrieb US-Präsident Abraham Lincoln eine gemeinsame Resolution von Repräsentantenhaus und Senat, die nach ihrer Ratifizierung durch mindestens drei Viertel der Abgeordnetenhäuser der US-Bundesstaaten am 6.12.1865 zum 13. Zusatzartikel der US-amerikanischen Verfassung wurde. Dem 13. Artikel zufolge wurde die Sklaverei in den Vereinigten Staaten von Amerika und allen Gebieten unter ihrer Hoheit endgültig unterbunden. Lincoln, der am 15.4.1864 einem Attentat erlag, sollte sein Inkrafttreten nicht mehr erleben.

523 † Brigida von Kildare | 1855 † Claus Harms, Erneuerer der lutherischen Kirche in Schleswig-Holstein | 1891 Ev.-Luth. Diakonissenhaus Leipzig gegründet | 1923 † Ernst Troeltsch, Theologe der Religionsgeschichtlichen Schule | 1939 † Josef Gauger | 1943 † Ernst Kasenzer

2. Februar

Freitag | SA 07:59 SU 17:13 MA 00:40 MU 10:28

Tagesspruch: Galater 4,4
Tageslied: EG 222 oder 519

Wir lesen 2. Timotheus 2,22–26

„Den Herrn anrufen aus reinem Herzen“

Was heißt es, den Herrn anzurufen aus reinem Herzen? Fromme Juden beten mindestens zweimal am Tag das Gebet Schema Jisrael: „Höre, Israel, der *Herr* ist unser Gott, der *Herr* ist einer. Und du sollst den *Herrn*, deinen Gott, lieb haben von ganzem Herzen, von ganzer Seele und mit all deiner Kraft.“ (5. Mose 6,4–6) Wir kennen diese Worte als den ersten Teil des Doppelgebots Jesu, dessen zweiter Teil lautet: „Du sollst deinen Nächsten lieben wie dich selbst.“ (Mt 22,39) Reinen Herzens sein heißt, Gott mit ungeteiltem Willen zu dienen. Das gilt nicht nur für Einzelne, sondern gerade für alle, die zur Gemeinde Jesu Christi gehören. „Hier“, schreibt Paulus, „ist nicht Jude noch Grieche, hier ist nicht Sklave noch Freier, hier ist nicht Mann noch Frau; denn ihr seid allesamt einer in Christus Jesus.“ (Gal 3,28) Der alle Menschen vereinigende neue Bund in Jesus Christus setzt nicht den alten Bund außer Kraft, sondern erneuert und erweitert ihn. Nicht umsonst lehrte uns Jesus beten: „Dein Wille geschehe wie im Himmel so auf Erden.“ (Mt 6,10) Wie es in der Liebe Gottes keinen Zwiespalt gibt, so soll es unter den Menschen keine

Zwietracht geben. Die Nachfolger Christi und die christlichen Gemeinden haben dem Frieden mit Gerechtigkeit vorbildlich zu dienen. Wie steht es damit? Gott jedenfalls bleibt dem alten wie dem neuen Bund treu. Und wir? *Tobias Schlingensiepen*

Wir beten

Gott, gib, dass wir allen Menschen freundlich begegnen und Dein Evangelium in Denken und Handeln recht vertreten. Im Leiden sei bei uns. Den Widerspenstigen lass uns sanftmütig auf den rechten Weg bringen und treu begleiten. Amen.

Der Anfang vom Ende des Apartheidssystems

Am 2.2.1990 hob der Präsident Südafrikas, Frederik Willem de Klerk, das 30 Jahre währende Verbot des Afrikanischen Nationalkongresses auf. Das hatte auch zur Folge, dass Nelson Mandela nach 27-jähriger Haft auf Robben Island endlich freigelassen wurde. Der Anfang vom Ende des südafrikanischen Apartheidssystems wurde somit eingeleitet. An dem langen Weg dorthin waren auch Christen maßgeblich beteiligt, wie Christiaan Frederick Beyers Naudé, Erzbischof Desmond Tutu und der Pfarrer und Politiker Allan Aubrey Boesak.

Tag der Darstellung Jesu im Tempel (Lichtmess) | 753 † Burkhard von Würzburg, Bischof und Glaubensbote | 962 Heiliges Römisches Reich Deutscher Nation gegründet | 1594 † Giovanni Pierluigi da Palestrina, Komponist | 1945 † Alfred Delp, Jesuitenpater | 1948 † Ernst Moderson, Volksmissionar

3. Februar

Sonnabend | SA 07:57 SU 17:15 MA 01:55 MU 10:44

Wochenspruch: Jesaja 60,2
Wochenlied: EG 67 oder 450

Wir lesen 2. Timotheus 3,1–9

Immer die anderen?

Wer glaubt, muss die Welt nicht mehr retten. Wer etwas spürt von der großen Kraft des Heiligen Geistes, die in der Welt wirkt, der sieht die vielen kleinen Lichter, die sich zur tröstenden Gegenwart Gottes zusammensetzen. Er sieht auch die Dunkelheit dazwischen: Törichtes, Aufgeblasenes, Unbedachtes. Die Leser staunen, wie viele Worte der Briefschreiber dafür findet. Und sie staunen noch mehr, wie diese Worte durch die Jahrhunderte hindurch bis in die Gegenwart hinein treffen. Jannes und Jambres waren wahrscheinlich Zauberer, die versucht haben, Moses auf seinem Weg ins gelobte Land in die Quere zu kommen. Sie stehen für alle, die wissentlich oder unwissentlich dem Geist Gottes Steine in den Weg legen. Keine Frage: Es gilt, aufmerksam zu sein. Dennoch verbindet sich mit dem Blick auf die Fehler der anderen auch eine Gefahr. Wer die fehlende Wahrheit der anderen kritisiert, verliert umso leichter die eigene Wahrheit des Glaubens. Deswegen setzen Glaubende die Prioritäten anders: Lieber tragen sie das eigene Gottvertrauen in die Welt hinaus als den Gotteshass der anderen zu kritisieren. Kein Einzelner steht unter dem

Anspruch, die ganze Welt zu verändern. Dieses Weltgeschehen bleibt bei Gott im Blick. Ihm kann es jeder Glaubende getrost überlassen. Seine Aufgabe bleibt, das kleine Licht seines Gottvertrauens leuchten zu lassen. *Wolfgang Vögele*

Wir beten

Barmherziger Gott, lass mich Deine Gegenwart spüren, wenn ich an der eigenen Schwäche verzweifle. Mache meine Schwäche zu Deiner Stärke. Und hilf denen um mich herum, die stolpern und müde sind. Amen.

Simone Weil

Am 3.2.1909 wurde in Paris die Philosophin und Theologin Simone Weil geboren. Ihr ungewöhnliches und kurzes Leben ist geprägt durch einen scharfen intellektuellen Verstand, politisches Engagement und eingehende Beschäftigung mit mystischen Traditionen. Als Jüdin von den Nazis verfolgt, legte sie sich ein enormes Arbeitspensum auf, um ihre Gedanken zu Papier zu bringen. Sie starb mit 34 Jahren an Tuberkulose. Erst nach ihrem Tod wurde die Essaysammlung „Schwerkraft und Gnade" veröffentlicht, die sie einem breiteren Publikum bekannt machte.

865 † Ansgar, Glaubensbote im Norden Europas | 1746 † Matthias Desubas, Märtyrer in Frankreich (ev. Gedenktag; Sterbetag: 2.2.) | 1909 * Simone Weil, Philosophin jüdischer Abstammung | 1926 † Johannes Lepsius, Helfer der verfolgten Armenier

4. Februar

Sonntag | 2. Sonntag vor der Passionszeit (Sexagesimä)

Wochenspruch: Hebräer 3,15
Wochenlied: EG 196 oder 199
Altes Testament: Jesaja 55,(6–7)8–12a
Epistel: Hebräer 4,12–13
Evangelium: Lukas 8,4–8(9–15)

Wir lesen Psalm 128

Eine Segens- und Lebensperspektive

In diesem Wallfahrtslied erfährt die Alltagsrealität der kleinen Leute eine eindrückliche und besondere Würdigung. Nicht der König und auch nicht die priesterliche, administrative oder intellektuelle Elite werden gefeiert, sondern das alltägliche Leben mit seinen Gaben wird gepriesen. Was für ein Glück, wenn der Hände Arbeit die Ernährung sichert! Was für ein Segen, wenn eine Frau im Haus schaltet und waltet und wenn Kinder wie junge Ölbäume beim gemeinsamen Essen um einen Tisch herum sitzen! Vor dem inneren Auge entsteht in den Worten von Psalm 128 das Bild einer vollkommenen Idylle und einem Lebensglück, das geradezu utopisch anmutet. Dabei ist die Perspektive eindeutig: Glücklich werden Männer gepriesen, die solchen Segen empfangen. Und wer diesen Psalm liest, merkt sofort: Psalm 128 ist von Männern für Männer geschrieben, und ähnlich wie Psalm 127 kreist auch dieser Psalm um das Thema und die Frage,

„wie Leben gelingt". – Während Psalm 127 betont, dass es darauf ankommt, das gute Leben als Gabe aus Gottes Hand anzunehmen, stellt Psalm 128 die aktive Gestaltung in den Vordergrund. Den Seinen gibt's der Herr halt nicht nur im Schlaf, es braucht daneben auch der Hände Arbeit und das Leben in und mit den Kindern und Kindeskindern. Dabei ist die glückliche Familie Symbol für die Hoffnung und den Wunsch, dass da, wo Beziehungen wahrgenommen und gefördert werden, auch gutes und von Gott gesegnetes Leben wachsen kann und zu finden ist. Die Schlussformel in Vers 6 mit ihrem Friedenswunsch für Israel weitet den Horizont und führt über die Familie hinaus. Der Gott vom Zion eröffnet eine umfassende Segens- und Lebensperspektive für alle, die ihn fürchten und auf ihn vertrauen. Zukunft ist denen verheißen und geschenkt, die sich auf Gott verlassen. *Gabriele Wulz*

Wir beten

Herr, unser Gott, segne uns mit Frieden. Du gibst, was wir zum Leben brauchen. Wir danken Dir für das tägliche Brot, für unsere Familie und Freunde. Segne alle, die wir lieben. Amen.

856 † Hrabanus Maurus, Gelehrter, Abt und Bischof | 1906 * Dietrich Bonhoeffer | 1913 * Rosa Parks, afroamerikanische Bürgerrechtlerin in den USA

5. Februar

Montag | SA 07:54 SU 17:18 MA 04:33 MU 11:38

Wochenspruch: Hebräer 3,15
Wochenlied: EG 196 oder 199

Wir lesen 2. Timotheus 3,10–17

Glauben aus Beziehung

Vor allem am Ende vermuten die Leser zuerst eine Belehrung: Der Meister lobt seinen Schüler. Darüber darf aber die Beziehung des Glaubens nicht vergessen werden. Ein glaubender Bruder teilt seine Erfahrungen mit einem anderen Glaubenden namens Timotheus. Beide haben Erfahrungen mit Gott gemacht, haben daraus gelernt und sind im Glauben gewachsen. Der Briefschreiber verherrlicht diese Erfahrungen nicht. Er weiß, dass Gottvertrauen aus Anfechtungen entsteht. Und er spricht das an und aus. Es sind Unterscheidungen zu treffen: zwischen Glauben und Zweifel, zwischen Gottvertrauen und Irreführung, früher Götzendienst genannt. Um an diesen Unterscheidungen glaubend zu arbeiten, braucht es eine Orientierungshilfe. Diese findet der Briefschreiber in den Erzählungen, Gebeten und Lehrtexten der Bibel. Bibellektüre führt zu tieferem Glauben. Das klingt nur vordergründig spröde. Denn Lektüre und Lebensführung kommen zusammen, bereichern sich und bilden ein spannungsvolles Feld, auf dem die Glaubenden sich immer wieder neu ausrichten müssen auf Gottes Vollkommenheit. Vollkommenheit ist ein Wort voller Ansprüche, die übergroß werden können. Für den Briefschreiber genügt der Versuch. Es geht um den ersten kleinen Schritt, der aus den Verstrickungen der Welt wegführt hinein in die Gewissheit des Glaubens an Gott. *Wolfgang Vögele*

Wir beten

Gott, lass mich Deine Vollkommenheit sehen und an ihr wachsen. Sei bei meinen Mitschwestern und -brüdern, damit wir gemeinsam die Anstrengung unternehmen, uns nach Deinem Willen auszurichten. Amen.

Philipp Jakob Spener

Am 5.2.1705 starb in Berlin der lutherische Theologe Philipp Jakob Spener, der als Mitbegründer des Pietismus gilt. Seine kirchliche Reformschrift „Pia desideria" förderte die Gründung von kleinen Kreisen Glaubender, Konventikel genannt, zum Zweck des Bibelstudiums und der gegenseitigen Erbauung. Nach Jahren im Elsass, in Dresden und Frankfurt wirkte Spener zuletzt als Propst und Konsistorialrat an der Berliner Nikolaikirche.

1705 † Philipp Jakob Spener, Theologe in Frankfurt und Berlin

6. Februar

Dienstag | SA 07:53 SU 17:20 MA 05:48 MU 12:25

Wochenspruch: Hebräer 3,15
Wochenlied: EG 196 oder 199

Wir lesen 2. Timotheus 4,1–8

Heilsame Wahrheit

„Die Wahrheit ist den Menschen zumutbar“, lautet ein berühmtes Zitat der österreichischen Schriftstellerin Ingeborg Bachmann. Unser Briefschreiber, der sich auf die Autorität des Apostels Paulus beruft, weiß aber, wie schwer es ist, mit der Wahrheit bis zu den Hörern und Lesern durchzudringen. Viel lieber hören und glauben die Menschen die Botschaft, die bequem anzuhören und nicht zu anspruchsvoll ist. Die christliche Glaubenswahrheit ist keine Wohlfühlbotschaft. Auf den ersten Blick klingt sie nett: Gott liebt dich und schenkt dir seine Gnade. Auf den zweiten Blick aber ist diese Botschaft gerade für heutige Ohren auch unangenehm: Es ist nicht leicht anzuerkennen, dass ich auf die Gnade Gottes angewiesen bin. Denn es heißt zu erkennen, dass ich mein Leben nicht selbst in der Hand habe. Es heißt, mein eigenes Unvermögen sowie meine eigenen Grenzen und Schwächen zu bekennen. Wer hört schon so etwas gerne, wenn es doch meist darauf ankommt, stark und unabhängig zu sein? Hilfe anzunehmen, fällt vielen Menschen schwer. Auf den dritten Blick jedoch ist diese Botschaft heilsam. Denn sie entlastet:

Ich muss mich nicht um Anerkennung bemühen. Was mich ausmacht, ist nicht meine Leistung und nicht mein Vermögen. Was mich als Mensch ausmacht und wertvoll macht, ist ganz allein, dass Gott mich annimmt. Ich darf mich Kind Gottes nennen. *Olivier Dantine*

Wir beten

Gott, befreie uns von der Last, die wir uns selbst auflegen, indem wir unser Leben als unseren Verdienst sehen. Führe uns zu einem Leben in Dankbarkeit und Gelassenheit. Amen.

Dorothea Steigerwald

Heute vor zehn Jahren starb die Diakonisse, Erzieherin und Künstlerin Dorothea Steigerwald. Im Jahr 1918 geboren, trat sie mit 19 Jahren in die Schwesternschaft des Diakonissen-Mutterhauses „Hebron" in Wehrda (Marburg) ein und absolvierte eine Ausbildung als Erzieherin. Bekannt wurde Dorothea Steigerwald als Bildhauerin. Das Talent dazu entdeckte sie eher zufällig. Sie ließ sich von ihrem Dienst im Kindergarten freistellen, um ihrer Berufung nachzugehen. Ihre berühmteste Plastik, „Bleib sein Kind", wurde über eine Million Mal repliziert.

um 287 † Dorothea von Cäsarea, legendäre Märtyrerin | 679 † Amandus, Missionar und Bischof in Flandern | 2014 † Dorothea Steigerwald, Diakonisse, Kindergärtnerin und Künstlerin

7. Februar

Mittwoch | SA 07:51 SU 17:22 MA 06:50 MU 13:33

Wochenspruch: Hebräer 3,15
Wochenlied: EG 196 oder 199

Wir lesen 2. Timotheus 4,9–22

Gottes Treue überwindet Ärger

Der Schluss des Timotheusbriefes wirkt ernüchternd. Fast fühlt man sich an die Klage von Schlossbesitzern erinnert, dass es heutzutage so schwer sei, gutes Personal zu finden. Die einen verlassen den Apostel, weil sie die Freuden der Welt entdecken, auch andere Mitarbeiter sind in alle Winde zerstreut. Weitere Mitarbeiter sind eine Enttäuschung, tun dem Apostel sogar Böses an, wieder andere sind widerborstig. In den Stunden, in denen der Apostel am meisten Unterstützung gebraucht hätte, während des Verhörs, wurde er überhaupt alleine gelassen. Bei all dieser Enttäuschung bleibt aber die Zuversicht, dass Gott ihn erlösen wird. Das ist das vielleicht Tröstlichste an diesem Briefschluss: Gottes Treue und Gnade überwinden jede menschliche Schwäche. Es wird immer wieder vorkommen, dass ich mich über Menschen, mit denen ich zusammenlebe oder zusammenarbeite, ärgern muss. Es gibt kein Leben ohne Konflikte. Der Gedanke, dass Gottes Gnade und Treue stärker sind als jede menschliche Schwäche, hilft mir dabei, diese Konflikte im Licht dessen, was Gott mit uns vorhat, zurechtzurücken. Dieser

Ärger bekommt weniger Gewicht. Nicht vergessen darf ich aber meine eigenen Schwächen, das, worüber sich andere bei mir ärgern, und die Enttäuschungen und Kränkungen, die ich anderen zufüge. Auf Gottes Gnade und Treue muss und darf auch ich hoffen. *Olivier Dantine*

Wir beten

Gott, immer wieder belasten mich Konflikte, immer wieder habe ich Angst, andere zu enttäuschen. Stärke in mir die Zuversicht, dass Deine Treue festbleibt, was auch immer ich tue. Amen.

Frauenwahlrecht in der Schweiz

Am 7.2.1971 wurde in der Schweiz per Volksentscheid das Frauenwahlrecht auf Bundesebene eingeführt. Nachdem dieses Anliegen 1959 in einer ersten Volksabstimmung eine Abfuhr erlitt, intensivierte sich die Diskussion über das bundesweite Frauenstimmrecht in den Sechzigerjahren. 1971 war dann die Zeit endlich reif für eine positive Entscheidung. Fast zwei Drittel der abgegebenen Stimmen fielen für das Frauenstimmrecht aus. Auf kantonaler Ebene dauerte es noch bis 1990, bis auch der letzte Kanton den Frauen das Stimmrecht zugestand.

1528 Reformation in Bern | 1604 † Cyriakus Spangenberg, Liederdichter | 1801 † Daniel Chodowiecki, hugenottischer Zeichner und Kupferstecher aus Berlin

8. Februar

Donnerstag | SA 07:49 SU 17:24 MA 07:36 MU 14:59

Wochenspruch: Hebräer 3,15
Wochenlied: EG 196 oder 199

Wir lesen Titus 1,1–9

Gute Gemeindeleitung

Der Titusbrief gehört zusammen mit den beiden Briefen an Timotheus zu den „Pastoralbriefen". Sie sollen helfen beim Aufbau neu entstehender Gemeinden. Titus ist durch Paulus zum Glauben gekommen und hat ihm auf seinen Reisen viele Dienste geleistet. Nun soll er auf Kreta Gemeinden aufbauen und erhält dafür Ratschläge. Wichtig ist die Auswahl geeigneter Amtsträger, also der Ältesten und der Pfarrer. Bei dem Wort „Bischof" darf man nicht an heutige Landesbischöfe denken; es geht um die Leiter einer Gemeinde. Das Wort heißt wörtlich übersetzt: Aufseher. Es meint also den, der darauf sieht, dass die Gemeinde auf dem rechten Weg bleibt. Der Autor des Titusbriefs (Paulus oder einer seiner Schüler) nennt nun die Eigenschaften, die ein guter Gemeindebischof braucht. Da ist in dieser frühen Zeit noch nicht von Studium und Examen die Rede. Wohl aber wird erwartet, dass ein Amtsträger sich am Wort der Heiligen Schrift orientiert und dass er in seiner Lebensführung und seinem Charakter zur Leitung geeignet ist. Ehe, Umgang mit Geld und Besonnenheit sind die Themen, die dabei eine Rolle spielen. Tatsächlich haben der Lebenswandel und die Leidensbereitschaft der Christen eine große Rolle bei der Ausbreitung des Christentums gespielt. Auch heute noch spielt das moralische Versagen von Amtsträgern eine Rolle, wenn Menschen die Kirche verlassen. *Karl-Heinrich Lütcke*

Wir beten

Treuer Gott, hilf mir, dass ich auch mit meinem Leben Zeugnis gebe von Deiner Liebe zu den Menschen, und gib unseren Gemeinden tüchtige Mitarbeiterinnen und Mitarbeiter. Amen.

Reformation in Basel

In der Schweiz setzte Huldreich Zwingli 1523 zunächst in Zürich die Reformation durch. Von Zürich aus breitete sich die Bewegung auch in anderen Teilen der Schweiz aus. Im Februar 1529 beschloss die Bürgerschaft der Stadt Basel Veränderungen in Kirche und Staat im Sinne einer evangelischen Reformation. Zwar kam es in der deutschsprachigen Schweiz im selben Jahr zu einem Krieg mit den Katholiken, in dem Zwingli ums Leben kam, aber im Frieden von Kappel wurde 1531 der konfessionelle Charakter der evangelischen Städte festgeschrieben.

1220 † Wolfram von Eschenbach, Minnesänger | 1527 † Georg Wagner, Märtyrer in Österreich | 1529 Reformation in Basel | 1920 † Richard Dehmel, Dichter | 1935 † Max Liebermann, Maler

9. Februar

Freitag | SA 07:48 SU 17:26 MA 08:07 MU 16:33

Wochenspruch: Hebräer 3,15
Wochenlied: EG 196 oder 199

Wir lesen Titus 1,10–16

Streit um die rechte Lehre

Es geht heiß her in den frühen christlichen Gemeinden auf Kreta. Man streitet um die rechte Lehre. Die Schärfe der Polemik irritiert. Offenbar sieht der Titusbrief eine große Gefahr für die Gemeinde, wenn bestimmte von der biblischen Lehre abweichende Gedanken in der Gemeinde Fuß fassen. Die Gegner werden als Irrlehrer bekämpft. Worum es geht, erfährt man vor lauter Polemik nur am Rande. Es scheint um das Thema „rein und unrein" zu gehen, vielleicht um strenge Speisevorschriften: Das darf man essen, anderes aber nicht. In der frühen Christenheit, die ja aus dem Judentum hervorging, war von Anfang an umstritten, wie man es mit den Speisevorschriften halten soll. Da gab es Christen mit jüdischem Hintergrund, die an den gewohnten Speiseregeln festhalten wollten, und daneben gab es Christen mit heidnischem Hintergrund, die solche Regeln nicht kannten. In der Apostelgeschichte wird von einem solchen Konflikt berichtet, der friedlich gelöst wurde. Warum ist das auf Kreta nicht möglich? Es scheint, dass hier besonders radikale, schwärmerische Kräfte am Werk waren. Sie setzten sich für Erlösungslehren und Mythen ein, die in Kleinasien verbreitet waren, und sie verbanden das mit strengen Speisevorschriften. Der Titusbrief sieht dabei die Gefahr, dass aus dem Glauben an die Erlösung durch Christus ein Streben nach Selbsterlösung wird. *Karl-Heinrich Lütcke*

Wir beten

Barmherziger Gott, es gibt so viele Meinungen und Glaubensweisen. Hilf Du mir, den richtigen Weg zu finden, und schenke mir durch Dein Wort Klarheit in meinem Glauben. Amen.

John Hooper

An John Hooper kann man sehen, wie schnell sich die Reformation in Europa verbreitet hat. In England predigte Hooper (ca. 1495–1555) im Sinne des Reformators Zwingli, den er studiert hatte. Als er in Konflikt mit seinem Bischof geriet, ging er nach Straßburg und Zürich, kehrte aber nach einiger Zeit wieder nach England zurück. Dort wurde er sogar Bischof von Gloucester. Als die neue Königin Mary I. das Land mit blutiger Gewalt zum katholischen Glauben zwingen wollte, starb auch John Hooper am 9.2.1555 auf dem Scheiterhaufen.

1555 † John Hooper, Bischof und Märtyrer in England | 1740 † Vincent Lübeck, Komponist | 1881 † Fjodor M. Dostojewski, russischer Dichter | 1905 † Adolph von Menzel, evangelischer Maler und Graphiker | 1974 † Wilhelm Groß, evangelischer Bildhauer und Graphiker

10. Februar

Sonnabend | SA 07:46 SU 17:27 MA 08:30 MU 18:09

Wochenspruch: Hebräer 3,15
Wochenlied: EG 196 oder 199

Wir lesen Titus 2,1–10

Besonnenheit

Die christliche Lebensordnung, die wir hier vorfinden, spiegelt die gesellschaftliche Ordnung der damaligen Zeit: eine patriarchalische Sklavenhaltergesellschaft. Der Brief rüttelt nicht an dieser heute überholten Ordnung, aber er will sie mit einem Geist erfüllen, der in jeder Zeit wichtig ist für das Zusammenleben in der Familie. Alle werden angesprochen, die Alten und die Jungen, die Männer und die Frauen und auch die Sklaven. Wechselseitig werden sie zu einem Verhalten im Geist der Liebe gemahnt. Leider fehlt in diesem Brief eine ausdrückliche Mahnung auch an die Sklavenhalter, so, wie sie im Kolosserbrief (4,1) steht: Gewährt den Sklaven, was recht und billig ist, und bedenkt, dass auch ihr einen Herrn im Himmel habt. – Unter den Tugenden, die hier angesprochen werden, kommt ein Wort besonders häufig vor: Besonnenheit. Wenn das Zusammenleben von Alten und Jungen, von Frauen und Männern, von Chefs und Untergebenen gelingen soll, dann müssen alle dazu beitragen, dann müssen alle sich darum bemühen, besonnen zu sein, also: sich selbst im Griff haben; nicht ausfällig gegen andere werden; auch die andere

Seite einer Sache sehen; erst einmal nachdenken und drüber schlafen, ehe man einen bitterbösen Brief abschickt; die Folgen dessen bedenken, was man tut. Das alles ist Besonnenheit. Wir brauchen sie auch heute dringend. *Karl-Heinrich Lütcke*

Wir beten

Treuer Gott, schenke mir die Gabe der Besonnenheit. Hilf mir, dass ich zur Versöhnung beitragen kann, wenn es Streit gibt in der Familie, unter Freunden oder im Beruf. Amen.

Sklaven in der Antike

Sklaven waren in der griechisch-römischen Antike in den besser gestellten Familien der Normalfall. Sie wurden rekrutiert aus den Gefangenen, die in Kriegen gemacht wurden, oder kamen wegen Schulden in die Knechtschaft. Sie waren rechtlos. Sie konnten harte Arbeitsbedingungen und strenge Strafen wie Auspeitschung erleben, und wurden, wenn sie schwach oder alt wurden, verkauft. Sie konnten aber auch freundliche Herren haben, bei denen es ihnen relativ gut ging und die sie sogar nach einigen Jahren des Dienens in die Freiheit entließen.

1782 † Friedrich Christoph Oetinger, Theologe in Württemberg | 1947 Entdeckung der Höhlen in Qumran am Toten Meer

11. Februar

Sonntag | Sonntag vor der Passionszeit (Estomihi)

Wochenspruch: Lukas 18,31
Wochenlied: EG 401 oder EG.E 3
Altes Testament: Amos 5,21–24
Epistel: 1. Korinther 13,1–13
Evangelium: Markus 8,31–38

Wir lesen Psalm 31

Gott schenkt Freiheit und Geborgenheit

„Du stellst meine Füße auf weiten Raum.“ Dieser Satz spricht mich sofort an. Manche erinnern sich vielleicht noch an dieses Wort und an den Kirchentag 2001, dessen Motto so lautete. Es ist eine Aussage, die mich aufatmen lässt, die selbst schon weiten Raum schafft, und ich spüre viel Zuspruch und Trost. – In manchen Lebenssituationen fühle ich mich wie eingesperrt. Egal, in welche Richtung ich mich wende, was ich auch versuche, ich stoße immer an eine Mauer. Es geht nicht weiter, ich komme nicht heraus. Ich sehe keinen Ausweg. Das ist entmutigend und raubt mir viel Energie. „Du stellst meine Füße auf weiten Raum“ ist das Gegenteil davon. Gott will mir Freiheit und einen neuen Raum schenken, in dem ich mich bewegen und weiterleben kann. Zugleich schafft dieser Raum mir wieder eine neue Geborgenheit, die ich brauche. Gott sagt mir dies zu, und er hat die Kraft, Enge und Angst zu überwinden. – Aus dem 31. Psalm stammen auch Worte Jesu, die er am Kreuz spricht. In Kürze beginnt die Passionszeit und wir werden wieder mit dem Leiden und Sterben Jesu konfrontiert. „In deine Hände befehle ich meinen Geist", sagt Jesus, und damit betritt er sozusagen in aller brutalen Ausweglosigkeit – er ist an das Kreuz genagelt – einen anderen Raum. Er weiß sich ganz in den Händen seines Vaters geborgen. Trotz allem. In einer Lage, in welcher nach menschlichem Ermessen alles zu Ende zu sein scheint, weisen diese Worte auf Auswege und neue Räume. – Gott will auch meine Füße auf weiten Raum stellen, damit ich aus den Netzen befreit werde, die mich gefangen halten. Das gibt mir neue Perspektiven, und ich kann mein Leben neu sehen. Ich bin dankbar für die Phasen in meinem Leben, in denen ich das erfahren habe und Gottes Wirken spürte, als er mir wieder neuen Raum und Lebensmut gab. Und ich weiß, dass er auch heute und morgen bei mir sein wird, mir Freiheit und Geborgenheit schenkt. *Tobias Bilz*

Wir beten

Gott, Du stellst unsere Füße auf weiten Raum. Du holst uns aus Enge, Angst und Zwängen heraus. Du willst uns Freiheit und Geborgenheit schenken. Wir danken Dir, dass wir das erfahren durften, und vertrauen auch in Zukunft darauf. Amen.

1141 † Hugo von St. Viktor, Kirchenlehrer in Frankreich | 1531 Reformation in England | 1650 † René Descartes, Philosoph | 1737 † Benjamin Schmolck, Liederdichter in Schlesien (ev. Gedenktag; Sterbetag: 12.2.) | 2017 † Kurt Marti, Schweizer Pfarrer und Schriftsteller

12. Februar

Montag | Rosenmontag

Wochenspruch: Lukas 18,31
Wochenlied: EG 401 oder EG.E 3

Wir lesen Titus 2,11–15

Das eine nicht ohne das andere!

Heute am Rosenmontag lassen viele Menschen es noch einmal so richtig krachen, bevor mit Aschermittwoch die Fastenzeit beginnt. Ein Tag der Lebenslust und der Feier, bevor es sieben Wochen lang um bewussten Verzicht geht – auf Fleisch, Süßigkeiten, soziale Medien oder vieles andere. Der Rosenmontag kann auf diese Weise etwas Reinigendes und Stärkendes bekommen, wenn man ihn nicht von der auf ihn folgenden Fasten- und Passionszeit entkoppelt. Tut man dies, wird der Rosenmontag zu einem Volksfest unter vielen und der Karneval zum bloßen Spektakel. Das eine nicht ohne das andere! Mit zugegebenermaßen für diesen Tag sehr spröden Formulierungen zieht der Titusbrief eine ähnliche Verbindung zwischen der Gnade Gottes, die in Jesus Christus erschienen ist (Tit 2,11), und der daraus erwachsenen Konsequenz eines verantwortlichen Lebens (Tit 2,12–15). Wer einmal in Jesus Christus die Liebe und Gnade Gottes erfahren hat, der kann und will sein Leben unmöglich so weiterleben wie bisher, stellt der Titusbrief fest. Das eine nicht ohne das andere!

Christian Plate

Wir beten

Herr Jesus Christus, in meinem Leben durfte ich Deine heilsame Gnade erfahren. Ich danke Dir dafür und bitte Dich: Hilf mir, verantwortlich mit meinem Leben umzugehen. Amen.

Rosenmontag

Wie dieser Tag seinen Namen bekommen hat, lässt sich mit letzter Sicherheit nicht mehr sagen. Das Grimm'sche Wörterbuch führt ihn auf das Verb „rasen" zurück, was einen „rasenden Montag" impliziert und angesichts mancher Feierlichkeit auch heute sehr plausibel erscheint. Eine andere Erläuterung führt ihn auf das Tagungsdatum des ersten Kölner Karnevalkomitees nach dem Wiener Kongress zurück. Dieses kam an einem Montag nach dem Sonntag Lätare zusammen, welcher auch „Rosensonntag" genannt wird: also an dem „Rosenmontag".

1749 † Valentin Ernst Löscher, Theologe in Sachsen | 1804 † Immanuel Kant | 1834 † Friedrich Schleiermacher, Theologe in Berlin

13. Februar

Dienstag | Fastnacht

Wochenspruch: Lukas 18,31
Wochenlied: EG 401 oder EG.E 3

Wir lesen Titus 3,1–7

Der Obrigkeit untertan?

Gestern waren sie wieder zu sehen: fantasievoll gestaltete Rosenmontagswagen, gespickt mit politischer Satire, bissiger Kritik und gepfefferten Statements. Zu einer gesunden Demokratie gehört dies unverzichtbar dazu, umso mehr, wenn der Titusbrief die Meinung vertritt, dass Christen „der Obrigkeit untertan und gehorsam“ (Tit 3,1) sein sollen. Denn echte Untertanenschaft und wirklicher Gehorsam können sich nicht im kritiklosen Abnicken und Applaudieren erschöpfen, sondern müssen die Obrigkeit auch immer wieder an ihre Verantwortung erinnern. Nichts anderes tut im Übrigen auch der Titusbrief mit uns: „Niemanden verleumden, nicht streiten, gütig sein, alle Sanftmut beweisen gegen alle Menschen“ (Tit 3,2), das sind seine ermahnenden Ratschläge für ein gelingendes Miteinander. Ich lese sie nicht als Aufruf zu braver Passivität, sondern begreife sie vielmehr als einen Spiegel, der mich auf mögliche Punkte in meinem Leben aufmerksam machen möchte, in denen ich mich gegenüber anderen und Gott falsch verhalte. Bei einem ist sich der Titusbrief dabei ganz sicher: Die Seligkeit können wir uns auch durch einen möglichst korrekten Umgang miteinander nicht erarbeiten (Tit 3,5a). Allein aus Gnade, nicht aus Taten werden wir „Erben des ewigen Lebens“ (Tit 3,7). An diesem Punkt sind und bleiben wir der Obrigkeit untertan: allerdings der Obrigkeit Gottes! *Christian Plate*

Wir beten

Herr Jesus Christus, zu Dir kann ich so kommen, wie ich bin. Ich bitte Dich: Sieh mich gnädig an und führe mich auf rechter Straße, um Deines Namens willen. Amen.

Titus und die Obrigkeit

Der Titusbrief ist erstaunlich empfänglich für das Thema Obrigkeit. Er erwähnt als einer der ersten Texte des Neuen Testamentes Ämter wie das des Presbyters oder Bischofs (Tit 1,5 ff.). Dabei vergisst er aber nie, dass die entscheidende Obrigkeit immer Gott ist und dass sich jede Obrigkeit dereinst vor ihm rechtfertigen muss.

1798 † Christian Friedrich Schwartz, Missionar in Indien | 1798 † Wilhelm Heinrich Wackenroder, Schriftsteller | 1869 † Gertrud Reichardt, erste Diakonisse in Kaiserswerth | 1945 Zerstörung Dresdens

14. Februar

Mittwoch | Aschermittwoch

Wochenspruch: Lukas 18,31
Tageslied: EG 235 oder 389

Wir lesen Titus 3,8–15

Am Aschermittwoch ist alles vorbei!

„Am Aschermittwoch ist alles vorbei", das wissen nicht nur Karnevalisten. Auch das Aschekreuz, das katholische Gläubige am heutigen Tag auf die Stirn gezeichnet bekommen, symbolisiert Sterblichkeit und Endlichkeit: „Bedenke, Mensch, dass du Staub bist, und zu Staub zurückkehrst." (Gen 3,19) Wie gut, dass bei der Endlichkeitskultur des heutigen Tages der Lesungstext aus dem Titusbrief mit einer Gewissheit beginnt. „Das ist gewisslich wahr!" (Tit 3,8a), ist dort zu lesen, und diese Gewissheit bezieht sich auf die zuvor erwähnten Gnadengaben Jesu: den Glauben, die Rechtfertigung und die Hoffnung auf das ewige Leben (Tit 3,7). An einem Tag, der uns an die eigene Endlichkeit erinnert und der in einer Zeit, in der vieles, was einmal als gewiss galt, auf dem Prüfstand steht, hilft mir der Titusbrief mit seinem ebenso schlichten wie kraftvollen „Das ist gewisslich wahr!". Er erinnert mich an den Grund meines Glaubens, Jesus Christus, auf dem ich auch dann fest stehen kann, wenn einmal wirklich alles vorbei ist.

Christian Plate

Wir beten

Herr Jesus Christus, lass es mir immer mehr zur Gewissheit werden, dass bei aller Endlichkeit der Welt und meines Lebens Du durch alle Zeiten hindurch mein Herr und Heiland bist! Amen.

Wissen und Gewissheit

Gewissheiten sind in unserem kritischen Zeitalter vielleicht ein wenig aus der Mode gekommen. Vielen kommt ein abwägendes „Kann sein, kann aber auch nicht sein" ehrlicher daher als ein „Das ist gewisslich wahr!". Und doch: Unser Leben wäre ohne Gewissheiten kaum denkbar, und die allerwenigsten von ihnen können wir logisch oder naturwissenschaftlich beweisen. Die Liebe ist zu Beispiel eine von ihnen.

869/885 † Cyrillus und Methodius, Glaubensboten in Böhmen | 1546 Luthers letzte Predigt in Eisleben | 1826 † Johannes Daniel Falk, Pädagoge in Thüringen | 1945 † Hans Buttersack, Rechtsanwalt der Bekennenden Kirche

15. Februar

Donnerstag | SA 07:37 SU 17:36 MA 09:44 MU 00:06

Wochenspruch: Lukas 18,31
Wochenlied: EG 401 oder EG.E 3

Wir lesen Philemon 1–25

Glaube in der Liebe wirksam

Der Philemonbrief zeigt uns, wie der Glaube in der Liebe wirksam wird. Er führt in einer konkreten Situation zur Erkenntnis des Guten. Er überwindet durch die Gemeinschaft in Christus die sozialen Gegensätze, die Leid verursachen. Paulus schreibt aus der Gefangenschaft an die Hausgemeinde des Philemon, den er getauft hatte. Der war der Vorstand eines großen Hauses, zu dem auch Sklaven gehörten. Ein Sklave, Onesimus, war entflohen und hatte sich vielleicht in der Kasse bedient. Er suchte Rat bei Paulus und kam durch ihn zum Glauben. Mit seinem Brief will Paulus dem Sklaven und seinem Herrn helfen, ein neues gutes Verhältnis zu finden. Er schickt Onesimus zurück, bittet aber darum, dass Philemon ihn nicht mehr als nutzlosen Sklaven, sondern als Bruder in Christus und als Partner behandelt. Mit dem Philemonbrief haben Christen immer wieder die soziale Ungleichheit gerechtfertigt, weil Paulus die Sklaverei ja nicht abgeschafft habe. Durch die Beziehung zu Christus werden wir in seine Liebe hineingenommen. Für Paulus ist die Liebe eine innere, herzliche Verbindung. Sie macht Christen zu

Schwestern und Brüdern, die gleichwertig sind und füreinander einstehen. Soziale Gegensätze wie die von Herren und Sklaven werden dadurch überwunden. Das ist beispielhaft für die ganze Gesellschaft. *Christoph Schneider-Harpprecht*

Wir beten

Gott, unsere Welt ist tief zerrissen zwischen Armen und Reichen, Starken und Schwachen. Erfülle uns mit Deiner Liebe, die alle Gegensätze überwindet und Gerechtigkeit schafft. Amen.

Camilo Torres (* 3.2.1929 in Bogotá, † 15.2.1966 in San Vicente)

„Warum sollen wir streiten, ob die Seele sterblich oder unsterblich ist, wenn wir beide wissen, dass Hunger tödlich ist." So begründete der kolumbianische katholische Priester, Professor und Sozialrevolutionär Camilo Torres die Zusammenarbeit von Christen und Marxisten. Gegen die Armut propagierte er eine „christlich-kommunistische Bewegung" und starb gewaltsam als Untergrundkämpfer. Das Vorbild Jesu ist dagegen der Verzicht auf Gewalt. Nur wenn wir gemeinsam leben, Hass abbauen und Freundschaften schließen, wird die Welt gerechter.

Orthodoxer Feiertag: Christi Darstellung im Tempel | 1571 */1621 † Michael Praetorius, Komponist | 1781 † Gotthold Ephraim Lessing | 1945 † Georg Maus, Märtyrer im Rheinland (ev. Gedenktag; Sterbetag: 14.2.)

16. Februar

Freitag | SA 07:35 SU 17:38 MA 10:03 MU 01:33

Wochenspruch: Lukas 18,31
Wochenlied: EG 401 oder EG.E 3

Wir lesen 2. Mose 1,1–22

Gottes unsichtbare Heldinnen und Helden

Aufgrund der heutigen Textpassage hat sich meine Freundin entschieden, Hebamme zu werden. Sie war damals ganz ergriffen und ihre Stimme überschlug sich, als sie sagte: „Ist es nicht faszinierend, wie gut diese Frauen ihren Gott kennen und ihr Volk und wie stark sie sind und wie scheinbar mühelos sie ihre Prioritäten für das Leben setzen?" Inzwischen hat sie genug Geburten miterlebt, um sicher zu sein, dass die Hebammen damals sehr wohl gebraucht wurden – egal, wie stark die hebräischen Frauen gewesen sein mögen. – Was in mir nachhallt, ist die Aussage: „Sie kannten ihren Gott." Josef und seine Brüder waren in Vergessenheit geraten. Die meisten Hebräer und auch Ägypter bleiben namenlos. Der Pharao wird vom unterdrückten Volk nicht als Herrscher und Gott anerkannt. In alldem steht fest: Gott bleibt. Gott ist bekannt – gefürchtet und verehrt, beneidet und gehasst. Und ihm wird gedient. Er hat seine unsichtbaren Helden und Heldinnen an verschiedenen Stellen der Geschichte seines Volkes eingewoben. Es wirkt wie ein perfekter Plan, ein Schauspiel des Lebens mit all seinen Höhen und Tiefen, in dem jeder eine Rolle spielen darf. – Es war an den Hebammen damals und es ist an uns heute zu entscheiden, wie wir unsere Rolle in der Welt ausfüllen. Wir müssen nicht alle Hebammen werden wie meine Freundin. Es gibt viele Orte auf der Lebensbühne und hinter den Kulissen, an denen wir für Gott und die Menschen spielen, kämpfen, lieben und handeln dürfen. *Henrike Acksteiner*

Wir beten

Gott, lass uns unseren Platz auf der Bühne des Lebens finden. Stelle uns an Orte, an denen wir gebraucht werden und stelle Menschen an unsere Seite, wo wir Hilfe brauchen. Amen.

Glaubenszeuge gleich Glaubensheld!?

Was Wilhelm Schmidt, dessen 100. Todestages wir heute gedenken, wohl zum heutigen Lesungstext gesagt hätte? Vermutlich hätte er mit den Hebammen sympathisiert, denn er selbst war regimekritisch und hat sich etwa zu Zeiten des Erten Weltkriegs schneller als andere auf die Seite der Pazifisten gestellt. Er sah den Krieg als Gottes Strafe und hat klar dazu aufgerufen, Gott nachzufolgen in Wort und Tat.

1885 † Theodor Harms, Gründer des Missionsseminars Hermannsburg | 1924 † Wilhelm Schmidt, Glaubenszeuge in Mitteldeutschland

17. Februar

Sonnabend | SA 07:33 SU 17:40 MA 10:30 MU 02:56

Wochenspruch: Lukas 18,31
Wochenlied: EG 401 oder EG.E 3

Wir lesen 2. Mose 2,1–10

Liebe lässt los

Wie sich die beiden Frauen wohl gefühlt haben, am Ufer des Nils? Die eine, Jochebed, die Mutter Mose, die ihren Sohn noch einmal im Arm hält, bevor sie ihn in das Kästchen legt. Sie weiß nicht, ob es ihm zum Stubenwagen oder zum Sarg werden wird. Die andere, Tochter des Pharaos, deren unbeschwerter Badeausflug lebensverändernde Folgen nach sich zieht. – Beide haben etwas gemeinsam: Sie lassen los – aus Liebe. Jochebed entscheidet sich im Vertrauen auf Gott, ihren Sohn loszulassen. Es ist kein einfaches Loslassen der Gleichgültigkeit, sondern ein bedachtes. Drei Monate hat sie mit sich und ihrer Familie gerungen, bevor sie den Schritt wagt. Ob sie der Schwester, Miriam, gesagt hat, sie solle in der Nähe bleiben? Ob sie von der Badestelle wusste und Zeit und Ort geschickt wählte? In jedem Fall muss Jochebed das Kästchen losgelassen haben – aus Liebe. – Es jammerte die Tochter des Pharaos von Ägypten. Sie hatte Mitleid. Auf den ersten Blick erkennt sie, dass es sich hier um einen hebräischen Jungen handelt, und selbstverständlich kennt sie die Gesetze ihres Vaters. Und: Sie lässt den Gehorsam, diese Gesetze des Todes los – aus Liebe zum Leben. – So wird Mose zum ersten Mal durch die Liebe und das Loslassen zweier Frauen aus dem Wasser gerettet. Kennen Sie die Flussufer, Palaststufen oder Schreibtische, an denen Sie aus Liebe loslassen dürfen?

Henrike Acksteiner

Wir beten

Gott, hilf uns, aus Liebe loszulassen, wo es dem Leben dienlich ist. Halte uns fest in Deiner Liebe. Heute und immer. Amen.

Hart und herzlich

Johann Heermann gehört zu den wichtigsten christlichen Liederdichtern der Barockzeit. Noch heute erklingen seine Texte in unseren Gottesdiensten. „Herzliebster Jesu, was hast du verbrochen" ist einer der bekanntesten. Hier beschreibt der Theologe die „große Lieb, o Lieb ohn alle Maße" und fragt, wie die unermessliche Liebestat Christi jemals durch Geschenke erwidert werden könne. Johann Heermann hatte ein hartes Leben und hat viele Leiden erfahren. Gott gab ihm ein Herz für sein Wort und Worte, die noch heute Herzen erreichen.

1647 † Johann Heermann, Liederdichter in Schlesien | 1827 † Johann Heinrich Pestalozzi, Pädagoge

18. Februar

Sonntag | 1. Sonntag der Passionszeit (Invokavit)

Wochenspruch: 1. Johannes 3,8b
Wochenlied: EG 347 oder 362
Altes Testament: 1. Mose 3,1–19(20–24)
Epistel: Hebräer 4,14–16
Evangelium: Matthäus 4,1–11

Wir lesen Psalm 91

Gottes Heil ist uns sicherer als Burg und Bunker

Nach der kirchlichen Agende begehen wir heute den Sonntag Invokavit. „Invokavit" („Er ruft mich an"), das ist das erste lateinische Wort des Eingangspsalmes im Gottesdienst, somit die Antiphon (der Kehrvers) zu Psalm 91,15 an diesem ersten von sechs Sonntagen der sieben Wochen bis Ostern, der Fastenzeit, die am Aschermittwoch begonnen hat. Zugleich ist unser Sonntag Invokavit ein wichtiges kirchengeschichtliches Datum: Martin Luther (der im Übrigen am 18. Februar 1546, einem Montag, verstorben ist) begann im Jahr 1522 an diesem Sonntag seine berühmten Invokavitpredigten in Wittenberg, um bei den dortigen Tumulten wieder Ruhe und Ordnung zu gebieten. Er schaffte es – indem er jeden Tag der Woche in der Stadtkirche predigte – allein durch's Wort, ohne Polizei und Handgemenge. Er hatte zuvor die sichere Wartburg verlassen und warf sich ins Getümmel: „Gott bietet mir mehr Sicherheit als die Burg und der Schutz meines Landesherrn", schrieb er von unterwegs an seinen Kurfürsten. – So ist das bis heute in unseren aufrührerischen und unruhigen Zeiten. Bei allem Kriegsgetümmel und allen Waffenforderungen ist Gott unsere Hoffnung und Zuversicht, wie in früherer Zeit eine mittelalterliche Burg oder in heutiger Zeit U-Bahn-Schächte oder atomsichere Bunker tief unter der Erde für die Regierenden. Weil Gott unser Beten hört und sieht, wie wir unseren Glauben bekennen, reißt er uns aus aller unserer Not und schenkt uns das Leben, bis wir davon erfüllt und gesättigt sind. Aber so weit ist es noch nicht. Sondern so sieht es sich an, wenn wir rückwärts schauend manche Ereignisse unseres Lebens bedenken. Vorwärts betrachtet, ist das Leben in mancherlei gefährlichen Situationen immer ein mutiges oder gar waghalsiges Unternehmen – auch für uns Christen. Der Psalmist macht uns Mut dazu. *Roland Hoffmann*

Wir beten

Herr, unser Gott, wir danken Dir, dass uns Dein Heil sicher ist. Wir bitten Dich, lehre uns neu, unseren Glauben zu bekennen, und hilf uns beten. Erhöre die Stoßgebete der geschundenen Menschen. Wir befehlen sie Dir an und bergen uns dankbar bei Dir. Amen.

1546 † Martin Luther | 1564 † Michelangelo | 1700 Gregorianischer Kalender in evangelischen Ländern eingeführt | 1993 † Willi Marxsen, Theologe

19. Februar

Montag | SA 07:29 SU 17:44 MA 11:56 MU 05:18

Wochenspruch: 1. Johannes 3,8b
Wochenlied: EG 347 oder 362

Wir lesen 2. Mose 2,11–25

Notwehr mit Konsequenzen

Gott will keine Notwehr – und deswegen ist Mose ein Mörder. Aber Gott ist gnädig – und deswegen wird Mose ein Volksheld. Also wieder ein Bibeltext über Glaubens- und Lebensgrundlagen! Mose erschlägt einen ägyptischen Sklaventreiber und rettet so einen Israeliten aus sadistischer Quälerei; aber Gott will das nicht. Noch so schlimme Not rechtfertigt bei Gott keinen Totschlag. Deswegen muss Mose fliehen und wird sein Lebensziel Israel nicht erreichen: Gottes gelobtes Land hat keinen Platz für Mörder. Aber Gott will auch keine Todesstrafe für Mörder. Deswegen lässt Gott Mose am Leben: im politischen Asyl und mit neuer Identität. Mose lebt sozusagen auf Bewährung – und Mose bewährt sich ja: Er engagiert sich für Gerechtigkeit – bis zu den „Zehn Geboten“. Gottes Gesetze garantieren Gerechtigkeit – für alle Menschen! – So weit die biblische Theorie unserer Glaubens- und Lebensbasis! Aber die praktische Wirklichkeit sah schon damals anders aus – und auch davon berichtet die Bibel genau und gewissenhaft. Darin steckt für mich der besondere Wert der Bibel: Sie beschreibt das Ideal gelingenden Lebens – und seine Gefährdung. Dabei geht es weniger um historische Details als um anthropologische Fakten. Die Lebensgeschichten von Mose und den anderen Bibelmenschen halten uns den theologischen Spiegel vor – und zeigen uns so unsere und Gottes Wirklichkeit. *Helmut Siebert*

Wir beten

Gott, möglichst wollen wir das Beste – und erreichen so wenig. Dann werden wir ungeduldig mit uns selbst – und auch mit Dir. Gib uns Vertrauen in Deine fürsorgliche Gnade! Amen.

Georg Büchners Tod am 19.2.1837

„Friede den Hütten! Krieg den Palästen" war die Lebensparole von Georg Büchner, diesem Arzt und Schriftsteller, der politischen Umsturz als letzte Rettungsmöglichkeit für eine menschliche Gesellschaft sah. Er kannte das existenzielle Elend der Armut und heilte und schrieb dagegen an – bis er selbst im Alter von 23 Jahren an Typhus starb. Sein Lebensende musste er im Exil verbringen: auf der Flucht vor Verfolgung und ohne sein Lebensziel erreicht zu haben. Büchner und Mose hätten gut streiten können – und sich dabei schließlich doch verstanden.

1545 † Peter Brullius, Märtyrer in Flandern | 1837 † Georg Büchner, Schriftsteller | 1946 † Esther von Kirchbach

20. Februar

Dienstag | SA 07:27 SU 17:46 MA 12:57 MU 06:08

Wochenspruch: 1. Johannes 3,8b
Wochenlied: EG 347 oder 362

Wir lesen 2. Mose 3,1–22

Fundamentale Flexibilität

Dass und was Mose antwortet, als Gott ihn anspricht, ist wichtig. Denn die meisten Menschen reagieren überhaupt nicht auf Gott. Gott kann machen, was er will – oder auch schicken, wen er will: Es beeindruckt oder interessiert so wenig wie der Klimawandel. Mose ist da anders: Mose reagiert auf Gottes Wunderbusch. Allerdings: Mose reagiert nicht mit sofort begeisterter Frömmigkeit. Eher ist es neugierige Skepsis, die ihn in Gottes Nähe bringt. Und diesen distanzierten Standpunkt gibt Mose auch nicht auf. „Hier bin ich!“, heißt seine Antwort auf die Gottesoffenbarung. Nicht mehr und auch nicht weniger – aber eben mehr als nichts. Und für Gott reicht das. Denn auf diese knappe Antwort entfaltet Gott in langer Rede sein Programm einer Geschichtstheologie. Mose aber bleibt skeptisch und befragt Gottes Offenbarungen. Gott hält auch das aus: Offensichtlich darf man Gott bezweifeln. Denn Gott ahnt vermutlich schon, dass auch seine eigene Lebens- und Weltgeschichte sich nicht nach Plan entwickeln wird. Deswegen ist in die theologische Strategie Flexibilität eingebaut: „Ich werde sein, der ich sein werde.“ So bezeichnet und charakterisiert Gott sich selbst. Das klingt schwammig, ist aber genial. Denn Gott ist in Wahrheit ja kein übermenschlich ewiges Prinzip. Sondern Gott ist Liebe – also zuverlässig und anpassungsfähig. *Helmut Siebert*

Wir beten

Gott, oft vertrauen wir Dir – aber manchmal verzweifeln wir an Dir. Oft meinen wir, Dich zu kennen – aber plötzlich bist Du so fremd. Zeig Dich uns immer neu, damit wir Dich nicht verlieren. Amen.

50. Todestag von Christine Bourbeck

Wer darf und kann predigen? Das war die Lebensfrage bei Mose und bei Christine Bourbeck. Sie wird am 19. Juni 1894 in Hage geboren und muss nach dem Tod der Eltern früh Verantwortung für ihre jüngeren Geschwister übernehmen. Eigentlich will sie Pfarrerin werden, arbeitet aber als Lehrerin. Nach berufsbegleitendem Theologiestudium und Promotion erreicht sie doch kirchenleitende Aufgaben bis hin zur Gründung und Leitung der Schwesternhochschule der Diakonie – verbunden mit einer Pfarrstelle. Sie predigte also: mit Wort und Tat wie Mose.

1937 † Friedrich Weißler, Märtyrer in Preußen (ev. Gedenktag; Sterbetag: 19.2.) | 1942 † Julius Bursche, polnischer evangelischer Bischof | 1959 † Otto Bartning, Architekt der „Notkirchen“ | 1974 † Christine Bourbeck, evangelische Theologin

21. Februar

Mittwoch | SA 07:25 SU 17:47 MA 14:08 MU 06:44

Wochenspruch: 1. Johannes 3,8b
Wochenlied: EG 347 oder 362

Wir lesen 2. Mose 4,1–17

Kommunikationsprobleme

„Ich glaube nur, was ich sehe", sagen die, die nichts glauben. Bei Mose ist das anders: Er bekommt eine ganze Menge zu sehen, aber er glaubt trotzdem nichts. Er glaubt nicht an Gott – und er glaubt nicht an sich selbst. Gott ärgert sich sehr darüber. Als Lösung schlägt Gott etwas vor, was nur schiefgehen kann: „Mose, lass dir doch von deinen Geschwistern helfen" – zuerst vom Bruder; und später kommt dann noch die Schwester dazu. Ich weiß gar nicht, was mich in dieser Szene am meisten irritiert: Gottes Jahrmarkt-Tricks als theologische Selbstinszenierungen? Oder dieser Geschwister-Tipp abseits aller Familienpsychologie? Oder Gottes ungeduldiger Zorn nach dem Dornbusch-Überfall? Jedenfalls kann ich Moses Skepsis verstehen und nachfühlen! Wahrscheinlich ist genau das hier auch die Botschaft der Bibel: Du darfst denken und zweifeln und zaudern und fragen wie Mose. Das macht nichts – auch wenn Gott es lieber anders hätte. Du musst nicht alles sofort glauben und einsehen und annehmen. Das kostet zwar Zeit – hauptsächlich deine eigene Lebenszeit; aber Gott hält dein Zögern aus – wenn auch unter Schmerzen. Besonders deutlich wird das bei Jesus, dem größten Gotteswunder: In Jesus zeigt Gott großartige Wunder bis hin zur Auferstehung – aber wir Menschen verhalten uns wie Mose. Also bleibt es wohl Gottes Aufgabe, uns wie Mose die Freiheit zu schenken. *Helmut Siebert*

Wir beten

Gott, Du zeigst Dich vor unseren Augen und in unserem Herzen. Aber wir trauen unserer Wahrnehmung nicht und glauben nicht. Also bitten wir: Bleib geduldig mit uns und zeig Dich neu. Amen.

100. Geburtstag von Robert Mugabe

Würden wir Mugabes Geburtstag feiern, wenn er noch lebte? Robert Mugabe war wie Mose: ein Befreiungskämpfer und ein Mörder. Er litt für sein Volk und erreichte sein Ziel nicht. Er befreite Rhodesien von weißem Kolonialismus und führte es unter dem neuen Namen „Simbabwe“ in ausweglose Diktatur. Mugabe war berühmt bei Freunden und berüchtigt bei Feinden. Die Bibel erzählt immer wieder solch zwiespältige Lebensbilanzen: nicht nur bei Mose, sondern auch bei David und bei Paulus und bei anderen. Gehört Mugabe auch dazu? Und gehören wir auch dazu?

1677 † Baruch Spinoza, jüdischer Philosoph | 1861 † Lars Levi Laestadius, Glaubenszeuge in Lappland | 1861 † Ernst Rietschel, Bildhauer | 2018 † William Franklin „Billy“ Graham, US-amerikanischer Erweckungsprediger

22. Februar

Donnerstag | SA 07:23 SU 17:49 MA 15:22 MU 07:09

Wochenspruch: 1. Johannes 3,8b
Wochenlied: EG 347 oder 362

Wir lesen 2. Mose 4,18–31

Erzählen und erklären

Der schriftlichen Überlieferung, wie sie auf uns gekommen ist, hätten Anhaltspunkte gutgetan, welche Schwerpunkte unsere Interpretation haben sollte. Wird hier nur der Auftrag an Mose wiederholt, die Israeliten aus Ägypten in die Freiheit zu führen? Doch wie überwindet Mose die Hartnäckigkeit des Pharaos? Hat der Herrscher Ägyptens Achtung vor dem, in dessen Auftrag Mose zu ihm kommt? Der Erzähler fügt einen kleinen Abschnitt ein, dessen Deutung sehr schwierig ist. Wie wird hier von Gott gedacht und geredet? Will er Mose töten? Gott erscheint als ein Feind. Warum stehen diese kurzen Sätze hier? Soll das Thema „Beschneidung" in Erinnerung gerufen werden, dieser Brauch, den Gottes Volk als Zeichen der Zugehörigkeit zu der Gemeinschaft der Berufenen verstanden hat? Will der Erzähler erreichen, dass ein zu seiner Zeit nicht mehr geläufiger Ausdruck nicht in Vergessenheit gerät? – Nach dem nächtlichen Intermezzo, in dem auch Moses Frau Zippora mitwirkt, gelangt Mose nach Ägypten und erfüllt seinen Auftrag. Eindrücklich ist, wie das ganze Volk ihm glaubt und vertraut. Waren es die Zeichen, von Gott befohlen und vor dem Volk getan, die das Vertrauen bewirkten? Mose wird ein Helfer an die Seite gestellt. Sie alle sind eine Gemeinde, „sie neigten sich und beteten an", denn der Herr hat sich ihrer angenommen. Es wird ein gutes Ende geben.

Hermann Beste

Wir beten

Herr, unser Gott, Du zeigst Dich auf so verschiedene Weise. Dein Erscheinen ist oft schwer zu verstehen. Gib, dass wir nicht irre werden an Dir und das Vertrauen nicht verlieren. Amen.

Luthers Begräbnis

Am Morgen des 22.2.1546 erreicht der Zug, der den Sarg Martin Luthers von Eisleben begleitete, Wittenberg, wo der Sarg in die Schlosskirche gebracht wurde. Hinter dem Sarg fuhren in einem Wagen Luthers Witwe mit ihren Söhnen und sein Bruder Jakob. In der Schlosskirche predigte Luthers Freund Bugenhagen, und Philipp Melanchthon hielt eine lateinische Rede. Über Luther sagt er: „Es ist offenkundig, dass die Härte, die er gegen die Feinde der reinen Lehre anwandte, nicht auf ein zänkisches und boshaftes Gemüt zurückzuführen war, sondern auf ein großes ernstes Streben nach Wahrheit."

1546 Luthers Begräbnis | 1719 † Bartholomäus Ziegenbalg, Missionar in Indien (ev. Gedenktag; Sterbetag: 23.2.) | 1943 † Hans und Sophie Scholl | 1971 † Rudolf Mauersberger, Kreuzkantor | 2006 † Hilde Domin, deutsche Schriftstellerin/Lyrikerin jüdischen Glaubens

23. Februar

Freitag | SA 07:21 SU 17:51 MA 16:36 MU 07:28

Wochenspruch: 1. Johannes 3,8b
Wochenlied: EG 347 oder 362

Wir lesen 2. Mose 5,1–6,1

Gott wird angeklagt

Das Drama, der Kampf mit dem Herrscher in Ägypten, beginnt. Vertreter der Israeliten gehen zum Pharao und verlangen Freiheit. Sie wollen ein Fest für ihren Gott feiern. In der Wüste soll das geschehen, denn ganz Ägypten ist ein Heiligtum des Staatsgottes, das eine Feier für den Gott der Hebräer nicht zulässt. Die Verhandlungen mit dem Pharao bringen nichts Gutes. Die Berufung auf ihren Gott beeindruckt den Pharao nicht. Er wirft ihnen Unwilligkeit zu arbeiten vor. Verschärfte Arbeitsbedingungen werden den Israeliten auferlegt. Der ersehnte Wunsch nach Freiheit führt zunächst ins Gegenteil. Vergeblich wird um Rücknahme der auferlegten Last gebeten. Da liegt es nicht fern, dass sich der Unmut nicht nur gegen den Pharao und seine Schergen richtet, sondern auch Mose und Aaron angegriffen werden, weil sie das Volk „in Verruf gebracht" haben. Wieder wird Mose zum Fürsprecher für das Volk. „Warum tust du so übel an diesem Volk?", hält Mose seinem Herrn entgegen. Sich auf Gott zu berufen, lässt die Plagen nur noch größer werden. „Du hast dein Volk nicht errettet", heißt es. Diese vorwurfsvolle Klage bleibt aber nicht ohne Antwort. Das Volk erhält eine Zusage wunderbarer und mächtiger Hilfe. Mit starker Hand wird der Pharao gezwungen werden, den Widerstand gegen den Abzug der Israeliten aufzugeben. *Hermann Beste*

Wir beten

Herr, unser Gott! Wir erfahren, wie schwer es ist, den Weg mit Dir zu gehen. Dunkelheit und Lasten drücken nieder. Lass uns immer wieder das Licht am Ende des Weges sehen. Amen.

Garant apostolischer Tradition

Im 2. Jahrhundert war Polykarp die führende Gestalt für die Christen in Kleinasien. Als apostolischer Lehrer, ausgezeichnet durch sein Martyrium, genoss er Anerkennung. Im Jahr 96 wurde er zum Bischof von Smyrna bestellt. Hochbetagt unternahm er eine Reise nach Rom, um dort mit den Verantwortlichen über Gemeindeleben und Gottesdienstfeiern zu beraten. Das Osterfest sollte zur gleichen Zeit auf die gleiche Weise gefeiert werden. Jeder berief sich auf die Überlieferung in seiner Kirche. Doch die Verschiedenheit sollte den Frieden in der Kirche nicht gefährden.

155 † Polykarpus, Bischof und Märtyrer in Kleinasien | 1662 † Johann Crüger, Kirchenmusiker | 1980 † Erich Müller-Gangloff

24. Februar

Sonnabend | SA 07:19 SU 17:53 MA 17:48 MU 07:42

Tagesspruch: Jesaja 52,7
Tageslied: EG 264 oder EG.E 27

Wir lesen 2. Mose 7,1–13

Gott befreit sein Volk

Lass mein Volk ziehen! So ruft es Mose dem Pharao, dem mächtigen Herrscher Ägyptens zu. Nichts anderes hat er als das Wort, das ihm von Gott aufgetragen ist. In dieser Szene sieht das Alte Testament den grundlegenden Vorgang, um Gottes Kommen zu seinem Volk, ja zum Menschen überhaupt, auszusagen. Überall, wo sich Befreiung durch Gott ereignen soll, müssen widerständige Mächte überwunden werden. Aber Gott gibt den Menschen, die er befreien will, nicht äußere Gewalt in ihre Hand, sondern allein das Wort. So ruft Gott auch uns, indem er im Wort zu uns kommt, und wirbt um unser Vertrauen. Erst wenn wir ihm vertrauen, kann er uns befreien. Erst dann wird auch für uns der widerständige, oft tyrannische Mensch in uns sichtbar, der nur auf die eigene Kraft baut und Gott nicht kennt. Er will immer Recht behalten und gibt nur so lange nach, wie er dazu durch äußeren Zwang genötigt wird. Paulus nennt ihn den alten Menschen, der in uns herrschen will. Insofern spielt sich das Drama der Herausführung Israels aus der Knechtschaft mit den zehn Plagen auch in jedem Menschen ab, den Gott befreien will.

Vor dem Pharao, dem alten Menschen in uns, müssen wir uns nicht fürchten. Gott weist ihn in seine Schranken. An uns ist es, auf Gottes Zusage zu vertrauen. Dann wird uns Gott Schritt für Schritt in die Freiheit, in die Gemeinschaft mit ihm führen. *Thomas Koppehl*

Wir beten

Herr, unser Gott, führe uns aus dem Gefängnis unserer Vorurteile und Zwänge, dass wir befreit aufatmen und Dir gern dienen. Amen.

„Jesus ist Sieger"

Johann Christoph Blumhardt wurde 1838 zum Pfarrer in Möttlingen (bei Bad Liebenzell) ernannt. Gottliebin Dittus, eine junge Frau aus der Gemeinde, litt an einer unerklärlichen Krankheit. Sie wurde von Krämpfen geplagt und hörte fremde Stimmen. Zwei Jahre lang begleitete Blumhardt sie und betete mit ihr. In einem wahren „Geisterkampf" kam es dazu, dass die geheilte Frau schließlich ausrief: „Jesus ist Sieger." Diese Heilung löste eine Buß- und Erweckungsbewegung mit weitreichenden Auswirkungen auf Kirche und Theologie aus.

Tag des Apostels Matthias | 303 Diokletians erstes Edikt gegen die Christen | 1880 † Johann Christoph Blumhardt, Glaubenszeuge in Württemberg (ev. Gedenktag; Sterbetag: 25.2.)

25. Februar

Sonntag | 2. Sonntag der Passionszeit (Reminiszere)

Wochenspruch: Römer 5,8
Wochenlied: EG 94 oder 96
Altes Testament: Jesaja 5,1–7
Epistel: Römer 5,1–5(6–11)
Evangelium: Johannes 3,14–21

Wir lesen Psalm 123

Pilgern ist in!

Pilgern war offenbar auch in der biblischen Zeit sehr beliebt, denn unser Psalm gehört in ein eigenes Wallfahrtsgebetsbüchlein unter den 150 Psalmen, die wir im alttestamentlichen Psalter vorfinden. Selbst Jesu Familie ist mit Nachbarn und Freunden nach Jerusalem gewallfahrtet. Pilgern ist immer noch ein Erlebnis, wie es das für Jesus auch war. Mir kommt es allerdings so vor, als ob man seinerzeit als Wallfahrer stärker auf das Ziel orientiert war. Beim heutigen Pilgern ist mehr der Weg das Ziel. Und doch gehört beides zusammen: Weg und Ziel. Pilgernde von heute erzählen mehr von dem, was sie auf dem Weg mit sich und mit Gott erlebt haben. Dieses Erleben ist auch unumgänglich und gehört dazu. Wohl niemand entgeht dieser Pilger-Dynamik. Denn gerade beim einsamen Pilgern kommt unser in der Erinnerung gespeichertes und gut verschlossenes Leben in Aufruhr. Pilgernde erinnern – unvermutet – Erlebnisse, die sie längst vergessen dachten. Und diese Erlebnisse wollen „verarbeitet", bedacht und gedeutet werden. Dabei erkennen wir staunend, wie einer unser Leben gefädelt oder gar bestimmt hat. Gott ist Herr unseres Lebens, sagt der Psalmist. Wie sich Kinder auch heute bei ihren Eltern abgucken, wie etwas gehandhabt und gemacht wird, so erkennen Pilgernde – oft überraschend –, wie Gott ihr Leben gewoben hat: gnädig, barmherzig; jedenfalls: unverdient. Pilgernde gucken und erwarten nach ihrer Pilgerfahrt gespannter als vorher, wo und wie Gott das Leben lenkt, Verbindungen knüpft und wirre Verhältnisse ordnet. Wer sich wirklich auf einen Pilgerweg macht, kommt anders wieder, als er ausgezogen ist. Diese Veränderung ist die Mühe wert, die man beim Pilgern auf sich nimmt. Das Pilgern lohnt sich also in jedem Falle. Und die Psalmen, gerade auch die Wallfahrtspsalmen wie unser heutiger Psalm, wollen uns dabei begleiten. *Roland Hoffmann*

Wir beten

Danke, Herr, dass wir begreifen: Du lenkst unser Leben. Dir vertrauen wir uns an. Lenke auch die Wege der Völker zum gegenseitigen Verstehen und zum Frieden untereinander. Amen.

779 † Walburga, Äbtissin in Franken | 1686 † Abraham Calov, Theologe der lutherischen Orthodoxie | 1803 Reichsdeputationshauptschluss | 1886 Deutsche Evangelische Seemannsmission gegründet

26. Februar

Montag | SA 07:15 SU 17:56 MA 20:07 MU 08:03

Wochenspruch: Römer 5,8
Wochenlied: EG 94 oder 96

Wir lesen 2. Mose 7,14–25

Befreiung ist Kampf

Lass mein Volk ziehen! Mit diesem Wort tritt Mose dem mächtigen Herrscher Ägyptens, dem Pharao, entgegen. Wessen Wort wird Bestand haben? Wenn wir die Botschaft von der Befreiung Israels als Gleichnis für das Rettungshandeln Gottes lesen, dann geht es dabei auch um die Frage, ob der alte Mensch des Misstrauens oder der neue Mensch des Vertrauens auf Gott in uns siegen wird. Beide haben ihre Mittel, um uns zu beeindrucken. Das zeigt sich auch in unserem Text. Mose bekommt den Auftrag, mit seinem Stab auf das Wasser des Nils zu schlagen, so dass es durch Blut verunreinigt wird und die Fische sterben. Der Nil ist die Lebensader Ägyptens und die Quelle seines Reichtums. Wo ist die Quelle unserer Begabungen, und wodurch wird sie so verunreinigt, dass unsere Zuversicht und Lebenskraft ersterben? Erschöpfung, Ängste und Schamgefühle zerstören unsere Begabungen. Doch merkwürdig: Sowohl Mose als auch die Zauberer des Pharao verstehen sich auf dieselbe Kunst. Die Gewissensnot, die unsere Lebenskraft ersterben lässt, kann durch den gütigen Umkehrruf ebenso wie durch das böse, verächtlich machende

Wort hervorgerufen werden. Der alte Mensch in uns findet immer noch Lebensquellen und lässt sich durch den Umkehrruf nicht erreichen. Aber Gottes Wort wird Wege finden, um den tyrannischen Menschen in uns und in aller Welt in die Schranken zu weisen. *Thomas Koppehl*

Wir beten

Herr, unser Gott, bewahre uns vor der Faszination, die Gewalt und finstere Mächte der Gottesferne auf uns ausüben können. Erfülle uns mit Deiner Güte, damt wir Dir allein vertrauen. Amen.

Mechthild von Magdeburg († um 1285)

Mechthild hatte mit zwölf Jahren ein erstes mystisches Erlebnis. Sie wurde „in überaus seligem Fließen vom heiligen Geiste gegrüßt". Entsprechend trugen ihre Aufzeichnungen den Namen: „Das fließende Licht der Gottheit". Darin heißt es: Das Gebet „machet ein sauer Herz süße, ein traurig Herze froh, ein arm Herze reich, ein dumm Herze weise, [...] ein krank Herze stark, ein blind Herze sehend, eine kalte Seele brennend. Es ziehet hernieder den großen Gott in ein klein Herze; es treibet die hungrige Seele hinauf zu dem vollen Gotte."

um 1285 † Mechthild von Magdeburg, Mystikerin in Sachsen |1944 † Gustav von Bodelschwingh

27. Februar

Dienstag | SA 07:12 SU 17:58 MA 21:17 MU 08:13

Wochenspruch: Römer 5,8
Wochenlied: EG 94 oder 96

Wir lesen 2. Mose 11,1–10

Gott bleibt der souveräne Herr

Zunächst bekommen die Israeliten von ihren Nachbarn wertvolle Gefäße. Nach jahrzehntelanger Arbeit ist das zu wenig für einen fairen Lohn, aber immerhin ein Zeichen, dass sie nicht mit leeren Händen gehen. – Dann folgt die Ankündigung der zehnten Plage, der Tötung der Erstgeburt. Es kann irritieren, das Gott die Ägypter so hart schlägt. Aber sie sind hier das militärisch weit überlegene brutale Volk der Unterdrücker. Und die Bedeutung des Geschehens geht über die konkrete Befreiung Israels hinaus: Es geht um ein klares Signal an den Pharao und alle, die sich ihm ähnlich verhalten, und um eine direkte religiöse Dimension: Der Gott des Siegervolkes galt damals als stärker als der Gott des unterlegenen Volkes. Die Zeit Israels in Ägypten musste daher die Frage aufwerfen, ob Israels Gott vielleicht schwach und damit nicht vertrauenswürdig war. Mit der Befreiung Israels beantwortet Gott hier zugleich die Frage nach seiner eigenen Vertrauenswürdigkeit und zeigt dem Pharao dessen Grenzen auf. An den vielen Plagen (V. 9: „auf das meine Wunder noch mehr werden in Ägyptenland") können alle erkennen, dass

Gott sein Volk hier nicht etwa mit knapper Not so gerade eben befreien konnte. Vielmehr ist er der souveräne Herr, der auch den Pharao und alle anderen Tyrannen (in Gegenwart und Zukunft) zur Verantwortung zieht. *Volker Roggenkamp*

Wir beten

Lieber Vater im Himmel. Wir danken Dir dafür, dass Du ungerechte Herrscher zur Verantwortung ziehst. Und wir bitten Dich um Schutz, Trost und Heilung für ihre Opfer überall auf der Welt. Amen.

Patrick Hamilton – Märtyrer der Reformation in Schottland

Hamilton kam aus einer angesehenen und einflussreichen Familie. Er studierte in Paris, Löwen und St. Andrews. Dabei stieß er auf reformatorische Ideen, geriet dafür in Schottland unter Druck und floh nach Deutschland. Hier traf er verschiedene Reformatoren, studierte in Marburg und schrieb eine Schrift über den Unterschied von Gesetz und Evangelium. Nach seiner Rückkehr vertrat er in Schottland entschlossen die Lehren der Reformation und wurde dafür am 29.2.1528 hingerichtet. Er gilt als erster Märtyrer der Reformation in Schottland.

1526 Torgauer Bund | 1528 † Patrick Hamilton, Märtyrer in Schottland (ev. Gedenktag; Sterbetag: 28.2.) | 1531 Schmalkaldischer Bund | 1854 Wilhelm Löhe gründet Neuendettelsau | 1956 † Günther Ramin, Thomaskantor

28. Februar

Mittwoch | SA 07:10 SU 18:00 MA 22:28 MU 08:23

Wochenspruch: Römer 5,8
Wochenlied: EG 94 oder 96

Wir lesen 2. Mose 12,1–20

Der Gedenktag

Für die Befreiung aus Ägypten setzt Gott einen besonderen Gedenktag mit einem Fest ein, das auch alle späteren Generationen feiern sollen: das Passafest. Dafür werden zum Teil detaillierte Anweisungen gegeben. Das Volk soll sich immer wieder daran erinnern, dass es sein Überleben und seine Existenz seinem Gott verdankt. Die Erinnerungen, die zentral wichtig sind, werden nicht allein dem Zufall oder der privaten Erinnerungskultur überlassen, sondern sozusagen verbindlich in den Kalender eingetragen. Ähnlich halten Christen es mit dem Kirchenjahr. – Mit dem Passa verbunden ist Israels Schutz vor der zehnten Plage: Während die Verschonung Israels bei den ersten neun Plagen von Gott „automatisch" erfolgte, ist nun eine Aktivität erforderlich: Sie müssen das Blut des Lammes an ihre Türpfosten streichen. Nur unter der Markierung durch das Blut des Lammes bleiben sie sicher (V. 13). – Jesus hat das Abendmahl genau bei diesem Fest mit seinen Jüngern eingesetzt (Mt 26,17–30; Mk 14,12–26; Lk 22,7–23). Israel soll sich beim Passa Gottes Befreiungstat beim Exodus vergegenwärtigen. Das ist das Vorbild dafür, wie die Gemeinde

Jesu sich seine Hingabe am Kreuz vergegenwärtigen soll. Im neuen Bund ist es das Blut Jesu, durch das wir Vergebung der Schuld und damit die Befreiung aus der Knechtschaft unter der Sünde bekommen. *Volker Roggenkamp*

Wir beten

Danke, unser Gott, dass Du damals Dein Volk Israel befreit hast, und danke, dass Du uns aus der Schuld befreit hast. Hilf uns, niemals zu vergessen, dass wir Dir alles verdanken. Amen.

Todestag des Reformators Martin Bucer (1491 – 1551)

Bucer war Reformator in Straßburg und Cambridge und gilt als Erfinder der Konfirmation: 1539 war er maßgeblich an der Entstehung einer Kirchenordnung beteiligt, die im hessischen Ziegenhain entstand. Dabei ging es auch darum, zwischen streitenden Reformatoren und ihren Anliegen zu vermitteln: Betonten die einen das Ja zur Kindertaufe, so betonten die andern die Notwendigkeit eines persönlichen Bekenntnisses zu Christus und einer inhaltlichen Einführung in den christlichen Glauben. Die Konfirmation sollte diese beiden Anliegen verbinden.

380 Christentum zur römischen Staatsreligion erklärt | 1551 † Martin Bucer, Reformator in Straßburg und England | 1986 † Olof Palme

29. Februar

Donnerstag | SA 07:08 SU 18:01 MA 23:41 MU 08:34

Wochenspruch: Römer 5,8
Wochenlied: EG 94 oder 96

Wir lesen 2. Mose 12,21–33.51

Gottes Gericht zur Befreiung Israels

Nun ist es so weit: Gott schreitet wie angekündigt zur Tat und tötet die Erstgeburt der Ägypter. Bei dieser letzten und schlimmsten Plage handelt Gott alleine, ohne dass Mose oder Aaron irgendwie beteiligt sind. Es gibt keine Anweisung (oder Rechtfertigung) für Morde durch Menschen. Das ist unter keinen Umständen eine Aktion, die Menschen beschließen dürfen. Gott, der allein Herr über Leben und Tod ist, tat dies in einer ganz besonderen Ausnahmesituation, die sich über Jahrzehnte zugespitzt hatte. Die Verstockung des Herzens des Pharao stand ja nicht am Beginn, sondern am Ende dieser Entwicklung. Lange vor dieser Verstockung hatten die Ägypter mit Unterdrückung, Misshandlung und der (versuchten) Ermordung von Kindern selber ihr Herz verhärtet. Nun treffen sie auf Gott als Richter, der ihrem bösen Tun ein Ende setzt. – Nachdem nun die Erstgeburt der Ägypter gestorben ist, ist der Weg für den Exodus frei: Noch in derselben Nacht drängt der Pharao die Israeliten zu gehen. Zugleich erkennt er die Bedeutung ihres Gottes an, indem sie bei ihm Segen für den Pharao erbitten sollen. Auch das ägyptische

Volk drängt sie zum Gehen. Ihr Entsetzen („wir sind alle des Todes“, V. 33) ist aber wohl weniger ein Zeichen der Einsicht über ihre Schuld, sondern eher der nackten Angst vor Gottes Strafhandeln. *Volker Roggenkamp*

Wir beten

Lieber Herr, manchmal erkennen wir Dein Handeln in der Geschichte, aber oft verstehen wir nicht, was geschieht. Stärke unseren Glauben und schütze die Opfer von Gewalt und Ungerechtigkeit. Amen.

Der Exodus als Erzählung mit Wirkungsgeschichte

Der Exodus wurde zum Symbol. Frühchristliche Taufliturgien sprechen vom Gang durchs Wasser in das Neue. Im 17. Jahrhundert sahen Siedler in der Frühzeit der USA ihre Reise als Exodus aus der religiösen Verfolgung ins gelobte Land. Später wurde der Exodus dort zum Symbol für das Schicksal von Sklaven, wie in dem Spiritual „Go down, Moses“ aus dem 19. Jahrhundert, und inspirierte die Bürgerrechtsbewegung um Martin Luther King. Wenn auch nicht jede derartige Anwendung zu 100 Prozent passt, wird in dem Symbol doch sichtbar, dass Gott in jeder Epoche befreiend handelt.

713 † Suitbert, Glaubensbote am Niederrhein | 1824 Berliner Missionsgesellschaft gegründet

1. März

Freitag | SA 07:06 SU 18:03 MA – MU 08:49

Wochenspruch: Römer 5,8
Wochenlied: EG 94 oder 96

Wir lesen Markus 10,32–45

Aber so soll es bei euch nicht sein!

Nicht jeder träumt von Macht. Die wenigsten wollen Konzerne leiten, die Richtung vorgeben oder immer im Rampenlicht stehen. Doch wie wichtig es für jeden von uns ist, Einfluss, Gestaltungsspielraum und Befugnisse zu haben, das erfahren wir schmerzhaft da, wo wir Ohnmacht empfinden. Die Chefin verdonnert zu Diensten, die die Freizeitplanung durchkreuzen; Politiker tun viel zu wenig, um den Klimawandel aufzuhalten; oder der Partner hält sich einfach nicht an Absprachen. In solchen Situationen spüren wir, als wichtig es ist, nicht ohnmächtig zu sein. – Jesus spricht in Vollmacht. So lesen wir immer wieder in der Bibel. Sein Wort hat Gewicht. Er wird gehört. Kein Wunder also, dass seine Jünger Johannes und Jakobus mit ihrem Wunsch nach mehr Einfluss zu ihm kommen. Doch diese Begegnung ist direkt verbunden mit der Leidensankündigung Jesu. Dadurch soll uns etwas deutlich werden! Macht gesteht Menschen Entscheidungsgewalt zu, aber sie ist auch belastend, sie bürdet Verantwortung auf. Da, wo wir andere Menschen als Gottes geliebte Geschöpfe sehen, wird uns nicht egal sein, was unsere Entscheidungen über sie bewirken. Wir spüren dann, was unser Einfluss auf sie mit ihnen macht. Plötzlich wird Macht eine verantwortungsvolle, schwere Aufgabe. – Wie gehen wir mit der Macht um, die uns zukommt – als Vater oder Mutter; im Beruf; als Mensch, dem andere sich anvertrauen? *Marcus Baumgärtner*

Wir beten

Hilf mir Herr, dass ich mich nicht kleiner mache, als ich bin. Hilf mir, meinen Einfluss nicht zu unterschätzen. Hilf mir aber auch, Verantwortung zu tragen. Schenke Du Weisheit und Geduld. Amen.

Weltgebetstag

Der Weltgebetstag ist die größte ökumenische Basisbewegung von Frauen weltweit. Er wird in über 120 Ländern gefeiert und leistet dadurch einen wertvollen Beitrag für die christliche Ökumene und weltweite Frauensolidarität. Das Motto dieser internationalen Bewegung lautet „informiert beten, betend handeln". Wie bereits vor 30 Jahren (1994) wird er in diesem Jahr von Frauen aus Palästina vorbereitet. Sie erzählen von ihrem Leben und bitten für die konfliktreiche Lage ihres Heimatlandes um gemeinsames Gebet.

Weltgebetstag | 1457 Böhmische Brüdergemeine gegründet | 1522 Luther verlässt die Wartburg | 1606 † Martin Moller, Liederdichter in Schlesien (ev. Gedenktag; Sterbetag: 2.3.) | 1710 Cansteinsche Bibelanstalt gegründet

2. März

Sonnabend | SA 07:04 SU 18:05 MA 00:57 MU 09:07

Wochenspruch: Römer 5,8
Wochenlied: EG 94 oder 96

Wir lesen Markus 10,46–52

Was willst du, dass ich dir tue?

Das kennt der blinde Bettler schon: Auf seinen flehenden Hilferuf folgt die Zurückweisung prompt. Sein Schreien stört. Warum sollte es gerade jetzt anders sein als sonst? Die Gesellschaft verweist den Blinden wieder an seinen Platz. Man hilft ihm doch schon oft genug. Kann er denn nicht wenigstens jetzt mal den Rand halten?! Er soll abhängig bleiben und sich in seiner Hilfsbedürftigkeit zurückhalten. Er hat nicht zu entscheiden, wann man ihm hilft, und er entscheidet auch nicht, wie die Hilfe auszusehen hat. Wer will, wirft ihm Almosen zu. Er hat nicht aufzumucken. Nur Jesus sieht das anders: „Was willst du, dass ich dir tue?" Der Zurückgewiesene wird angehört und einbezogen. Ein Blinder wird gesehen. Er soll selbst darüber bestimmen können, was gut für ihn ist – wie alle anderen auch! Bettelnde Menschen sind auch heute herausfordernd. Oft sind sie nicht mit dem zufrieden, was wir ihnen geben möchten. Sie bestehen darauf, selbstbestimmt zu bleiben. Und sie stören damit. Doch Jesus gibt ihnen Recht: Durch Armut oder Krankheit verliert der Mensch nicht sein Recht auf Selbstbestimmung! Uns aber konfrontieren sie damit, was uns – Gott sei Dank – erspart geblieben ist. Und je mehr sie fordern, desto unausweichlicher rückt uns die Ungerechtigkeit auf die Pelle. Wie gut, wenn wir es schaffen, das auszuhalten, und sie nicht allein lassen. *Marcus Baumgärtner*

Wir beten

Lass mich klar sehen, Herr, wo ich beschenkt bin. Gib mir Dankbarkeit, lass mich immer wieder aus ihr leben. Und öffne mein Herz für jene, die es viel schwerer haben als ich. Amen.

John Wesley († 1791)

Aus der anglikanischen Kirche heraus gründete er die methodistische Kirche. Methodistisch heißt sie, weil die Gläubigen um Wesley damals sehr methodisch vorgingen, um die Nachfolge Jesu möglichst konkret in ihrem Leben umzusetzen. Beeinflusst von der Glaubenspraxis der Herrnhuter sowie von den Schriften Martin Luthers, ging Wesley mit seiner Verkündigung zu den Menschen hin. Er richtete sich vor allem an sozial Benachteiligte, wie z. B. Bergarbeiter. Bis heute hat der Methodismus eine große Nähe zur evangelisch-lutherischen Kirche.

1695 † Johann Ambrosius Bach | 1791 † John Wesley, Erweckungsprediger in England

3. März

Sonntag | 3. Sonntag der Passionszeit (Okuli)

Wochenspruch: Lukas 9,62
Wochenlied: EG 391 oder EG.E 22
Altes Testament: 1. Könige 19,1–8(9–13a)
Epistel: Epheser 5,1–2(3–7)8–9
Evangelium: Lukas 9,57–62

Wir lesen Psalm 141

Beten macht stark

Ein inbrünstiges Gebet. Der Beter hat ein Anliegen, das tiefgeht. Die Beterin ringt mit ihrer Lage, hofft auf eine Lösung durch Gott. Vermutlich kennen Sie solche Situationen inständigen Betens. Manchmal entsteht dabei der Eindruck, dass mein Gebet nur bis zur Zimmerdecke geht. Ich wünsche mir eine schnelle Lösung, doch Gottes Lösungen sind anders und immer wieder erstaunlich. Manche sagen deshalb: „Beten hilft nicht." – „Doch, es hilft", sage ich, „nur ganz anders, als ich mir das so manches Mal wünsche." Ich habe schon die erstaunlichsten Gebetserhörungen erlebt. Darum ist es wichtig, mir Gedanken zu machen, um was ich Gott bitte. Mein Beten hat Folgen. Zunächst werde ich ruhig. Ich weiß mich, mein Anliegen, die Menschen, für die ich bete, geborgen in Gottes Hand. Beten erinnert daran, dass Gott es wohlmacht und dass das, was mir begegnet, einen Sinn hat, auch wenn ich es ganz anders erlebe. Im Beten schwinge ich ein in Gottes

Weg mit mir. Dazu bedarf es manches Mal eines Ringens, wie wir es von Jesus in Gethsemane kennen. – „Ja, auf dich, *Herr*, mein Herr, sehen meine Augen; ich traue auf dich, gib mich nicht in den Tod dahin", heißt es am Ende des 141. Psalms. Ein Perspektivwechsel hat stattgefunden. Der Beter schaut nicht länger zu all dem Übel, das ihm widerfährt, nicht zu den Menschen, die ihm das antun. Er schaut auf Gott. Die Beterin vertraut auf ihn. Komme ich mit meinem Gebet an diesen Punkt, spüre ich Ruhe in mir, neuen Lebensmut, Kraft, die Dinge anzupacken und das, was ich verändern kann, zu ändern, das andere in Gottes Hand zu legen und darauf zu vertrauen, dass er es wohlmacht. Ich öffne mich dem Leben und den Möglichkeiten, die es trotz alledem gibt. Hier wird deutlich: Beten ist ein Prozess. Oft über Tage und Wochen. Er verwandelt mich, meine Sicht ebenso wie mein Tun und mein Lassen. *Hiltrud Schneider-Cimbal*

Wir beten

Manchmal aufgewühlt und verzweifelt, manchmal ruhig und zuversichtlich komme ich zu Dir, mein Gott. Schenke mir das Vertrauen, dass Du mich hörst und tust, was mir zum Besten dient. Amen.

321 Sonntag wird staatlicher Feiertag | 1554 † Johann Friedrich der Großmütige, Förderer der Reformation in Sachsen-Weimar | 1706 † Johann Pachelbel, Musiker

4. März

Montag | SA 07:00 SU 18:08 MA 03:31 MU 10:13

Wochenspruch: Lukas 9,62
Wochenlied: EG 391 oder EG.E 22

Wir lesen Markus 11,1–11

Er sah sich dort alles an

Eine bekannte Geschichte. Mir als Gottesdienstbesucherin dadurch vertraut, dass sie zweimal im Kirchenjahr vorgelesen wird. Einmal im Evangelium zum 1. Advent und einmal im Evangelium am Palmsonntag, dem letzten Sonntag vor Ostern. Ein Text, den ich im Ohr habe und sehr mag. In der Geschichte, wie Markus sie erzählt, fällt mir das Ende besonders auf. Nachdem Jesus auf die „bekannte" Weise in Jerusalem eingezogen war, ging er in den Tempel. Er sah sich alles an, und als es spät geworden war, ging er wieder zurück. So steht es dort, kurz und knapp. Ein Satz, der meine Fantasie reizt. Jesus ging in den Tempel und sah sich dort alles an. Ich stelle mir vor, ich bin bei Jesus. Ich sehe, was er sieht, die Säulen und Hallen, die vielen Menschen. Ich nehme die Betriebsamkeit wahr und zugleich die Ruhe, je weiter ich ins Innere des Tempels komme. Mit Jesus sehe ich die betenden Menschen und setze mich selbst zum Gebet. Das tut gut. Einfach nur da sein. Alles ablegen. Alle Ansprüche, die andere an mich stellen oder die ich selbst an mich habe. Bei und vor Gott darf ich sein. Das braucht seine Zeit. Über den Besuch Jesu im Tempel ist es Abend geworden. So schreibt es Markus. Hat Jesus dort gebetet? Das schreibt Markus nicht. Aber ich stelle es mir so vor. *Susanne Kiefer*

Wir beten

Lieber Jesus, ich danke Dir für Ruheorte mitten im Trubel der großen Erwartungen. Ganz selbstverständlich suchst Du sie auf. Nimm mich mit und lass auch mich zur Ruhe kommen. Amen.

Elsa Brändström

Sie erlebte als Tochter eines schwedischen Militärattachés in St. Petersburg den Ausbruch des Ersten Weltkrieges. Als Krankenschwester machte sie das Leid der deutschen und österreichischen Kriegsgefangenen in Sibirien zu ihrem Anliegen. In den Lagern grassierten Krankheiten und Seuchen. Elsa Brandström selbst wurde mehrmals schwer krank. Trotzdem blieb sie und setzte sich mit Erfolg für eine Verbesserung der Zustände ein. So sank die durchschnittliche Sterblichkeitsquote von teilweise 80 Prozent auf 18 Prozent. Elsa Brändström wurde darum auch „Engel von Sibirien“ genannt.

1852 † Nikolai Gogol, russischer Schriftsteller | 1948 † Elsa Brändström, Glaubenszeugin, „Engel von Sibirien“

5. März

Dienstag | SA 06:57 SU 18:10 MA 04:37 MU 11:09

Wochenspruch: Lukas 9,62
Wochenlied: EG 391 oder EG.E 22

Wir lesen Markus 11,12–25

Gebet und Zorn

Wieder sind wir mit Jesus unterwegs auf dem Weg zum Tempel. Aber heute zeigt sich eine ganz andere Seite von Jesus. Er ist zornig. Dabei geht es zunächst einmal um ein alltägliches Bedürfnis. Er hat Hunger, aber der Feigenbaum hat noch keine Feigen. Dass ihn das wütend macht, finde ich verständlich. Obwohl mein Bauch doch fast immer gut gefüllt ist, kenne ich durchaus auch Momente, wo ich vor Hunger ungeduldig oder ärgerlich bin. Im Tempel angekommen, zeigt sich Jesu zornige Seite erneut. Wieder geht es um ein Grundbedürfnis des Menschen. Das Gebet, die Beziehung zu Gott. Die Beziehung zu Gott ist in Gefahr, weil Betriebsamkeit sich breitgemacht hat, an einem Ort, der eigentlich dem Gebet vorbehalten ist. Und so kämpft Jesus, stößt Tische und Stände um, vertreibt Händler und Verkäufer. Kämpft gegen eine Praxis, in der sich alle gut eingerichtet hatten. Ich finde das sympathisch und verstehe es so, dass Jesus dort für Leute wie mich kämpft. Denn der Ort, wo die Händler sich breitgemacht haben, ist der Vorhof der Völker. Der einzige Ort im Tempel, zu dem Nichtjuden Zutritt hatten, war mit Beschlag belegt. Ich frage mich, wo stehe ich, wo stehen wir eigentlich heute Leuten im Weg. Behindern wir andere Menschen, anstatt ihnen Zugänge zu Gott zu ermöglichen? *Susanne Kiefer*

Wir beten

Zorniger Jesus, ich danke Dir, dass Du für mich kämpfst. Zeige mir, wo ich Menschen unbewusst den Zugang zum Beten verbaue. Amen.

Ernst von Harnack

Der Sohn des Theologen Adolf von Harnack war Jurist und überzeugter Sozialdemokrat. Als Mitglied des Bundes religiöser Sozialisten kritisiert er mehrmals öffentlich die „Deutschen Christen". Er hat familiäre Verbindungen zu Arvid Harnack, Hans von Dohnanyi und den Brüdern Bonhoeffer. In die Attentatspläne vom 20. Juni ist er nicht direkt eingeweiht, weiß aber um ihre Ziele und wird am 28.9.1944 in diesem Zusammenhang verhaftet, am 1.2.1945 vom Volksgerichtshof unter Freisler zum Tode verurteilt und am 5.3.1945 in Berlin-Plötzensee ermordet.

1875 † Hermann Friedrich Kohlbrügge, Prediger im Rheinland | 1895 † Nikolai Leskow, russischer Schriftsteller | 1945 † Ernst von Harnack, Widerstandskämpfer

6. März

Mittwoch | SA 06:55 SU 18:12 MA 05:28 MU 12:25

Wochenspruch: Lukas 9,62
Wochenlied: EG 391 oder EG.E 22

Wir lesen Markus 11,27–33

Nicht immer antworten

Die Aktion von Jesus bleibt nicht ohne Folgen. Hohepriester, Schriftgelehrte und Älteste, also die Verantwortungsträger im Volk, kommen zu Jesus und stellen ihm eine Frage. Eine berechtigte Frage, eine, an die man anknüpfen kann. Jesus könnte von Gott erzählen, von seiner Motivation, ihm zu dienen, seiner besonderen Mission. Nichts davon macht Jesus. Er spürt oder weiß, dass die Fragenden eigentlich nicht interessiert sind an ihm und seiner Aufgabe. Sie wollen ihn nur drankriegen, unschädlich machen. Darum bekommen sie keine Antwort von Jesus, sondern eine Gegenfrage, die auch eine Fangfrage ist. Jesus schlägt sie mit ihren eigenen Mitteln. Mir sagt das: Nicht jede Frage verdient eine Antwort. Möchte mein Gegenüber nur mich oder meinen Glauben lächerlich machen? Oder soll ich mich in Widersprüchen verstricken? Warum nicht von Jesus lernen und erstmal die Motivation oder Intention meines Gesprächspartners prüfen, bevor ich eine ehrliche Antwort gebe. Na klar, Jesus war in einer Situation mit besonderer Brisanz. Für ihn ging es um Leben und Tod bei der Frage nach Antwort oder Nicht-Antwort. Grundsätzlich denke ich, gilt aber für viele Begegnungen: Nachfragen, „Wie ist das gemeint? Was möchtest Du eigentlich?“, ist manchmal besser, als reflexhaft zu antworten. *Susanne Kiefer*

Wir beten

Kluger Jesus, lass mich erkennen, wo es dran ist zu reden und wo ich besser schweige. Wo braucht es klärende Fragen statt schneller Antworten. Bitte sei heute dabei, wenn mir Menschen begegnen und mich und meinen Glauben hinterfragen. Amen.

Luther kehrt zurück

Kurfürst Friedrich der Weise hätte ihn lieber weiter im Schutz der Wartburg gewusst. Aber im März 1522 kehrt Martin Luther nach Wittenberg zurück. Gut zehn Monate hat der vogelfreie Luther in der Sicherheit der Wartburg verbracht. Doch die Reformation schreitet überall „vom Wort zur Tat“ und nimmt dabei teilweise tumultartige und radikale Formen an. Wieder in Wittenberg führt Luther sie mit seinen bekannten Invokavitpredigten in gemäßigtere Bahnen zurück. Außerdem kümmert er sich um die Drucklegung seiner auf der Wartburg begonnenen Übersetzung des Neuen Testaments.

766 † Chrodegang von Metz, Bischof in Lothringen | 1522 Luthers Rückkehr nach Wittenberg | 1867 † Peter von Cornelius, deutscher Maler | 1953 † Sergeij Prokofjew, russischer Komponist | 1984 † Martin Niemöller, Theologe der Bekennenden Kirche, Widerstandskämpfer

7. März

Donnerstag | SA 06:53 SU 18:14 MA 06:05 MU 13:54

Wochenspruch: Lukas 9,62
Wochenlied: EG 391 oder EG.E 22

Wir lesen Markus 12,1–12

Sie werden doch wohl nicht ...

„Wenn du Gott zum Lachen bringen willst, mache einen Plan." Vieles im Leben ist nicht planbar. Selbst Gott kann seine „Pläne" ändern. Das Gleichnis vom Weinberg und seinen Besitzern macht einen Schnelldurchlauf durch die Bibel. Plan A: Der Weinberg ist in Gefahr. Er muss beschützt werden durch einen Zaun, einen Turm und Weingärtner, die sich kümmern. Die Aufgabe der Bewahrung von Gottes gesamter Schöpfung hatte ursprünglich der Mensch. Doch der wurde dann selbst zum Problem. Plan B: Gott erwählt sein Volk Israel, das stellvertretend für die gesamte Menschheit seine Gebote von Liebe und Fürsorge umsetzen soll. Immer wieder sendet er Menschen (Propheten/Knechte), die die jeweiligen Zeitansagen in Gottes Auftrag geben. Doch sie werden nicht (immer) gehört. Plan C: Gott kommt selbst in Gestalt seines Sohnes Jesus Christus. „Sie werden doch wohl nicht ihm dasselbe antun wie den Knechten zuvor." Dass es anders kam, lesen wir am Ende des Evangeliums. So kann es manchmal gehen mit eigenen Plänen. Gut, wenn es Offenheit für Planänderungen gibt. Die Auferstehung ist wieder einer.

Wobei: Alle Pläne Gottes bleiben in Kraft: Noch immer soll der Mensch die Schöpfung bewahren, noch immer ist Gott seinem Volk Israel treu, und noch immer will er Menschen durch seinen Sohn Jesus Christus ansprechen. Was sagen unsere Pläne dazu? *Stephan Zeipelt*

Wir beten

Himmlischer Vater, aus Liebe zu Deiner Schöpfung suchst Du immer wieder Wege, Menschen zu erreichen. Schenke offene Herzen und Ohren, um festgefahrene Wege zu überdenken. Amen.

Bibeln für alle

Bewegt dadurch, dass ein 15-jähriges Mädchen 26 Meilen durch Wales wanderte, um ihr sechs Jahre angespartes Geld in eine Bibel zu investieren, wurde die Britische und Ausländische Bibelgesellschaft heute vor 220 Jahren in London gegründet. Das Ziel war, vielen Menschen günstige Bibeln zur Verfügung zu stellen – wie schon 1710, als Carl Hildebrand von Canstein die erste Bibelanstalt der Welt in Halle a. d. Saale gründete. Heute sind in der United Bible Society weltweit 150 Bibelgesellschaften aktiv, um die Bibel zu übersetzen und zu verbreiten.

202/203 † Perpetua und Felicitas, Märtyrerinnen in Karthago | 1804 Britische und Ausländische Bibelgesellschaft gegründet | 1937 † Rudolf Otto, evangelischer Philosoph und Theologe

8. März

Freitag | SA 06:51 SU 18:15 MA 06:31 MU 15:28

Wochenspruch: Lukas 9,62
Wochenlied: EG 391 oder EG.E 22

Wir lesen Markus 12,13–17

Zahlen oder nicht zahlen?

So lautet die Frage an Jesus. Sie wird im Text als Versuchung dargestellt. Dahinter liegt wohl eine Erfahrung aus den Jahre 6 und 7 n.Chr. Judas, ein prophetischer Anführer, rief damals in Opposition zu der römischen Besatzungsmacht dazu auf, Gott allein zu verehren und dem Kaiser keine Steuern mehr zu zahlen. Dieser Aufruhr wurde niedergeschlagen (vgl. Apg 5,37). Und die Frage bleibt auch heute relevant. Auch Christen leben in einer Gesellschaft, die mit Gesetzen und Geboten ein Leben aller in der Gemeinschaft garantieren will. Jesu Antwort bezieht Stellung: Ja. Wir sind dazu aufgerufen, diese Gesetze einzuhalten. Und ja. Wir sind Gott gegenüber und auch seinen Geboten verpflichtet. In unserer Demokratie birgt das seltener ein Konfliktpotenzial als in totalitären Staaten. Und doch: Ab und an gilt es zu entscheiden, ob nicht eher ein Widerstand gegen staatliche Forderungen nach Gottes Gebot ist. Ein heikles Thema. Gerade sogenannte „Querdenker" haben dies ja in Coronazeiten immer betont. Und auch manche Klimaschutzaktion überschreitet Grenzen. Was ist zu tun? Zahlen oder nicht zahlen? Die Antwort Jesu gibt zum Glück nicht eine Antwort für alle Zeiten, sondern macht Mut, gemeinsam immer wieder zu überlegen: Was ist des Kaisers? Und was ist Gottes? *Stephan Zeipelt*

Wir beten

Jesus Christus, ein Leben als Christ fordert immer wieder heraus. Gib Du Mut und Entschlossenheit zu Entscheidungen. Und Weisheit, die jeweils richtige zu fällen. Amen.

Gleichberechtigung!

Der 8. März ist der evangelische Gedenktag des mittelalterlichen Philosophen und Theologen Thomas von Aquin († 7.3.1274). Er verfasste etliche Schriften, in denen er die scholastische Lehre vertrat. Diese möchte mit einer stringenten Beweisführung unter Abwägung aller Argumente auch Glaubensthemen wissenschaftlich begründen und sie nicht auf das Gefühl beschränken. Allerdings sah er als Kind seiner Zeit Frauen als Missgriff der Natur an. Wie gut, dass der 8. März auch der Weltfrauentag ist, der an die Gleichberechtigung aller Menschen erinnert.

1274 † Thomas von Aquin, Kirchenlehrer in Italien (ev. Gedenktag; Sterbetag: 7.3.) | 1840 Pilgermission in St. Chrischona gegründet | 1934 † Margarete von Oertzen | 1975 † Hans Bardtke, Theologe

9. März

Sonnabend | SA 06:49 SU 18:17 MA 06:50 MU 17:03

Wochenspruch: Lukas 9,62
Wochenlied: EG 391 oder EG.E 22

Wir lesen Markus 12,18–27

Ein Gott der Lebenden

Was erwartet mich nach meinem Tod, ist eine uralte Frage des Menschen. Auferstehung kann man sich nur im Erfahrungshorizont des eigenen Erlebens vorstellen. Der Wunsch nach einem Wiedersehen mit den Verstorbenen oder Paradiesvorstellungen sind solche Bilder. Beispielhaft wird es uns von den Sadduzäern durch die Geschichte erzählt. Den ersten Christen brannte die Frage nach der Endzeit und der Auferstehung der Toten unter den Nägeln. Sie erwarteten die Herrschaft Gottes über die Erde, die Wiederkunft Christi und die Auferstehung der Toten. In unserer Zeit hat die Frage nach der Zukunft der Welt eine neue Bedeutung und Zielrichtung bekommen. Viele befürchten ein durch den Menschen herbeigeführtes Ende der Erde. Wie können und wie sollen wir weiterleben? Anstrengungen sind notwendig, die oft durch die verschiedensten Interessen blockiert werden. Oft fehlen auch Mut und Ideen. Was können wir für unsere Kinder und Enkel tun, dass diese Erde bewohnbar bleibt? Wir können nicht tatenlos zusehen. Es ist unsere Aufgabe, zu tun, was nötig und möglich ist. Die christliche

Botschaft ruft uns immer wieder neu aus unseren selbst gemachten bequemen Gräbern des Alltags heraus. Es geht um Auferstehung inmitten unseres Alltags. Gott gestaltet mit den Lebenden die Welt, sagt Jesus. Wer sich aufmacht zu handeln, hat den Tod überwunden. *Heinz Meixner*

Wir beten

Jesus, Du hast Menschen ermutigt zu handeln, wo es notwendig war. Wir sind es, die Gottes Welt gestalten. Ich möchte verantwortlich vor Dir leben und an dieser neuen Welt mitbauen. Amen.

Vergebliche Spekulation

Eine mittelalterliche Legende erzählt uns: Zwei Mönche malten sich die Zeit nach ihrem Tod in den schönsten Farben aus. Als die Zeit des Alters kam, versprachen sie einander, dass der, welcher zuerst sterben würde, dem anderen im Traum Bescheid geben sollte, wie es im Jenseits aussehen würde. Sie verabredeten nur jeweils ein Wort: „taliter" (es ist so) oder „aliter" (es ist anders). Nachdem der eine Mönch gestorben war, erschien er seinem Freund im Traum und sagte: „totaliter aliter". Es ist vollkommen anders, als wir es uns vorgestellt hatten.

um 344 † Pusei, Märtyrer in Persien | 1009 † Bruno von Querfurt, Bischof in Polen | 1877 Berliner Stadtmission gegründet | 1913 † Eberhard Nestle, Bearbeiter des griechischen Neuen Testaments

10. März

Sonntag | 4. Sonntag der Passionszeit (Lätare)

Wochenspruch: Johannes 12,24
Wochenlied: EG 98 oder 396
Altes Testament: Jesaja 54,7–10
Epistel: 2. Korinther 1,3–7
Evangelium: Johannes 12,20–24

Wir lesen Psalm 132

Wo ist Gott?

Heute ist der Sonntag Lätare, das heißt: Freut euch. Mitten in der Passionszeit werden wir zur Freude aufgefordert. Diese Erinnerung haben wir nötig, und der 132. Psalm kann dazu helfen, dass für uns Freude und Leiden nicht wie zwei getrennte Welten auseinanderfallen. So lesen wir: Der Herr hat Zion als Stätte seiner Ruhe ewiglich erwählt. Dort will er den Armen Zions Brot genug geben und ihre Speise segnen. Die Priester Zions will er mit Heil kleiden und ihre Heiligen sollen fröhlich sein. Zion steht für Jerusalem, die Stadt, in der König David für den Herrn eine Stätte gesucht hat. Die Bundeslade, das Zeichen des Bundes zwischen Gott und Israel, soll im Tempel die immerwährende Gegenwart Gottes darstellen. Es ist eines der Rätsel Israels, wie die Verheißung Gottes sich mit der Zerstörung des Tempels und dem Ende des Königtums verträgt. Die Antwort der Propheten lautet: Gott bleibt trotz der Zerstörung des Tempels in allem Gericht seiner Verheißung treu. Zion ist und bleibt die Stätte der ewigen Ruhe Gottes. „Daselbst lasse ich aufgehen das Horn Davids, ich habe meinem Gesalbten eine Leuchte zugerichtet." (Ps 132,17) Mit der Zionsverheißung verbindet sich die Weissagung des Gesalbten, des Christus, der kommen soll. So ist mitten in Leid und Zerstörung der Weg beschrieben, auf dem Gott sein Wort bewahrheitet. Gott bindet sich an das Volk Israel, an Zion und seinen Gesalbten, um darin mit seiner Gegenwart allem Leiden, aller menschlichen Schuld und Zerstörung standzuhalten. So segnet er die Speise der Armen Zions und schenkt seinen Heiligen Freude. Das können wir auch heute erproben und erfahren, indem wir uns zu David stellen und mit ihm unsere Augen nicht schlafen lassen, bis wir den Zion als Stätte für Gott und seinen Gesalbten auch in unserem Herzen gefunden haben. *Thomas Koppehl*

Wir beten

Herr, unser Gott, zeige uns den Ort Deiner Ruhe und erfülle uns mit Deinem Geist. Tröste uns in allem Leiden und mach uns dankbar für alle Freude, die Du uns schenkst. Amen.

320 † Die vierzig Ritter von Sebaste, Märtyrer in Armenien | 1872 Erste evangelische Gemeinde in Japan gegründet | 1924 † Marie Schmalenbach, Dichterin

11. März

Montag | SA 06:44 SU 18:20 MA 07:19 MU 20:07

Wochenspruch: Johannes 12,24
Wochenlied: EG 98 oder 396

Wir lesen Markus 12,28–34

Liebe braucht Achtung

Das Gebot der Gottesliebe hatte durch die Ablehnung des Kaiserkultes für Juden und Christen eine politische Dimension. Wenn wir heute mit dem Gebot der Gottes- und Menschenliebe ernst machen, kommen auch wir in Konflikt mit der Gesellschaft. Wir stehen in Widerspruch zu den fremden „Göttern", die in unserer Gesellschaft das Leben bestimmen und beherrschen wollen. Die Liebe zu Gott ist immer verbunden mit der Liebe zu den Menschen. Sie grenzt keinen aus. Die Goldene Regel ist der Dreh- und Angelpunkt unseres Miteinanders: „Was du nicht willst, das man dir tu, das füg auch keinem andern zu." Liebe bedeutet, sich respektvoll dem anderen zuzuwenden. Im Musical „Anatevka" stellt der Milchmann Tevje seiner Frau Golde nach 25 Jahren Ehe die Frage: „Golde, liebst du mich?" Worauf sie antwortet: „Frag mich nicht so dummes Zeug!" Er aber beharrt: „Golde, liebst du mich?" Da sagt sie: „25 Jahre lebe ich mit dir, schlafe mit dir, koche dir, habe ich dir Kinder aufgezogen. Soll das nicht Liebe sein?" Liebe zeigt und bewährt sich nicht nur in der Ehe. Im Umgang mit den Menschen neben mir entscheidet sich die Wahrheit meines Glaubens. Gott wurde Mensch, wird uns zu Weihnachten gesagt. Nicht nur in Jesus, dem Christus, in jedem Menschen begegnet mir Gott. Solidarität ist die weltliche Entsprechung für diese umfassende Gottes- und Menschenliebe. *Heinz Meixner*

Wir beten

Jesus, es ist nicht leicht, sich dem Einfluss von Werbung und Werturteilen zu entziehen. Schnell schwimme ich mit im allgemeinen Strom der Zeit und ihrer Werte. Achtsam will ich sein. Amen.

1812 Gleichberechtigung der Juden in Preußen

Mit dem Edikt vom 11.3.1812 konnten Juden auf Antrag preußische Staatsbürger werden. Das war ein wichtiger, aber unvollständiger Schritt zur rechtlichen Gleichstellung der Juden in Preußen. Das Edikt enthielt Auflagen und Einschränkungen. Es gab nur in Ausnahmen Zulassungen zum Offizierskorps, zur Justiz und zur öffentlichen Verwaltung. Auch die politischen Rechte wurden den Juden vorenthalten. Ziel der rechtlichen Gleichstellung war die vollständige soziale, kulturelle, wirtschaftliche und letztlich religiöse Anpassung der Juden.

250 † Pionius, Märtyrer in Kleinasien (ev. Gedenktag; Sterbetag: 12.3.) | 1575 † Matthias Flacius, Theologe | 1812 Gleichberechtigung der Juden in Preußen

12. März

Dienstag | SA 06:42 SU 18:22 MA 07:32 MU 21:38

Wochenspruch: Johannes 12,24
Wochenlied: EG 98 oder 396

Wir lesen Markus 12,35–40

Prüft alles

Wenn es Menschen in einer Gesellschaft schlecht geht, hört man oft den Ruf nach einem starken Mann. Immer wieder warten die Menschen auf einen „Messias", der die Dinge richten soll. Auch zu Jesu Zeit wartete das Volk auf einen Retter. Prophetische Zukunftsvisionen nährten diese Hoffnung. Ein starker Mann, wie König David, sollte das Volk aus römischer Fremdherrschaft und Willkür erlösen. Er wird das alte Reich Israel wieder aufrichten und als König herrschen. Das Vertrauen in die Macht der Stärke findet von Generation zu Generation immer wieder Anhänger. Sie wollen die Zeit zurückdrehen. Jesus stellt sich dieser religiösen und politischen Auslegung entgegen. Er argumentiert mit einem Text aus den Psalmen. Wenn David den Messias „Herr" nennt, dann kann er nicht sein Sohn sein. Kein Vater würde seinen Sohn „Herr" nennen. Jesus zeigt, wie die Schriften immer wieder dazu benutzt werden, die eigenen Vorstellungen und Wünsche zu rechtfertigen. Davor sind auch wir nicht geschützt. Wir müssen immer wieder fragen, ob das, was wir hören und lesen, im Sinne Jesu ist. Sein Messiasbild wendet sich gegen Gewalt und Ausgrenzung. Nicht durch markige Sprüche und zweifelhafte Auslegung, sondern durch gelebten Glauben wird die Welt verändert. Frömmigkeit ist eine Lebenshaltung. Das Bekenntnis zu Gott und das Handeln nach seinem Willen gehören zusammen. *Heinz Meixner*

Wir beten

Jesus, es ist leichter nach jemanden zu rufen, der die Dinge in Ordnung bringen soll, als selbst Hand anzulegen. Doch auch durch mich willst Du die Welt zu einem guten Ende führen. Amen.

Gregor der Große, Bischof in Rom († 604)

Gregor gilt als bedeutender Papst. Doch sein Lebenswerk ist zwiespältig. Er stammte aus einer adligen römischen Familie. Mit ca. 35 Jahren entschied er sich, Mönch zu werden. Er wurde Berater von Papst Pelagius II. und 590 selbst zum Papst gewählt. Er war der erste Mönch der lateinischen Kirche, der zum Bischof von Rom gewählt wurde. Er betrieb weltliche und kirchliche Politik. Im Jahre 599 gab er den Befehl, die Nichtchristen gewaltsam zu missionieren. Gregor führte für den Bischof von Rom den Begriff Papst als Amtsbezeichnung ein.

604 † Gregor der Große, Bischof in Rom | 1916 † Marie von Ebner-Eschenbach, Schriftstellerin

13. März

Mittwoch | SA 06:40 SU 18:24 MA 07:47 MU 23:08

Wochenspruch: Johannes 12,24
Wochenlied: EG 98 oder 396

Wir lesen Markus 12,41–44

Wenig ist viel, arm ist reich

Im Gottesdienst geht der Klingelbeutel für diakonische Aufgaben durch die Reihen, am Ausgang wird für kirchliche Projekte eine Kollekte gesammelt. Bei Katastrophen wird reichlich gespendet, nicht nur in der Kirche. Wir spenden im Allgemeinen, was wir übrig haben und was wir finanziell verkraften. Auch „ein Pfund mehr" von Nahrungsmitteln für die Tafel ist ja eine Hilfe. Anders als bei der armen Witwe, die selbst von Almosen leben muss, bleibt in unserem Geldbeutel noch genug zum Leben übrig. Dieses Beispiel ist Jesus so wichtig, dass er seine Jünger herbeiruft. Die Frau spendet freiwillig alles, was ihr noch geblieben ist. Sie gibt ohne Berechnung, vielleicht, weil sie selbst weiß, wie notwendig eine Liebesgabe ist. Denn die Liebe zu Gott ist es, die sie alles geben lässt. Die Frau sorgt sich nicht um ihr eigenes Wohl, sondern vertraut darauf, dass Gott ihr etwas zum Leben schenkt, ihr Leben schenkt. Das macht sie in Wahrheit reich. Sie lässt los und klammert sich nicht an Geld, wie es die Reichen tun. Nicht die geringe Größe ihrer Spende ist bedeutsam, sondern die innere Haltung der Frau. So hängt die Wertschätzung ihrer Person nicht von ihrem Besitz ab. Hier wird das normale Maß auf den Kopf gestellt: Wenig ist viel, arm ist reich, das Kleine ist groß, eine arme unbedeutende Frau ist Vorbild für Jesu Jünger und für uns. *Adelheid Schnelle*

Wir beten

Guter Gott, hab Dank für das, was Du uns schenkst. Vertrauen auf Dich macht uns reich. Lass uns mit Freude geben, wo andere Hilfe brauchen. So erfüllen wir Deinen Willen. Amen.

Frauenrechtlerin Luise Otto-Peters

Am 26.3.1819 wurde sie in Meißen geboren. 1840 löste ihr sozialkritisches Gedicht „Die Klöpplerinnen" große Empörung aus. Sie veröffentlichte Romane und weitere Gedichte, die ihr den Beinamen „Lerche des Völkerfrühlings" einbrachten. 1865 gehörte sie zu den Mitbegründerinnen des Allgemeinen Deutschen Frauenvereins (ADF), der für den Beginn der organisierten Frauenbewegung steht. Ziel des Vereins sind vornehmlich gleiche Rechte der Frau auf Bildung, Erwerbsarbeit und Zugang zum Universitätsstudium. Sie starb am 13.3.1895 in Leipzig.

1559 † Georg von Ghese, Märtyrer in Norditalien | 1895 † Luise Otto-Peters, Frauenrechtlerin | 1963 † Paul Le Seur, Evangelist | 1975 † Ruth Schaumann, Dichterin

14. März

Donnerstag | SA 06:37 SU 18:26 MA 08:05 MU –

Wochenspruch: Johannes 12,24
Wochenlied: EG 98 oder 396

Wir lesen Markus 13,1–13

Kein Grund zur Panik

„Am Ende wird alles gut. Und wenn es nicht gut ist, ist es noch nicht das Ende." Dieser unter anderen Oscar Wilde zugeschriebene Spruch wurde 2015 durch einen Film einem breiten Publikum bekannt. Es ist ein tröstlicher Spruch, der in vielen Situationen passt und der mir bei diesem Bibeltext in den Sinn kommt. Was Jesus hier an schlimmen Ereignissen aufzählt, muss nach seinen Worten geschehen, aber es ist noch nicht das Ende. Grund zur Panik gibt es nicht. Hunger, Kriege und Verfolgung der Christen sind auch in unserer Zeit Realität. Manche deuten sie als Anfang vom Ende, als Weltuntergang oder Gericht. Was hilft aber, wenn böse Kräfte Macht gewinnen, der Tempel zerstört wird und Völker und Familien sich entzweien? Nur Gott selbst kann mit seinem Wort die Rettung bringen. „Das Evangelium muss zuvor gepredigt werden unter allen Völkern." (V. 10) Die Jünger werden dazu in der Lage sein. Sie müssen Zeugnis ablegen, aber der Heilige Geist steht ihnen zur Seite. Sie brauchen keine Sorge zu haben, denn er wird ihnen eingeben, was sie sagen sollen. Die Kraft des Evangeliums wird sogar die Völkergrenzen überwinden. Das Ende ist nicht die Katastrophe, sondern die Vollendung des Reiches Gottes. Wer am Vertrauen auf Gottes Hilfe und Barmherzigkeit festhält, wer also „ausharrt bis zum Ende, der wird gerettet werden“ (V. 13). Dann ist es gut. *Adelheid Schnelle*

Wir beten

Guter Gott, wir wollen mit dem Heiligen Geist in unserem Alltag rechnen. Gib uns Durchhaltekraft bei allem Tun und die Zuversicht, dass Du heute mit uns sein wirst. Amen.

Johann Salomo Semler

Geboren 1725 in Saalfeld, Thüringen, war Semler ein bedeutender evangelischer Theologe der Aufklärungszeit, ab 1753 bis zu seinem Tod 1791 in Halle. Er unterzog das Neue Testament einer streng historischen Fragestellung. Dabei unterschied er zwischen dem Wort Gottes, das zur moralischen Besserung des Menschen diene, und Texten der Heiligen Schrift, die nur in der Vergangenheit von Bedeutung waren. Damit gewann er Freiraum für kritisches wissenschaftliches Arbeiten an den Texten. Semler gilt als Mitbegründer der historisch-kritischen Methode.

968 † Mathilde, Königin, Gemahlin Heinrichs I. | 1415 Kirchenbann über Jan Hus | 1791 † Johann Salomo Semler, Theologe der Aufklärung | 1803 † Friedrich Gottlieb Klopstock, Dichter in Hamburg

15. März

Freitag | SA 06:35 SU 18:27 MA 08:30 MU 00:37

Wochenspruch: Johannes 12,24
Wochenlied: EG 98 oder 396

Wir lesen Markus 13,14–23

Bedrängnis und Warnung

Im zweiten Teil der prophetischen Endzeitrede Jesu spitzt sich die Situation zu. Das Markusevangelium schildert, wie furchtbar die Zerstörung Jerusalems sein wird und dass der Tempel durch ein heidnisches Götterbild entweiht werden soll (Gräuel, V. 14). Wenn es dann so weit ist, ist ein Widerstand der Bevölkerung nicht möglich. Es bleibt nur die unverzügliche Flucht und der Rückzug in die Berge. Die Bedrängnis wird von nie gekannter Größe sein, aber die von Gott Erwählten und auch die Jünger Jesu haben Hoffnung auf Rettung und zeitliche Begrenzung der Not. Sie dürfen sich nicht von Lügenpropheten in die Irre führen lassen. Jesus warnt die Jünger und sagt ihnen, was zu tun ist. Sie können nicht behaupten, es nicht gewusst zu haben, denn: „Ich habe es euch alles zuvor gesagt." (V. 23) Zu Beginn (V. 14: „Wer das liest, der merke auf!") werden die Leser des Markusevangeliums ausdrücklich angesprochen. Sie sollen das Gesagte auf sich selbst und ihre Situation beziehen und daraus Schlüsse für ihr Leben ziehen. Hier denke ich an die Problematik unserer Tage: Es ist bekannt, was zu tun ist, um den Hunger in der

Welt zu stillen. Unbestritten ist, dass Wassermangel, Armut und Überbevölkerung zu großen Problemen führen werden. Wir wissen genau, was sofort unternommen werden muss, um die Katastrophen unserer Zeit noch im letzten Moment abzuwenden. *Adelheid Schnelle*

Wir beten

Jesus Christus, hilf uns, dass wir uns nicht fürchten vor den Bedrängnissen unserer Zeit. Du schenkst uns Kraft und Ideen, Probleme zu lösen, die unlösbar scheinen. Amen.

Oh, wie schön ist Panama

Am 15.3.1978 erschien Janoschs Kinderbuch „Oh, wie schön ist Panama", das 1979 mit dem Deutschen Jugendbuchpreis ausgezeichnet wurde. Es ist die bebilderte Geschichte vom kleinen Bären und kleinen Tiger, die sich gemeinsam auf den Weg machen, um Panama zu suchen. Unterwegs treffen sie viele Tiere, die ihnen den Weg zeigen. „Wenn man einen Freund hat, braucht man sich vor nichts zu fürchten!", stellen die beiden fest. Schließlich kommen sie glücklich am Ziel ihrer Sehnsucht an, das sich als ihr geliebtes altes Zuhause herausstellt.

1587 † Kaspar Olevianus, Theologe in der Pfalz | 1933 † Theodor von Zahn, Theologe

16. März

Sonnabend | SA 06:33 SU 18:29 MA 09:03 MU 02:00

Wochenspruch: Johannes 12,24
Wochenlied: EG 98 oder 396

Wir lesen Markus 13,24–37

Was auf uns zukommt

Mitten im März ein Adventstext: Gott kommt, der Menschensohn kommt mit den Wolken des Himmels „in großer Kraft und Herrlichkeit". Was geschieht da am Ende der Zeit? Wir wissen: Alles Materielle altert und stirbt. Auch die Erde altert. Die Erdatmosphäre verliert ihre Diffusionsfähigkeit und geht dem Wärmetod entgegen. Die Bibel beschreibt apokalyptische Verhältnisse: Die Menschen geraten im Streit aneinander. Das nahe Ende zeigt sich in Kriegen und Kriegsgeschrei, Erdbeben und Hungersnöten. Es bleibt aber das Bewusstsein für den Wert wahrer Worte, die von Liebe sprechen und vom ewigen Leben. Beim Evangelisten Markus gesteht Jesus ein, dass er nicht weiß, wann das alles geschieht, auch die Engel wissen es nicht, niemand weiß es. Allein der Vater kennt Tag und Stunde. Getragen von großem Gottvertrauen erwartet Jesus noch für sich und seine Zeitgenossen das Ende der Welt: Er hat seine Freunde vorbereitet und gestärkt durch das Evangelium. Aber er irrt sich: Das Ende bleibt aus bis auf den heutigen Tag. Warum? Gott hat viel Geduld mit uns. Die Zeichen nahen Endes blitzen immer wieder auf und mahnen uns zu Wachheit und Glauben: In der uns aus göttlicher Gnade geschenkten Zeit sollen wir wach und aufmerksam bleiben und der Verheißung vertrauen: Wir werden im Vergehen der Welt zu den Geretteten gehören. Der Tod ist besiegt durch die Liebe. *Peter Godzik*

Wir beten

Wir bitten Dich, Gott, um Wachheit und Bewusstheit im Vergehen der Welt. Lass uns nicht verzweifeln angesichts der Schrecken um uns her, sondern Dir vertrauen: Du rettest uns durch Deine Liebe. Amen.

Auferstanden aus Ruinen

Die Dresdner Frauenkirche sieht aus wie eine große Glocke, die zu Gottesdienst und Gebet ruft. In einer schrecklichen Nacht, in der sich die Gestirne verfinsterten und Feuer leuchteten, stürzte sie zusammen und blieb rußgeschwärzt als Ruine und Mahnmal gegen den Krieg stehen. Einheit und Frieden schenkten die Kraft zum Wiederaufbau und stellten wieder her, was Menschen stärkt und auferbaut. George Bährs genialer Wurf, die Hauptkirche des deutschen Protestantismus, blieb nicht zerstört liegen, sondern auferstand aus Ruinen – der Zukunft zugewandt.

1021 † Heribert von Köln, Bischof | 1738 † George Bähr, sächsischer Kirchenbaumeister | 1940 † Selma Lagerlöf, schwedische Schriftstellerin

17. März

Sonntag | 5. Sonntag der Passionszeit (Judika)

Wochenspruch: Matthäus 20,28
Wochenlied: EG 76 oder 97
Altes Testament: 1. Mose 22,1–14(15–19)
Epistel: Hebräer 5,(1–6)7–9(10)
Evangelium: Markus 10,35–45

Wir lesen Psalm 130

Eine lange Nacht

Wer in der Nacht Wache halten muss, weiß, wie undurchdringlich die Finsternis werden kann und wie endlos sich Stunden dehnen können. Das kleinste Geräusch, ein Schatten, eine Bewegung – alles da draußen kann Gefahr bedeuten. Und auch im eigenen Inneren lauern Gefahren, bleierne Müdigkeit, Grübeleien, Angst. – Das alte Gebetslied, das uns als Psalm 130 überliefert ist, macht eine solche Nachtwache zum Bild für das sehnsüchtige Warten auf Gott. Es ist ein banges, ängstliches Warten: Ist die Tiefe, in die ich geraten bin, allzu fern, als dass meine Stimme noch an Gottes Ohr finden könnte? Verschluckt das Dickicht der Sünden, die zwischen mir und meinem Gott stehen, den Klang meiner Rufe? – Wer schon einmal auf eine Antwort Gottes gewartet hat, auf Wegweisung, einen rettenden Gedanken oder die Erhörung eines Gebets, weiß, wie undurchdringlich die Stille werden kann, in der sich Gott nicht hören lässt. Wie endlos sich die Zeit des Schweigens dehnen kann, wie andere Geräusche immer lauter werden. Dass die Gefahr droht aufzugeben: das Warten, die Hoffnung, vielleicht sogar Gott: des Wartens auf ihn allzu müde. Wenn das Warten endlos lange wird, werden die Fragen groß. Warum Gott nicht endlich eingreift. Warum er die nicht aufhält, die Not und Elend über andere bringen. Können wir von Gott noch etwas er-warten? – Am Ende des Psalms schiebt sich zwischen die dunkel daliegende Erde und den immer noch nachtfinsteren Himmel ein zarter Hoffnungsschimmer. Ob darin schon der neue Morgen heraufdämmert, oder ob sich die wartende Seele eine leuchtende Erinnerung vor Augen malt? Auf jeden Fall blitzt in diesem Hoffnungsschimmer der auf, der Erlösung bringen wird und Gnade. Und so dunkel die Welt gerade noch ist: Es ist ein Trost, den zu kennen, auf den wir warten, und mit unserem Rufen und Beten seinem neuen Morgen entgegenzusehen. *Nicole Chibici-Revneanu*

Wir beten

Du Gott, auf den wir warten und hoffen: Lass Dein Licht als Hoffnungsschimmer in unsere Nächte fallen, damit wir nicht müde werden, nach Dir Ausschau zu halten und aus der Hoffnung zu leben. Amen.

461 † Patrick von Irland, Bischof und Missionar | 1937 † Franz Rendtorff, Gustav-Adolf-Verein | 1970 † Günther Dehn, Theologe der Bekennenden Kirche

18. März

Montag | SA 06:28 SU 18:32 MA 10:48 MU 04:07

Wochenspruch: Matthäus 20,28
Wochenlied: EG 76 oder 97

Wir lesen Markus 14,1–11

Geliebt und verwöhnt statt verraten und verkauft

Von David und den Königen Israels wissen wir, von wem sie zu Königen gesalbt wurden. Es waren die Propheten Israels, die Gottes Gnadenwahl an ihnen vollzogen. Aber wer hat Jesus zum Christus gemacht, zum Gesalbten Gottes, zum Messias? Es war diese namenlose Frau, die die Männerrunde in Bethanien in Simons des Aussätzigen Haus durchbrach und Jesus einen unerhörten Liebesdienst erwies mit kostbarem Nardenöl. Jesus wies den Protest der Umstehenden zurück. Er verstand diesen außergewöhnlichen Liebesdienst der unbekannten Frau als Salbung zu seinem Begräbnis. So tat er gleich zweierlei: Er verteidigte das ungewöhnliche Tun der Frau vor den versammelten Männern, und er kündigte ihnen seinen bevorstehenden Tod an. Ob ihn die Männer damals verstanden haben und auch heute noch verstehen? Liebe ist selbstlos und verschwenderisch und durchbricht festgefügte Konventionen. Sie nutzt die immer vom Tod bedrohte Zeit auf Erden. Das Evangelium wird, so hören wir, verkündigt „zu ihrem Gedächtnis". Die Männer in dieser Geschichte haben wie immer anderes zu tun als diese liebende Frau: Sie planen, mit List zu ergreifen und zu töten; sie werden unwillig und fahren andere an; sie nehmen sich vor, den anderen bei guter Gelegenheit zu verraten. Dieses wiederkehrende schreckliche Männerverhalten scheint nicht nur auf diese Geschichte beschränkt zu sein. *Peter Godzik*

Wir beten

Herr, schenke uns den Mut und die Kraft, Ungewöhnliches zu tun, unserem Herzen zu folgen, Werke der Liebe zu tun ohne Rücksicht auf Konventionen und menschliche Ängste. Nur so bewahren wir Leben. Amen.

Auf dem Leidensweg Jesu

Sie war eine kurländische Lehrerin und Diakonisse. Denunziation und Willkür brachten ihr 1918 Gefängnis und Hinrichtung ohne Urteil ein. Sie ließ sich nicht erschüttern und hielt an ihrem Glauben fest. Menschen wie sie gaben Kraft und Ausdauer in Zeiten bolschewistischer Unterdrückung und Verfolgung. Mit ihrer Zuversicht verwandelte sie Herzen und schenkte Kraft zum Überleben in Kriegszeiten und großer Not. Marie Schlieps ertrug die Strapazen einer *via dolorosa* im Blick auf das Leiden Jesu. Sie gehört in den evangelischen Heiligenkalender.

386 † Cyrillus von Jerusalem, Bischof und Kirchenlehrer | 1876 † Ferdinand Freiligrath, Dichter | 1919 † Marie Schlieps, Märtyrerin in Lettland | 1976 † Werner de Boor

19. März

Dienstag | SA 06:26 SU 18:34 MA 11:57 MU 04:48

Wochenspruch: Matthäus 20,28
Wochenlied: EG 76 oder 97

Wir lesen Markus 14,12–16

Schön ausgelegt und vorbereitet

Auf die Frage der Jünger, wo denn das gemeinsame Abendessen während des Passafestes in Jerusalem, der traditionelle jüdische Sederabend, stattfinden solle, antwortet Jesus mit einer Vision, einer Schau der kommenden Ereignisse. Es ist eine der wenigen Visionen, die uns von Jesus im Evangelium übermittelt werden: Ein Mann mit einem Krug Wasser wird uns da vor Augen gestellt, dessen Weg zu einem bestimmten Haus in Jerusalem führt. Das Haus hat einen Hausherrn, der sich auf den Rabbi Jesus ansprechen lässt, ihn also kennt. Er hält schon den großen Saal des Hauses bereit: schön ausgelegt und vorbereitet. Jesus lebt damit ganz konkret und beispielhaft vor, was er seinen Jüngern immer wieder nahezubringen versucht hatte: Sorgt euch nicht um den morgigen Tag, denn der morgige Tag wird für das Seine sorgen. Gott schenkt uns jeden Tag neu, was wir jeweils zum Leben brauchen. Die Jünger Jesu finden tatsächlich alles so, wie Jesus es vorhergesehen hat, und fügen lediglich ihren Beitrag hinzu. So geschieht Gnade und Güte auch heute noch: Es ist bereits alles vorbereitet und schön ausgelegt für uns – wir fügen nur das Unsere noch hinzu. Die Herrnhuter Brüdergemeine hat diesen Abendmahlssaal zum Vorbild für ihre Kirchenbauten genommen: Ein großer Saal für die geschwisterliche Gemeinschaft genügt – alles so, wie es der Herr wollte. *Peter Godzik*

Wir beten

Herr, schenke uns etwas von Deiner Zuversicht und Deinem Vertrauen, dass für uns gesorgt sein wird – jeden Tag, den Gott gibt. Wenn wir nur aufmerksam genug sind, werden wir spüren, wie Du zusammenfügst, was wir brauchen. Amen.

Weitherzigkeit aus Flensburg

Georg Callisen, 1586 in Flensburg geboren, unternahm als junger Mann eine große Studienreise durch Deutschland, Belgien, Großbritannien und Frankreich. Er studierte und lehrte später evangelische Theologie in Helmstedt. Geprägt von Philipp Melanchthons Lehren avancierte er zum bedeutendsten Ireniker des 17. Jahrhunderts. Die Ablehnung der Konkordienformel von 1577 brachte ihm die Anfeindung der strengen Lutheraner ein. In Helmstedt lehrend, war er um die kirchliche Einheit auf der Grundlage wesentlicher christlicher Wahrheiten bemüht.

1534 † Michael Weiße, Priester und Liederdichter in Böhmen | 1656 † Georg Calixt, Theologe | 1708 † Samuel Rodigast, Liederdichter | 1906 Hessischer Diakonieverein gegründet | 1932 † Georg Dehio, Kunstwissenschaftler

20. März

Mittwoch | SA 06:24 SU 18:36 MA 13:10 MU 05:16

Wochenspruch: Matthäus 20,28
Wochenlied: EG 76 oder 97

Wir lesen Markus 14,17–26

Verrat und Umdeutung der Tradition

Das Festessen folgt einer bestimmten Tradition: Jesus und seine zwölf Jünger sind versammelt zum Passamahl. Jesus sprich zunächst die Störung an, die über diesem Abend liegt: „Einer von euch wird mich verraten." Man spürt seine tiefe Enttäuschung. Er nennt den Verräter nicht beim Namen, er entlarvt ihn durch eine Geste: Der mit ihm das Brot in die Schüssel taucht, brockt ihm in Wahrheit den Tod ein! Das Urteil über ihn fällt hart aus. Aber Jesus bleibt nicht im Negativen stecken. Im Gegenteil: Er macht seinen Jüngern ein großes Geschenk: Er ändert die vorgeschriebenen Einsetzungsworte über Brot und Wein. Er redet nicht mehr vom Brot in der Wüste und vom Kelch für den Propheten Elia, sondern spricht von sich selbst und seinem bevorstehenden Tod. Er begründet damit eine neue Tradition des Erinnerns an Gottes Heilstat: „Das ist mein Leib, für euch gegeben, das ist mein Blut, für euch vergossen zur Vergebung der Sünden." Jesus wagt es, einen neuen Bund zu schließen und den alten mit seinen Einschränkungen abzulösen. Die neuen Einsetzungsworte zum Abendmahl geben der Gemeinde inneren

Halt. Sie erweisen ihre Kraft darin, über Jahrhunderte hinweg Enttäuschungen und Verrat zu überwinden und Frieden zu schenken – auch wenn es immer wieder zum Streit um Betonungen und einzelne Worte kommt. Hier steht das Zentrum des Glaubens auf dem Spiel! *Peter Godzik*

Wir beten

Lass uns erkennen, Herr, wo wir versucht sind, Deinen Weg der Wahrheit zu verraten und Dich zu verlassen. Stärke uns mit Brot und Wein, dass wir bei Dir bleiben in Zeit und Ewigkeit. Amen.

Die Anfänge Preußens

Der Hohenzollernprinz Albrecht wurde als junger Mann zum Hochmeister des Deutschen Ordens gewählt. 1525 trat er zur Reformation über, säkularisierte den Deutschen Orden und verwandelte als erster Herzog von Preußen die katholisch dominierte weltliche Herrschaft des Deutschordensstaates in Preußen in das erbliche lutherische Herzogtum Preußen, das er bis zu seinem Tod als Herzog regierte. Er förderte besonders das Schulwesen, gründete in Königsberg Gymnasium und Universität und ließ deutsche Schulbücher auf eigene Kosten drucken.

Frühlings-Tagundnachtgleiche | 1239 † Hermann von Salza, Hochmeister des Deutschen Ordens | 1568 † Albrecht von Preußen, Förderer der Reformation | 1889 † Albrecht Ritschl, Theologe

21. März

Donnerstag | SA 06:22 SU 18:37 MA 14:24 MU 05:36

Wochenspruch: Matthäus 20,28
Wochenlied: EG 76 oder 97

Wir lesen Markus 14,27–31

Hochmut kommt vor dem Fall

Sicherlich hat König Salomo nicht diese Szene mit Jesus, Petrus und den Jüngern auf dem Weg zum Ölberg vor Augen gehabt, als gerade diese Worte in seiner Spruchsammlung auftauchten (Spr 16,18). Aber ist es nicht das, was viele Menschen als Erstes denken, wenn sie sich diese Szene vor ihrem geistigen Auge aufbauen und nachzuempfinden suchen? Petrus hat mehrfach die Neigung, über das Ziel hinauszuwollen. Vielleicht ist es ja nicht „Hochmut", aber immerhin doch ein gewisser „Übermut": Anderen mag das passieren, aber doch nicht mir! Aber wird da nicht schnell aus religiösem Eifer und Übermut auch ein bisschen Hochmut? Während die Jünger mit Jesus unterwegs sind, blenden sie seine Ankündigungen gekonnt aus und haben ihre eigenen Erwartungen an diesen Christus komplett fertig. Da werden die Warnungen und Vorankündigungen nicht nur überhört, sondern auch deutlich abgelehnt. Das kennt man vielleicht auch von sich selbst: Ein fertiges Bild möchte ich ungern zerstört sehen. Ein fertiger Plan soll möglichst genau so und nicht anders umgesetzt werden. Was sich dem widersetzt, wird übermütig abgewiesen und unterdrückt. Mich tröstet es etwas, dass ich damit nicht allein bin und dass Gott um unser übermütiges Denken und Handeln weiß und es uns nicht zum Vorwurf macht. Jesus hört unsere Hoffnungen, stellt seinen Weg dagegen und schickt uns nicht fort. *Eckehart Winde*

Wir beten

Herr Jesus Christus, wenn uns etwas gelingt, sind wir schnell in der Gefahr, übermütig zu werden. Sieh uns unseren Übermut in Glaubensdingen nach und wehre unserem Hochmut. Amen.

ʿAsmāʾ bint Marwān († 21.3.624)

Jahrhundertelang existierte Streit in Yathrib (heute: Medina) zwischen jüdischen und arabischen Stämmen. Mohammed konnte sie zunächst nur teilweise befrieden. Vor allem die jüdischen Stämme wollten nicht zu seiner neuen Religion, dem Islam, konvertieren. Die jüdische Dichterin ʿAsmāʾ bint Marwān gehörte zu den „Oppositionellen“. Sie verfasste ein Schmähgedicht gegen ihn und seine Anhänger. Sie wurde deshalb heute vor 1400 Jahren ermordet. Weitere Gruppen, die nicht konvertieren wollten, wurden nachfolgend aus der Stadt vertrieben.

Jüdischer Feiertag: Ta'anit Esther (Fasten Esther) | 547 † Benedikt von Nursia, Mönch und Ordensgründer | 1487 † Nikolaus von Flüe, Friedensstifter in der Schweiz | 1906 † Caroline Wichern

22. März

Freitag | SA 06:19 SU 18:39 MA 15:37 MU 05:51

Wochenspruch: Matthäus 20,28
Wochenlied: EG 76 oder 97

Wir lesen Markus 14,32–42

Gut reden haben

Jesus hat Nerven. Oder haben wir Nerven? Die Passionsberichte kennt manch einer wortwörtlich auswendig bis ins letzte Detail. Die Passionsmusiken haben da bestimmt ihren besonderen Einfluss ausgeübt, dass sich manche Formulierung regelrecht „eingebrannt" hat: so fest, dass sie sich schon wieder verselbständigt hat und in den allgemeinen Sprachschatz Einzug gehalten hat. Wir sprechen vom „Kelch" und meinen nicht das Abendmahl; wir sprechen vom „schwachen Fleisch" und denken kaum an die Schläfrigkeit der Jünger in Gethsemane. Jesus sprach schon davon, und man könnte fast den Eindruck haben, was er hier für „gut reden" hat, was er für Nerven hat, dass er gerade solche sprichwörtlich gewordenen Sätze verwendet. – Oder ist es andersherum? Haben wir nicht ganz schön Nerven, dass wir solche Sätze verwenden, die ihren eigentlichen Sitz im Garten Gethsemane haben, im Kampf Jesu mit dem, was da kommen soll? Jesus kämpft darum, ob er sich der Sache ausliefert oder ob er doch souverän als Sohn Gottes entschwindet. Im zweiten Fall wäre zwar der göttliche Plan der Erlösung der Menschheit gescheitert, aber dafür hätte er seine eigene Haut gerettet – es wäre ein Fingerschnipsen gewesen. Aber er hat nicht den für sich bequemen Weg genommen, sondern sich dem Plan Gottes zur Erlösung der Menschheit ausgeliefert. Wer hat hier gut reden? Wer hat hier Nerven? *Eckehart Winde*

Wir beten

Herr Gott, Dein Sohn hat im Garten Gethsemane Nerven bewiesen und sich unserer Erlösung gestellt. Wir danken Dir, dass er uns den Weg zu Dir bereitet hat. Amen.

Anthonis van Dyck (22.3.1599 – 9.12.1641)

Der aus Antwerpen stammende Maler und Graphiker porträtierte etwa 280 Personen. Er galt schon als Kind als besonders begabter Zeichner. Einige Zeit arbeitete er für Peter Paul Rubens, wo er von englischen Kunstkennern entdeckt wurde. Aufenthalte in England (unter anderem bei Jakob I.) und Italien dienten der Entwicklung seiner Porträtkunst. 1632 übersiedelte er schließlich wieder nach London, wo er in den Adelsstand erhoben wurde und bis zu seinem Tod als Hofmaler bei Karl I. lebte und wirkte. Heute wäre sein 425. Geburtstag.

1663 * August Hermann Francke | 1832 † Johann Wolfgang von Goethe, Dichter in Weimar | 1903 * Jochen Klepper | 1903 † August Schreiber, Missionar auf Sumatra

23. März

Sonnabend | SA 06:17 SU 18:41 MA 16:47 MU 06:03

Wochenspruch: Matthäus 20,28
Wochenlied: EG 76 oder 97

Wir lesen Markus 14,43–52

Der einsame Gerechte

Es geht schnell. Die Verhaftung von Jesus. Waren es fünf Minuten oder doch nur zwei? Die mutigen Jünger und Freunde von Jesus verlassen ihn fluchtartig. Vorneweg natürlich Judas, der bereits die Seiten gewechselt hat: ein schneller Gang zu Jesus; ein äußerlich unverfängliches, aber eindeutiges Zeichen; eine kurze Rangelei: Die Sache ist entschieden und alle sind geflohen. Am Ende schließlich flieht ein Unbekannter, als es auch ihm an den Kragen gehen soll. Eben hat Petrus noch laut getönt, dass er sich nicht an Jesus ärgern würde. Aber die mutige Gruppe ist nun weg. Und Jesus ist ganz allein übriggeblieben. Ein Tiefpunkt der Passion ist erreicht, denn jetzt geht es allein um Jesus. Allein um den einen Gerechten, an dem sich alle ärgern werden und ärgern. So sehr, dass sie ihn umbringen wollen. Die Propheten haben es bereits angedeutet und vorhergesagt. Aber auch antike Philosophen haben den Gedanken durchdacht, wie der eine Gerechte wäre – am Ende würde seine Ermordung stehen, denn die anderen können diese Gerechtigkeit nicht aushalten. Was philosophisch nur eine durchdachte Theorie ist, bezeugt die Bibel mit Jesus

Christus als Realität: den einen Gerechten. Mit der Gefangennahme ist alles schmückende Beiwerk beseitigt. Jetzt ist er nur noch allein. Nichts lenkt mehr von ihm ab, er allein wird beurteilt und verurteilt werden. *Eckehart Winde*

Wir beten

Herr Jesus Christus, als Du gefangen genommen wurdest, flohen alle und Du warst allein. Gib uns Kraft und Mut, wenn wir Dir nachfolgen, dass wir Dich nicht wieder im Stich lassen. Amen.

Samuel Huber (21.5.1547 – 23.3.1624)

Der in Burgdorf in der Schweiz geborene Theologe trat 1570 in Büren an der Aare seine erste Pfarrstelle an. Als streitbarer Denker stellte er die calvinistische Abendmahlslehre in Frage: Er hatte sich lutherischem Denken zugewandt. Aus dem schweizerischen Kirchendienst entlassen, kam er über Württemberg nach Wittenberg. Freudig an der Universität aufgenommen (einer gegen die Calvinisten …), geriet er schnell in Streit und wurde 1594 entlassen. Nach unsteter Wanderschaft verstarb er vor 400 Jahren in Osterwieck in der Nähe von Halberstadt.

1566 † Wolfgang zu Anhalt, Förderer der Reformation | 1900 † Christian Jensen, Pastor und Missionar

24. März

Sonntag | 6. Sonntag der Passionszeit (Palmarum)

Wochenspruch: Johannes 3,14b.15
Wochenlied: EG 91 oder 14
Altes Testament: Jesaja 50,4–9
Epistel: Philipper 2,5–11
Evangelium: Johannes 12,12–19

Wir lesen Psalm 88

Ich kann nicht mehr

„Lerne leiden, ohne zu klagen“, sagt der Volksmund, auch: „Was uns nicht umbringt, macht uns hart.“ Ich habe im Laufe meines Lebens Menschen kennengelernt, die wirklich danach lebten. Das hatte etwas Beeindruckendes: die Zähne zusammenbeißen, nicht aufgeben, nicht unterkriegen lassen. Das ganze Gegenteil von Weinerlichkeit und Larmoyanz. Auf der anderen Seite wirkt es auf mich auch immer befremdlich und beinahe unehrlich. Wer leidet, muss auch darüber sprechen dürfen, auch Klagen und Weinen müssen möglich sein. Wo das unterdrückt wird, staut sich etwas an, und das ist nicht gut. Denn das macht hart und schafft verhärtete Herzen. Diese Grundhaltung, sich nichts von Leiden und Schmerzen anmerken zu lassen, ist in unserer Kulturgeschichte fest verankert. Es gibt eine Art Pflege der Leidensverachtung. In der Antike waren es bestimmte Philosophen, die sogenannten Stoiker, die sich darum mühten, möglichst keine Gefühlsregung zu zeigen. Leidenschaftslosigkeit war Lebensideal. Auch in der christlichen Kirche hat dies zum Teil Wirkung entfaltet: Christus als Vorbild, Leid und Tod zu ertragen und hinter sich zu lassen. In manchen Gesangbuchliedern finden wir das. – Wenn wir die Worte des 88. Psalms auf uns wirken lassen, wird uns aber ein ganz anderer Weg gezeigt, der auch beim genauen Hinsehen auf das Leiden Jesu deutlich wird. Die kommende Karwoche mit dem Blick auf den leidenden Christus zeigt uns eine bessere Möglichkeit, mit dem Leiden umzugehen. Wir können und wir dürfen Leid aussprechen, vor Gott bringen, laut klagen, auch mit drastischen Worten. Dazu gehört auch das Gefühl, von Gott verlassen zu sein und ihn nicht zu spüren, einfach zu sagen: Ich kann nicht mehr. Jesus spricht am Kreuz: „Mein Gott, warum hast Du mich verlassen?" Dennoch ist in allem das Vertrauen auf Gott da: Er sagt „Mein Gott", auch wenn er im Moment keine Lebenskraft mehr spürt. *Tobias Bilz*

Wir beten

Allmächtiger Gott, wir kommen vor Dich mit allem, was uns innerlich und äußerlich bedrückt und uns bewegt. Lass uns geduldig bleiben in Trübsal und fröhlich in Hoffnung und erhalte unser Vertrauen zu Dir. Amen.

Jüdischer Feiertag: Purim (Losfest) | 1549 † Veit Dietrich, Theologe in Nürnberg (ev. Gedenktag; Sterbetag: 25.3.) | 1654 † Samuel Scheidt, Kirchenmusiker | 1844 † Berthel Thorvaldsen, dänischer Bildhauer

25. März

Montag | SA 06:12 SU 18:44 MA 19:06 MU 06:22

Tagesspruch: Galater 4,4
Tageslied: EG 68 oder EG.E 18

Wir lesen Markus 14,53–65

Durch Leiden und Kreuz zum Leben

„Settimana santa", heilige Woche – so heißt diese Woche in Italien, und es ist wirklich eine heilige Woche. Warum? Weil wir in ihr den Weg mitgehen, den Jesus zu unserem Heil gegangen ist, den Weg durch Leiden und Kreuz zur Auferstehung, und weil uns dieser Weg mit Dankbarkeit und Ehrfurcht erfüllt. Was für ein Gott, der diesen Weg geht, um uns zu zeigen: Ich bin bei euch alle Tage, auch an den schweren, an denen alles wegbricht, in denen ihr unter Leid, Unrecht und Unverständnis zusammenzubrechen droht. Ich gehe diesen Weg, um euch zu zeigen, dass das wahre Leben ohne Kreuz nicht zu haben ist. Aber ich bin auf diesem Weg an eurer Seite, mit mir kommt ihr durch, durchs Kreuz zum Leben. Unglaublich, einfach göttlich! Es ist der Gottessohn, der diesen Weg für uns gegangen ist und mit uns geht. „Bist du der Christus, der Sohn des Hochgelobten?", so fragt der Hohepriester Jesus, und der antwortet. „Ich bin's." Jetzt erkennen es nur die Augen des Glaubens, aber einmal, am Ende der Zeiten, werden es alle sehen: „Ihr werdet sehen des Menschen Sohn sitzen zur rechten Hand der Kraft und kommen mit den Wolken des Himmels." Einmal wird es allen enthüllt und offenbar sein: Die Liebe, die sich hingibt, sie wird den Sieg behalten, und sie ist der Maßstab, an dem alles gemessen wird. *Christian Schmidt*

Wir beten

Ewiger Gott, Dein Sohn ging nach Jerusalem, um dort für uns zu leiden und den Tod auf sich zu nehmen. Hilf uns, ihm auf dem Weg der Liebe zu folgen und mit ihm das wahre Leben zu finden. Amen.

Novalis (* 2.5.1772; † 25.3.1801)

„Novalis" ist das Pseudonym, unter dem der Frühromantiker Friedrich von Hardenberg seine Dichtungen veröffentlichte. Pietistisch geprägt, strebte er eine Religion der Liebe an, in die er auch das Christentum integrierte. Hier ein Beispiel aus seinen „Geistlichen Liedern": „Da kam ein Heiland, ein Befreyer, / ein Menschensohn, voll Lieb' und Macht / und hat ein allbelebend Feuer / in unserm Innern angefacht. / Nun sahn wir erst den Himmel offen / als unser altes Vaterland, / wir konnten glauben nun und hoffen / und fühlten uns mit Gott verwandt."

Tag der Ankündigung der Geburt des Herrn (Mariä Verkündigung) | 1675 † Ernst der Fromme, Landesherr in Sachsen (ev. Gedenktag; Sterbetag: 26.3.) | 1801 † Friedrich von Hardenberg (Novalis), Dichter | 1954 † Gertrud Bäumer, Dichterin

26. März

Dienstag | SA 06:10 SU 18:46 MA 20:17 MU 06:32

Wochenspruch: Johannes 3,14b.15
Wochenlied: EG 91 oder 14

Wir lesen Markus 14,66–72

Mut zum Bekennen

Petrus, der Bekenner: „Du bist Christus, der Sohn des lebendigen Gottes!" Petrus, der Felsenmann, zu dem Jesus sagt: „Du bist Petrus, und auf diesen Felsen will ich meine Gemeinde bauen." Petrus, der Glaubensheld: „Wenn ich mit dir sterben müsste, wollte ich dich nicht verleugnen!" Nun ist die Stunde der Bewährung gekommen. Dreimal wird Petrus gefragt: In welchem Verhältnis stehst du zu diesem Jesus von Nazareth? Ja, wie steht er zu diesem Jesus, der ihn vollmächtig von seinem Boot weg in die Nachfolge gerufen hatte, der ihm den Auftrag gegeben hatte, Menschen im Beziehungsnetz Gottes zu bergen? Wie steht er zu diesem Jesus, in dem er den wahren Gott erkannt hatte, den menschenfreundlichen und barmherzigen, den Gott der Wahrheit, der Liebe und des Friedens? Wie steht er zu Jesus, mit dem er gegangen war, den er verehrte und liebte? Er verleugnet ihn, steht in der Stunde der Bewährung nicht zu ihm: „Ich kenne den Menschen nicht, von dem ihr redet!" Er verleugnet ihn aus Angst, das Leben zu verlieren. Und der Hahn kräht zum zweiten Mal. Und Petrus merkt: Ich habe das wahre Leben verleugnet.

Und der Felsenmann weint. Und wir, und ich? Bewähren wir uns in der Stunde, in der es darauf ankommt? Mögen uns die Kirchturmhähne rechtzeitig an den erinnern, der das wahre Leben ist, und möge er uns *den Mut* geben, uns zu ihm zu bekennen.

Christian Schmidt

Wir beten

Herr Jesus Christus, gib mir den Mut und die Kraft, mich zu Dir zu bekennen und zu Dir zu stehen, wenn Du mir in Menschen begegnest, die unter Unrecht und Verfolgung leiden. Amen.

Liudger (* um 742)

Aus einer hervorragenden friesischen Familie stammend, erhielt Liudger seine Ausbildung im englischen York bei dem großen Bildungsreformer Alkuin. Karl der Große beauftragte ihn mit der Mission der Friesen und Sachsen im Gebiet der heutigen Bundesländer Niedersachsen und Nordrhein-Westfalen. Er wurde dann erster Bischof von Münster, wo er den Dom errichtete und die Domschule gründete. Liudger starb in Billerbeck, wo heute ein gewaltiger neugotischer Dom an ihn erinnert. Bestattet wurde er in dem von ihm gegründeten Kloster Werden.

809 † Liudger, Glaubensbote und Bischof in Westfalen | 1918 † Claude Debussy, französischer Komponist | 1919 † Karl Schlau, Märtyrer in Lettland

27. März

Mittwoch | SA 06:08 SU 18:47 MA 21:30 MU 06:43

Wochenspruch: Johannes 3,14b.15
Wochenlied: EG 91 oder 14

Wir lesen Markus 15,1–15

Jesus – der Befreier?

Wer ist dieser Jesus eigentlich? Das ist die Frage, die das Markusevangelium seit dem ersten Vers (Mk 1,1) stellt. Es geht um Jesus, der Christus genannt wird und der Sohn Gottes ist. Aber was heißt das? Christus ist das griechische Wort für das hebräische „Messias", „gesalbt". Das ist der wahre König Israels, der Gottes Volk von der Vorherrschaft fremder Herrscher und Gewalten befreit. Er setzt den Willen Gottes auf der Erde durch. Der Messias ist Gottes Stellvertreter auf Erden. – Am Ende des Markusevangeliums ist die Spannung kaum auszuhalten. Wieso wird der vermeintliche Messias gefangen genommen, angeklagt und gefoltert? Wenn doch Gott auf seiner Seite ist, ist das gar nicht zu verstehen. Müsste er nicht die Römer aus dem Land werfen und die Herrschaft übernehmen? Die führenden jüdischen Schichten halten Jesus für einen Aufschneider und Gotteslästerer. Damit sie ihn loswerden, klagen sie ihn beim römischen Statthalter Pilatus als Revolutionär an. Als Pilatus ihn fragt, ob er der „König der Juden" sei, bejaht Jesus diese Frage: „Du sagst es!" Dann sagt er gar nichts mehr. Auf Drängen des Volkes verurteilt Pilatus

Jesus schließlich zum Tod durch Kreuzigung. Aber jeder Leser dieser Geschichte merkt: Diesen Jesus zeichnet eine innere Freiheit aus, die nicht in politischen Programmen aufgeht. Dahinter steckt etwas Tieferes. *Hans-Jürgen Abromeit*

Wir beten

Wer bist Du, Herr, der Du aus so einer großen inneren Gewissheit Deinen Weg gehst? Schenke uns auch eine solche Freiheit, damit wir vor den Menschen aufrecht stehen können. Amen.

Pontius Pilatus im Glaubensbekenntnis

„Gelitten unter Pontius Pilatus" – das bekennen seit fast zwei Jahrtausenden Christen Sonntag für Sonntag im Glaubensbekenntnis. Pilatus war von 26 bis 36 n. Chr. Statthalter für den römischen Kaiser Tiberius in der Provinz Judäa. Antike Schriftsteller berichten von seiner harten, teils grausamen Amtsführung. Die Erwähnung dieser historischen Persönlichkeit im Glaubensbekenntnis stellt die Verbindung des Glaubens an Jesus mit der Menschheitsgeschichte her. Jesus lebte, litt und starb als wirklicher Mensch. Das ist entscheidend.

1328 † Meister Eckhart, Mystiker in Straßburg und Köln (ev. Gedenktag; das Sterbedatum – vor dem 30.4.1328 – ist nicht genau bekannt)

28. März

Donnerstag | Gründonnerstag

Tagesspruch: Psalm 111,4
Tageslied: EG 223 oder EG.E 11
Altes Testament: 2. Mose 12,1–4(5)6–8(9)10–14
Epistel: 1. Korinther 11,(17–22)23–26(27–29.33–34a)
Evangelium: Johannes 13,1–15.34–35

Wir lesen Markus 15,16–23

Spott und Hohn

Wer ist dieser Jesus? Die Leser des Markusevangeliums kennen ihn als wortgewaltigen Prediger und tatkräftigen Zeugen Gottes. Die römischen Soldaten machen ihn zu einer Spottfigur, zu der traurigen Gestalt eines Königs. Sie versehen Jesus mit Insignien der Herrschaft, einem Purpurmantel und einer Krone, allerdings einer Krone aus Dornen. Sie foltern ihn und tun so, als ob sie ihm huldigen würden: „Gegrüßet seist du, der Juden König!" – Was für ein König ist Jesus? Ja, er ist der Messias, der gesalbte Herrscher, der Christus, in der Nachfolge Davids, der schon im Alten Bund als „Sohn Gottes" bezeichnet wurde (2. Sam 7,14; Ps 2,7). Er ist der wahre König der Juden. Doch sein Königsein entspricht so wenig den Erwartungen und Wünschen seiner Zeitgenossen, dass Jesus lieber schweigt als sich auf Diskussionen einzulassen. Wer es wissen wollte, konnte es wissen, wie er herrschte. Er ist der Friedenskönig, der herrschte durch Dienen. „Jesus ist gekommen, dass er diene und sein Leben gebe als Lösegeld für viele." (Mk 10,45) Wer ganz nach dem Schema dieser Welt lebt, der versteht das nicht. Deswegen setzt sich Jesus Spott und Hohn aus und erfüllt auf diesem Weg seine Bestimmung. Jesus ist nicht in einem politischen Sinn der König der Juden. Er ist es, indem er die Aufgabe übernimmt, die eigentlich schon das Volk Israel hatte. Er macht den Gott der Bibel unter den Völkern dieser Welt bekannt und eröffnet einen neuen Weg zu Gott, indem er Sündenvergebung für alle ermöglicht. Als Mittler zwischen Gott und Mensch ist er ein Priesterkönig. – Jesus geht geduldig seinen Leidensweg. Es ist der Weg zum Kreuz. Als Jesus nicht mehr in der Lage war, sein Kreuz zu tragen, zwangen die Römer Simon von Kyrene, dies für ihn zu tun. Jesus ist ein König, der dient und auf Hilfe angewiesen ist. Sind wir auch bereit, ihn beim Kreuztragen zu unterstützen? *Hans-Jürgen Abromeit*

Wir beten

Herr Jesus, habe Dank, dass Du so zielstrebig Dein Kreuz getragen hast. Gib uns Kraft und Mut, Dir auf dem Weg der Versöhnung und des Kreuztragens zu folgen. Amen.

718 † Rupert, Bischof und Glaubensbote in Salzburg (ev. Gedenktag; Sterbetag: 27.3.) | 1896 Studentenbund für Mission gegründet | 1905 Anstalten Hoffnungstal bei Bernau gegründet | 1990 † Kurt Scharf, Präses der Bekennenden Kirche, Bischof von Berlin

29. März

Freitag | Tag der Kreuzigung des Herrn – Karfreitag

Tagesspruch: Johannes 3,16
Tageslied: EG 85 oder EG.E 4
Altes Testament: Jesaja 52,13–15; 53,1–12
Epistel: 2. Korinther 5,(14b–18)19–21
Evangelium: Johannes 19,16–30

Wir lesen Markus 15,24–41

Der wichtigste Tag der Menschheit

Nirgendwo wird deutlicher, wer Jesus wirklich ist, als am Kreuz. Der Tag seines Sterbens ist zeitlich gegliedert. Zur dritten Stunde, um neun Uhr morgens, wird Jesus gekreuzigt. Trotzdem wird Jesus weiter verhöhnt und missverstanden. Das Judentum seiner Zeit dachte mehrheitlich in den Kategorien von König und Tempel. Man erwartete, dass Gott bald seine Herrschaft durch den von ihm eingesetzten Messias-König ausüben würde und dass Gott nirgendwo so direkt anwesend war wie im Tempel. Obwohl Jesus mit seiner Verkündigung eine große Resonanz gefunden hatte, hatte die Mehrheit des Volkes nicht verstanden, dass Jesus eine andere Art von Messias war: Er übt seine Herrschaft gewaltlos aus und bringt inneren Frieden und Freiheit. Er hatte gelehrt, dass in seinem Reden und Tun Gott anwesend ist. Er hatte angekündigt, dass er selbst, sein Leib, zerstört werden würde, aber nach drei Tagen wieder aufgerichtet werden würde. Auch das hatte das Volk missverstanden. – Zur sechsten Stunde, mittags um zwölf Uhr, wird diese Gottesfinsternis zeichenhaft sichtbar. Schließlich, um 15 Uhr, gibt Jesus selbst dieser Finsternis, die auch ihn erfasst hat, Ausdruck und ruft mit den Worten von Psalm 22: „Mein Gott, warum hast du mich verlassen?“ Das ist ungeheuerlich! Derjenige, in dem wie in keinem anderen Menschen bisher Gott handelte, in dem man Gottes Wesen sehen konnte, scheint selbst an Gott zu verzweifeln. In Jesus macht Gott selbst die Erfahrung der Gottverlassenheit. Nun ist die absolute Trennung von Gott und Mensch in diesem einen Menschen Jesus von Nazareth aufgehoben. Folgerichtig zerreißt der Vorhang im Tempel, der das allerheiligste Göttliche vom Menschlichen trennt, und der römische Hauptmann bekennt: „Wahrlich, dieser Mensch ist Gottes Sohn gewesen!“ Nun weiß die Menschheit, wer Jesus wirklich ist. *Hans-Jürgen Abromeit*

Wir beten

Herr Jesus, Du hast Leiden, Spott und Hohn, ja den Tod auf Dich genommen. Du bist in die tiefste Tiefe gegangen, damit wir mit Dir von Gott erhöht werden. Wir danken Dir herzlich dafür. Amen.

1788 † Charles Wesley, Liederdichter | 1824 † Hans Nielsen Hauge, Glaubenszeuge in Norwegen | 1896 Bethel-Mission gegründet

30. März

Sonnabend | Karsamstag

Tageslied: EG 80 oder 485
Altes Testament: Hesekiel 37,1–14
Epistel: 1. Petrus 3,18–22
Evangelium: Matthäus 27,(57–61)62–66

Wir lesen Markus 15,42–47

Einige haben verstanden

Es gab auch unerwartete Nachfolger und Nachfolgerinnen Jesu, die bis zuletzt an seiner Seite blieben. Dazu gehörte erstaunlicherweise auch ein Mitglied des Hohen Rates, also des Gremiums, das Jesu Hinrichtung betrieben hatte, nämlich Josef von Arimathäa. Die Erfahrung zeigt: Es gibt immer auch die anderen, die verstanden haben, auch wenn sie häufig in der Minderheit sind. Von Josef heißt es ausdrücklich: „ein angesehener Ratsherr, der auf das Reich Gottes wartete" (V. 43). Er möchte nicht, dass der Leichnam Jesu entgegen dem Gesetz (vgl. 5. Mose 21,22 f.) über Nacht am Holz hängt, und sorgt für seine Bestattung. Diese findet – wie damals weithin üblich – in einer in den Felsen gehauenen Grabkammer statt, die anschließend mit einem Rollstein verschlossen wird. So erweist Josef Jesus eine letzte Ehre, auch wenn sich seine Hoffnung auf das Kommen des Reiches Gottes erst einmal nicht erfüllte. – Und einige Frauen bleiben bis zum Schluss bei Jesus. Sie standen schon unter dem Kreuz und sind auch jetzt bei ihm. Jesus hatte Maria Magdalena einmal in einer tiefen Krise sehr geholfen. Seitdem hatte sie ihre Hoffnung auf Jesus gesetzt und sich ihm, gemeinsam mit anderen Frauen, angeschlossen. Es war damals etwas Besonderes, dass Jesus auch Jüngerinnen hatte. Andere Lehrer hatten das nicht. Doch zur Jesusbewegung gehörten Frauen von Anfang an dazu. Maria wird sogar gewürdigt, die erste Zeugin der Auferweckung Jesu zu sein. – Am Abend des Todes Jesu, direkt nach seiner Not-Bestattung, ist aber von diesem hoffnungsvollen Ausgang der Jesusgeschichte noch nichts zu spüren. Wie verzweifelt müssen diese treuen Nachfolgerinnen Jesu gewesen sein? Trotzdem harren sie bei ihm aus. Es ist gut, auch dann bei Jesus zu bleiben, wenn man die Dinge nicht mehr geordnet bekommt. Am Ende macht er alles gut, sogar durch den Tod hindurch. *Hans-Jürgen Abromeit*

Wir beten

Herr Jesus, mal schenkst Du uns große Hoffnung, mal blicken wir nicht mehr durch. Es passt alles nicht zueinander. Hilf uns auch in dem, was wir nicht verstehen, bei Dir zu bleiben. Amen.

1858 † Johannes Evangelista Goßner, Theologe in Bayern und Preußen

31. März

Sonntag | Ostersonntag

Wochenspruch: Offenbarung 1,18
Tageslied: EG 101 oder EG.E 5
Altes Testament: 1. Samuel 2,1–8a
Epistel: 1. Korinther 15,1–11
Evangelium: Markus 16,1–8

Wir lesen Markus 16,1–8

Kaum zu glauben

An Ostern feiern wir, dass der Tod nicht das letzte Wort hat. Jesus war nicht mehr im Grab zu finden, er wurde auferweckt. Wir bekennen: „Der Herr ist wahrhaftig auferstanden." Das ganze Fest steht im Zeichen des Aufbruchs. Die Ostererzählung des Evangelisten Markus passt nicht ganz in diesen Rahmen. Drei Frauen, die mit Jesus unterwegs gewesen waren, wollten dem Toten die letzte Ehre erweisen. Dieses Unterfangen war mutig, schließlich war Jesus wie ein Verbrecher hingerichtet worden. Als die Frauen zur Grabhöhle kamen, war sie offen und Jesu Leichnam war nicht da. Ein junger Mann, als Himmelsbote zu erkennen, überbrachte die Osterbotschaft: „Entsetzt euch nicht! Ihr sucht Jesus von Nazareth, den Gekreuzigten. Er ist auferstanden, er ist nicht hier." Doch das Entsetzen, was die Frauen angesichts des leeren Grabes ergriffen hatte, hielt an. Die Botschaft „Der Herr ist auferstanden!" drang nicht in ihr Herz. Auch der Hinweis, wo sie dem Auferstandenen begegnen könnten, kam nicht an. Den Frauen war nicht nach fröhlichem Aufbruch zumute. Sie verstanden nicht, was ihnen widerfuhr. Voller Entsetzen rannten sie vom Grab weg. „Denn sie fürchteten sich!" Mit diesen Worten endet nicht nur diese Ostergeschichte. So hörte auch die älteste Fassung des Markusevangeliums auf. Dieser Schlusssatz des Evangeliums ist kaum auszuhalten, obwohl das Entsetzen der Frauen menschlich nachzuvollziehen ist. Jesus wurde auferweckt. Diese Botschaft ist wirklich kaum zu glauben. Dass der Tod Schrecken verbreitet, erleben wir täglich. Gegen diese Wirklichkeit anglauben zu können, ist ein Gottesgeschenk, ja geradezu ein Wunder. Doch Furcht kann der Hoffnung weichen. Im Vertrauen auf Jesus wird Leben aufkeimen, das dem Tod trotzt. Ob wir uns dies zu Herzen gehen lassen und dadurch zu Boten und Botinnen des Lebens werden? *Rosemarie Wenner*

Wir beten

Gott des Lebens, voller Zweifel hören wir: „Der Herr ist auferstanden!" Schenke es, dass wir dieser Botschaft trauen können, so dass das Entsetzen der Hoffnung weicht. Amen.

um 260 † Akazius von Melitene, Bischof in Armenien | 1869 Diakonissenanstalt Sarepta in Bethel gegründet | 1924 † Eduard Graf von Pückler

1. April
Montag | Ostermontag

Wochenspruch: Offenbarung 1,18
Wochenlied: EG 100 oder 116
Altes Testament: Jesaja 25,6–9
Epistel: 1. Korinther 15,50–58
Evangelium: Lukas 24,13–35

Wir lesen Markus 16,9–20

So geht Jesu Sache weiter

Jesus lebt, und was mit ihm begann, wirkt weiter. Das wird in der heutigen Bibellese ausgeführt. Im 2. Jahrhundert nach Christus wurden diese Verse verfasst, um das Markusevangelium zu vervollständigen. Osterberichte aus den anderen Evangelien klingen an, die von Begegnungen der Jüngerinnen und Jünger mit dem Auferstandenen zeugen. Wer den Auferstandenen erlebt hatte, sagte es weiter. Doch das Zeugnis allein bewirkte nichts. Wiederholt lesen wir in dem Schlussteil des Markusevangeliums: „Sie glaubten nicht.“ Es brauchte die persönliche Erfahrung von Jesu Nähe, um sich davon überzeugen zu lassen: Jesus lebt, obwohl er nicht mehr in derselben Weise gegenwärtig ist, wie dies vor seiner Kreuzigung der Fall war. Jesus tadelte den Unglauben und die Herzenhärte seiner Vertrauten. Dennoch machte er genau diese Leute zu seinen Nachfolgerinnen und Nachfolgern. Er sandte sie aus, um zu bezeugen, was sie durch Jesus von Gottes Reich erfahren hatten. Wie von Jesus selbst praktiziert, sollte dies mit Worten und mit kraftvollen Taten geschehen. Durch Menschen, die zweifelten und glaubten, ging Jesu Sache weiter. So erreicht das Evangelium uns, die wir im 21. Jahrhundert nach Christus leben. Wir lesen die Berichte, die uns in den Evangelien überliefert werden. Sie sind von Menschen verfasst und tragen doch dazu bei, dass Jesus sich uns mitteilt. Wir sehen und hören Jesus nicht unmittelbar. Das unterscheidet uns von den ersten Osterzeuginnen. Doch auch wir erleben, wie Glaube, Hoffnung und Liebe sich Raum verschaffen, wenn wir Jesus Vertrauen schenken und wie unzählige Menschen vor und mit uns seiner Spur folgen. So reihen wir uns ein in die Schar derer, die den Auferstandenen bezeugen, damit Heilvolles geschieht. *Rosemarie Wenner*

Wir beten

Jesus, mach uns gewiss, dass Du lebst. Erfülle uns mit Hoffnung. Lehre uns weiterzugeben, was Du uns anvertraust. Danke, dass Du auch in uns und durch uns weiterwirkst. Amen.

1859 † Amalie Wilhelmine Sieveking, Wohltäterin in Hamburg | 1901 Hessisches Brüderhaus gegründet | 1957 Innere Mission und Evangelisches Hilfswerk zum Diakonischen Werk der EKD vereinigt | 2014 † Rolf Rendtorff, Theologe

2. April

Dienstag | SA 06:54 SU 19:57 MA 04:23 MU 11:05

Wochenspruch: Offenbarung 1,18
Wochenlied: EG 100 oder 116

Wir lesen 1. Petrus 1,1–12

Wiedergeboren zur lebendigen Hoffnung

Vieles raubt uns in den Nachrichten unsere Kraft und den Schlaf: Menschen töten Menschen, es herrscht Krieg in vielen Teilen der Welt, und das Elend nimmt rasant zu. Dazu kommen persönliche Enttäuschungen und existenzielle Ängste. Bei all dem braucht es einen langen Atem, viel Durchhaltevermögen und eine begründete Hoffnung auf ein gutes Ende, um nicht den Lebensmut auf unseren Wegen zu verlieren. Seit 2000 Jahren gehen wir in unseren Gemeinden diesen Weg gemeinsam. Wir stärken und trösten uns gegenseitig. Wir kümmern uns um die, die Hilfe brauchen, und geben unsere Hoffnung weiter – hoffentlich lebendig. Denn Hoffnung ist überlebenswichtig. Sie ist das Grundelement unseres Glaubens. Dabei ist die Hoffnung nicht die Überzeugung, dass etwas gut ausgeht, sondern die Gewissheit, dass etwas Sinn hat, egal, wie es ausgeht. Unsere Hoffnung hat ihren Ausgangspunkt an Ostern. Hier zeigt Gott, was der Welt einmal blühen wird: ein Leben, in dem der Tod keine Rolle mehr spielen wird, kein Leid, kein Schmerz und Elend mehr sein werden, sondern das Reich Gottes. Eine lebendige Hoffnung.

Sie richtet sich dabei auf Gott hin, dem Grund und zugleich dem Inhalt unserer Hoffnung. Im Gebet können wird uns hoffnungsvoll an Gott wenden. Zwar „ändern Gebete nicht die Welt. Aber Gebete ändern die Menschen. Und Menschen verändern die Welt.“ (A. Schweitzer) *Silke Dantine*

Wir beten

Gott, wir bitten Dich, lass uns Deine Gemeinde untereinander lebendig leben, als eine Gemeinschaft, die einander stärkt und schützt und die Hoffnung mit Mut und neuer Kraft weitergibt. Amen.

Friedrich von Bodelschwingh (6.3.1831 – 2.4.1910)

Nach dem Studium der evangelischen Theologie ging er für die Ev. Mission unter den Deutschen nach Paris. 1872 wurde er Leiter der Ev. Heil- und Pflegeanstalten für Epileptische in Bielefeld (heute: v. Bodelschwinghsche Anstalten Bethel). Mit mehr als 20.000 Mitarbeitenden sind sie eines der größten Sozialunternehmen in Europa. In der diakonischen Einrichtung werden Menschen mit Behinderung, psychischen Beeinträchtigungen oder Epilepsie sowie Alte und Pflegebedürftige, Kranke, Jugendliche mit sozialen Problemen und Wohnungslose betreut.

1640 † Paul Fleming | 1817 † Johann Heinrich Jung-Stilling, Arzt und Schriftsteller | 1910 † Friedrich von Bodelschwingh d. Ä., Wohltäter in Bethel

3. April

Mittwoch | SA 06:52 SU 19:59 MA 05:04 MU 12:26

Wochenspruch: Offenbarung 1,18
Wochenlied: EG 100 oder 116

Wir lesen 1. Petrus 1,13–16

Ein Leben in und mit Dynamik

„Umgürtet die Lenden eures Gemüts" und hofft! Macht euch bereit, eure Gottesbeziehung, die sich als lebendige Hoffnung beschreiben lässt, zu gestalten – durch die Gnade Gottes. Aufforderungen an uns, die uns vom Hören zum Handeln überleiten wollen. In Wachsamkeit gegenüber den Ungerechtigkeiten des Lebens und in Erwartung dessen, was kommen wird, sollen wir schon im „Hier und Jetzt" unser Leben gestalten, im Licht des Kommenden: mit Frieden und in Heiligkeit. Denn Gott und diejenigen, die zu ihm gehören, sollen einander entsprechen in ihrem Handeln. Macht euch bereit zum Aufbruch in die Welt hinein und zur Bewegung und Veränderung dieser Welt, denn das sind die Wesensmerkmale unseres Glaubens. Lebendig bleiben in der Entwicklung und im Vertrauen darauf, diesen begonnenen Weg ein Leben lang mit Gottes Hilfe in seinem Sinne zu gehen. Denn das Wesen des christlichen Glaubens ist nicht Statik, sondern Dynamik, die Bewegung, im Denken und Handeln! Oder mit Worten von Martin Luther gesprochen: „Das christliche Leben ist nicht Frommsein, sondern ein Frommwerden, nicht Gesundsein, sondern ein Gesundwerden, nicht Ruhe, sondern Übung." Unser Leben ist und bleibt ein Werden und Wachsen. Ein dynamischer Prozess, eingebettet in den Heilsrahmen, den Gott selbst uns verheißen hat: „Ihr sollt heilig sein, denn ich bin heilig."

Silke Dantine

Wir beten

Gott, öffne unsere Herzen und mach sie weit, dass wir uns einlassen können auf die Dinge, wo wir gefragt und gefordert sind. Mach uns kritisch und bringe uns in Bewegung. Amen.

Gerhard Tersteegen (25.11.1697 – 3.4.1769)

Mit seinem Leben und Schaffen beeinflusste er maßgeblich die protestantische Erweckungsbewegung und dichtete zahlreiche Kirchenlieder, die bis heute gesungen werden. So z. B. das Lied „Gott ist gegenwärtig. Lasset uns anbeten und in Ehrfurcht vor ihn treten" (EG 165). Aus Geldmangel konnte er nicht Theologie studieren und erlernte bei seinem Schwager das Wesen des Kaufmanns. Doch legte er diesen Beruf schnell wieder ab, da er ihn in seiner religiösen Entwicklung ablenkte. So wurde er Laienprediger am Niederrhein und in Holland.

1769 † Gerhard Tersteegen, Liederdichter und Glaubenszeuge im Rheinland | 1897 † Johannes Brahms, Komponist

4. April

Donnerstag | SA 06:50 SU 20:01 MA 05:32 MU 13:56

Wochenspruch: Offenbarung 1,18
Wochenlied: EG 100 oder 116

Wir lesen 1. Petrus 1,17–21

„So führt euer Leben in Gottesfurcht“

Über das kleine Wörtchen „Gottesfurcht“ bin ich im heutigen Bibelabschnitt gestolpert und an ihm hängen geblieben. Wie klingt dieses Wort in einer Zeit, in der sich die Kirchen geradezu entvölkern, die Wartezimmer der Psychologen und Psychiater aber übervoll werden? Furcht gibt es viel in unserer Welt. Ängste und Depressionen breiten sich endemisch aus. Angst ist der Schatten über unserer so freien und fröhlichen und modernen Welt. Gottesfurcht ist ein Wort, das ich in unserer modernen Sprache wenig höre und ehrlicherweise auch selbst wenig gebrauche. Doch stecken gerade darin Kraft und Zuversicht, die uns in unseren Ängsten helfen. Das feste Gottvertrauen schützt vor Angst und Sorgen. Zwar hat auch ein gläubiger Mensch Schwierigkeiten im Leben, aber sie können ihn nicht völlig beherrschen und in den Grundfesten seiner Existenz erschüttern. Als glaubender, als „gottesfürchtiger“ Mensch weiß ich: Was auch passiert – Gott ist bei mir, und das ist das Wichtigste. Neben allem anderen, was der Glaube mir schenkt, ist er eine seelische Imprägnierung gegen Sorgen und Furcht. Denn ich weiß doch: Christus ist da, der Auferstandene, er schenkt Glauben und Hoffnung. *Hannes Bauer*

Wir beten

Lebendiger Gott, schenke mir Mut für Ungewöhnliches, lass mich Neues wagen, lass mich Dir ganz vertrauen, auch in schwerer Zeit Deine Nähe spüren. Amen.

Viele glauben an nichts und fürchten alles

Von Friedrich Hebbel stammt das Wort: „Viele glauben nichts, aber fürchten alles." Einer, der viel glaubte und nichts fürchtete, war Martin Luther King. Der Baptistenpfarrer und herausragende Vertreter im gewaltfreien Kampf gegen Unterdrückung und soziale Ungerechtigkeit in den USA wurde am 4.4.1968 in Memphis, Tennessee ermordet. Heute denke ich: Wow! Wie konnte der Mann so sicher sein? Wie konnte er so viel Zuversicht ausstrahlen in einer so komplizierten Zeit? Es war allein sein unerschütterliches Vertrauen in Gott, der Christus von den Toten auferweckt hat, der ihm Glauben und Hoffnung gab (1. Petr 1,21).

397 † Ambrosius von Mailand, Bischof und Kirchenlehrer | 1968 † Martin Luther King, Sozialreformer in den USA | 1991 † Max Frisch, Schriftsteller

5. April

Freitag | SA 06:48 SU 20:02 MA 05:53 MU 15:27

Wochenspruch: Offenbarung 1,18
Wochenlied: EG 100 oder 116

Wir lesen 1. Petrus 1,22–2,3

Gottes Wort: eine unerschöpfliche Quelle

Als Christen tragen wir die gewaltige Verantwortung, einander zu lieben, doch wie werden wir ihr gerecht? Indem wir uns der Quelle bewusstwerden: „dem lebendigen Wort Gottes, das da bleibt!". Dass die Liebe das Grundgebot des christlichen Glaubens ist, bekennen wir. Dass Nächstenliebe für viele, auch über die Kirche hinaus, eine wichtige Richtschnur für ihr Leben ist, wissen wir. Dass Liebe üben eine anstrengende Herausforderung sein kann, erfahren wir täglich. Nicht nur äußerlich ein wenig nett und höflich sein bei der Arbeit, in der Familie, im Kaufhaus, sondern beständig lieb sein „aus reinem Herzen" ohne „Bosheit und allen Betrug und Heuchelei und Neid und üble Nachrede". Das gelingt mir nur, wenn ich mir der Quelle bewusst bleibe. Petrus erinnert mich heute daran: „Ihr seid neu geboren, nicht aus vergänglichem, sondern aus unvergänglichem Samen, durch das lebendige, bleibende Wort Gottes." Daran will ich heute denken, wenn mir mal wieder die Kraft der Liebe gegenüber anstrengenden Mitmenschen ausgeht, wenn mich ein Teenager in seinem Chill-Modus auf die Palme bringt, wenn die Nachbarin wieder so ein loses Mundwerk hat und der Arbeitskollege sich beim Chef einschleimt. Dann versuche ich, auch diese Menschen zu lieben aus reinem Herzen. Meinen Sie, das geht? Heute? *Hannes Bauer*

Wir beten

Gott, lass mich den Menschen, die Du mir heute auf meinem Lebensweg schickst, mit Deinen Augen, mit Deinen Ohren und Deinem Herzen begegnen. Amen.

Pandita Ramabai

Am 5.4.1922 starb Ramabai Dongre Medhavi, genannt Pandita Ramabai. Sie war eine indische Christin, soziale Reformerin und Aktivistin. Als Autorin und Wissenschaftlerin kämpfte sie bereits früh für bessere Lebensbedingungen indischer Frauen. Aus einer angesehenen hinduistischen Brahmanen-Familie stammend konvertierte sie zum anglikanischen Glauben. Sie übersetzte unter anderem die Bibel in die Marathi-Sprache.

1553 † Anton Corvinus (Rabe), Reformator in Niedersachsen | 1693 † Christian Scriver, Liederdichter in Sachsen | 1922 † Pandita Ramabai, Glaubensbotin in Indien | 1937 † Adolf Deißmann, Theologe

6. April

Sonnabend | SA 06:46 SU 20:04 MA 06:09 MU 16:59

Wochenspruch: Offenbarung 1,18
Wochenlied: EG 100 oder 116

Wir lesen 1. Petrus 2,4–10

Was trägt, was gibt Sicherheit?

Was trägt, was gibt Sicherheit – in einem Gebäude, in der Gesellschaft, im persönlichen Leben? So viele Menschen suchen heute nach Sicherheit. Seniorinnen haben Angst vor Betrügern, die sich als falsche Polizisten ausgeben und trickreich Geld erpressen. Menschen in der Mitte des Lebens haben Angst vor Veränderung, als wäre das Leben, das wir heute führen, eine Garantie dafür, dass diese Erde bleibt und bewohnbar bleibt. Jugendliche haben Angst, dass ihnen in Anbetracht des Klimawandels bald das Wasser bis zum Hals steht. Worauf kann ich mich verlassen? Gilt das Wort, das mir gestern gesagt wurde, morgen noch? Wer kann mir das geben, was in dieser Welt, in der nichts sicher scheint, ein bisschen Halt gibt? „Der Stein, den die Bauleute verworfen haben; der ist zum Eckstein geworden", sagt der 1. Petrusbrief. Wenn ihr zu dem lebenden Stein kommt, den die Menschen weggeworfen haben, der vor Gott aber auserwählt und wertvoll ist, werdet ihr selbst wie lebendige Steine. Mit euch wird der „oikos", das bewohnbare Haus, unsere Erde gebaut werden, nachhaltig und gerecht und frei von Angst und Betrug. In diese Verantwortung sind wir als auserwähltes Volk, als königliches Priestertum und heiliges Volk gestellt. Allein getragen vom Eckstein Jesus Christus können wir solche Verantwortung auch tragen und entsprechend handeln. *Hannes Bauer*

Wir beten

Barmherziger Gott, Du willst Leben und Freude für uns Menschen, Gerechtigkeit und Frieden zwischen den Völkern und ein liebevolles Zusammenleben. Gib mir heute Kraft, nach Deinem Willen zu fragen und meinen Teil dazu beizutragen, dass Christus in mir lebendig bleibt. Amen.

Reinhold-Schneider-Preis

Reinhold Schneider (* 13.5.1903 in Baden-Baden; † 6.4.1958 in Freiburg im Breisgau) widerstand aus seiner christlich konservativen Weltsicht heraus dem nationalsozialistischen Größenwahn und Kriegstreiben. Seine „Sonette" wurden heimlich von Hand zu Hand gereicht. Schneider versteckte sich, eine Anklage wegen Hochverrats kam wegen des Zusammenbruchs des Dritten Reiches nicht mehr zur Verhandlung. Nach dem Zweiten Weltkrieg wurde Schneider vielfach geehrt. Der Kulturpreis der Stadt Freiburg trägt heute seinen Namen.

912 † Notker der Stammler, Mönch und Hymnendichter in St. Gallen | 1958 † Reinhold Schneider, christlicher Dichter

7. April

Sonntag | 1. Sonntag nach Ostern (Quasimodogeniti)

Wochenspruch: 1. Petrus 1,3
Wochenlied: EG 108 oder 117
Altes Testament: Jesaja 40,26–31
Epistel: 1. Petrus 1,3–9
Evangelium: Johannes 20,19–20(21–23)24–29

Wir lesen Psalm 134

Nachts im Tempel

Die Feiern der Osternacht am vergangenen Sonntag waren sehr unterschiedlich. Eines aber hat sie verbunden: Das Lob Gottes – für die Überwindung des Todes durch die Auferstehung Jesu. Die Worte des Psalms wurden verwirklicht: Menschen standen nachts im Haus des Herrn und lobten Gott. Der Psalmist kann sich etwas anderes als den Tempel für das Gotteslob nicht vorstellen. „Hebt eure Hände auf im Heiligtum", heißt es nicht zufällig. Natürlich kann man Gott auch an anderen Orten loben. Nach der Zerstörung des Tempels haben schon Juden andere Orte, die Synagogen, für sich finden müssen. Wichtig ist aber, dass es einen Ort gibt, wo Menschen gemeinsam Gott loben, wo „alle Knechte" versammelt sind. Wenn sich keine Gemeinde mehr in einer Kirche oder an anderer Stelle gemeinsam zum Gotteslob versammelt, erstirbt es auch bei den Einzelnen. Wo Menschen umgekehrt im gemeinsamen Gottesdienst in ihrer Dankbarkeit bestärkt werden und darum als Gemeinschaft Gott loben, wird ihnen im Alltag auch als Einzelnen das Gotteslob leicht über die Lippen kommen. – Der sonntägliche Gottesdienst habe in seiner bisherigen Form keine Zukunft, sagen selbst manche, die in der Kirche Verantwortung tragen. Wo aber das gemeinsame Gotteslob nicht mehr laut wird, hat auch die christliche Kirche keine Zukunft mehr. Wo umgekehrt Menschen zusammenkommen, um miteinander mit ihrem Hören und Beten, ihrem Singen und ihrem Schweigen Gott zu loben, wird auf ihrer Gemeinschaft Segen liegen; sei sie noch so klein. Nicht zufällig endet der Psalm mit einem Segenswort. – Wer wie Sie, liebe Leserin und lieber Leser, diesen Kalender an jedem Tag nutzt, wird sicherlich auch regelmäßig ein Gotteshaus von innen sehen, um Gott zu loben. Der Psalmist würde zu Ihnen sagen: Sie machen es richtig! Betrachten Sie sich darum auch als die Adressaten seines Segenswunsches. *Urs Ebenauer*

Wir beten

Herr, gib, dass unsere Gotteshäuser lebendige Orte bleiben, in denen Dein Name gelobt wird. Segne, die darin zusammenkommen. Amen.

Orthodoxer Feiertag: Mariä Verkündigung | 1528 † Albrecht Dürer, Maler in Nürnberg (ev. Gedenktag; Sterbetag: 6.4.) | 1881 † Johann Hinrich Wichern, Vater der Inneren Mission | 1918 † Albert Hauck, Kirchenhistoriker

8. April

Montag | SA 06:41 SU 20:07 MA 06:36 MU 20:01

Wochenspruch: 1. Petrus 1,3
Wochenlied: EG 108 oder 117

Wir lesen 1. Petrus 2,11–17

Schiffgewordene Predigt

Die Sonne brennt. Im Stadion sitzen Menschen in den Rängen. Auf dem Fußballfeld steht sie allein und mahnt: Man lässt keine Menschen ertrinken. Punkt. Pfarrerin Sandra Bils predigt zum Kirchentag 2019 und erinnert an die Flüchtlinge, die auf dem Mittelmeer in Seenot geraten. Leben retten ist Christenpflicht – sagt sie. Christlich motiviertes Handeln wird heute mehr gebraucht denn je. Lieber Petrus, das ist doch genau das, wozu du uns aufforderst, oder? Mit guten Taten sollen wir den törichten Menschen das Maul stopfen. Ausgehend von Bils' Worten hat sich die Initiative „Wir schicken ein Schiff" gegründet, die andere Unterstützergruppen gesucht hat und am Ende den Verein „United4Rescue" gegründet hat. Dieser Verein unterstützt die zivile Seenotrettung auf dem Mittelmeer. Eigentlich, Petrus, ist das die Aufgabe der Politikerinnen und Politiker. Also der Könige unserer Zeit. Ihre Aufgabe ist es doch, sich an die vorhandenen Gesetze zu halten. Das internationale Seerecht schreibt die Pflicht zur Rettung von Menschen in Seenot vor. Doch den Oberen scheint das egal und den Seenotretterinnen und

-rettern werden Hürden in den Weg gelegt. Jedermann ehren, Geschwister lieben und Gott fürchten – ja, das geht. Doch was heißt es in diesem Fall, den König zu ehren, wenn er doch offensichtlich gegen die Menschenwürde und geltendes Recht verstößt? *Christina Hinderer*

Wir beten

Lebendiger Gott, biblische Worte bringen mich manchmal in Bedrängnis. Wie soll ich sie verstehen, wenn ich sie konkret in mein Leben übertrage? Hilf mir! Amen.

#Wir schicken ein Schiff

United4Rescue ist ein gemeinnütziger Verein, der die zivile Seenotrettung im Mittelmeer unterstützt. Er wurde 2019 gegründet. Durch Spenden konnten zwei Rettungsschiffe in Einsatz gebracht werden, die vielen Menschen das Leben gerettet haben. United4Rescue ist ein Bündnis hunderter Organisationen. Es setzt sich für Seenotrettung und sichere Fluchtwege ein und vertritt vier Forderungen: Einhaltung der völkerrechtlichen Pflicht zur Seenotrettung, keine Kriminalisierung der zivilen Seenotrettung, faire Asylverfahren und sichere Häfen.

1586 † Martin Chemnitz, Theologe in Niedersachsen | 1835 † Wilhelm von Humboldt, Wissenschaftler, Mitbegründer der Berliner Universität | 1973 † Pablo Picasso, spanischer Künstler

10. April

Mittwoch | SA 06:37 SU 20:11 MA 07:07 MU 23:05

Wochenspruch: 1. Petrus 1,3
Wochenlied: EG 108 oder 117

Wir lesen 1. Petrus 3,1–7

Von der Unterordnung zur Gleichberechtigung

Der erste Satz mit der Unterordnung könnte schnell dazu führen, diesen Text wegzulegen und nicht weiter zur Kenntnis zu nehmen. Schade eigentlich, denn er enthält Hinweise auf eine mögliche Entwicklung zur Gleichberechtigung von Mann und Frau. Das Stichwort dazu heißt: Miterbe sein. Schon für die Männer war es auf religiösem Gebiet Fortschritt und Emanzipation, nicht mehr nur Knecht, sondern Miterbe zu sein (Röm 8,17). In denselben Stand treten nun die Heiden (Eph 3,6) und die Frauen ein. Es geht um die Ehre des weiblichen Geschlechts, sein Ansehen und seine Vorbildhaftigkeit auch ohne Worte als ein Tatzeugnis vor den Menschen. Die inneren Werte strahlen mehr als aller äußerer Schmuck, der verborgene Mensch des Herzens ist unvergänglich, hat sanften und stillen Geist, er ist köstlich vor Gott. Kelly McGillis spielt in dem Film „Der einzige Zeuge" neben Harrison Ford eine solche traditionell erzogene amische Frau, die ihre Stärke beweist in ihrer Unerschrockenheit und ihrer Bereitschaft, das Gute und Notwendige zu tun. Im gemeinsamen Gebet vor Gott waren Mann und Frau schon lange gleichberechtigt, ehe dies ins Grundgesetz geschrieben wurde. Gleichberechtigung fragt nach dem Woher (Miterben der Gnade des Lebens) und dem Wohin (gemeinsames Gebet), was im politisch-gesellschaftlichen Bereich erst noch neu und anders formuliert werden muss. *Peter Godzik*

Wir beten

Herr, wir bitten Dich um Geduld mit Menschen und Texten. Lass uns auf leise Töne und Nuancen achten, statt sofort loszupoltern – bloß, weil wir uns verhört haben. Amen.

Thomas von Westen

Der Norweger Thomas von Westen war ursprünglich Lektor. 1716 wurde er von Friedrich IV. von Dänemark zum Leiter der Lapplandmission ernannt. An der Domschule Trondheim bildete er Lehrer und Katecheten als Missionare für die Samen aus. Von Westen unternahm drei ausgedehnte Reisen nach Lappland und studierte dabei Land und Leute. Dank seiner behutsamen und würdevollen Behandlung der Samen hatte er bei seiner Verkündigung großen Erfolg. Während der letzten Lebensjahre lebte er wieder in Trondheim und konnte den dortigen Aufgaben weiter nachgehen.

1727 † Thomas von Westen, Glaubensbote in Lappland (ev. Gedenktag; Sterbetag: 9.4.)

11. April

Donnerstag | SA 06:35 SU 20:12 MA 07:29 MU –

Wochenspruch: 1. Petrus 1,3
Wochenlied: EG 108 oder 117

Wir lesen 1. Petrus 3,8–12

Mahnungen an die ganze Gemeinde

Der Wertekanon dieses Briefabschnittes umfasst vier Kardinaltugenden und eine Quintessenz: Gleichgesinntheit, Mitleid, Brüderlichkeit und Barmherzigkeit sind die vier Tugenden; Demut ist die Quintessenz, das Wesen der Sache, nämlich der Lebensqualität, die aus der Liebe zum Leben und der Suche nach dem Frieden besteht. Gerade in Zeiten des Krieges mitten in Europa spüren wir die Wahrheit dieser Worte. Der Friede und die guten Tage miteinander sind bedroht durch gegenseitige Vergeltung, durch Scheltworte, Betrug und böses Tun. Dem sollen wir widerstehen und Gutes tun: gerade nicht Böses mit Bösem vergelten, sondern segnen; nicht abfällig reden, sondern seine Zunge hüten; nicht böswillig vorgehen, sondern Gutes tun – mit einem Wort: den Frieden suchen, ja ihm nachjagen, ihm, dem Frieden, nicht dem Geld oder der Macht oder dem Ansehen der eigenen Person. Der Apostel ermahnt die ganze Gemeinde, weil doch vor Gott nichts verborgen bleibt: Er ist ein Gott, der sieht und der hört, was die Gerechten und was die Bösen tun. Er ist kein unbeweglicher und gefühlloser Götze. Und er wird eines

Tages wieder von sich reden machen, wenn er genug davon hat, was an Bösem auf Erden geschieht. Gott kommt, das steht fest; er kommt zum Gericht; er widersteht den Hochmütigen, aber den Demütigen gibt er Gnade (1. Petr 5,5). Was für ein ermutigender Text! *Peter Godzik*

Wir beten

Herr, lass uns verstehen, dass unsere Berufung als Christenmenschen das Segnen ist. Segnet, die euch verfluchen; bittet für die, die euch beleidigen! Das sind Deine Worte! Amen.

Pierre Teilhard de Chardin

Pierre Teilhard de Chardin, der große französische Philosoph, hatte eine objektive, nicht an das Subjekt gebundene Hoffnung. Es liegt nicht an jemandes Wollen oder Laufen, sondern allein an Gottes Erbarmen (Röm 9,16). Alles läuft auf einen Konvergenzpunkt zusammen, auf das Omega Gottes, die Vollendung der Welt in Christus. Wir müssen nicht so viel tun, wir dürfen uns verlassen auf die Kraft des Einen, der uns versöhnen will mit sich selbst in Christus. Wir sind gefragt, ob wir das glauben, auch wenn die Schar der Gläubigen kleiner wird.

1648 † Matthäus Apelles von Löwenstern, Liederdichter in Schlesien | 1894 Zehlendorfer Evangelischer Diakonieverein gegründet | 1955 † Pierre Teilhard de Chardin, französischer Philosoph, Naturwissenschaftler, Theologe | 1964 † Hans Franck, Schriftsteller

12. April

Freitag | SA 06:32 SU 20:14 MA 07:58 MU 00:34

Wochenspruch: 1. Petrus 1,3
Wochenlied: EG 108 oder 117

Wir lesen 1. Petrus 3,13–17

Hoffnung? – Hoffnung in uns!

Aus einzelnen Bibelworten über Furcht und Leiden leiten wir in aller Regel nicht gleich eine allgemeingültige Anweisung her, so etwa aus 1. Petrus 3,14.17. Denn: Müssen Menschen, zumal glaubende, es klaglos hinnehmen, wenn sie für die Gerechtigkeit leiden? Fürchten sie sich nicht, leiden sie widerspruchslos für das Gute? Könnte es denn nicht sein, dass das Gute zerstört wird, wenn wir es ohne Widerspruch verleumden lassen? Das von Gottes Wort geleitete Gewissen prüft, wann ein „bis hierher und nicht weiter" nötig ist. So werden wir unsrer Verantwortung vor Gott und Menschen gerecht. So bedenken wir ja auch seit dem Krieg der russischen Führung gegen die Ukraine ganz neu, wie die Lebensform Pazifismus angesichts der aktuellen zeitgeschichtlichen Bedingungen ihre heute sachgerechte Ausprägung erhält. Pazifismus ist kein zeitlos-allgemeingültiger, philosophischer Grundsatz, sondern eine Haltung, die wir immer wieder neu erlernen, indem wir Ursachen und Ziele des Unfriedens bedenken. Wo wird unser Widerspruch oder gar Widerstand gebraucht, damit das Gute – soviel an uns liegt – Zukunft hat? Der Apostel ermuntert uns: Seid bereit, Verantwortung zu übernehmen und über die Hoffnung, die in euch ist, Rechenschaft zu geben – allen gegenüber, die euch danach fragen. Damit die Hoffnung Kreise zieht – aller Furcht und allem Leiden zum Trotz. *Michael Kühne*

Wir beten

Treuer Gott, durch Deine Gnade leben wir mit Hoffnung. Lass in Deinem Wort die Hoffnung für uns aufleuchten. Gib uns Freude daran, unsere Hoffnung im Alltag zu Gehör zu bringen. Amen.

Rechenschaft von ihrer Hoffnung

… gaben Frauen und Männer in Südfrankreich: Inspiriert durch seine Bibelübersetzung in ihren provenzalischen Dialekt nehmen Petrus Waldus' Anhänger um 1200 Jesu Auftrag ernst als Auftrag an alle – d. h. auch an die Frauen: „Verkündigt gute Nachricht allen Geschöpfen." (Mk 16,15) Die predigenden Laien kommen mit der verfassten Kirche in Konflikt. Zwar billigt der Papst die Bewegung zuerst, doch zehn Jahre später werden die „Waldenser", eine Predigt- und Armutsbewegung („die Armen von Lyon") und Vorläufer der Reformation, als Ketzer verurteilt.

um 1217 † Petrus Waldus, Glaubenszeuge in Frankreich | 1709 Englische Missionsgesellschaft gegründet | 1961 Erster bemannter Weltraumflug (Juri A. Gagarin)

13. April

Sonnabend | SA 06:30 SU 20:16 MA 08:40 MU 01:54

Wochenspruch: 1. Petrus 1,3
Wochenlied: EG 108 oder 117

Wir lesen 1. Petrus 3,18–22

Hoffnung? – Hoffnung für die Welt!

Menschen widersprechen dem Evangelium der Hoffnung. Für Christenmenschen bedeutet das: Leiden. Auch Christus hat den Widerspruch gegen Gott erlitten. Sein Leiden für das Evangelium bewirkt Gutes, führt uns zu Gott, schenkt Versöhnung, die bleibt und besteht. Wer sich heute und in Ewigkeit mit Hoffnung beschenkt weiß, fragt auch nach Hoffnung für die Mitmenschen, für die Welt: Wie schenkt Christus auch den „Ungehorsamen" Versöhnung mit Gott und denen, die nichts davon wissen, dass er, Christus selbst, „die Ungerechten zu Gott führt"? Der Apostel sagt: Christus hat bei seiner Grablegung denen im Gefängnis des Todes gepredigt, damit auch sie bei Gott leben. Fragen wir nach Hoffnung für Menschen, die Gottes Willen widersprechen und seine Geduld strapazieren, antwortet der Apostel: Alle, die gefangen sind in diesem Todesreich und Teufelskreis – auch die Glaubenden, auch wir selbst –, ruft Jesus zu Gott. Auch die Mächtigen der Erde sind Christus nicht „los", sind in Wahrheit vor ihm, denn er ist auferstanden. – Vor Gott sein, das ist die Chance für alle. Auch für uns, denn nach der Schuld von gestern können wir um ein befreites Gewissen bitten, das uns heute einen Neuanfang ermöglicht. Wir lesen: Dafür steht die Taufe! Denn nicht wir haben mit der Taufe einen neuen Anfang gemacht, sondern Gott hat in der Taufe den Neuanfang gemacht – mit uns. *Michael Kühne*

Wir beten mit EG 232,2

Herr Jesus Christ, zeig Deinem Vater an, dass Du hast g'nug für mich getan, so werd ich los der Sünden Last. Erhalt mich fest in dem, was Du versprochen hast. Amen.

Konrad Hubert (1507 – 1577)

In Bergzabern geboren, war er als Pfarrer in Straßburg „die rechte Hand" des Reformators Martin Bucer (1491 – 1551). Mich fasziniert, wie es ihm um das Evangelium ging, nie um seine Person. Er unterstützte Bucers Wirken, wirkte als Seelsorger und Prediger. Ein Mann im Hintergrund. Ähnlich seine Frau Margarethe, die den Kindern des verwitweten Bucer eine Mutter war. Im Gesangbuch finden wir als Liedtexte von Konrad Hubert außer EG 232,1 – 3, „Allein zu dir" (aus dem heute das Gebet stammt) auch das Wort-Gottes-Lied „O Gott, du höchster Gnadenhort" (EG 194).

1577 † Konrad Hubert, Liederdichter in Straßburg | 1598 Edikt von Nantes, Duldung der Protestanten in Frankreich | 1994 † Kurt Aland, neutestamentlicher Textforscher

14. April

Sonntag | 2. Sonntag nach Ostern (Miserikordias Domini)

Wochenspruch: Johannes 10,11a.27–28a
Wochenlied: EG 274 oder 358
Altes Testament: Hesekiel 34,1–2(3–9)10–16.31
Epistel: 1. Petrus 2,21b–25
Evangelium: Johannes 10,11–16(27–30)

Wir lesen Psalm 136

Gewissheit im Glauben

Man kann sich die Szenerie gut ausmalen: Der Vorbeter oder Vorsänger im Tempel erinnert an die großen Taten Gottes, und die Besucher des Tempels antworten mit dem immer wiederkehrenden „denn seine Güte währet ewiglich". Im gemeinsamen Beten des Psalms erinnern sich die Glaubenden an das, was ihrem Glauben Gewissheit gibt: die wunderbare Schöpfung, die grandiose Befreiung aus der Knechtschaft Israels in Ägypten und schließlich die Bewahrung des Volkes auf seinem Weg durch die Geschichte. Die großen Taten Gottes stärken das Vertrauen auf Gottes gnädige Zuwendung zu seinem Volk. Das führt nicht nur die Tempelbesucher zum dankbaren Lob der Güte Gottes. Wie würde dieser Psalm aussehen, wenn wir ihn heute zu formulieren hätten? Die Schöpfung ist sicherlich auch für uns ein Erweis für Gottes Güte. Schon an jedem einzelnen Schmetterling erweist sich seine schöpferische Kraft, Gottes Kreativität. Achten wir seine

Kunstwerke! An die Stelle der Befreiung am Schilfmeer würden wir Christen sicherlich – gerade jetzt in der Osterzeit – die Auferstehung Jesu setzen. Auch sie ist ein Werk der Befreiung, jedoch – viel weiter reichend – von der Knechtschaft des Todes. Der auferstandene Jesus ließ die zweifelnden Jünger, die verzweifelten Frauen und den zunächst vermeintlich über alle Zweifel erhabenen Paulus sein neues Leben sehen und gab ihrem Leben dadurch eine überraschende Wendung. Das vor allem schenkt uns die Gewissheit im Glauben: Wir haben einen lebendigen und Leben schaffenden Gott. Dieses Vertrauen öffnet auch uns schließlich die Augen dafür, Gottes gutes Geleit in unserem Leben zu entdecken. An der Freude über das Schöne in unserem Leben ebenso wie an der Kraft, Schweres zu tragen oder zu bewältigen, spüren wir, dass Gott uns auf dem Weg durch die Zeit begleitet. So haben auch wir allen Anlass zum dankbaren Gebet. *Urs Ebenauer*

Wir beten

Danket dem Herrn, denn er ist freundlich und seine Güte währet ewiglich. Amen.

1659 † Simon Dach, Liederdichter in Ostpreußen (ev. Gedenktag; Sterbetag: 15.4.) | 1759 † Georg Friedrich Händel, Musiker | 1843 Evangelisches Diakoniewerk Königin Elisabeth Berlin gegründet | 1945 † Friedrich von Rabenau | 1956 † Johannes Busch, Jugendpfarrer

15. April

Montag | SA 06:26 SU 20:19 MA 10:42 MU 03:47

Wochenspruch: Johannes 10,11a.27–28a
Wochenlied: EG 274 oder 358

Wir lesen 1. Petrus 4,1–11

Die begrenzte Zeit

„Letzte Generation“ nennt sich eine Gruppe von Klimaaktivisten, die durch spektakuläre Aktionen bewusstmachen will: Die Zeit läuft ab, in der wir das Notwendige tun müssen, dass die Erde bewohnbar bleibt. Notwendig ist eine radikale Umkehr. Auch der Schreiber unseres Briefes rief im Wissen um die begrenzte Zeit zu radikaler Umkehr auf. Wer an Christus glaubt, lässt das durch die Begierden gesteuerte Leben hinter sich. Die noch übrige Zeit wird durch ein neues Verhältnis zu Gott und zu den Mitmenschen bestimmt. Besonnen und nüchtern dürfen wir im Gebet vor Gott bringen, was uns bewegt, und nach seinem Willen fragen. Im Blick auf die Gemeinde wird Gottes Wille im Aufruf zur Liebe zusammengefasst. Ein Beispiel dafür ist die Gastfreundschaft. Es geht um eine Diakonie der Gemeinde, in der alle ihre Gaben einbringen, um einander beizustehen. Wer seine Gaben im Dienst in der Gemeinde einsetzt, dient damit Gott als „guter Haushalter der vielfältigen Gnade Gottes“. Jede und jeder empfing von ihm in unterschiedlichem Maß Zeit, Begabungen und materielle Mittel, die es gut zu verwalten gilt.

„Haushalter" heißt griechisch „Ökonom". Diakonie und Kirche können sich als Großorganisationen nicht den Gesetzen der Ökonomie entziehen. Umso wichtiger ist, dass in den Gemeinden die Liebe erfahrbar wird, die durch Gottes Geist Leben schafft und erneuert. *Eberhard Winkler*

Wir beten

Danke, Herr, dass Du uns noch Zeit gibst, Deinen Willen zu erkennen und zu tun. Hilf uns, dass wir einander beistehen, und segne alle, die in unserer Kirche und in den diakonischen Einrichtungen tätig sind. Amen.

Eine gute Haushälterin der Diakonie: Caroline Fliedner (* 26.1.1811)

Die Hamburgerin fand durch Amalie Sieveking zur Erweckungsbewegung. 1843 heiratete sie Pfarrer Theodor Fliedner, der mit seiner ersten Frau Friederike 1836 in Kaiserswerth das erste Diakonissenmutterhaus gegründet hatte. Friederike starb 1842, und Caroline folgte ihr als Ehefrau und Mutter für Friederikes drei Kinder und acht eigene Kinder sowie bis 1883 als Vorsteherin. Sie überlebte ihren Mann um 28 Jahre. Die erste Generation der evangelischen Diakonissen wurde stark durch Frauen wie Caroline geprägt, die sich als Dienerinnen um Jesu willen verstanden.

1892 † Caroline Fliedner, Mutter der Diakonissen im Rheinland | 1980 † Jean Paul Sartre, französischer Philosoph

16. April

Dienstag | SA 06:24 SU 20:21 MA 11:56 MU 04:19

Wochenspruch: Johannes 10,11a.27–28a
Wochenlied: EG 274 oder 358

Wir lesen 1. Petrus 4,12–19

Leiden gehört zum Christenleben

In unserem Land genießen alle Menschen die Freiheit zum Glauben oder Nichtglauben, während in vielen anderen Ländern der Erde Menschen wegen ihres Glaubens Verfolgung leiden, insbesondere wenn sie den christlichen Glauben bekennen. Der Verfasser des 1. Petrusbriefes wollte der Gemeinde helfen, ihre Leiden der Verfolgung aktiv durch eine positive Deutung zu ertragen. Im Leiden bewährt sich der Glaube, der die Glaubenden mit Christus verbindet. Deshalb kann die Gemeinde bekennen: „In dir ist Freude in allem Leide, o du süßer Jesus Christ“ (EG 398). Allerdings gilt das nur, sofern die Christen ihr Leiden nicht durch kriminelles Handeln selbst verschuldet haben. Seit einigen Jahren ist das Ansehen der Kirchen in Deutschland und darüber hinaus durch kriminelle sexuelle Taten in ihrem Raum schwer beschädigt worden. Darunter leiden viele der an Christus Glaubenden. Es bedrückt sie der Verlust an Glaubwürdigkeit, der die Abwendung vieler Menschen von der Gemeinschaft der Glaubenden verstärkt. Im Schrumpfungsprozess der Kirchen in unserem Land geschieht Gottes Gericht, das „beim Haus Gottes beginnt“ (V. 17). Die Kirchen werden sich in unserem Land in einem schmerzhaften Prozess verändern, aber Gott wird durch das Gericht hindurch neues Leben schaffen. *Eberhard Winkler*

Wir beten

Herr Jesus Christus, wir bitten Dich für unsere Schwestern und Brüder weltweit, die Verfolgung leiden, weil sie sich zu Dir bekennen. Wir bitten Dich auch für diejenigen, die unter Resignation leiden. Lass uns alle durch Dein Gericht hindurch Deine rettende Gnade erfahren. Amen.

Luther auf der Veste Coburg

1530 verbrachte Luther 165 Tage auf der kursächsischen Veste Coburg, um dem in Augsburg tagenden Reichstag möglichst nahe zu sein, an dem er nicht teilnehmen konnte, weil er unter Reichsacht stand. Melanchthon trug dort das Augsburger Bekenntnis vor. Luther pflegte die Verbindung zu seinen Mitarbeitern und zur Familie in Wittenberg durch eine rege Korrespondenz und war publizistisch sehr aktiv, obwohl es ihm körperlich und seelisch schlecht ging. In einem Brief schrieb er: „Es will gelitten sein, wer den Christus haben will.“

1530 Luther auf der Coburg | 1929 † Sundar Singh, Glaubensbote in Indien

17. April

Mittwoch | SA 06:22 SU 20:22 MA 13:11 MU 04:42

Wochenspruch: Johannes 10,11a.27–28a
Wochenlied: EG 274 oder 358

Wir lesen 1. Petrus 5,1–7

Geworfener Trost

Wenn ich damals in der Schule die dritte „Rüge“ ins Klassenbuch eingetragen bekommen hatte, gab es einen „Tadel“ – einen Brief an meine Eltern. So habe ich damals „Ermahnung“ immer als eine negative Kritik, ja Bloßstellung empfunden. Im griechischen Text begegnet uns das Wort „parakaleo“. Dieses kann im Deutschen in unterschiedlicher Weise wiedergegeben werden: Die Grundbedeutung ist erst einmal „herbeirufen“. Für unsere Ohren sind sehr unterschiedliche Nuancen auszumachen. „Ich ermahne“ oder „ich tröste“ oder „ich ermuntere“. Alles drei sollte im biblischen Text gehört werden: Die Ermahnung ist nicht der erhobene Zeigefinger, der anzeigt, wo es langgeht, sondern die Aufforderung und Ermunterung, das Leben in der Gemeinde mitzugestalten. Gleichzeitig bewahrt die Ernsthaftigkeit, die in der Ermahnung mitschwingt davor, eine Macht als Leitung auszunutzen. Die Rügen in der Schule hatte ich im Rückblick meistens verdient – eine gewisse Ordnung braucht das Zusammenleben. So ist auch die Unterordnung zu hören. Letztlich geht es aber vor allem um die Demütigung Gott gegenüber. Und der tröstet, ermuntert, ermahnt und ruft uns zusammen in noch einmal ganz anderer Weise: Wir dürfen getrost unsere Sorgen ihm übergeben und vertrauen, dass er für uns sorgt. Ja, sich um uns kümmert – so wie wir uns in der Gemeinschaft umeinander kümmern sollen. *Stephan Zeipelt*

Wir beten

Himmlischer Vater, Du kümmerst Dich um Deine Menschen. Lass uns immer wieder die Sorgen anderer mittragen, uns einander trösten und ermuntern und unsere Sorgen Dir anvertrauen. Amen.

Diskussion: ja – Widerruf: nein

Am 17.4.1521 musste Martin Luther zum ersten Mal auf dem Reichstag in Worms vor Kaiser Karl V. und seine Gegner treten. Er wurde aufgefordert, seine Lehren zu widerrufen, während er davon ausging, gemeinsam Argumente auszutauschen. Auch wenn Luther den oft zitierten Satz „Hier stehe ich und kann nicht anders" nicht gesagt hat, ist der Verlauf des Reichstags ein Beispiel, wie die Ausnutzung von Macht und nicht erfolgte Unterordnung zusammenkommen. Gesagt hat Luther aber: „Gott helfe mir. Amen", und so seine Sorge auf Gott geworfen.

1521 Luther vor dem Reichstag zu Worms | 1529 † Louis de Berquin, Märtyrer in Frankreich | 1944 † Max Joseph Metzger, Märtyrer in Bayern

18. April

Donnerstag | SA 06:20 SU 20:24 MA 14:24 MU 04:58

Wochenspruch: Johannes 10,11a.27–28a
Wochenlied: EG 274 oder 358

Wir lesen 1. Petrus 5,8–14

ASDE – AGDP

Mein ehemaliger Deutschlehrer erzählte, dass ein Mädchen unter die Briefe an ihre Mutter aus dem Internat immer noch die Abkürzung ASDE schrieb. Da die Briefe vor dem Versand gelesen wurden, konnte sie keine ehrliche Auskunft geben, wie es ihr wirklich ging, und so standen die Buchstaben für „Alles Sch…, Deine Elli". Für diesen verbreiteten Ausspruch gibt es auch andere Erklärungsversuche – so sollen Briefe von Soldaten aus dem Ersten und Zweiten Weltkrieg diese vier Buchstaben enthalten haben. Ein bisschen klingt so auch das Ende des 1. Petrusbrief. Da ist vom Teufel und von kommenden Leiden der Gemeinde die Rede. Auch verschleiert der Autor seine Absenderadresse: Babylon steht höchstwahrscheinlich für Rom. Gleichzeitig ist eben nicht alles Sch…: Trotz allem Widerstand von außerhalb steht den Glaubenden Christus selbst an der Seite, um sie aufzurichten, zu stärken, zu kräftigen, zu gründen. Vier Worte, die ein wenig wiederholend doch immer noch eine Schippe drauflegen – wie in der Körperübung, in der ein Mensch seinen nach vorn gebeugten Rumpf Wirbel für Wirbel aufrichet und dann mit festem Stand und erhobenem Blick nach oben schaut – bereit für das, was kommt. Eine Vergewisserung der Fürsorge, die Gott den Seinen schenkt. Von daher könnte eher unter dem 1. Petrusbrief die Abkürzung: AGDP stehen: „Alles Gnade, Dein Petrus“. *Stephan Zeipelt*

Wir beten

Jesus Christus, richte auf, wenn Leid und Not uns treffen. Stärke den Glauben. Gib Kraft, an Deiner Gnade und Zuwendung festzuhalten, und gründe uns, anderen zu helfen. Amen.

Wie kommt was an?

Albert Einstein, der heute vor 69 Jahren starb, soll zu Charlie Chaplin gesagt haben: „Was ich an deiner Kunst bewundere: Du sagst kein Wort, aber die Welt versteht dich!“ Darauf antwortete Chaplin: „Dein Ruhm ist größer! Die ganze Welt bewundert dich, obwohl sie kein Wort von dem versteht, was du sagst.“ Und in der Tat: $E=mc^2$ können viele zitieren, aber nur wenige erklären. Genauso, wie wenig man Menschen erklären kann, dass man seine Hoffnung auf Gott setzt. Die Frage ist, wie mit oder ohne Worte dies anderen gezeigt werden kann.

184/85 † Apollonius, Märtyrer | 1955 † Albert Einstein, Physiker | 1960 † Heinrich Rendtorff, Theologe

19. April

Freitag | SA 06:17 SU 20:26 MA 15:36 MU 05:11

Wochenspruch: Johannes 10,11a.27–28a
Wochenlied: EG 274 oder 358

Wir lesen 1. Korinther 1,1–9

Reich beschenkt!

Paulus beginnt diesen Brief an die Gemeinde in Korinth wie viele seiner Briefe. Er dankt Gott. Für sein Wirken an diesen Menschen. Für seine Gnade, die in ihrem Leben sichtbar ist. Für seine Treue, mit der er sich zu diesen Christen stellt. Dabei weiß Paulus auch von zahlreichen Problemen. Er wird noch auf sie zu sprechen kommen: Spaltungen, ethische Missstände … Wir haben es hier nicht mit einer Vorzeigegemeinde zu tun. Im Gegenteil, es gibt viel zu beanstanden. Es gäbe viel Grund, sich eher kritisch zu distanzieren. Aber Paulus reduziert diese Gemeinde nicht auf ihre Probleme. Sondern er sieht, wie viel Gutes Gott ihnen geschenkt und unter ihnen gewirkt hat. Deswegen kann er sie in Vers 2 auch „die berufenen Heiligen" nennen. Wenn in der Bibel von Heiligen die Rede ist, meint das nicht, dass diese Menschen einen besonders vorbildlichen oder geistlichen Lebensstil haben. Nein, es meint, dass Jesus sie in eine Beziehung mit sich gerufen hat und diese Zugehörigkeit nun ihre erste Identität ist. Was für eine schöne Perspektive auf die Gemeinde! Wie schauen wir auf unsere Gemeinde, auf andere Christen? Dieser Briefanfang lädt uns dazu ein, für sie zu danken. Nicht weil sie perfekt sind, sondern weil in ihnen etwas von Gottes Wirken und seinen Gaben sichtbar wird. Lasst uns doch dem Reichtum nachspüren, der durch Jesus schon da ist! Und Gott dafür danken. *Sabine Kalthoff*

Wir beten

Herr Jesus, Dein gnädiges Handeln an uns macht uns reich. Schenke uns Augen, das bei uns selbst und bei anderen zu sehen. Lass auch uns da hindurch zum Dank finden. Amen.

Hintergründe zum 1. Korintherbrief

Die Gemeinde in Korinth wurde von Paulus und seinem Team gegründet. Paulus wohnte dort 18 Monate lang, ging seinem Beruf als Zeltmacher nach und predigte Gottes Wort (s. Apg 18). Als Reaktion darauf ereignete sich sowohl starker Widerstand als auch, dass viele zum Glauben an Jesus kamen. Unter den jungen Christen waren Griechen und Juden. Die zwei Korintherbriefe sind Teil einer umfangreicheren Korrespondenz zwischen Paulus und der dortigen Gemeinde. Dies klingt an verschiedenen Stellen im Brief mit an.

1552 † Olaus Peterson, nordischer Reformator | 1560 † Philipp Melanchthon, Kirchenlehrer in Wittenberg | 1882 † Charles Darwin

20. April

Sonnabend | SA 06:15 SU 20:27 MA 16:45 MU 05:22

Wochenspruch: Johannes 10,11a.27–28a
Wochenlied: EG 274 oder 358

Wir lesen 1. Korinther 1,10–17

Haltet aneinander fest!

Paulus legt den Finger auf einen wunden Punkt in der Gemeinde: Verschiedene Gruppen grenzen sich voneinander ab, sind miteinander im Konflikt. Jede Gruppierung beruft sich dabei auf einen anderen Leiter: Paulus, Apollos, Kephas (Simon Petrus), Christus. Geht es dabei um Geltungsdrang? Um unterschiedliche Meinungen? Um Sympathien? Wir wissen es nicht. Paulus weist sie alle scharf zurecht und macht deutlich, dass Christus nicht zerteilt werden kann. Von ihm her sind sie eine Gemeinschaft. Diese gilt es nun zu leben – nicht dem eigenen Traum von Gemeinschaft nachzujagen, sondern die real existierende Gemeinschaft zu lieben. Und sich zu ihr zu stellen, weil Jesus es tut. So werden die Christen in Korinth aufgefordert, in Christus zur Einheit zu finden. Wenn hier von „einem Sinn und einer Meinung" die Rede ist, dann meint dies nicht, dass sie in allem gleich denken sollen. In 1. Korinther 2,16 spricht Paulus von „Christi Sinn". Darum geht es also – dass sich alle auf Jesus ausrichten und ihr Denken (auch über die anderen) von ihm prägen lassen. Im gemeinsamen Blick auf Jesus entsteht Gemeinschaft untereinander. Paulus steigt in die Diskussion der Gruppierungen nicht mit ein. Er gibt ‚seinen Anhängern' keinen Rückenwind, sondern macht deutlich, dass es ihm um etwas anderes geht – nämlich um die frohe Botschaft vom Kreuz Christi. *Sabine Kalthoff*

Wir beten

Herr Jesus, hilf uns, von Dir her aneinander festzuhalten. Wir neigen dazu, uns voneinander abzugrenzen. Lass uns in Dir zu einer Gemeinschaft zusammenwachsen. Amen.

Ewald Dittmann

Geboren wird Ewald Dittmann am 11.5.1877 in Süderharstedt. Nach einem Theologiestudium und einigen ersten Jahren im Pfarramt übernimmt Dittmann im Jahre 1933 die Pfarrstelle an seinem Geburtsort. In seinen Predigten betont er immer wieder, dass es nur einen Führer gibt, nämlich Jesus Christus. So ist er den Mächtigen seiner Zeit ein Dorn im Auge. Im März 1945 wird er ins KZ gebracht. Nur einen Monat später, am 20.4.1945, stirbt Pastor Ewald Dittmann im „Arbeitserziehungslager Nordmark".

1558 † Johannes Bugenhagen, Reformator in Norddeutschland | 1945 † Ewald Dittmann, Pastor, gestorben im „Arbeitserziehungslager Nordmark"

21. April

Sonntag | 3. Sonntag nach Ostern (Jubilate)

Wochenspruch: 2. Korinther 5,17
Wochenlied: EG 110 oder 432
Altes Testament: 1. Mose 1,1–4a(4b–25)26–28(29–30) 31a(31b); 2,1–4a
Epistel: Apostelgeschichte 17,22–34
Evangelium: Johannes 15,1–8

Wir lesen Psalm 96

Ein neues Lied?

Am Sonntag Jubilate hören wir die Aufforderung, ein neues Lied für den zu singen, der mit dem alten Namen „Herr" bezeichnet wird. Dies neue Lied ist voller Verweise auf alte Motive, hat einen hohen liturgischen Gehalt und klingt, als ob er endlich kommt, um seinen Thron zu besteigen. Mehr noch: Das geschieht gerade jetzt. Wo viele Psalmen die früheren großen Taten Gottes besingen, sind Sie diesmal live dabei. Das Neue hier ist die Nachricht, dass der Herr dem Warten ein Ende setzt, endlich eingreift und die Dinge zurechtbringt. Seine unüberhörbar gewordene Herrschaft hat allumfassende Bedeutung und muss einfach ein neues Lied hervorrufen: über eine neue Wirklichkeit, die die ganze Schöpfung mitreißt, Gott ehrt im Jubel darüber, dass seine Gerechtigkeit für immer herrschen wird. Es ergeht kein Aufruf zur Bekehrung oder Verhaltensänderung. Nein, der Aufruf lautet, Gott mit allem, was man hat, zu besingen. Aber was soll ich davon halten? Der Überschwang des Psalms steht vollkommen im Widerspruch zu unserer Zeit: einer Zeit der Ungewissheit über Gott und des tiefen Zweifels, ob es noch eine Zukunft für diese Erde gibt. Es ist eben in dieser Welt noch immer jeden Tag das gleiche alte Lied. Und doch können diejenigen, die irgendwo, irgendwie in ihrem Leben von dem, den wir Gott nennen, ergriffen wurden, nicht anders, als sich weiter zu sehnen, zu hoffen, zu lieben. – Dieser Psalm, so weit weg von uns, wer hat ihn geschrieben, an wen und in welcher Situation? War das Leben damals wirklich so fantastisch? Vielleicht ist auch dieser so selbstbewusst klingende Psalm ein Versuch, dem Alten zu entfliehen und durchzuatmen, für einen Moment nach vorne zu träumen, inmitten der Tränen über so traurige aktuelle Ereignisse das sanfte Lächeln zu bewahren und immer wieder zu bekennen: „Der Herr ist nahe." Ist der Glaube nicht eigentlich die reinste Form der Sehnsucht? *Steven H. Fuite*

Wir beten

Lieber Gott, ich sehne mich so sehr nach Deiner neuen Zeit. Wenn die Dunkelheit hereinbricht, gib mir Hoffnung und Fantasie und schenke mir schöne Träume in der tiefsten Nacht, bis Dein Tag kommt. Amen.

1109 † Anselm von Canterbury, Kirchenlehrer in England | 1142 † Pierre Abaelard, Mönch und Philosoph | 1955 † Ernst J. Christoffel, Namensgeber der Christoffel-Blindenmission

22. April

Montag | SA 06:11 SU 20:31 MA 19:05 MU 05:41

Wochenspruch: 2. Korinther 5,17
Wochenlied: EG 110 oder 432

Wir lesen 1. Korinther 1,18–25

Die Botschaft vom Kreuz

Damals wie heute passt das Wort vom Kreuz nicht gut in unsere Gesellschaft. Diese Botschaft entspricht nicht unseren Vorstellungen von Gott und davon, wie er in dieser Welt zu handeln hat. Mit der Botschaft vom Kreuz kann man menschlich schlecht jemanden gewinnen. Und doch hält Paulus an genau dieser Botschaft fest. Er schreibt: „wir aber predigen Christus, den Gekreuzigten" (V. 23). Warum? Weil Gott diese Botschaft nutzt, um Menschen zu retten. Gottes Kraft entfaltet sich gerade im Sterben von Jesus am Kreuz und in dessen Verkündigung. Denn darin begegnet Gott den Menschen mit seiner Vergebung und Versöhnung. Aus eigener Weisheit oder Kraft finden wir nicht zu Gott. Er kommt zu uns in Jesus. Er stirbt für uns am Kreuz, um uns zu retten. Er lädt durch die Verkündigung dieser Botschaft zum Glauben ein. Ohne das Kreuz geht es nicht. Das betont Paulus hier. Diese Botschaft relativiert menschliche Klugheit und Erkenntnis. Denn vor dem Kreuz sind alle Menschen gleich erlösungsbedürftig. Das stellt alle Überheblichkeit in Frage, die so oft der Grund für Streit ist. Den Spaltungstendenzen in der Gemeinde von

Korinth stellt Paulus dieses Wort vom Kreuz entgegen. Auch wir brauchen dieses Wort vom Kreuz in unserer Zeit – in unseren Gemeinden und in der Öffentlichkeit. Denn es ist heute noch Gottes Kraft zum Heil. *Sabine Kalthoff*

Wir beten

Danke Jesus, dass Du uns durch Deinen Tod am Kreuz rettest. Hilf uns, von dieser Wirklichkeit her zu leben und Worte zu finden, um heute von Deinem Kreuz zu sprechen. Amen.

Ein Loblied auf das Kreuz

Wenn wir von dem Sterben Jesu am Kreuz und dessen Bedeutung reden wollen, setzt oft eine große Sprachlosigkeit ein. Wie finden wir dafür Worte? Eine Hilfe können Lieder sein, die versuchen, diese Botschaft in Worte zu fassen. Vielleicht fällt Ihnen so ein Lied ein; dann schlagen Sie es doch nach oder hören sich eine Aufnahme davon im Internet an. Oder schreiben Sie ein eigenes Lied – das können auch nur ein paar Zeilen sein. Es lohnt sich, einmal in eigenen Worten auszudrücken, was einem der Tod von Jesus am Kreuz bedeutet.

1945 † Käthe Kollwitz, Künstlerin | 1945 † Friedrich Justus Perels, Märtyrer in Preußen (ev. Gedenktag; Sterbetag 23.4.)

23. April

Dienstag | SA 06:09 SU 20:32 MA 20:18 MU 05:52

Wochenspruch: 2. Korinther 5,17
Wochenlied: EG 110 oder 432

Wir lesen 1. Korinther 1,26–31

Zu welchem Team will ich gehören?

Es ist wie früher in der Schule: Zu welcher Clique gehöre ich? Ich will zu dem Team gehören, in dem sich Starke, Kluge und Erfolgreiche sammeln. Paulus sieht es anders. Er konfrontiert die Christen in Korinth mit ihrem sozialen Status. Egal, welches der Top-Kriterien man anlegt – sie haben nicht viel zu bieten! Macht? Fehlanzeige! Herausragende Bildung? Eher nicht! Gesellschaftlicher Status? Du liebe Güte, nein, das Gegenteil! In der Gemeinde sammeln sich die, die „töricht sind vor der Welt". Okay, ein paar andere auch, denn „nicht viele" bedeutet ja nicht „gar keine". Dass es so ist, ist kein Zufall. Von Erwählung spricht Paulus. Gott hat Menschen *erwählt*, die als töricht, schwach oder verachtet gelten. Hinter dieser Wahl steckt ‚System': So demonstriert Gott, dass die weltlichen Höchstwerte bei ihm nichts zählen, zumal wenn sich die Privilegierten ‚rühmen', also vor Gott und den Menschen stolz und selbstsicher präsentieren. Paulus öffnet uns den Blick für etwas, das noch kostbarer ist als alles, was *uns* wertvoll erscheint: zu Christus zu gehören! Im Team Jesus wird mir alles geschenkt, was vor Gott zählt: Da bin ich Gott recht, darf zu ihm gehören und in seinem Licht die Welt und mein Leben verstehen. Die mit leeren Händen kommen, erfahren es zuerst. Die Tür steht aber allen offen, die nichts Besseres kennen, als zum Team Jesus zu gehören. *Michael Herbst*

Wir beten

Wir danken Dir, himmlischer Vater, dass Mangel uns nicht von Dir trennt und dass Du uns mit aller Schwäche erwählst. Bewahre uns vor Stolz. Danke, dass wir zum Team Jesus gehören. Amen.

Elementares Glaubenswissen

1529 erschien Luthers Großer Katechismus. Er heißt ‚groß', steht aber im Schatten des ‚kleinen'. Dabei ist Luthers Großer Katechismus eine geniale Zusammenfassung des christlichen Glaubens. Wenn es z. B. darum geht, sich Gottes allein zu rühmen (1. Gebot), schreibt Luther: „Was dir an Gutem fehlt, das erhoffe von mir und suche es bei mir. [...] Ich will dir genug geben und dir aus aller Not helfen, hänge nur dein Herz an keinen anderen."

Jüdischer Feiertag: Passa (1. Tag) | um 303 † Georg, Märtyrer in Dalmatien | 997 † Adalbert von Prag, Bischof und Märtyrer in Preußen | 1529 Luthers Großer Katechismus erschienen | 1846 Missionsanstalt Neuendettelsau gegründet | 1945 Konzentrationslager Flossenbürg befreit

24. April

Mittwoch | SA 06:07 SU 20:34 MA 21:33 MU 06:04

Wochenspruch: 2. Korinther 5,17
Wochenlied: EG 110 oder 432

Wir lesen 1. Korinther 2,1–5

Kein starker Auftritt

Andere hatten mehr zu bieten als Paulus. Sie lieferten regelmäßig in ihren Reden sprachliche Feuerwerke ab und begeisterten ihr Publikum. Nicht so Paulus. Er war hochgebildet, aber in seiner Redekunst eher Mittelmaß. Seine Auftritte hatten etwas Unbeholfenes. Man hat es ihm mehr als einmal vorgeworfen (vgl. 2. Kor 10,10). Damit wir es nicht falsch verstehen: Auch das ist nicht ein Ideal, so dass möglichst schlechte Reden als möglichst gute Predigten gelten sollen. Paulus lässt keinen Zweifel daran: Er hatte mehr als nur Lampenfieber, er durchlitt „Furcht und Zittern". Es gibt Schöneres! Aber Paulus kann dem auch etwas abgewinnen: Wenn er sprach, *überwältigten* seine Worte niemanden. Wenn jemand zum Glauben fand, wurde er innerlich gewonnen durch Gottes Geist. Der Glaube „steht" nicht auf menschlicher Weisheit und Kraft, er ist solide gegründet durch Gott selbst. Und der Auftritt des Botschafters passte irgendwie zur Botschaft: Ausgerechnet ein Gekreuzigter soll der Retter der Welt sein? Ja, genau, so ist es! Auch das wird nicht durch brillante Auftritte plausibler. Erst wenn Gottes Geist die wohlgesetzten *oder* armseligen Worte in Dienst nimmt, wird das Geheimnis erschlossen: Der Gekreuzigt starb an unserer Statt – und zu unseren Gunsten. Wie gut, dass – bei aller Mühe, die wir uns geben – Gott Gutes aus unserem *unbeholfenen Tun* machen kann. *Michael Herbst*

Wir beten

Gütiger Gott, wir bitten Dich, dass durch Deinen Geist ohne überredende Worte in uns und anderen lebendiger Glaube erwache. Segne die, die uns das Wort weitersagen. Amen.

Völkermord an den Armeniern (1915)

Erst 2022 hat die Bundesrepublik die Geschehnisse des Jahres 1915 als Völkermord anerkannt. Bei Todesmärschen im Osmanischen Reich kamen zwischen 1915 und 1918 Hunderttausende Armenier ums Leben, nachdem schon die Verfolgungen in den beiden Jahrzehnten davor unfassbar viele Todesopfer gefordert hatten. Franz Werfel hat dem Schicksal der Armenier 1933 mit seinem Roman „Die 40 Tage des Musa Dagh“ ein eindrucksvolles Denkmal gesetzt.

1570 † Johann Walter, Kantor in Sachsen | 1769 † Philipp Friedrich Hiller, Liederdichter in Württemberg | 1915 Verfolgung der Armenier in der Türkei | 1945 † Hans Koch, Jurist der Bekennenden Kirche | 1960 † Toyohiko Kagawa, Glaubenszeuge in Japan (ev. Gedenktag; Sterbetag: 23.4.)

25. April

Donnerstag | SA 06:05 SU 20:36 MA 22:51 MU 06:19

Tagesspruch: Markus 16,15b
Tageslied: EG 154 oder 250

Wir lesen 1. Korinther 2,6–16

Eine andere Weisheit

Wer Paulus zuhörte, könnte auf die Idee kommen, er habe ein gebrochenes Verhältnis zur ‚Weisheit', also zu Verstand, Einsicht, Durchblick. Deutlich wird ja ein Gegensatz herausgearbeitet: Die Griechen streben nach Weisheit, aber der gekreuzigte Christus ist ihnen eine Torheit (1,22 f.). Lautet die Botschaft: „Die Christus vertrauen, haben mit Weisheit nichts am Hut!"? Liest man den heutigen Abschnitt, wird diese Vermutung korrigiert. Paulus hält das Streben nach Weisheit für etwas Gutes – wenn es die richtige Weisheit ist. Paulus spricht von einem Gegensatz zwischen Gottes und menschlicher Weisheit. Er betrifft nicht die Frage, ob 2 x 2 im Ergebnis 4 ist, sondern die Frage, was meine Welt im Innersten zusammenhält. Gottes Weisheit erschließt sich nur durch Gottes Geist. Wer von diesem Geist erleuchtet ist, der sieht anders auf die Welt, sich selbst und auch Gott. Er erkennt, wie tief sich Gott ins Leiden beugt. Er weiß um die Vergebung seiner Schuld. Er verzichtet auf jeden Versuch, das eigene Leben selbst zu rechtfertigen. Er vergisst nicht, dass diese Weisheit Geschenk ist; darum wird er nicht seinerseits arrogant auf andere herabschauen. Aber er wird auch nicht in Schockstarre verfallen, wenn er auf kluge Menschen stößt, denen das Kreuz verborgen blieb. Er wird von dem Geheimnis sprechen – in der Hoffnung, dass es sich dem anderen erschließt. *Michael Herbst*

Wir beten

Gott, wir danken Dir, dass der Glaube durchaus klug macht und uns einen neuen Blick auf die Welt und das Leben schenkt. Hilf uns, in diesem Sinn weise zu leben. Amen.

Der unbegreiflich nahe Gott

„Das also ist das unerkannte Geheimnis Gottes in dieser Welt, Jesus Christus. Dass dieser Jesus von Nazareth, der Zimmermann, der Herr der Herrlichkeit selbst war, das war das Geheimnis Gottes […] weil Gott hier arm, niedrig, gering und schwach wurde aus Liebe zu den Menschen; weil Gott ein Mensch wurde wie wir, damit wir göttlich würden; weil er zu uns kam, damit wir zu ihm kämen. […] Es gibt in der ganzen Welt kein größeres Geheimnis als dies, dass Gott uns liebt und dass wir ihn lieben dürfen." (Bonhoeffer-Brevier, München 1973, S. 231 f.)

Tag des Evangelisten Markus | 1769 † Philipp Friedrich Hiller, Liederdichter in Württemberg (ev. Gedenktag; Sterbetag: 24.4.) | 1858 Johannesstift in Berlin-Spandau gegründet | 1901 † Fritz Fliedner

26. April

Freitag | SA 06:03 SU 20:37 MA – MU 06:41

Wochenspruch: 2. Korinther 5,17
Wochenlied: EG 110 oder 432

Wir lesen 1. Korinther 3,1–4

Kinder unserer Zeit

Die wirtschaftliche Lage unserer Kirche erfordert es: Gemeinden müssen sich zusammenschließen. Wie soll eine Fusion bei euch gelingen, wurden wir gefragt. Eure Gemeinden sind so unterschiedlich – christozentrisch-fundamental die eine, ein bunt gemischter Haufen die andere. Mal ehrlich: Lasst das lieber. Das kann nur in Streit enden. Mir hilft, was Paulus hier den streitenden Korinthern schreibt: Ihr seid Christen. Das Evangelium ist die Kraft Gottes, die euch bewegt. Doch ihr bleibt auch Menschen und lebt mit anderen Menschen in einer Welt mit eigenen Regeln und Gesetzen. Da ist für die einen dies, für andere jenes wichtig. Und weil uns dieses oder jenes wichtig ist, setzen wir uns dafür ein, streiten für die aus eigener Sicht gute Sache. Paulus verurteilt das nicht. Für ihn gehört es zum Reifungsprozess, den alle Christen durchmachen. Auch Christen sind noch nicht, was sie einmal sein werden. Auch der Glaube ist ein fortwährender Wachstumsprozess. Das zu wissen, macht mich demütig gegenüber denen, denen anderes wichtiger ist als mir. Übrigens: Wir haben die Fusion gewagt, und wir lernen tagtäglich voneinander. Hier und da sind wir noch die Alten und streiten oder – schlimmer noch – machen unser eigenes Ding. Dann brauchen wir Paulus' Ermahnung: Denkt daran: Ihr seid Kinder eurer Zeit – Kinder! – keine Herren. Das ist einer allein! *Dieter Sablotny*

Wir beten

Herr Jesus Christus, ich bitte Dich: Dein guter Geist bewahre uns vor Selbstgefälligkeit und mache uns frei von allem, was der Gemeinschaft mit Dir und untereinander im Weg steht. Amen.

Luthers Heidelberger Disputation

1518 ist Luther in Heidelberg eingeladen, um seine Thesen zum Ablass zu verteidigen. Doch er nutzt dies zu grundlegenden Ausführungen über die Rechtfertigungslehre. Dabei stellt er die Theologie des Kreuzes der der Herrlichkeit gegenüber. Menschen neigen dazu, sich eine Herrlichkeit zurechtzulegen, möchten Großes leisten, um als gerecht vor Gott und Welt zu erscheinen. Wahres Christentum aber hoffe auf den Gekreuzigten. Äußerlich ist an ihm keine Herrlichkeit. Aber gerade diese Schwachheit führt Sünder zu Vergebung und Gerechtigkeit.

nach 220 † Tertullian, Kirchenlehrer in Nordafrika | 1518 Heidelberger Disputation | 1847 Gründung der Missouri-Synode in USA | 1986 Atomreaktorkatastrophe in Tschernobyl

27. April

Sonnabend | SA 06:01 SU 20:39 MA 00:09 MU 07:11

Wochenspruch: 2. Korinther 5,17
Wochenlied: EG 110 oder 432

Wir lesen 1. Korinther 3,5–8

Gemeinde – ein Garten Gottes

Es ist ein schönes Bild, das Paulus hier für die Gemeinde verwendet: Er vergleicht sie mit einem Garten, in dem gepflanzt wird und gegossen, damit Pflanzen wachsen und gedeihen können, blühen und ihre ganz eigene Pracht entfalten. Wir sehen die Blüten in all ihren Farben und Formen, riechen, wie sie duften, schmecken ihre leckere Frucht. Die Gemeinde – sie ist ein Garten Gottes, der geschützt, umhegt und gepflegt werden will. Wer einen Garten hat, weiß, welche Mühe das bereiten kann. Da muss gegraben werden, gemäht, gejätet, gestutzt und geerntet. Aber es gibt wohl keine Gärtner, die all das nicht auch gerne täten. Nirgends sind wir dem Leben so nah. Wir pflügen und wir streuen, doch Wachstum und Gedeihen, das steht allein in Gottes Hand. Und das ist für Paulus Maßstab aller Arbeit in der Gemeinde. Da hat jede und jeder seine Aufgabe. Er selbst hat sie gepflanzt und Apollos hat gegossen wie nach ihnen unzählige andere. Für Wachstum und Gedeihen aber sorgt Gottes Geist allein. Wir können nur nach Kräften mitwirken. Keiner ist dabei wichtiger oder weniger wichtig. Jede Arbeit ist gleichermaßen wertvoll. Wichtig allein ist, was Gott daraus macht. Mit mehr oder weniger grünen Daumen dürfen wir mit unserer kleinen Kraft um das ringen, was dem Garten zum Besten dient. Was daraus wird, das entscheidet ein anderer! Gott sei Dank! *Dieter Sablotny*

Wir beten

Gott, wir danken Dir, dass wir in Deinem Garten leben und wirken dürfen. Zeige uns, was wir für unsere Gemeinde tun können, sie zu erhalten und zu bewahren – für uns und für andere. Amen.

Gründung der Universität Frankfurt/Oder

1506 wurde als erste Universität Brandenburgs die Viadrina in Frankfurt/Oder gegründet. Gelehrt wurde Theologie, Rechtswissenschaft, Medizin und Philosophie. Bekannte Leute haben hier studiert: der Theologe und Führer im Bauernkrieg Thomas Müntzer, die Komponisten Michael Prätorius und Carl Philipp Emanuel Bach sowie die Brüder Humboldt. 1811 verlegte man die Universität nach Breslau. Das Universitätsgebäude wurde danach u. a. als Schule genutzt, verfiel aber nach 1945. 1991 wurde die Viadrina als Europa-Universität zu neuem Leben erweckt.

um 254 † Origenes, Kirchenlehrer in Cäsarea | 1506 Universität Frankfurt/Oder gegründet | 1902 Deutsche Zeltmission gegründet | 1950 † Karl Straube, Thomaskantor

28. April

Sonntag | 4. Sonntag nach Ostern (Kantate)

Wochenspruch: Psalm 98,1
Wochenlied: EG 302 oder EG.E 19
Altes Testament: 1. Samuel 16,14–23
Epistel: Kolosser 3,12–17
Evangelium: Lukas 19,37–40

Wir lesen Psalm 149

Singend siegen?

Jauchzet, frohlocket! Wie das Weihnachtsoratorium ruft der Psalm uns in den Jubel und zieht uns in den Jubel hinein. Den strahlenden Trompeten entsprechen Handtrommeln, Leier und Tanz. Wir, das sind die Frommen, die Getreuen, die Gemeinschaft der Heiligen. Wir sind dazu aufgerufen, wir, die Menschen seines Wohlgefallens. Jauchzet, frohlocket! Wir sollen mobil gemacht werden. Sie lesen richtig: Das ist Kriegsmetaphorik. Die Sprache und der Gegensatz erschrecken mich. Geht es nur so: der Sieg der einen auf Kosten der anderen? Der Alttestamentler Erich Zenger geht in die Tiefe. So wird er sein, so ist er schon, der Weg in die Königsherrschaft Gottes. Tochter Zion, freue dich! Gott schmückt die Unterdrückten, die Armen mit Rettung (V. 4). Sein Glanz wird auf alle seine Chassidim fallen (V. 9). Tag und Nacht sollen sie feiern und loben. Die Rühmungen Gottes im Mund werden zu zweischneidigen Schwertern in der

Hand. Ja, es geht um Vergeltung, aber nicht um Vernichtung. Und schon gar nicht um die Vernichtung der Völker. Deren Könige sollen, werden in Fesseln gelegt werden, ausgeschaltet, ihrer Macht beraubt. Wer kämpft hier? Gott vollzieht sein Gericht und wird sein Heil durchsetzen. Die ihm Singenden und Tanzenden stehen dabei an seiner Seite. Jauchzet, frohlocket! Welch eine Kraft! Und welch eine Vision in unserem Ringen zwischen Macht und Ohnmachtsgefühlen angesichts der Probleme um uns herum! – Wenn ich in Freiburg bin, nehme ich teil am „Tanz mit der Stille". Friedenslieder aus aller Welt werden gesungen, im Kreis getanzt, aus der Mitte begleitet von Gitarre, Geige, Trommel. Zwischendrin gibt es Phasen der Stille und achtsamen Austausch. Verbundenheit entsteht. Das Tanzen und Singen nimmt alle miteinander und die Schöpfung hinein in die Feier von Frieden und verheißener Zukunft. Jauchzet, frohlocket! Heute! *Ulrike Schilling*

Wir beten

Gott, singend siegen? Doch, Singen macht mich froh. Jede Chorprobe nährt meine Seele. Wecke meine Lust zu singen, zu musizieren, Dir und mir zur Ehre. Zu Deinem Lob und zu meinem Heil. Amen.

1528 Reformation in Hamburg | 1541 † Johann Gramann, Liederdichter in Preußen (ev. Gedenktag; Sterbetag: 29.4.) | 1919 Satzung des Völkerbundes auf der Friedenskonferenz in Versailles angenommen

29. April

Montag | SA 05:58 SU 20:42 MA 02:20 MU 08:55

Wochenspruch: Psalm 98,1
Wochenlied: EG 302 oder EG.E 19

Wir lesen 1. Korinther 3,9–17

Gottes Baustelle in der Welt

Paulus vergleicht die Gemeinde mit einer großen Baustelle. Da baut auch nicht einer allein. Paulus hat die frohe Botschaft nach Korinth gebracht, dass Gott ein liebender Gott ist, der sich um seine Schöpfung kümmert, einer, der frei macht von dem, was dem Leben nicht dient, der will, dass wir atmen, aufblühen, lachen und lieben. Die Bodenplatte ist damit gelegt. Nun ist es an anderen weiterzubauen. Sie alle bauen mit dem Material, das ihnen zur Verfügung steht. Und das Gebäude wächst, bunt und vielfältig, mit Ecken und Kanten, vielleicht hier und da etwas schräg und unfertig, aber ein Dach über dem Kopf auf tragfähigem Boden. Das Baumaterial mag so vielfältig sein wie die Bauleute. Am Ende wird sich herausstellen, was in den Augen Gottes Bestand hat und was nicht. Denn um nichts weniger geht es als um seine Wohnung. Wir, die Gemeinde, sind Gottes Tempel. Er traut uns zu, seine Liebe in die Welt zu tragen. Nicht Kathedralen sind die wahren Orte seiner Heiligkeit. Vielmehr wohnt Gott da, wo sein Geist weht. Wie zerbrechlich und unvollkommen wir auch sein mögen, Gott lässt uns zu einem Bau aus lebendigen Bausteinen zusammenfinden. Wir dürfen darin miteinander nach Kräften Verantwortung übernehmen für das, was sein Wille ist. Und wo wir uns zu schwach fühlen und das nicht zu schaffen glauben, da wird er selbst uns den Rücken stärken. *Dieter Sablotny*

Wir beten

Gott, schenke uns Weisheit, immer wieder neue Ideen zu entwickeln, wie wir in unseren Zeiten an Deiner Gemeinde weiterbauen können, damit Dein Wort und Deine Liebe auch Gehör finden. Amen.

Feuer des Gerichts

1924, die damalige Weltwirtschaftskrise war gerade auf ihrem Höhepunkt, schrieb Karl Barth in einer Predigt zu 1. Korinther 3,9–15: „Das Feuer des Gerichts, in dem es offenbar wird, was unser Tun wert oder nicht wert ist, ergeht ausnahmslos über uns alle, und wir müssen uns darauf gefasst machen, unser ganzes Werk untergehen zu sehen, froh, diesem Feuer selbst zu entrinnen, gerettet zu werden nicht wegen, sondern trotz unseres so erbaulichen Tuns." (Karl Barth: Predigten 1921–1935, Karl-Barth-Gesamtausgabe Bd. 31/Abt. I, Zürich 1998)

1380 † Katharina von Siena, Bußpredigerin in Italien | 1732 Empfang der Salzburger in Potsdam

30. April

Dienstag | SA 05:56 SU 20:44 MA 03:04 MU 10:11

Wochenspruch: Psalm 98,1
Wochenlied: EG 302 oder EG.E 19

Wir lesen 1. Korinther 3,18–23

Gottes Weisheit

Das ist Paulus wichtig, das treibt ihn an: Im gekreuzigten Christus offenbart sich Gottes Kraft und Weisheit. Das Wort vom Kreuz zeugt davon, dass Gott einen anderen Blick auf uns und unsere Welt hat als wir. Gott schaut auf die Schwachen, jene, die Hilfe nötig haben, am Rand stehen und nicht beachtet werden. „Werdet wie die Kinder", hatte Jesus empfohlen – unverfälscht, fröhlich und voller Vertrauen. Bildet euch nichts ein auf eure Weisheit und euer Können. Und er erntete Widerspruch von denen, die sich bemühten, es Gott recht zu machen. Paulus erinnert die Korinther: Gottes Weisheit ist anders als die der Philosophen. Jesus hat sie gepredigt und mit letzter Konsequenz gelebt. Die Letzten werden die Ersten sein; mehr Freude im Himmel über einen Sünder als über 99 Gerechte; liebet eure Feinde, segnet, die euch fluchen. Weisheit? – Während ich schreibe, sind es keine zwei Wochen mehr, dass sich der Ukrainekrieg jährt – und kein Ende ist in Sicht! Weisheit? Ja, Gottes Weisheit – höher als all unsere Vernunft. Sie blickt auf die Schwachen, stellt sich an die Seite der Opfer, macht sie zu dem, was Menschen in Gottes Augen immer schon waren: geliebte Geschöpfe – ein jedes von unendlichem Wert. Das Grundgesetz nennt das Würde. Mit Blick auf Jesu Kreuz dürfen wir nicht schweigen, wo die angetastet und unschuldiges Blut vergossen wird. *Dieter Sablotny*

Wir beten

Guter Gott, schenke uns Deinen Frieden, der höher ist als alle Vernunft. Dann wird auch unsere Vernunft vernünftig. Oft gelange ich an meine Grenzen. Dann, bitte, gib Du mir Kraft. Amen.

Das Ende des Passafestes

Heute endet für Juden auf der ganzen Welt das Passafest. Eine Woche der Erinnerung daran, wie die Israeliten in Ägypten versklavt waren und von Gott auf wunderbare Weise in die Freiheit geführt wurden. Passa steht dafür, dass das Volk Gottes fortwährend unterwegs ist aus der Knechtschaft in die Befreiung – ein Fest der Erinnerung, aber auch ein Fest der Hoffnung auf das Kommen der messianischen Zeit, wenn Gott hinwegnehmen wird alles Leid und alle Trauer. So wird an diesem letzten Tag des Festes besonders der Verstorbenen gedacht.

Jüdischer Feiertag: Passa (8. Tag) | 1790 † Samuel Heinicke, „Vater der Taubstummen“ | 1873 † David Livingstone, Glaubensbote in Afrika (ev. Gedenktag; Sterbetag: 1.5.) | 1877 Diakonenanstalt Nazareth in Bethel gegründet | 1943 Deutschen Juden wird die Staatsbürgerschaft entzogen

1. Mai

Mittwoch | Tag der Arbeit

Wochenspruch: Psalm 98,1
Wochenlied: EG 302 oder EG.E 19

Wir lesen 1. Korinther 4,1–5

Glaubensstreit

Christen sind Menschen, und Menschen neigen dazu, über ihre Ansichten mit anderen zu streiten. Das muss so sein, sonst gäbe es keine Entwicklung. Unschön aber ist, dass wir oft genug unsere Meinung moralistisch über die anderer stellen. Derzeit debattieren evangelische Theologen nahezu alle christlichen Lehrbestände kontrovers, teilweise böse Auseinandersetzungen gibt es vor allem über Fragen der Moral: Klima, Ukrainekrieg, Gendersprache – es geht hart zur Sache. Aber Streit an sich ist nicht neu, so war es schon vor knapp 2000 Jahren. Auch Paulus hatte jede Menge Ärger. Speziell mit der Gemeinde in Korinth. Dort berief man sich auf besondere Evangelisten wie Apollos, deren Botschaft offenbar von der des Paulus abwich, was zu Streit innerhalb der Gemeinde führte. Darum warnt Paulus davor, einzelne Lehrer gegeneinander und über Christus zu stellen. Alle, ob sie nun Paulus, Apollos und Petrus heißen, sind nur Diener Christi. Paulus verwahrt sich gegen die Angriffe der Korinther auf ihn und warnt sie, andere zu richten. Einzig Christus wird der Streitschlichter sein und „das Trachten der Herzen offenbar machen“. Ganz im Sinne moderner Deeskalation beschwört er nicht etwa Gottes Gericht über die Streithähne, sondern hofft, dass bei der Wiederkunft Christi „einem jeden von Gott Lob zuteilwerden“ wird. Nun ja: wenn sie denn wirklich Christus im Herzen hatten und nicht nur sich selbst. Das gilt für uns wie für die Korinther. *Annette Weidhas*

Wir beten

Herr, unser Gott, lass uns Frieden halten und nicht in Deinem Namen zu Feinden werden. Oft wissen wir nicht, was in den Krisen unserer Welt richtig ist. Auf eines aber verweist uns dein Wort immer: auf Barmherzigkeit. Für diese Richtschnur danken wir und bitten, dass Dein Geist die Menschen in diesem Sinne umgreift. Amen.

Brüderhaus Moritzburg gegründet (1872)

Die Erziehung der Fürsorgezöglinge im von Emil Höhne gegründeten Diakonenhaus fand auf dem Boden des Wichernschen Familiensystems statt. Mit der Machtergreifung der Nationalsozialisten musste die kirchliche Erziehungsarbeit eingestellt werden, erst seit 1990 kann in Moritzburg wieder Jugendhilfe betrieben werden.

1561 † Nikolaus Herman, Liederdichter in Böhmen (ev. Gedenktag; Sterbetag: 3.5.) | 1872 Brüderhaus Moritzburg gegründet | 1904 † Antonin Dvořák, tschechischer Komponist

2. Mai

Donnerstag | SA 05:52 SU 20:47 MA 03:58 MU 13:05

Wochenspruch: Psalm 98,1
Wochenlied: EG 302 oder EG.E 19

Wir lesen 1. Korinther 4,6–13

Glaubenstorheit

Nachdem Paulus sich gegen Angriffe aus der korinthischen Gemeinde verwahrt hatte, konkretisiert er nun seine Kritik. Er warnt die Korinther vor Überheblichkeit. Offenbar ist die Gemeinde stark geworden und wohl auch relativ reich. Sie wollen keine „Narren um Christi willen" sein, keine „Toren" in den Augen der Welt, die das Heil von einem Gekreuzigten erwarten. Sie wollen nicht schwach vor der Welt dastehen, sondern vollendet erhaben. Und so messen sie Jesu Kreuzestod nicht die nötige Bedeutung bei. Paulus aber verweist auf das wahre Apostolat, das Gottes Geist und Kraft in den Schwachen findet. – Verstehen kann man die Korinther. Wer will schon damit für seinen Glauben werben, „Abschaum der Menschheit" und „jedermanns Kehricht" zu sein, wie Paulus recht drastisch schreibt. Auch wir wollen das nicht, sondern eine möglichst große Bedeutung für unsere Gesellschaft haben. Natürlich zum Besten für Stadt und Land. Überheben auch wir uns damit? Werden wir nicht längst auch als Narren angesehen? Ist das Kreuz nicht auch bei uns längst zum peinlichen Symbol geworden? Und gar die Auferweckung!

Ist diese Hoffnung nicht bloß Vertröstung? Wir wollen doch lieber selbst die Welt retten. Daran aber scheitern wir gerade. Wird uns das umdenken und Paulus wieder eine Chance geben lassen? *Annette Weidhas*

Wir beten

Gott Vater, Du bist uns durch Jesus Christus in Niedrigkeit als Mensch nahegekommen. So zeigst Du aller Welt, was wahres Menschsein in Deinen Augen ist. Dafür wollen wir danken. Schenke uns die Weisheit, das aus tiefstem Herzen auch morgen noch zu glauben, auch wenn diese Weisheit in der Welt Torheit genannt wird. Dir müssen und wollen wir vertrauen und nicht uns selbst. Amen.

Athanasius, Kirchenlehrer in Alexandrien († 373)

Der Kirchenvater Athanasius der Große war Patriarch von Alexandria, der heute zweitgrößten Stadt Ägyptens, die im 4. Jahrhundert ein bedeutendes Zentrum der Christenheit war. Berühmt wurde er durch das Konzil von Nicäa 325, auf das das christliche Glaubensbekenntnis zurückgeht. Er hatte wesentlichen Anteil daran, dass Jesus Christus bis heute als wahrer Mensch *und* wahrer Gott geglaubt wird.

373 † Athanasius, Kirchenlehrer in Alexandrien | 1519 † Leonardo da Vinci, Universalgenie | 1887 Wittekindshof, diakonische Einrichtung für Behinderte, gegründet | 1960 † Hans Joachim Iwand, Theologe

3. Mai

Freitag | SA 05:50 SU 20:49 MA 04:15 MU 14:33

Tagesspruch: Jesaja 52,7
Tageslied: EG 264 oder EG.E 27

Wir lesen 1. Korinther 4,14–21

Glaubensermutigung

In diesem letzten Abschnitt des 4. Korinther-Kapitels eröffnet Paulus nach seiner vorherigen scharfen Kritik an der kleinasiatischen Gemeinde im heutigen Griechenland den Weg zur Versöhnung. Nicht beschämen will er seine „lieben Kinder", aber doch daran erinnern, dass er es war, der ihnen das Evangelium Jesu Christi gebracht hat, das sie in dessen Sinn – den Paulus freilich klar für den seinen in Anspruch nimmt – auslegen sollen. Als verlässlichen Zeugen Christi und seinen, des Paulus, wahren Vertreter sollen sie Timotheus akzeptieren, bis er selbst sie wieder besuchen wird. In der Zeit bis dahin aber sollen sie aufhören, sich zu überheben. Denn der Geist Gottes, der hoffentlich in ihnen gegenwärtig ist, beteiligt sie nicht an der Weltherrschaft Christi. Die bleibt ausstehend, ist vorerst „nur" verheißen. In dieser Welt zeigt sich der Geist Gottes einzig als Kraft der Liebe. Liebe aber geht mit Demut einher, nicht mit Hochmut. Das möchten die Korinther bitte begreifen, damit Paulus nicht mit „dem Stock", sondern „mit Liebe und sanftmütigem Geist" zu ihnen kommen kann. – Ich sehe den zornigen Paulus bildlich vor mir, als er dieses Kapitel schreibt, sehe ihn aber beim letzten Satz auch in sich hineinlächeln. Er hat es diesen arroganten Korinthern ordentlich gegeben, reicht ihnen nun aber wieder die Hand. Könnten wir momentan in unserer Kirche so einen Kerl nicht auch ganz gut gebrauchen? Einen, der die Gemeinschaft der Weltheiligen auf Christus verweist? *Annette Weidhas*

Wir beten mit Martin Luther

Darum auf Gott will hoffen ich, auf mein Verdienst nicht bauen; auf ihn mein Herz soll lassen sich und seiner Güte trauen, die mir zugesagt sein wertes Wort, das ist mein Trost und treuer Hort, des will ich allzeit harren. Amen.

1728 Beginn der Losungen in Herrnhut

Die Herrnhuter Losungssammlung von Bibeltexten des Alten und Neuen Testamants für Christen aller Konfessionen rief Nikolaus Ludwig von Zinzendorf ins Leben. Er gab der Brüdergemeine in der „Singstunde" am 3. Mai 1728 die erste Losung mit auf den Weg. Die Losungen dienten und dienen der Andacht wie der Seelsorge.

Tag der Apostel Philippus und Jakobus des Jüngeren | 1728 Beginn der Losungen in Herrnhut | 1846 Beginn der Männerarbeit der Evangelischen Kirche

4. Mai

Sonnabend | SA 05:48 SU 20:50 MA 04:29 MU 16:01

Wochenspruch: Psalm 98,1
Wochenlied: EG 302 oder EG.E 19

Wir lesen 1. Korinther 5,1–8

Ganz klare Worte!

Paulus muss recht entsetzt gewesen sein, als er von den Vorkommissen der Unzucht in der korinthischen Gemeinde hörte. Da ging es ja noch unzüchtiger zu als bei den Heiden! Sie sollen den Unzüchtigen aus ihrer Gemeinde verstoßen. Dem Satan übergeben, damit das Gericht über ihn kommt und damit er am Tag des Herrn doch noch gerettet wird. – Würden wir das heute noch tun? Wahrscheinlich eher nicht. Was wissen wir schon, wie andere Menschen oder gar unsere Mitchristen in der Gemeinde privat leben? Und können wir uns solch ein Urteil überhaupt erlauben? Auf der anderen Seite ist zu beobachten, wie über die sogenannten sozialen Medien auf insbesondere junge Menschen solch ein moralischer Druck ausgeübt wird, dass man nur noch von Unterdrückung und Schikane sprechen kann. Vor Hassmeldungen, Verunglimpfungen, ja selbst Morddrohungen wird da nicht zurückgeschreckt, um angeblich Menschen auf den rechten Weg zu bringen. Von solchem Sauerteig sollten wir die Hände lassen. Denn er ruiniert das humane Miteinander in der Gesellschaft. In der Kirche sollten wir einen anderen Sauerteig nehmen, um unser Miteinander zu gestalten: Lauterkeit und Wahrheit. Lauterkeit hat gegen andere Menschen keine bösen Absichten und weiß es auch nicht per se immer schon besser. Mit der Wahrheit muss man es genau nehmen, sonst hat man mit der Lüge den Teufel auf seiner Seite. *Jörg Neijenhuis*

Wir beten

Gott, lass uns über andere Menschen vorsichtig urteilen. Lass uns das Gute gut und das Schlechte schlecht nennen. Amen.

John Wyclif (ca. 1330 – 31.12.1384)

Wyclif hat mit seinen Lehren einige Gedanken der Reformation vorweggenommen, wie z. B. dass alles an der Gnade Gottes liegt. Er war gegen die Bilder-, Heiligen- oder Reliquienverehrung, aber dafür, dass der Staat es über die Kirche zu sagen hat. Darüber führte er Prozesse gegen den Papst. Wyclif hat eine englische Bibelübersetzung besorgt. Das Konzil von Konstanz hat ihn am 4. Mai 1415 als Ketzer verurteilt und befohlen, seine Gebeine auszugraben und zu verbrennen, was 13 Jahre später auch geschah.

1521 Luthers Ankunft auf der Wartburg | 1673 † Michael Schirmer, Liederdichter in Berlin | 1888 Evangelisch-Kirchlicher Hilfsverein gegründet | 1899 Evangelische Frauenhilfe gegründet | 1949 Kirchliche Hochschule in Hamburg gegründet

5. Mai

Sonntag | 5. Sonntag nach Ostern (Rogate)

Wochenspruch: Psalm 66,20
Wochenlied: EG 344 oder EG.E 9
Altes Testament: 2. Mose 32,7–14
Epistel: 1. Timotheus 2,1–6a
Evangelium: Lukas 11,(1–4)5–13

Wir lesen Psalm 129

Wofür beten wir?

Der Sonntag Rogate hat das Beten zum Thema. Die Sonntagstexte ergeben ein buntes Bild über das Beten. Wir lesen von Gottes Zorn über sein Volk, weil es ein selbstgemachtes goldenes Kalb anbetet (Ex 32,7–14); von der Einladung Jesu, zuversichtlich zu beten wie ein bittender Freund um Mitternacht (Lk 11,5–13), und von der Aufforderung, Fürbitte zu tun für alle Menschen inklusive der Obrigkeit (1. Tim 2,1–6). Und dann ist da dieser Psalm 129 – eine Mischung von Klage, Wut, Rachegedanken und Lob. – Wofür beten wir? Was beten wir? Wie beten wir? Die Texte von heute zeigen: Gebet ist vielseitig. An dem Psalm kann ich erkennen, warum Christen vom Alten und Neuen Testament sprechen. Mit Jesus ist tatsächlich etwas Neues gekommen. Statt des Gebets zur Vernichtung des Feindes, wie wir es in diesem Psalm finden, fordert Jesus uns auf, für den Feind zu beten und statt zu verfluchen zu segnen. Das schließt nicht aus, dass ich vor Gott meine Not ausschütte, mein Entsetzen über das, was andere mir angetan haben. Im Gebet darf ich sogar Wut und Rachegedanken aussprechen. Wie bei einem Freund darf ich mein Herz ausschütten. Wenn ich meine Wut und Rachegedanken vor Christus ausspreche, kann ich Heilung erleben. Am Ende verwandelt er die „Gegenbitte“ in Fürbitte. Das ist viel besser, als wenn ich diese Gedanken in mir trage und sie mich vergiften. – Aber Vorsicht: Wenn meine Gebete nur um mich selbst kreisen, nur aus Klage und Anklage bestehen, bleibe ich in meiner Not stecken. Wenn ich mich aber öffne für das Neue, das Jesus bringt – Vergebung, Freispruch, Fürbitte für die, die mich bedrängen –, werde ich frei. Dann kann ich aufatmen. Dann wirkt die heilsame Kraft des Gebets! Dann kann ich, anders als der Psalmist, sogar für meine Feinde bitten: Der Segen des Herrn sei über euch! Wir segnen euch im Namen des Herrn! *Horst Müller*

Wir beten

Herr Jesus Christus, Du lädst uns ein zu beten, damit wir froh werden und leben können. Du willst uns von Verbitterung befreien und mit Segen überraschen. Dafür danken wir Dir! Amen.

Orthodoxer Feiertag: Ostern | 1038 † Godehard, Bischof in Hildesheim | 1553 † Erasmus Alber, Mitkämpfer Luthers

6. Mai

Montag | SA 05:45 SU 20:53 MA 04:55 MU 18:58

Wochenspruch: Psalm 66,20
Wochenlied: EG 344 oder EG.E 9

Wir lesen 1. Korinther 5,9–13

Selbstzerstörerische Täuschungen

Wie schnell kann man sich in Menschen täuschen! Da wird einem ein freundliches Gesicht gezeigt, man wird zuvorkommend und höflich behandelt, Hilfsbereitschaft wird erfahren. Aber das ist nur Fassade. Dahinter verstecken sich selbstsüchtige, egoistische und habgierige Motive. Solche Personen befriedigen diese Motive dadurch, dass sie andere Menschen mit Freundlichkeit und Hilfsbereitschaft verführen. Wenn diese verführten Menschen dem Verführer Vertrauen geschenkt haben, werden sie gnadenlos ausgenutzt. Selbst vor finanziellem Raub wird nicht zurückgeschreckt und ebenso wenig vor sexuellen Missbräuchen. Habt mit den Unzüchtigen dieser Welt und mit den Habgierigen und mit dem Räuber nichts zu tun! – Warum fordert Paulus auf, die Bösen aus der Mitte zu verstoßen? Wer unter einem frommen Deckmantel zu solchem Betrug bis hin zu Straftaten fähig ist, wird ein ehrliches und vertrauensvolles Miteinander in der Gemeinde unterlaufen und letztendlich dadurch zerstören. Dafür steht weder die Kirchengemeinde noch unser christlicher Glaube. Sondern den Unzüchtigen, Habgierigen, Räubern, Götzendienern, Lästerern und Trunkenbolden soll man die Chance zur Umkehr, zur Buße geben. Das ist alles andere als einfach, denn eine Mahnrede allein wird es nicht tun. Da sind auch psychologische und medizinische Hilfsangebote angesagt, die die Diakonie bereithält. *Jörg Neijenhuis*

Wir beten

Barmherziger Gott, lass uns für unser Miteinander in der Gemeinde die richtigen Worte, die richtigen Handlungsweisen, die echten Hilfsangebote finden. Amen.

Dorothea Christiane Erxleben (13.11.1715 – 13.6.1762)

Am 6.5.1754 bestand die Ärztin Erxleben ihre Doktorprüfung an der Universität Halle aufgrund einer Sondergenehmigung durch König Friedrich den Großen. Ihr Vater war Arzt und führte sie in die Medizin ein. Sie heiratete 1742 den Diakon Erxleben, der aus erster Ehe fünf Kinder mitbrachte. Sie selbst gebar vier Kinder. Neben Haushalt und Kindererziehung bereitete sie sich auf die Prüfung vor und hat sie mit großem Erfolg bestanden. Sie gilt als Wegbereiterin für das Frauenstudium in Deutschland, das erst im 19. und zu Beginn des 20. Jahrhunderts regulär ermöglicht wurde.

Jüdischer Feiertag: Yom HaSchoah (Holocaust-Gedenktag) | 1525 † Friedrich der Weise, Förderer der Reformation in Sachsen (ev. Gedenktag; Sterbetag: 5.5.) | 1859 † Alexander von Humboldt, Naturwissenschaftler | 1866 Diakonissenhaus Niesky gegründet

7. Mai

Dienstag | SA 05:43 SU 20:55 MA 05:10 MU 20:30

Wochenspruch: Psalm 66,20
Wochenlied: EG 344 oder EG.E 9

Wir lesen 1. Korinther 6,1–11

Rechtsverzicht statt Rechtsstreit

Im Alltag gibt es Streit, trotz der Absicht, Streit zu vermeiden. Ein Streit beginnt schnell. Aber wie wird er beendet? – Auch bei den Christen in Korinth gibt es Streit. Aber Paulus spricht sie bewusst als Heilige an, weil sie zu Christus gehören. Unter dem richtenden und begnadigenden Christus haben sie teil an dessen Richteramt. Das soll anspornen, untereinander für Recht und Gerechtigkeit zu sorgen. Weltliche Gerichte lehnt Paulus nicht ab. Aber vor ihnen sollten Christen sich nicht streiten, sonst fällt schlechtes Licht auf die Christen. Daher rügt Paulus auch das sture Ausfechten eines Rechtsstreits bis zum bitteren Ende. Der Groll der Unterlegenen schafft neue Konflikte. Paulus rät, auf zustehendes Recht auch zu verzichten. Das macht Platz für fairen Ausgleich und Verständigung ohne Sieger und Besiegte. Das ist auch ein guter Rat für Konflikte in der Gesellschaft und in der Politik. So können die Streitenden ihr Gesicht wahren. Keiner muss sich übervorteilt fühlen. Verzicht auf Ansprüche ist nichts für Feiglinge, sondern für starke und souveräne Menschen. – Kraft der Taufe werden Christen frei von den Lasten des zurückliegenden Lebens mit allen Verfehlungen und Unsitten. Auch ohne eine makellos weiße Weste schenkt die Taufe die immer neue Chance, als von Christus Geheiligte aus dem versöhnenden Geist Gottes zu leben. *Christoph Münchow*

Wir beten

Guter Gott, erneure uns durch Deinen guten Geist, damit wir lernen, fair zu streiten und Streit zu schlichten und Konflikte auszulöschen, auch in unseren alltäglichen Dingen. Amen.

Streit um das „Kreuz im Gebirge"

Das Gemälde von Caspar David Friedrich ist durch Postkarten und Konfirmationsurkunden bekannt. Umstritten war, ob es als Altarbild taugt. Im Widerschein der versinkenden Sonne glänzt das Bild des Christus am Kreuz mitten in unserer Welt. „Auf einem Felsen steht aufgerichtet das Kreuz", schreibt Friedrich, „unerschütterlich fest, wie unser Glaube an Jesus Christus. Immer grün durch alle Zeiten während stehen die Tannen ums Kreuz, gleich unserer Hoffnung auf ihn, den Gekreuzigten." Seine Gegenwart hilft, Vergangenes zu lassen und Neues zu beginnen.

973 † Otto der Große, Kaiser des Römischen Reiches | 1523 † Franz von Sickingen, Freund der Reformation | 1840 † Caspar David Friedrich, Maler | 1946 † Hans Löscher, evangelischer Schriftsteller

8. Mai

Mittwoch | SA 05:41 SU 20:57 MA 05:29 MU 22:01

Wochenspruch: Psalm 66,20
Wochenlied: EG 344 oder EG.E 9

Wir lesen 1. Korinther 6,12–20

Erlaubt ist, was dem Leben dient

Über den Wolken muss die Freiheit grenzenlos sein, vermutet ein bekanntes Lied. Seit jeher hoffen Menschen, dass ihr Traum von Freiheit Realität wird. Vermutlich gab es damals in Korinth auch unter Christen die Parole „Alles ist erlaubt!" – Paulus schiebt einen Riegel vor: „aber nicht alles dient zum Guten". Die Freiheit soll nicht zum Bumerang werden, dass sich Unfreiheit und Abhängigkeit wieder breitmachen, beispielsweise durch sexuelle Zügellosigkeit oder das Vollschlagen des Bauches bei Festgelagen zur Verehrung heidnischer Götter. Das schädigt den eigenen Körper und gesunde leibliche Bedürfnisse. – Christenmenschen sind mit dem auferstandenen Christus seelisch und leiblich als Glieder am „Leib Christi" verbunden. Bei ihm sind wir mit Leib und Seele in guten Händen. Auch das körperliche Leben ist ein Geschenk, trotz mancher Sorgen oder Unzufriedenheit. Leibfeindlichkeit führt zu Raubbau an der eigenen Gesundheit und zu Undankbarkeit. – Paulus nennt den Leib mit Hochachtung einen Tempel Gottes. Der Leib ist ein Raum für den Heiligen Geist, damit er unser Leben durchdringt und leitet und wir nicht jedem Ungeist oder dem schwankenden Zeitgeist folgen. – Gott mit unserem Leben zu preisen kann geschehen mit Herz, Mund und Händen. Diese von Christus geschenkte Würde und Freiheit gilt es dankbar zu bewahren in Zuwendung zu anderen Menschen. *Christoph Münchow*

Wir beten

Guter Gott, wir danken Dir für die Freiheit zum Guten, die Du uns schenkst. Stärke unsere Verbindung zu Christus mit Leib und Seele, zum Segen für uns und andere. Amen.

1945 Ende des Zweiten Weltkrieges

Die bedingungslose Kapitulation Deutschlands war ein Zusammenbruch mit schlimmen Folgen. Aber die Befreiung von der Nazidiktatur kam nicht von innen. Der Tag der Befreiung erinnert daran, dass durch die Opfer der alliierten Truppen und besonders auch der Sowjetunion die Tore der KZs geöffnet wurden und Deutschland vom mörderischen Nazismus befreit wurde. Der immense Lebenseinsatz der Alliierten verpflichtet, diese Befreiung von außen zu würdigen und zu bewahren und jetzt anderen Menschen in Unfreiheit Hilfe und Solidarität zuzuwenden.

um 390 † Gregor von Nazianz, Kirchenlehrer aus Kappadozien | 1521 Reichsacht über Luther | 1945 Ende des Zweiten Weltkrieges in Europa

9. Mai

Donnerstag | Christi Himmelfahrt

Tagesspruch: Johannes 12,32
Tageslied: EG 123 oder EG.E 6
Altes Testament: 1. Könige 8,22–24.26–28
Epistel: Apostelgeschichte 1,3–11
Evangelium: Lukas 24,(44–49)50–53

Wir lesen Philipper 2,5–11

Das besondere Christuslied

Ein Lied der ersten Generation, das der Apostel Paulus an die Gemeinde in Philippi schreibt, fasst Weihnachten, Passion, Karfreitag, Ostern und Himmelfahrt zusammen. Der Gemeinde in Philippi war Paulus besonders verbunden. Überirdische Gedanken sind in Worte gefasst und, doch sehr irdisch, dies alles „zur Ehre des Vaters". Einige Worte aus diesem Gedicht klingen uns heute fremd: „er entäußerte sich, hielt es nicht für einen Raub, nahm Knechtsgestalt an, er erniedrigte sich, ward gehorsam bis zum Tod". Paulus hat die Worte „ja zum Tode am Kreuz" eingefügt. Doch wo kommen wir mit unserem Leben hier vor und mit den vielen Fragen nach dem Sinn oder Irrsinn des Lebens, die uns bedrängen? Fragen nach dem, was recht oder unrecht ist, wie wir uns zurechtfinden sollen. Es ist gut, dass solche Fragen am heutigen Tag, den wir als Christusfest begehen, übertönt werden von diesem besonderen Christuslied, diesem Bekenntnis. Es ist entstanden in einer Zeit, in der irdische Machthaber beanspruchten, Menschen zu beherrschen. Ihnen hält die Schar der Christen damals wie heute ihr Bekenntnis zu ihrem Herrn entgegen. Sein Weg zeichnet eine besondere Linie. Sie beginnt weit über uns, unerreichbar. Doch zeichnen wir diesen Weg nach. Der so ganz Andere erscheint als Mensch wie wir, ganz nah bei uns, nicht fremd. Sein Weg geht noch weiter. Er führt in die tiefsten Tiefen irdischen Lebens, bis sich die Richtung ändert und der Siegeszug beginnt. Der Weg führt nun nach oben, dass er uns den Himmel öffne. Das Kreuz bekommt ein anderes Gewicht. Das Kreuz mit dem Kreuz klärt sich auf, denn es gehört auf diesen Weg zum Sieg. Die Gemeinde in Philippi brauchte wie wir Hilfe, Zuspruch, Stärkung und Tröstliches. Sie, wie auch wir, finden dies bei dem, der sie auch in den tiefsten Tiefen nicht allein lässt. *Hermann Beste*

Wir beten

Herr Jesus Christus, alles, was wir tun, ist viel zu wenig, um Dich recht zu ehren und Dein Lob zu singen. Gib, dass wir Dich immer wieder als unseren Herrn bekennen allen gegenüber, die uns beherrschen wollen. Amen.

1707 † Dietrich Buxtehude, Organist und Komponist in Lübeck | 1760 † Nikolaus Ludwig Graf von Zinzendorf, Brüderbischof in Herrnhut | 1805 † Friedrich Schiller, Dichter in Weimar | 1854 Diakonissenhaus Neuendettelsau gegründet | 1921 * Sophie Scholl | 1971 † Gottfried Noth, Bischof in Sachsen

10. Mai

Freitag | SA 05:38 SU 21:00 MA 06:30 MU –

Wochenspruch: Johannes 12,32
Wochenlied: EG 123 oder EG.E 6

Wir lesen 1. Korinther 7,1–16

Zum Frieden hat euch Gott berufen!

Das ist eine Ermunterung und Mahnung, weil es so oft Uneinigkeit gibt. Christen in Korinth stellen die Frage, ob es überhaupt gut ist, dass Mann und Frau intime Beziehungen haben. Erstaunlich aktuell ist, was der ehelose Paulus dazu auf der Basis des Glaubens schreibt. Frau und Mann sind einander gleichgestellt und einander verantwortlich. Es gibt keine grundsätzliche Überordnung oder Unterordnung. Paulus verteufelt nicht das körperliche Begehren, sondern diese Realität gilt es zu steuern, damit zwischen Frau und Mann nicht der Teufel los ist. Mann und Frau können auch Zeiten einer gewissen Distanz voneinander vereinbaren, besonders auch zum Gebet und zur Besinnung, um schließlich deutlicher zu erkennen, was sie aneinander haben. – Über den diversen Ratschlägen des Paulus steht das von Christus ausgesprochene Gebot, dass die schon damals häufige Ehescheidung nicht sein soll, zum Schutz für Mann und Frau und – wenn sie Kinder haben – auch für diese. Die Aussöhnung soll das Ziel bleiben. Der christliche Glaube kann auch auf Nichtchristen ausstrahlen und für sie zum Segen werden. Beachtenswert ist, dass Paulus vergleichbar den geistlichen Gnadengaben in der jeweiligen Lebenssituation von Verheirateten und auch Ehelosen eine Gnadengabe wirksam sieht. Auch diese Gnadengabe Gottes dient dem Leben und stärkt den Frieden untereinander. *Christoph Münchow*

Wir beten

Gott des Friedens, ich danke Dir, dass Du jeden Menschen umsorgst. Hilf mir in meiner Lebensweise und Lebensform Deine Gnadengabe zu entdecken, sie aufzunehmen und zu bewahren. Amen.

Johann Peter Hebel (1760 – 1826)

Die Mutter lehrte den am 10.5.1760 in Basel geborenen Lehrer und Pfarrer „beten, an Gott glauben und an seine Allgegenwart denken“. Seine kurzweiligen und nachdenklichen Kalendergeschichten im „Schatzkästlein des rheinischen Hausfreunds“ sind sprachliche Kleinode. Auch wenn von Streit die Rede ist, geht es meist gut aus. Die Streitenden einigen sich, oder ein Vermittler sorgt mit List oder gesundem Menschenverstand für einen Ausgleich. Dahinter stehen starkes Gottvertrauen und die Zuversicht, dass am Ende alle in Frieden miteinander auskommen.

1521 † Sebastian Brant, Dichter | 1527 † Johann Hüglin, Märtyrer am Bodensee | 1919 Universität Hamburg gegründet

11. Mai

Sonnabend | SA 05:36 SU 21:01 MA 07:20 MU 00:42

Wochenspruch: Johannes 12,32
Wochenlied: EG 123 oder EG.E 6

Wir lesen 1. Korinther 7,17–24

Die Haltung ist wichtig

Paulus behandelt hier Fragen, die uns in dieser Form fremd sind. Doch sobald wir schauen, was dahintersteht, finden wir solche Auseinandersetzungen auch heute. Für mich bedeutsam ist, dass Paulus deutlich macht: Passt auf, dass ihr euch nicht in Äußerlichkeiten verliert. Sie sind unwichtig. Wichtig ist die Haltung, in der jemand lebt. Hört die Person, höre ich auf Gott, darauf, was er von uns will? Ist ihr Leben, ist mein Leben so, dass es dem entspricht, was Gott in uns gedacht hat? Paulus macht deutlich: Es ist keinesfalls Gottes Wille, dass wir uns verbiegen oder etwas tun, nur um zu zeigen, dass wir gute Christen sind. Unser Tun und Lassen soll bestimmt sein von den Geboten Gottes, nicht von dem, was Menschen als Zeichen und Rituale entwickelt haben. Die Gefahr ist, dass wir der Menschen Knecht werden, um ihnen zu gefallen. Davor sollen wir uns hüten, denn Jesus hat uns zur Freiheit befreit. Diese Freiheit hat er mit seinem Tod teuer erkauft. So besteht die Herausforderung für jede und jeden von uns darin herauszufinden, wozu Gott uns berufen hat, was er von uns möchte. Das kann auch bedeuten, Dinge anders zu tun als andere, mein Leben ungewöhnlich zu gestalten, eine für mich geeignete Lebensform zu finden. Ja, das ist herausfordernd und anstrengend, doch es lohnt sich, denn so finden wir Glück, Freude und Frieden in ihm und durch ihn. *Hiltrud Schneider-Cimbal*

Wir beten

Zeige mir, was Du in mir gedacht hast, Gott, und lehre mich dem, wozu Du mich berufen hast, zu folgen. Gib mir die Kraft, getragen von Deiner Liebe auch schwierige Pfade zu beschreiten. Amen.

1903 † Arnold Bovet, Mitbegründer des Blauen Kreuzes

Geboren 1843, erlebte Bovet zusammen mit seiner Frau 1874 durch die Oxforder Konferenz der Heiligungsbewegung eine religiöse Erweckung. Der freikirchliche Pfarrer kümmerte sich im Kanton Bern insbesondere um Alkoholiker. 1877 gründete er zusammen mit Louis-Lucien Rochat und 26 weiteren Männern das Blaue Kreuz mit dem Ziel, „die Opfer der Trunksucht" zu retten. Durch seine erfolgreiche Arbeit entstanden 75 Blaukreuzvereine im Kanton Bern. 1900 gründete er den Hoffnungsbund, um die Arbeit des Blauen Kreuzes im Jugendbereich zu intensivieren.

1621 † Johann Arndt, Glaubenszeuge in Niedersachsen | 1903 † Arnold Bovet, Gründer des Blauen Kreuzes | 1916 † Max Reger, Komponist

12. Mai

Sonntag | 6. Sonntag nach Ostern (Exaudi)

Wochenspruch: Johannes 12,32
Wochenlied: EG 128 oder 136
Altes Testament: Jeremia 31,31–34
Epistel: Epheser 3,14–21
Evangelium: Johannes 16,5–15

Wir lesen Psalm 131

Sich bescheiden bringt Frieden

Vor Gott öffnet der Dichter dieses Psalms seine Gedanken. Er gibt einen Einblick in das, was ihn bewegt, was er für sich entschieden hat und was ihm wichtig ist. So hat er für sich Frieden gefunden. Warum behält er dies nicht für sich? Der Dichter möchte auch andere einladen, über seinen Weg und sein Entscheiden nachzudenken, ob beides auch für sie richtig und wichtig ist. Ist nicht ein solches Bekenntnis, wenn auch das Leben und das tägliche Handeln dazu passen, eindringlicher und hilfreiches als wohlgemeinte Ermahnungen? – Der Psalmbeter hat alles hochfahrende Streben und Begehren aus seinem Herzen verbannt. Er hat seinen Augen verwehrt, sich an Bildern von Reichtum und Ehre zu weiden. Doch ist nicht das Ziel, Einfluss und Macht zu erreichen, dem Menschen von Natur aus eingegeben? Die großen Dinge, so meint der Psalmbeter, sind ihm zu wunderbar, und seine Gedanken kreisen nicht um sie. Alle großen Dinge sind vielmehr für ihn das Geheimnis der Majestät Gottes und seiner Allmacht. Alle kühnen Spekulationen, mit deren Hilfe der Mensch „in den Himmel klettern" möchte – so hat Martin Luther es einmal gesagt –, um seine unfassbare Größe zu ergründen und auf diese Weise zu beherrschen, gehen ins Leere. Sie sind eine Vermessenheit, die einen in den Abgrund stürzen lässt. Dankbar bezeugt der Beter dagegen, was ihm geschenkt wurde: Ein tiefer Friede ist in sein Herz eingekehrt. Einzigartig und innig bekennt er es hier, nicht mit ungestümer Leidenschaft, wie wir es in anderen Psalmen finden. Sehr eindrücklich ist das Vertrauen, wie es mit dem Bild von dem satten Kind an der Brust der Mutter ausgedrückt ist. Der Psalmist wünscht sich, dass sein Verhalten und Bekennen Vorbild für die ganze Gemeinde sein möchte. So, wie er allein von Gott Hilfe erwartet, so möchte es die ganze Gemeinde heute wie damals erleben, die dieses Lied im Gottesdienst hört.

Hermann Beste

Wir beten

Barmherziger Gott, wir brauchen immer wieder Vorbilder, die uns aus der eigenen Enge herausführen. Gib uns Deine Gnade, dass wir mit dem, was Du uns schenkst, Frieden finden. Amen.

um 304 † Pankratius, Märtyrer in Rom | 1845 † August Wilhelm Schlegel, Dichter

13. Mai

Montag | SA 05:33 SU 21:04 MA 09:38 MU 02:18

Wochenspruch: Johannes 12,32
Wochenlied: EG 128 oder 136

Wir lesen 1. Korinther 7,25–40

Verschiedensein ernst nehmen

Paulus erwartet, dass Jesus sehr bald wiederkommt und sein Reich errichtet, in dem dann alles anders ist. Deshalb ist für ihn eine Beziehung zu einer Frau unwichtig. Er will seine ganze Kraft und Energie Jesus zur Verfügung stellen. Doch er weiß, dass es Menschen gibt, denen es anders geht. Sie wünschen sich eine Beziehung, eine Partnerin, einen Partner. Er hat Verständnis für sie und hat auch die Größe, seine eigene Befindlichkeit nicht zum Maßstab zu erheben. So empfiehlt er denen, die es möchten, zu heiraten, wohl wissend, dass sie dann einen Teil ihrer Aufmerksamkeit dieser Beziehung widmen und für Jesus weniger übrigbleibt. – Die Haltung, die Paulus hier einnimmt, beeindruckt mich. Er macht sich nicht selbst zum Maßstab, sondern geht auf die Bedürfnisse der Menschen ein. Ich wünsche mir, dass ich das auch kann. Denn ich vermute: Es wäre in unserem Zusammenleben, in unseren Gemeinden in unserem Staat so vieles leichter, wenn wir ohne Wertung die Bedürfnisse der anderen ernst nehmen und sie akzeptieren würden. Wir sind nun mal verschieden, und es braucht deshalb verschiedene

Möglichkeiten, sein Leben zu gestalten. Es ist nicht wichtig, dass wir die Bedürfnisse der anderen verstehen. Wichtig ist, dass wir sie ihnen zugestehen und die Möglichkeit eröffnen, sie zu leben. Für mich ist das ein Zusammenleben im Geiste Jesu Christi. *Hiltrud Schneider-Cimbal*

Wir beten

Jesus, oft ist mir das Verhalten anderer unverständlich. Ich werte sie ab und möchte, dass sie leben wie ich. Lehre mich, ihnen ihren Weg zuzugestehen, auch wenn ich ihn nicht verstehe. Amen.

1843 † Hans Ernst von Kottwitz, Glaubenszeuge in Berlin

Nachdem er Page am Hof Friedrichs II. war, durch Deutschland reiste und viel gesehen hatte, beschloss er mit 31 Jahren, sein Leben der Verwirklichung eines tätigen Christentums zu widmen und seine Arbeitskraft wie sein Vermögen für die Armen einzusetzen. Erst in Schlesien, dann in Berlin gründete er Webereien, um Arbeitslose zu beschäftigen, weil Arbeit für ihn eine der wichtigsten Voraussetzungen der „Glückseligkeit“ darstellte. Mit seinem Engagement, das immer ein Zuschussbetrieb blieb, beeinflusste er unter anderem Wichern und Fliedner.

1843 † Hans Ernst von Kottwitz, Glaubenszeuge in Berlin | 1930 † Fridtjof Nansen

14. Mai

Dienstag | SA 05:32 SU 21:06 MA 10:54 MU 02:45

Wochenspruch: Johannes 12,32
Wochenlied: EG 128 oder 136

Wir lesen 1. Korinther 8,1–6

Einsehen und einsetzen

Die paulinischen Briefe führen uns beispielhaft vor Augen, dass es in den christlichen Gemeinden von Anfang an Konflikte gegeben hat. Paulus mischt sich ein, um den streitenden Gruppen zu raten, wie sie miteinander umgehen können, ohne die Ausstrahlung der befreienden Botschaft zu verdunkeln. Eine grundlegende Gefährdung des Zusammenhalts besteht darin, dass einige von ihrer Meinung so überzeugt sind, dass sie alle anderen für dumm, uneinsichtig und schwach erklären. Aber etwas erkennen und einsehen ist eines; es anderen verständlich und nachvollziehbar zu machen, ein anderes. In Korinth gab es eine Gruppe, die verstanden hatte, dass es nur einen Gott gibt. Aber in der griechisch-römischen Welt glaubte man sich von einer Fülle von Göttern umgeben, die das persönliche Leben betreffen konnten. So gab es Christen, deren Glaube an den einen Gott und Vater Jesu Christi noch nicht so gefestigt war. Mit einem starren Wiederholen richtiger Glaubenssätze stößt man da an Grenzen und kann den anderen nicht befreien und ermutigen. Es bedarf der verständnis- und liebevollen Zuwendung zum anderen, um ihm dann den Weg zum Erkennen zu ermöglichen. Die Gemeinde wächst daran, dass sich ihre Glieder füreinander einsetzen. Sie tun das, weil Gott sich uns Menschen in Jesus Christus zugewandt hat und damit zeigt, dass er seine Geschöpfe liebt. *Harald Grün-Rath*

Wir beten

Gott, Du Schöpfer, Du Vater Jesu Christi, wir danken Dir für Deine Liebe, mit der Du uns in Deine Gemeinde rufst. Lehre uns durch Deinen Geist, Deine Liebe zu bezeugen, indem wir uns für andere einsetzen. Amen.

Nikolaus von Amsdorff (1483–1565)

Er gehörte zum engen Kollegen- und Freundeskreis Martin Luthers in Wittenberg. Seit 1511 wirkte er dort als Professor, der meist philosophische Vorlesungen hielt. Er wurde zu einem wichtigen Vertreter der Reformation. Zum Bedauern Luthers wurde er 1524 Superintendent in Magdeburg. Als er 1541 das Bischofsamt in Naumburg übernahm, hielt Luther die Einführungspredigt. Später zeichnete er sich als ein rigoroser Verfechter der Lehren Luthers aus. Kompromisse waren nicht seine Sache. So trug er zur Unduldsamkeit der lutherischen Orthodoxie bei.

Jüdischer Feiertag: Yom HaAtzma'ut (Unabhängigkeitstag)
1565 † Nikolaus von Amsdorf, Bischof in Sachsen | 1948 Proklamation des Staates Israel | 1973 † Gerhard Brennecke, Missionsdirektor in Berlin

15. Mai

Mittwoch | SA 05:30 SU 21:07 MA 12:09 MU 03:04

Wochenspruch: Johannes 12,32
Wochenlied: EG 128 oder 136

Wir lesen 1. Korinther 8,7–13

Aufeinander achten

Alle Lebewesen müssen essen. Die Frage, was man essen darf und soll, betrifft nicht nur das Damals, wie wir an der Diskussion um vegane, vegetarische oder omnivore Ernährung erleben. In der Antike galt Fleisch als Festspeise. Als tägliche Nahrung nahm man meist Mehlspeisen zu sich. Aus Respekt vor den Lebewesen wurde bei jeder Schlachtung ein Teil des getöteten Wesens den Göttern dargebracht. Insofern war eigentlich alles Fleisch „Opferfleisch". Zu Festen waren auch Christen eingeladen und aßen mit von diesem Fleisch. Das löste bei einigen Gemeindegliedern Gewissensbisse aus, die es für richtiger hielten, ganz auf Fleisch zu verzichten, um nicht mit heidnischen Göttern in Verbindung gebracht zu werden. Andere bestanden auf der Erkenntnis, dass es nur einen wahren Gott gibt, zu dem sie als Christen gehörten. Darum war es für sie keine Glaubensfrage, wenn sie „Götzenopferfleisch" aßen. Indem beide Gruppierungen sich gegenseitig Vorwürfe machten, war die Eintracht in Gefahr, denn Rücksicht auf die Schwachen im Glauben ist geboten. Eine Gefahr liegt auch darin, dass sich einige für stark in der

Glaubenserkenntnis halten und sich selbst „aufblähen". Gott sei Dank gibt es aber kein „Glaubensmessgerät", also Vorsicht! Eine christliche Gemeinde sollte durch gegenseitigen Respekt und Achtung voreinander Gottes erfreuende Zusage zum Leuchten bringen. *Harald Grün-Rath*

Wir beten

Gott, Du lädst uns zum Glauben an Deine Liebe ein. Gib uns die Einsicht, dass Dein Heiliger Geist uns in der Erkenntnis Deiner Barmherzigkeit für alle wachsen lässt. Amen.

Pachomios, Vater des Mönchtums in Ägypten († 346)

Er erlebte die Fürsorge von Christen als Rekrut in der Thebais (Oberägypten). Nach der Militärzeit ließ er sich taufen und führte ein Leben als Asket. Den Lebensunterhalt verdiente er durch Weben von Säcken. Der Legende nach hörte er eines Tages die Weisung: „Bleibe hier und baue ein Kloster; denn es werden viele zu dir kommen, um Mönch zu werden." Er begann, die bisher locker nebeneinander lebenden Mönche zu Hausgemeinschaften mit festen Regeln zusammenzuführen. So gründete er viele Klöster und stand ihnen später als Generalabt vor.

346 † Pachomios, Vater des Mönchtums in Ägypten (ev. Gedenktag; Sterbetag: 14.5.) | 1548 Augsburger Interim, Reichsgesetz zur vorläufigen Lösung der Religionsfrage | Internationaler Tag der Kriegsdienstverweigerung (seit 1986)

16. Mai

Donnerstag | SA 05:29 SU 21:09 MA 13:22 MU 03:18

Wochenspruch: Johannes 12,32
Wochenlied: EG 128 oder 136

Wir lesen 1. Korinther 9,1–18

Neu! Exklusiv! Kostenloses Probeabo!

Jetzt unverbindlich testen. Noch mal bis zu 50 Prozent auf bereits Reduziertes. Drei zum Preis von einem! Die Werbebranche findet immer neue Slogans, die unsere Aufmerksamkeit erregen. Hin und wieder beschäftige ich mich sogar ernsthaft damit. Doch im Nachhinein bin ich enttäuscht. Das Angebot entpuppt sich als trügerische Masche. Oft gehen da fadenscheinige Unternehmen auf Dummfang. So bin ich misstrauisch geworden. Wann immer ein qualitativ hochwertiges Produkt angeblich zum Nulltarif angeboten wird, bremse ich mich innerlich selbst. So geht es auch den Korinthern mit Paulus. Der Glaube, den er anpreist, ist wertvoll und kostenlos zugleich. Er bietet ihnen etwas an, das sie innerlich frei und zugleich unglaublich stark machen kann. Doch sie sollen dafür nicht tief in die Tasche greifen. Nicht einmal der Vertreter, Paulus, will für seine Mühen entschädigt werden. – Ich kann gut verstehen, dass Menschen in einer Handelsmetropole da skeptisch werden. Doch Paulus betont: Der Glaube ist nicht sein Produkt. Er hat ihn nicht gewählt. Die gute Nachricht hat ihn für sich gewonnen. Er selbst ist damit so reich beschenkt worden, dass er nicht anders kann, als ihn weiter verschenken zu wollen. Was er zu geben hat, ist seine ganz persönliche Erfahrung. Damals wie heute ist das ein eigenartiges, seltsames Angebot. Das versteht nur, wer sich darauf einlassen kann. *Marcus Baumgärtner*

Wir beten

Herr, hilf mir, den Wert meines Glaubens neu zu entdecken. Lass mich spüren, wo Du mich beschenkst, damit ich mich auch heute ganz auf Dich einlassen kann. Amen.

Johannes Kuhlo († 1941)

Das Altposaunenspiel brachte er sich als Kind selbst bei und stieg schon bald auf das Flügelhorn um. Er gründete die evangelische Posaunenchorbewegung. Auf ihn geht auch die „Klavierschreibweise" für Trompeten und Hörner zurück, bei der die Noten *klingend*, also in der wirklich erklingenden Tonhöhe, geschrieben werden. Eingeführt, damit das Zusammenspiel mit Gemeinde und Orgel möglich war, war sie zugleich eine Abgrenzung zum weltlichen Bereich, besonders zur Militärmusik. Bis heute können Posaunenchor und Musikverein nicht ohne Weiteres zusammenspielen.

1553 Die fünf Märtyrer von Lyon | 1941 † Johannes Kuhlo, Posaunenwart | 1992 † Herbert Werner, ev.-luth. Theologe, Mitglied der Bekennenden Kirche

17. Mai

Freitag | SA 05:28 SU 21:10 MA 14:32 MU 03:30

Wochenspruch: Johannes 12,32
Wochenlied: EG 128 oder 136

Wir lesen 1. Korinther 9,19–23

Ein Fähnchen im Wind

Das sind Menschen, die keine sehr feste Position haben, die ihre Meinung beliebig wechseln und nicht verlässlich sind. Können solche Menschen den Glauben authentisch repräsentieren? Paulus scheint davon überzeugt, dass es (nur) so geht. Er sei allen alles geworden, habe sich ganz auf sein Gegenüber eingestellt und eingelassen. Und das schreibt gerade Paulus! Ebendieser Paulus hatte kurz zuvor alle Abweichler mit roher Gewalt verfolgt und ihren Tod gefordert. Doch aus dem Hardliner wurde bald ein äußerst toleranter Glaubenslehrer. Ein heilsamer Wandel. Das zeigt auch die Missionsgeschichte nach Paulus. Da gab es jene Missionare, die es eher mit dem harten Paulus hielten. Sie unterschieden sich kaum von Kolonialherren und zwangen „Fremden" den Glauben auf. Doch es gab auch jene, die zunächst viele Monate mit Menschen fremder Kulturen zusammenlebten und von ihnen lernten. Sie wurden zuerst Teil einer Lebensgemeinschaft, bevor sie überhaupt von ihrem Glauben sprachen. Ganz oft stellten sie sich später der Gewalt und der Ausbeutung dieser Menschen vehement entgegen. Häufig werden sie dafür bis heute bei jenen Völkern verehrt. Der Glaube, den sie damals gebracht haben, blüht auch heute. – Paulus hatte recht. Unser Glaube soll uns nicht verhärten. Er kann uns in die Weite führen und dabei doch nichts von seiner Gewissheit verlieren. *Marcus Baumgärtner*

Wir beten

Herr, lass mich immer wieder erfahren, wie groß Du bist, damit ich in Fremden Deine geliebten Geschöpfe sehe und verstehe, dass ich niemals und nirgends aus Deiner Hand fallen kann. Amen.

Valerius Herberger, Liederdichter in Schlesien

Valerius Herberger war lutherischer Theologe und Pfarrer in Schlesien. In der Zeit der Gegenreformation war er sehr aktiv und erhielt den Spitznamen „der kleine Luther". Er veröffentlichte viele theologische Schriften. Besonders bekannt wurde sein Lied „Valet will ich dir geben" (EG 523). Während der verheerenden Pest von 1613 begleitetet er Kranke und Sterbende furchtlos und bestattete jeden persönlich. Er selbst überstand diese Zeit nur mit gesundheitlicher Beeinträchtigung und verstarb schließlich 1627.

1627 † Valerius Herberger, Liederdichter in Schlesien (ev. Gedenktag; Sterbetag: 18.5.) | 1662 † Wilhelm II. von Sachsen

18. Mai

Sonnabend | SA 05:26 SU 21:12 MA 15:41 MU 03:40

Wochenspruch: Johannes 12,32
Wochenlied: EG 128 oder 136

Wir lesen 1. Korinther 9,24–27

Warnhinweis: Mit Vorsicht zu genießen

Für viele Menschen ist das eigene Schaffen eine große Genugtuung. Es ist schön zu sehen, was man kann. Hin und wieder gerät man förmlich in einen Rausch. Dabei kann man sogar vergessen, genug zu essen. Ein Dauerzustand sollte das nicht sein. In einer Aufgabe ganz aufzugehen, ist schön, die Selbstaufgabe hingegen ist gefährlich. Bei Paulus klingt es fast so, als stünde er in der Gefahr, sich zu verlieren. Er rennt in vollem Tempo einen nicht endenden Lauf, kämpft mit vollem Einsatz um einen unvergänglichen Kranz und fordert dafür nicht einmal eine Entlohnung. Ich würde das nicht zur Nachahmung empfehlen. – Zumindest sollte man den Grund für die energischen Worte des Apostels verstehen. Er stellt sich gegen die Mitläufer unter den Christen seiner Zeit. Einsatz, Überzeugung und Anstrengung gehören zum Glauben dazu. Christsein ist ein lebenslanger Weg. Es bedeutet, in Bewegung zu sein. Das ist Paulus wichtig. Und das schärft er den Christen in Korinth ein. Ganz sicher schießt er dabei über das Ziel hinaus. Denn der Glaube bemisst sich nicht an der Leistung. Wir müssen Gottes Liebe nicht verdienen. Auch das schreibt

Paulus an anderer Stelle ganz deutlich. Es ist sogar umgekehrt. Nur weil Gott uns (von vornherein) liebt und uns mit Gaben und Kräften ausstattet, können wir überhaupt etwas bewerkstelligen. Nur sollten wir diese Gottesgaben eben auch einsetzen und zur Geltung bringen. *Marcus Baumgärtner*

Wir beten

Erfrische mich mit Deinem lebendigen Wort und belebe mich mit Deinem Heiligen Geist. Wirke Du jetzt in mir und durch mich an diesem Tag an meinen Nächsten. Amen.

Christian Heinrich Zeller († 1860)

Beeinflusst durch Johann Heinrich Pestalozzi, fand der Jurist Zeller zur Pädagogik. 1817 gründete er im Schloss Beuggen eine Armenschule. Hier konnten die Kinder zugleich lernen und arbeiten. Die Begabtesten wurden zu Lehrern ausgebildet. Nach dem Vorbild der Einrichtung entstanden bis 1845 weitere 22 Rettungshäuser in Württemberg. Pestalozzi beurteilte sie bei seinen Visitationen sehr positiv. Nachdem sein eigenes Projekt am Geldmangel gescheitert war, soll er sogar gesagt haben: „Das war es, was ich wollte."

1860 † Christian Heinrich Zeller, Pädagoge in Basel | 1949 Gründung der Brüderschaft Wittekindshof

19. Mai

Sonntag | Pfingstsonntag

Wochenspruch: Sacharja 4,6b
Tageslied: EG 126 oder EG.E 7
Altes Testament: 1. Mose 11,1–9
Epistel: Apostelgeschichte 2,1–21
Evangelium: Johannes 14,15–19(20–23a)23b–27

Wir lesen Epheser 1,3–14

Etwas sein dürfen

Etwas zu gelten, wirklich etwas sein zu können, was auch anderen etwas bedeutet, das ist der Traum vieler Menschen. Aber wie schafft man das? Der große Lobpreis Gottes zu Beginn des Epheserbriefs stellt ein solches Ziel gleich dreimal für die in Aussicht, die zu Jesus Christus gehören: Gottes Kinder zu sein „zum Lob seiner herrlichen Gnade", ist Gottes Plan für uns (V. 5 f.), „damit wir zum Lob seiner Herrlichkeit leben" (V. 12) und sein Eigentum werden „zum Lob seiner Herrlichkeit" (V. 14). Aber das ist nicht Teil eines Zehn-Punkte-Programms zur Optimierung unseres Lebenserfolgs, das unsere ganze Leistungsbereitschaft fordern würde. Nein, das beschreibt die Folge dessen, was Gottes Handeln in Jesus Christus bewirkt. Schon bei der Schöpfung, ja schon vor ihr, war es Gottes Plan, sich im Menschen ein Gegenüber zu schaffen, das sein Wesen in dieser Welt widerspiegeln sollte (V. 4–6). Und angesichts allen Versagens der Menschen hat

Gott in Jesus Christus und seinem Tod am Kreuz gezeigt, wie seine Liebe Schuld und Tod überwindet, und hat Raum für ein Menschsein geschaffen, das nach seinem Willen und zu seiner Ehre lebt (V. 7–12). Dieser Raum und diese Wirklichkeit öffnen sich überall, wo Menschen auf das Wort des Evangeliums hören und von Gottes Geist erfüllt werden (V. 13 f.). Damit ist klar: Etwas zu sein zum Lob seiner herrlichen Gnade, ist die Lebenswirklichkeit derer, die sich Gott und seinem Handeln in Jesus Christus anvertrauen. Das sind Menschen, die ganz von Gottes Gnade leben. Das macht sie frei von der ängstlichen Sorge um sich selbst. Das gibt ihnen Kraft zum Handeln, auch wo sie den eigenen Kräften nicht trauen können. Das macht sie gnädig auch anderen gegenüber und offen für deren Wert und Würde. Dafür aber gilt Gott der überschwängliche Lobpreis für alles, was er durch Jesus Christus getan hat. *Walter Klaiber*

Wir beten

Guter Gott: danke für Deine Gnade. Danke für Dein Handeln in Christus. Danke für Deine Nähe im Heiligen Geist. Gib, dass wir so leben, dass unser Leben zu einem Lob Deiner Gnade wird. Amen.

804 † Alkuin, Abt und Lehrer in Franken | 1844 Diakonissenanstalt Dresden gegründet | 1938 † Adolf Schlatter, Theologe

20. Mai

Montag | Pfingstmontag

Wochenspruch: Sacharja 4,6b
Wochenlied: EG 129 oder 268
Altes Testament: 4. Mose 11,11–12.14–17.24–25(26–30)
Epistel: 1. Korinther 12,4–11
Evangelium: Johannes 20,19–23

Wir lesen Psalm 150

Das große Finale

Das Buch der Psalmen geht zu Ende. Noch einmal wird alles zum Lob Gottes aufgeboten. Es ist wie bei einer Symphonie. Am Schluss sollen alle Instrumente mitspielen. Alles, was klingt, soll dem Lob Gottes dienen. Wir wissen nicht bei allen Begriffen, die der Psalm aufzählt, welche Instrumente gemeint sind. Das zeigen die Unterschiede in den Übersetzungen. Aber das spielt keine Rolle. Die Aufzählung will keine Liste der zum Lob Gottes erlaubten Instrumente nennen. Alles, was tönt, soll mitmachen. Die ersten Missionare in Afrika meinten, sie müssten Trommeln vom Gotteslob ausschließen. Sie hatten Sorge, weil diese Instrumente bei heidnischen Zeremonien eine große Rolle spielten. Es schien, als könne man Gott nur mit dem Harmonium loben. Aber erst als man die Trommeln erlaubte, wurden die Gottesdienste wirklich lebendig. Alles, was Töne hat, darf zum Lob Gottes helfen. Das gilt auch für die Art des Gotteslobs: Johann Sebastian Bach hat seine ganze Kunst unter das Motto gestellt: Soli Deo Gloria – Gott allein die Ehre. Das Schönste ist gerade gut genug für ihn. Aber Gotteslob ist es auch, wenn Kinder mit Topfdeckeln den Rhythmus zu ihren Liedern ertönen lassen. Dieses Lob hat Gründe. Noch einmal werden sie ganz kurz genannt: „Lobt ihn für seine Taten", heißt es – ein Impuls wie die Mahnung in Psalm 103: „Vergiss nicht, was er dir Gutes getan hat." Das umfasst alles: was Gott für uns durch Jesus Christus getan hat genauso wie das, was in unserem Leben und um uns her an Hilfreichem geschehen ist. Aber daneben steht: „Lobt ihn in seiner Herrlichkeit!" Wir loben Gott nicht nur für das, was er tut. Zu bedenken, was es bedeutet, dass Gott wirklich Gott ist, größer und herrlicher als unsere Vorstellung von ihm, das ist der tiefste Grund, ihn zu loben. *Walter Klaiber*

Wir beten

Guter Gott, dass Du da bist und in allem und durch alles wirkst, dass Du diese Welt in Händen hältst und uns alle beim Namen nennst, dafür loben wir Dich von ganzem Herzen. Amen.

325 Konzil von Nicäa (bis zum 25.7.325) | 1832 † Michael Sailer, Bischof in Regensburg, Mystiker | 1868 † Samuel Hebich, Glaubensbote in Indien und Äthiopien (ev. Gedenktag; Sterbetag: 21.5.) | 1934 † Ernst von Dobschütz, Theologe

21. Mai

Dienstag | SA 05:22 SU 21:16 MA 19:17 MU 04:11

Wochenspruch: Sacharja 4,6b
Wochenlied: EG 129 oder 268

Wir lesen 1. Korinther 10,1–13

Glaube in Gefahr

„Und führe uns nicht in Versuchung …", heißt es im Vaterunser, dem bekanntesten und wichtigsten Gebet der Christenheit. Ein Satz, der unlängst einige öffentliche Aufmerksamkeit auf sich gezogen hat. Mehr, als es sonst bei theologischen Dingen in der Regel der Fall ist. Papst Franziskus hatte empfohlen, den Wortlaut dieser Bitte des Vaterunsers zu ändern. Weil nicht Gott es sei, der Menschen in Versuchung führt. Tatsächlich ist darauf hin mancherorts im In- und Ausland die Formulierung geändert worden. – Dass es Situationen im Leben gibt, in denen der Glaube sich bewähren muss, steht außer Zweifel. Der Glaube wird erschüttert durch Ereignisse in unserer Welt und in unserem Leben, die wir nur schwer mit einem liebenden Gott in Verbindung bringen können. Und der Glaube hat zu kämpfen mit Heilsversprechen, die auf den ersten Blick mehr Aussicht auf Erfolg zu haben scheinen. Die Frage ist nur, woher das kommt. Macht es wirklich einen so großen Unterschied, ob Gott diese Gefährdungen des Glaubens aktiv herbeiführt oder sie nur zulässt? – Möglicherweise lassen sich solche Krisen sogar leichter bewältigen, wenn wir sie als eine Herausforderung des Glaubens verstehen und mit Gott in Verbindung bringen. Das kann eine Hilfe sein. Sehen wir aber auch an dieser Stelle Gott am Werk, dann darf genauso gebetet werden: „Führe uns nicht in Versuchung …“! *Kay Weißflog*

Wir beten

Guter Gott, ich kann mir nicht vorstellen, dass Du mir schaden willst. Und doch lenkt mich vieles von Dir ab. Ich bitte Dich: Erhalte mir das Vertrauen und die Treue zu Dir. Amen.

Kaiser Konstantin

Der Name Konstantin ist eng verbunden mit dem, was man die „konstantinische Wende“ nennt. Gemeint ist damit das neue Verhältnis des weströmischen Reiches zur christlichen Kirche. An die Stelle des Verbots und der Verfolgung trat die Duldung und später die rechtliche Privilegierung. Am Ende stand ein enges Verhältnis von Staat und Kirche, das für beide Seiten Vor- und Nachteile hatte. Ihr Wechselspiel prägte die abendländische Geschichte. Was Konstantin bewogen hatte, auf das Christentum zu setzen, ist von Legenden umrankt und bis heute umstritten.

337 † Konstantin der Große, Kaiser und Förderer des Christentums im Römischen Reich (ev. Gedenktag; Sterbetag: 22.5.) | 1945 † Paul Humburg, Theologe | 1981 † Wilhelm Dantine, österreichischer Theologe

22. Mai

Mittwoch | SA 05:21 SU 21:17 MA 20:35 MU 04:25

Wochenspruch: Sacharja 4,6b
Wochenlied: EG 129 oder 268

Wir lesen 1. Korinther 10,14–22

Am Tisch des Herrn

Abendmahl ist mehr als Essen und Trinken. Würde es beim Abendmahl in der Kirche nur um den Schluck Wein oder Traubensaft und um das Stück Brot in Form von meist einer dünnen Scheibe gebackenem Weizenmehl mit Wasser gehen, wäre das kaum der Rede wert. Die Bedeutung des Abendmahls liegt tiefer. Sie besteht in der Gemeinschaft der Gläubigen mit Jesus Christus und in ihrer Gemeinschaft untereinander, die es vermittelt. Und diese Beziehung schließt Verhaltensweisen aus, die ihr widersprechen. – Paulus denkt dabei vor allem an die öffentlichen und privaten Mahlzeiten zu Ehren der griechischen Götter, die damals auch in der Stadt Korinth gängige Praxis waren. Ihnen konnten sich auch die Angehörigen der christlichen Gemeinde dort nicht so ohne Weiteres entziehen. Es herrschte sozialer Druck. Und vielleicht nahmen manche Christen die Teilnahme daran auch auf die leichte Schulter. – Letztlich geht es hier um die Konsequenzen, die der Glaube an Jesus Christus hat. Woran beteilige ich mich als Christ in der Gesellschaft, und wovon muss ich mich distanzieren, damit meine Zugehörigkeit zu

Christus und seiner Gemeinde nicht durch mein Handeln in Frage gestellt wird? Öffentliche oder private Mahlfeiern zu Ehren anderer Götter sind dabei heute weniger das Problem. Wir müssen an anderer Stelle aufpassen, womit wir uns gemein machen und wem wir dienen. *Kay Weißflog*

Wir beten

Kompromissbereit sein und gleichzeitig Grenzen ziehen – das ist eine Gratwanderung. Wir bitten Dich, Gott, um Klarheit und um den Mut, Nein zu sagen zu dem, was nicht in Deinem Sinne ist. Amen.

Marion von Klot (1897 – 1919)

Marion von Klot gehörte zur deutschsprachigen Minderheit im Baltikum. Nach der Oktoberrevolution 1918 wurde ihre lettische Heimat ein unabhängiger Staat. Im anschließenden Bürgerkrieg gegen die russische Vorherrschaft nahmen Soldaten der Roten Armee Marion von Klot gefangen und ermordeten sie. Während der Haft tröstete die begabte Sängerin die anderen Gefangenen mit geistlichen Liedern. Vor allem mit ihrem Lieblingslied „Weiß ich den Weg auch nicht, du weißt ihn wohl“. Es ist in einigen Regionalteilen des Evangelischen Gesangbuchs enthalten.

1688 † Johann Andreas Quenstedt, Theologe | 1919 † Marion von Klot, Märtyrerin in Lettland | 1935 † Hedwig von Redern, Liederdichterin

23. Mai

Donnerstag | SA 05:20 SU 21:19 MA 21:54 MU 04:45

Wochenspruch: Sacharja 4,6b
Wochenlied: EG 129 oder 268

Wir lesen 1. Korinther 10,23–11,1

Verantwortliche Freiheit

Auf das Thema Fleisch kommt Paulus im Zusammenhang mit dem Abendmahl zu sprechen. Das mutet im ersten Moment etwas merkwürdig an. Es geht um die Frage, ob Christinnen und Christen Fleisch essen dürfen oder nicht. Hintergrund für diese Überlegungen sind damals aber weder das Tierwohl oder die Gesundheit noch der Schutz der Umwelt. Sondern das Problem war Fleisch von Tieren, die zu Ehren der griechischen Götter geschlachtet worden sind. Ist der Verzehr von solchem Fleisch nicht „Götzendienst"? – Paulus argumentiert mit dem Gewissen: Wenn sich niemand daran stört, soll das Fleisch als Gabe Gottes betrachtet und mit Dankbarkeit gegessen werden. Andernfalls rät Paulus zum Verzicht darauf. Er betont die Freiheit der Gläubigen, erinnert sie aber an ihre Verantwortung. Diese Verantwortung gebietet es, Rücksicht zu nehmen und sich an dem zu orientieren, was der oder dem anderen dient. Nicht die eigene Freiheit ist das Maß aller Dinge, sondern das Gegenüber und die Beziehung zu ihm bzw. ihr. – Eine Regel, die sich auf viele und auch aktuelle Diskussionen übertragen lässt. Wobei sie in der Praxis mitunter auch an ihre Grenzen kommt. Dort nämlich, wo diese Verantwortung und Rücksichtnahme ausgenutzt und missbraucht wird. Das Prinzip beruht auf Gegenseitigkeit. Wenn das Entgegenkommen immer nur von einer Seite erwartet wird, funktioniert es nicht. *Kay Weißflog*

Wir beten

Freiheit ist ein großes Wort. Es wird oft missbraucht. Wer glaubt, alles tun und lassen zu dürfen, handelt verantwortungslos. Herr, gib mir die Größe, verzichten zu können. Amen.

75 Jahre Grundgesetz

Auch wenn es nicht so heißt, ist das Grundgesetz die Verfassung der Bundesrepublik Deutschland. Es legt die Staatsform fest, definiert die Prinzipien staatlichen Handelns und garantiert individuelle Freiheiten. Entstanden vor dem Hintergrund der Erfahrungen mit der Diktatur des Nationalsozialismus, wurde seine Gültigkeit bei der Wiedervereinigung 1990 auf das Gebiet der ehemaligen DDR übertragen. Diese Vorgehensweise war nicht unumstritten. Aber wäre bei der Erarbeitung einer neuen Verfassung wirklich etwas anderes entstanden als das Grundgesetz?

1498 † Girolamo Savonarola, Bußprediger in Florenz | 1618 Beginn des Dreißigjährigen Krieges | 1918 † Ludwig Nommensen, Glaubensbote auf Sumatra | 1920 † Otto Ludwig Umfrid, ev. Pfarrer in Württemberg, 1. Vorsitzender der Deutschen Friedensgesellschaft

24. Mai

Freitag | SA 05:19 SU 21:20 MA 23:09 MU 05:12

Wochenspruch: Sacharja 4,6b
Wochenlied: EG 129 oder 268

Wir lesen 1. Korinther 11,2–16

Das traditionelle Tuch

In meiner Kindheit ging meine Mutter nicht ohne Kopftuch aus dem Haus, und man sah nichts von ihrem kastanienbraunen Haar, das in krausen Wellen bis zum Gürtel fiel, aber stets zu einem strengen Knoten gebunden war. Waren diese Tücher ein modisches Accessoire? Nein. Es gab warme Wolltücher und leichte Seidentücher, aber schön waren sie nicht. Ich versuchte, sie meiner Mutter auszureden, aber sie hielt unbeirrbar daran fest. Es gehörte zum Verständnis ihrer Frömmigkeit. – Paulus fordert die Kopfbedeckung für die Frauen nicht prinzipiell, sondern für die Zeit des Gebets und des Weissagens. Nichts soll vom Gespräch mit Gott ablenken. Das Haar zu bedecken, gilt als Geste der Demut und der Konzentration auf Gott. Das Gleiche gilt für die Männer, nur dass diese als Demutsgeste den Kopf entblößen, sozusagen den Kopf für ihren Glauben hinhalten. Paulus vergleicht das lange Haar der Frauen mit einem Schleier. Er hat einen gesunden Sinn fürs Erotische, deshalb besteht er auf einer Kopfbedeckung beim Gebet. Im Zweifelsfalle verweist er auf eine rigorose Lösung, wie wir sie von Rapunzel kennen, nämlich die verführerischen Haare abzuschneiden. Paulus vertritt die patriarchalische Hierarchie zwischen Mensch und Gott: Der Mann ist das Haupt der Frau. Christus ist das Haupt des Mannes. Gott ist das Haupt Christi. Darüber gibt es nichts zu streiten. *Dorothea Frey*

Wir beten

Herr, unser Gott, wir werten oft nach Hierarchien und Äußerlichkeiten, aber vor Dir sind wir alle gleich. Schenke uns die Liebe, Deine Gegenwart in unseren Mitmenschen zu erkennen. Amen.

Die berühmte Münsteranerin

Annette von Droste-Hülshoff († 24.5.1848) stammte aus westfälischem Adel und gilt als eine charismatische Dichterin des 19. Jahrhunderts. Neben der Novelle „Die Judenbuche" hinterließ sie ein reiches poetisches Werk. Sie war mit vielen Dichtern und Musikern, auch mit den Gebrüdern Grimm, befreundet. Annette war von zarter Statur, verfügte über einen sehr klaren Verstand, feine Bildung, Humor und große Liebenswürdigkeit. Ein wichtiges Dokument ihrer Religiosität ist ihr Gedichtzyklus „Das geistliche Jahr", den sie ihrer Mutter widmete.

1543 † Nikolaus Kopernikus, Astronom | 1592 † Nikolaus Selnecker, Theologe in Sachsen | 1848 † Annette von Droste-Hülshoff, Dichterin | 1872 † Julius Schnorr von Carolsfeld, Maler

25. Mai

Sonnabend | SA 05:18 SU 21:21 MA – MU 05:52

Wochenspruch: Sacharja 4,6b
Wochenlied: EG 129 oder 268

Wir lesen 1. Korinther 11,17–26

Aus den Augen, aus dem Sinn

Paulus ist außer sich, denn in der Gemeinde von Korinth läuft es nicht so, wie er es für richtig hält. Er kann kaum glauben, was ihm über die Zustände zu Ohren kommt. Hier hilft kein gutes Zureden mehr, jetzt hilft nur der Befehl! Paulus weiß, wie wichtig die Einigkeit für die Gemeinde ist, um bestehen zu können. Aber in Korinth gibt es Eiferer, die den Zusammenhalt zerstören. Er spricht von Spaltungen. Das verbindende Element, die Tischgemeinschaft, wird außer Acht gelassen. Paulus zitiert die Einsetzungsworte für das Abendmahl. Es soll ein einfaches Mahl sein, an dem alle beteiligt werden, zu dem man nüchtern und in Ruhe zusammenkommt. Ein Brot soll geteilt und der Kelch herumgereicht werden. „Solches tut zu meinem Gedächtnis“, hatte Jesus seinen Gefolgsleuten ans Herz gelegt. Es ist für alle wichtig, sich immer wieder an sein bedingungsloses Gottvertrauen und die beispielgebende Liebe zu seinen Mitmenschen zu erinnern. Das Gedächtnismahl ist Paulus heilig. Er weiß um dessen verankernde Wirkung und die kraftvolle Gottesnähe, die sich durch dieses Ritual herstellen kann. „Ich kann euch für euer Verhalten nicht loben!“, wiederholt Paulus. Das heißt, er macht sich große Sorgen um diese Gemeinde, die sich in der Öffentlichkeit zerstreitet und lächerlich macht und sich nur wenig christlich, sondern nur allzu menschlich verhält. *Dorothea Frey*

Wir beten

Herr, unser Gott, wir geben oft die Gemeinschaft preis, weil wir uns hervortun wollen. Wir sehen nicht, wann andere unsere Nähe brauchen. Schenke uns den Geist der Einhelligkeit. Amen.

Luther in Leipzig

Zu Pfingsten 1539 führte Heinrich der Fromme den protestantischen Glauben als Staatsreligion im Herzogtum Sachsen ein. Zum Festakt war Luther in Leipzig zu Gast. Er predigte in der Kapelle in der Pleißenburg und hielt eine Festrede in der Thomaskirche, begleitet vom Gesang des Thomanerchors. Zur Erinnerung an das Ereignis erhielt die Thomaskirche ein Buntglasfenster, auf dem Luther mit Kurfürst Friedrich dem Weisen von Sachsen und Philipp Melanchthon dargestellt ist. Seit 2017 gibt es einen Lutherweg durch die Leipziger Innenstadt.

735 † Beda der Ehrwürdige, Kirchenlehrer in England | 1539 Reformation in Leipzig | 1867 † Wilhelm von Kügelgen, Maler | 1922 Deutscher Evangelischer Kirchenbund in Wittenberg gegründet

26. Mai

Sonntag | Tag der Heiligen Dreifaltigkeit – Trinitatis

Wochenspruch: 2. Korinther 13,13
Wochenlied: EG 139 oder 140
Altes Testament: Jesaja 6,1–8(9–13)
Epistel: Römer 11,(32)33–36
Evangelium: Johannes 3,1–8(9–13)

Wir lesen Psalm 68,1–19

Gottes Handeln weckt Hoffnung

In diesem Psalm folgt schnell ein Gedanke dem anderen. Eine Vielfalt von Hinweisen auf das Lob Gottes lesen wir. Zunächst gibt es den Blick auf Gottes zukünftiges Erscheinen; dann folgt der Lobpreis gegenüber Gott als dem Retter der hilflosen, einsamen Witwen und Waisen. Ein Rückblick erinnert an die traditionellen Heilstaten Gottes: der Auszug aus Ägypten, die Wanderung durch die Wüste, der Berg Sinai und die Landnahme. Nach einem Gottesspruch wird die Verherrlichung des Berges Gottes als seines Wohnorts betont, von dem erneut die Heilstaten Gottes geschildert werden. Der Gott Israels ist für den Beter des Psalms kein höheres Wesen, das irgendwo statisch festgelegt ist und ohne lebendige Gegenwart existiert, sondern Jahwe ist der Herr des Lebens, der in der Geschichte des Volkes Israel erlebbar geworden ist. Sein Himmel ist kein mythischer Ort dort oben, sondern Gottes Himmel ist immer da, wo dieser Herr des Lebens ist.

Das Volk Israel erinnert sich im Gottesdienst der Heilstaten seines Gottes in ihrer Lebensgemeinschaft, lobt ihn als den Höchsten und hofft auf die zukünftige, immer neue Rettung und Bewahrung vor Feinden und Ungläubigen. Vergangenheit, Gegenwart und Zukunft prägen das Glaubensverständnis des Psalmbeters. – Dieser Glaube trifft ebenso für unser christliches Verständnis zu. Denn Gott ist kein christliches Schicksal, sondern der in Jesus von Nazareth sichtbar gewordene Mensch. Auch Jesus erinnert an die rettende Zuneigung Gottes in der Vergangenheit, lebt die Liebe Gottes in seiner Begegnung mit Menschen in der Gegenwart und weckt mit seinem Kreuzestod und seiner Auferstehung die Hoffnung auf das ewige Leben in der Nähe Gottes. Jesu Sieg über die Macht des Todes weitet das Glaubensverständnis des Psalmbeters. Die Auferstehung Christi ist das neue Fundament unserer christlichen Hoffnung. *Klaus Wollenweber*

Wir beten

Herr, Gott des Lebens, schenke uns mit Deinem Heiligen Geist das Vertrauen in Dein gegenwärtiges Handeln, auch wenn wir dies manches Mal nicht erkennen. Lass uns ein Loblied singen. Amen.

604 † Augustin von Canterbury, Glaubensbote in England | 1708 † Johann Friedrich Ruopp, Kirchenliederdichter | 1976 † Martin Heidegger, Philosoph

27. Mai

Montag | SA 05:16 SU 21:24 MA 01:04 MU 08:01

Wochenspruch: 2. Korinther 13,13
Wochenlied: EG 139 oder 140

Wir lesen 1. Korinther 11,27–34

Heilige Tischordnung

Wie sind denn unsere Tischregeln? Hätten Sie sich als Kind gestattet, mit dem Essen anzufangen, bevor alle am Tisch saßen? Und wie ist es heute? Warten wir auf einander, bis alle Platz genommen haben? Als Kind oder in meiner Zeit bei den Diakonissen hätte ich nie gewagt, allein zu beginnen. Inzwischen erlebe ich sehr oft, dass einfach zugegriffen wird. Miteinander essen heißt für mich zusammen beginnen und warten, bis alle fertig sind. Damit wird Gleichberechtigung erreicht. Für Paulus hat das gemeinsame Mahl tiefe religiöse Bedeutung. Das Gedächtnismahl dient nicht der Sättigung, sondern soll in Ehrfurcht und Demut eingenommen werden, damit sich die Verbindung zwischen Christus und den Gläubigen herstellen kann. Nichts darf diese heilige Handlung entweihen, kein hungriges Zugreifen oder ungeduldiges Beginnen, bevor sich alle versammelt haben. Das Abendmahl, das sich in der Kirche daraus entwickelt hat, lässt den Gedanken ans Sattessen gar nicht mehr aufkommen, sondern erfüllt das Anliegen des Gedenkens vollkommen. Eingebettet in die Liturgie werden Hostie und Wein ausgespendet mit dem

Zuspruch: „Christi Leib für dich gegeben. Christi Blut für dich vergossen." Wir werden daran erinnert, dass Christus für jeden Einzelnen von uns sein Leben geopfert hat. Das verbindet uns untereinander und mit Gott. Dieses Verbundensein macht uns frei. *Dorothea Frey*

Wir beten

Herr, unser Gott, schenke uns die Geduld, aufeinander zu warten, und das Wohlwollen, miteinander zu teilen. Lass uns in der Gewissheit leben, dass Du mitten unter uns bist. Amen.

Das Hambacher Fest

Am 26. und 27.5.1832 versammelten sich ca. 25.000 Menschen am Hambacher Schloss und forderten Freiheits- und Bürgerrechte sowie ein geeintes Deutschland. Theodor Heuss nannte das Hambacher Fest bei der Hundertjahrfeier 1932 „die erste politische Volksversammlung der neueren deutschen Geschichte". Für das politische Selbstverständnis sowie die Demokratiegeschichte der Bundesrepublik spielt das Hambacher Fest bis heute eine große Rolle. Jedoch versuchen auch rechtspopulistische Kräfte immer wieder, es für sich in Anspruch zu nehmen.

1525 † Thomas Müntzer, Theologe und Revolutionär | 1564 † Johannes Calvin, Reformator in Genf | 1676 † Paul Gerhardt, Liederdichter in Berlin und Sachsen | 1832 Hambacher Fest

28. Mai

Dienstag | SA 05:15 SU 21:25 MA 01:39 MU 09:24

Wochenspruch: 2. Korinther 13,13
Wochenlied: EG 139 oder 140

Wir lesen 1. Korinther 12,1–11

Wir sind wunderbar verschieden

„Sie sind wunderbar verschieden!“ Diese Liedzeile geht mir nicht mehr aus dem Kopf. Meint Paulus hier vielleicht genau das? Ich glaube nicht. Vielmehr steht er verschiedenen Fronten gegenüber. Und eine von ihnen besagt: Wir sind halt verschieden! Geradezu rheinisch … Beliebigkeit kann man Paulus wahrlich nicht vorwerfen. Zwei „No-Gos“ sind für ihn die Verfluchung Jesu als Christ bzw. das Lob Jesu als Nichtchrist. Ersteres kann nicht sein, weil ein Christus-gläubiger Mensch dies einfach nicht übers Herz und über die Seele bringen würde. Letzteres ist für Paulus so etwas wie ein Ausschlusskriterium, weil einer, der von Herzen das Lob Jesu Christi anstimmt, kein Ungläubiger (mehr) sein kann. Eigentlich ganz einfach! Auf diesem Boden kann er dann von den verschiedenen Gaben und Kräften reden. Auf diesem Boden zeigt sich die Einheit des Geistes Gottes dann tatsächlich in der Verschiedenheit der Gaben und Kräfte. Zur Veranschaulichung nennt der Apostel Beispiele wie Weisheit, Glaube, Heilung oder Prophetie. Dass dies in landeskirchlichen Kreisen oftmals als in einer (meist Pfarr-)Person vereinigt angesehen wird, dürfte schon damals den Apostel zur Weißglut gebracht haben. Der Leib, der Korpus, ist ja keine menschliche (Pfarr-)Person, sondern der Leib Christi! Zumal der Geist Gottes allein diese Gaben in seiner Souveränität zuteilt. *Guido Kohlenberg*

Wir beten

Zeig mir, guter Gott, Gaben und Kräfte, die Du in mich hineingelegt hast und auch die meiner Geschwister. Offenbare mir, wo sie zur heilsamen Wirksamkeit in Deinem Geist zusammengehören! Amen.

Anno 1964

Vor genau 60 Jahren begann in Ostjerusalem die erste Sitzung des Palästinensischen Nationalrates, aus dem später die Palästinensische Befreiungsorganisation (PLO) hervorgehen sollte. In weiter Ferne ist seither der Schalom. – Vor genau 21 Jahren begann in Berlin der erste Ökumenische Kirchentag, ein Laientreffen von Christen vor allem der beiden großen Konfessionen in Deutschland unter dem Motto „Ihr sollt ein Segen sein". Die dankbare gegenseitige Anerkennung der wunderbaren Verschiedenheit ist hier wie dort noch immer in weiter Ferne.

1089 † Lanfranc, Erzbischof von Canterbury | 1869 † Ernst Wilhelm Hengstenberg, Theologe in Berlin | 1877 † Karl Mez, Glaubenszeuge in Baden

29. Mai

Mittwoch | SA 05:14 SU 21:26 MA 02:03 MU 10:52

Wochenspruch: 2. Korinther 13,13
Wochenlied: EG 139 oder 140

Wir lesen 1. Korinther 12,12–26

Wir sind sonderbar einig

Hier wird Paulus in seinen Bildern noch anschaulicher als im gestern behandelten Abschnitt. Man wird an einen Text von Otto Waalkes erinnert (siehe „Großhirn an Auge"). Jedes Körperglied hat seine spezifischen Grenzen und Möglichkeiten. Alle ergänzen einander. In einer zerstrittenen Gemeinde wie der korinthischen zur Zeit des Paulus muss es als zutiefst provokativ aufgenommen worden sein, dass der Apostel davon schreibt, Juden und Griechen, Sklaven ebenso wie Freie seien alle von dem einen Geist getränkt. Und wieder betont er hier, dass Gott höchstpersönlich in seiner Souveränität das genau so geregelt und zusammengefügt hat. Dass das Auge zur Hand und der Kopf zu den Füßen nicht sagen kann: „Ich brauche euch nicht!", verdeutlicht „wie nebenbei", dass Gott unsere defizitären Seiten in der Gemeinde genauso gewollt und gefügt hat. Wir sind bedürftig. Wir bedürfen einander – und zwar gerade in der Unterschiedlichkeit der Musikgeschmäcker, der Lebensalter, der Anschauungen und polititschen Überzeugungen. Und auch wenn die Theologen streiten, was „geringere Glieder" sein könnten, so ist unmissverständlich, dass die geringer Geachteten in Paulus' Augen ganz besonders wertvoll sind. Im Leiden und in der Freude haben Christinnen und Christen ganz besonders Anteil aneinander. Hier wird es bis in unsere Zeit hinein praktisch und konkret. *Guido Kohlenberg*

Wir beten

Öffne mir die Augen, guter Gott, für meine Defizite und die Sorgen und Nöte der Geschwister, so dass wir einander helfend und ergänzend beistehen können. Lass es dem Frieden dienen! Amen.

Anno 1934

Vor 90 Jahren wurde mit der Barmer Theologischen Erklärung in Wuppertal auf der ersten Barmer Bekenntnissynode die Bekennende Kirche gegründet, um sich gegen die Gleichschaltung und Beeinflussung durch den Nationalsozialismus zu wehren. Im selben Jahr wurde der geistliche Mahner und Evangelist Theo Lehmann geboren, 40 Jahre vor ihm starb der französische Vermittlungstheologe Jean-Frédéric Astié. Er betrieb die Trennung von Kirche und Staat, verwarf sowohl Inspirationslehre als auch liberale Bibelkritik und hasste jegliche institutionelle Erstarrung.

1416 † Hieronymus von Prag, Märtyrer in Böhmen (ev. Gedenktag; Sterbetag: 30.5.) | 1882 Evangelischer Arbeiterverein gegründet | 1934 erste evangelische Bekenntnissynode in Barmen eröffnet

30. Mai

Donnerstag | SA 05:13 SU 21:27 MA 02:21 MU 12:19

Wochenspruch: 2. Korinther 13,13
Wochenlied: EG 139 oder 140

Wir lesen 1. Korinther 12,27–31

Wir sind außer Rand und Band

Bevor Paulus zu seinem Loblied auf die Liebe (1. Kor 13) gegen Ende seines zweitlängsten Briefes kommt, fasst er das zuvor Gesagte noch einmal zusammen. Mit seinem kurzen und nur scheinbar unscheinbaren Sätzchen „Ihr seid der Leib Christi" klingt er beschwörend. Es ist, als wolle er ähnlich dem wirklichkeitsverändernden Schöpfungswort Gottes „Es werde Licht!" und dem vielfachen Wort Jesu „Fürchte dich nicht!" eine neue Wirklichkeit setzen. Zumindest dürfte er sich das innig gewünscht haben. Ja, wenn Jesus sagt „Habt keine Angst", dann ist die Angst weg. Kein menschlicher Trost oder Beistand kann dies bewirken. Gott kann! So ist er es auch, der den Leib Christi vor Ort und weltweit über konfessionelle und andere Grenzen hinweg einen kann. Er ist es, der auf kreative Weise bis heute Apostel, Lehrerinnen, prophetisch Redende, Wundertäter, Zungenrednerinnen und Heilende einander zur Seite stellt. Doch schon damals in Korinth waren in der Gemeinde die Hybris und der Geltungsdrang der Einzelnen oftmals stärker als der sehnsüchtig betende Blick auf die begabten Mitmenschen in der Gemeinde.

Paulus rang deshalb leidenschaftlich darum, dass das, was der Geist Gottes durch ihn ins Leben gerufen hatte, nicht wieder sterben würde. Und unchristliche „Eigenrotation“ führt stets über kurz oder lang zum geistlichen Tod der christlichen Ortsgemeinde. *Guido Kohlenberg*

Wir beten

Ich will fest darauf vertrauen, guter Gott, dass Du auch in meiner Umgebung Deine Kirche einen kannst, und Dich innigst bitten, dass Du mich berufst, in solcher kreativen Weise tätig zu sein. Amen.

Anno 1434

Vor 590 Jahren endeten mit der Schlacht bei Lipan die Hussitenkriege zwischen (unterlegenen) Taboriten und der Union von Utraquisten und Katholiken. Viele ähnlich blutige Auseinandersetzungen zwischen Jesusleuten unterschiedlicher Couleur gab es vor und nach ihnen. – 1714 starb der deutsche Theologe Gottfried Arnold, der als 33-Jähriger seine Professur niederlegte, weil es ihn erschütterte, dass selbst an einer pietistischen Universität so erbittert gestritten wurde. Auch trieb ihn die Angst, dass „das zarte Leben Christi in mir sehr abnahm“.

Röm.-kath. Feiertag: Fronleichnam | 1431 † Jeanne d’Arc | 1640 † Peter Paul Rubens, Maler | 1714 † Gottfried Arnold, Theologe in Sachsen | 1968 † Martin Noth, Theologe

31. Mai

Freitag | SA 05:12 SU 21:28 MA 02:36 MU 13:44

Wochenspruch: 2. Korinther 13,13
Wochenlied: EG 139 oder 140

Wir lesen 1. Korinther 13,1–7

Wie ich lieben kann

„Liebe deinen Nächsten wie dich selbst", sagt das Gebot aus dem Alten Testament (3. Mose 19,18). So weit, so klar, so gut. Oder nicht? Wie soll ich das denn schaffen, die Nächsten zu lieben. Kann ich Liebe mit einem seelischen Knopfdruck einfach anstellen? Doch wohl nicht! Über Gefühle habe ich keine Macht. Sie kommen, sind da und gehen wieder. Ich kann sie weder herbeizwingen noch mich dagegen wehren. Befiehlt also das biblische Gebot etwas Unmögliches? Nein! Denn es meint mit „Liebe" nicht ein Gefühl, sondern ein Tun: Ich soll meinen Nächsten zur Seite stehen, wenn sie mich brauchen. Und zwar so, wie ich mich auch um mein eigenes Wohlergehen kümmere. Mit diesen Gedanken im Kopf lese ich den Abschnitt aus dem sogenannten „Hohenlied der Liebe" von Paulus, und ich frage mich, ob Paulus hier auch das Gebot der Nächstenliebe im Kopf hat oder ob er an das Gebot der Gottesliebe denkt: „Du sollst den Herrn, deinen Gott, lieb haben von ganzem Herzen, von ganzer Seele und mit all deiner Kraft." (5. Mose 6,4) Da wird es mir klar: Paulus unterscheidet die beiden nicht. Sie gehören – wie ja auch Jesus das gesagt hat – untrennbar zusammen: Die Liebe zu Gott weckt in uns die Liebe zum Nächsten. Kann ich das schaffen: Gott und die Nächsten zu lieben? Natürlich nicht aus eigener Kraft. Aber Gott weckt die Liebe in mir. Dessen bin ich gewiss. *Klaus Grünwaldt*

Wir beten

Gott, Du bist die Liebe und Du weckst in uns die Liebe: Die Liebe zu Dir und zu unseren Nächsten. Deine Liebe, die durch uns wirkt, macht die Welt ein Stück besser. Wir danken Dir dafür. Amen.

„Ströme der Liebe“: Joachim Neander

Nur 30 Jahre alt ist der Theologe und Liederdichter Joachim Neander geworden (1650–1680). Er gab dem Tal bei Düsseldorf, wo Mitte des 19. Jahrhunderts ein früher Verwandter des Menschen gefunden wurde, den Namen. Berühmt ist er vor allem durch sein Lied „Lobe den Herren, den mächtigen König der Ehren“ (EG 316 und 317). Das Loblied ist die angemessene, vielleicht die bestmögliche Antwort des Menschen auf die Liebe, die Gott uns schenkt. Oder wie Neander sagt: „der aus dem Himmel mit Strömen der Liebe geregnet“.

1680 † Joachim Neander, Liederdichter in Bremen | 1797 † Johann Friedrich Flattich, Theologe in Württemberg (ev. Gedenktag; Sterbetag: 1.6.) | 1809 † Joseph Haydn, Komponist | 1934 Theologische Erklärung von Barmen

1. Juni

Sonnabend | SA 05:11 SU 21:29 MA 02:49 MU 15:09

Wochenspruch: 2. Korinther 13,13
Wochenlied: EG 139 oder 140

Wir lesen 1. Korinther 13,8–13

Glaube, Hoffnung, Liebe – diese drei

Der letzte Vers unseres heutigen Bibelabschnittes ist mein Trauspruch. 20 Jahre war ich alt, als meine (immer noch) Frau und ich uns 1980 das Jawort gegeben haben. „Die Liebe hört nimmer auf", sagt Paulus. Aber sie verändert sich, wird auf mancherlei Proben gestellt, wächst. Sie wird bereichert durch neue Erfahrungen, veränderte Lebens- und Arbeitssituationen, Kinder, Umzüge. Darin ähnelt die Liebe dem Glauben und der Hoffnung. Auch die Beziehung zu Gott verändert sich im Laufe eines Lebens. Auch diese Beziehung muss durch mancherlei Anfechtungen wie zum Beispiel Erfahrungen von Scheitern, von Krankheit und Verlusten. Solche Erfahrungen zu machen, ist schwer. Sie tun weh. Sie lassen uns zweifeln. Aber im Rückblick helfen sie uns zu reifen. Denn Glaube, Hoffnung und Liebe sind keine Haltungen, die nur bei schönem Wetter da sein wollen. So richtig wertvoll werden sie erst in den „schlechten Zeiten" – wie es in der Hochzeitsfrage heißt. „Die Liebe ist die größte", sagt Paulus. Das hat mich immer gewundert. Nicht der Glaube? Nein, denn vor allem anderen im Leben steht, dass Gott uns seine

Liebe schenkt. Die spüren wir, wenn wir aufmerksam auf Gottes Spuren in unserem Leben achten, auf seine Begleitung, seine Bewahrung. Der Glaube und die Hoffnung wachsen aus dieser Liebe Gottes heraus. – Ich wünsche Ihnen, dass Sie das so in Ihrem Leben erfahren! *Klaus Grünwaldt*

Wir beten

Gott, lass uns Deine Nähe spüren und erfahren, dass Du unser Leben begleitest, uns segnest, behütest und Dein liebevolles Gesicht zuwendest, so dass wir glauben und hoffen können. Amen.

Lasset die Kinder zu mir kommen

Der 1. Juni ist der von der UNO bestätigte Internationale Kindertag. Die Kinder im Blick und im Herzen zu haben, ist auch vielleicht gerade für uns Christen von großer Bedeutung. Gott kam als Kind in unsere Welt, bedürftig und angewiesen. Als Erwachsener segnet Jesus die Kinder, weil ihnen das Reich Gottes gehört. Gottes Liebe gilt den Kindern, und wir sind aufgefordert, diese Liebe Gottes an alle Kinder weiterzugeben – zum Beispiel so, dass wir ihnen die Erde so hinterlassen, dass sie auf ihr noch leben können.

um 165 † Justin, Kirchenlehrer, Märtyrer in Rom | 1797 † Johann Friedrich Flattich, Theologe in Württemberg

2. Juni

Sonntag | 1. Sonntag nach Trinitatis

Wochenspruch: Lukas 10,16a
Wochenlied: EG 365 oder 382
Altes Testament: Jeremia 23,16–29
Epistel: 1. Johannes 4,(13–16a)16b–21
Evangelium: Lukas 16,19–31

Wir lesen Psalm 133

Wärme und Nähe, Salböl und Tau

Ja, wenn das Zusammenleben gelingt, kann es eine Quelle des Glücks sein, die auf alle Dimensionen eines Menschenlebens ausstrahlt und familiär-privates, nachbarschaftliches oder kirchgemeindliches Miteinander bereichert. Wir würden in anderen Bildern davon sprechen als von Salböl und Tau; aber vertraute Blicke und Gesten, verlässliche Aufmerksamkeit, liebevolle Zuwendung wissen wir ebenso zu schätzen wie der Psalmsänger. Weniges nur kommt dem Zusammenhalt in einer Gemeinschaft gleich, sich an Wärme und Nähe freuen zu können, gehört zu einem erfüllten Leben. Lukas mag Ähnliches vor Augen gestanden haben, als er den Zusammenhalt in den ersten Gemeinden beschrieb: Die Gläubigen „waren beieinander und hatten alle Dinge gemeinsam“ (Apg 2,44) – darin sah der Evangelist eine Frucht des Glaubens und einen Grund für die missionarische Ausstrahlung. – Ach, wir leben in ungewohnt spannungsreichen Zeiten, und darüber sind Gegensätze aufgebrochen: Was die einen strikt ablehnen, fordern die anderen unbedingt. Das findet sich auch in den Gemeinden und stellt eine große Herausforderung dar. Wie können wir trotz unterschiedlicher Sichtweisen und Meinungen beieinander bleiben, weil der Auftrag der Kirche doch allen Getauften gilt? Dafür gibt es keine Patentrezepte, aber es wird eine Rückbesinnung helfen, warum wir gemeinsam den Gottesdienst feiern: um Christi willen. Nicht wegen übereinstimmender Antworten auf die strittigen Fragen der Gegenwart, nicht einmal, wenn sie so gewichtig sind wie die Bewahrung der Schöpfung angesichts des Klimawandels oder der Frieden zwischen den Staaten oder ein bestimmtes Verständnis von Gerechtigkeit. Sondern weil wir im Leben und Sterben auf Christus vertrauen, dessen Kreuz und Auferstehung uns mit dem Vater im Himmel versöhnt, „Segen und Leben bis in Ewigkeit" verheißt. *Jochen Bohl*

Wir beten

Lieber Vater, wir danken Dir, dass wir in Gemeinschaften leben dürfen. Wenn die Unterschiede in den Vordergrund rücken, richte unsere Blicke auf Christus, der uns verbindet. Amen.

177 † Blandina, Märtyrerin in Lyon | 1694 Hallesches Waisenhaus gegründet | 1826 † Johann Friedrich Oberlin, Pfarrer und Wohltäter im Elsass (ev. Gedenktag; Sterbetag: 1.6.) | 1826 Unionsagende in Preußen | 1890 Diakonenanstalt in Nürnberg gegründet (ab 1905 in Rummelsberg) | 1944 † Hildegard Jacoby, Märtyrerin der evangelischen Kirche

3. Juni

Montag | SA 05:10 SU 21:31 MA 03:15 MU 18:03

Wochenspruch: Lukas 10,16a
Wochenlied: EG 365 oder 382

Wir lesen 1. Korinther 14,1–11

Strebt nach der Liebe!

Zu Besuch in Chile: Ich nahm an einem Gottesdienst in einem ärmeren Stadtteil Santiagos teil. Es hörte sich nach einer Mischung aus Hebräisch und Lallen in einer Pfingstkirche an, faszinierend und fremd zugleich. Ich verstand nichts. Das Ekstatische war mir fremd. Ich gehörte nicht dazu. Ich nahm auch regelmäßig am Pfarrkonvent der lutherischen Kirche Chiles teil. Sie war nach dem Militärputsch 1973 entstanden. Bis in die Kirchen hinein reichte der Konflikt um die Haltung zum neuen Militärregime, das für brutale Menschenrechtsverletzungen verantwortlich war. Die lutherische Kirche setzte sich für die Opfer des Regimes ein. Daraus erwuchs der Anspruch, das politisch Richtige zu sagen. „Wir haben das prophetische Wort“, so der Anspruch der Kirchenleitenden. Dieses sogenannte „prophetische Reden“ erlebte ich häufig als Statement (meist parteipolitisch gefärbt) zu fast jedem konfliktiven politischen Thema. – Nun zu Paulus: Ihm geht es darum , die Gemeinde aufzubauen. Fremd sollen sich die Menschen, die kommen, nicht fühlen. Die Gemeinde soll sich öffnen und niemanden ausschließen. Der Gottesdienst soll verständlich sein, das Gewissen schärfen und zum Glauben wecken. Deshalb: Alles, was im Gottesdienst und in der Gemeinde verkündet wird, soll helfen, damit die Liebe lebt, die Jesu uns schenkt. „Strebt nach der Liebe!“, schreibt Paulus. *Enno Haaks*

Wir beten

Guter Gott, an jedem Tag wollen wir nach der Liebe streben, die Du uns schenkst. Heute wollen wir damit beginnen. Schenke uns dafür an jedem Tag Deinen Geist. Amen.

Prophetisches Reden

„Prophetisches Reden der Kirche (muss sich) auf besondere Situationen beschränken. Prophetisches Reden verliert seine Kraft, wenn es vorhersehbar wird. Das ist der Fall, wenn es inflationär gebraucht wird. Für die Hörenden muss spürbar bleiben, dass hier nicht nur bestimmte politische Präferenzen moralisch laut intoniert werden, um die mediale Durchschlagskraft zu erhöhen, sondern, dass es hier um etwas geistlich Bedrängendes geht.“ (Landesbischof Dr. Heinrich Bedford-Strohm; Quelle: https://www.ekd.de/vortrag-bedford-strohm-30-oktober-2021-wittenberg-69327.htm)

1773 † Johann Ludwig Konrad Allendorf, Liederdichter | 1879 † Frances Ridley Havergal, englische christliche Dichterin und Komponistin | 1905 † Hudson Taylor, Glaubensbote in China | 1924 † Franz Kafka, Schriftsteller

4. Juni

Dienstag | SA 05:09 SU 21:32 MA 03:32 MU 19:32

Wochenspruch: Lukas 10,16a
Wochenlied: EG 365 oder 382

Wir lesen 1. Korinther 14,12–25

Mit Spannungen leben lernen

Paulus versucht, in der bunten Gemeinde in Korinth Ordnung ins Chaos zu bringen. Menschen aus unterschiedlichen Traditionen versammeln sich dort. Soziale Spannungen, Richtungskämpfe, Neid, Eifersucht, verschiedene Lehren und Erzählungen haben sich breitgemacht. Es ist eine Gemeinde voller Konflikte. Eine Gemeinde in der Krise und zugleich Spiegelbild der Gesellschaft, ganz wie zu unseren Zeiten. Mitten in den Konflikten und Spannungen versucht Paulus, Orientierung zu geben und die Gemeinde auszurichten: „Strebt nach der Liebe!", so schreibt er am Beginn des 14. Kapitels. Die Liebe baut Gemeinde und überwindet, was voneinander trennt. Die Liebe mahnt zur Umkehr. Nur sie bringt Menschen zum Glauben und schärft das Gewissen. Die Liebe macht aus prophetischer Rede das, was Menschen wirklich brauchen: dass sie zum Glauben kommen. So wird aus prophetischer Rede echte, öffentliche Glaubensrede. Das Zungenreden schließt andere aus. Außenstehende verstehen es nicht und denken, man sei „von Sinnen". Prophetische Rede öffnet. Ihr geht es nicht um politische Statements und auch nicht um eine missionarische Weitergabe des Glaubens. Beides hat zwar auch seinen Platz, aber prophetische Rede im Sinne des Paulus will mahnen, aufrichten und trösten. Wenn sie das tut, bringt sie hervor, was wir alle brauchen: Glauben, Hoffnung, Liebe. Diese drei. *Enno Haaks*

Wir beten

Gott, unsere Zeiten sind nicht leicht. Es gibt so viele Spannungen und Konflikte. Lass uns auf Dein Wort der Liebe hören, das unser Gewissen schärft und uns Hoffnung schenkt. Amen.

Der Vertrag von Trianon

Der Vertrag von Trianon, einem Vorort von Paris, beendete formal den Ersten Weltkrieg. Am 4.6.1920 wurde er unter Protest der ungarischen Delegation unterzeichnet. Ungarn verlor zwei Drittel des Territoriums des alten ungarischen Königreichs. Die Gebiete fielen an verschiedene Nachbar- und Nachfolgestaaten. 90 Jahre nach Unterzeichnung des Vertrags beging das ungarische Parlament zum ersten Mal den sogennnten „Tag der nationalen Zusammengehörigkeit“, was die Nachbarstaaten provozierte. Die Folgen und Wunden des Ersten Weltkrieges wirken nach – bis heute.

1115 † Morandus, Glaubensbote im Sundgau (ev. Gedenktag; Sterbetag: 3.6.) | 1875 † Eduard Mörike, Lyriker | 1935 Bekenntnissynode in Augsburg

5. Juni

Mittwoch | SA 05:08 SU 21:33 MA 03:54 MU 21:00

Wochenspruch: Lukas 10,16a
Wochenlied: EG 365 oder 382

Wir lesen 1. Korinther 14,26–33a

Auf Gott hören, wenn wir zusammenkommen

Wenn ihr zusammenkommt … – was geschieht dann in Korinth? Paulus hatte gehört und erlebt, dass es in Korinth Konflikte gab. Auch gegen ihn hatten sich schon einige gewendet, und es hatten sich Dinge eingeschlichen, die Menschen ausschlossen und vor den Kopf stießen. Das Zusammenkommen war alles andere als friedlich. Paulus will ordnen und Regeln geben. Was ist nötig für ein aufbauendes Zusammenkommen? Was braucht es für einen erbauenden Gottesdienst? Martin Luther hat einmal erklärt, was evangelischer Gottesdienst ist: „Wenn unser Herr selbst mit uns redet in Wort und Sakrament, und wir mit IHM durch Gebet und Lobgesang." (Predigt zur Eröffnung der Schlosskirche Torgau). Für Luther geht es im Gottesdienst um Kommunikation zwischen Gott und uns. Es spielt keine Rolle, wer genau nun an welcher Stelle redet. Im Gottesdienst geschieht Resonanz. Das ist entscheidend: Gesprochenes und Gehörtes durchdringen einander. Gott und Mensch begegnen sich. Geschieht das, wenn zu viele in Zungen reden und kein anderer sie versteht? Geschieht das, wenn zu viele prophetisch reden wollen? Meinen sie dabei Gott oder nur sich selbst? Kommt Gott zu kurz? – Für Paulus ist entscheidend, dass Gott im Mittelpunkt steht. Auf ihn, den Gott der Liebe, sollen wir hören. Wir erinnern uns: „Strebt nach der Liebe!“, schreibt Paulus. *Enno Haaks*

Wir beten

Gott, schenke uns Deinen Geist, damit wir auf Dein Wort hören und Dir mit unserem Gebet und Lobgesang antworten. Lehre uns, dass wir uns zurücknehmen und nach der Liebe streben. Amen.

Am 5.6.754 starb Bonifatius als Märtyrer

„Es steht so, wie allen die Seligkeit des Reiches Gottes auf gleiche Weise verkündigt wird, jedem Geschlecht, jedem Alter und jeder Person auf gleiche Weise je nach dem Wert seiner Verdienste der Eingang zum Reich Gottes offen; denn dort wird kein Unterschied gemacht, ob jemand auf der Erde Laie oder Geistlicher, reich oder arm, jünger oder älter, Diener oder Herr gewesen ist, sondern jeder wird nach dem Verdienst des guten Werks mit der ewigen Herrlichkeit gekrönt werden.“ (Rede 7; in: Die Briefe des heiligen Bonifatius. Nach d. Ausg. in d. MGH übers. v. M. Tangl, Leipzig 1912)

754 † Bonifatius, Glaubensbote in Deutschland | 1890 † Max Frommel, Prediger und Schriftsteller | 1907 † Heinrich Adolf Köstlin, Theologe

6. Juni

Donnerstag | SA 05:08 SU 21:34 MA 04:24 MU 22:20

Wochenspruch: Lukas 10,16a
Wochenlied: EG 365 oder 382

Wir lesen 1. Korinther 14,33b–40

Ehrbar und ordentlich

Lasst alles ehrbar und ordentlich zugehen in der Gemeinde, insbesondere im Gottesdienst. Ja, genauso wünschen wir es uns auch: Was Menschen ausschließt, dem soll gewehrt werden. Aber ist es ehrbar und ordentlich, wenn Frauen von der Verkündigung des Wortes Gottes ausgeschlossen werden? Nein! Es darf kein getaufter Christ ausgeschlossen werden, der befähigt und berufen ist, das Wort Gottes zu verkünden. – Wie oft wurde dieser Text aus dem Korintherbrief des Paulus missbraucht, um Frauen nicht das gleiche Recht wie Männern zu gewähren! Hinsichtlich der Ordination von Frauen ist dies die entscheidende theologische Frage: Gibt es eine biblische Grundlage dafür, einen getauften, für ein Amt geeigneten und von Gott berufenen Menschen von der Ordination auszuschließen? Dies muss das entscheidende Kriterium sein und nicht einfach die Feststellung, wer zu schweigen habe. Geschlechterdifferenzierungen dürfen nicht ignoriert, aber traditionelle geschlechtsspezifische Festlegungen müssen diskutiert und in evangelischer Freiheit und Verantwortung überwunden werden. Das ist zum Glück in vielen evangelischen

Kirchen geschehen. Welch ein Fest des Glaubens wurde im Mai 2022 gefeiert, als endlich neun polnische Frauen in der lutherischen Kirche ordiniert wurden! – Und alles verlief ehrbar und ordentlich. *Enno Haaks*

Wir beten

Gott, Du machst keine Unterschiede, wer mehr wert ist und mehr darf. Du befähigst Menschen, Dein Wort ehrbar und ordentlich zu verkünden. Bitte rufe Männer und Frauen in gleicher Weise, damit Kirche Zukunft hat. Amen.

Franz Lau

Am 6.6.1973 starb Franz Lau, Professor für Kirchengeschichte an der Universität Leipzig. Als Gemeindepfarrer schloss er sich in der Zeit des Nationalsozialismus der Bekennenden Kirche an. Eine Zeitlang leitete er ein Predigerseminar. Nach dem Krieg wurde er Superintendent von Dresden und leitete zwischenzeitlich die sächsiche Landeskirche. 1947 ging er an die Universität Leipzig und machte sich hier als Lutherforscher einen Namen. Von 1952 bis 1971 war er Präsident des Gustav-Adolf-Werkes. Erst 20 Jahre später, nach der Wende, bekam das GAW wieder einen Präsidenten.

1134 † Norbert von Xanten, Bischof und Ordensgründer in Sachsen | 1883 † Heinrich Schröder, Märtyrer in Südafrika | 1884 Christlicher Verein Junger Männer gegründet | 1973 † Franz Lau, Theologe | 2017 † Rolf Schweizer, Kirchenmusiker und Liederdichter in Freiburg

7. Juni

Freitag | SA 05:07 SU 21:35 MA 05:07 MU 23:25

Wochenspruch: Lukas 10,16a
Wochenlied: EG 365 oder 382

Wir lesen 1. Korinther 15,1–11

Er ist wahrhaftig auferstanden!

So bringt der Apostel Paulus das Evangelium von Jesus Christus auf den Punkt. Damit steht und fällt der christliche Glaube. Paulus kann es gar nicht genug betonen. Er führt eine ganze Kette von Augenzeugen an. Jesus, der Gekreuzigte, ist auferstanden. Paulus verbürgt sich dafür, dass das wahr ist. So sehr, als müsste er unumstößliche Beweise liefern. Anscheinend war die Auferstehung von Anfang an ein Stolperstein für den Glauben. Und ist es bis heute. Weil sie quer zu unserer Erfahrung steht. Wer tot ist, ist tot. Er lebt höchstens in der Erinnerung derer weiter, die ihn geliebt haben, oder in seinen Nachkommen, die ihm ähnlich sind, oder in einem Lebenswerk, das nachwirkt. Wenn man Menschen fragt, ob sie an die Auferstehung Jesu glauben, dann bekommt man Ähnliches zu hören, z. B.: Jesus lebt weiter in der Verkündigung des Evangeliums. Und Evangelium meint dann alle möglichen Geschichten aus dem Leben Jesu, nur eben diese eine nicht: die Auferstehung von den Toten. Paulus sagt: Es gibt keinen Glauben an Jesus Christus ohne Glauben an seine Auferstehung. Was für eine Zumutung!

Mein Eindruck ist, dass Paulus es uns mit seiner Augenzeugenlogik leichter machen will. Bei mir verfängt das nicht. Unser Glaube gründet nicht auf Beweisen, sondern auf Vertrauen. Er bleibt ein Wagnis. Wir sind eingeladen, es immer neu einzugehen. Nur Mut! *Gabriele Kölling*

Wir beten

Guter Gott, hilf mir, Dir zu vertrauen, so, wie ich beim Sprung ins Wasser darauf vertraue, dass ich nicht untergehe, sondern dass das Wasser mich trägt. Amen.

Auferstanden

„Jesus wäre, wenn er nicht auferstanden wäre, als einer der vielen, die sich für den Messias hielten, aber gescheitert sind, im Nebel der Geschichte verschwunden. Alles, was wir sonst über Jesus zu sagen haben, […] wissen wir nur, weil durch die Auferstehung klar wird: Das ist der von Gott Gesandte. Er hat der Welt die Freundschaft mit Gott gebracht. Was er sagt und tut, ist wichtig. Die Auferstehung ist sozusagen die Unterschrift Gottes unter dem Leben von Jesus.“ (Alexander Garth, https://www.jesus.de/jesus-auferstehung-ostern/)

Röm.-kath. Feiertag: Herz-Jesu-Fest | 1843 † Friedrich Hölderlin, Dichter | 1876 Paul-Gerhardt-Stift Berlin gegründet | 1933 † Ludwig Ihmels, Bischof in Sachsen

8. Juni

Sonnabend | SA 05:07 SU 21:36 MA 06:06 MU –

Wochenspruch: Lukas 10,16a
Wochenlied: EG 365 oder 382

Wir lesen 1. Korinther 15,12–19

Hinterm Horizont geht's weiter

Alles hängt mit allem zusammen. Weil Christus von den Toten auferstanden ist, dürfen wir hoffen, dass auch wir durch den Tod hindurch in ein neues Leben gehen. Hinterm Horizont geht's weiter. Damit sind unserer Hoffnung keine Grenzen mehr gesetzt. Egal, was kommt. Wir dürfen immer hoffen, für uns, für andere, für diese Welt. So wie die Mutter, deren Sohn im Gefängnis sitzt. Jugendstrafe. Sie hat es kommen sehen und konnte es doch nicht verhindern. Wie wird es sein, wenn er wieder rauskommt? Wird er es schaffen, wirklich neu anzufangen? Wird er bei seinen guten Vorsätzen bleiben, wenn es nicht so läuft, wie er sich das wünscht? Wird sie ihm helfen können? Sie hofft, gegen ihre eigene Angst. Weil sie glaubt, dass dem Gott, der Jesus auferweckt hat, nichts, aber auch gar nichts unmöglich ist. Oder der Umweltaktivist, der frustriert ist. Es geht so langsam voran mit dem Klimaschutz. Dabei wäre Eile geboten. Trotzdem gibt er nicht auf. Er hofft, dass es doch gelingt, die Erderwärmung zu begrenzen, bevor es zu spät ist. Dafür will er sich weiter einsetzen. Trotz allem. „Hoffnungsstur“ hat die badische Landesbischöfin Heike Springhart diese Haltung genannt. Diese Sturheit gründet nicht auf dem, was wir zusammen mit anderen schaffen können, sondern auf dem auferstandenen Christus. Nichts ist unmöglich. Nichts, was wir tun, ist vergeblich. *Gabriele Kölling*

Wir beten

Guter Gott, manchmal türmen sich die Sorgen hoch wie eine Wand. Lass Dein Licht durch die Ritzen dringen, direkt ins Herz. Amen.

„Man braucht Hoffnung zum Leben …

… anders geht es einfach nicht. Und jetzt sag nicht, du nicht. Das stimmt nicht. Dass Geranien blühen und das Auto anspringt, dass die Post klingelt, der Käsekuchen aufgeht, zwei Tore fallen; dass es Weihnachten schneit, dass ein Geschenk gefällt, der Wein nicht korkig ist, dass ein Krieg endet (oder wenigstens nicht näher kommt, auch wenn das eine zweifelhafte Hoffnung ist), dass der Computer nicht abstürzt, der Knoten gutartig ist […]. Das alles mag einzeln nicht viel sein, aber zusammengenommen ist es doch eine ganze Menge Hoffnung.“ (Susanne Niemeyer, Damit wir klug werden. 100 Experimente mit Gott)

1727 † August Hermann Francke, Theologe in Halle | 1917 † Hermann Bezzel, Theologe in Bayern

9. Juni

Sonntag | 2. Sonntag nach Trinitatis

Wochenspruch: Matthäus 11,28
Wochenlied: EG 213 oder 225
Altes Testament: Jesaja 55,1–5
Epistel: Epheser 2,(11–16)17–22
Evangelium: Lukas 14,(15)16–24

Wir lesen Psalm 36

Gottvertrauen – Quelle des Lebens

Der Sünder kennt kein Erschrecken vor Gott, und daraus kommt nichts Gutes, kann nichts Gutes kommen, nur Falsches, Frevel, Verlogenheit, Hass; so sieht es der Psalmsänger. In unserer modernen Welt gibt es für seine Sichtweise kaum Verständnis, der Sünder ist für die allermeisten Menschen eine Figur der Vergangenheit, die mit dem eigenen Leben nichts zu tun hat. Wenn man überhaupt noch das Wort gebraucht, dann eher beiläufig, Verkehrssünder sind wir mehr oder weniger alle – aber das sagt nichts über unsere Person aus, sondern über den Regelverstoß als eine lästig-unvermeidliche Begleiterscheinung der Mobilität. Sünde im biblischen Sinn des Wortes ist etwas anderes. Sie spricht von der Realität des Bösen und dass es von Menschen gemacht wird. Daran hat sich im Lauf der Jahrhunderte nichts verändert. Der Krieg ist zurück in Europa, das Klima verändert sich, der gesellschaftliche Zusammenhalt schwindet – die Krisen der

Gegenwart haben Ursachen, die man ziemlich genau benennen kann. Sie gehen auf menschliches Tun und Lassen zurück. Es könnte anders sein auf Erden. Frieden, Nachhaltigkeit, Mitmenschlichkeit sind jederzeit möglich, und es hängt an den Menschen, ob sie das Gute tun – oder eben nicht. Das Vertrauen auf Gott hilft ihnen dazu. Wer sich „unter dem Schatten seiner Flügel" geborgen weiß, wird „satt von reichen Gütern", hat sich der „Quelle des Lebens" anvertraut, findet zum Seelenfrieden. Darüber verändert sich auch der Blick auf die anderen, und die Mitmenschen erscheinen nicht als Bedrohung des eigenen Wohlergehens, sondern als Gottes Geschöpfe. Wer glaubt, hat seine Wahl getroffen, widersteht dem Bösen, richtet seine Füße auf den Weg des Friedens und sieht im Licht der Güte Gottes das Licht. Daran freut sich der Psalmist, und um dieser Freude willen spricht er vom „Sünder". Wie gut – es gibt eine Alternative. *Jochen Bohl*

Wir beten

Lieber Vater, schenke mir einen realistischen Blick auf mich selbst und mein Tun und Lassen. Ich werde aushalten können, was ich da sehe. Ich bin ja geborgen im Schatten Deiner Flügel. Amen.

373 † Ephräm der Syrer, Hymnendichter in Edessa | 1572 † Jeanne d'Albret, Schützerin der Hugenotten

10. Juni

Montag | SA 05:06 SU 21:37 MA 08:34 MU 00:45

Wochenspruch: Matthäus 11,28
Wochenlied: EG 213 oder 225

Wir lesen 1. Korinther 15,20–28

Was für ein Ausblick!

„Immer schön nach vorn schauen!", ermahnt der Vater seine Tochter auf ihrem Kinderfahrrad neben ihm. Ein guter Tipp, nicht nur fürs Fahrradfahren. Nach vorn schauen, aufmerksam und offen für das, was da kommt. Bei geraden Strecken kann man weit vorausblicken. Lebenswege sind aber selten schnurgerade, eher ein Auf und Ab mit jeder Menge überraschender Wendungen. Da kann man nur auf Sicht fahren. – Paulus schaut sehr weit nach vorn. Vor seinem geistigen Auge sieht er, was noch in der Zukunft verborgen ist. Er ahnt es wohl mehr, als dass er es sieht. Dass der auferstandene Christus wiederkommt und was dann passiert: Die Toten werden auferstehen zum Leben, und der Tod wird ein für alle Mal ausgespielt haben. Gottes Gegenwart wird Raum und Zeit so mit Leben füllen, dass da gar kein Platz mehr bleibt für irgendetwas Lebensfeindliches. Was für eine Aussicht! Ich bin Paulus dankbar dafür, dass er hier so mutig ausmalt, was noch nicht absehbar ist. Ich möchte dieses Ziel, das er beschreibt, im Auge behalten. Gerade wenn ich auf Sicht fahren muss. Weil es gerade steil bergab geht oder weil ich nicht weiß, wie ich den nächsten Anstieg bewältigen soll. Jetzt schon eine Ahnung davon haben, dass mein Leben und diese Welt einem guten Ziel entgegengehen, das ist ein Geschenk. Das stärkt den Rücken und lässt erwartungsvoll nach vorn schauen. *Gabriele Kölling*

Wir beten

Guter Gott, ich weiß nicht, wie das einmal sein wird, wenn ich am Ende der Zeit ganz bei Dir bin. Aber ich ahne, dass es wie ein Nach-Hause-Kommen sein wird. Hab Dank dafür. Amen.

Ahnung haben

Sehen können, was kein Auge sieht. / Hören können, was das Ohr nicht hört. / Spüren, dass da etwas ist – / noch nicht da, doch schon nah. / Träumen können, mehr als einen Traum. / Glauben können, was unglaublich schien. / Spüren, dass da etwas kommt – / noch nicht da, doch schon nah. / Hoffen können, auch in tiefster Nacht. / Leben können, hier und jetzt und dort. / Spüren, dass da etwas folgt – / noch nicht da, doch schon nah.
(Text: Eugen Eckert 2002. Musik: Joachim Raabe 2002. Copyright: Dehm Verlag, Limburg)

1877 † Friedrich August Tholuck, Theologe in Halle | 1914 Universität Frankfurt/Main gegründet | 1930 † Adolf von Harnack, Kirchenhistoriker | 1962 † Rudolf Hermann, Theologe | 1969 Bund Evangelischer Kirchen in der DDR gegründet

11. Juni

Dienstag | SA 05:06 SU 21:38 MA 09:51 MU 01:07

Wochenspruch: Matthäus 11,28
Wochenlied: EG 213 oder 225

Wir lesen 1. Korinther 15,29–34

Durch Glauben Gefahren überstehen

In jeder Stunde in Gefahr – und die Hoffnung auf Auferstehung bewahren, schafft man das? Als Militärpfarrer begegnen mir Menschen in Uniform, die von Amts wegen der Gefahrtragungspflicht unterliegen. Während andere sich in Sicherheit zu bringen haben, haben sie die Pflicht, tapfer zu verteidigen. So der Befehl. So der Gehorsam. – Wie ernst wird eine Gefahr erfahren? Wie persönlich spürt man die Möglichkeit, zur falschen Zeit am falschen Ort zu sein? Feldgottesdienste und Andachten sind ein Spiegel dafür. Dort beobachte ich: In dem Maße, wie eigenes Leben von einer Gefahr betroffen wird, steigt auch die Sehnsucht nach höherem Halt, nach höherer Geborgenheit. Im selben Maße steigt auch die Sehnsucht nach religiösen Antworten, nach der linden Poesie religiöser Vorstellungen und Glaubenshoffnungen: Auferstehungshoffnung! Dabei sehe ich im Tagesgeschehen in der Regel Nüchternheit und Besonnenheit bei diesen Menschen, die ansonsten auch weithin dem „Carpe diem" dieser Bibelstelle frönen: feiern, als gäbe es kein Morgen! Doch angesichts möglichen eigenen Endes greifen sie nach dem religiösen Strohhalm. „Macher“, die ansonsten alles im Griff haben, werden ihrer tiefen Abhängigkeit von höheren Mächten eingedenk und fragen plötzlich nach Gott. Gilt die Auferstehung Jesu auch ihnen? – Was für ein Geschenk, das sich uns Menschen darbietet! *W. Otto Jörg Adomat*

Wir beten

Herr, lehre uns bedenken, dass jeder Tag ein Geschenk von Dir ist. Halte uns in den Herausforderungen und Gefahren unseres Daseins. Schenke uns die Gewissheit der Auferstehung. Amen.

Friedrich I., gen. Barbarossa (* 1122; † 1190)

Der Stauferkönig (ab 1152) war ab 1155 Kaiser des Heiligen Römischen Reiches. Er ertrank während eines Kreuzzuges im Fluss Saleph nahe Seleukia in Kleinarmenien. Den Beinamen „Rotbart“ schrieb man ihm erst im Laufe der Überlieferungen zu. Im Zuge der deutschen Nationalbewegung des 19. Jahrhunderts wurde er zum Mythos. Die Sage vom Kaiser, der im Kyffhäuser schläft, um dereinst bessere Zeiten herbeizuführen, hielt man nach der Reichsgründung 1871 für erfüllt. 1941 musste sein Name herhalten für den Überfall Nazi-Deutschlands auf die Sowjetunion.

um 70 † Barnabas, Apostelschüler | 1292 † Roger Bacon, Philosoph und Physiker

12. Juni

Mittwoch | SA 05:06 SU 21:39 MA 11:05 MU 01:24

Wochenspruch: Matthäus 11,28
Wochenlied: EG 213 oder 225

Wir lesen 1. Korinther 15,35–49

Auferstehung: tröstliches Ziel

Paulus bemüht die Bilderwelt der Landwirtschaft, um das „Wie" der Auferstehung zu veranschaulichen. Doch wie kann ich als Stadtmensch mir meine Auferstehung vorstellen? Kommt ein Mensch zur Welt, lassen wir einander heutzutage nicht allein. Doch beim Verlassen der Welt geschieht dies noch allzu oft. Dabei haben die Vorgänge am Anfang und am Ende des Lebens Gemeinsamkeiten: Unter Schmerzen und Widerständen verlassen wir die mütterliche Geborgenheit. Unter Wehen geraten wir in diese Welt. Und unter Schmerzen, Widerständen, Wehen verlassen wir die Geborgenheit dieser Welt in die neue, unbekannte Wirklichkeit Gottes. – Eine betagte Dame hatte sich auf ihr Ende eingestellt. Sie spürte, es war genug. Sie aß kaum noch und fühlte sich des Lebens müde. Ihr Wunsch: daheim in der „Geborgenheit" des vertrauten Umfelds zu sterben. Sie hoffte, dass niemand die Notfalltaste drückt, damit der Rettungsdienst kommt, um Leben zu erhalten um jeden Preis. Denn sie wollte einfach nur in Frieden ihren Geist aushauchen, endlich hinüberdürfen: vom Verweslichen zum Unverweslichen, aus der Schwachheit hier in die Kraft dort, vom Irdischen ins Himmlische. Zum Glück drückte ihr Mann die Notfalltaste nicht. Trotz mancher Überforderung mit der Situation. Jetzt sieht sie den Herrn in Herrlichkeit. Jetzt hat sie endlich keine Fragen mehr. Sie hat ihre Antwort gefunden. *W. Otto Jörg Adomat*

Wir beten

Hilf uns, Herr, unser Älterwerden, ja, unser Sterben anzunehmen. Stärke die Menschen an unserer Seite, uns beizustehen, wenn wir Frieden gefunden haben und nur noch zu dir wollen. Amen.

Anne Frank (* 12.6.1929; † Februar/März 1945)

Anne Frank, ein deutsches Mädchen jüdischer Abstammung, floh mit den Eltern vor der NS-Judenpolitik in die Niederlande. Als die deutsche Besatzung kam, versteckten sie sich in einem Amsterdamer Hinterhaus, wo jene Notizen entstanden, die später als „Tagebücher der Anne Frank" Weltruhm erlangten und seither jungen Menschen das Grauen der NS-Zeit vermitteln. Die Familie wurde verraten und deportiert. Kurz vor der Befreiung durch britische Streitkräfte erlag Anne Frank im KZ Bergen-Belsen den Folgen der unmenschlichen Haftbedingungen.

Jüdischer Feiertag: Schawuot (Fest der Thoragebung: 12./13.6.) | 816 † Papst Leo III. | 1702 † Isaak Le Febvre, Glaubenszeuge in Frankreich (ev. Gedenktag; Sterbetag: 13.6.)

13. Juni

Donnerstag | SA 05:05 SU 21:39 MA 12:17 MU 01:36

Wochenspruch: Matthäus 11,28
Wochenlied: EG 213 oder 225

Wir lesen 1. Korinther 15,50–58

Jubelklang und Posaunen: dem Tod die Stirn bieten!

Innere Bilder in ihrer Bedeutung für den Glauben auf der einen Seite. Auf der anderen Seite innere Klänge, Melodien, die uns tragen und Hoffnungen des Glaubens verstärken: In „Ein deutsches Requiem" deutet der Komponist Johannes Brahms unsere Textpassage musikalisch. Er lässt Bariton und Chor diese Zeilen in unvergesslicher Weise singen: „Siehe, ich sage euch ein Geheimnis. Wir werden alle verwandelt werden." Und dann plötzlich, in einem Augenblick: das Erschallen der letzten Posaune. Als Auferstehung am Ende aller Zeit. Oder als Auferweckung am Ende meiner persönlichen Zeit. Einprägsamer Jubel und Posaunenklang! Schade, dass er hier nicht im Schriftbild erklingen kann. Wie wäre es, mit diesen inneren Klängen der eigenen Vergänglichkeit, dem Älterwerden, dem Sterben entgegenzutreten? Wie wäre es, dem Tod die Stirn zu bieten mit der Wucht dieser Orchestermusik, der Kraft dieses Gesangs im Ohr und im musikalischen Gedächtnis? – Vielleicht tragen Sie ganz andere innere Melodien gegen den Tod in sich. Wichtig scheint mir, solche Melodien, solchen Jubel dem Tod entgegenzuschleudern, solche Hymnen auf dem Weg durch den Tod hindurch zu kennen. Um den Tod auszulachen, um mit einem beseelten Lächeln die sterbliche Hülle zu verlassen, verwandelt zu werden, wenn uns die letzte Posaune erklingt. „Tod, wo ist dein Stachel? Hölle, wo ist dein Sieg?" *W. Otto Jörg Adomat*

Wir beten

Herr, schenke uns innere Bilder, auch wenn wir nichts mehr sehen. Schenke uns innere Klangeindrücke, auch wenn wir kaum noch etwas hören. Damit wir durch dich und mit dir bestehen, wenn unsere Stunde schlägt! Amen.

Martin Mordechai Buber (* 8.2.1878; † 13.6.1965)

Der bedeutende jüdische Gelehrte aus Lemberg/Galizien machte die Tradition des Chassidismus über das Judentum hinaus bekannt. Seine Übersetzung der Hebräischen Bibel ins Deutsche gilt als unverzichtbar. Sein religionsphilosophisches Hauptwerk betont die dialogische Verfasstheit der Beziehung des Menschen zum göttlichen Gegenüber. Die Begegnung mit Theodor Herzl und die Erfahrungen mit dem NS-Regime rückten den Zionismus in den Mittelpunkt seiner differenzierten Betrachtungen. 1938 floh er nach Jerusalem, wo er bis zu seinem Tode lehrte und lebte.

Orthodoxer Feiertag: Christi Himmelfahrt | Jüdischer Feiertag: Schawuot (Fest der Thoragebung: 12./13.6.) | 1760 † Antoine Court, Glaubenszeuge in Frankreich | 1965 † Martin Buber, jüdischer Theologe und Philosoph

14. Juni

Freitag | SA 05:05 SU 21:40 MA 13:26 MU 01:47

Wochenspruch: Matthäus 11,28
Wochenlied: EG 213 oder 225

Wir lesen 1. Korinther 16,1–12

Reiseplanungen per Post

Ich muss kurzfristig nach Hamburg. Per E-Mail und Telefon sind alle nötigen Vereinbarungen schnell getroffen. Die Bahn kann mir sagen, wann ich ankommen werde – voraussichtlich. Und es besteht eine gewisse Wahrscheinlichkeit, dass die Dinge sich so ereignen wie geplant. Nicht so Paulus. Er rechnet mit Unwägbarkeiten und stellt seine Ankündigungen unter Vorberhalt: „wenn es die Mühe lohnt", „wenn möglich", „wenn es der Herr zulässt". Wo er freundlich aufgenommen wird, wie er auf See durch Stürme kommt, wer ihn versorgt – das kann er alles wünschen und hoffen, aber nicht planen. Dass ihm am Ende mehrere große Reisen gelingen und erheblich zu Gemeindegründungen im hellenistischen Raum beitragen, war so am Anfang seiner Predigtkarriere nicht abzusehen. Lukas berichtet sogar von einer allerletzten Reise mit der Geldsammlung aus den Gemeinden nach Jerusalem. Paulus' Mut, mit Unwägbarkeiten zu planen und sich Gefahren zu stellen, ist Teil des Ursprungs des christlichen Glaubens in Europa. Er macht mir Mut, in den Unwägbarkeiten der wirtschaftlichen Folgen eines Krieges, in den Unwägbarkeiten der Zukunft von Kirche, in den Unwägbarkeiten von Zukunft überhaupt flexibel zu bleiben im Denken, das Notwendige zu tun und offen zu bleiben für die Drehungen und Wendungen, die manchmal wie Sackgassen aussehen, mit denen wir aber doch ans Ziel kommen. *Stephanie Schwenkenbecher*

Wir beten

Ich bringe Dir, mein Gott, meine Pläne für heute, für morgen und meine Wünsche für mein Leben. Ich vertraue Dir meine Nächsten an und rechne mit Deinem Wirken in unserer Welt. Amen.

Reise zur Gemeinsamkeit

In Paulus' Reisegebiet finden sich heute viele christliche Kirchen: syrisch-othodoxe, griechisch-orthodoxe, katholische und protestantische. In der heutigen Türkei sind nach den Verfolgungen Anfang des 20. Jahrhunderts kaum Christen geblieben. In die lange Tradition der Vielfalt und auch der Trennung christlicher Kirchen tritt vor allem im 20. Jahrhundert eine neue Tradition der Gemeinsamkeit: die ökumenische Bewegung. Als ein wichtiger Startpunkt dafür gilt die Weltmissionskonferenz in Edinburgh, die heute ihr Jubiläum feiert.

1066 † Gottschalk der Wende, Märtyrer in Norddeutschland | 1910 Weltmissionskonferenz in Edinburgh

15. Juni

Sonnabend | SA 05:05 SU 21:40 MA 14:36 MU 01:57

Wochenspruch: Matthäus 11,28
Wochenlied: EG 213 oder 225

Wir lesen 1. Korinther 16,13–24

Zum guten Schluss

Wie schließt man so einen Brief, von dem man nicht weiß, wie er aufgenommen wird? Wo man nichts dazutun kann, das seine Schärfe mildern könnte? Wenn man dann auch noch als Gast herzlich willkommen geheißen werden möchte? Und gleichzeitig so viel innerliche Bewegung von dieser Gemeinde erwartet? Paulus erinnert noch einmal an die Liebe, der er einen ganzen hymnusartigen Teil seines Briefes gewidmet hat. Die Korinther sollen mutig sein und alles in Liebe geschehen lassen. Dazu verweist er die Gemeinde an Menschen, an die sie sich halten können, die sie kennen und von denen sie sich stärken lassen können. Schließlich grüßt er von den Gemeinden in Kleinasien, mit denen er in Kontakt steht, und von Aquila und Priska. Sie sind ein römisches Missionarspaar, das Paulus offenbar unterstützte und in Korinth zu seinen Reisen hinzustieß. Er zeigt seine bleibende Verbundenheit und Nähe zur korinthischen Gemeinde und erinnert sie an ihre Verbundenheit mit anderen Christen. Doch bevor er in gute Wünsche einschwenkt, spricht er einen Fluch aus. Das ist vielleicht der befremdlichste Teil in diesem Abschnitt. Geradezu offensiv geht er hier noch einmal alle an, die sich seinem Evangelium von Christus entgegenstellen. Vielleicht ergibt sich damit die Quintessenz des Korintherbriefes: Habt den Herrn lieb und lasst alles in Liebe geschehen! *Stephanie Schwenkenbecher*

Wir beten

Stärke uns in Deiner Liebe, Jesus Christus, ermutige uns im Glauben. Lass uns die Zerrissenheiten der Welt sehen und benennen. Und lass uns für die Liebe einstehen. Amen.

Mit freundlichen Grüßen

„Schöne Grüße von …" gehörte zu den Standardformeln auf Familienfesten. Wer nicht dabei sein konnte, ließ Grüße ausrichten. Man nahm Anteil auf diese Weise. Es war eine Möglichkeit, die Beziehung aufrechtzuerhalten, als man noch keine Kurznachrichten schicken oder Statusmeldungen lesen konnte. Ein Netzwerk tat sich auf. Heute trage ich selten Grüße von A nach B. Umso mehr bedeutet es mir, das Netz der Verbundenheit hörbar zu machen in einem Gruß. In diesem Verbundensein drückt sich für mich die Gegenwart Gottes aus.

1588 † Georg Israel, Prediger in Polen (ev. Gedenktag, Sterbetag: 15.7.1588) | 1915 † Theodor Oehler, Leiter der Basler Mission

16. Juni
Sonntag | 3. Sonntag nach Trinitatis

Wochenspruch: Lukas 19,10
Wochenlied: EG 353 oder EG.E 17
Altes Testament: Micha 7,18–20
Epistel: 1. Timotheus 1,12–17
Evangelium: Lukas 15,1–3.11b–32

Wir lesen Psalm 53

Die Torheit der Gottlosen

Sie nennen sich „Querdenker" und „Letzte Generation", sie sind Klimaaktivisten und Verschwörungstheoretiker; sie überfallen Nachbarländer mit militärischer Gewalt und unterdrücken die eigene Bevölkerung; sie beuten Gastarbeiter aus und verweigern Flüchtlingen die Aufnahme: Die Torheiten der Menschen haben in letzter Zeit dramatisch zugenommen. Sie fragen nicht mehr nach Gott und seinem Willen, sie beachten die Gesetze nicht mehr. Sie lassen sich von nichts und niemandem mehr etwas sagen, überziehen aber andere mit Wut und Besserwisserei. Sie nötigen andere oder beschimpfen sie. Sie pochen auf eigene Rechte, verachten und beleidigen aber andere, ja trachten ihnen nach dem Leben. Das törichte Verhalten angeblich idealistischer Menschen ist skandalös und gemeinschaftsschädigend. Der Antisemitismus in Deutschland hat in erschreckendem Maße zugenommen. Dabei wissen alle: Gott lässt sich nicht spotten. Er macht zuschanden, die sein Volk fressen, auslöschen und vernichten wollen. Auf die Einhaltung von Menschenrechten wird gepocht, aber Gottes Recht und seinen Anspruch an uns will niemand mehr hören. Die Gottvergessenheit liegt offen zutage, sie ist der Leute Verderben: Man lässt sich nichts gesagt sein, auch und gerade nicht von Gott durch sein Wort und seine Weisheit. Wer sich nichts sagen lässt und nicht nach Gott fragt, den nennt der Psalmbeter töricht. Toren taugen zu nichts. Was sie treiben, ist schrecklich. Sie tun nichts Gutes und niemandem gut. Sie sind übermütig, saugen andere aus und sind ganz und gar verdorben. Wie gut, dass Gott zu seinem Volk hält, dem Volk alten und neuen Bundes! Er wendet alles Leid und lässt sie wieder fröhlich werden. Wie tröstlich ist diese Botschaft! Manchmal ist das sogar ablesbar am politischen Geschehen: Diktatoren können und werden nicht siegen, weil sie so unsäglich töricht sind. *Peter Godzik*

Wir beten

Hilf, Herr, dass wir nicht sitzen oder mitgehen im Rat der Gottlosen, der Verächter Deiner Wahrheit und Deines Weges zum Leben. Lass uns dem Hass und dem Unverstand widerstehen und mutige Worte finden zur Bewahrung von Schöpfung und Leben. Amen.

1361 † Johannes Tauler, Mystiker am Oberrhein | 1804 † Johann Adam Hiller, Komponist

17. Juni

Montag | SA 05:05 SU 21:41 MA 16:59 MU 02:17

Wochenspruch: Lukas 19,10
Wochenlied: EG 353 oder EG.E 17

Wir lesen 2. Mose 13,17–22

Gott geht voran

Was für ein Zug muss das gewesen sein! Das Volk Israel war endlich frei, das Joch der Sklaverei in Ägypten war abgeschüttelt. Nun ging es in das gelobte Land, zurück zu den Ursprüngen. Die Wanderung war mühsam und gefährlich: Da drohten die Philister, da belasteten Hitze, Durst und Hunger den Zug der jetzt Freigekommenen. Zu allem mussten die Gebeine Josefs mitgenommen werden, denn das hatten die Israeliten ihrem Stammvater geschworen: Nicht einmal tot wollte er allein im Land der Unterdrücker bleiben. – Das wandernde Volk, die Freiheit im eigenen Land vor Augen, brauchte Geduld. Aus Sicherheitsgründen führt Gott es über einen Umweg. Also noch mehr Hitze und Mühsal! Aber Gott weiß, was er tut, er hat das Ziel vor Augen. Er schützt sein Volk und führt es sicher – nicht auf dem Weg, den die Israeliten gerne gehabt hätten, sondern auf *seinem* Weg. Dafür setzt er Zeichen: Am Tag war eine Wolkensäule zu sehen, in der Nacht leuchtete eine Feuersäule. – Gott führt uns auf *seinem* Weg. Das fällt uns nicht immer leicht. Umwege in unserem Leben aus unserer Sicht verstehen wir oft erst, wenn wir zurückschauen. Oft fehlen uns die Zeichen von Gottes Führung – da scheint keine Säule zu sein, die uns die Richtung angibt. Aber glauben heißt, Gott zu vertrauen. Er geht voran. Er hat uns und unser Leben immer in seinem liebenden Blick, Tag und Nacht. *Hans-Beat Motel*

Wir beten

Gott, Du führst uns auf Deinen Wegen, auch heute. Dafür danken wir Dir. Vergib uns unsere Ungeduld und unsere Zweifel. Wir vertrauen Dir: Du bist bei uns und gehst uns voran. Amen.

Der Beginn Herrnhuts

Am 17.6.1722 fällte Christian David den erste Baum für den Bau einer Ansiedlung, die bald den Namen Herrnhut – unter der Hut des Herrn – erhielt. Graf Nikolaus Ludwig von Zinzendorf (1700–1760) hatte auf einem seiner Landgüter in der Oberlausitz Glaubensflüchtlinge aus Böhmen und Mähren aufgenommen. Mit ihnen setzte er seine Ideen für eine lebendige Gemeinde um, in deren Glaubenszentrum Jesus Christus als Heiland aller Menschen stand. Folgerichtig wurden bereits 1732 die ersten Missionare zu den Sklaven in der Karibik entsandt.

1722 Ansiedlung Herrnhuts begonnen | 1882 † August Hermann Werner, Sozialreformer in Württemberg (ev. Gedenktag; Sterbetag: 18.6.) | 1897 † Sebastian Kneipp, katholischer Pfarrer und Naturheilkundler | 1953 Volksaufstand in der DDR

18. Juni

Dienstag | SA 05:05 SU 21:41 MA 18:15 MU 02:30

Wochenspruch: Lukas 19,10
Wochenlied: EG 353 oder EG.E 17

Wir lesen 2. Mose 14,1–14

Gott schützt

Jetzt wird es ernst. Die Israeliten, die zunächst selbstsicher „mit der Macht einer starken Hand“ (V. 8b) ausgezogen waren und von Gott über allerlei Umwege geführt wurden, um die Ägypter zu täuschen, sehen jetzt in der Ferne das ägyptische Heer. Der Pharao will die billigen, manipulierbaren Arbeitskräfte nicht einfach ziehen lassen – zu wichtig sind sie ihm für den weiteren Aufbau des Landes. Darum organisiert er die besten und modernsten Waffen, die er zur Verfügung hat: Streitwagen, die schnell und schlagkräftig sind. – Sollte Mose sich doch getäuscht haben? Sind die Israeliten in eine Falle gelaufen, aus der sie nicht mehr herauskommen? Ist der Traum von der Freiheit und dem gelobten Land geplatzt? Wir kennen den weiteren Verlauf der spannenden Geschichte, und wir wissen, dass Gott seine Hand über dem Volk gehalten hat. Mose weiß das auch, und er kann sein Volk beruhigen: „Fürchtet euch nicht“ (V. 13). – Handfeste, konkrete Bedrohungen gibt es auch für uns: Kriege werden entfesselt, Ungerechtigkeit nimmt überhand, meine eigenen Sorgen drohen mich zu überwältigen. Wo ist Gott? Überall, wo die Worte „fürchtet euch nicht" in der Bibel stehen, erfahren wir, dass Gott eingreift. Wir sind oft zu ungeduldig und sehen die Welt nur mit unseren Augen, aber nicht mit den Augen des Glaubens. Genau dazu aber will uns dieser Text einladen. *Hans-Beat Motel*

Wir beten

Gott, unser himmlischer Vater! Vergib uns unsere Ungeduld und unseren Kleinmut. Wir vergessen zu oft, dass Du unser Leben im Blick hast und für uns sorgst. Wir danken Dir! Amen.

Der Tierschützer

Am 18.6.1864 verstarb in Stuttgart der württembergische Pfarrer Albert Knapp. 1798 in Tübingen geboren, hatte er dort Theologie studiert und war Vikar und Pfarrer in verschiedenen schwäbischen Gemeinden, zuletzt an der Leonhardskirche in Stuttgart. Knapp hatte sich frühzeitig für Poesie interessiert und mehrere tausend Lieder und Gedichte verfasst, u. a. „Einer ist's, an dem wir hangen" (EG 256). Bekannt wurde er auch durch die Gründung des ersten deutschen Tierschutzvereins. Der Tierschutz sei eine genuin christliche Aufgabe, so Knapp.

1677 † Johann Franck, Kirchenliederdichter | 1864 † Albert Knapp, Pfarrer und Liederdichter in Württemberg

19. Juni

Mittwoch | SA 05:05 SU 21:42 MA 19:34 MU 02:47

Wochenspruch: Lukas 19,10
Wochenlied: EG 353 oder EG.E 17

Wir lesen 2. Mose 14,15–31

Gott rettet

Eine berühmte Geschichte, dieser Durchzug des Volkes Israel durch das Meer. Sie enthält viele Einzelheiten: Mose erhebt seinen Stab einmal, um die Wassermassen zu spalten, dann wieder, um sie zurückkommen zu lassen. Der Engel Gottes stellt sich jetzt hinter das Volk, auch die Wolken- und Feuersäulen helfen mit, ebenso ein starker Ostwind – das alles ermöglicht das wundersame Durchschreiten des Meers im Trockenen. Auf der anderen Seite werden die Räder der ägyptischen Streitwagen gehemmt – umso schlimmer, denn jetzt wird das moderne Heer ein wehrloses Opfer der zurückkehrenden Wassermassen. Israel aber ist sicher drüben am trockenen Ufer und ist gerettet. – Dennoch: Auch alle diese Einzelheiten können nicht erklären, wie dieses Wunder wirklich geschehen ist. Aber das ist auch nicht das Ziel der Geschichte. Sie will eindrücklich Gottes Macht demonstrieren, die selbst für die hochgerüsteten Ägypter einen Schrecken darstellt und sie sogar umkommen lässt. Gott wollte die Rettung seines Volkes, und das ist ihm gelungen. – Eine Einzelheit der Erzählung ist auch wichtig: Mose tut das, was Gott ihm aufträgt. Wir haben oft Mühe, Gottes Willen für uns zu erkennen. Aber wir dürfen ihn um seinen Willen bitten und können so unser Leben auf das Vertrauen zu Gott bauen. So machen wir den Weg frei, dass auch in unserem Leben Wunder geschehen können. *Hans-Beat Motel*

Wir beten

Gott, unser himmlischer Vater! Du kannst auch heute noch Wunder tun, in unserem Leben und in den Wirren unserer Zeit. Gib, dass wir unser Vertrauen in Dich nicht aufgeben. Amen.

Klare Haltung

Friedrich Wilhelm Krummacher (* 1901 in Berlin) starb am 19.6.1974 in Altefähr auf Rügen. Er gehörte einer Theologen-Dynastie an. Nach seinem Studium war er Hofprediger in Berlin-Wannsee und Essen-Werder und danach verantwortlich für die deutschen Auslandsgemeinden in Europa. In der sowjetischen Kriegsgefangenschaft unterstützte er die sowjetische Politik und Kriegsführung und wurde deshalb schon 1945 entlassen. Als pommerscher Bischof wandte er sich aber klar gegen eine Anbiederung der DDR-Kirchen an die DDR-Regierung.

325 Nizänum verkündet | 1865 Lazarus-Diakonissenhaus in Berlin gegründet | 1884 † Ludwig Richter, Maler in Sachsen | 1974 † Friedrich Wilhelm Krummacher, Prediger

20. Juni

Donnerstag | SA 05:05 SU 21:42 MA 20:52 MU 03:11

Wochenspruch: Lukas 19,10
Wochenlied: EG 353 oder EG.E 17

Wir lesen 2. Mose 15,1–21

Mächtige Bilder

Wirklich unglaublich! Die großartige Rettung der Israeliten wird uns nun wie ein Bühnenszenario vorgestellt. In der Form eines Lobgesangs zieht das Geschehen noch einmal an uns vorbei. Sein ganzes Leben lang soll Israel sich daran erinnern. Auch heute ist das fester Bestandteil des jüdischen Glaubens. Wer hier zuerst gesungen hat, wissen wir nicht. Mose wohl eher nicht, er hatte es nicht so mit den Formulierungen. Als Gott ihn beauftragt, das Volk aus der Hand des Pharaos zu befreien, windet er sich: Er, Mose, könne nicht gut reden. So stelle ich mir gerne vor, es sei Mirjam gewesen, die ältere Schwester, eine Prophetin. Mirjam steht also auf, stimmt den Gesang an und schwingt ihren Körper zum Rhythmus der „Tof". Das ist eine kreisrunde Rahmentrommel mit Schellen. Frauen sollen damals siegreiche Krieger mit eigens gedichteten Liedern empfangen haben. Also könnte das „Shirat Hayam", das Lied vom Schilfmeer, durchaus von Mirjam selbst stammen. – Wann ist unser Herz so voll Lobgesang? Es war auf Messers Schneide, damals, sagt sie, diese Diagnose hätte schlimmer ausfallen können. Aber sie kam davon. Gott sei Dank! Kennen Sie Ähnliches auch? Wie die Füße wieder leicht werden, Angst und Beklemmungen von uns abfallen. Wir können innerlich singen. Unser Glaube trägt uns, auch durch schwere Wasser hindurch. Gott befreit. *Reinhild Koring*

Wir beten

Gott, loben und danken wir zu wenig? Manchmal kommt es mir so vor. Es ist wie Schuppen vor den Augen. Das Wunder zieht vorbei, wir sind blind. Öffne Augen und Herz, mach es weit. Amen.

Martin Luther: An den christlichen Adel

Der Brief aus dem Jahr 1520 appelliert an die Verantwortung der Fürsten für Reformen. Luther kritisiert das Papsttum und erschüttert es in seinen Grundfesten. Päpste können irren! Der Papst ist der „Antichrist"! Besonders Leserinnen fühlen sich angesprochen von der neuen Lehre. Schnell ist die Schrift vergriffen und wird neu gedruckt. Luther betont die Gleichstellung aller Gläubigen. Alle (getauften) Christenmenschen sind berufen. Er fordert u. a. die Abschaffung des Zölibats und die Konzentration auf die Heilige Schrift.

Sommersonnenwende | 1520 Luthers Brief an den christlichen Adel Deutscher Nation | 1788 † Johann Georg Hamann, Theologe in Ostpreußen (ev. Gedenktag; Sterbetag: 21.6.) | 1877 † Philipp Wackernagel, Hymnologe | 1966 † Wilhelm Busch, Prediger

21. Juni

Freitag | SA 05:06 SU 21:42 MA 22:02 MU 03:46

Wochenspruch: Lukas 19,10
Wochenlied: EG 353 oder EG.E 17

Wir lesen 2. Mose 15,22–27

Überleben in der Wüste

Da sehen wir sie laufen, mitten in der Wüste. Wohin? Allein das Versprechen von einem neuen Land begleitet sie. Jetzt gilt es die Strapazen zu überstehen, die diese Flucht mit sich bringt. Flucht oder Aufbruch, Befreiung oder Tod? Bei einigen von ihnen stellt sich schnell Ernüchterung ein, vor allem, als die erste Krise zu bewältigen ist. Kein Trinkwasser! Das, was sie finden, ist ungenießbar. Zur Erschöpfung schleicht sich etwas anderes ein: der Mangel an Vertrauen. Der Glaube schwindet, dass alles zu einem guten Ende führen wird. So schnell geht das. Moses ist verantwortlich. Er muss es richten! Gott führt ihm die Hand und dann haben sie zu trinken. Und Gott mahnt: Ich bin es, auf den ihr euch verlassen könnt, aber ihr müsst meine Gesetze und Gebote halten. Das ist ein zentrales Anliegen im Alten Testament und immer wieder ein Stolperstein in der Beziehung zwischen Gott und seinem Volk. Gottes Gesetz ist ein Gesetz des Lebens! Es hält sie, es trägt sie. Es zu achten, ist ein wichtiger Baustein des Glaubens. Aber so sind wir Menschen, wir vergessen. Gerade noch vor Glück gesungen, da bleibt das Lob schon im Halse stecken, es wird geklagt. Angesichts einer solchen Herausforderung am Glauben festhalten ist auch schwer. Bei Elim kommen sie in eine Oase. Alles ist wieder offen und möglich! Es wird nicht die letzte Krise gewesen sein. *Reinhild Koring*

Wir beten

Guter Gott, oft sind wir hin- und hergeworfen mit unruhigen Gedanken, belastet von Ereignissen der Vergangenheit. Entlaste uns. Stärke uns. Führe uns zurück zu einem mutigen Glauben. Amen.

Eva von Tiele-Winkler (* 1866 in Miechowitz)

Eine der ersten Frauen in einer Führungsposition und zeitlebens eine gute Freundin von Pastor Friedrich von Bodelschwingh, wurde sie in Bethel zur Krankenschwester ausgebildet. 1890 gründete sie in ihrer Heimat den „Friedenshort", eine Heimstätte für Arme, Alte, Kinder, Behinderte und Nichtsesshafte. Ermutigt von Bodelschwingh, baute sie 1892 eine eigene Schwesternschaft auf. Zur Diakonisse geweiht, stand sie ab 1895 der Schwesternschaft in Bethel vor. „Mutter Eva" publizierte verschiedene Schriften, auch Auszeichnungen erinnern an sie.

1852 † Friedrich Fröbel, Pädagoge | 1914 † Bertha von Suttner, Pazifistin | 1920 Brüderhaus Lutherstift Rothenburg/Hannover gegründet | 1930 † Eva von Tiele-Winkler, Glaubenszeugin in Schlesien | 1940 † Hermann Stöhr, Pazifist und Widerstandskämpfer gegen den Nationalsozialismus

22. Juni

Sonnabend | SA 05:06 SU 21:42 MA 22:59 MU 04:37

Wochenspruch: Lukas 19,10
Wochenlied: EG 353 oder EG.E 17

Wir lesen 2. Mose 16,1–16

Wollte Gott, wir wären in Ägypten gestorben

Wenn man eine Situation nicht mehr ertragen kann, sucht man einen neuen Weg: Eine neue Arbeitsstelle, einen neuen Wohnort, einen neuen Lebenspartner. Wenn es gut geht, wird man wieder zufriedener und glücklicher. Wenn aber nicht? Oft schaut man dann zurück: „Ach, hätte ich doch ... wäre ich doch ..." Die Vergangenheit erscheint dann gar nicht mehr so unerträglich. 40 Jahre währte die Geschichte der DDR. Das Leben wurde immer schwieriger. Zwar fehlte es letztlich nicht an dem, was man wirklich zum Leben brauchte. Aber oft war es schwierig zu erlangen. Vor allem war es die alltägliche Lüge und die Aussichtslosigkeit, dem Druck eines sich selbst verherrlichenden System nicht entkommen zu können, was die Menschen schließlich auf die Straße führte. Aber die neuen Verhältnisse brachten und bringen auch neue Sorgen mit sich. Sorgen und Lasten, die nicht immer leicht zu ertragen sind. Plötzlich erscheint die Vergangenheit in einem besseren Licht: „Ja, damals in der DDR ..." Nein, da war es nicht besser. Aber anders. Doch zurück kann man nicht mehr. Wer will das wirklich? Zurück in die Sklaverei wollte das

Volk Israel auch nicht. Das Schlechte will man natürlich nicht, nur das vermeintlich Gute. Aber der Blick zurück hilft nicht. – Der Blick nach vorn aber hilft nur, wenn man sich von der Vergangenheit nicht täuschen lässt. Deshalb: mit Gottvertrauen voranschreiten. – Was sonst? *Thomas Begrich*

Wir beten

Lieber Vater im Himmel, schenke Du uns den Blick auf das Wesentliche. Hilf uns, das Wesentliche vom Unwesentlichen zu unterscheiden, damit wir den rechten Blick nach vorn gewinnen können. Amen.

Zurück – wohin?

Nach einigem Zögern war Großbritannien 1973 der EU (damals noch EWG) beigetreten. Doch in einer Gemeinschaft zu existieren, bringt nicht nur Vorteile. So wurde das teilweise Aufgeben nationaler Souveränität zunehmend als belastend empfunden. Ein Referendum im Jahr 2016, in dem wichtige Sachverhalte vereinfacht und teils falsch dargestellt wurden, führte zum Austritt aus der EU. Aber nun gibt es neue Probleme – oft größeren Ausmaßes. Der „Blick zurück" als „Schritt zurück" erweist sich wohl nicht wirklich als Lösung.

431 † Paulinus von Nola, Bischof und Wohltäter in Kampanien | 1388 Universität Köln gegründet | 1740 Ausspruch Friedrichs des Großen zur Toleranz | 2016 Referendum über den „Brexit" in Großbritannien

23. Juni

Sonntag | 4. Sonntag nach Trinitatis

Wochenspruch: Galater 6,2
Wochenlied: EG 428 oder 495
Altes Testament: 1. Mose 50,15–21
Epistel: Römer 12,17–21
Evangelium: Lukas 6,36–42

Wir lesen Psalm 42

Amazing Grace

Einsam ist der Psalmbeter, weit weg von den Menschen, weit weg von Jerusalem, wo er die Nähe und Geborgenheit Gottes spürt. Er erinnert sich an die Wallfahrten zum Tempel, an die Festtage, die dem Jahreslauf Rhythmus verleihen. Jetzt fühlt er sich von Gott und den Menschen verlassen. Aber er fordert sich wie im Selbstgespräch auf: Harre auf Gott. – Ausharren. Etwas anderes blieb auch Joyce nicht übrig. In Nigeria geboren, in Deutschland zuhause hatte sie ihr Leben in die Hand genommen. Sie war selbständig und stolz. Doch dann traf sie ein schwerer Schlaganfall und ließ ihren Körper komplett erstarren. Ich fand sie im Bett auf der Intensivstation. Nur die Geräte verrieten, dass sie lebte. Es brauchte Tage, bevor man entschied, sie überhaupt zu therapieren. Und es brauchte Wochen, bevor sich die Gesichtszüge lockerten. Die Augen wurden ruhiger, aber der Körper zeigte noch keine eigene Regung. Ein junger Mann vom Besuchsdienst kam zu ihr. Er erzählte später, er habe nicht gewusst, was er an ihrem Bett sagen sollte. So sang er das Lied „Amazing Grace“ und füllte mit seiner Stimme den Raum. Plötzlich öffnete ein Schluchzen ihren Mund. Dann kam bruchstückhaft die Melodie aus ihrer rauen Kehle. Und dann setzte ein erschütterndes Weinen ein. Das Lied hatte etwas ins Fließen gebracht. Herz und Seele bebten, als riefe eine Tiefe die andere. Ach, Gott. Und Joyce begann wieder zu leben. Sie lernte die Finger zu regen, die Worte zu finden. Sie bleibt geschützt und gefesselt durch medizinisches Gerät, ein Leben lang. Aber ihre Seele ist freier und offener. Sie wird von ihrer Gemeinde besucht, sie beteiligt sich wieder am Leben der anderen. Und sie fühlt sich verbunden, wenn zwei oder drei mit ihr am Sonntag singen und beten. Meine Seele dürstet nach Gott, nach dem lebendigen Gott. Dem bleibe ich verbunden, selbst in den fernsten Fernen. *Ulrike Reichardt*

Wir beten

Gott, Deine Gemeinschaft verbindet uns. Selbst wenn wir meinen, getrennt voneinander und von Dir zu sein, bleibt Dein Wort uns nah. Hab Dank für diese Gnade und Hilfe. Amen.

Orthodoxer Feiertag: Pfingsten | 1568 † Argula von Grumbach, Glaubenszeugin in Bayern | 1864 † Christian Ludwig Brehm, Zoologe

24. Juni

Montag | SA 05:07 SU 21:42 MA – MU 07:08

Tagesspruch: Johannes 3,30
Tageslied: EG 141 oder 312

Wir lesen 2. Mose 16,17–36

Niemand lasse etwas davon übrig

Was für eine Geschichte! Jeder bekommt, was er zum Leben benötigt. Nicht zu wenig – aber auch nicht zu viel. Nichts soll verderben, nichts soll umkommen – dann reicht es für alle. Eindringlich mahnt Mose das Volk, nicht mehr haben zu wollen, als man benötigt. Das ist geradezu eine Parabel auf unsere Welt. Reicht die Nahrung für alle? Acht Millionen Menschen sterben jährlich am Hunger – also jeder zehnte Deutsche? Dabei werden hierzulande jährlich 500.000 Tonnen Brot weggeworfen! Brot, das erst hergestellt werden muss. Für die Produktion von einem Kilogramm Fleisch aber benötigt man drei bis sieben Kilogramm Getreide. Darum heißt es in einem Bericht der Vereinten Nationen: „Wenn wir den Fleischkonsum … weltweit bis 2050 auf einem Pro-Kopf-Verbrauch auf dem Niveau von 2000 festschreiben – also auf jährliche 37 kg pro Kopf –, dann könnten ungefähr 400 Millionen Kilo Getreide für die menschliche Ernährung freigesetzt werden. Das ist genug, um 1,2 Milliarden Menschen ausreichend zu versorgen.“ Es ist also genug für alle da. Aber wir haben es immer noch nicht geschafft, die Produktion und die Lieferketten weltweit so zu gestalten, dass alle Menschen satt werden können. Was heißt das für uns? Vielleicht dies: Selbst weniger Fleisch essen und zugleich an „Brot für die Welt" spenden, damit eine gerechte Verteilung unterstützt werden kann. *Thomas Begrich*

Wir beten

Gott, wir bitten Dich: Hilf Du uns verstehen, dass auch wir ein wenig dazu beitragen können, dass es auf unserer Welt menschlicher und gerechter zugehen kann. Gib uns die Kraft dazu. Amen.

Stephanus

Auch in der urchristlichen Gemeinde gab es schon Ungerechtigkeiten bei der Verteilung des Lebensnotwendigen. Daher beriefen die Apostel sieben Diakone (Diener), die für Gerechtigkeit beim Verteilen sorgen sollten. Einer von ihnen, Stephanus, wurde wegen seines starken Eintretens für den Glauben verurteilt und gesteinigt. So ist Stephanus ein Symbol der tätigen Nächstenliebe, der Diakonie, geworden.

Tag der Geburt Johannes des Täufers (Johannis) | 1878 Stephanus-Stiftung in Berlin gegründet | 1908 * Hugo Distler, evangelischer Komponist

25. Juni

Dienstag | SA 05:07 SU 21:42 MA 00:07 MU 08:37

Tagesspruch: Ps 119,46
Tageslied: EG 342 oder 351

Wir lesen 2. Mose17,1–7

Ist der Herr unter uns oder nicht?

Der Hunger ist gestillt. Aber nun leidet das Volk Durst. Wieder hadert es mit Mose. Gilt sein Versprechen, dass der Herr unter dem Volk weilt und es vor aller Not bewahrt? Gottes Hilfe überzeugt das Volk. Dieses Mal. Und dann? Wird es niemals wieder in Not geraten? Wir wissen, dass das nicht so ist. Gerade das Volk Israel hat in seiner Geschichte immer und immer wieder furchtbar leiden müssen. Und uns geht es auch nicht immer nur gut. Diese Welt ist allzu oft in großer Not durch Hungersnöte, Kriege, Unterdrückung und Krankheiten. Ist der Herr nun unter uns oder nicht? Wir müssen lernen, dass die meisten Probleme menschengemacht sind. Weil Gott uns unseren Willen lässt: *Wir* entscheiden, ob wir seine Gebote halten oder nicht. Mose mahnt die Menschen immer wieder, an Gott zu glauben und seine Gebote zu halten. Das ist der Weg aus der Krise. Immer? Wohl nicht. Aber diesen Weg *nicht* zu gehen, heißt, die Probleme immer neu entstehen zu lassen, die Krisen immer wieder neu zu entfachen. Wenn die Menschheit nicht lernt, dass diese Gebote essenziell sind, wird es nicht wirklich besser werden. Anstrengungen gab und gibt es, Gott sei Dank, viele: durch die Vereinten Nationen, durch die weltweite Klimabewegung und vieles mehr. Es gilt, nicht nachzulassen und unseren Beitrag zu leisten. Denn wir glauben daran, dass der Herr unter uns ist. Immer. *Thomas Begrich*

Wir beten

Was forderst Du, Herr, unser Gott, von uns, als dass wir Dich fürchten, in allen Deinen Wegen wandeln und Dich lieben, von ganzem Herzen und ganzer Seele? Dazu hilf uns, o Herr. Amen.

Die Confessio Augustana

Mit der hauptsächlich von Philipp Melanchthon verfassten Bekenntnisschrift versuchten die vom lutherischen Denken geprägten Reformatoren auf dem Augsburger Reichstag 1530 eine Brücke zur traditionellen römisch-katholischen Kirche und den anderen reformatorischen Bewegungen zu bauen, was indes nicht gelang – zu unterschiedlich war insbesondere das Abendmahlsverständnis. Das Augsburger Bekenntnis beschreibt umfassend das Verständnis christlichen Glaubens der lutherischen Reformation. Es ist bis heute prägende Grundlage des Protestantismus.

Gedenktag des Augsburger Bekenntnisses | um 463 † Prosper von Aquitanien, Theologe in Rom | 1580 Konkordienbuch | 1767 † Georg Philipp Telemann, Komponist

26. Juni

Mittwoch | SA 05:07 SU 21:42 MA 00:27 MU 10:06

Wochenspruch: Galater 6,2
Wochenlied: EG 428 oder 495

Wir lesen 2. Mose 17,8–16

Der Erfolg hat viele Väter …

… der Misserfolg dagegen ist ein Waisenkind, sagt man. Die Israeliten haben am Ende des Tages den Kampf gegen Amalek gewonnen, aber warum eigentlich? Die Erzählung will keine Zweifel aufkommen lassen: Mose ist der Vater des Sieges, nicht etwa Josua. Aber was tut er eigentlich da oben auf dem Hügel, während die Krieger unten unter Einsatz ihres Lebens kämpfen? Er hält die Hände in die Höhe und in seinen Händen den Gottesstab. Was bedeutet das? Betet er? Segnet er? – Mose hatte den Stab schon mehrfach verwendet, etwa bei den Plagen, die über Ägypten kamen, oder beim Durchzug durch das Rote Meer. Immer, wenn er ihn gebrauchte, war das Erheben des Stabes ein Zeichen seines Vertrauens auf Gott, ein Ausdruck seiner Abhängigkeit von Gottes Hilfe und seiner Hoffnung auf dessen Eingreifen. – Auch jetzt, im Krieg gegen die Amalekiter, war dieses Vertrauen gefordert. Es fiel ihm diesmal schwer, er brauchte Unterstützung. Am Ende ist es gelungen, und damit niemand auf die Idee kam, den Sieg der Tüchtigkeit des Josua und seiner Soldaten zuzuschreiben, wird die Sache aufgeschrieben und ein Altar errichtet. – Auch wir erleben Anfechtungen und Herausforderungen, Widerstand. Was tun wir, um am Ende des Tages siegreich gewesen zu sein? Kämpfen, ja! Aber – viel schwerer: uns gegenseitig stützend unser Vertrauen zu Gott hochhalten! *Fritz Neubacher*

Wir beten

Gott, Du Vater aller Menschenkinder, Du Hüter der ganzen Welt. Du führst und hältst, Du segnest und liebst. Sei bitte der Vater des Erfolges unseres Kämpfens für den Frieden. Amen.

Gründung der Vereinten Nationen

Heute vor 79 Jahren kamen die Vertreter von 50 Staaten der Erde in San Francisco zusammen, um die UNO zu gründen. Zwei Weltkriege hatten kurz hintereinander unsagbares Leid über die Menschheit gebracht. In der Präambel der Charta der Vereinten Nationen bestätigen die Gründungsmitglieder, „unsere Kräfte zu vereinen, um den Weltfrieden und die internationale Sicherheit zu wahren". Aus heutiger Sicht müssen wir sagen: Das ist großartig, das gleicht dem Kampf Josuas gegen die Amalekiter, aber: Es ist nicht das eigentlich Wirksame.

405 † Vigilius, Bischof und Märtyrer in Trient | 1905 † Franz Overbeck, Theologe | 1918 † Peter Rosegger, österreichischer Schriftsteller | 1945 UNO gegründet

27. Juni

Donnerstag | SA 05:08 SU 21:42 MA 00:43 MU 11:32

Wochenspruch: Galater 6,2
Wochenlied: EG 428 oder 495

Wir lesen 2. Mose 18,1–12

Irritiert und berührt

Was für eine Szene: Mose hat Gewaltiges, Gefährliches, Großartiges erlebt, und jetzt trifft er Frau und Kinder wieder. Aber – das ist das für uns Heutige Irritierende daran – er küsst nicht seine Frau, herzt nicht seine Buben. Vielleicht ist es geschehen, es steht bloß nicht da. Berichtet wird vielmehr die Begegnung mit Jitro, dem Schwiegervater. – Die beiden Männer haben einander viel zu erzählen. Sie sitzen im Zelt zusammen. Ich stelle mir vor, sie haben eine Tasse Tee in der Hand und lassen Revue passieren, was geschehen ist. Jitro hatte schon einiges vernommen, aber jetzt hörte er alles von einem, der mittendrin gewesen war. Die Hauptperson in Moses Schilderungen war dabei nicht er selbst, sondern: Gott! Eindrücklich heißt es dann: Jitro freute sich darüber. – Das wünschte ich mir: dass wir, Männer und Frauen, zusammensitzen und uns viel zu erzählen haben über das, was Gott Großes an und mit uns getan hat! Wenn das gelänge, dass wir uns mit solchen Geschichten gegenseitig erfreuten! – In unserer Erzählung läuft es auf ein Bekenntnis des Jitro zum Gott Moses hinaus und führt zu einem Dankgottesdienst, an dem Aaron und die Ältesten Israels beteiligt sind. So soll es sein: Möge in unser aller Leben Bekenntnis und Gotteslob neu entfacht werden. *Fritz Neubacher*

Wir beten

Gott, Du Retter und Erlöser, wir loben Dich für die heilsamen Taten, die Du an Israel und an uns getan hast! Wir freuen uns daran und wollen die Müden damit erfrischen. Amen.

Leipziger Disputation

Vor genau 505 Jahren begann in Leipzig die Disputation von Dr. Eck gegen Karlstadt und später gegen Luther. Eck und Luther hatten ein freundschaftliches Verhältnis zueinander, das sich im Zugehen auf die Disputation allerdings verschlechterte. In der als Wettkampf stilisierten Diskussion standen sie sich als Gegner gegenüber. – Was wäre gewesen, wenn sie sich wie Mose und Jitro begegnet wären? Der eine hatte wirklich Großes mit Gott erlebt, der andere hört dankbar zu. Am Ende feiern sie miteinander ein Lob- und Dankfest. Ein Traum?

250 † Sieben Märtyrer in Ephesus (Siebenschläfer) | 1519 Disputation Luther/Eck in Leipzig | 1654 † Johann Valentin Andreä, Theologe in Württemberg | 1860 Henriettenstift Hannover gegründet | 1991 Wiedervereinigung der EKD

28. Juni

Freitag | SA 05:08 SU 21:42 MA 00:56 MU 12:57

Wochenspruch: Galater 6,2
Wochenlied: EG 428 oder 495

Wir lesen 2. Mose 18,13–27

Ich habe dabei an dich gedacht

„Wir haben dabei an dich gedacht!“ Das war ein beliebter Spruch eines Jugendleiters einer Pfarrgemeinde. So wurden viele ehrenamtliche Jugendliche in die Verantwortung für die Arbeit integriert, die Jugendgruppen wuchsen. – Mose hatte bei all den Aufgaben, die vor ihn kamen, immer nur an sich gedacht. Er musste mühsam lernen, angeregt durch einen Tipp des midianitischen Priesters Jitro, seines Schwiegervaters, zu delegieren. Das verwundert ein wenig, schließlich war Mose am ägyptischen Hof aufgewachsen und hatte die Prinzipien von Leitung und Delegation sicher von Kindheit an kennengelernt. Es scheint also auch ein wenig Typsache zu sein: Der großartige Führer des Volkes aus der Gefangenschaft in Ägypten, der, der seinem Volk vorangeht durch Wasser und Wüste, der dem Pharao widersteht und mit Gott diskutiert, der arbeitet sich zu Tode mit zu vielen Dingen, die auf seinem Schreibtisch liegen. Er ermüdet dabei sich und das Volk. Gut, dass Jitro erschienen ist. Mose lernt, Aufgaben und damit verbundene Verantwortung abzugeben. Anscheinend wurde in geistliche und bürgerlich-rechtliche Sachen aufgeteilt. Bei Mose blieb die Kommunikation mit Gott und die Bekanntgabe seiner Satzungen und Entscheidungen. Alle anderen Entscheider sollten sorgfältig ausgewählt werden und hohen ethischen Standards genügen. *Fritz Neubacher*

Wir beten

Gott, Du Geist der Wahrheit und des Lebens, wir bitten Dich: Gib uns Ratgeber wie Jitro, die uns helfen, weise und fröhlich unsere Aufgaben zu bewältigen. Amen.

Die Morde von Sarajewo

Vor 110 Jahren wurden der Thronfolger Franz Ferdinand von Österreich und seine Frau Sophie Chotek in Sarajewo von dem serbischen Attentäter Gavrilo Princip erschossen. Die Nachricht erreichte den französischen Präsidenten Poincaré auf der Pferderennbahn. Der deutsche Kaiser Wilhelm II. erfuhr davon auf seiner Jacht Meteor in der Ostsee vor Kiel. Er beschloss, unverzüglich nach Berlin zurückzukehren, „um die Sache selbst in die Hand zu nehmen und den Frieden in Europa zu bewahren“. Einen Monat später begann der Erste Weltkrieg.

um 202 † Irenäus, Kirchenlehrer in Lyon | 1914 Thronfolger Franz Ferdinand von Österreich in Sarajewo ermordet

29. Juni

Sonnabend | SA 05:09 SU 21:42 MA 01:09 MU 14:22

Tagesspruch: Apostelgeschichte 4,33
Tageslied: EG 154 oder 264

Wir lesen 2. Mose 19,1–15

Liebe erwählt sich ein Gegenüber

Drei Monate sind die Israeliten unterwegs. Nun sind sie am Berg, wo Mose den Auftrag von Gott empfangen hatte, sein Volk aus Ägypten zu führen. Dort im Sinai steigt Mose wieder auf den Berg. Er kommt ins Gespräch mit Gott. Und Mose wird klar: Wie Gott mit Abraham seinen Bund geschlossen hat, so will er es mit dem ganzen Volk tun. Sein Eigentum soll es sein, sein Schatz, sein Liebling. – Manche sagen, dass in dieser Erwählung ein Urproblem unserer Welt liegt. Wenn Gott gleichmütig gegenüber allen Menschen wäre, würde manche Spannung unter Menschen gar nicht erst entstehen. Aber Gott erwählt. Abraham. Israel. Richter. Propheten. Maria. Petrus. Die Frauen am Grab. Nie einfach alle. Immer Einzelne. Das ist das Wesen von Liebe. Sie ist konkret, sie schaut immer einem Gegenüber in die Augen. – Mose steigt vom Berg hinab. Er berichtet es den Ältesten. Damit sind 70 Berufene aus der Schar der Ältesten Israels gemeint. Die Berufung wird nicht der Masse kundgetan, sondern Einzelnen. Menschen, die Verantwortung für andere tragen. Und die von der Erwählung weitersagen. Am Ende hat das ganze

Volk gehört. Das Volk verpflichtet sich Gott. Im Hören und Bewahren. Die erste Anweisung ist, die Kleider zu waschen. Wie zum Fest. Einfach. Sichtbar. Als Vorbereitung auf eine Gotteserscheinung, ein Gott-Hören. Am dritten Tag soll es geschehen. Kann das sein? *Torsten Kiefer*

Wir beten

Gott, Du erwählst. Dein Volk erwählst Du und bist treu zu ihm. Auch mich erwählst Du – auf ganz andere Weise und doch mit der gleichen Treue. Ich will auf Jesus hören und tun, was er sagt. Amen.

Tag der Apostel Petrus und Paulus

Heute ist der Tag der Apostel Petrus und Paulus. Der eine ein Pragmatiker. Kleinunternehmer vom See Genezareth. Der andere ein frommer Gelehrter. Pharisäer. Geschult in Jerusalem. Beide verbindet, dass sie Juden sind. Beide sind Jesus, dem Auferstandenen begegnet. Der eine als Freund, der andere als Feind. Am Ende waren sie beide Geschwister. Der eine Apostel Israels, der andere Apostel der Heiden. Beide waren zutiefst berührt von der Berufung durch Jesus. Eine Berufung, die für beide die Grenzen des Volkes Israel überspringt.

Tag der Apostel Petrus und Paulus | 1586 † Primus Truber, Reformator in Slowenien | 1831 † Freiherr vom und zum Stein

30. Juni

Sonntag | 5. Sonntag nach Trinitatis

Wochenspruch: Epheser 2,8
Wochenlied: EG 241 oder 313
Altes Testament: 1. Mose 12,1–4a
Epistel: 1. Korinther 1,18–25
Evangelium: Lukas 5,1–11

Wir lesen Psalm 73

Der Kehrvers meines Lebens

Wenn ich für das Lied meines Lebens einen Refrain zu suchen hätte – im 73. Psalm würde ich ihn finden. „Dennoch bleibe ich stets an dir!" In diesem Vers bündelt sich der Ertrag eines Lebens mit Gott. Die großen Themen im Auf und Ab der Beziehung zu Gott finden sich in diesem Psalm. Zuallererst: das Glück und Wohlergehen derjenigen, die nicht nach Gott fragen. Sie stehen nicht unter Druck. Der Erfolg läuft ihnen nach. Und was noch schlimmer ist: Andere Menschen fallen auf sie herein und himmeln sie an. „Der Pöbel schlürft ihr Wasser in vollen Zügen." Gott ist bestenfalls Gegenstand ihres Gespötts. Der Beter des Psalms wird aus seiner Glaubensgewissheit herausgeschleudert. Mitten in diese frustrierende Erfahrung der Fremdheit Gottes erklingt der Refrain eines widerständigen Glaubens: „Dennoch bleibe ich stets an dir!" Die Taktik derer, die Gott zum Gespött machen wollen, geht nicht auf. Es braucht nicht den prallen Erfolg. Nicht das gefüllte Horn des Glücks lässt mich durchhalten, sondern die Hand, die sich mir entgegenstreckt, wenn ich zu stürzen drohe. Das lerne ich vom Psalmbeter. Und stimme getrost ein in sein: „Dennoch bleibe ich stets an dir!" Aus dem Blickwinkel Gottes heraus betrachtet, stehen am Ende diejenigen mit leeren Händen da, die immer aus dem Vollen geschöpft haben. Aber auch das ist eine der Erfahrungen meines Lebens: Die kühne Hoffnung auf ausgleichende Gerechtigkeit erfüllt sich längst nicht immer. Allein schon, um all das auszugleichen, was Menschen im Leben verwehrt bleibt, kann unser Leben nicht an der Schwelle des Todes enden. „Meines Herzens Trost und mein Teil" bleibt Gott auch darüber hinaus. Darum stimme ich mit all den Beterinnen und Beters dieses Psalms fröhlich ein in den Kehrvers eines von Gott getragenen Lebens: „Dennoch bleibe ich stets an dir!" Mehr braucht's nicht!

Traugott Schächtele

Wir beten

Du lässt mein Leben gelingen, Gott – auch gegen den Augenschein. Du gibst meinen Schritten festen Grund – mitten in den Schieflagen meines Lebens. Ich wag's, „dennoch" zu glauben. Amen.

64 † Märtyrer unter Nero | 1139 † Otto von Bamberg, Bischof und Glaubensbote in Pommern | 1522 † Johannes Reuchlin, Humanist | 1901 Hoffbauer-Stiftung Potsdam-Hermannswerder gegründet

1. Juli

Montag | SA 05:10 SU 21:41 MA 01:37 MU 17:14

Wochenspruch: Epheser 2,8
Wochenlied: EG 241 oder 313

Wir lesen 2. Mose 19,16–25

Höre ich allein Gottes Reden?

Zwei Tage hatte sich das Volk auf eine Gotteserscheinung vorbereitet. Und dann kam sie tatsächlich. Vielleicht aber anders als erhofft. Was berichtet wird, ist eher schrecklich. Es klingt wie ein Naturphänomen, das Angst macht. Das Volk im Lager ist entsprechend wenig gerührt. Es erschrickt. Zum Erschrecken gehört der Impuls zu fliehen. Mose aber führt das Volk aus dem Lager heraus dem Berg entgegen. Sie verlassen die brüchige Sicherheit und stellen sich dem unbekannten Gott. Sie hören, wie Mose redet, und vernehmen, wie Gott antwortet. Doch das Gespräch bleibt für uns Hörer ohne Inhalt. Wir folgen der Erscheinung und staunen, dass Gott geredet hat. Auch ich weiß, dass Gott manchmal durch schreckliche Ereignisse redet. Aber ich kann es nicht verstehen. Erst als Mose das Volk zurücklässt und auf den Gipfel des Berges steigt, kann ich wieder verstehen. Überrascht belausche ich ein Gespräch, in dem sich Gott um das Volk sorgt. Dass es sich aus Neugier oder im Rausch der Gruppe in Gefahr begibt. Gott erscheint im Schrecken und sorgt sich zugleich, dass jemand zu Schaden kommt. Mose widerspricht zaghaft.

„Kann es denn sein, dass nur ich, Mose, deine Stimme in allem höre?“ Das Volk wird gehorchen. Gehöre ich nicht auch zum Volk? – Ich stelle mir vor, wie Gott über Mose schmunzelt. „Gut, bring Aaron mit. Du sollst nicht der Einzige sein. Aber das Volk muss trotzdem gewarnt werden.“ *Torsten Kiefer*

Wir beten

Lieber Vater, manchmal verstehe ich Dein Reden nicht. Nichts passt zusammen. Ich habe Angst. Danke, wenn ich dann entdecke, dass Du Dich um uns sorgst: Der Herr ist mein Hirte! Amen.

Gottes Wort in schweren Zeiten

1514 gründeten sieben Augustinermönche in Antwerpen ein neues Kloster. Unter ihnen Hinrich Voes und Jan van Esch. Die beiden kamen mit der reformatorischen Lehre in Berührung. Als 1522 der reformatorisch gesinnte Generalvikar von Antwerpen gefangen genommen wurde, wurde auch das neue Kloster aufgelöst und abgerissen. Die Mönche kamen in Gefangenschaft. Als Hinrich Voes und Jan van Esch an der Lehre festhielten, dass Gottes Wort über Papstworten stehe, wurden sie zum Tode verurteilt. Sie starben am 1.7.1523 auf dem Scheiterhaufen.

1523 † Hinrich Voes und Jan van Esch, Märtyrer in den Niederlanden | 1784 † Wilhelm Friedemann Bach, Musiker | 1891 Diakonissenmutterhaus Eisenach gegründet

2. Juli

Dienstag | SA 05:11 SU 21:41 MA 01:56 MU 18:41

Tagesspruch: Gal 4,4
Tageslied EG 308 oder 309

Wir lesen 2. Mose 20,1–21

Zehn Worte als Lebensschutz

Wenn es im Kapitel 19 um äußere Schutzräume ging, so geht es im Kapitel 20 mit den Zehn Geboten um innere Schutzräume. Manchmal müssen wir äußerlich erschrecken, um zu verstehen, dass es auch innerlich heißt: stopp! Bis hierher und nicht weiter. Wenn die inneren Donner im Leben grollen, wenn du Gottes Stimme nicht mehr zu verstehen scheinst, dann tritt der Gefahr entgegen. Und bleib stehen vor deinem Gott. Und höre. Und halte an diesen Worten fest. Sie haben nur einen Sinn: Du sollst dadurch am Leben bleiben. Sie beginnen und gründen im ersten Gebot. In der Hingabe an den einen Gott, der Israel aus der ägyptischen Sklaverei befreit hat. Und der auch heute befreit. Die Hingabe an den unsichtbaren Gott, der auch nicht durch Gotteserscheinungen zu beweisen ist und der doch in jeder Lebensgeschichte zu erkennen ist. Durch Barmherzigkeit, durch Weisungen. – Es ist Schutz des Lebens, dass wir Gott nicht gebrauchen können. Weil wir so seinen Namen missbrauchen. Es ist Schutz des Lebens, wenn wir üben, die Arbeit niederzulegen, damit er zum Zuge kommen kann. Es ist

Schutz des Lebens, wenn wir nicht vergessen, dass wir Teil der Menschheitsgeschichte sind und nicht ihre Erfinder. Am direktesten, wenn wir Vater und Mutter ehren. Es geht um den Schutz des Lebens, wenn wir nicht töten, ehebrechen, verleumden, rauben oder neiden. *Torsten Kiefer*

Wir beten

Allmächtiger Gott, Du liebst es, wenn Menschen am Leben bleiben. Danke für Deine zehn Worte. Worte, die schützen und mich mahnen: stopp! Bis hierher und nicht weiter. Amen.

Mariä Heimsuchung

Gerade erst hatte der Engel Gabriel Maria verkündet, dass sie schwanger werden würde. Da reiste Maria zu Elisabeth, die bereits schwanger war. Weit bevor Elisabeth von Marias Schwangerschaft wissen konnte, rief sie: „Gesegnet bist du unter den Frauen, und gesegnet ist die Frucht deines Leibes!" Am 2.7.1263 führte Bonaventura das Fest der Freude über Marias Schwangerschaft im Franziskanerorden ein. Dadurch verbreitete sich das Fest schnell in der westlichen Welt. Das adventliche Stück „Übers Gebirg Maria geht" ist ursprünglich für den 2. Juli entstanden.

Tag des Besuchs Marias bei Elisabeth (Heimsuchung) | 1663 † Thomas Selle, Kirchenmusiker | 1893 † Georg Daniel Teutsch, Bischof in Siebenbürgen

3. Juli

Mittwoch | SA 05:12 SU 21:40 MA 02:23 MU 20:03

Tagesspruch: Jes 52,7
Tageslied: EG 382 oder EG.E 27

Wir lesen 2. Mose 23,1–9

Vom Umgang mit Fremden

Sinnvolle Verhaltensregeln. Sie sind uns mehr oder weniger in Fleisch und Blut übergegangen. Vermutlich können wir sie alle unterschreiben. Wirklich alle? Wie sieht es mit den Fremdlingen aus? Sie sind anders, eben fremd, und wir haben deshalb manchmal Schwierigkeiten mit ihnen und sie mit uns. Fremdem gegenüber haben wir Vorbehalte und auch Vorurteile. – Unser Text erinnert die Israeliten an ihre Zeit als Fremdlinge. Sie wissen, wie es Fremden ergeht. Auch mir hilft, mich zu erinnern, wie es mir in der Fremde ergangen ist. Wenn ich irgendwo fremd war, dann war das für eine klar begrenzte Zeit. Doch einige Erfahrungen des Fremdseins habe ich dabei gesammelt. Wenn ich von Fremden befremdet bin, hilft es mir, mich zu erinneren, wie es war, fremd zu sein. Ich stelle mir vor, wie es mir ergehen würde, wenn ich mein Land verlassen müsste, ohne etwas mitnehmen zu können. Einige der Älteren haben diese Erfahrung gemacht. Auch wenn mir diese Erfahrung – Gott sei Dank – fehlt, kann ich mir vorstellen, was es bedeutet. Ich ahne etwas von dem Schmerz und dem Leid, der Hilflosigkeit und Demütigung, von der Gnade anderer abhängig zu sein. Das hift mir, verständnisvoller, freundlicher mit Fremden umzugehen, sie als neue Mitbewohner unter uns willkommen zu heißen. Wenn wir die Verhaltensregeln beachten, leben wir gut zusammen, auch mit den Fremden. *Hiltrud Schneider-Cimbal*

Wir beten

Wenn Fremde befremden, erinnere mich, Gott, dass auch sie Deine geliebten Kinder sind und dass Du auf viele verschiedene Weisen begegnest. Erinnere mich auch an meine Erfahrungen in der Fremde. Amen.

Florence Allshorn, englische Missionarin (1887 – 1950)

Drei Jahre nach ihrer Geburt verlor Florence ihre Eltern. Sie liebte Kunst und Musik. Ein Augenleiden hinderte sie am Kunststudium. Es faszinierte sie, wie Jesus Menschen in den Blick nahm. Sie ging als Missionarin nach Uganda und dort „in die Schule des Liebens". Sie erkrankte, kehrte nach England zurück, wurde Leiterin der Missionsschule St. Andrew's. Sie lehrte ihre Schülerinnen denken und sehen. Zusammen mit drei Freundinnen schuf sie das St. Julian's Gästehaus, einen Ort, an dem sich Missionarinnen erholen konnten.

Tag des Apostels Thomas (alternativ: am 21.12.) | 1570 † Aonio Paleario, Märtyrer in Norditalien | 1950 † Florence Allshorn, englische Missionarin

4. Juli

Donnerstag | SA 05:13 SU 21:40 MA 03:00 MU 21:13

Wochenspruch: Epheser 2,8
Wochenlied: EG 241 oder 313

Wir lesen 2. Mose 23,10–19

Erholung und Rückbesinnung

Ein klarer Rhythmus zwischen Arbeit und Ruhen für das Land, für Mensch und Vieh. Zeit zum Erholen auch für Sklaven und Fremde. Wie anders machen wir das in unserer hektischen Zeit des Gewinnstrebens. Einen Acker brachliegen lassen, damit die Erde Ruhe und die Armen Nahrung finden, ist undenkbar. Doch ich merke, mich fasziniert dieser Gedanke. Und ich frage mich: Wie können wir so leben, dass alle ihr Auskommen finden? Die Klimakrise fordert von uns, darüber nachzudenken, wie wir mit der Erde umgehen. Ein Sabbatjahr einzuführen, würde viel bringen, das hat der Lockdown gezeigt. Vielen ist diese Zeit des Stillhaltens schwergefallen. Einige haben diese Zeit zum Nachdenken über ihr Leben und zu Veränderungen genutzt. Ruhezeiten werfen uns auf uns selbst zurück. Das ist schwierig, weil wir dem begegnen, was wir mit unserer Geschäftigkeit in den Hintergrund drängen. Dazu gehört auch die Begegnung mit Gott und dem, was er mit uns vorhat. Wie sollen wir im Lärm des Alltags die leise Stimme Gottes hören? – Festzeiten können dazu helfen. Sie machten deutlich: Das Leben und der Ertrag sind Geschenke

Gottes. Sie fordern auf zur Dankbarkeit und damit zum Erleben dessen, was Gott Gutes getan hat, wo Bewahrung erfahren wurde und wie die Dinge sich fügten. Sie laden ein, einen Schritt zurückzutreten und das Leben aus etwas Distanz anzuschauen. *Hiltrud Schneider-Cimbal*

Wir beten

In die Unruhe meines Alltags bringt die Begegnung mit Dir, Gott, Ruhe. Du hast mir einen Ruhetag geschenkt und Feste zur Rückbesinnung. Hilf mir, dies zu schätzen und zu genießen. Amen.

1985 † Willem Adolf Vissert Hooft, Ökumeniker

1900 in Harlem geboren, wurde er nach dem Theologiestudium Sekretär beim Weltbund des CVJM, nahm 1925 an der Weltkirchenkonferenz in Stockholm teil und wurde 1931 Generalsekretär des christlichen Studentenweltbundes. Bei Gründung des Ökumenischen Rates der Kirchen1948 in Amsterdam wurde er zum Generalsekretär gewählt und blieb dies bis zu seinem Ruhestand 1966. Der Dialog der Kirchen stand im Mittelpunkt seiner Arbeit. Er unterstützte die Bekennende Kirche und sah die Aufgabe der Theologie als kritische Selbstreflexion der Kirche.

973 † Ulrich von Augsburg, Bischof | 1920 † Max Klinger, Maler und Bildhauer | 1922 † Johannes Seitz, Prediger | 1934 † Marie Curie, Physikerin | 1985 † Willem Adolf Vissert Hooft, Ökumeniker

5. Juli

Freitag | SA 05:13 SU 21:39 MA 03:52 MU 22:06

Wochenspruch: Epheser 2,8
Wochenlied: EG 241 oder 313

Wir lesen 2. Mose 23,20–33

Trotz allem geborgen

Ein Bild, das Israel Sicherheit und Geborgenheit verheißt: ein Engel, der voran geht, den Weg bereitet und alle Schwierigkeiten wegräumt. Allerdings ist er streng. Er fordert absoluten Gehorsam. Findet er diesen und bleibt Israel seinem Gott treu, ist alles gut. Alles, was Menschen Probleme bereitet, gibt es dann nicht. – So hätten wir es gerne, doch so ist es nicht. Auch wenn wir Gott treu sind, an ihn glauben und ihm vertrauen, können wir krank werden, kann es eine Fehlgeburt geben, können wir jung sterben, kann es finanziell knapp werden. Durch Jesus Christus wissen wir: Gott bewahrt uns nicht vor dem Leid, doch er führt uns hindurch. Dies zu wissen, ist für mich *die* Kraft, den Unbilden des Lebens zu begegnen. Ich nehme die schwierigen Dinge als einen Teil des Weges, den Gott mich führt. Ich vertraue, dass sie Sinn haben, auch wenn ich es nicht verstehe. Ich habe gelernt, dem Widerständigen den Segen abzuringen wie Jakob am Jabbok. Dabei mache ich eine erstaunliche Erfahrung: Es bleibt schwierig, doch ich erhalte Kraft, es zu tragen. Mein Blick ändert sich und ich sehe auch das Gute, das mir trotz allem begegnet. Ich kann wahrnehmen, wie in alledem auch Bewahrung geschieht. Das macht mich dankbar. Ich kann trotz allem zuversichtlich meine Tage leben. Das gibt mir eine gewisse Leichtigkeit, denn ich weiß mich geborgen in Gott. *Hiltrud Schneider-Cimbal*

Wir beten

Jesus Christus, danke, für den Weg, den Du gegangen bist und mit dem Du mir zeigst, dass Gott mich durch das Leid hindurchführt. Sei nahe, wenn ich verzweifelt bin, und stärke mich. Amen.

1758 † Johann Andreas Rothe, Liederdichter in Sachsen

In Lissa bei Görlitz 1688 geboren, wurde Rothe nach dem Theologiestudium in Leipzig, wie damals üblich, zunächst Hauslehrer und Hilfsprediger. Mit Zinzendorf, der seine Predigten sehr schätzte, arbeitete er an der Gründung der Brüdergemeine. Doch es kam zum Bruch, weil sich Rothe der sächsischen lutherischen Landeskirche verpflichtet sah. Er wurde Pfarrer in Hermsdorf und Thommendorf. Er verfasste Erbauungsschriften und drückte seinen Glauben in vielen Liedern aus. Im Gesangbuch finden wir sein Lied „Ich habe nun den Grund gefunden" (EG 354).

1582 † Lukas Lossius, Mitreformator in Lüneburg | 1758 † Johann Andreas Rothe, Liederdichter in Sachsen (ev. Gedenktag; Sterbetag: 6.7.) | 1887 † Karl Gottfried Pfannschmidt, Maler und Bildhauer | 1947 Weltmissionskonferenz in Witby | 1969 † Walter Gropius, Architekt

6. Juli

Sonnabend | SA 05:14 SU 21:39 MA 04:58 MU 22:44

Wochenspruch: Epheser 2,8
Wochenlied: EG 241 oder 313

Wir lesen 2. Mose 24,1–18

Wüstenzeit

40 Tage und Nächte: Wasserwüste um die Arche. Elias Flucht vor Überforderung und Erschöpfung in die Steinwüste. Rückzug und Begegnung zwischen Jesus und dem Bösen in der Wüste. Belehrung des Auferstandenen an seine Jünger bis zur Himmelfahrt. Und 40 Tage und Nächte sitzt Mose in der Wolke auf dem Berg. – 40 Tage und Nächte Zeit zwischen Mensch und Gott. Diese Zeit hinterlässt Spuren. Es ist eine Zeit der Wandlung. Es ist eine Zeit der Chance für Lebensveränderungen in der Gegenwart Gottes. Noah, Elia, Mose und Jesus war zu Beginn der 40 Tage noch nicht klar, wohin es am Ende gehen soll. Der Zeitraum ist also ein Prozess, in dem sich neue Wege auftun. 40 ist die höchste heilige Zahl, die über die Bibel hinweg gleichmäßig verteilt vorkommt und auch darüber hinaus unser Leben prägt: Nach 40 Wochen kommt ein Kind zur Welt. Ab 40 Jahren darf man Bundespräsident/Bundespräsidentin werden. Ab 40° C Fieber ist die Grenze des Erträglichen erreicht. Quarantäne heißt wörtlich 40 Tage Isolation. 40 scheint etwas Besonderes zu sein und ist Symbol für Maß und Mitte. – In 40 Tagen ist der 15. August.

Ich nehme mir vor, diese Tage bewusst leben: Was passiert alles in diesem Zeitraum? Was verändert sich? Was bleibt gleich? In diesen 40 Tagen will ich meine Alltagswüste erkunden: Wo kann ich überall Gott begegnen, und welche Wege zeigt er mir? *Christina Hinderer*

Wir beten

Lebendiger Gott, 40 Tage und Nächte scheinen sehr lang. Und doch bin ich gespannt auf die Begegnungen mit Dir. Zeig Dich in meinem Leben und öffne mir neue Wege. Amen.

Frida Kahlo – mexikanische Malerin

Frida Kahlo wurde am 6.7.1907 in Mexiko-Stadt geboren und war eine bekannte Malerin. Nach einem Unfall war sie längere Zeit ans Bett gebunden. Dabei entdeckte sie die Malerei als Ausdrucksmöglichkeit für ihre Gefühle und Schmerzen, die die lebenslangen Einschränkungen nach den Verletzungen in ihr zurückließen. Sie starb 1954. Kahlo hinterlässt 143 Bilder, davon 55 Selbstbildnisse mit auffälligem Damenbart und Augenbrauen. Anfang der 1940er Jahre notierte die Malerin die Bedeutung der Farben in ihren Bildern in ihrem Tagebuch.

1415 † Jan Hus, Reformator und Märtyrer in Prag | 1535 † Thomas Morus, Staatsmann und Humanist | 1971 † Louis Armstrong, Musiker

7. Juli

Sonntag | 6. Sonntag nach Trinitatis

Wochenspruch: Jesaja 43,1
Wochenlied: EG 200 oder EG.E 10
Altes Testament: Jesaja 43,1–7
Epistel: Römer 6,3–8(9–11)
Evangelium: Matthäus 28,16–20

Wir lesen Psalm 139

Erforsche mich, Gott!

Da saßen sie, die 15- und 16-Jährigen. Ich sollte mit ihnen über Religion reden. Wo ist Gott?, fragten sie. Und wie ist er? Wie können wir ihn begreifen? Wie erhört er Gebet – und warum manchmal nicht? Fragen über Fragen. Wie gern möchten wir Gott verstehen, ihn erforschen. Manche Menschen haben den Eindruck: Ich glaube schon so lange, aber so vieles verstehe ich nicht. Ich möchte gern mehr von Gott wissen, ihn fassen. Das hat schon den Beter von Psalm 139 bewegt. Er weiß: Gott ist überall, wirklich über dem All. Er ist im Osten der Morgenröte genauso wie im Westen, wo über dem Meer die Sonne sinkt. Er ist oben im Himmel genauso wie unten im Totenreich. Nicht unterschiedliche Gottheiten haben dort ihre Machtbereiche, wie man in anderen Kulturen dachte. Sondern der lebendige Gott ist der eine, große, All-Mächtige. Und dieser unfassbar große Gott kümmert sich um mich, um mein Leben! – So kommt der Psalmist nun ins

Staunen: Schon lange vor meiner Geburt war ich in seinem Plan. Er hat mich geschaffen, wie ich bin, und er, der über allem ist, kennt alle meine Wege. Er weiß mein Heute und mein Morgen, alle meine Tage. Ist das zu fassen? Zu begreifen? Es ist zu schwer! – Da bleiben Fragen: Warum lässt Gott es zu, dass der Glaube an ihn madig gemacht wird? Darunter leidet der Beter. Er hasst die „Frevler", wünscht ihnen den Tod. Aber auch diese Gedanken, die wir im Licht von Jesus Christus anders ausdrücken würden, legt er Gott zur Prüfung hin: „Sieh, ob ich auf bösem Wege bin." Er kann Gott in seiner Größe und Nähe oft nicht begreifen. Aber er will sich begreifen lassen. Er kann Gott nicht erforschen. Aber er bittet: „Erforsche mich, Gott." So vertraut sich der Psalmist Gott an. Sein Psalm ist kein Philosophieren über Gott, sondern ein Gebet: Leite mich auf dem Weg, der Zukunft hat, auch wenn ich jetzt nicht alles verstehe. *Ulrich Mack*

Wir beten

Heiliger Gott, Du bist groß, Schöpfer der Welt, Herr des Himmels und der Erde. Ich kann Dich nicht fassen, nicht begreifen. Aber Du begreifst mich. Du siehst meine Wege. Dir vertraue ich mich an. Amen.

1531 † Tilmann Riemenschneider, Bildhauer in Franken | 1954 Deutscher Evangelischer Kirchentag in Leipzig | 1976 † Gustav Heinemann

8. Juli

Montag | SA 05:16 SU 21:38 MA 07:32 MU 23:28

Wochenspruch: Jesaja 43,1
Wochenlied: EG 200 oder EG.E 10

Wir lesen 2. Mose 25,1–22

Rätsel der Weltgeschichte

Es ist aus Holz und vergoldet. Es hat zwei Cherubim. Wo ist es? Die Bauanleitung für die Bundeslade ist genau. Man sollte sie doch eigentlich finden können. Doch Archäologen haben nur missglückte Versuche hinter sich. So bleibt die Frage offen: Wo ist die Bundeslade? Oder ist es besser zu fragen: Was ist sie? Die Bundeslade ist mehr als Holz und Gold. Sie ist wertvoll. Sie ist ein Gemeinschaftsprojekt, und sie ist der Ort der Gottesbegegnung. Sie ist so schwer, dass nur mehrere Menschen sie tragen können. In ihr werden die Gesetze aufbewahrt. Also die Anleitung Gottes für ein gelingendes Leben. Mit der Bundeslade schafft Gott sich einen Ort bei den Menschen. Wenn ich über das Material hinausdenke, dann finde ich wertvolle Hinweise: Gott will den Menschen begegnen, nicht nur einem, sondern mehreren. Er will, dass seine Geschöpfe eine Gemeinschaft werden, die trägt. Gott will mit den Menschen mitgehen und einen wertvollen Platz in ihrem Leben haben. Gott will, dass die Menschen seine Anleitung für ein gelingendes Leben mittragen. Nichts weniger sind die Zehn Gebote: Leben in

Respekt, Wertschätzung, (Selbst-)Fürsorge, Achtsamkeit und Wahrheit. Mit diesen Hinweisen mache ich mich auf die Suche: Wo ist die Bundeslade? Wo ist der Ort in meinem Leben, an dem ich zusammen mit anderen Gott begegne und Leben in Fülle getragen wird? *Christina Hinderer*

Wir beten

Lebendiger Gott, es tut gut, Dich in Gemeinschaft zu erleben und von Dir zu erzählen. Zeig mir diese wertvollen Orte, damit ich Dich finden kann. Amen.

Anna Pappritz – unerschrockene Frauenrechtlerin

Anna Pappritz († 8.7.1939) war Frauenrechtlerin und Abolitionistin. Sie forderte die Abschaffung der staatlich reglementierten Prostitution, die allein Frauen strafrechtlich verurteilte. Als Möglichkeit zur Eindämmung der Prostitution sahen Abolitionistinnen soziale Reformen: Verbesserungen der Arbeits- und Lebensbedingungen von Frauen, Jugendfürsorge, Maßnahmen gegen Zwangsprostitution, Verbot von Bordellen. Pappritz gilt als Vordenkerin des heutigen Abolitionismus, der die Kriminalisierung der Nachfrage nach bezahltem Sex fordert.

689 † Kilian, Glaubensbote und Märtyrer am Main | 1911 Luise-Henrietten-Stift in Lehnin gegründet | 1936 † Heinrich Coerper, Gründer der Liebenzeller Mission | 1948 VELKD in Eisenach gegründet

9. Juli

Dienstag | SA 05:17 SU 21:37 MA 08:48 MU 23:42

Wochenspruch: Jesaja 43,1
Wochenlied: EG 200 oder EG.E 10

Wir lesen 2. Mose 31,18–32,14

Der vergebende Gott

Wem vertraue ich mich an? Das ist eine entscheidende Frage, besonders dann, wenn es mal ganz dicke kommt. Gott hat das Volk aus tödlicher Gefahr gerettet – damals in Ägypten unter der Knechtschaft des Pharaos. Nun sind sie schon viele Jahre unterwegs. Sie sind Mose gefolgt, der seine Weisung von Gott bekommt. Aber wo ist Gott? Wo ist Mose? Die Ungewissheit und die täglichen Entbehrungen schüren die Ängste im Volk in der nicht enden wollenden Zeit, in der Mose und Josua auf dem Berg Gottes sind. Eine neue Orientierung muss her, ein Kalb als Abgott aus Gold soll es ein. Dieser Statue werden auf einem Altar nun Dankopfer dargebracht. Das wiederum erzürnt Gott, der ja ein eifernder Gott ist. Sein Zorn ist so groß, dass er sein Volk vernichten will. – Die Geschichte könnte nun ziemlich übel ausgehen, aber ab hier nimmt die Handlung eine neue Richtung. Mose erinnert Gott an die gemeinsame Geschichte vom Auszug aus Ägypten, dass das doch nicht alles umsonst gewesen sein kann. Er erinnert sogar an Gottes Versprechen gegenüber den Vorfahren. Und siehe da: Gott lenkt ein und lässt mit sich reden. Was für ein menschliches Gottesbild schenkt uns diese Begebenheit! Nicht einmal die Heilige Schrift sieht ein Problem darin, dass Gott auch mal seine Meinung ändert. Gott ist ein Gott, der vergeben kann. Hier zeigt er es. *Carsten Rostalsky*

Wir beten

Guter Gott, wir danken Dir, dass Dir Liebe und Vergebung wichtiger sind als Zorn und Strafe. Damit ermutigst Du uns, Dich mit allem, was uns bedrückt, anzurufen in dem Vertrauen, dass Du uns erhörst. Amen.

Das Naemi-Wilke-Stift

Der Anlass für die 1878 gegründete Privatstiftung des Gubener Hutfabrikanten Friedrich Wilke (1829–1908) war der Tod der Tochter Naëmi im Alter von 13 Jahren. Zehn Jahre später war das kleine Kinderkrankenhaus bezugsfertig. Über die Jahrzehnte wurden der Gebäudekomplex und der ambulante und stationäre Aufgabenbereich immer größer. Darüber hinaus ist die Stiftung heute Träger von Jugendhilfeeinrichtungen. Seit 2008 befindet sich das Naemi-Wilke-Stift unter dem Dach der Selbständigen Evangelisch-Lutherischen Kirche (SELK).

1681 † Georg Neumark, Liederdichter in Thüringen (ev. Gedenktag; Sterbetag: 8.7.) | 1706 Bartholomäus Ziegenbalg landet in Indien | 1888 Naemi-Wilke-Stift in Guben gegründet

10. Juli

Mittwoch | SA 05:18 SU 21:36 MA 10:01 MU 23:53

Wochenspruch: Jesaja 43,1
Wochenlied: EG 200 oder EG.E 10

Wir lesen 2. Mose 32,15–29

Mose gegen Aaron

Wenn wir die Leseabschnitte von gestern und heute nebeneinanderhalten, stellen wir schnell fest, dass da nicht alles logisch zueinanderpasst. Gestern noch der von Mose milde gestimmte Gott, und heute entbrennt Mose beim Anblick des Tanzes um das goldene Kalb so sehr vor Zorn, dass er die beiden Gesetzestafeln kurzerhand am Fuße des Gottesberges zerschmettert. Aaron wird von seinem Bruder Mose zur Rede gestellt; der windet sich allerdings heraus und zeigt eher mit dem Finger auf das „böse Volk", das zuchtlos geworden war. Mose vernichtet das goldene Kalb im Feuer und lässt durch die Söhne Levi in einem Strafgericht 3000 Männer niedermetzeln. Eine furchtbare Vorstellung. Das Hinmorden eines einzelnen Menschen – geschweige denn so vieler – kann doch niemals als eine Gott wohlgefällige Tat angesehen werden. Dahinter dürfen wir heute durchaus ein paar dicke Fragezeichen setzen. Hintergrund der Episode um das goldene Kalb ist die Schwächung der aaronitischen Priesterschaft zugunsten der Leviten, die sich hier als zuverlässige Diener Gottes erweisen sollen. Denn das Aufstellen eines Götzenbildes gilt als große Sünde und muss folgenschwer geahndet werden. In der Handlungsweise des Mose spiegelt sich offenbar der Wunsch wider, den Zorn Gottes durch Selbstzüchtigung aufzuhalten. Wie gesagt: Die Fragezeichen bleiben. *Carsten Rostalsky*

Wir beten

Guter Gott, wir durften Dein Erbarmen und Deine Geduld immer wieder erfahren. Selbstverständlich ist das nicht. Lass uns in der Liebe Deines Sohnes Jesus Christus bleiben und sie auch anderen bezeugen. Amen.

Karl Richard Lepsius

Lepsius gilt für den deutschsprachigen Raum als Begründer der wissenschaftlichen Beschäftigung mit den ägyptischen Altertümern. Er studierte in Leipzig, Göttingen und Berlin Philologie und vergleichende Sprachwissenschaft. In Paris wandte er sich der ägyptischen Sprache zu. Von 1842 bis 1845 war er Leiter der preußischen Expedition nach Ägypten, ausgesandt von König Friedrich Wilhelm IV. 1866 unternahm Lepsius eine zweite Reise nach Ägypten. Bei dieser Reise fand er eine dreisprachige Inschrift, die zu Ehren Ptolemäus III. abgefasst worden war.

1509 * Johannes Calvin, Reformator in Genf | 1584 † Wilhelm I. von Oranien, Förderer der Reformation in den Niederlanden | 1884 † Karl Richard Lepsius, Ägyptologe

11. Juli

Donnerstag | SA 05:19 SU 21:35 MA 11:11 MU –

Wochenspruch: Jesaja 43,1
Wochenlied: EG 200 oder EG.E 10

Wir lesen 2. Mose 32,30–33,6

Vergeben, aber nicht vergessen

Im heutigen Abschnitt spricht Mose zunächst noch einmal mit dem Volk, bevor er sich ein weiteres Mal aufmacht auf den Berg Gottes. Die ganz besondere Beziehung zwischen Gott und Mose, bei allem, was auch immer vorfallen mag, wird im heutigen Textabschnitt einmal mehr deutlich. Nun stellt Mose sich wieder als Anwalt des Volkes vor Gott und bittet um die Vergebung der Sünden. Mose geht sogar so weit, dass er sich selbst anbietet, anstelle der Israeliten aus Gottes Buch gestrichen zu werden. Darauf lässt sich Gott nicht ein, sagt aber dennoch unter Vorbehalt seine Vergebung zu. Vergeben, aber nicht vergessen. Wenn man so will, dann bekommt das Volk, das in diesem Zusammenhang immer wieder als halsstarrig bezeichnet wird, noch einmal lebenslänglich auf Bewährung. Denn Gott will „die Sünde heimsuchen", wenn es an der Zeit ist (V. 34). Mose soll weiterhin das Volk führen, auch schickt Gott einen Engel voraus, kündigt aber ebenfalls an, nicht mehr mitzuziehen. Das Volk Israel reagiert schockiert auf diese harte Rede Gottes und tut Buße. So zumindest ist die starke Geste des Schmuckablegens zu verstehen. Gott ist offenbar gerührt von der tief empfundenen und ehrlichen Umkehr des Volkes Israel. Auch hier heißt es noch einmal: vergeben, aber nicht vergessen. „Und nun lege deinen Schmuck ab, dann will ich sehen, was ich dir tue." (V. 5) *Carsten Rostalsky*

Wir beten

Guter Gott, begleite, bewahre und behüte uns in allen Situationen unseres Lebens, damit wir uns von Dir gehalten wissen und die Kraft bekommen, Schweres und Leidvolles tragen zu können. Amen.

Salomo Franck (6.3.1659 – 11.7.1725)

Was haben der Rechtswissenschaftler Salomo Franck und der Komponist Johann Sebastian Bach gemeinsam? Richtige Antwort: eine Menge. Denn neben seiner juristischen Profession war Franck auch als Dichter tätig. Der Nachwelt hat er Texte insbesondere aus seiner Weimarer Zeit hinterlassen, die Johann Sebastian Bach als Grundlage für die meisten seiner Kantaten dienten. Als Ober-Konsistorialsekretär war Salomo Franck in Weimar gleichzeitig für die Herzogliche Bibliothek und das Münzkabinett zuständig.

547 † Benedikt von Nursia, Mönchsvater in Italien | 1575 † Renata von Ferrara, Förderin der Reformation in Frankreich (ev. Gedenktag; Sterbetag: 12.7.) | 1725 † Salomo Franck, Lieder- und Kantatendichter | 1899 * Hans-Joachim Iwand, Theologe

12. Juli

Freitag | SA 05:20 SU 21:34 MA 12:21 MU 00:03

Wochenspruch: Jesaja 43,1
Wochenlied: EG 200 oder EG.E 10

Wir lesen 2. Mose 33,7–11

Das Aber des Mose

Es ist alles gesagt. Gott hat sich entschieden. Seine Geduld ist am Ende. Nicht er, sondern Mose hat das Volk aus Ägypten geführt. Nicht sein Volk ist es mehr, sondern das des Mose. Nun führe auch Mose bitteschön dieses Volk weiter durch die Wüste ins gelobte Land, denn so spricht Gott: „Würde ich mit dir hinaufziehen: Ich würde dich unterwegs vertilgen." Das goldene Kalb war der endgültige Bruch. Immerhin: Einen Engel wird Gott vor ihnen hersenden. Das reicht Mose nicht. Aus der Tiefe seiner Seele und mit aller Kraft seines Glaubens wagt Mose ein Aber. „Mose aber nahm das Zelt und schlug es draußen auf, fern von dem Lager." Die Stiftshütte ist des Mose Aber. Hier redet der Herr mit Mose „von Angesicht zu Angesicht, wie ein Mann mit seinem Freunde". Was für eine lebensrettende Kraft steckt in diesem Aber. Gott ist doch nicht fertig mit den Menschen. Er wartet auf unser vom Aber geleitetes Beten und Tun. Lasst uns das Zelt errichten, den Ort, Gott zu hören und mit ihm zu reden. Zuhause, in den Straßen unserer Stadt, in den Schulen, in den Parlamenten. Dass wir ihn hören und mit der Kraft unseres Aber ihn zu uns bitten: Du Gott bist im Recht mit deinem Zorn, alle Gebote zu leben, haben wir von dir und missachten sie stündlich. Aber: bitte überlass uns nicht uns selbst, lass uns nicht in Hass und Gier zugrunde gehen. Erhalte uns das Aber zur Umkehr. *Elfriede Teresa Begrich*

Wir beten

Du unser Gott, lass uns nicht müde werden, Dich um Dein Wort zu bitten, damit wir wissen, was zu sagen und zu tun ist – in unserer Zeit, an diesem Tag heute. Amen.

Klar und konkret: Erasmus von Rotterdam

Erasmus von Rotterdam († 12.7.1536 in Basel) liebte im Gegensatz zu Martin Luther keine Kompromisse. Hier ein Beispiel: „Wie betet der Soldat das ‚Vaterunser'?" – „Du harter Mund, du wagst Vater zu sagen, da du deinem Bruder an die Gurgel willst?"; „Es geschehe dein Wille, wie im Himmel so auch auf Erden" – „Jener will den Frieden und du rüstest zum Krieg?" Und so fragt er für alle Bitten des Gebetes. Eine schwer zu ertragende und doch so notwendige Konsequenz des Christseins im Soldatenstand. Eine Klarheit, die scheidet und doch hilfreich ist.

1536 † Erasmus von Rotterdam, Humanist | 1681 † Sigmund von Birken, Liederdichter | 1931 † Nathan Söderblom, schwedischer Erzbischof

13. Juli

Sonnabend | SA 05:21 SU 21:34 MA 13:30 MU 00:13

Wochenspruch: Jesaja 43,1
Wochenlied: EG 200 oder EG.E 10

Wir lesen 2. Mose 33,12–23

Wer das Nachsehen hat, kann das Vorangehen wagen

Mose gibt nicht auf, sondern steigert seine Wünsche ins Unermessliche: „Gott, lass mich deine Herrlichkeit sehen! Die volle Größe, die ganze Weite, Macht und Ehre, nicht nur das Angesicht!" Gott geht mit seiner Antwort einen Schritt zurück: „Nicht einmal mein Angesicht wirst du mehr sehen, wie zuvor in der Stiftshütte. Du darfst mir nachsehen, aber mein Angesicht kannst du nicht sehen." Voraussetzung dafür ist das Innehalten bei Gott, die Gewissheit, dass er einen Platz für mich hat, von dem aus ich ihm nachsehen kann. Einen Platz mit festem Boden unter den Füßen und schützender Hand über mir. Nur wenn wir innehalten, können wir Gottes Spuren nachsehen. Und wer sich in diesem Gott-Nachsehen übt, kann getrost vorangehen. Denn der Weg wurde schon gegangen. Von Gott, der seine Spur hinterlassen hat. Sie zu finden, ist nicht einfach unter den unzähligen Nebenspuren. Darum brauchen wir zur Vergewisserung die Stille, das Warten in seiner Nähe. Damit wir es erfahren: Seine schützende Hand ist über mir, auch an einem noch so dunklen Ort, ja gerade dort. So, wie sie bleibt, wenn wir weitergehen.

Mögen wir immer wieder diesen Platz in unserem Leben finden. Damit wir im ersten Morgenlicht der Spur des Schöpfungsmorgens nachsehen und Gottes Friedensruf im Geläut am Mittag vernehmen können. Am Abend dürfen wir dann staunend seiner schützenden Hand über uns nachsehen und beten, dass er uns dies Nachsehen erhalte, damit wir getrost vorangehen können. *Elfriede Teresa Begrich*

Wir beten

Du unser Gott, gib uns die Ruhe und die nötige Geduld, Deine leisen Spuren in unserer lauten Welt zu finden. Amen.

Frida Kahlo, Ikone des 20. Jahrhunderts

Wer „mexikanische Kunst und Malerei" in eine Suchmaschine eingibt, wird zuerst zu Frida Kahlo geleitet, die nur 47 Jahren alt geworden ist. Sie hat wie niemand sonst Mexiko ihr Leben, ihre Garderobe in ihre Bilder hineingenommen. Die Farben explodieren, die Papageien leuchten daraus hervor, und die mexikanischen Früchte sind der Kopfschmuck ihrer berühmten Selbstporträts. Wie kaum eine Künstlerin hat sie tiefen Schmerz und große Leidenschaft in ihrer Malerei verbunden. – Frida Kahlo, fremde nahe Schwester.

1024 † Heinrich II., Kaiser | 1033 † Kunigunde, Kaiserin (ev. Gedenktag; Sterbetag: vermutl. 3.3.1033) | 1948 Grundordnung der EKD verabschiedet | 1954 † Frida Kahlo, Malerin

14. Juli

Sonntag | 7. Sonntag nach Trinitatis

Wochenspruch: Epheser 2,19
Wochenlied: EG 320 oder 418
Altes Testament: 2. Mose 16,2–3.11–18
Epistel: Apostelgeschichte 2,41–47
Evangelium: Johannes 6,1–15

Wir lesen Psalm 119,25–32

Gottes Weg für uns und mit uns

Der längste Psalm ist nach dem hebräischen Alphabet aufgeteilt. Jeder der 22 Buchstaben (Konsonanten) bekommt acht Verse (= 176 total). Die heutigen acht Verse beginnen alle mit dem 4. Buchstaben (*dalet*, unserem „d" entsprechend), fünf davon mit dem Wort *derek* „Weg" (in der deutschen Übersetzung nicht ersichtlich). „Weg" ist also ein gewichtiges Wort des heutigen Bibelworts. Es ist die Rede von Gottes und von unseren Wegen sowie – was unsere Wege betrifft – von guten und falschen Wegen. Gut ist, sich an Gottes Wegen zu orientieren: an denen in der Geschichte und vor allem an denen, die er in seinem Wort kundtut. Der Apostel Paulus schreibt, dass wir als Christengemeinde in Jesus Christus zu guten Werken und das heißt zu guten Wegen geschaffen sind, „die Gott zuvor bereitet hat, dass wir darin wandeln sollen" (Eph 2,10). Die Christenwege sind von Gott schon „zubereitet"; es sind seine Wege, die wir beschreiten dürfen. Wir erfahren also Hilfe: Sie sind von Jesus gleichsam schon abgeschritten, und im Heiligen Geist ist Gott mit uns unterwegs. Seine Wege sind gut, aber nicht immer leicht – wie derjenige von Jesus auch. Wenn ich auf dem Weg unsicher bin, er mir Angst macht oder ich darauf schuldig werde, dann darf ich im Gebet zu Jesus kommen und mich an seinem Weg-weisenden Wort neu orientieren. Unser Abschnitt beginnt damit, dass die Seele im Staube liegt (V. 25), aber er endet damit, dass Gott beim Laufen auf dem Weg seiner Gebote unser Herz tröstet (V. 32). Zwischendrin stehen die Bitten, dass Gott mich durch sein Wort neu aufrichte und mich fernhalte von Lügen-Wegen (V. 28 f.). – Halten wir einen Moment stille vor Gott. Ich frage: Was ist der nächste Wegabschnitt für mich? Und ich höre ihn sagen: Ich bin mit dir unterwegs, wohin auch immer. Halte dich nur an mich und geh an meiner Hand! *Beat Weber*

Wir beten

Herr Jesus Christus, Du bist den Weg zu unserer Erlösung gegangen. Ich danke Dir, zusammen mit der ganzen Gemeinde. Und nun bitte ich, dass Du mich auf guten, von Dir gebahnten Wegen leitest. Amen.

1789 Französische Revolution | 1850 † August Neander | 1929 † Karolina Utriainen, Laienpredigerin in Finnland | 1941 † Martin Gauger

15. Juli

Montag | SA 05:24 SU 21:32 MA 15:55 MU 00:35

Wochenspruch: Epheser 2,19
Wochenlied: EG 320 oder 418

Wir lesen 2. Mose 34,1–10

Noch einmal neu anfangen

„Und jedem Anfang wohnt ein Zauber inne …" Das tausendfach zitierte Dichterwort zaubert selbst immer wieder große Begeisterung hervor. Und wenn es dann noch heißt: „Wir sollen heiter Raum um Raum durchschreiten" – ja, das klingt wundervoll. Leider ist es nicht so einfach. Zumindest dann nicht, wenn im Leben etwas gründlich schiefgegangen ist. Und ganz gewiss nicht, wenn das ganze Leben und Zusammenleben in Scherben liegt. So, wie einst die Tafeln mit den Geboten in Scherben lagen und Gottes wunderbares Angebot, mit seinem Volk im Bunde zu sein, im Dreck. Da war nicht mehr der kleinste heitere Neuaufbruch in Sicht. Und doch endet diese Geschichte nicht auf dem Schutthaufen der zerbrochenen Geschichten dieser Welt. Sie fängt noch einmal neu an. Sie fängt noch einmal an, weil der Gott dieser Geschichte und der Gott aller Menschengeschichten ein Gott des Anfangs ist. Ein Gott, der die Namen trägt: Gnade und Barmherzigkeit, Geduld und Treue. Auch dort, wo wir Dinge nicht wiedergutmachen können, auch dort, wo wir an Gott und Menschen schuldig geworden sind, fängt Gott aufs Neue mit dem Anfang an und verschafft uns wieder Raum und Zeit zum Atmen. Damit verschwindet nicht mit einem Schlag, was wir angerichtet haben. Es kann lange schmerzen, vielleicht sogar bei denen, die nach uns kommen. Aber es darf das Leben nicht mehr ersticken. Dafür steht der Gott des Anfangs mit immer neuen Anfängen ein. *Volker Spangenberg*

Wir beten

Unser Vater im Himmel, vergib uns unsere Schuld und höre nicht auf, in unserem Leben und Zusammenleben immer wieder mit dem Anfang anzufangen. Amen.

Johannes Bonaventura, Kirchenlehrer in Italien

Dass er als Kind eine lebensbedrohliche Krankheit überlebte, führte der um 1217 in Bagnoregio geborene Sohn eines Arztes auf die Fürbitte des Franz von Assisi zurück. 1243 trat Bonaventura in den Franziskanerorden ein, dessen Generalminister er später wurde. Als Theologieprofessor in Paris schuf er ein umfangreiches schriftliches Werk, in dem er Wissenschaft und Frömmigkeit miteinander verband. Bonaventura starb am 15.7.1274 in Lyon.

1099 Jerusalem durch Kreuzfahrer erobert | 1274 † Johannes Bonaventura, Kirchenlehrer in Italien | 1904 † Anton Tschechow, Dichter | 1929 † Hugo von Hofmannsthal, Dichter

16. Juli

Dienstag | SA 05:25 SU 21:31 MA 17:12 MU 00:50

Wochenspruch: Epheser 2,19
Wochenlied: EG 320 oder 418

Wir lesen 2. Mose 34,27–35

Glanz und Maske

Es ist eine Binsenweisheit, dass auch die Gesichter von Menschen eine Sprache sprechen. Zorn verfinstert ein Gesicht. Freude bringt es zum Strahlen. Und ein strahlendes Gesicht macht fröhlich. Immer? Das strahlende Gesicht von Mose jedenfalls löste Furcht aus. Es muss ein einzigartiges Strahlen gewesen sein: ein Glanz, der die Menschen im Innersten berührte. Ein helles Licht, in dem sie erkannten, dass in Moses Worten Gott selbst gegenwärtig war. Und damit kommt die Maske ins Spiel. Sie ist mehr als nur ein Mittel gegen die Furcht. Sie verhindert auch, dass die Hörenden den glänzenden Verkündiger bewundern und ihm statt Gott die Ehre geben. Denn kein Verkündiger – auch kein Mose – kann und darf mehr sein wollen als ein Mensch im Auftrag Gottes. Glanz und Maske können an beides erinnern: an das Wunder, dass Gott Menschen als seine Botschafter beruft. Und daran, dass Gottes Boten Glanz und Ehre nicht für sich selber suchen sollen, sondern für den, der sie sendet. Übrigens: Dass Mose durch Malerei und Bildhauerei häufig mit Hörnern auf dem Kopf dargestellt wurde, geht auf die lateinische Bibelübersetzung des Kirchenvaters Hieronymus aus dem 4. Jahrhundert zurück. Er übersetzte das „Strahlen“ mit „Horn“, was von der hebräischen Wortwurzel her auch möglich ist. Aber Hörner im Gesicht? Und wie passt dazu die Maske? Sicher eine Fehlübersetzung. *Volker Spangenberg*

Wir beten

Danke, ewiger Gott, dass Du uns Menschen zu Deinen Boten berufst. Hilf uns, dass wir dabei nicht unsere Bewunderung, sondern Deine Ehre suchen. Amen.

Andreas Gryphius, Dichter

Er wurde 1616 im schlesischen Glogau geboren und ist am 16.7.1664 auch dort gestorben. Nach einem Studium in Leiden und einer ausgedehnten Reise durch Frankreich und Italien erhielt er 1650 das Amt eines Rechtsvertreters der Glogauer Landstände. Es sind vor allem die zahlreichen Gedichte, die seinen hohen Rang als Vertreter der deutschen Barockliteratur begründet haben. In ihnen spiegelt sich neben der Erfahrung des frühen Verlustes seiner Eltern immer wieder das unermessliche Leiden und Sterben im Dreißigjährigen Krieg.

1054 Trennung zwischen den morgen- und abendländischen Kirchen (Rom und Byzanz) | 1546 † Anna Askew, Märtyrerin in England | 1664 † Andreas Gryphius, Dichter | 1985 † Heinrich Böll, Schriftsteller

17. Juli

Mittwoch | SA 05:26 SU 21:29 MA 18:30 MU 01:10

Wochenspruch: Epheser 2,19
Wochenlied: EG 320 oder 418

Wir lesen 2. Mose 35,4–29

Ein Ort, um Gott zu begegnen

Ein neues Gemeindezentrum soll entstehen. Schön soll es werden, praxistauglich, mit genügend Raum für die Gemeinde, würdig auch zum Gottesdienst-Feiern. Die Gemeindeleitung überlegt, was dazu nötig ist. Eine Spendensammlung sicherlich, eine Bauplanung mit der Liste aller Arbeiten und die Bestellung der Bauleitung. Genau diese Maßnahmen kannten schon die Israeliten unter Mose. Das geplante Gemeindezentrum heißt „Stiftshütte" und „Zelt der Begegnung"; denn hier will Gott den Menschen begegnen. Hier sollen sie Gottesdienste feiern. Dazu braucht es Räume, darin Tisch und Altäre, einen Vorhof und einen Vorhang vor dem Zelt-Inneren. Dort, im Zentrum, soll die Bundeslade ihren Platz finden; sie enthält die Gebotstafeln, später auch den Stab des Mose. Ihre Abdeckplatte wird „Gnadenstuhl" genannt. Viel später wird Paulus erklären: Seit Karfreitag ist Jesus der „Gnadenstuhl" für alle, Ort der Gottesbegegnung und Versöhnung (Röm 3,25). Die Stiftshütte in der Wüste wurde zum Vorausbild für den Tempel in Jerusalem und schließlich für das weltweite Feiern christlicher Gottesdienste. Dazu sollen viele beitragen. Schon damals: nicht gezwungen, sondern freiwillig. „Jeder, dessen Herz willig ist“ (V. 5), soll geben, was dem Haus Gottes und der Gemeinde dient. Erstaunlich, was die Leute damals zusammenbrachten! *Ulrich Mack*

Wir beten

Danke, Gott, dass Du mir immer neu begegnen willst. Danke für Deine Gnade und Treue! Und danke für Gottesdienste, für Räume zum Feiern und für alle, die gern am Bau der Gemeinde mitwirken. Amen.

Scilitanische Märtyrer

Am 17.7.180 n. Chr. wurden die zwölf „scilitanischen Märtyrer“ in Karthago enthauptet. Das letzte Verhör der Angeklagten ist in der „Passio sanctorum scilitanorum“ erhalten. Ein bewegendes Dokument! „Ich bin eine Christin“, bekannte Vestia. Die anderen stimmten ein. Cittinus betonte: „Wir haben niemanden, den wir zu fürchten hätten, als den Herrn, unseren Gott, der im Himmel ist.“ Ob sie nicht, um ihr Leben zu retten, den Kaiser verehren und ihrem Glauben absagen wollten? Donata erklärte: „Ehre dem Kaiser als Kaiser; die Furcht aber Gott.“

180 † Märtyrer von Scili, Märtyrer in Nordafrika | 1925 † Lovis Corinth, Maler und Graphiker

18. Juli

Donnerstag | SA 05:27 SU 21:28 MA 19:45 MU 01:40

Wochenspruch: Epheser 2,19
Wochenlied: EG 320 oder 418

Wir lesen 2. Mose 35,30–36,7

Ein Baumeister – vom Geist Gottes erfüllt

Wie gut, dass die Israeliten den Bezalel hatten! Und dass Mose ihn im Auftrag Gottes als Bauleiter einsetzen konnte, ohne selbst die Zügel in der Hand haben zu wollen. Es war ein Musterbeispiel an geglückter Delegation. Wenn Vers 30 betont, Gott habe den Bezalel berufen, dann bedeutet dies: Mose war vorher im Gespräch mit Gott. Dies ermutigt Gemeinden, bei jeder Mitarbeitersuche erst mal ins Gebet zu gehen. Gott hat den besseren Blick auf Begabungen und kann Menschen auf vielerlei Weise berufen. Welche Kriterien sind bei der Mitarbeiterfindung wichtig? Was steht in Stellenausschreibungen? In den Versen 31–35 ist eine interessante Prioritätenliste erkennbar: Als Erstes wird betont: Bezalel ist „vom Geist Gottes erfüllt". Sein Denken und Handeln sind davon geprägt. An zweiter Stelle wird seine fachliche Kompetenz genau beschrieben. Er ist ein begabter Kunsthandwerker. Er kann mit Edelmetallen, mit Edelsteinen und Holz sehr gut umgehen und „jede kunstreiche Arbeit" vollbringen. Drittens: Er besitzt pädagogische Fähigkeiten. Er kann andere Menschen motivieren und anleiten. Und er ist kein

Einzelkämpfer, sondern bekommt Oholiab an seine Seite. Viele Freiwillige wirken dann am Bau der Stiftshütte mit. Aber genauso wichtig: Ihnen wird auch gesagt: Jetzt reicht es. Pause! Kein Wunder, dass vorher (35,1–3) ausdrücklich die Sabbatruhe geboten wird. *Ulrich Mack*

Wir beten

Herr Jesus Christus, Du berufst Menschen zum Dienst in Deinem Reich. Danke für die vielen, die in Kirchen und Gemeinden mitwirken! Schenke ihnen die Kraft Deines Geistes und Freude im Vertrauen auf Dich. Amen.

Liebe lernen, nicht Hass

Am 18.7.1918 wurde Nelson Mandela geboren. Bevor er Präsident Südafrikas wurde, saß er 27 Jahre lang in Haft. 1990 wurde er entlassen. Er berichtet: „Als ich aus der Zelle durch die Tür in Richtung Freiheit ging, wusste ich, dass ich meine Verbitterung und meinen Hass zurücklassen musste, oder ich würde mein Leben lang gefangen bleiben.“ Später sagte er: „Hass wird gelernt. Und wenn man Hass lernen kann, kann man auch lernen zu lieben. Denn Liebe ist ein viel natürlicheres Empfinden im Herzen eines Menschen als ihr Gegenteil.“

1100 † Gottfried von Bouillon, Teilnehmer am 1. Kreuzzug | 1639 † Bernhard von Weimar, Mitstreiter Gustav Adolfs | 1918 * Nelson Mandela, Apartheidsgegner, Präsident Südafrikas, Friedensnobelpreisträger | 1939 † Paul Schneider, Märtyrer im Rheinland

19. Juli

Freitag | SA 05:29 SU 21:27 MA 20:48 MU 02:23

Wochenspruch: Epheser 2,19
Wochenlied: EG 320 oder 418

Wir lesen 2. Mose 40,1–17

Gottes Zeltwohnung

Oft im Urlaub machen Menschen sich auf zu Gottes Haus. Behutsam wird die schwere Tür aufgedrückt. Eine tritt ein, steht einen Augenblick wie geblendet von der Weite des Raumes, geht vorsichtig hindurch, kommt zurück. Staunen habe ich gespürt. Fremdheit. Wiedersehensfreude. Ein Nach-Hause-Kommen. Wir Menschen brauchen einen Raum für unsere Sehnsucht nach Halt und Orientierung. Für unsere Fragen. Für unser Vertrauen auf Gott. Wo ist Gott für mich spürbar da? Diese Sehnsucht bewegte auch das Volk Israel auf seinem Weg in das Gelobte Land. Die Suche nach einem sichtbaren Ort der Begegnung mit dem Ewigen und seinen Geboten hatte die Israeliten dazu angetrieben, das Goldene Kalb herzustellen. Aber auf ein Götterbild lässt Gott sich nicht festlegen. Nun eröffnet er den Israeliten einen heiligen Raum, in dem sie Gott suchen und sich an Gottes Weisungen ausrichten können. Ein Zelt stellt Mose auf. Ein transportables Heiligtum für die Wanderschaft (hebräisch: Mischkan; Luther übersetzt *Stiftshütte*). Daran bindet sich der unsichtbare Gott und ist sichtbar mit seinem Volk unterwegs. Der Weg durch die Wüste ist weit. Wie gut ist es, Räume zu haben und aufzusuchen, an denen ich innehalte. Schweigend und hörend den inneren Kompass ausrichte auf Gottes Weg für mich und die nächsten Schritte. *Marikje Smid*

Wir beten

Gott, sei mit uns auf dem Weg. Schenke uns ein offenes Herz für Dein Mitgehen und für Deine Wunder, auch in unserem Leben. Lass Du Deinen Segen über uns leuchten. Amen.

Auszug, Wüstenweg, Heiligtum

Die „Torah für Kinder" erklärt zusammenfassend: „Das 2. Buch Mosche heißt auf Hebräisch Schemot, ‚Namen'. Namen sind Ausdruck unserer Identität, daher sind die Themen in diesem Buch auch für das Judentum identitätsstiftend: Die Sklaverei in Ägypten und der daraus erwachsene Drang zur Freiheit, die Offenbarung am Berg Sinai, also das direkte In-Kontakt-Treten mit dem Einen, die Ge- und Verbote und schließlich der Bau des Heiligtums, also die Präsenz Gottes in dieser Welt." (In: Erzähl es deinen Kindern, Bd. 2, S. 11)

64 Brand Roms unter Kaiser Nero | 352 erstes Frauenkloster von Makrina gegründet | 1777 † Johann Marteilhe, Glaubenszeuge in Frankreich

20. Juli

Sonnabend | SA 05:30 SU 21:26 MA 21:35 MU 03:25

Wochenspruch: Epheser 2,19
Wochenlied: EG 320 oder 418

Wir lesen 2. Mose 40,34–38

Gottes Zeichen unterwegs

Was für ein Glück! Kaum hat Mose das Heiligtum nach Gottes Vorgaben fertiggestellt, zieht Gott dort ein. Als sichtbares Zeichen legt sich eine Wolke auf die Zeltwohnung – immer dann, wenn Gottes Lichtglanz (hebräisch: Kavod) sie ausfüllt. Und das bleibt auf der ganzen Wanderschaft durch die Wüste so. Tags hebt sich die Wolke vom Zelt, das ist das Signal zum Aufbruch. Nachts leuchtet ein Feuer aus der Wolke: Gott ist mit auf dem Weg. Und wenn die Wolke liegen bleibt, bleiben die Israeliten, wo sie sind, und warten auf Gottes Zeichen zum Weitergehen. Wunderbar konkret versteht die Thora Gottes ununterbrochenes Mit-Sein und Begleiten bei einer Wanderung durch die Wüste. Das ist das jüdische Erbe, das wir haben, dass wir lernen zu vertrauen: Ich bin immer bei Gott aufgehoben, egal, was kommt. Der Weg ist offen, und Gott geht an meiner Seite den Weg durch mein Leben mit. Diese Lebenshaltung muss ich einüben, ein Leben lang. Indem ich mein Herz öffne für Gottes Zeichen auf meinem Weg. Mich konkret frage und entscheide: Wo gebe ich dem Vertrauen, dass ich bei Gott aufgehoben bin, täglich Raum? In einem

Abend- oder Morgengebet? Im Lesen der Losungen, Meditieren, einem anderen Ritus? Zu einer bestimmten Zeit? An einem besonderen Ort? *Marikje Smid*

Wir beten

Danke, Gott an unserer Seite. Du hältst die Offenheit und auch Leiden mit uns aus. Lass uns Dein Mitgehen spüren. Hilf uns, das Vertrauen auf Dich einzuüben und zu leben. Amen.

20. Juli 1944

Vor 80 Jahren führte Oberst Claus Schenk Graf von Stauffenberg das Attentat auf Hitler aus. Hitler überlebte. Der Umsturz schlug fehl. Im Wissen um das Scheitern und die tödlichen Folgen auch für sich, Familie und Freunde im Widerstand schrieb Dietrich Bonhoeffer am 21.7.1944 aus dem Gefängnis an seinen Freund, er freue sich „ganz einfach an den Losungen des Tages". Besonders „an der gestrigen" (Ps 20,8; Röm 8,31) „und heutigen" (Ps 23,1; Joh 10,14), „und man kehrt zu den schönen Paul Gerhardtliedern zurück und ist froh über diesen Besitz". (s. Widerstand und Ergebung, S. 541)

um 307 † Margareta, Märtyrerin in Kleinasien | 1899 Lepraheim Memel gegründet | 1944 Attentat auf Hitler | 1944 † Claus Schenk Graf von Stauffenberg | 1969 erste Landung von Menschen auf dem Mond

21. Juli

Sonntag | 8. Sonntag nach Trinitatis

Wochenspruch: Epheser 5,8b.9
Wochenlied: EG 262/263 oder EG.E 25
Altes Testament: Jesaja 2,1–5
Epistel: Epheser 5,8b–14
Evangelium: Matthäus 5,13–16

Wir lesen Psalm 119,33–40

An Gottes Wegen ist alles gelegen

Den Anfang machen Seligpreisungen („Wohl denen …", V. 1–3), danach ist der Psalm ein umfangreiches Gebet. Unser Abschnitt besteht aus Bitten. Dabei steht nicht im Vordergrund, was unsere Bitten und Fürbitten oft prägt: Hilfe in Krankheit oder Nöten aller Art, Bewahrung und Führung. Gewiss, solche Anliegen dürfen wir vor Gott bringen; dafür haben wir viele Beispiele in den Psalmen. Hier aber ist *Gottes* Sache und dass ich mit ihr übereinstimme, das Anliegen. Der Beter möchte ganz von Gottes Wort bestimmt sein und sein Leben danach ausrichten. Es geht um „dein Wort" (V. 38), verbunden mit einer Vielzahl von Begriffen, die das meinen: Gebote, Zeugnisse, Wege, Urteile, Befehle. Die umfassendste Bezeichnung ist „Thora"; Luther übersetzte mit „Gesetz" (V. 34). Wir denken an die Zehn Gebote und weitere Vorschriften. Doch „Thora" ist mehr als Gebote und Verbote, schließt Erzählungen und anderes mehr mit ein. Die Engführung auf das, was man „muss“ oder „nicht darf“, ist unglücklich. „Thora“ versteht das Gotteswort als „Wegweisung“. Es führt uns auf gute Wege und zu gelingendem Leben, nahe beim Herzen Gottes. Das Anliegen des Psalmbeters ist, dass Gott ihn befähigt, bewahrt, aber ihm auch Freude schenkt, sich ganz an seiner Wegweisung auszurichten. Das ist wichtig und bis heute aktuell, denn die Kräfte und Gefahren des Abweichens sind immer neu da: Verlockungen links und rechts, Widerstände von innen und außen, Anpassung und Verführung, Schmeichelstimmen, die gegenüber der alten Bibel viel Besseres versprechen. Dagegen betet er, dass er Gottes Wort „bewahre bis ans Ende“ (V. 33) – Gönnen wir uns eine Zeit der Stille vor dem Herrn und beten: Wie gut, dass wir Deine Wegweisung haben – danke! Wo habe ich mich bewusst oder schleichend davon entfernt? Herr, gib Mut und Kraft, dass ich mich daran orientiere und Dir von Herzen nahe bin. *Beat Weber*

Wir beten

Herr Jesus Christus, mit Dir kommt das rettende und orientierende Gotteswort zu uns! Schenke und schaffe, dass ich Deinem Wort treu bin und auf Deinen Wegen gehe! Amen.

1690 † John Eliot, Glaubensbote bei den Indianern | 1875 Reformierter Weltbund gegründet | 1967 † Albert J. Luthuli, südafrikanischer Freiheitskämpfer

22. Juli

Montag | SA 05:33 SU 21:23 MA 22:32 MU 06:13

Tagesspruch: Markus 16,15b
Tageslied: EG 269 oder EG.E 27

Wir lesen Markus 3,7–12

Jesus entzieht sich

Dass Jesus Wunder tut, hat sich herumgesprochen. Im ganzen Land und darüber hinaus. Überall haben Menschen davon gehört, dass sie bei Jesus heilwerden können. Dass er sie von Plagen befreit und vom Bösen erlöst. Verständlich, dass sie zu ihm kommen. Das Evangelium spricht gar davon, dass sie über ihn herfallen. Auch das kann man verstehen: Wer wollte eine solche Chance nicht nutzen? Und tatsächlich: Jesus heilt viele von ihnen. Aber er lässt sich von niemandem drängen. Und schon gar nicht überrollen. Gleich am Anfang heißt es, dass er auf den See entweicht, damit er nicht weiter bedrängt werde. Am Ende gebietet er gar, man solle ihn nicht offenbaren als den, der er ist: Gottes Sohn. Er selbst wird den rechten Zeitpunkt dafür bestimmen. – Für mich zeigt dieser Abschnitt aus dem Markusevangelium zweierlei: Wer glaubt, dass er bei Jesus heilwerden kann, muss zugleich wissen, dass es Jesu Entscheidung ist, wann und auf welche Weise er sich ihm zuwendet. Ich kann zu Jesus beten, ihn um Hilfe bitten. Aber über ihn herfallen kann ich nicht. Sein Wille geschehe, nicht meiner. Dabei muss es bleiben. Und: Wenn ich Jesus nachfolgen will, kann das auch bedeuten: Ich muss mich nicht von den vielen Aufgaben, die täglich erledigt sein wollen, überrollen lassen. Sondern ich kann mich auch entziehen – und überlegen, welche Aufgabe die ist, die Gott wirklich von mir getan haben will. *Jörg Ulrich*

Wir beten

Herr Jesus Christus, Du kannst uns heilmachen an Leib und Seele. Du kannst uns erlösen von dem Bösen. Wir bitten Dich: Bringe Du uns und unser Leben zurecht! Amen.

Apostola apostolorum

Zu den Menschen, die Jesus geheilt hat, zählt auch Maria Magdalena. Nachdem er sie von sieben bösen Geistern befreit hatte, blieb sie bei ihm und den Zwölfen. Sie begegnete Jesus als Auferstandenem und verkündete den Jüngern, sie habe den Herrn gesehen. Die frühen Christen verstanden sie als den Aposteln gleichgestellt und gaben ihr den Namen „Apostolin der Apostel". Maria Magdalena – das ist die Geschichte einer Frau, die von Jesus zurechtgebracht worden und ausersehen war, anderen von ihm zu erzählen und ihn zu preisen.

Tag der Maria Magdalena | 1431 Konzil in Basel | 1860 † Moritz Bräuninger, Märtyrer in Nordamerika

23. Juli

Dienstag | SA 05:34 SU 21:22 MA 22:49 MU 07:44

Wochenspruch: Epheser 5,8b.9
Wochenlied: EG 262/263 oder EG.E 25

Wir lesen Markus 3,13–19

Welche er wollte

Jesus ruft sie zu sich. Zwölf Namen, zwölf Männer. Keine besonderen Leute. Eine spezielle Eignung haben sie nicht. Weder beruflich noch persönlich. Einer von ihnen wird ihn später gar verraten. Zusammengekommen sind sie nur aus einem Grund: weil Jesus sie gerufen hat. Er sendet sie aus zu predigen. Und sie sollen böse Geister vertreiben. Was die zwölf Männer gemeinsam haben? Dass Jesus sie will. Er rief zu sich, welche er wollte. Nicht mehr und nicht weniger. – Jesus spricht jeden von ihnen einzeln an, ruft ihn, erwählt ihn, setzt ihn ein, will ihn bei sich haben. Das, was wir lesen, ist nicht nur ein Bericht. Es ist Evangelium. Denn wo mich jemand anspricht, wo jemand mich ruft, mir einen Platz gibt, mich bei sich haben will, mich brauchen kann, da bin ich nicht länger nur ein unbedeutendes Rädchen im Getriebe der Zeiten. Da geht es auf einmal um mich. Wirklich um mich. Und dann wachsen mir neue Kräfte zu. – Jesus weiß um die Geschichte, die Gott mit ihm schreibt. Er weiß, dass Gott ihn gerufen hat als Segen für die Menschen und für die Welt. Deswegen behält er seinen Ruf nicht für sich. Indem er die zwölf Männer anspricht, jeden Einzelnen ruft und bei sich haben will, erweckt er in ihnen das Gespür, dass auch sie zu der Geschichte Gottes mit den Menschen gehören. Diese Zwölf und ich und du und alle, die Jesus ruft. Wenn und wann immer er will. *Jörg Ulrich*

Wir beten

Herr, unser Gott, Du rufst Menschen in Deinen Dienst damals wie heute. Hilf, dass auch wir spüren, dass Du uns bei Dir haben und uns brauchen willst. Lass uns lebendige Zeugen Deiner Liebe sein. Amen.

Birgitta von Schweden

Auch Birgitta wusste sich von Jesus gerufen. Schon als Kind hatte sie Marien- und Christusvisionen. Nach dem Tod ihres Ehemannes, mit dem sie acht Kinder hatte, gründete sie in Schweden den Orden des Allerheiligsten Erlösers, später Brigittenorden genannt. Mutig kritisierte sie den unmoralischen Wandel vieler Adeliger und Kleriker. Im Hundertjährigen Krieg bemühte sie sich um Wege zum Frieden. In vielen Kirchen der Welt wird sie heute als Heilige verehrt oder als Glaubenszeugin angesehen. Seit 1999 ist sie Patronin Europas.

Jüdischer Feiertag: Tzom Tammuz (Fasten) | 1373 † Birgitta von Schweden, Mystikerin | 1532 Nürnberger Religionsfrieden | 1562 † Götz von Berlichingen, Reichsritter

24. Juli

Mittwoch | SA 05:35 SU 21:21 MA 23:03 MU 09:15

Wochenspruch: Epheser 5,8b.9
Wochenlied: EG 262/263 oder EG.E 25

Wir lesen Markus 3,20–30

Fatale Verwechslung

An Jesus scheiden sich die Geister. Die einen rennen ihm förmlich „die Bude ein“ und die anderen wollen ihn aufhalten. Hier entstehen ganz neue Koalitionen: Die Familie von Jesus auf der einen Seite und die Schriftgelehrten auf der anderen. Beide sind sich einig: Er ist verrückt geworden. Oder noch schlimmer: Er ist besessen – mit dem Beelzebub im Bund. Diese Annahme scheint ihnen die plausibelste Erklärung für das, was Jesus sagt und tut. Menschen stoßen sich an Jesus – seinen Worten und seinen Taten. Bis heute. Man kann Jesus nicht neutral begegnen, denn er lässt dafür keinen Raum. Seine Person fordert ein Bekenntnis: Entweder ist er Gottes Sohn oder ein Irrer. Wie begegnet Jesus den Vorwürfen? Ziemlich rational. Er lädt zum Nachdenken ein und fragt, ob die Annahme, dass er die Dämonen mit der Hilfe des Satans austreibt, eigentlich schlüssig ist. Eher nicht, denn so blöd ist der Satan nicht. Es steht viel schlimmer um die Macht des Bösen: Sie ist nicht im Streit mit sich selbst, sondern mit Gott. Das haben diejenigen erkannt, die sich Jesus anvertraut haben. Diejenigen, die seine Hilfe gesucht und gefunden haben: Kranke, Gebrochene, Schuldige und diejenigen am Rand und im Schatten. Die anderen haben den fatalen Fehler gemacht und den Heiligen Geist mit dem Beelzebub verwechselt.

Felix Eiffler

Wir beten

Jesus Christus, Du forderst heraus. Du lässt keinen Raum für eine neutrale Position. Danke, dass Du so klar und eindeutig bist. Bitte hilf uns, Dir zu vertrauen und Dich zu erkennen. Amen.

Christophorus

Christophorus bedeutet „Christusträger". Über diesen Heiligen lässt sich historisch zwar nicht viel nachweisen, aber sein Gedenktag passt trotzdem hervorragend zum heutigen Bibeltext. Denn „Christusträger" ist mehr als ein Name – es ist ein Lebensstil. Letztlich ist es eine Beschreibung für das Christsein selbst. Ein Christ ist jemand, der Christus „in, bei und an sich" trägt (EG 37,9). Ein Mensch, der in Herz, Seele und Leben Christus trägt und mit Paulus bekennt: „Ich lebe, doch nun nicht ich, sondern Christus lebt in mir." (Gal 2,20)

um 250 † Christophorus, Märtyrer auf Samos | 1655 † Friedrich von Logau, Dichter | 1877 † Johann Heinrich Volkening, Glaubenszeuge in Westfalen (ev. Gedenktag; Sterbetag: 25.7.)

25. Juli

Donnerstag | SA 05:37 SU 21:19 MA 23:16 MU 10:42

Tagesspruch: Jesaja 52,7
Tageslied: EG 154 oder 498

Wir lesen Markus 3,31–35

Familie

Die Geschichte geht weiter. Nach den Schriftgelehrten kommt nun die Familie von Jesus an denselben Ort und sucht das Gespräch mit ihm. Man könnte vielleicht etwas treffender sagen, dass sie ihn zur Vernunft bringen wollen, denn sie halten ihn schließlich für verrückt. Anders als bei den Schriftgelehrten sucht er diesmal aber nicht das Gespräch. Er bleibt bei denen, die um ihn herum sitzen, und fragt vielmehr in die Runde: „Wer ist meine Mutter und meine Brüder?" Offenkundig nicht die Menschen, mit denen er aufwuchs. Warum nicht? Dies liegt vermutlich an seinem Vater. Wer sein Vater ist, daraus macht Jesus kein Geheimnis. Und genau daran stören sich die Schriftgelehrten, denn der Sohn Gottes kann eben kein Mensch sein – zumindest nicht nur. Er muss auch Gott sein. Wieso? Nur ein Mensch kann einen Menschen zeugen. Das heißt, wenn Gott einen Sohn hat, dann ist dieser Sohn ebenfalls göttlich. Deshalb ist die Tatsache, dass Jesus Gott seinen Vater nennt, für jeden frommen Juden ein ernstes Problem: „Darum trachteten die Juden noch mehr danach, ihn zu töten, weil er nicht allein den Sabbat brach, sondern auch sagte, Gott sei sein Vater, und machte sich selbst Gott gleich." (Joh 5,18) Die Familie von Jesus sind diejenigen, die tun, was Gott will. Was ist das? „Das ist mein lieber Sohn; den sollt ihr hören!" (Mk 9,7)

Felix Eiffler

Wir beten

Jesus Christus, Du machst uns zu Deinen Geschwistern und zu Gottes Kindern. Hilf uns zu tun, was dem Vater gefällt. Hilf uns, auf Dich zu hören. Amen.

Thomas von Kempen (* 1380 als Thomas Hemerken)

Thomas von Kempen war ein Augustiner-Chorherr und lebte 72 Jahre im Kloster Agnetenberg. Er arbeitete als Novizenmeister und führte somit zahlreiche Menschen in das klösterliche Leben ein. Er verfasste die vierteilige Schrift „Nachfolge Christi" (*De imitatione Christi*), die von seiner Arbeit mit den Novizen beeinflusst ist. Das Werk erfreut sich bis heute einer großen Leserschaft und war für lange Zeit das meistverbreitete Buch nach der Bibel. Laut Wikipedia ist es bis heute „unter der christlichen Literatur immer noch das meistgedruckte Werk".

Tag des Apostels Jakobus des Älteren | 1471 † Thomas von Kempen, Glaubenszeuge in den Niederlanden

26. Juli

Freitag | SA 05:38 SU 21:18 MA 23:29 MU 12:09

Wochenspruch: Epheser 5,8b.9
Wochenlied: EG 262/263 oder EG.E 25

Wir lesen Markus 4,1–9

Das Geheimnis des Sämanns

Auf dunklem Hintergrund lässt der Evangelist Markus die Jesusgleichnisse leuchten. Wie in einem Holzschnitt werden Jesu Taufe und Heilungen, die Berufungen der Jünger und der wachsende Widerstand der Oberen in ein Bild gesetzt. Im Mittelpunkt steht jetzt die provokante Lehre Jesu. Markus fasst die Predigt Jesu so zusammen, dass der Scharfsinn der Hörer gereizt wird. Daher heißt es im Folgenden dreizehn Mal: „Hört zu!" Denn Jesus erwartet offene Ohren. Im Gleichnis sät der Sämann großzügig aus. Was auf „gutes Land" fällt, bringt vielfältige Frucht. Doch es gibt auch den felsigen Boden und die Dornen; es glüht die heiße Sonne, und es picken die gierigen Vögel. So sind die Hörer damals, und auch wir heute, herausgefordert nachzudenken. Wo hat der Sämann, Gott, schon in meinem Leben gute Saat gesät? Wo ist felsiger und wo guter Boden? Wo erwächst Gutes? Wo flattern und fressen die Dornenvögel? Das Sinnieren über die Furchen im eigenen Leben lohnt. Es kann zum Meditieren werden, in dem ich Gottes Güte in Jesus Christus erkenne und ihn und sein Handeln preise. So wächst auf meinem

Lebensacker etwas zum Lob seiner Herrlichkeit: Das ist gute Frucht. *Franziska Stocker-Schwarz*

Wir beten

Gott des Himmels und der Erden, sieh auf mein Leben und lass mich erkennen, in welche Lebenswege Du Deine Güte gesät hast. Hilf mir, in den Dornen und Disteln dieser Welt nicht zu ersticken, sondern Deinen Odem als Kraft meines Lebens zu atmen. Amen.

Luise Scheppler (1763 – 1837) – Zarte Pflanzen ziehen

Um junge Kinder zu fördern, prägte Friedrich Fröbel (1782–1852) den Ausdruck „Kindergarten". Jedoch wirkten schon mehr als 60 Jahre zuvor im Elsass Sara Banzet und Luise Scheppler als „Führerin der zarten Jugend". In der von Pfarrer Johann Friedrich Oberlin gegründeten evangelischen Kleinkinderschule (école d'enfants – poêle à tricoter) lernen die schon etwas älteren Kinder die Handarbeit des Strickens; die jüngeren Kinder spielen frei. Die damaligen Anweisungen zur religiösen Pädagogik können in Handschriften von Luise Scheppler nachgelesen werden.

1625 † Johannes Piscator, Theologe | 1833 Abschaffung der Sklaverei durch das englische Parlament | 1837 † Luise Scheppler, Wohltäterin im Elsass (ev. Gedenktag; Sterbetag: 25.7.)

27. Juli

Sonnabend | SA 05:40 SU 21:16 MA 23:43 MU 13:35

Wochenspruch: Epheser 5,8b.9
Wochenlied: EG 262/263 oder EG.E 25

Wir lesen Markus 4,10–20

Dem Geheimnis auf der Spur

Da die zwölf Apostel und etliche weitere Männer und Frauen mit Jesus das Leben teilten, waren sie auch immer wieder nur mit ihm allein zusammen. In diesen Zeiten konnten sie ihrem Rabbi, ihrem Meister, ihre Fragen stellen. – Die Mehrheit der Bevölkerung damals war sich unsicher, ob Jesus wirklich der erwartete Messias sei. Die Oberen jener Zeit hatten ihn schon verurteilt (3,6). – Aber hier bei den Jüngern ist Grund zur Freude: Daher preist Jesus seine Nachfolger selig. Er jubelt darüber, dass ihnen das Geheimnis des Reiches Gottes gegeben ist (vgl. Mt 13,16; Lk 10,21 ff.). Sie sind Gottes Wegen auf die Spur gekommen. Sie haben ihre Augen auf die Zeichen Gottes gerichtet und aufmerksam zugehört. Ihnen brannte das Herz für den lebendigen Gott und seinen Gesandten: Jesus, den Christus. – Jedoch bereitet Jesus gleichzeitig seine Jünger auf den Weg der Passion vor. Seine Lehre (vgl. 1,15) ist nicht ohne einen Weg durch Widerstand und Bedrängnis zu verwirklichen. Wie kann Jesu Lehre in heutiger Zeit ausgesät, bekannt gemacht werden? Mit welchen Schwierigkeiten ist zu rechnen? – Das heilsame

Hören und das wohltuende Sehen sind damals und heute gefährdet. *Franziska Stocker-Schwarz*

Wir beten

Lebendiger Gott, lass uns das Ziel vor Augen bleiben, zu dem Du Deine Menschen rufst: Freude an Deiner Schöpfung! Halte uns in Deiner Nähe. Lass das Recht, die Barmherzigkeit und Liebe wachsen. Amen.

Mit den biblischen Bildern unterwegs

Im Remstal wirkte die Künstlerin Ingrid Seddig (1926–2008). Ihr Lebensweg war durch Flucht und Vertreibung aus Pommern geprägt. In Hessen gab es einen Neuanfang: Studium in der Bildhauerschule Biedenkopf und Salzburg. Durch die Arbeit kam sie nach Stuttgart. Sie hat etliche Kirchenräume mit biblischen Motiven ausgestaltet, so in Schmiden an der Dionysius-Kirche bronzene Türgriffe mit dem Gleichnis vom vierfachen Ackerfeld. Der steinige Lebensboden, die gierigen großen Vögel, die kahlen Spitzen der Dornen sind vorrangig. Die vollen Ähren sind links unten angeordnet.

1557 † Angelus Merula, Märtyrer in den Niederlanden (ev. Gedenktag; Sterbetag: 26.7.) | 1656 † Salomon Glassius, Theologe in Thüringen | 1662 † Valentin Thilo, Dichter | 1878 † Gustav Knak, Erweckungsprediger in Pommern und Berlin | 1962 † Josef Hegenbarth, Graphiker

28. Juli

Sonntag | 9. Sonntag nach Trinitatis

Wochenspruch: Lukas 12,48
Wochenlied: EG 397 oder EG.E 32
Altes Testament: Jeremia 1,4–10
Epistel: Philipper 3,(4b–6)7–14
Evangelium: Matthäus 13,44–46

Wir lesen Psalm 119,41–48

Das Gotteswort: ein Juwel

Die Orientierung an Gottes Wort, Weg und Wille durchzieht den Psalm als Hauptthema. Mit unterschiedlichen, wiederkehrenden Begriffen (Wort, Gesetz, Gebote, Befehle) wird es variiert. Wie ein Juwel funkelt diese Kostbarkeit, wird umkreist und von allen Seiten angeschaut. Jede Fläche des Edelsteins hat eine eigene Strahlkraft. – Im heutigen Abschnitt bringt der Beter seine Situation vor Gott. Die ersten drei Verse zeigen, dass er bedrängt, beschuldigt und angeklagt wird. Er bedarf der Gnade (wegen Schuld?), der Hilfe (Zuspruch Gottes?), der Antworten (angesichts von Schmähung). Und vor allem bedarf er, dass er nicht (wie seine Gegner?) der Unwahrheit verfällt, sondern vor Gott und Menschen wahr bleibt und recht handelt. Gewiss, es sind nur Konturen ersichtlich; wir haben keine Einzelheiten, was die Not betrifft. Doch diese Offenheit macht es möglich, unsere Gefährdungen, Anfeindungen, Sünden und erfahrenen Verleumdungen mit diesen Worten vor Gott zu bringen. In alledem orientiert er sich am „Wort der Wahrheit" (V. 43). Er bringt seine Liebe und Hingabe zu Gott und seinem Wort zum Ausdruck. Er verpflichtet sich zur lebenslangen Orientierung an Gottes Wegweisung und zum freimütigen Bekenntnis vor Menschen, auch vor der Obrigkeit. Er schließt mit dem Versprechen, dem Gotteswort im Leben Raum zu geben und sich intensiv mit ihm zu beschäftigen (V. 48, vgl. Ps 1,1–2). Er setzt damit Prioritäten, denn dies braucht Zeit, und anderes muss zurückgestellt werden. – Wir hören in der Stille vor Gott auf den Anfangs- und den Schlussvers, bewegen sie im Herzen, „sinnen nach" mit Blick auf das, was Gott uns heute sagen will: „Herr, lass mir deine Gnade widerfahren, deine Hilfe nach deinem Wort." (V. 41) Und: „Ich hebe meine Hände auf zu deinen Geboten, die mir lieb sind, und sinne nach über deine Weisungen." (V. 48) *Beat Weber*

Wir beten

Herr, wir danken für die Gabe des Wortes, mit dem Du zu uns sprichst. Lass uns diese Kostbarkeit schätzen, in Freud und Leid auf Dein Wort hören und unser Leben danach ausrichten. Amen.

1750 † Johann Sebastian Bach, Kirchenmusiker in Leipzig

29. Juli

Montag | SA 05:43 SU 21:13 MA 00:01 MU 16:28

Wochenspruch: Lukas 12,48
Wochenlied: EG 397 oder EG.E 32

Wir lesen Markus 4,21–25

Jesu Worte leuchten

„Kommt etwa eine Leuchte, um unter einen Scheffel gestellt zu werden?", fragt Jesus in folgendem Tonfall: „Es kommt ein Licht. Es kommt sogar das Licht der Welt!" Gesetzeslehrer und Propheten, Abraham und David, Johannes der Täufer …, sie alle wurden in der jüdischen Welt als Lampen bezeichnet. Daher steckt in diesem Bildwort Jesu auch sein Anspruch, mit seinen Worten die richtige Orientierung zu geben. Die Jünger richteten sich nach seinen Worten aus. Nach dem Dunkel der Kreuzigung leuchtete für sie der Ostermorgen. In diesem österlichen Licht erfahren Jesu Nachfolger bis heute Wegweisung durch die Worte Jesu. Denn seine Worte setzen Wirklichkeit. Deswegen reden wir heutzutage vom lebendigen Wort Gottes. Jesu Wort leuchtet weiten Raum aus, worin Versöhnung und Frieden wachsen können. Jesu Worte stiften Liebe und Vergebung. Sie spenden neue Energie und stellen alle gemeinsam in ein neues Licht. – Jesu Worte sind Licht und Leben. Da wächst Frucht. Im Hören auf die Worte Jesu, im Achten auf Gottes Gegenwart hat man etwas, was nicht genommen werden kann. Selbst in schweren Zeiten ist Kraft erfahrbar. Denn Gott ist das Leben und schenkt Licht. Ja, selbst mitten im Leiden ist der Atem des lebendigen Gottes zu spüren. *Franziska Stocker-Schwarz*

Wir beten

Vater im Himmel, in Jesus Christus hast Du die Zeiten gewendet. In ihm sehen wir Dein Licht. Durch ihn haben wir Hoffnung über den Tod hinaus. Dank sei Dir, Du lebendiger Gott. Amen.

Olaf II. Haraldson – sein Heiligenschein

Der norwegische König Olaf besiegte in einer denkwürdigen Schlacht im Jahr 1030 die anderen Stammesfürsten. Die historischen Umstände sind umstritten. Schon bald nach seinem Tod begann man, ihn zu einem Märtyrer zu stilisieren. Es wurden Legenden von Wundern an seinem Leichnam und von Verehrung selbst durch seine Gegner erzählt. In vielen nordischen Ländern gibt es St.-Olaf-Kirchen. Das Olafsfest wird am 29. Juli besonders auf den Färöer-Inseln gefeiert.

1030 † Olaf der „Heilige“ (Norwegen)

30. Juli

Dienstag | SA 05:44 SU 21:12 MA 00:24 MU 17:51

Wochenspruch: Lukas 12,48
Wochenlied: EG 397 oder EG.E 32

Wir lesen Markus 4,26–29

Mehr Gelassenheit

Dies Gleichnis richtet sich gegen Verzagtheit und Resignation! Es steht in der Bibel für alle, die darunter leiden, dass so wenig zu sehen ist von Gottes Herrschaft in dieser Welt. Die sich ohnmächtig und hilflos vorkommen, weil es anscheinend so wenig Fortschritte gibt in Gesellschaft, Kirche und Weltgeschehen, und die so wenig dafür tun können, dass sich alles zum Besseren wendet. Kommt das Reich Gottes noch, in dem Gerechtigkeit und Frieden sich küssen und die Liebe über alles triumphiert? Ihnen zum Trost wird gesagt: Die Saat wird aufgehen, die Jesus mit seinen Worten und Taten ausgestreut hat. Aber so wenig, wie ein Landwirt die Ernte herbeizwingen kann, hängt dies alles von uns ab. Gottes Herrschaft kommt „automatisch". Werden wir damit zur Untätigkeit aufgerufen? Nein: Der Sämann im Gleichnis tut das Seine. Wenn er das getan hat, dann darf er in großem Vertrauen das Weitere der den Saatkörnern innewohnenden Kraft überlassen. Die Saat wächst von selbst. Und auf einmal ist die Ernte da. – Wir haben das Unsere zu tun. Aber wir können die Vollendung des Reiches Gottes, das mit Christus begonnen hat, nicht herbeizwingen. Gott selbst sorgt für seine Sache. Das kann uns gelassen und bescheiden machen. Wir brauchen nicht zu religiösen Managern zu verkommen. *Wilfried Blümner*

Wir beten

Herr, gib mir die Gelassenheit, Dinge hinzunehmen, die ich nicht ändern kann. Gib mir die Kraft, Dinge zu ändern, die ich ändern kann, und gib mir die Weisheit, das eine vom anderen zu unterscheiden. Amen.

Das Bilderbuch Gottes

So nannte der Theologieprofessor Helmut Thielicke sein Buch über Jesu Gleichnisse. In der Auslegung zum „Gleichnis von der still wachsenden Saat" verweist er auf Luther, der gesagt haben soll: „Während ich mein Tröpflein Wittenbergisch Bier trinke, läuft das Evangelium." Thielicke: „Die Bekehrung des Menschen ist nicht machbar. Das neue Leben kann nur dadurch entstehen, dass man Gott wirken lässt. … Darum braucht Luther nicht in einem fort zu rufen und … durch die Lande zu sausen. Er kann in aller Ruhe sein Tröpflein Wittenbergisch Bier trinken und auf Gott vertrauen." („Das Bilderbuch Gottes", Stuttgart 1957, S. 106)

1718 † William Penn, Vater der Quäker in England | 1868 † August Vilmar, Theologe in Hessen | 1976 † Rudolf Bultmann, Theologe in Marburg

31. Juli

Mittwoch | SA 05:46 SU 21:10 MA 00:57 MU 19:05

Wochenspruch: Lukas 12,48
Wochenlied: EG 397 oder EG.E 32

Wir lesen Markus 4,30–34

Mehr das Ziel sehen

Auch dies Gleichnis erzählt Jesus seinen Jüngern, um ihnen Mut zu machen. Es wendet sich gegen den Kleinglauben, der fragt, ob denn wirklich mit Jesus Gottes Herrschaft auf der Erde begonnen hat, mit diesem scheinbar ohnmächtigen Wanderprediger und seiner kleinen Anhängerschar, abseits von großer Politik und Weltgeschehen. Wir fragen womöglich ähnlich: Hat denn die Kirche Zukunft angesichts der kleinen Zahlen? Wo bewirkt die Botschaft Jesu noch etwas? Wo sind denn überzeugende Zeichen von Gottes Reich in einer ihn leugnenden Welt? Wir sollten uns nicht irremachen lassen. Wie so oft gebraucht Jesus ein Beispiel aus der Natur und sagt: Gottes Reich gleicht einem Senfkorn. Das ist sprichwörtlich klein, nicht größer als ein Stecknadelknopf. 100 Körner wiegen gerade einmal ein Gramm. Aber in die Erde getan wächst daraus eine Staude, die am See Genezareth zwei bis drei Meter groß wird. Sogar Vögel können darin nisten. Für die damaligen Menschen war es ein Wunder, was sich in der Natur abspielte. Durch Gottes Macht wird das Wunder geschehen, dass auf einen kleinen Anfang mit seinem Reich auf

Erden eine herrliche Vollendung folgen wird. Der Akzent bei diesem Gleichnis Jesu über das Reich Gottes liegt nicht auf einer allmählich sichtbaren Entwicklung, sondern auf dem Gegensatz: kleiner Anfang – wunderbares Ende. Wir sollen mehr auf das Ziel blicken. *Wilfried Blümner*

Wir beten

Herr, lass uns nicht mutlos werden, wenn wir scheinbar so wenig von Deiner Macht sehen. Lass uns Vertrauen haben in Deine Kraft, die oft im Verborgenen wirkt. Hilf uns zu dem Glauben, der Dich am Ende als Sieger sieht. Amen.

„Und endlich ist es groß"

So heißt es in einem Song des Liederdichters Gerhard Schöne. Die letzte Strophe seines Liedes lautet: „Manchmal bin ich traurig. Ich bin viel zu klein. Kann ja doch nichts machen, und dann fällt mir ein: Erst einmal beginnen. Hab ich das geschafft, nur nicht mutlos werden, dann wächst auch die Kraft. Und dann seh ich staunend: Ich bin nicht allein. Viele Kleine, Schwache stimmen mit mir ein: Alles muss klein beginnen. Lass etwas Zeit verrinnen, es muss Kraft gewinnen, und endlich ist es groß."

1556 † Ignatius von Loyola, Gründer des Jesuitenordnes | 1566 † Bartolomé de Las Casas, Vater der Indios in Südamerika | 1886 † Franz Liszt, Komponist

1. August

Donnerstag | SA 05:47 SU 21:09 MA 01:44 MU 20:03

Wochenspruch: Lukas 12,48
Wochenlied: EG 397 oder EG.E 32

Wir lesen Markus 4,35–41

Mehr Vertrauen haben

In dieser Geschichte wird nach unserem Glauben gefragt, der immer wieder von Anfechtung und Mutlosigkeit bedroht ist. Die Jünger sind mit Jesus zusammen auf der Fahrt über das galiläische Meer. Unerwartet bricht ein gewaltiger Sturm los, ein plötzlich einsetzender, gefährlicher Fallwind. Die Wellen schlagen bereits in das Boot. Der Untergang droht. Und Jesus schläft seelenruhig hinten auf einem Kissen. Kennen wir nicht Ähnliches? Die Stürme des Lebens können verschiedene Namen haben: Belastungen im persönlichen Bereich, Bedrohungen durch das Weltgeschehen. Dann fragen wir ebenfalls in unserer Not: Wo ist denn Gott? Sieht er nicht, was mit uns los ist? Schläft er? Die Jünger rufen zu ihrem Herrn. Er hört sie, und sein Wort hat die Macht, den Sturm zu stillen. Auch über die Naturgewalten ist er Herr. Was seid ihr so furchtsam, fragt er. Habt ihr noch keinen Glauben? Eine Frage auch an uns, wenn das Vertrauen darauf fehlt, dass er doch bei uns sein will alle Tage bis an der Welt Ende. Mehr Vertrauen sollten wir haben, dass er in allen Lebenslagen uns helfend nahe ist. Er will nicht unseren Untergang. Er will, dass wir zuletzt

Frieden und Geborgenheit haben. Wer ist der, dem selbst Wind und Meer gehorsam sind, fragen die Jünger staunend. Möchten auch wir dankbar erfahren, dass er der Herr über alle feindlichen Mächte ist. *Wilfried Blümner*

Wir beten

Herr, Du weißt, wie schnell wir mutlos und verzagt sind. Lass uns durch die Macht Deines Wortes Frieden und Geborgenheit finden. Schenke uns das Vertrauen darauf, dass Du uns helfend nahe bist. Amen.

Unterzeichnung der KSZE-Schlussakte

Am 1.8.1975 unterzeichneten die Vertreter von 35 Staaten des West- und Ostblocks in Helsinki die Schlussakte der „Konferenz über Sicherheit und Zusammenarbeit in Europa". Darin formulierten die teilnehmenden Staaten zehn Prinzipien zur Regelung ihrer Beziehungen. Sie bekannten sich u. a. zum Verzicht auf Androhung und Anwendung von Gewalt, zur Unverletzlichkeit der Grenzen und zur friedlichen Regelung ihrer Streitfälle. Darüber hinaus verständigten sich die Teilnehmer auf die Zusammenarbeit in vielen Bereichen und über „vertrauensbildende Maßnahmen".

1534 erste Ausgabe der gesamten Luther-Bibel | 1887 † Gustav Werner, Wohltäter in Württemberg (ev. Gedenktag; Sterbetag: 2.8.) | 1890 Deutsche Christliche Studentenvereinigung gegründet | 1914 Beginn des Ersten Weltkrieges | 1975 Unterzeichnung der KSZE-Schlussakte

2. August

Freitag | SA 05:49 SU 21:07 MA 02:45 MU 20:44

Wochenspruch: Lukas 12,48
Wochenlied: EG 397 oder EG.E 32

Wir lesen Markus 5,1–20

Befreiung

Er passt nicht in die Gemeinschaft. Er ist „besessen“ – besetzt von einer Krankheit, einer Sucht, einer Vorstellung. Jesus sieht den Menschen *und* den „Dämon“, der sogar einen Namen hat: „Legion“. Die römischen Besatzungsmächte kamen mit Legionen. Welche fremde Macht besetzt nun diesen Menschen so sehr, dass er in seiner eigenen Welt – getrennt von der Gesellschaft – lebt? Ja, lebt er überhaupt noch? Oder ist er bei den Gräbern, weil er sich selbst mehr zu den Toten gehörig fühlt als zu den Lebenden? Kennen wir dieses Gefühl? Welche Mächte besetzen uns, unser Denken und Tun, dass sie uns von der Gemeinschaft trennen? Ich denke an jegliche Art von Sucht, die wie eine fremde Macht unser Leben bestimmen und so verändern kann, dass wir gar nicht mehr die Person sind, als die Gott uns geschaffen hat. Jesus spricht den „Dämon“ – die fremde Macht – an. Der Name „Legion“ zeigt Größe und Stärke – aber Jesus ist davon nicht beeindruckt. Daraufhin spielt „Legion“ mit Schwäche und bittet: *Vertreib uns nicht*. Ja, wir finden viele Gründe, warum wir weiter das tun, was Leben zerstört. Wir finden Ausreden, uns nicht ändern zu müssen – es sei denn, dass ein Wort von außen zum inneren Wort wird. Der innere „Schweinehund" muss überwunden, ja vertrieben werden und den Weg frei machen für den Mut, mit Gottes Wort zu leben. *Wilma Schlaberg*

Wir beten

Gott, befreie mich von Mächten, die mein Leben besetzen, die mich davon abhalten, in guter Gemeinschaft mit anderen zu leben. Berühre mich mit Deinem heiligen Wort, dass ich heil werde an Leib und Seele. Amen.

Potsdamer Abkommen – Weg zur Befreiung

„Potsdamer Abkommen" werden die nach dem Zweiten Weltkrieg auf Schloss Cecilienhof getroffenen Beschlüsse genannt, die am 2.8.1945 veröffentlicht wurden. Sie enthielten Vereinbarungen über von Deutschland zu entrichtende Reparationen, die politische und geographische Neuordnung sowie die Entmilitarisierung des Landes und darüber, wie mit deutschen Kriegsverbrechern umgegangen werden soll. An den Verhandlungen nahmen die Regierungschefs der Sowjetunion, der USA und Großbritanniens teil. Der Zwei-plus-Vier-Vertrag vom 15.3.1991 beendete die Geltung des Abkommens.

1919 † Christoph Blumhardt, Glaubenszeuge in Württemberg | 1945 Potsdamer Abkommen

3. August

Sonnabend | SA 05:50 SU 21:05 MA 03:57 MU 21:13

Wochenspruch: Lukas 12,48
Wochenlied: EG 397 oder EG.E 32

Wir lesen Markus 5,21–34

Drängende Berührung

Eingebettet in die Erzählung von der Heilung der Tochter des Jairus ist die Heilung einer namenlosen Frau. Die Erzählung drängt sich hinein – so, wie die Frau sich in die Menschenmenge drängt, die Jesus umgibt. Die Frau ist chronisch krank, hat Blutungen, die nicht aufhören. Das macht sie unrein, sie darf nicht an religiösen Zusammenkünften teilnehmen, ist ausgeschlossen. – Aber sie gibt die Hoffnung auf Hilfe nicht auf. Sie drängelt sich zu Jesus vor, spricht nicht, sondern berührt ihn unauffällig, aber bewusst. – Ist es nicht bedenkenswert, dass die Berührung mit Jesus so verschieden sein kann? Bei denen, die mit ihm mitlaufen, passiert gar nichts, bei *der einen*, die bewusst seine Nähe sucht, aber nur sein Gewand erreicht, geschieht *alles* oder besser: Es geschieht genau das, was sie geglaubt hat. Ihr Glaube wird durch Jesus zur Quelle der Heilung. Die Heilung bleibt nicht verborgen – die Frau bleibt nicht verborgen. Jesus fragt nach ihr. Sie begegnen einander von Angesicht zu Angesicht. Sie erzählt ehrlich von sich, Jesus hört zu und sagt, dass sie es richtig gemacht hat. Es ist gut. „Dein Glaube hat dich geheilt." – Wenn unser Glaube sich, vielleicht auch nur im Stillen, aber absichtsvoll an Jesus herandrängt, wenn wir Jesus die Fragmente unseres Lebens, unsere ganze Wahrheit hinhalten, kann Heilung geschehen, kann Scham enden. *Wilma Schlaberg*

Wir beten

Gott, ich danke Dir, dass ich zu Dir kommen kann mit meinen Schmerzen und Sorgen. Erhalte in mir die Hoffnung, dass bei Dir Heilung ist. Hilf mir, meine Zweifel und meine Scham zu überwinden. Amen.

Josua Stegmann – Dichtung, die berührt

Stegmann (* 14.9.1588; † 3.8.1632) stammt aus einer theologisch geprägten Familie. Er studiert in Leipzig, wird 1617 in Wittenberg zum Dr. theol. promoviert und im selben Jahr Superintendent der Grafschaft Schaumburg, Oberpfarrer und Lehrer am Gymnasium in Stadthagen. 1621 zum Professor der Theologie an die neugegründete Universität Rinteln berufen, verfasst er apologetische und erbauliche Schriften und dichtet Kirchenlieder. Im unserem Gesangbuch finden wir von ihm das Lied „Ach bleib mit deiner Gnade bei uns, Herr Jesu Christ“ (EG 347).

1632 † Josua Stegmann, Liederdichter in Schaumburg | 1809 Universität Berlin (heutige Humboldt-Universität) gegründet

4. August

Sonntag | 10. Sonntag nach Trinitatis – Israelsonntag

Wochenspruch: Psalm 33,12
Wochenlied: EG 144 oder 237
Altes Testament: Jesaja 27,2–9
Epistel: Römer 9,1–5
Evangelium: Lukas 19,41–48

Wir lesen Psalm 122

Frieden für Israel und die Welt

Der Israelsonntag erinnert an das besondere Verhältnis von Christen und Juden, Kirche und Israel. Wir Christen bekennen uns zur bleibenden Erwählung des Volkes Israel durch Gott. Wir sind dankbar, dass wir durch Jesus Christus an den Verheißungen des Gottes Israels teilhaben. Jerusalem hat eine zentrale Bedeutung in Gottes Verheißungen. Davon spricht der Pilger in diesem Wallfahrtslied, als er sich aufmacht zu seinem Ziel, dem Tempel. Er ist für ihn das Haus, in dem Gott gegenwärtig ist, der Ort, an dem das Gottesvolk aus den zwölf Stämmen Israels sich regelmäßig versammelt, um Gottes Geboten die Ehre zu geben. Gott heiligt die ganze Stadt als Ort des Rechts, der gerechten Herrschaft des Königshauses Davids, der Einheit des Volkes Israel und des Friedens. Die Verheißung für Jerusalem erweitert sich. Der Berg Zion wird bei den Propheten Ziel der endzeitlichen Wallfahrt der Völker. Bei dem Gott Israels werden sie eins, finden Gerechtigkeit und Frieden. In der Johannesapokalypse bildet das himmlische Jerusalem das Zentrum christlicher Hoffnung, die Stadt, in der Gott und die Menschen in Frieden zusammenleben, versöhnt durch Jesus Christus. Darum ist der Friedenswunsch des Wallfahrers für Jerusalem auch der Wunsch der Christen. Aber kaum eine Stadt war friedloser als Jerusalem. Seit Jahrtausenden wurde dort blutig um die Vorherrschaft gekämpft. Drei Weltreligionen, Juden, Christen und Muslime, erheben auf sie Anspruch als heilige Stadt. Israel und die Palästinenser haben sie zur Hauptstadt ihres Staates erklärt und prallen scheinbar unversöhnlich aufeinander. Aber Frieden ist möglich. In Jesus Christus verheißt Gott Jerusalem und aller Welt Schalom, ein heilvolles Zusammenleben von Brüdern und Schwestern, wo jeder bekommt, was er braucht. Darum wünschen wir Jerusalem Schalom und arbeiten für den Frieden an jedem Ort. *Christoph Schneider-Harpprecht*

Wir beten

Wir danken für unsere jüdischen Schwestern und Brüder überall, Gott. Wir bitten Dich: Lass die Regierungen Israels und der arabischen Nachbarn Wege zum Frieden finden. Hilf, Antisemitismus zu überwinden. Amen.

Israelsonntag – Gedenktag der Zerstörung Jerusalems | 1753 † Gottfried Silbermann, Orgelbauer | 1859 † Johannes Maria Vianney, Seelsorger in Frankreich | 1875 † Hans Christian Andersen, dänischer Dichter | 1883 Guttemplerorden gegründet | 1942 † Ernst Berendt

5. August

Montag | SA 05:53 SU 21:02 MA 06:31 MU 21:49

Wochenspruch: Psalm 33,12
Wochenlied: EG 144 oder 237

Wir lesen Markus 5,35–43

Aufrichtende Hand

„Bemüh den Meister nicht weiter." Jairus soll von Jesus ablassen, er soll seine Hoffnung, seinen Glauben nicht mehr auf ihn setzen, denn seine Tochter ist schon tot. „Bemüh dich nicht um Jesus." Aufgewachsen in der DDR, haben manche solche Sätze in der Schule öfter gehört: „Lass das doch mit dem Glauben, mit der Kirche, Gott gibt es nicht. Vergiss Jesus." Bei Jairus ist es Jesus selbst, der solchen Sätzen widerspricht: „Fürchte dich nicht, glaube nur!" So ähnliche Sätze haben Christinnen und Christen zu allen Zeiten geholfen. Das biblische Mutmach-Wort „fürchte dich nicht" hat Kinder bestärkt, wenn Lehrerinnen ihnen sagten, wie sinnlos der Glaube sei. Kinder, jünger oder ebenso alt wie die Tochter des Jairus. Sie ist zwölf, als Jesus zu ihr kommt, sie an die Hand nimmt und sie als *Mädchen* anspricht: Steh auf! Als hätte sie nur darauf gewartet, steht sie auf und geht umher. Zwölfjährig – das ist das Alter, in dem jüdische Mädchen ihre Bat Mizwa feiern und religiös mündig werden. Sie stehen nun selbst für ihren Glauben ein (oder auf). Jairus' Tochter lässt sich von Jesus an die Hand nehmen. – Lassen wir uns von Jesus an die Hand nehmen? Nur Mut! Lassen wir uns von ihm an die Hand nehmen! – Jesus, der das Brot mit den Seinen – mit uns – teilt, sorgt dafür, dass auch die Zwölfjährige wieder zu Kräften kommt, um ihren Weg zu gehen. *Wilma Schlaberg*

Wir beten

Gott, ich fühle mich wie krank und erdrückt von Sorgen um Frieden, Gerechtigkeit, Klimawandel, Familie, Freunde und Arbeit. Richte mich auf. Stärke meinen Glauben. Lass meine Hand die Deine finden, auf meinem Weg. Amen.

Franz Härter – als Gemeinde Hilfe organisieren

Härter (* 1.8.1797; † 5.8.1874) gilt als Vorreiter im Bereich der Entwicklung und Realisierung gemeindediakonischer Konzepte. Die von ihm gegründete Diakonissenanstalt wurde zur Ausbildung und zur sozialen Absicherung berufstätiger und alleinstehender Frauen eröffnet. Dies war eine Form der Diakonie, die aus der Gemeinde für die Gemeinde geschaffen wurde. Härter räumte zudem der Gemeinschaft der Diakonissen untereinander einen hohen Stellenwert ein.

1874 † Franz Härter, Diakonissenvater in Straßburg

6. August

Dienstag | SA 05:55 SU 21:00 MA 07:46 MU 22:01

Wochenspruch: Psalm 33,12
Wochenlied: EG 144 oder 237

Wir lesen Markus 6,1–6

Der Prophet im eigenen Land

Warum eigentlich ist das so, dass ein Prophet im eigenen Land nichts gilt? Jesus nennt diese Erfahrung biblisch beim Namen, als er bei einer Synagogenpredigt in seinem Heimatort den Ärger der Versammelten auf sich zieht. Bei einem, den die Zuhörenden so durch und durch zu kennen meinen, ist es schwer zu akzeptieren, dass er mit besonderer Weisheit oder besonderen Fähigkeiten begabt sein soll. Bricht Jesus ein ungeschriebenes Gesetz seiner Vaterstadt dadurch, dass er anders ist? Stellt er mit seinen Begabungen die anderen in Frage, warum sie nicht ebenso klug, gottesfürchtig, heilkundig sind? Die Erfahrung, „im eigenen Land nicht zu gelten", haben sicher viele schon gemacht. Wie in dieser Jesusgeschichte hat sie oft damit zu tun, dass Menschen einen von klein auf kennen – und nun erst damit Schritt halten müssen, dass aus Kindern Leute werden, Menschen sich verändern oder auch verändert werden. Vielleicht kann ich mich aber auch auf der anderen Seite wiederfinden? Stehe ich manchmal auch in Gefahr, Prophetisches zu verkennen, wenn es von allzu bekannter Seite kommt? Wenn ich mich in die Gemeinde stelle, vor der

Jesus an diesem Tag gepredigt hat, lerne ich auch: Gott wirkt auch dort, wo es mir gar nicht passt. Und wenn ich mich lieber ärgere, als mich hinterfragen zu lassen, verpasse ich vielleicht, was Gott sagt und wirkt. *Nicole Chibici-Revneanu*

Wir beten

Guter Gott, öffne uns die Augen für Dein Wirken, damit wir es nicht an ungewohnter oder unangenehmer Stelle übersehen. Wo Du uns heilsam in Frage stellst, hilf uns mit Deiner Liebe, daran zu wachsen. Amen.

„Verklärung des Herrn"

Seit 1457 wird in der römisch-katholischen Kirche am 6. August ein Fest gefeiert, das an eine besondere Begegnung mit Jesus erinnert: Auf dem Berg Tabor wird Jesus vor den Augen dreier Jünger verklärt, sein Angesicht leuchtet wie die Sonne, seine Kleider glänzen wie das Licht. Es ist ein Augenblick der Gewissheit: Jesus ist Gottes Sohn. Wie wichtig wird es sein, etwas von dieser Gewissheit, diesem Glanz mitzunehmen, wenn Jesus bald einen Weg einschlagen wird, der ihn in den Augen vieler in Frage stellen wird – den Weg von Kreuz und Tod.

Röm.-kath. Feiertag: Verklärung des Herrn | 1548 † Georg Rhau, Komponist, Schriftsteller, Verleger | 1731 Bund der evangelischen Salzburger, Glaubenszeugen | 1945 Abwurf der Atombombe auf Hiroshima

7. August

Mittwoch | SA 05:56 SU 20:58 MA 08:57 MU 22:11

Wochenspruch: Psalm 33,12
Wochenlied: EG 144 oder 237

Wir lesen Markus 6,7–13

Reisevorbereitungen

Als Jesus seine zwölf Jünger aussendet, gibt er ihnen einiges mit auf den Weg: Macht, Geister auszutreiben und Krankheiten zu heilen, und Weisung, was sie mit sich führen dürfen und was nicht. Wenn ich davon heute lese, frage ich mich unweigerlich: Gilt das so nur für diesen ganz besonderen, eng umgrenzten Personenkreis? Oder reicht es weiter, hin zu allen, die mit bauen am Reich Gottes, damals und heute, mit allen möglichen kleineren und größeren Gaben und Aufgaben? Gepäck und Proviant, Geld und Wechselsachen – all das soll zuhause bleiben, wenn du mit Gottes Hoffnung und Heil zu den Leuten unterwegs bist. Da fällt viel Sicherheit weg, einerseits. Andererseits ist alles darauf ausgelegt, dass du dich beschenken lässt! Der Stab in der Hand darf bleiben und die Schuhe an den Füßen: Vor dem, was dich am Weiterkommen hindern könnte, bist du geschützt. Dass keiner allein unterwegs ist, schützt außerdem nicht nur vor Gefahr, sondern auch vor Bitterkeit. Die Erfahrung von Vergeblichkeit gehört nämlich dazu, auch wenn sie nicht allzu viel Gewicht bekommen muss. Als Jesus seine Zwölf ausschickt, ist er gerade selbst hart hinterfragt worden. Aber er verteidigt sich nicht mit einer langen Rede oder bringt mit einem Wunder alle Zweifel zum Schweigen. Er teilt einfach das Wichtigste, was er hat, mit seinen Leuten: die Hoffnung und den Auftrag Gottes. *Nicole Chibici-Revneanu*

Wir beten

Gott, lass uns immer wieder genau das finden, was wir für den nächsten Abschnitt unserer Reise brauchen – oder was die Menschen brauchen, zu denen Du uns schickst. Amen.

Festtag der heiligen Afra

Historisch lässt sich über Afra, die um 304 als Glaubenszeugin gestorben sein soll, kaum Gesichertes sagen. Als Königstochter soll sie geboren worden sein, eigentlich zur Verehrung anderer Götter bestimmt. Nach dem Tod des Vaters musste Afra fliehen, fernab der Heimat lebte sie in Augsburg als Prostituierte. Diese an sich wenig privilegierte Stellung machte es ihr möglich, einen verfolgten christlichen Bischof zu verstecken. Auf diesem ungewöhnlichen Weg hat Afra den Glauben kennengelernt, der ihr schließlich sogar mehr bedeuten sollte als das eigene Leben.

304 † Afra, Märtyrerin in Augsburg | 1615 † Melchior Vulpius, Lehrer und Kantor in Schleusingen | 1941 † Rabindranath Tagore, indischer Dichter und Philosoph

8. August

Donnerstag | SA 05:58 SU 20:56 MA 10:07 MU 22:20

Wochenspruch: Psalm 33,12
Wochenlied: EG 144 oder 237

Wir lesen Markus 6,14–29

Wie weit werde ich gehen?

Manchmal rede ich mich um Kopf und Kragen, sage mehr, als ich sollte. Manchmal erschrecke ich danach, bereue – manchmal ist es mir wert, was danach kommt. Wo wäre die Welt, was würde aus mir, wenn ich immer nur darauf schielte, was die anderen denken, ob ich scheel angeschaut werde, nur weil ich aus meinem Herzen keine Mördergrube gemacht habe. Nein, es braucht Mut, es braucht Menschen, die zu ihrer Meinung, zu ihrer Überzeugung, zu ihrem Glauben stehen. Das ist kein Freibrief, andere vor den Kopf zu stoßen, keine Einladung zum Streit um seiner selbst willen. Aber glaubensfest und streitbar – wenn beides Hand in Hand geht und die Liebe und der Respekt voreinander nicht auf der Strecke bleiben, dann kann sich etwas bewegen. „Hier stehe ich, ich kann nicht anders“, der berühmte Satz, Luther zugeschrieben, bringt eine Haltung der Festigkeit und Gewissheit zum Ausdruck. Freilich galt ihm dies, solange er nicht vom Schriftzeugnis oder offenbaren Vernunftgründen widerlegt wurde. Also ein guter Grund, auf den er sich gründete: die Heilige Schrift und sein eigenes, daran geschärftes Gewissen. Ich finde, das ist ein gutes Beispiel, auch für mich, auch für heute. Keine Fahne im Wind, auch kein Streiten um des Streitens willen – sondern gründliches Abwägen, wofür es sich wirklich einzustehen lohnt. Im Vertrauen darauf, dass Gott mich dabei leitet. *Martin Söffing*

Wir beten

Gott, weise Du mir den Weg, lass mich erkennen, wo ich gebraucht werde, wo mein Wort zählt. Gib mir dazu Mut und Klugheit und Besonnenheit, gib Du mir dazu Deinen Geist. Amen.

Jean Vallière (1483 – 1523)

Der Augustinermönch kam durch Bischof Jacques Lefèvre d'Étaples mit reformatorischem Gedankengut in Kontakt. Lefèvre übersetzte etwa zeitgleich mit Luther die Bibel, allerdings aus dem Lateinischen ins Französische, und wurde schließlich für die unerlaubte Veröffentlichung seiner Übersetzung zum Ketzer erklärt und musste zeitweilig flüchten. Vallière wurde der „lutherischen Häresie" bezichtigt, verurteilt und 1523 vor der Kathedrale Notre Dame verbrannt. Er wurde dadurch zum ersten evangelischen Märtyrer Frankreichs.

1221 † Dominikus, Gründer des Dominikanerordens (kath. Gedenktag; Sterbetag: 6.8.) | 1523 † Jean Vallière, Märtyrer in Frankreich | 1708 † Heinrich Arnold Stockfleth, Liederdichter | 1897 † Jacob Burckhardt, Altertumsforscher | 1910 † Heinrich Julius Holtzmann, Theologe

9. August

Freitag | SA 05:59 SU 20:55 MA 11:16 MU 22:30

Wochenspruch: Psalm 33,12
Wochenlied: EG 144 oder 237

Wir lesen Markus 6,30–44

Sie jammerten ihn ...

Das Speisungswunder, wer kennt es nicht: ein beliebtes Motiv, nicht nur im Kindergottesdienst. Wenn wir teilen, dann ist genug für alle da. Oft mündet die Auslegung des Textes in diese Erkenntnis. Und falsch ist sie sicherlich nicht, auch wenn ihr vorgehalten werden mag, dass es doch nicht ganz so einfach ist. Ein wenig charmante Naivität ist dem Gedanken zu eigen: Wenn wir teilen, kann dem Mangel abgeholfen werden. Vielleicht ist es aber auch gar nicht so naiv, sondern zutiefst rebellisch und widerständig, dieses Plädoyer, sich nicht einfach abzufinden: Die Verhältnisse, sie sind halt so. Aber müssen sie so sein? Der Bibeltext setzt noch davor an, er problematisiert, dass wir vielfach Not einfach hinnehmen, uns an himmelschreiende Ungerechtigkeit vielerorts gewöhnt zu haben scheinen. Das Speisungswunder lässt sich als Aufruf zur massenhaften Empörung lesen. Jesus nahm den Hunger der Menschen wahr, er ließ die Not der Umstehenden an sich heran – und die Menschen jammerten ihn. Ein Text gegen das Wegsehen, gegen das kühle, rationale Betrachten möglicher Ursachen. Ein Text, der dazu aufruft hinzusehen. Es ist indes kein politisches Statement, sondern neben seiner Anteilnahme berichtet das Evangelium von Jesu Haltung: Er sah zum Himmel, dankte, und dann brach er das Brot. Und dann verändert sich etwas, ganz konkret. Auf wundersame Weise. *Martin Söffing*

Wir beten

Vater, gib mir den Mut hinzusehen, lass mich nicht gleichgültig und kalt durch die Welt gehen, die Du uns anvertraut hast. Gibt mir Kraft, etwas zu verändern. In Deinem Sinne. Amen.

Heiliger Matthias, orthodoxer Gedenktag

Der „13." Apostel wurde nachgewählt, nachdem Judas sich das Leben genommen hatte. Ob er oder Paulus als zwölfter Apostel zu zählen ist, wird unterschiedlich bewertet. Jedenfalls blieb er, anders als Judas, der Sache Jesu treu. Seine Gebeine sollen auf Geheiß der Kaisermutter Helena nach Trier überführt worden sein. Mit Buch oder Hellebarde dargestellt, erinnert er an sein Apostelamt und sein überliefertes Martyrium. Im Mittelalter entstanden zahlreiche Matthiasbruderschaften, bis heute sind seine Reliquien Ziel zahlreicher Pilger.

1563 oder 1582 † Adam Reusner, Liederdichter in Schwaben | 1851 † Karl Gützlaff, Missionar in China | 1929 † Heinrich Zille, Maler | 1942 † Edith Stein, Märtyrerin aus Breslau | 1962 † Hermann Hesse, Schriftsteller

10. August

Sonnabend | SA 06:01 SU 20:53 MA 12:26 MU 22:41

Wochenspruch: Psalm 33,12
Wochenlied: EG 144 oder 237

Wir lesen Markus 6,45–56

Was braucht mein Glaube?

Diese Jünger, sie brauchen immerzu weitere Zeichen und Wunder, so könnte man argwöhnisch meinen. Und scheinbar ist es nie genug. Dabei macht Markus deutlich, dass erst vom Kreuz her erkennbar wird, wer dieser Jesus wirklich ist. Das Unverständnis der Jünger ist ein Motiv, das die Leser mitnehmen will. Spannend finde ich, dass die Jünger nicht schreien, nicht beten in ihrer Not – sie müssen es gar nicht, vielmehr sieht Jesus sie, erkennt, wie sehr sie sich quälen. Dass er dabei Grenzen überwindet, ist Ausdruck dessen, wer er ist. Jesus ist der Herr, keine scheinbar widergöttliche Macht kann sich ihm in den Weg stellen. Und ich? Manchmal ist mein Herz wie das der Jünger – erstarrt, kein bisschen verständiger trotz mancher Erfahrung, die ich mit Gott machen durfte. Das Wunder, das von Jesus berichtet wird, will Zutrauen wecken in seine Macht. Doch am Ende kommt es darauf an, dass ich selbst die Erfahrung mit ihm mache: Jesus ist der Herr, stärker als alles, was mich zweifeln und quälen will. Jesus ist der Herr, und ich will, ich darf mich ihm anvertrauen. Seine Gegenwart heilt Menschen, sie schenkt Heil und neue Hoffnung. Am Ende ist es das Kreuz, das mir hilft zu erkennen, wer Jesus wirklich ist: der Gekreuzigte und Auferstandene. Mein Leben ist bei ihm geborgen. Ganz gleich, was kommt, ganz gleich, was sich mir in den Weg stellt. *Martin Söffing*

Wir beten

Herr, lass mich erkennen, wer Du wahrhaft bist. Schenke mir Vertrauen in Deine Macht und lass mich darin Ruhe finden. Denn Du, Herr, allein bist mein Gott. Amen.

Laurentius, Märtyrer in Rom († 258)

Diakon Laurentius war mit der Verwaltung des Kirchenvermögens in Rom betraut. Er widersetzte sich der Aufforderung Kaiser Valerians, es auszuhändigen. Nachdem er den Kirchenschatz an Gemeindeglieder verschenkt hatte, präsentierte er Kranke, Arme, Witwen und Waisen als den wahren Schatz der Gemeinde. Er wurde daraufhin gefoltert und hingerichtet. Er wurde zu einem der meistverehrten Heiligen der römisch-katholischen Kirche. An seinem Gedenktag ist der Perseidenstrom gut sichtbar, volkstümlich als „Laurentius-Tränen" bezeichnete Sternschnuppen.

70 Zerstörung Jerusalems | 258 † Laurentius, Märtyrer in Rom | 1814 Sächsische Haupt-Bibelgesellschaft gegründet | 1848 † Friedrich Hofacker, Pfarrer in Württemberg

11. August
Sonntag | 11. Sonntag nach Trinitatis

Wochenspruch: 1. Petrus 5,5b
Wochenlied: EG 299 oder EG.E 12
Altes Testament: 2. Samuel 12,1–10.13–15a
Epistel: Epheser 2,4–10
Evangelium: Lukas 18,9–14

Wir lesen Psalm 145

Glaube, Hoffnung und Liebe

Ein Loblied des Lebens und seiner Wunder, so etwas hört man selten. Unsere Zeit ist kritisch gestimmt, wir rücken die Defizite in den Vordergrund. Loben nicht die „Speise zur rechten Zeit“, sondern kritisieren die Bedingungen, unter denen sie hergestellt wurde. Und beklagen ihr Fehlen auf den Tischen der Armen. Sehen die Zukunft skeptisch – manche meinen gar, es sei unverantwortlich Kinder in diese Welt zu setzen. „Kindeskinder werden deine Werke preisen“? Das klingt wie eine verflossene Hoffnung aus versunkener Zeit. Lange, sehr lange war das gesellschaftliche Leben von der Überzeugung bestimmt, dass die Dinge sich zum Guten hin entwickeln und der Fortschritt von Rückschlägen, Krisen und Katastrophen nicht aufgehalten wird. Die Menschen blickten zuversichtlich-optimistisch nach vorn, und tatsächlich zeigt ja der Rückblick, dass von einer Generation zur nächsten der Wohlstand gewachsen, die Lebenserwartung gestiegen ist, das Leben leichter wurde, die persönlichen Freiheiten größer geworden sind. Das ist nun anders, man schaut pessimistischer auf das Kommende. Die meisten wären schon zufrieden, wenn es in der Zukunft nicht schlechter würde und die Dinge blieben, wie sie sind. – Der Glaube kann dem nicht zustimmen, uns genügt das nicht. Denn wir sehen auf Gott und fürchten uns nicht. Dankbar empfangen wir die Gaben, die nur er geben kann. Sie heißen Glaube, Hoffnung und Liebe. Unsere Hoffnung wird gestärkt, ohne die wir nichts beginnen können, was Mut und Tatkraft erfordert. Wir werden frei zur Liebe, die das Leben feiert und ihm dient. Wir werden beschenkt mit Gottvertrauen, das in Ängsten hilft: Die Erde ist des Herrn. Auch in diesem Moment, hier und jetzt, mitten unter uns, wächst das Reich Gottes, denn es beginnt, wo Menschen auf die frohe Botschaft hören, auf das Evangelium. Und bereit sind umzukehren, auf Gott zu vertrauen. Statt auf sich selbst. *Jochen Bohl*

Wir beten

Barmherziger Vater, Du siehst in die Herzen. Du erkennst meine Ängste wie meinen Hochmut. Dir bringe ich beides, Du bist die Fülle des Lebens, Dir vertraue ich in allem. Amen.

1253 † Klara von Sciffi, Ordensgründerin in Italien | 1464 † Nikolaus von Kues, Kirchenmann und Universalgelehrter | 1494 † Hans Memling, Maler | 1558 † Justus Menius, Prediger, Schriftsteller | 1722 † Johann Joseph Winckler, Kirchenliederdichter

12. August

Montag | SA 06:04 SU 20:49 MA 14:53 MU 23:11

Wochenspruch: 1. Petrus 5,5b
Wochenlied: EG 299 oder EG.E 12

Wir lesen Markus 7,1–23

Jesu Forderung: Reinheit des Herzens

Was gab es nicht alles für Vorschriften zur Zeit Jesu! Die Reinheitsvorschriften bezogen sich auf Personen, Tiere und Geräte. Dahinter steckt die Vorstellung, dass sich der Mensch für die Begegnung mit Gott kultisch reinigen muss, um nicht in Ungnade zu fallen. Diese kultische Reinigung ist nicht mit hygienischer Reinigung zu verwechseln. Die Pharisäer und Schriftgelehrten beobachten aber, dass diese kultischen Vorschriften von den Jüngern missachtet werden und stellen Jesus zur Rede. Er bezeichnet sie als Heuchler und verweist auf Jesaja. Wichtig ist hier die innere Einstellung des Herzens. Es geht nicht um die bloße Pflichterfüllung der Reinheitsvorschriften, denn der sündige Mensch kann vor Gott nicht bestehen durch starres Festhalten an Gesetzen und zugleich seinen Nächsten lieben. Jesus kritisiert auch die Handhabung des vierten Gebotes: Es gab die Praxis, dass die Sorge um Hab und Gut außer Kraft gesetzt wird, indem der Sohn den Eltern das Nutznießungsrecht entzieht und es zum Weihegeschenk Gottes erklärt. Uns Christen wird Ähnliches vorgeworfen, wenn wir zum Gottesdienst gehen, beten und andächtig sind, aber im Alltag über unseren Nächsten herziehen. Vielleicht sollten wir in uns gehen und uns überprüfen, ob wir selbst auf dem richtigen Weg sind. Das sollte für uns ein lebenslanger Prozess sein. *Christine Heinrich*

Wir beten

Herr, Du weißt, es ist so leicht, selbstgerecht und überheblich über andere zu urteilen. Gib, dass wir mit reinem Herzen unser Handeln überprüfen. Amen.

Paul Speratus (1484 – 1551)

In Rötlen bei Ellwangen geboren, studierte er Theologie und wirkte als Priester in Salzburg und Würzburg. Er wandte sich der Reformation zu, heiratete noch in Würzburg und floh schließlich nach Mähren. Dort wurde er zum Feuertod verurteilt, exkommuniziert und nur unter der Bedingung, das Land zu verlassen, begnadigt. Ab 1524 wirkte er als Reformator und Hofprediger in Königsberg. 1530 war er erster lutherischer Bischof in Marienwerder in Westpreußen, wo er verstarb. Wir verdanken ihm den Text des Liedes „Es ist das Heil uns kommen her“ (EG 342).

1551 † Paul Speratus, Bischof und Liederdichter in Preußen | 1955 † Thomas Mann, Schriftsteller

13. August

Dienstag | SA 06:05 SU 20:47 MA 16:10 MU 23:36

Wochenspruch: 1. Petrus 5,5b
Wochenlied: EG 299 oder EG.E 12

Wir lesen Markus 7,24–30

Glaube und Vertrauen

Der Evangelist Markus beschäftigt sich mit der Heidenmission. Jesus begibt sich in das Gebiet von Phönizien. Eine Griechin aus der sozialen Oberschicht bittet Jesus um Heilung ihrer Tochter von einem unreinen Geist, auch Dämon genannt. Möglicherweise war das Mädchen Epileptikerin. Jesus weist ganz schroff diese Bitte ab. Die Juden sind bildlich gesprochen die Kinder und Söhne Gottes, die Heiden aber sind die Hunde. Israel und die Juden haben zuerst Anspruch auf das Heil Gottes und erst dann die Heiden. Die Frau geht auf Jesu Vergleich ein und spricht ihn mit „Kyrios" an. Diese Anrede Jesu seitens einer Heidin war sehr ungewöhnlich, denn „Kyrios" bedeutet „Herr" und ist das älteste Christusbekenntnis. Die Griechin erkennt Jesus als Gebieter an und gilt als Vorreiterin des Glaubens bei den Heiden. Matthäus spricht vom großen Glauben der Heidin. Sie gibt nicht auf, bleibt hartnäckig um ihrer Tochter willen. Sie zweifelt nicht an Jesu Vollmacht. Nicht die Abstammung, sondern das Vertrauen zu Jesus führt zur Rettung. Die Frau besitzt unbedingtes Vertrauen und fragt nicht, wann, wo und wieso diese Heilung geschieht. Sie glaubt einfach. Glaube setzt Vertrauen voraus. Glaube kann Berge versetzen. Um mit dem Hebräerbrief (Hebr 11,1) zu sprechen: Der Glaube ist eine gewisse Zuversicht und ein Nichtzweifeln an dem, was man nicht sieht. *Christine Heinrich*

Wir beten

Herr, unser Glaube ist oft kleinmütig. Gib, dass wir uns Dir öffnen und Dir ganz vertrauen. Schenke, dass wir unsere Mitmenschen als Schwestern und Brüder erkennen. Amen.

Paul Richter (1884 – 1942)

In Kaitz bei Dresden in einer evangelischen Familie geboren, musste er sein Theologiestudium wegen des Ersten Weltkrieges unterbrechen. Der Mittelpunkt seines Lebens war das Bekenntnis zu Jesus Christus. Als Mitglied im Pfarrernotbund der Bekennenden Kirche wandte er sich gegen den Rassenwahn und das alleinige Führerprinzip Hitlers. Zusammen mit seiner Frau half er Menschen in Not, kümmerte sich um Arme und leistete aktiven Widerstand gegen die Nazis. Er bekam Predigtverbot, wurde 1941 verhaftet und ins KZ Dachau gebracht, wo er an Hungertyphus starb.

Jüdischer Feiertag: Tisch'a B'Av (Fasten, Erinnerung an Tempelzerstörung) | 587 † Radegundis, Wohltäterin in Frankreich | 1163 † Gerold von Lübeck, Bischof in Holstein | 1727 erstes Abendmahl in der Brüdergemeine in Berthelsdorf | 1942 † Paul Richter, Märtyrer in Sachsen | 1961 Mauerbau in Berlin

14. August

Mittwoch | SA 06:07 SU 20:45 MA 17:25 MU –

Wochenspruch: 1. Petrus 5,5b
Wochenlied: EG 299 oder EG.E 12

Wir lesen Markus 7,31–37

Die Heilszeit bricht an

Jesus begibt sich nach Sidon ans Meer und von dort aus in das Gebiet der zehn Städte, wo Heiden leben. Die Menschen bringen einen Taubstummen zu ihm, damit er ihn heilt. Jesus nimmt ihn zur Seite, drückt ihm seine Finger in die Ohren und löst ihm mit seinem Speichel die Zunge. (Dem Speichel wurde in der Antike eine besondere Heilskraft zugewiesen.) Jesus blickt zum Himmel auf, als wolle er die Kraft dazu erbeten. Er spricht „Hefata", was bedeutet: „Tue dich auf." Und der Taubstumme wird geheilt, er kann hören und sprechen! – An diesem Text wird deutlich: Jesus ist alle Macht gegeben im Himmel und auf Erden. Die Macht des Messias erinnert hier zudem an die Schöpfungsgeschichte, wo es heißt: Siehe, es war sehr gut. Markus nimmt auch Bezug auf das zukünftige Heil. Bei Jesaja heißt es: „dann werden die Augen der Blinden aufgetan, und die Ohren der Tauben geöffnet werden." An anderer Stelle lesen wir: „dann werden die Lahmen springen wie ein Hirsch, und die Zungen der Stummen werden frohlocken". Dieser Lobpreis verheißt: Die Heilszeit ist angebrochen. Jeder, der den Glauben an Jesus hat, darf zu ihm kommen. Der Mensch mit seinen leiblichen und seelischen Gebrechen wird von ihm ernst genommen. – Wir müssen keine Vorgaben erfüllen oder Leistungen erbringen, Jesus tröstet, vergibt und heilt aus freien Stücken. *Christine Heinrich*

Wir beten

Herr, wir bitten Dich, schenke uns Deine heilende Kraft, segne und behüte uns an Leib und Seele. Lass uns jeden Tag Deine Liebe spüren. Amen.

Florence Nightingale (1820 – 1910)

In Florenz in einer wohlhabenden Familie geboren, erlebte sie 1837 eine innere Bekehrung und schrieb in ihr Tagebuch: „Gott sprach zu mir und rief mich in seinen Dienst." Sie galt als Begründerin der westlichen Krankenpflege und Reformerin des Gesundheits- und Sanitätswesens in England. Sie kämpfte gegen Hungersnöte in Indien und war während des Krimkrieges 1853 – 1856 als Leiterin des Militärkrankenhauses in der Türkei für englische Soldaten tätig. 1883 wurde sie von Queen Victoria und 1907 von König Edward VII. für ihre überragenden Leistungen ausgezeichnet.

1629 † Georg Balthasar, Märtyrer in Böhmen | 1910 † Florence Nightingale, Wohltäterin in England (ev. Gedenktag; Sterbetag: 13.8.) | 1941 † Maximilian Kolbe

15. August

Donnerstag | SA 06:09 SU 20:43 MA 18:33 MU 00:11

Wochenspruch: 1. Petrus 5,5b
Wochenlied: EG 299 oder EG.E 12

Wir lesen Markus 8,1–9

Geistlicher Hunger

Gott sei Dank – wir leben in einem Land, in dem zumindest statistisch betrachtet niemand unter uns hungern muss – auch wenn mehr und mehr Menschen Unterstützung benötigen, um das Nötigste zum Leben zu erhalten. Stattdessen haben wir so viele Nahrungsmittel im Überfluss, dass täglich Tonnen davon entsorgt werden. Das alles nimmt jedoch den materiellen Hunger in den Blick. Wie steht es dagegen um den Hunger nach Zuwendung, den Hunger nach Nähe und letztendlich auch den Hunger nach einer geistlichen Begleitung? Genau um diesen Hunger geht es dem Evangelisten. Die Menschen haben Sehnsucht nach einem Wort aus dem Munde Jesu, denn sie wissen: Dieses Wort ist wie Brot für das Leben. Seine Botschaft ist schlichtweg existenziell. Wir brauchen sie als tägliches Lebensmittel, als Mittel zum Leben. Diese Situation hat sich über all die Jahrhunderte seitdem nicht verändert. Auch in der Gegenwart haben Menschen Sehnsucht nach einem Wort, das ihnen zur Lebenshilfe wird. Sie warten darauf, dass sie angesprochen werden und Gottes Wort hören. Im Unterschied zu damals sitzen sie nicht still, sondern sind oft voller Sehnsucht unterwegs. Wir können selber zu Botinnen und Boten werden, die Gottes Wort in unsere Welt hineinsprechen. Es sind genug Menschen da, die auf solch eine Ansprache warten! *Christoph Seele*

Wir beten

Herr, mache uns zu Botschafterinnen und Botschaftern für Dein Wort. Dein Wort trifft auf eine Welt, die Hunger nach solchen Botschaften hat. Deine Worte sind eine Hilfe für unser Leben. Amen.

Missionarische Gelegenheiten

„Es lohnt sich nicht, unsere Kirche offen zu halten. Die Menschen laufen durch sie nur hindurch – wie durch ein Museum. Sie können mit dem Raum nichts mehr anfangen." Dieser Meinung eines Kollegen musste ich widersprechen. Es gibt so viele Botschaften in Kirchen: Bilder oder Bibelsprüche an Emporen, Wänden oder Gewölben. Was mögen solche Bilder und Worte mit Menschen machen, die sie bislang noch nicht kannten? Vielleicht nehmen sie sie mit und bewegen sie in ihren Herzen?! So sind Kirchen immer missionarische Gelegenheiten für alle Menschen.

Röm.-kath. Feiertag: Mariä Himmelfahrt | 1552 † Hermann von Wied, Erzbischof in Köln

16. August

Freitag | SA 06:10 SU 20:41 MA 19:27 MU 01:03

Wochenspruch: 1. Petrus 5,5b
Wochenlied: EG 299 oder EG.E 12

Wir lesen Markus 8,10–13

Wunderbar?!

Wer kennt nicht diesen Wunsch, es möge ein Wunder geschehen. Wunder, das sind Widerfahrnisse, die es schaffen, die Wirklichkeit zum Guten zu verändern – und das möglichst vollkommen und von jetzt auf gleich: dass das Leben gerecht wird, dass wir sofort wieder gesund sind oder genügend Geld haben … Diese Wünsche nach wundervoller Veränderung gibt es im Leben wie auch in unserem Glauben. Wenn sich doch Gott jetzt ganz wunderbar einschalten würde und es Frieden wäre, wo gerade schlimmer Kriegt herrscht; dass Menschen satt werden, wo heute im Minutentakt weltweit Menschen an Hunger sterben. Es gäbe genug Aktionsmöglichkeiten, in denen Gott eingreifen könnte. Dann würden sich nicht nur diese leidvollen Zustände verändern, sondern Gott könnte sich demonstrativ darstellen – und niemand würde mehr an seiner Existenz zweifeln. Doch gerade so ist Gott nicht. Wunder lassen sich nicht bestellen; Gott ist kein „Wunder-Automat“. Gott ist auch ohne spektakuläre Wunder in unserem Leben gegenwärtig. Ist es nicht einfach schon wunderbar, dass wir Gott immer in unserem Leben bei uns wissen dürfen – gerade auch dann, wenn das Leben alles andere als wunderbar ist?! *Christoph Seele*

Wir beten

Herr, danke für das große Wunder Deiner Zuwendung zu mir. Führe mich so auch heute durch diesen Tag und gib mir einen wachen Sinn für die vielen kleinen Wunder auf meinem Weg. Amen.

Wunder geschehn …

„Wunder geschehn, ich hab's gesehn; es gibt so vieles, was wir nicht verstehn." Haben Sie auch die Melodie und Musik der Sängerin Nena gleich dazu im Ohr? Aber wussten Sie, dass dieses Lied am 5.11.1989 und damit wenige Tage vor dem Fall der Mauer veröffentlicht worden ist? Wunderbar war das, was wir dann wenige Tage später mit der Beseitigung der „Mauer" erlebten, weil es sich niemand wirklich vorstellen konnte, wie dereinst diese Grenze einmal fallen sollte. Zugegeben, für nicht wenige hat sich dieses Wunder schnell in harte Realität verwandelt, und nicht für alle Menschen gab es danach „blühende Landschaften". Aber für den Moment selbst – da war es doch wie ein Wunder, was wir erleben konnten.

1527 † Leonhard Kaiser, Märtyrer in Passau | 1532 † Johann der Beständige, Förderer der Reformation in Sachsen | 1659 † August Heinrich Held, Kirchenliederdichter | 1882 Auswanderermission gegründet

17. August

Sonnabend | SA 06:12 SU 20:39 MA 20:06 MU 02:14

Wochenspruch: 1. Petrus 5,5b
Wochenlied: EG 299 oder EG.E 12

Wir lesen Markus 8,14–21

Blickrichtungen

„Warum in die Ferne schweifen – sieh, das Gute liegt so nah" – bekannte Worte, die auf Johann Wolfgang von Goethes kleines Gedicht „Erinnerung" zurückgehen. Worte, die wohl jede und jeder von uns mit eigenen Erfahrungen verbinden kann: Oft passiert es im Leben, dass einem der Blick auf die schönen Seiten des Lebens verstellt ist. So mag es auch den Jüngerinnen und Jüngern gegangen sein, die mit Jesus unterwegs waren. Hatten sie nicht gerade ein erstes Wunder durch die Speisung der 4000 Menschen erlebt? Und doch scheinen sie dieses *wunder*bare Erlebnis schon wieder vergessen zu haben. Die Macht des Alltags und mit ihr die Macht der Gewohnheit sind größer als diese eindrucksvolle Erfahrung. „Begreift ihr denn noch nicht?" Die Frage Jesu ist zeitlos und gilt auch uns heute. Wie oft wünschten wir uns die Wirklichkeit anders. Wie oft denken wir, anderen gehe es besser als uns. Dann zweifeln wir sogar an der Kraft unseres Glaubens an Gott. Und doch ist uns Gott oft viel näher, als wir meinen – nur eben auf andere Art und Weise, als wir es uns wünschen oder gar gerne hätten. Nehmen wir uns doch für heute einmal vor, unsere Blickrichtung zu ändern und genau hinzusehen – vielleicht entdecken wir etwas ganz Neues?!

Christoph Seele

Wir beten

Herr, danke, dass Du mich siehst – mit meinen Stärken und mit meinen Schwächen. Du nimmst mich an, wie ich bin. Hilf mir heute, dass ich mich meinen Mitmenschen in gleicher Weise zuwenden kann. Amen.

Kinderspiel

„Ich sehe was, was du nicht siehst, und das ist … blau" – was für ein zeitloses Kinderspiel! Im Leben kommt es mir jedoch auch oft so vor: Da sieht ein anderer etwas, was mir noch verborgen ist. Ich brauche ihn, damit er mir den Blick öffnet. Und gilt das nicht sogar auch für einen selbst? Da entdecken andere Menschen Dinge an uns, die uns selbst noch verborgen waren. Was du kannst, wie du bist – herrlich! Sogar Gott könnte diesen Satz zu uns sagen: „Ich sehe was, was du nicht siehst." Das muss uns keine Angst machen, denn damit verbindet Gott keine Macht über uns, sondern Zuwendung, Zuneigung und Liebe.

1637 † Johann Gerhard, Theologe in Jena | 1786 † Friedrich der Große | 1895 Christlicher Studenten-Weltbund gegründet

18. August

Sonntag | 12. Sonntag nach Trinitatis

Wochenspruch: Jesaja 42,3
Wochenlied: EG 289 oder EG.E 20
Altes Testament: Jesaja 29,17–24
Epistel: Apostelgeschichte 9,1–20
Evangelium: Markus 7,31–37

Wir lesen Psalm 147

Gott singen und spielen

Mit Halleluja beginnt und endet unser Psalm. Er reiht sich damit in die letzten fünf Psalmen ein: Am Ende bleibt das Lob Gottes. Wir werden eingeladen, an diesem Sonntag Gott zuzujubeln, ihn zu rühmen, ihm zu jauchzen. Sich darauf einzulassen, tut gut. Einmal wegzusehen von dem, was uns täglich umtreibt, hin zu dem, der für seine Schöpfung und seine Geschöpfe tätig ist. Der Psalm sieht, dass das zusammenhängt: Der Schöpfer zählt die Sterne – zugleich heilt er zerbrochene Herzen. Er lässt die Wolken regnen – er richtet die Elenden auf. Im Lesen und Beten der Psalmen wird deutlich, dass das Lob Gottes ganz eng mit der Klage zu ihm zusammenhängt. Indem wir uns mit beidem an Gott wenden, ehren wir ihn. Gott ernst zu nehmen, lehrt uns die Bibel in allen ihren Teilen, denn er kümmert sich. Die Gewissheit, dass Gott uns nahe ist und tut, was nötig ist, unterstreicht unser Psalm. Ganz besonders liegt Gott sein Volk Israel am Herzen. Das verlässt sich auf ihn, auch wenn es durch lange Jahrzehnte und Jahrhunderte anscheinend keine Fortschritte in die erhoffte Richtung gibt. Deshalb muss Gott singend und spielend an seine Zusagen erinnert werden. Hier sind wir Lernende von Israel. Gottes Wort wirkt durch die Zeiten. Es gilt, ihn beim Wort zu nehmen, ihm sein Wort vorzuhalten. Durch Jesus Christus sprengt Gottes liebende Zuwendung alle Grenzen, so dass auch wir eingeladen sind, zu seinem Volk zu kommen. Singen baut uns auf, aktiviert andere Regionen unseres Gehirns. Im Hebräischen haben Kehle und Seele das gleiche Wort. Singen tut der Seele gut, denn im Singen atmen wir anders, durchlüften unseren Körper und Geist. Den Psalm singen, hilft zu verstehen, wer unsere Welt erhält und was uns und allem Leben guttut. Im Singen erheben wir unsere Stimmen hin zu Gott, liegen ihm im Ohr. Darum atme tief durch, singe, rufe: Halleluja. *Harald Grün-Rath*

Wir beten

Dich, Gott, loben wir! Dir singen wir in unseren Herzen sowie mit Mund und Kehle, denn Du sorgst für uns und freust Dich, dass wir Dein Gebot und Wort hören und danach leben. Amen.

1541 † Heinrich der Fromme, Herzog von Sachsen | 1756 † Erdmann Neumeister, Liederdichter in Hamburg | 1850 † Honoré de Balzac, Schriftsteller | 1976 Oskar Brüsewitz: öffentliche Selbstverbrennung in Zeitz († 22.8.1976 in Halle a. d. S.)

19. August

Montag | SA 06:15 SU 20:35 MA 20:53 MU 05:12

Wochenspruch: Jesaja 42,3
Wochenlied: EG 289 oder EG.E 20

Wir lesen Markus 8,22–26

Ein Blinder kann wieder sehen

Unser Text ist ein Sondergut des Markusevangeliums, wir finden ihn also nur hier. Der Verfasser erzählt es so lebendig und spannend, dass man glaubt, er ist bei dem Wunder dabeigewesen. In der Nähe von Bethsaida hat die Speisung der Fünftausend stattgefunden. Möglich, dass sich diese Geschichte auch in der Gegend abspielt. Das Wunder hier unterscheidet sich in zweierlei Hinsicht von den übrigen Wundergeschichten der Evangelien: 1. Jesus gelingt es nicht auf Anhieb, den Blinden vollständig zu heilen. Möglich, dass ihn die Zuschauer und Schaulustigen abgelenkt haben. Deshalb führt er den Mann vor das Dorf, wo sie ungestört sein können. 2. Der Blinde wird nicht wie üblich nach seinem Glauben gefragt, bevor er geheilt wird. In anderen Heilungswundern ist das sonst eine gängige Frage. Damit soll besonders der Geschenkcharakter des Augenlichtes hervorgehoben werden. Jakob Böhme, evangelischer Mystiker aus Görlitz, sagte: „Die Finsternis ist die größte Feindschaft des Lichtes und ist doch die Ursache, dass das Licht offenbar werde.“ Wer sind die Männer, die den Blinden zu Jesus bringen?

Wir wissen es nicht. Sie tun jedenfalls ein gutes Werk. Ihre Tat ist eine Tat der Barmherzigkeit. Nach der Bergpredigt wird Gott mit ihnen ebenso barmherzig sein (Mt 5,7). Solche Menschen gibt es auch heute noch. Darum hat die Welt Zukunft. *Abbas Schah-Mohammedi*

Wir beten

Herr, öffne meine Augen, dass ich die Not der anderen sehe; öffne meine Ohren, dass ich ihren Schrei höre; öffne mein Herz, dass sie nicht ohne Beistand bleiben. Amen.

Ich kann nicht mehr

Die Stimme kam in der Nacht zu mir: „Ich kann nicht mehr. Am 17. November habe ich die Sonne zum letzten Mal gesehen", sagte er, von Weinkrämpfen unterbrochen. „Als man mir die Binde von den Augen nahm, war ich blind. Dabei sollte ich nach der Operation besser sehen können. Das Schlimmste aber ist die Angst vor der Dunkelheit." Irgendwann fragte er: „Haben Sie auch Angst?" „Nicht mehr", sagte ich. „Ich habe mich mit meinem Feind angefreundet." Er hörte auf zu schluchzen. „Wie geht das?" – „Ja, von heute auf morgen nicht, aber es geht …"

Orthodoxer Feiertag: Christi Verklärung | 1662 † Blaise Pascal, christlicher Denker in Frankreich | 1719 † Carl Hildebrand von Canstein, Gründer der ersten deutschen Bibelanstalt | 1846 Evangelische Allianz gegründet

20. August

Dienstag | SA 06:16 SU 20:33 MA 21:09 MU 06:45

Wochenspruch: Jesaja 42,3
Wochenlied: EG 289 oder EG.E 20

Wir lesen Markus 8,27–33

Wer ist Jesus für uns?

Nach Markus war Jesus nur ein Mal während seines Wirkens auf dem Passafest in Jerusalem. Will Markus damit sagen, dass Jesus nur ein Jahr gewirkt hat? Möglich. Das 8. Kapitel ist die Mitte des Markusevangeliums und ist Halbzeit für Jesus. Wie sieht nun die Bilanz seines Wirkens aus? Er hat viel in die Menschen investiert, hat Kranke geheilt, mit Dämonen gekämpft, hat Blinde sehend gemacht. Er hat Aussätzige berührt und so aus Unberührbaren Berührbare gemacht. Er hat Wind und Wetter beherrscht, ein Mädchen vom Tode errettet, hat Menschen satt gemacht, das Fasten verweigert und Gebote relativiert. Das und noch mehr Gutes ist die Bilanz seiner einjährigen Arbeit auf Erden. Zur Bilanz gehört auch die Frage an die Jünger: Was sagen die Leute, wer ich bin? Er fragt nicht, wie kann ich noch mehr Menschen zu Gott führen oder was kann ich noch mehr Gutes für euch tun. Die Jünger haben wahrgenommen, was die Menschen über Jesus dachten. Sie zählen es ihm auf: Einige sagen, du seist Johannes der Täufer. Andere sagen, du bist Elia. Wieder andere, du bist einer von den Propheten. Nun bricht es förmlich aus

Petrus heraus: Du bist Christus, der Sohn Gottes. Also der ersehnte Messias, auf den die Juden schon so lange warteten. Denn nach ihrer Vorstellung sollte der Messias das Ende der Unterdrückung bringen und ein Reich des Friedens und der Freiheit herbeiführen. *Abbas Schah-Mohammedi*

Wir beten

Barmherziger Gott, wir gedenken unserer Brüder und Schwestern im Glauben, die den Weg des Leidens und des Todes gegangen sind. Führe sie vom Tod zum Leben, aus Dunkel zum Licht, aus Bedrängnis in Deinen Frieden. Amen.

Glücklich

Herrlich ist es, wenn man morgens aufwacht
und einem einfällt, da ist einer,
dem es etwas besser geht, / weil ich da bin.
Du sagst: Du bist glücklich, / weil ich dir die Brote mache
und den Kaffee einschenke.
Du sagst: Du bist glücklich, / weil ich mit dir spazieren gehe.
Du fragst, woher ich mir die Kraft nehme!
Ich will es dir sagen:
Ich bin glücklich, weil du glücklich bist.

(Abbas Schah-Mohammedi)

1153 † Bernhard von Clairvaux, Prediger aus Frankreich | 1639 † Martin Opitz, Dichter | 1884 Reformierter Bund gegründet

21. August

Mittwoch | SA 06:18 SU 20:31 MA 21:22 MU 08:17

Wochenspruch: Jesaja 42,3
Wochenlied: EG 289 oder EG.E 20

Wir lesen Markus 8,34–9,1

Erfolg oder Misserfolg

Ich habe mich oft gefragt, wie Jesus 33 Jahre seines Lebens mit dem Gedanken leben konnte, dass sein Ende ein böses Ende sein würde. Immer hatte er das Kreuz im Nacken, auch wenn keiner es sah. Wenn er aß und trank, lachte und feierte: Das Kreuz war dabei. Er dachte daran, wenn er schlafen ging, und wenn er aufwachte, drückte es ihn hart. Kann man sich da noch wundern, wenn er am Ende darunter zusammenbrach? Jesus hat sich mit seinem Kreuz angefreundet. Er hat es als von Gott auferlegten Weg für sich angenommen. Er wusste, dass er es zum Heil der Menschen trägt. Als er das seinen Jüngern erzählte, versuchten sie, es ihm auszureden. Das Kreuz ist so wirkmächtig, dass es zur Quelle der Kraft werden kann, wenn wir dazu „ja" sagen. Der letzte Weg Jesu führt ihn zum Garten Gethsemane, wo er auf den Knien Gott um Beistand bittet: „Vater, nimm diesen Kelch von mir; doch nicht, was ich will, sondern was du willst." Mit den Kreuzen, die wir zu tragen haben, ist es nicht anders. Man muss sich am besten mit dem verbünden, was einem Angst macht und ihm einen Namen geben. Erst dann verliert es seine Angst machende Wirkung.

Jesus hat das seinen Jüngern vorgemacht: „Wer mir will nachfolgen, der verleugne sich selbst und nehme sein Kreuz auf sich und folge mir nach." Zu Freunden wird man, wenn man den Namen des anderen kennt. Deshalb fragte Jesus manchmal jene, die er heilte, nach ihrem Namen und Begehren.

Abbas Schah-Mohammedi

Wir beten

Herr Jesus Christus, Du hast viel gelitten meinetwegen. Du hast auf Dich genommen, was mein ist, und mir gegeben, was Dein ist. Dafür sag ich Dir von Herzen Dank. Amen.

Alles umsonst

Heute heizt Gott mit seiner Sonne. / Wir können sparen.
Heute ist alles umsonst.
Die Wärme ist umsonst. / Das Licht auch.
Ich lebe auf Gottes Kosten / und lebe in seinem Land,
ohne den Pass vorzuzeigen.
Ich esse von seinem Tisch / und trinke aus seinem Brunnen.
Ich lebe, solange es Gott will, / auf seiner Erde.
Was ich brauche, gibt er mir. / Was er nicht gibt,
brauche ich auch nicht.
Lieber Gott, ich danke dir, / dass du bist so gut zu mir.

(Abbas Schah-Mohammedi)

1384 † Geert Groote, Prediger in den Niederlanden (ev. Gedenktag; Sterbetag: 20.8.) | 1732 Erste Herrnhuter Missionare in Indien | 1838 † Adelbert von Chamisso, Dichter und Naturforscher

22. August

Donnerstag | SA 06:20 SU 20:29 MA 21:35 MU 09:47

Wochenspruch: Jesaja 42,3
Wochenlied: EG 289 oder EG.E 20

Wir lesen Markus 9,2–13

Vertrauen lernen im Auf und Ab

Wie bekommt man das zusammen: Jesus, aus dem Gottes Licht leuchtet, oben auf dem Berg. Und das tiefe Tal, von dem er redet, in das er hinabsteigt: Leiden, Spott und Hohn, der Tod. Petrus, Jakobus und Johannes und Sie und ich. Wir gehen immer dieselben Wege. Hinauf auf den Berg, ins Licht, ohne es zu verstehen. Und wieder hinab, ohne zu verstehen, warum. – Auferstehung. Was ist das? Wir diskutieren, streiten, erklären. Aber verstehen wir? Wir Jünger. In Gethsemane, so erzählt Markus, werden wir die Augen verschließen vor dem Leid. Dann werden wir Ostern erleben, erschrecken und immer noch nicht verstehen. Aber Jesus geht uns immer noch voraus. Und wieder beginnen wir in Galiläa, werden wieder berufen, wieder auf den Berg hinaufgeführt. Ich denke, jetzt habe ich verstanden: Hier ist es schön, hier will ich mich einrichten. Falsch, sagt Jesus. Ich habe doch nicht verstanden, höre ich. Dazu braucht es die Auferstehung. Und Jesus. Den sehe ich, er bleibt bei mir, in meinem Leben. – Wieder und wieder folge ich ihm, vertraue, zweifle, vertraue. Und mitunter ahne ich, was Jesus meint. Für ihn fällt zusammen, was für mich auseinanderklafft: Licht und Dunkel, Glanz und Leid. Auferstehung. Das ist unzerstörbarer Glanz, Himmel, Gottesnähe. Durch das Leid hindurch gerettet. Es ist ein Licht, das standhält – dem Leid, der Einsamkeit und dem Tod. *Ulrike Magirius-Kuchenbuch*

Wir beten

Gott, unser Vater, lass uns Jesus folgen, ihn hören, damit der Blick auf Dein Licht uns neue Horizonte eröffnet, die uns helfen zu glauben, zu hoffen und zu lieben, jeden Tag neu. Amen.

Rudolf Alexander Schröder (1878 – 1962)

„Abend ward, bald kommt die Nacht" (EG 487) und zwei weitere seiner Lieder finden sich in unserem Gesangbuch. Er war vielseitig begabt, war Dichter und Schriftsteller, ein bedeutender Übersetzer. Und er war auch Maler und Architekt, der zu mehreren Weltausstellungen Preise errang. In der Zeit des Dritten Reiches lebte er in Bayern, hatte Auftrittsverbot, hielt aber als Lektor regelmäßig Gottesdienste. Viel Anerkennung bekam er im Nachkriegsdeutschland. In seiner Geburtsstadt Bremen wird bis heute ein Literaturpreis mit seinem Namen verliehen.

178 † Symphorian, Märtyrer in Burgund | 1962 † Rudolf Alexander Schröder, Liederdichter

23. August

Freitag | SA 06:21 SU 20:27 MA 21:49 MU 11:16

Wochenspruch: Jesaja 42,3
Wochenlied: EG 289 oder EG.E 20

Wir lesen Markus 9,14–29

Überwindung der Ohnmacht

„Ohnmächtig mit ansehen zu müssen, wie jemand leidet, und nicht helfen können, das ist das Schlimmste." Ein Mann sagte so, der seinen Vater in den letzten Tagen begleitet hatte. – Ohnmächtig sein, das erlebt der Vater in der Geschichte. Sein Sohn wird wieder und wieder von Anfällen geplagt, ist nicht mehr Herr über seinen Körper, und oft wird es dann lebensgefährlich. Der Vater leidet mit. Bewundernswert, dass er nicht aufgibt. Obwohl er erlebt: Es ist vergeblich. Überallhin hatte er seinen Sohn gebracht, alles ausprobiert. Und da stehen Jesu Jünger – mit hängenden Köpfen. Auch sie konnten nicht helfen. Und Jesus? „Alles ist möglich dem, der glaubt", sagt er dem Vater. Glaubt er? Glaube ich? Genug? Es wäre ein Sprung, ein Wagnis. Ich müsste mir zutrauen, was er, was ich eigentlich nicht kann. – „Ich glaube, hilf meinem Unglauben!" Der Vater erlebt mit den Jüngern, wie Jesus die Kräfte der Krankheit und des Todes besiegt. Hilfe Gottes ist da. „Gebet würde euch helfen – die Verbindung zu Gott, die Nähe Gottes", wird er den Jüngern später sagen. Und manchmal merke ich, wie ich im Gebet ganz bei Gott bin. – Gebet hilft, erzählte mir eine Frau: Ich war 14 und allein zuhause, als mein Onkel starb. Er wälzte sich unruhig hin und her. Und da habe ich seine Hände genommen und das Vaterunser gebetet. Und er wurde ganz ruhig. Erfahrung und ein Trost für ihr Leben. *Ulrike Magirius-Kuchenbuch*

Wir beten

Gott, schenke uns Glauben, und wenn er nur so groß ist wie ein Senfkorn. Wenn wir beten, lass Deinen Geist für uns eintreten und uns erfüllen, damit wir ganz auf Dich vertrauen. Amen.

Vom Kampf zum Miteinander

Die Bartholomäusnacht vom 23. auf den 24.8.1572 in Paris war eine Nacht des Grauens. Die Hugenotten hatten im Land an Einfluss gewonnen. So plante die katholische Gegenpartei die Ermordung ihres Anführers, Admiral Coligny. Am 23.8. gelang es. Und dann fielen dem Morden etwa 3000 protestantische Männer, Frauen und Kinder zum Opfer. Wie viel lieber denkt man an den 23.8.1948, als sich der Ökumenische Rat der Kirchen gründete. Es war der Aufbruch zu einem neuen Miteinander und Gespräch, das bis heute Hoffnung stiftet.

1536 Calvins Institutio erschienen | 1572 Bartholomäusnacht in Frankreich | 1572 † Gaspard de Coligny, Märtyrer in Frankreich (ev. Gedenktag; Sterbetag: 24.8.) | 1948 Ökumenischer Rat der Kirchen gegründet

24. August

Sonnabend | SA 06:23 SU 20:25 MA 22:06 MU 12:45

Tagesspruch: Jesaja 52,7
Tageslied: EG 264 oder EG.E 27

Wir lesen Markus 9,30–37

Das Kind in der Mitte

Jesus kündigt zum zweiten Mal seinen Leidensweg an. Seine Jünger verstehen aber wieder nichts und rangeln nur darum, wer von ihnen der Größte sei. Darin sind sie uns so nah – was haben wir denn wirklich von Jesu Leidensweg verstanden? Und wie leben wir daraus? Ihrem Schweigen ist immerhin zu entnehmen, dass die Jünger selbst ihren Streit nicht als passende Antwort empfinden. Ihr Schweigen verrät ihre Angst vor ihrem Meister und seinen seltsamen Andeutungen. Dagegen hilft scheinbar, sich zu versichern, wer der Größte ist, denn der hat doch auch die Macht!? Jesus stellt stattdessen ein Kind in die Mitte – als Blickpunkt, als „Leuchtturm" für das, was im Reich Gottes gültig ist. Größer, schneller, weiter hat der Menschheit bestenfalls äußerlichen Fortschritt gebracht. Dahinter ist vieles auf der Strecke geblieben: vor allem die Liebe, zu den Nächsten wie zu uns selbst. Das Kind als Bild von Gottes neuer Welt lässt uns in eine andere Richtung schauen: auf die, die in der gesellschaftlichen Hierarchie keine Rolle spielen, die von den Mächtigen höchstens für ihre Interessen benutzt werden. Der Blick fällt hinab zu den Kleinen, aber auch den von Leid Gebeugten. Und ihre Gesichter fragen uns: Welche Zukunft, welche Hoffnung gebt ihr uns? Liebe sollte die einzige Macht sein, die unter den Nachfolgerinnen und Nachfolgern Jesu bestimmend wirkt. *Hillard Heimann*

Wir beten

Du unser Gott, auch ich bin gern einmal der Größte. Lass mich darüber nicht Dich vergessen – und die, die im Schatten sitzen. Amen.

Tag des Apostels Bartholomäus

Bartholomäus gehört zu den weniger prominenten der zwölf Jünger. Die Evangelisten nennen ihn nur in den Aufzählungen der Apostelnamen. Später soll er in Armenien und Indien gewirkt haben. In nachneutestamentlicher Zeit entwickelt sich ein reiches Schrifttum um diesen stillen Zeugen. So gab es wohl ein Evangelium unter seinem Namen. Erhalten sind die „Fragen des Bartholomäus" an Jesus, Maria und den Teufel sowie ein „Buch der Auferstehung Jesu Christi", in dem der Apostel sonst unbekannte Einzelheiten über Höllenfahrt und Auferstehung Christi mitteilt.

Tag des Apostels Bartholomäus | 1919 † Friedrich Naumann, Pfarrer und Sozialethiker

25. August

Sonntag | 13. Sonntag nach Trinitatis

Wochenspruch: Matthäus 25,40b
Wochenlied: EG 412 oder EG.E 28
Altes Testament: 3. Mose 19,1–3.13–18.33–34
Epistel: 1. Johannes 4,7–12
Evangelium: Lukas 10,25–37

Wir lesen Psalm 120

Gott bewahrt vor falscher Zunge

Erst kommt der Dank für die Hilfe, die der Beter des Psalms von Gott erfahren hat. Dann blickt er zurück auf seine Bedrängnis, auf all das, was geschehen ist. Da haben Menschen ihm nämlich das Wort im Munde herumgedreht. Sie haben ihn mit „falscher Zunge" verleumdet und bedroht. Sie haben ihn als Streitlustigen und Lügner hingestellt. Lügen werden mit „scharfen Pfeilen" verglichen, und „feurige Kohlen" gelten als lang verzehrendes Gericht. So soll Gott es mit den Widersachern tun. Das Leben des Psalmbeters hat Gott aus den Lügen und Verleumdungen gerettet, nachdem er lange in der Fremde unter solchen Menschen gelebt hat, die den Frieden hassen und sofort Streit anfangen, wenn man nur den Mund auftut. Nun ist er in der Heimat, in der Schutzsphäre des Heiligtums und kann Frieden spüren. – Ein altes, individuelles Danklied, das jedoch in unseren Ohren heute wie ein aktuelles Geschehen klingt: falsche Informationen, Fake

News, als Kriegswaffe; Falschaussagen als Machtmittel; Verleumdung als Diffamierung des Gegners und anderes mehr in den Medien. So geschieht es in kriegerischen Auseinandersetzungen ohne Unterschied auf allen Seiten und ebenso in Wahlkämpfen ohne Beachtung der Würde des Einzelnen. Man wagt schon nicht mehr, sich mit einer klaren Meinung öffentlich auf die eine oder andere Seite zu schlagen. In den Medien gibt es sofort einen „Hassstrom". Die Worte werden einem im Munde herumgedreht. Nach einem niederländischen Text gibt es von Jürgen Henkys im Evangelischen Gesangbuch ein Gebetslied mit den Worten: „Gib Frieden, Herr, gib Frieden, die Welt nimmt schlimmen Lauf. Recht wird durch Macht entschieden; wer lügt, liegt oben auf." (EG 430) Jede und jeder von uns kann diese Worte aus eigener Erfahrung mitbeten und hoffen, dass Gott uns – wie den Beter des Psalms – aus dieser üblen Situation rettet. *Klaus Wollenweber*

Wir beten

Gott der Wahrheit und des Lebens, hilf bei der Unterscheidung zwischen wahren und falschen Worten, die täglich in den Medien auf uns eindringen. Wir möchten nicht Lügen vertrauen. Amen.

775 † Gregor von Utrecht, Glaubensbote in Friesland | 1744 * Johann Gottfried Herder | 1854 Evangelische Diakonissenanstalt Stuttgart gegründet | 1900 † Friedrich Nietzsche

26. August

Montag | SA 06:26 SU 20:20 MA 22:57 MU 15:41

Wochenspruch: Matthäus 25,40b
Wochenlied: EG 412 oder EG.E 28

Wir lesen Markus 9,38–41

„An ihren Früchten sollt ihr sie erkennen …"

Ich war zwölf und fuhr mit dem Fahrrad durch die Stadt. Plötzlich brach mein Lenker ab, und ich flog kopfüber auf die Straße. Zum Glück war nicht viel passiert. Neben mir hielt ein Auto. Ein Mann stieg aus und erkundigte sich nach meinem Ergehen. Dann lud er kurzerhand die Fahrradruine in den Kofferraum, fragte nach meiner Adresse und fuhr mich zu uns nach Hause. Der Mann war ein Mormone. – Mormonen haben die Bibel um eine neue Offenbarung, das Buch „Mormon", erweitert, sie lehnen die Vorstellung der Dreieinigkeit Gottes ab und manches mehr. Das ist für „uns" evangelische und katholische Christinnen und Christen inakzeptabel, oder? – „… weil er *uns* nicht nachfolgt." Welch verräterischer Satz. Als ginge es darum, Jesu Jüngern und ihren Sichtweisen zu folgen und nicht dem Meister allein! Wie seine Gleichnisse vom barmherzigen Samariter und vom großen Weltgericht zeigen, war Jesus an der Zementierung von Lehren nicht sonderlich interessiert, wohl aber am rechten Tun. Unser heutiger Text spricht deshalb allen konfessionellen Streitigkeiten und Überheblichkeiten Hohn. Wie schon bei den Jüngern ging und geht es da zu oft nur um

Machterhalt. Die „Wahrheit“ meines Glaubens erweist sich indessen nicht in der sachlich richtigen „Nachfolge“, sondern in dem, wie ich einem von Jesu geringsten Schwestern und Brüdern – und damit ihm selbst – begegne. *Hillard Heimann*

Wir beten

Du unser Gott, ich möchte Dir danken für die wunderbare Vielfalt, mit der Du Dich in den verschiedenen Konfessionen und Religionen offenbarst. Lass uns nicht streiten über Ansichten, sondern einander anspornen zu Taten der Liebe. Amen.

Adam von Trott zu Solz († 1944)

Heute vor 80 Jahren wurde der Jurist und Diplomat Adam von Trott zu Solz, 1909 in Potsdam geboren, in Plötzensee hingerichtet. Schon vor 1933 erkannte er die Gefahr des Nationalsozialismus. Von Auslandsreisen nach Großbritannien, China und in die USA zu Studien- und Vermittlungszwecken kehrte er 1940 nach Deutschland zurück, wo er zum Kreisauer Kreis gehörte mit dem klaren Ziel, das Unrechtsregime zu stürzen. Um seine Familie vor Racheakten zu schützen, lehnte er nach dem gescheiterten Attentat vom 20.7.1944 eine Flucht ab.

383 † Wulfila, Glaubensbote der Goten | 1813 † Theodor Körner, Dichter | 1942 † Werner Sylten, Märtyrer in Berlin | 1944 † Adam von Trott zu Solz, Mitglied des Kreisauer Kreises, hingerichtet nach dem gescheiterten Attentat auf Hitler | 1945 † Franz Werfel, Schriftsteller

27. August

Dienstag | SA 06:28 SU 20:18 MA 23:40 MU 16:58

Wochenspruch: Matthäus 25,40b
Wochenlied: EG 412 oder EG.E 28

Wir lesen Markus 9,42–50

Gesalzenes

Jesus ist es absolut ernst: Wenn es um die Schwächsten geht, kennt er kein Pardon. Alles, was sie vom Leben spendenden Wort Gottes abbringen könnte, ist unter allen Umständen zu vermeiden. Mit einem Mühlstein um den Hals gibt es im Wasser keine Überlebenschance. Und Jesus wird noch drastischer: Wenn Hand, Auge oder Fuß wider besseres Wissen und Gewissen Irrwege einschlagen, ist es besser, auf sie zu verzichten. Natürlich muss niemand so weit gehen wie der Kirchenvater Origenes, der sich entmannen ließ, um das Himmelreich zu erlangen. Aber wer anderen die Suppe versalzt, indem er ihnen durch sein Verhalten Grund zum Zweifeln oder gar zur Verzweiflung gibt, muss mit dem Äußersten rechnen. Es geht um nicht weniger als um die Liebe – und darum, dass diese Liebe wirklich zum Zuge kommen und das Leben würzen kann, ja sogar die Angst vor dem Feuer des Leides nehmen kann. Leid ist in der Nachfolge wohl unvermeidbar, aber Gott geht mit uns durch das Feuer. Dann werden Hartherzigkeit, Engstirnigkeit und Machtgier gegenstandslos. Feuer und Salz reinigen, doch am Ende vielleicht so, wie der Apostel Paulus einmal formuliert (1. Kor 3,15): „wie durchs Feuer hindurch". – All diese Mahnungen werden aber unnötig, wenn wir als Christinnen und Christen einfach versuchen, mit dem Salz des Glaubens im Frieden miteinander zu leben. *Hillard Heimann*

Wir beten

Du unser Gott, das Salz Deines Wortes macht unser Leben so schmackhaft und würzig! Hilf uns, anderen damit nicht ihren Weg zu verderben, sondern es freundschaftlich zu teilen. Amen.

Salz – ein spannendes Lebensmittel

Salz ist ein uraltes, hohes Kulturgut, das auch in neutestamentlicher Zeit von vielfältiger Bedeutung war. Seine konservierende Wirkung war in einer Zeit ohne Kühlmöglichkeiten von unschätzbarem Wert. Das „weiße Gold" wurde zuweilen sogar als Zahlungsmittel verwendet. Als Geschmacksträger ist es ein Symbol der Gastfreundschaft. Eine „mit Salz gewürzte" Rede (Kol 4,6) hat es in sich. Im Kult spielt Salz aufgrund seiner reinigenden Wirkung eine große Rolle. Als Bild für Haltbarkeit, Beständigkeit und Treue gilt es auch als Zeichen des Bundes.

387 † Monnica, Mutter Augustins in Nordafrika | 542 † Cäsarius von Arles, Bischof und Wohltäter in Südfrankreich | 1535 Reformation in Genf | 1576 † Tizian, Maler | 1926 † Julius Kaftan, Theologe

28. August

Mittwoch | SA 06:29 SU 20:16 MA – MU 18:01

Wochenspruch: Matthäus 25,40b
Wochenlied: EG 412 oder EG.E 28

Wir lesen Markus 10,1–12

Was nun Gott zusammengefügt hat …

Wie oft habe ich diese Bibelworte als Pfarrer vorgelesen vor zwei Menschen, die sich kirchlich trauen ließen. Einige der Ehen sind bereits wieder geschieden, andere bestehen noch, von vielen weiß ich es gar nicht. „Was nun Gott zusammengefügt hat …“? Woran erkannt man, dass Gott seine Hand im Spiel gehabt hat? Gibt es dafür so etwas wie einen Lackmustest? Und hat die Pfarrerin, der Pfarrer beim Traugespräch eine Schachtel davon dabei? Und was ist mit all den Ehen, die nicht kirchlich eingesegnet werden (deren es sehr viel mehr gibt) – ist das da anders, vielleicht weniger verbindlich? – An einem Sonnabend dann eine besondere Trauung. Das Ehepaar feiert Goldene Hochzeit: 50 Jahre gemeinsames Leben. Bett und Tisch geteilt. Da gab es gute und erfolgreiche Zeiten, Liebe, Kindersegen. Aber auch in schweren Zeiten haben sie beieinander gestanden. Da war wenig Geld, die viel zu kleine Wohnung, Krankheit, auch Streit und Verletzung. „Aber natürlich, Herr Pfarrer! Die ‚Goldene‘ feiern wir auch mit einem Gottesdienst!“ Feingemacht haben sich die beiden. Kinder und Enkelkinder sind gekommen, Verwandte, Nachbarn und

Freunde. Einige Weggefährten leben schon gar nicht mehr. Die Gäste sind gerührt, staunen: 50 Jahre – wie schafft man das? Was Gott zusammengefügt hat? *Thomas Karzek*

Wir beten

Herr, unser Gott, segne die Menschen, die zueinander finden, und begleite sie. Sei Du auch bei denen, die scheitern. Schenke Vergebung und neue Zuversicht. Amen.

Kirchenvater Augustinus

Nach dem Studium in Karthago wirkte Augustinus von Hippo als Rhetoriklehrer. Er ließ er sich 387 in Mailand taufen, wurde in Nordafrika zum Priester geweiht, gründete ein Kloster und war von 396 bis zu seinem Tod Bischof in Hippo Regius im heutigen Algerien. Er verfasste zahlreiche philosophische und theologische Schriften, darunter eine 15-bändige Abhandlung über die Dreieinigkeit. Im Jahr 430 n. Chr. starb er im Alter von 76 Jahren. In den Westkirchen als Heiliger verehrt, wurde Augustinus 1295 vom Papst zum Kirchenlehrer ernannt.

Orthodoxer Feiertag: Entschlafung der Gottesmutter | um 407 † Moses der Äthiopier, vermutlich erster Heiliger dunkler Hautfarbe | 430 † Augustinus, Kirchenlehrer in Nordafrika | 1645 † Hugo Grotius, niederländischer Theologe, Jurist und Historiker

29. August

Donnerstag | SA 06:31 SU 20:14 MA 00:36 MU 18:46

Tagesspruch: Psalm 116,15.17
Tageslied: EG 275 oder 378

Wir lesen Markus 10,13–16

Lasset die Kinder zu mir kommen

Die Jünger wollten keine Kinder bei ihrer wichtigen Versammlung mit Jesus dabei haben. Könnten sie doch durch Schreien und Herumtoben stören, ihren Lehrer aus dem Konzept bringen. „Sie fuhren sie an" – das ist schon eine recht drastische Abfuhr an der Tür. Jede Mutter und jeder Vater, die mit Kindern einen Gottesdienst besuchen oder ein Museum besichtigen möchten, kennen das: die genervten Blicke anderer, das strenge „Nicht herumrennen, nichts anfassen!". – Vor einigen Jahren fuhr ich mit einem afrikanischen Gast durch Berlin und zeigte ihm die Sehenswürdigkeiten der Stadt. Er schaute aus dem Autofenster, war aber wohl mit seinen Gedanken weniger bei Mauerresten, beeindruckenden Kirchen, wilhelminischen Gebäuden oder Grüngürteln, sondern fragte vielmehr: „Wo sind die Kinder?" Es ist wohl eine soziale Frage. Je gebildeter und besser situiert das Umfeld ist, desto unsichtbarer werden die Kinder im Straßenbild. Hätte ich an den Stadtrand fahren sollen? In die klassischen Arbeiterviertel? Im Osten der Stadt kümmert sich eine freikirchliche Organisation um sozial benachteiligte Kinder und deren Familien mit Mittagstisch, Schularbeitshilfe, Spiel- und Freizeitangeboten, Beratung und Lebensmittelspenden. 1000 Gäste aus „aller Herren Länder" kamen zur Weihnachtsfeier. Christus ist geboren! Und der hat gesagt: „Lasset die Kinder zu mir kommen."

Thomas Karzek

Wir beten

Jesus Christus, Du hast die Kinder zu Dir gerufen. Du rufst sie auch heute. Lass sie bei Dir Liebe, Schutz und Geborgenheit finden! Amen.

Ulrich von Hutten – ein kämpferischer Humanist

Den mutigen Auftritt Martin Luthers vor dem Kaiser hatte Ulrich von Hutten auf dem Reichstag zu Worms als Reichsritter miterlebt. Als gelehrter Soldat kämpfte er nicht nur mit dem Wort, sondern auch mit dem Schwert gegen das Papsttum und gegen die „ungeistlichen Geistlichen". Vor der auch gegen ihn verhängten Reichsacht floh er in die Schweiz, wo er bei Zwingli Aufnahme fand. Von Hutten verfasste zahlreiche humanistische, papstkritische und dichterische Schriften. Er verstarb im Jahre 1523 am Zürichsee.

Tag der Enthauptung Johannes des Täufers | 1523 † Ulrich von Hutten, Mitkämpfer der Reformation | 1825 † Martin Boos, Erweckungsprediger im Rheinland | 1949 Kommunität von Taizé gegründet

30. August

Freitag | SA 06:32 SU 20:12 MA 01:46 MU 19:18

Wochenspruch: Matthäus 25,40b
Wochenlied: EG 412 oder EG.E 28

Wir lesen Markus 10,17–27

Denn er hatte viele Güter

Nach klassischer jüdischer Anschauung war der erfolgreiche, der wohlhabende und gesetzestreue Mensch von Gott gesegnet. Wahrscheinlich wollte der Mann, der Jesus nach dem Weg „in den Himmel“ befragte, das bestätigt bekommen. Jesu Antwort allerdings hatte er nicht erwartet. Den Armen solle er all sein Habe geben. Dann stünde dem ewigen Leben nichts mehr im Wege. Das betrübte den Frager, und er ging traurig nach Hause, denn er hatte viele Güter. Keine Bekehrungsgeschichte, kein „Happy End“. Selbst die Jünger Jesu sind entsetzt. Sie hatten zwar selber alles stehen und liegen lassen, Fischergerät oder Zollhaus, und waren ihm nachgefolgt, aber muss das auch für alle anderen gelten? Wer sorgt dann für das Bruttosozialprodukt? Wer kann überhaupt selig werden? – Was für eine Antwort hatte der reiche Mann eigentlich von einem mittellosen Wanderprediger erwartet? Da standen sich doch zwei Welten gegenüber! Aber eines lässt mich aufhorchen: „Jesus sah ihn an und gewann ihn lieb.“ Der reiche Mann wird nicht gerügt. Doch seine Aufmerksamkeit wird auf die Not der Armen gelenkt. Die neue Blickrichtung will jedoch nicht so recht gelingen, „denn er hatte viele Güter". Ihm wird klar: Er ist nicht frei. Sein Wohlstand hält ihn fest. Das macht ihn traurig! Da gibt es übrigens noch eine volkstümliche Kurzversion unserer Geschichte: „Das letzte Hemd hat keine Taschen!" *Thomas Karzek*

Wir beten

Herr, Jesus Christus, lehre uns, unser Gut und unsere Gaben für die einzusetzen, die unsere Hilfe brauchen, in dem Tempo, das wir schaffen, und mit dem Einsatz, der uns nicht überfordert. Amen.

„Der Herr ist mein getreuer Hirt"

Der erste Vers des Kirchenliedes EG 274 stammt aus seiner Feder: Wolfgang Meuslin, oder Musculus. Der Benediktinermönch verließ 1527 nach dem Studium der Schriften Luthers das Kloster und ging nach Straßburg, wo er sich unter dem Einfluss Bucers der reformierten Theologie zuwandte. Als Prediger in Augsburg und Donauwörth wirkte er als Reformator und vermittelte zwischen Lutheranern und Reformierten. Als Theologieprofessor im schweizerischen Bern verfasste er Bibelkommentare und machte sich als Liederdichter einen Namen. Er verstarb am 30.8.1563 in Bern.

1528 † Mathis Gothard Nithart, gen. Grünewald, Maler im Elsass (ev. Gedenktag; Sterbetag: 31.8.) | 1563 † Wolfgang Meuslin, reformierter Prediger

31. August

Sonnabend | SA 06:34 SU 20:09 MA 03:01 MU 19:40

Wochenspruch: Matthäus 25,40b
Wochenlied: EG 412 oder EG.E 28

Wir lesen Markus 10,28–31

Was habe ich davon?

Petrus hat die Geschichte mit dem Kamel und dem Nadelöhr keine Ruhe gelassen. Im Gegensatz zu dem reichen Mann, den seine irdischen Güter an der Nachfolge Christi hinderten, hatten Petrus und die anderen Jünger ja wohl alles richtig gemacht: Sie hatten Familie und Habe verlassen und waren Jesus nachgefolgt. Aber wie geht es nun weiter? Jetzt und in der Zukunft? Droht ihm und den anderen Jüngern in der Nachfolge Christi ein karges, entbehrungsreiches, freudloses Leben? Und kann er sich sicher sein, dass die Pforten der Ewigkeit ihm dann tatsächlich offenstehen? Diese Gedanken sind nicht ungewöhnlich oder ungebührlich. Schließlich fragen sich das viele: „Lohnt sich meine Arbeit und habe ich später etwas davon?“ Jesus beruhigt ihn. Im Reiche Gottes spielen wirtschaftliche Maßstäbe wie Aufwand und Ertrag keine Rolle. Erfolg oder Misserfolg – Erster oder Letzter zu sein – bestimmen nicht den Wert vor Gott, bedingen es nicht, angenommen oder zurückgelassen zu werden. Gottes neue Welt strahlt schon in diese Welt hinein. Du, Petrus, auch wenn dich als Freund Jesu Juden anfeinden und Römer verfolgen werden, wirst offene Häuser und eine neue, große, liebende und stützende Gemeinschaft finden. Und, darüber hinaus: das ewige Leben. Der Ruf in die Nachfolge bringt Veränderung, ist aber im Vertrauen auf Jesus kein Sprung ins Ungewisse. *Thomas Karzek*

Wir beten

Vater unser, Dein Reich komme. Wie im Himmel, so auf Erden. Amen.

Der gefangene Baptistenprediger

Der Handwerker John Bunyan empfing mit 25 Jahren die Glaubenstaufe und trat einer Baptistengemeinde bei. 1660 wurde er verhaftet wegen des Predigtverbotes für diejenigen, die sich nicht der anglikanischen Staatskirche unterstellten. In der zwölfjährigen Haft verfasst er neben anderen, auch theologischen Schriften eines der bekanntesten Erbauungsbücher seiner Zeit: „Pilgerreise zur seligen Ewigkeit". Nach seiner Entlassung verstieß er wieder gegen das Predigtverbot. Bunyan verstarb im Jahre 1688, ein Jahr nach seiner Begnadigung.

1688 † John Bunyan, Erweckungsprediger in England | 1906 † Ludwig Zimmermann, Märtyrer in Lettland (ev. Gedenktag; Sterbetag: 13.9.)

1. September

Sonntag | 14. Sonntag nach Trinitatis

Wochenspruch: Psalm 103,2
Wochenlied: EG 333 oder EG.E 14
Altes Testament: 1. Mose 28,10–19a(19b–22)
Epistel: Römer 8,14–17
Evangelium: Lukas 17,11–19

Wir lesen Psalm 146

Edelmann

Von den Alten habe ich gelernt: Gehe nie zu deinem Fürsten, wenn du nicht gerufen wirst! Das meint, man solle froh darüber sein, wenn der Kontakt zu den Vorgesetzten gering ist. Diesem lebenspraktischen Hinweis wird heute eine theologische Begründung hinzugefügt: Verlasset euch nicht auf Fürsten; sie sind Menschen, die können ja nicht helfen. So steht es in unserem Psalm, das heißt, so hat es Martin Luther übersetzt. Und jetzt könnte man erzählen von Luther und dem Verhältnis zu seinem Fürsten, Friedrich dem Weisen. Der Kurfürst von Sachsen, der ihn auf die Wartburg bringen ließ und so das reformatorische Werk rettete. Wer weiß, vielleicht wäre es nie zu einer Lutherübersetzung gekommen, wenn er als „Vogelfreier" durchs Leben hätte irren müssen. Niemand durfte ihn beherbergen, versorgen oder gar seine Werke publizieren. Sein Fürst hat ihn und die Reformation gerettet. Und dann das: Verlasst euch nicht auf Fürsten! Aber anstatt über

Fürsten zu reden, gucken wir erst einmal in die hebräische Heilige Schrift. Dort steht: Verlasst euch nicht auf Bereitwillige, auf Menschen, die etwas aus freien Stücken tun oder edel gesinnt sind. Über die edle Gesinnung und eine etwas unrealistische Einschätzung des Adels ist dann der Fürst als Edelmann entstanden. Davon aber spricht der Psalm nicht. Der Psalm spricht davon, dass wir Menschen uns nicht auf edle und herausragende Persönlichkeiten verlassen, das heißt auf ihnen ausruhen sollen. Evangelisch gesprochen: Immerfort Bonhoeffer oder Martin Luther (King) zitieren nützt nichts! Es gibt nur einen, der rettet, und das ist Gott, der Herr. Oder wie es der Heidelberger Katechismus sagt: Was ist mein einziger Trost im Leben und im Sterben? Dass ich mit Leib und Seele, im Leben und im Sterben nicht mir, sondern meinem getreuen Heiland Jesus Christus gehöre. *Teja Begrich*

Wir beten

Ewiger Gott, wir wollen Dir vertrauen im Leben und im Sterben. Schenke uns das Vertrauen, auf dass wir glauben. Amen.

1844 Agentur des Rauhen Hauses gegründet | 1879 † Sixt Karl Kapff, Seelsorger in Württemberg | 1939 Beginn des Zweiten Weltkrieges

2. September

Montag | SA 06:37 SU 20:05 MA 05:33 MU 20:09

Wochenspruch: Psalm 103,2
Wochenlied: EG 333 oder EG.E 14

Wir lesen Jeremia 1,1–10

Der Wahrsager

„Na, was macht der Job?" Wirft man jemandem diesen Satz zwischen Tür und Angel hin, ist eine schablonenartige, vorgestanzte Antwort absehbar. Was soll der Job schon machen? Sind Kollegen nicht immer bräsig oder fluffig? Ist das Arbeitsklima nicht oft mäßig oder ein Plage? Gerät die Bezahlung nicht immer zu schlecht? Der Chef hat ohnehin selten Ahnung … Kurzum, man kann nicht genug klagen. So geht's auch Jeremia. Er klagt sofort, denn er will den Job nicht! „Ich tauge nicht zu predigen; denn ich bin zu jung." Jeremia ist voller Bangen und Zagen. Doch das ist keine Ausrede, mit der er sich vor dem Job drücken will. Vielmehr ist es höchster Respekt vor der Aufgabe. Jeremia ahnt seit Kinderzeiten, dass er eine besondere Begabung hat. Es ist eben nicht bloß „ein Job", den ihm Gott da besorgt. Nein, es ist ein Beruf, eine Berufung: Gott will ihn zu seinem Sprachwerkzeug machen. Jeremia soll Wahrsager werden. Nicht in dem Sinne, dass er mit der Glaskugel die Zukunft vorhersagt, sondern er soll vor Völkern und Königreichen die Wahrheit benennen. Das ist mehr als ein Job. Es ist eine Lebensaufgabe. Wer die

Wahrheit sagt, macht sich unbeliebt. Notlügen, Schmeicheleien, Schwindeleien und dreiste Frechheiten machen unser Leben schön glatt, damit alles flutscht. Welche Kraft und welchen Mut erfordert dagegen die Wahrheit. Doch ist sie unverzichtbar. *Martin Burmeister*

Wir beten

Gott, Du berufst Menschen zur Wahrheit. Auch mich? Wenn es darauf ankommt, Lüge von Wahrheit zu trennen, gib mir die Kraft dazu, in diesem Moment in Deinen Dienst zu treten. Amen.

Der Prophet Jeremia

Jeremia wurde um 650 v. Chr. in Anatot, nordöstlich vor den Toren Jerusalems, in eine Priesterfamilie geboren. Seine Berufung erfolgte 627/6 v. Chr. Als Prophet vor höchsten Kreisen die Wahrheit verkündend, geriet er im Königreich Juda in viele, teils lebensgefährliche Konflikte. Ohne Familie und Kinder litt er unter seiner Berufung und wurde in Ausübung seiner Prophetenrede immer wieder verhaftet. Er erlebte 587 v. Chr. den Untergang Jerusalems durch Nebukadnezar. Zuletzt wurde er nach Ägypten verschleppt, wo sich seine Spur verliert.

1409 Universität Leipzig gegründet | 1872 † Nikolaj Frederik Severin Grundtvig, Reformer der Kirche in Dänemark | 1965 † Johannes Bobrowski, Schriftsteller

3. September

Dienstag | SA 06:39 SU 20:03 MA 06:45 MU 20:19

Wochenspruch: Psalm 103,2
Wochenlied: EG 333 oder EG.E 14

Wir lesen Jeremia 1,11–19

Rosa Bittermandel

Die Blausäure in ihnen ist giftig. Dennoch werden Bittermandeln gern als Backzutat verwendet. In geringen Maßen kommt die Blausäure ja auch in anderen Obstkernen vor – und wird gern mitverzehrt. Die Balance ist entscheidend, um zwischen Würzigkeit und Vergiftung zu unterscheiden. Eine immer neu verblüffende Gratwanderung. Mit seiner Berufung träumt Jeremia zwei Bilder: ein erwachender Mandelzweig und ein überkochenden Kessel. Die zweite Vision ist drastisch und bitter. Aus dem Norden wird Unheil über das Land Juda kommen. Nördliche Feinde werden Juda und Jerusalem überfallen. Der Name des Feindes wird nicht genannt, aber er kommt im Auftrag Gottes. Es geschieht um der Bosheit willen, die im Land Juda herrscht seitens der „Großen im Lande“, des Königs, der Hofbeamten, der Priester und der bürgerlichen Kreise. Ein bitterer und einsamer Auftrag für Jeremia also. Doch dann ist da noch die erste Vision. Ein Mandelzweig blüht und blüht, ein Meer der rosa Knospen. Was soll das? Jeremia wird in Frage und Antwort klar: Der Mandelzweig (hebräisch: „schoqed“) verkörpert Gottes Versprechen, dass er über sein Wort wacht (hebräisch: „schaqed"). Wer also bei Gottes Wort und seiner Wahrheit bleibt, dem wächst auch inmitten aller „Fake News" die frühlingshafte Urkraft des Neuanfangs tröstlich zu, so zart die rosa Blütenblätter auch erscheinen. *Ludwig Burmeister*

Wir beten

Gott, Schöpfer und Bewahrer, halte uns in den Gratwanderungen des Lebens in der rechten Balance und lass uns die Kraft Deiner Lebenszusage blühen inmitten aller Bitterkeit. Amen.

„Freunde, dass der Mandelzweig ..."

Nachdem Fritz Rosenthal (* 1913) mehrfach von den Nazis verhaftet worden war, flüchtete er 1935 aus Deutschland nach Palästina. Dort nahm er einen neuen Namen an: Schalom Ben Chorin (Friede, Sohn der Freiheit). Im Frühling 1942, mitten im Zweiten Weltkrieg, fiel sein Blick vom Arbeitszimmer auf den Mandelbaum draußen. Über Nacht war er aufgeblüht. Chorin schrieb daraufhin trotz der bitteren Schreckensnachrichten das Gedicht „Das Zeichen". Es vertraut darauf, dass Gottes Liebe bleibt. So stiftete der gläubige Jude ein evangelisches Kirchenlied.

1658 † Oliver Cromwell, Staatsführer in England | 1883 † Iwan Turgenjew, russischer Schriftsteller

4. September

Mittwoch | SA 06:40 SU 20:00 MA 07:55 MU 20:29

Wochenspruch: Psalm 103,2
Wochenlied: EG 333 oder EG.E 14

Wir lesen Jeremia 2,1–13

Welch eine Klage!

Da wird Gott gegen Götter eingetauscht, die gar keine Götter sind! Wie konnte so etwas passieren – und kann so etwas auch heute geschehen? Es passiert heute immer dann, wenn man sich selbst Gottheiten macht. Gottheiten, die genau das tun, was man selbst am liebsten haben möchte: die den Reichtum vermehren, die die Wünsche erfüllen, die den eigenen Hass gegen andere Menschen bis hin zum Krieg unterstützen, die die eigenen Grenzen überwinden helfen, so dass man sich selbst grenzenlos und allmächtig vorkommt – man kann mit Hilfe solcher Götter die Natur beherrschen, die eigene Vormachtstellung ausbauen, alles für sich selbst haben wollen. Es sind also Gottheiten, die die eigene Selbstsucht stärken. Es sind Gottheiten, die man sich selbst erschafft – und zugleich abschafft, denn es sind eigentlich keine selbständigen Existenzen, sondern nur eigene Wahngebilde, die ins Verderben führen. Es sind die Gedankengebilde, die das eigene Tun und Handeln immer rechtfertigen und für gut befinden. Aber den einen, den wahren und wirklichen Gott, den kann man nicht ersetzen. Er existiert ohne unser Zutun und ist unabhängig von uns: Er wird bei jenen Menschen sein, die dafür sorgen, dass alle Menschen genug zum Leben haben, die Freundlichkeit statt Hass wollen, die Frieden statt Krieg wollen, die die eigenen Grenzen achten und alle Kreaturen einschließlich der unbelebten Natur respektieren. *Jörg Neijenhuis*

Wir beten

Guter Gott, lass uns Dich dort finden, wo Du wirklich bist, und uns nicht täuschen in dem, was wir uns vorstellen. Amen.

Der Kölner Dom

Am 4.9.1842 legte König Friedrich Wilhelm IV. den Grundstein für den Weiterbau des Kölner Domes. 1248 hatte man begonnen, ihn zu bauen, bis 1528 wurden der Hochchor und die beiden Türme zur Hälfte fertiggestellt. Das Langhaus dazwischen war teilweise fertig geworden. Von 1528 bis 1823 ruhte der Bau, dann wurden Renovierungsarbeiten aufgenommen. Es dauerte noch von 1842 bis 1880, bis der Dom fertig gebaut war, wie wir ihn heute sehen. 1863 wurde nach 560 Jahren die Trennwand zwischen Hochchor und Langschiff entfernt: Der Dom in seiner ganzen Länge wurde sichtbar.

1553 † Giovanni Mollio, Märtyrer in Italien (ev. Gedenktag; Todestag am 5.9.1553) | 1907 † Edvard Grieg, Komponist | 1964 † Werner Bergengruen, Schriftsteller | 1965 † Albert Schweitzer, Theologe, Musiker, Arzt, Wohltäter in Afrika

5. September

Donnerstag | SA 06:42 SU 19:58 MA 09:05 MU 20:38

Wochenspruch: Psalm 103,2
Wochenlied: EG 333 oder EG.E 14

Wir lesen Jeremia 3,1–10

Geweiht und heilig

Böse Taten können entweihen. Vertrauensbrüche können entweihen. Enttäuschte Liebe kann entweihen. Die geschiedene Ehefrau hatte eine neue Liebe gefunden, beide wollten heiraten. Aber die Geschiedene wollte auf gar keinen Fall ihre zweite kirchliche Heirat in derselben Kirche feiern wie die erste kirchliche Trauung. Für sie war die Kirche entweiht. Die heilige Aura der Kirche war zerstört durch die Ehescheidung. Sie hat die Kirche nie mehr betreten. Geweiht wird eine Kirche ja, damit in ihr Gottesdienste gefeiert werden können, mit denen etwas Heiliges geschieht: Ein Kind wird getauft, das Abendmahl wird gefeiert, eine Ehe wird gesegnet, Sünde wird vergeben. Etwas Heiliges ist in der Kirche – damit durch das Feiern einer Trauung eine neue Lebensperspektive eröffnet wird. Diese neue Lebensperspektive für das gesegnete Ehepaar enthält das Gute, das Lebensfreundliche, ja den umfassenden Segen Gottes. Dieses Heilige kann man für sich und andere durch böse Taten, durch Vertrauensbrüche zerstören. Dann merkt man vom Heiligen gar nichts mehr. Stattdessen ist dann dort nur Misstrauen, Bosheit,

Verachtung und Missgunst an der Tagesordnung. Aber die Heiligkeit Gottes bleibt bestehen, sie ist durch Menschen nicht zerstörbar. Man kann zu ihr zurückkehren. Durch Einsicht und Reue eigener böser Taten und Worte. Vergebung ist etwas Heiliges, das von Gott ausgeht und wenn es zwischen Menschen geschieht. *Jörg Neijenhuis*

Wir beten

Vergebender und heiliger Gott. Lass uns in Deinem Segen, in Deiner Heiligkeit bleiben mit unseren Gedanken, Worten und Werken. Amen.

Olympia-Anschlag

Am 5.9.1972 verübte die Terrorgruppe Schwarzer September während der Olympischen Spiele in München ein Attentat auf die israelischen Sportler. Sie töteten zwei Sportler sofort und nahmen neun als Geiseln. Beim dilettantisch durchgeführten Befreiungsversuch durch die bayerische Polizei starben alle Geiseln, ein Polizist und fünf Terroristen. Die Terrorgruppe hat vor und nach diesem Attentat noch zahlreiche Anschläge zu verantworten; sie wurde durch den Geheimdienst Mossad durch gezielte Tötung der Mitglieder wohl erst bis 1988 zerschlagen.

1562 † Katharina Zell, Liederdichterin in Straßburg | 1857 † Auguste Comte, französischer Philosoph | 1997 † Mutter Teresa, Wohltäterin in Kalkutta

6. September

Freitag | SA 06:43 SU 19:56 MA 10:14 MU 20:49

Wochenspruch: Psalm 103,2
Wochenlied: EG 333 oder EG.E 14

Wir lesen Jeremia 3,21–4,4

Recht und Heiligkeit

Umkehr schwören bei Gott – das ist keine folgenlose Angelegenheit. Weder früher zu Israels Zeiten noch heute. Wer Umkehr will, der wird sein Verhalten ändern müssen. Und wahrscheinlich nicht nur sein Verhalten, sondern auch seine Gedanken. Und vielleicht auch seinen Glauben, zumindest, wenn man im Glauben merkt, dass man sich selbst Götzen fabriziert hat, denen man gefolgt ist. Diese Götzen muss man zerstören, diese selbst geschaffenen Götzen muss man in seinen Gedanken entlarven als Wahngebilde. Um dann umzukehren zu dem Gott, den es tatsächlich gibt. Hören auf das, was man sich nicht selbst sagt. Hören auf das, was man sich nicht selbst einbildet. Ein neues Wahrnehmen wagen: wahrnehmen des Glaubens, der von Gott kommt und den man sich nicht selbst eingebildet hat. Dann wird man erkennen, welches Verhalten gut und welches Verhalten falsch gewesen ist. Dann wird man wieder in die Sphäre des Heiligen zurückkehren und gut und falsch unterscheiden können. Dass wir Menschen das können, ist schon in der zweiten Schöpfungserzählung beschrieben. Wenn Adam und Eva vom Baum der

Erkenntnis essen, werden sie wie Gott wissen, was gut und böse ist, und können beides voneinander unterscheiden. So ist es geschehen. Die Folge davon ist die Paradiesvertreibung – aber erst außerhalb des Paradieses in der Realität des Lebens kann man tatsächlich zwischen Gut und Böse unterscheiden. *Jörg Neijenhuis*

Wir beten

Gott, mache unseren Glauben stark, dass wir die Kraft finden, um Vergebung zu bitten und Vergebung zu schenken. Amen.

Ökumenischer Schöpfungstag

Die Arbeitsgemeinschaft Christlicher Kirchen in Deutschland (ACK) proklamierte auf dem 2. Ökumenischen Kirchentag 2010, den ersten Freitag im September als Ökumenischen Schöpfungstag zu feiern. Die Idee dazu ging 1989 vom Ökumenischen Patriarchen der Orthodoxen Kirchen in Konstantinopel (Istanbul) aus und wurde von den orthodoxen Kirchen und anderen Kirchen begrüßt. Die Feiern sollen das Lob des Schöpfers, die Umkehr aufgrund der Umweltzerstörung und das Einüben eines veränderten Verhaltens beinhalten. Die ACK erarbeitet jedes Jahr Materialien für solch einen Gottesdienst.

Ökumenischer Schöpfungstag | 1525 † Matthias Waibel, Märtyrer in Schwaben

7. September

Sonnabend | SA 06:45 SU 19:54 MA 11:25 MU 21:01

Wochenspruch: Psalm 103,2
Wochenlied: EG 333 oder EG.E 14

Wir lesen Jeremia 6,9–26

Ihr könnt nicht Gott und dem Mammon dienen!

Das liebe Geld! Wir alle brauchen es, um unser Leben finanzieren zu können. Unsere Welt ist noch viel mehr auf Geld eingestellt, als es zu Jeremias Zeiten war. Aber auch er klagt, dass es bei vielen Menschen nur noch ums Geld und um den Besitz geht. Alles andere muss sich dem unterordnen. Wer nur aufs Geld aus ist, verliert viel. Insbesondere seine Freude an Beziehungen. Die Beziehungen zu Freunden, weil man sich sympathisch ist. Man hat sich etwas zu sagen, teilt Gedanken, nimmt am Leben der Freunde teil. Gemeinsame Freude steht bei Festen im Mittelpunkt, und man teilt auch das Leid, das dann nicht mehr so schwer wirkt. Das gilt insbesondere innerhalb von Ehen und Familien, ja, da gilt es noch viel mehr! Aber wer die Beziehungen dem Profit unterordnet und nur daran interessiert ist, was mir der Freund oder die Familienmitglieder nützen, wo sie mir von Vorteil sind, vergiftet die Beziehungen. Sie sind dann ein Betrug, denn es steckt ein selbstsüchtiges Interesse dahinter. Wer so Beziehungen in ihrer Tiefe und Freude verlernt oder gar bei sich selbst wegen des lieben Geldes zerstört, vermag auch keine Beziehung zu

Gott aufrechtzuerhalten oder von Gott zu empfangen. Gott ist für jegliche Gewinnmaximierung untauglich, und mit dieser Beziehung lässt sich kein Geld oder Besitz machen. Gott schenkt uns in seiner Beziehung des Glaubens ein sinnvolles Leben und ein ewiges Leben bei ihm. *Jörg Neijenhuis*

Wir beten

Ewiger Gott. Lass unsere Beziehungen auf Vertrauen und Respekt beruhen und gib uns die Kraft, den Versuchungen des Besitzes zu widerstehen. Amen.

Erster Bundestag, Bundesrat – und eine Briefmarke

Am 7.9.1949 traten der erste Deutsche Bundestag sowie der Bundesrat zur konstituierenden Sitzung zusammen. Erster Bundestagspräsident war Erich Köhler, erster Bundesratspräsident Karl Arnold, der bis zur Wahl von Theodor Heuss zum Bundespräsidenten am 12. September zugleich amtierendes Staatsoberhaupt war. Die Deutsche Bundespost brachte zu diesem gewichtigen Datum eine eigene Briefmarke heraus mit dem Schriftzug: 1. Bundestag 1949. Sie war für zehn oder 20 Pfennig zu kaufen und zeigt das Richtfest eines neuen Hauses.

1460 Universität Basel gegründet | 1534 † Lazarus Spengler, Förderer der Reformation in Nürnberg | 1912 † Martin Kähler, Theologe in Halle | 1948 † Julius Schniewind, Theologe

8. September

Sonntag | 15. Sonntag nach Trinitatis

Wochenspruch: 1. Petrus 5,7
Wochenlied: EG 369 oder 427
Altes Testament: 1. Mose 2,4b–9(10–14)15(18–25)
Epistel: 1. Petrus 5,5b–11
Evangelium: Matthäus 6,25–34

Wir lesen Psalm 127

Im Vertrauen auf Gott gelassen sein

„Den Seinen gibt's der Herr im Schlaf." So heißt es oft, wenn einem etwas unverdient in den Schoß gefallen ist. Wie viele Redensarten, so stammt auch diese aus der Bibel. Ihr geht ein dreifaches, bedrohlich klingendes „Umsonst!" voran: Umsonst baut der Bauherr, umsonst wacht der Wächter, umsonst arbeitet der Arbeiter … Umsonst. Dass unsere Anstrengungen vergeblich sein könnten, dass wir uns erfolglos bemüht haben könnten, das ist für viele Menschen eine bedrückende Vorstellung. Schlimm ist es, wenn einer dieses „Umsonst!" über sein ganzes Leben schreibt. Wenn eine ihr gesamtes Leben für vergeblich hält. Umsonst baut der Bauherr, umsonst wacht der Wächter, umsonst arbeitet der Arbeiter – wenn sie nicht Gott mitbauen, mitwachen, mitarbeiten lassen. Gott will und wird ja mittun. Das hat er fest versprochen: „Seinen Freunden gibt er es im Schlaf." – Nein, hier wird nicht zur Trägheit eingeladen und nicht Faulheit als Lebenshaltung gepriesen. Wohl aber sind wir Menschen zur Gelassenheit gerufen: nicht auf die eigene Anstrengung starren, uns nicht in unser Bemühen verbeißen, sondern loslassen und abgeben – in dem Vertrauen, dass Gott sich unser und unserer Mühen annehmen wird. Wer sich auf Gott verlässt, kann seinen Weg zwischen verantwortungsloser Trägheit und verbissener Anstrengung in vergnügter Gelassenheit gehen. So weit, so gut. Dann aber wird es heikel: „Siehe, Kinder sind eine Gabe des Herrn, und Leibesfrucht ist ein Geschenk." Viele Paare sehnen sich nach einem Kind, suchen Kinderwunschzentren auf, nehmen körperliche und seelische Strapazen auf sich. Umsonst. Können sie, die so gerne Mütter und Väter wären, in all ihrer Sehnsucht und Traurigkeit trotzdem auf Gott vertrauen? Auf den Gott, der unser Sehnen und Bemühen sieht? Auf den Gott, der wohl mitunter Geschenke versagt, aber niemanden ohne Gaben lässt? *Martin Dutzmann*

Wir beten

Gott, Du kennst uns. Manchmal will uns nicht gelingen, was wir uns vorgenommen und wofür wir gearbeitet haben. Bewahre uns dann vor Verzweiflung und schenke uns Gelassenheit. Amen.

Röm.-kath. Feiertag: Mariä Geburt | 725 † Korbinian, Glaubensbote in Bayern | 1944 † Elisabeth von Thadden, Pädagogin, NS-Gegnerin, Märtyrerin | 1949 † Richard Strauss, Komponist

9. September

Montag | SA 06:48 SU 19:49 MA 13:54 MU 21:36

Wochenspruch: 1. Petrus 5,7
Wochenlied: EG 369 oder 427

Wir lesen Jeremia 7,1–15

… dass ihr recht handelt einer gegen den andern

Jeremia: Vor meinem inneren Auge sehe ich die in dunklen Farben gehaltene Litographie von Marc Chagall. Eine Prophetengestalt, die eine Thorarolle, wie ein Kind, liebevoll in seinen Armen hält. Damit scheint mir das Thema dieser großen und schweren Tempelrede vorgegeben zu sein. Vor den Menschen, die zum Gottesdienst in den Tempel gehen wollen, erhebt Jeremia eine scharfe Anklage gegen den unecht gewordenen Gottesdienst. Die Menschen sind darüber empört und hätten ihn wahrscheinlich umgebracht, wären nicht Beamte dazwischengetreten. Ich stelle mir vor, ein Pfarrer hielte eine solche Rede heute vor der Eingangstür zu seiner Kirche, denn die Zustände sind unschwer zu vergleichen – *bessert euer Leben und euer Tun, dass ihr recht handelt einer gegen den andern und gegen Fremdlinge, Waisen und Witwen keine Gewalt übt* (V. 5 f.). Eine solche Rede würde einen Skandal auslösen. Vielmehr ist Vorsicht geboten in der Wahl der Worte. Sie sollen nicht verletzen, aber aufmerksam machen auf die Gültigkeit der Gebote Gottes auch für unsere Zeit. Zur Umkehr ist es niemals zu spät. Es tut gut, mit anderen zusammen Wege der Hilfe für andere zu finden – zum Beispiel Mithilfe beim Lebensmittelausteilen der Tafel, Angebote zum Kindersitting als Ersatzgroßeltern. – Gottes Gebote sind keine Verbote, sondern bewusste Hilfen zu einem verantwortungsvollen Leben. *Claus Marcus*

Wir beten

Gott, wir bitten um Ohren, die die Rufe der Armen und Unterdrückten hören, um Augen, die nicht wegsehen von der Not der Menschen, um Worte, die das Unrecht beim Namen nennen. Amen.

Jörg Zink (1922 – 2016) – ein mutiger Übersetzer der biblischen Botschaft

Nach den schweren Erlebnissen des Zweiten Weltkriegs begann Jörg Zink evangelische Theologie und Philosophie zu studieren. Zu seinen Lehrern gehörten Romano Guardini und Eduard Spranger. Über 100 Mal sprach er das Wort zum Sonntag. Er schrieb eine Übertragung des Alten und des Neuen Testaments, die Jörg-Zink-Bibel, die vielen Menschen bedeutende Begegnungen mit dem biblischen Text ermöglichte. Er verfasste ca. 200 Bücher, die insgesamt über 20 Millionen Mal verkauft wurden. Bei Kirchentagen galten seine Bibelarbeiten als besonderer Publikumsmagnet.

1560 † Luigi Pasquali, Märtyrer in Italien | 1569 † Pieter Brueghel d. Ä., Maler | 1828 * Leo N. Tolstoi, russischer Dichter | 2016 † Jörg Zink

10. September

Dienstag | SA 06:50 SU 19:47 MA 15:09 MU 22:06

Wochenspruch: 1. Petrus 5,7
Wochenlied: EG 369 oder 427

Wir lesen Jeremia 7,16–28

Es ist nicht zu spät zur Umkehr

In der Lutherbibel steht als Überschrift *Gegen falschen Gottesdienst.* In plastischer Form werden die Verirrungen erzählt. Das Volk Gottes ist ganz und gar abgewichen von dem guten Weg mit Gott. Alles scheint verloren. Da werden Gräueltaten aufgezählt, die erschauern lassen. Es scheint keinen Ausweg mehr zu geben. Uns steht kein Urteil zu, denn auch in unseren Gemeinden liegt manches im Argen. – Dennoch, die alte Zusage gilt noch: *Gehorcht meiner Stimme, so will ich euer Gott sein, und ihr sollt mein Volk sein; wandelt ganz auf dem Wege, den ich euch gebiete, auf dass es euch wohlgehe* (V. 23). Es braucht Mut und neue Glaubenskraft, den alten Weg zu verlassen und sich erneut auf die Einladung Gottes einzulassen. Es ist niemals zu spät zur Umkehr und zum Neuanfang. Vielleicht tut erst einmal eine persönliche Umkehr gut, ein persönliches Gebet, das mir eine Tür öffnen kann zu einem neuen Glaubensleben. Gut wäre es, Gleichgesinnte zu finden, die auch bereit sind zu einem neuen Anfang, zur Umkehr. Aus solchen Impulsen sind übrigens in früherer Zeit manche Glaubensgemeinschaften entstanden. Warum sollte darin für heute nicht auch eine Chance liegen? Gott wartet auf dich, auf mich, auf uns. *Claus Marcus*

Wir beten

Gott, kehre bei uns ein und wecke uns auf. Lass nicht zu, dass wir unsere eigenen Wege gehen und uns nicht mehr um Deine Einladung zu einem sinnvollen Leben kümmern. Bleibe Du an unserer Seite und gib uns ein festes Herz. Amen.

Manfred Hausmann (* 10.9.1898; † 6.8.1986)

In meiner Schulzeit gehörten die Bücher von Manfred Hausmann zu den gern gelesenen Werken, ähnlich wie die von Werner Bergengruen, Carl Zuckmayer und Edzard Schaper. *Abel mit der Mundharmonika, Lampion küsst Mädchen, Kleine Liebe zu Amerika, Martin* erzählten in offener und frischer Art von menschlichen Begegnungen und besonderen Geschehnissen. – Seine spätere Tätigkeit als Ältestenprediger in der Bremischen Kirche zeigte noch eine andere Seite von Hausmann. Ein fragender, suchender Mensch, der die Botschaft des Evangeliums den Menschen auf eine sehr feine Weise nahebrachte.

1606 † Leonhard Lechner, Kirchenmusiker (ev. Gedenktag; Sterbetag: 9.9.) | 1898 * Manfred Hausmann, Schriftsteller | 1921 † Fritz Binde, Prediger | Welttag der Suizidprävention (seit 2003)

11. September

Mittwoch | SA 06:51 SU 19:45 MA 16:19 MU 22:49

Wochenspruch: 1. Petrus 5,7
Wochenlied: EG 369 oder 427

Wir lesen Jeremia 9,22–23

Ein Wort der Glaubens- und der Lebenshilfe

Ein wunderbares Wort der Glaubens- und der Lebenshilfe lesen wir heute. Eine weite Tür wird aufgetan in einen Lebensbereich, nach dem wir uns sehnen. Barmherzigkeit, Recht und Gerechtigkeit werden als die drei Säulen unserer Existenz vor Gott genannt. Drei Begriffe, die das Ganze eines gelingenden Lebens ausmachen. Barmherzigkeit bringt die Kälte zwischenmenschlicher Beziehungen zum Auftauen. Recht benennt die Strukturen des mitmenschlichen Umgangs und führt sie zu einem Besseren. Gerechtigkeit weist uns zu einem befreiten Miteinander im Streit der Mächtigen. – Wir halten Ausschau und suchen Inseln der Ruhe, Inseln der Hoffnung und der Menschenfreundlichkeit, die uns Gott bereitet. Damit wir nicht untergehen im Trubel der täglichen Ereignisse. – Wahre Klugheit ist Erkenntnis von Gottes Mitgehen durch meine Lebensgeschichte. Er ist niemals fern von uns und ist uns näher, als wir denken. Es tut uns gut, uns auf dies Angebot eines erfüllten Lebens einzulassen. Schwierig wird es, dieses Angebot Gottes zu den Dunkelheiten unserer Zeit – Kriege, Hungerkatastrophen, Umweltzerstörungen, Angst und

Terror – in Beziehung zu setzen. Da braucht es kleine Gemeinschaften, die mit uns aus dieser Kraft Gottes ihren Alltag zu gestalten versuchen. *Claus Marcus*

Wir beten

Mach uns Mut, Gott, ungewohnte Schritte zu tun. Befreie uns von der Angst davor, versagen zu können. Hilf uns durch die Zeiten und gib uns ein festes Herz. Lehre uns den aufrechten Gang. Amen.

2001 Terroranschlag auf das World Trade Center in New York

Ich erinnere mich noch genau an jenen Dienstagabend im September 2001. Am Schreibtisch sitzend hatte ich Nachrichtenfetzen gehört, die Unglaubliches sagten: Flugzeugattentat in New York! Da klingelte auch schon das Telefon, und eine Kirchengemeinderätin sagte mit aufgeregter Stimme: Claus, da müssen wir in der Kirche eine Andacht anbieten. Aber wie und was? Ich nahm meine Bibel, meinen Talar, und auf dem Weg zur Kirche überlegte ich und suchte nach möglichen Texten – für mich kamen jetzt nur Psalmen in Frage, in denen Leid und Schmerz ihren Ausdruck finden. Wir sangen vertraute Friedenslieder und verabschiedeten uns in den Abend.

1570 † Johannes Brenz, Reformator in Württemberg | 1812 Privilegierte Württembergische Bibelgesellschaft gegründet | 2001 Terroranschlag auf das World Trade Center in New York

12. September

Donnerstag | SA 06:53 SU 19:42 MA 17:17 MU 23:50

Wochenspruch: 1. Petrus 5,7
Wochenlied: EG 369 oder 427

Wir lesen Jeremia 12,1–6

Das ewige Warum

Jeremia jammert, klagepsalmengleich steht's mitten in der Bibel. Warum geht's doch den Gottlosen so gut? Warum haben die Abgefallenen alles in Fülle? Warum bringen diese Früchtchen Frucht – und welche eigentlich? Denn reden können sie offenbar gut und tun das gern. Aber mit der Herzenshaltung ist's nicht so weit her. – Damit ist eine Grundstimmung gar nicht weit hergeholt, die zeitlos ist. Eine Anfrage, eine Anklage, eine Verzweiflung, die wir heute ganz ähnlich teilen: Warum sind böse Menschen froh, warum dürfen charakterlich Schlechte gut leben? Leute, die Kriege anzetteln, das Klima vergiften, den Gemeinsinn stören. Menschen, die frei sind von Rücksicht, Vorsicht und Umsicht. Die nie an andere, aber immer an sich und den eigenen Vorteil denken. In der Weltpolitik genauso wie am warmen Buffet oder bei der Aufgabenverteilung in der Gemeinde. Warum, Gott? Und warum lässt du das zu? Die Fragen bleiben offen, und doch folgt Gottes Antwort: Die Deinen sind auch nicht besser. Und die Anforderungen an dich werden nicht kleiner werden. – Klar und hart tritt der Gott des Alten Testaments hier auf. Und es scheint die Sehnsucht auf nach Jesus, der der Wirklichkeit andere Wirksamkeiten entgegenstellt: Barmherzigkeit, Demut, Liebe. Ein Gegenentwurf zum egoistischen Zeitgeist, der zeitlos ist. Um Gottes und des eigenen Seelenfriedens willen. *Tobias Petzoldt*

Wir beten

Lebendiger Gott, so will ich leben: Herzenswärme statt Gewissenkälte, biblische Werte statt Börsenwerte, Erkenntnisgewinn statt Kapitalgewinne sollen mir Maßstab sein. Gib Du mir gute Orientierung dafür. Amen.

Ursprung der Diakonie

Am 12.9.1833 gründete der Theologe Johann H. Wichern in Hamburg-Horn das Rauhe Haus als „Anstalt zur Rettung verwahrloster und schwer erziehbarer Kinder". Dort lebten Heranwachsende in familiengleichen Wohngruppen und erfuhren durch den „Hausvater" und ausgebildete Fachkräfte („Brüder") Bildung, Seelsorge und Beheimatung. Auch heute ist das Rauhe Haus ein wichtiger Träger der Sozial- und Bildungsarbeit in Hamburg. Etwa 640 Diakoninnen und Diakone sind Teil der Glaubensgemeinschaft der Brüder- und Schwesternschaft des Rauhen Hauses.

1627 † Matthäus Ulicky, Märtyrer in Böhmen | 1833 Rauhes Haus in Hamburg gegründet

13. September

Freitag | SA 06:54 SU 19:40 MA 18:01 MU –

Wochenspruch: 1. Petrus 5,7
Wochenlied: EG 369 oder 427

Wir lesen Jeremia 13,1–11

Bindungsprobleme

Was du auf Erden binden wirst, das wird auch im Himmel gebunden sein, und was du auf Erden lösen wirst, das wird auch im Himmel gelöst sein, sagt Jesus felsenfest zu Petrus. Aber nicht mit dem Gürtel, um den es hier Tausende Jahre vorher geht. Dieser taugt zu nichts mehr, ist verdreckt, versifft, vergammelt. Dabei hat der Akteur im Text nur Gottes Willen verfolgt, hat gekauft, hat versteckt, hat gegraben. Doch außer Spesen ist nichts gewesen. Allein ein sinnbildliches Gleichnis des Verderbens bleibt, erstellt mit viel Aufwand und teuer erkauft. Dabei geht es beim Gürtel sinnbildlich darum, verbunden zu sein. Damals in Vertrauen und Tradition, Israel und Juda. Heute in Glauben und Hoffnung für alle Christen. Doch Individualismus ist zeitlos, Rechthaberei und Hochmut sind es auch. Der Gürtel der Bindung ist lasch geworden, zur Kirche auch, und die Institution ist daran nicht frei von Selbstschuld. Doch wenn schon Gottes Volk nicht hört, wie sollten andere den Ewigen hören? – Denn erst wenn die letzte Messe gesungen, der letzte Glockenton verklungen, das letzte Pfarrhaus unbewohnt ist; wenn keine Predigt die

Moral abkanzelt, die Orgel auf keinem Loch mehr pfeift und die Kirche im Dorf Ruine ist oder Museum, könnten auch Atheisten merken, dass irgendwie doch etwas fehlt. Und alle Freifrommen, dass das in alten Fabriken und neuen Kinos ganz ähnlich ist. *Tobias Petzoldt*

Wir beten

Guter Gott, lass mein Leben gelingen. Lass mich an Dich gebunden sein, an gute Menschen, guten Geist und gute Gedanken. Lass mich die bindende Kraft des Glaubens leben. Amen.

Berliner Überseemission

Am 13.9.1838 wurde in Berlin ein erstes Missionshaus der Berliner „Gesellschaft zur Förderung der Evangelischen Missionen unter den Heiden" gegründet. Dort hatte die Verwaltung der weltweiten Aktivitäten der Berliner Missionsgesellschaft ihren Sitz, es gab Seminarräume und Unterbringungsmöglichkeiten für Missionsschüler. Dieses sogenannte Melanchthonhaus, benannt nach dem Reformator Philipp Melanchthon, wurde bald zu klein und später von der Berliner Stadtmission genutzt. Am 3.2.1945 zerstörten es Bomben vollständig.

407 † Johannes Chrysostomos, Kirchenlehrer in Konstantinopel (ev. Gedenktag; Sterbetag: 14.9.) | 1565 † Wilhelm Farel, Reformator der französischen Schweiz | 1838 Erstes Missionshaus in Berlin gegründet | 1872 † Ludwig Andreas Feuerbach

14. September

Sonnabend | SA 06:56 SU 19:38 MA 18:33 MU 01:08

Wochenspruch: 1. Petrus 5,7
Wochenlied: EG 369 oder 427

Wir lesen Jeremia 14,1–16

Schwarz gemalt

Eine abgründige, rabenschwarze Rede des Propheten Jeremia. Er spricht von einer verdorrten, ausgetrockneten Erde, die nicht mehr fruchtbar ist. Er redet von einer klimatisch verwüsteten Welt, als ob er die globale Erwärmung vorausgesehen hätte. Hoffnung herrscht nicht mehr: Falsche Propheten reden durcheinander und verwirren die Öffentlichkeit. Am schlimmsten geben sich diejenigen, die dauernd von Gott reden und genau wissen, dass sie das nicht können. Die Aussagen der anderen Propheten verweisen in alle denkbaren Richtungen. Was Gottes Wille ist, geht in der aufgeregten Diskussion verloren. Und Gott selbst scheint sich in dieser Lage von den Menschen abzuwenden. Er verschließt sich allen Klagen, auch der Bitte Jeremias um Erbarmen. – Jeremia sieht nur noch Gott leugnende Gegner um sich herum. Sein Vertrauen in Gott schwindet. Und seine Rede hört sich an, als ob Gott selbst die Menschen leid sei, ihnen nichts mehr zutraut. Er ist zu oft enttäuscht worden. Jeremia kann nur noch seine Verzweiflung herausschreien: Herr, erbarme dich. Ich bin dankbar, dass die biblischen Redaktoren solche verzweifelten Prophetenreden aufgenommen haben. Sie zeigen die Abgründe auf, in die das Verhältnis zwischen Gott und den Menschen stürzen kann. Dass Gott seine Meinung auch ändert, rückt in dieser Passage weit in den Hintergrund. Aber er hat es getan. *Wolfgang Vögele*

Wir beten

Barmherziger Gott, Du siehst Unordnung und Unruhe der Welt. Du siehst die Menschen, die hoch erhobenen Hauptes in die falsche Richtung gehen. Stärke Du die Vernünftigen und die Friedensstifter. Amen.

Alexander von Humboldt

Am 14.9.1769 wurde in Berlin der Naturwissenschaftler und Wissenschaftsmanager Alexander von Humboldt geboren. Er war ein auf vielen Gebieten bewanderter Universalgelehrter, dessen Berichte von Forschungsreisen große Auflagen erreichten. Besonders hervor stechen die Reisen in die USA, nach Mittel- und Lateinamerika. Hoch geehrt, starb Humboldt 1859 in Berlin.

Röm.-kath. Feiertag: Kreuzerhöhung | 258 † Cyprian, Kirchenlehrer und Märtyrer in Nordafrika | 1640 † Josua Wegelin, Theologe und Liederdichter

15. September

Sonntag | 16. Sonntag nach Trinitatis

Wochenspruch: 2. Timotheus 1,10b
Wochenlied: EG 115 oder EG.E 16
Altes Testament: Klagelieder 3,22–26.31–32
Epistel: 2. Timotheus 1,7–10
Evangelium: Joh 11,1(2)3.17–27(28–38a)38b–45

Wir lesen Psalm 68,20–36

Lobt Gott, den Herrn des Lebens

Das Lob Gottes in unruhiger Zeit – das ist das Anliegen des Beters. So beginnt der zweite Teil des Psalms mit der Aufforderung zum Gotteslob, auch wenn der Alltag eines Menschen mit seinen Sorgen, Mühen und Lasten weder nach Loben aussieht noch zum Loben einlädt. Wer von uns will sich frei von Nöten sprechen? Gott lässt sie uns tragen, ja, er macht uns fähig, die tägliche eigene Last und dazu die anderer Menschen mit zu tragen. Deshalb: Gelobt sei Gott! So geht es um das Dankeschön gegenüber Gott, der uns jeden Tag neu schenkt und erleben lässt. Mit dem Psalmbeter bringen wir zum Ausdruck, dass es nicht unser Verdienst ist, dass wir noch leben. Wir verdanken dies der uneingeschränkten Herrlichkeit und Macht Gottes. Vor diesem Herrn des Lebens kann niemand fliehen oder sich verbergen. Wie ein König zieht Gott unter den Klängen von Sängern und dem Klang der Pauken schlagenden Mädchen in das Heiligtum ein. Sehr menschlich beschreibt der Psalmbeter die Prozession. Gottes Machterweis kann auch von den mächtigsten Staaten nicht gebrochen werden. Im Bild des „Tier im Schilf" wird auf die ägyptische Großmacht am Nil hingewiesen, die nicht ausgenommen ist. Vielmehr sollen die Königreiche auf Erden mit einstimmen in den Lobgesang des einen höchsten Gottes. Wie traumhaft klingt diese Aufforderung. Wie aus einer anderen Welt! Statt an Lobgesang denken viele eher an die verschiedenen Kriegs- und Krisensituationen in den Ländern unserer Kontinente. Ach, wäre es doch so, dass man auf der ganzen Erde Gott fürchte und ehre und Friede unter allen Völkern herrsche! Gott gibt Kraft und Mut zum Widerstand im Blick auf friedliches Zusammenleben. Ohne Zweifel ist es christliches Denken und Fühlen, die Waffen niederzulegen, sie einzuschmelzen und sich darauf zu konzentrieren, Gott Lieder der Freude und des Dankes zu singen. *Klaus Wollenweber*

Wir beten

Gott, öffne uns die Augen, dass wir trotz unserer eigenen Mühsale Deine Barmherzigkeit und Güte im Zusammenleben erkennen und Dir von Herzen Dank sagen. Gib uns Frieden jeden Tag. Amen.

1525 † Jan van Woerden, Märtyrer in den Niederlanden | 1815 Basler Mission gegründet | 1935 Nürnberger Gesetze

16. September

Montag | SA 06:59 SU 19:33 MA 19:13 MU 04:08

Wochenspruch: 2. Timotheus 1,10b
Wochenlied: EG 115 oder EG.E 16

Wir lesen Jeremia 15,10–21

Unterschied im Glauben

So vieles spielt in diese Prophetenrede hinein: Krieg, politische Großmachtspiele, Erinnerungsfetzen an die Befreiung Israels, Dürre und Trockenheit, klimatische Krisen. All das geht durcheinander und lässt sich doch – nach Jeremia – auf eine simple Unterscheidung herunterrechnen. Die einen glauben dem wahren Gott, der Israel rettet, heilt und hilft. Die anderen rennen Götzen hinterher, falschen Göttern. Falsch sind die Götter, weil die Menschen sie sich selbst gemacht haben, nach ihrem Bild und nach ihren Interessen. Hilfe aber ist nur von dem Gott zu erwarten, der den Menschen, dem Volk Israel zuerst gegenübertritt. Der wahre Gott ist keine Marionette menschlicher Interessen. Der wahre Gott ist zu spüren, wo Glauben, Vertrauen und Befreiung geschehen. Als das versklavte Volk Israel aus ägyptischer Knechtschaft auszog, hat es angefangen. Später kamen viele Zeichen und Lichter hinzu. Vertrauen verdient nur der wahre Gott, der sich den Menschen zuwendet. Nur mit ihm lassen sich Erfahrungen der Befreiung machen. Nur er kann „meine Stärke und Kraft und meine Zuflucht in der Not" sein. Ist das richtiggestellt, kann auch Leben neu wachsen. Nicht umsonst redet Jeremia von den vollen Netzen der Fischer und der Beute der Jäger. Und er hätte dies noch durch die Ernten der Bauern und Gärtner ergänzen können. *Wolfgang Vögele*

Wir beten

Lieber Gott, pflege wie ein Gärtner unser Leben, unser geistliches Wachstum. Hilf uns zu einer Pause, wenn wir Kraft verlieren. Bringe uns auf den rechten Weg, wenn wir uns verlieren. Amen.

Das Brandenburgische Toleranzedikt

Am 16.9.1664 erließ der Kurfürst Friedrich Wilhelm I. das Brandenburgische Toleranzedikt. Es hatte den Zweck, die andauernden Spannungen zwischen Lutheranern und Reformierten aufzuheben. Leider wehrten sich viele lutherische Theologen erbittert gegen diesen Erlass. Zu denen, die sich wehrten, zählte der Pfarrer und Dichter Paul Gerhardt. Er verlor lieber seine Pfarrstelle, als sich dem Erlass zu beugen.

1524 † Kaspar Tauber, Märtyrer in Wien (ev. Gedenktag; Sterbetag: 17.9.) | 1741 Synode der Brüder-Unität in London

17. September

Dienstag | SA 07:01 SU 19:31 MA 19:27 MU 05:41

Wochenspruch: 2. Timotheus 1,10b
Wochenlied: EG 115 oder EG.E 16

Wir lesen Jeremia 16,1–13

Wie ist Gott denn nun?

Es ist eine mich sehr beunruhigende Vermutung, dass nur ein Gott geliebt wird, der die Vorstellungen eines lieben Gottes und die Erwartungen an einen solchen erfüllt. Im Glauben an so einen lieben Gott wurde ich erzogen. Er liebt, beschützt und sorgt für alle Menschen und bestraft nur die wirklich Bösen. Aus dem Munde des Gottes meiner Kindheit kamen keine Worte, wie wir sie heute bei Jeremia lesen. Die wurden mir vorenthalten; wahrscheinlich kannten die mich Erziehenden sie selber nicht. Später wurde ich oft gefragt, warum Gott Böses zulässt. Der Versuch meiner Antwort, er habe auch Seiten, die wir uns nicht vorstellen können, fand kaum Gehör. In den Tagen des russischen Ukrainekrieges höre ich: Einem Gott, der diesen Krieg duldet, kann und will ich nicht vertrauen. Es ist hart, aber so ist es: Zum Wesen Gottes gehört es, dass Menschen ihn weder begreifen noch beschreiben können. Ein Gott, den wir verstehen, ist kein Gott. Luther spricht vom verborgenen Gott und fasst darin alle Seiten Gottes zusammen, die nicht in unsere Vorstellung vom lieben Gott passen: der enttäuschte, der zornige, der tötende Gott, der seinem Volk

Grausames androht, weil es ihn verlassen hat, und ihm keine Gnade mehr erweisen will, weil es ihm nicht gehorchte. Das wird nicht gerne gehört. Das verstört. Da sucht man Trost vergeblich. Da hilft nur Umkehr. *Gabriele Suck*

Wir beten

Gott, schütze und erhalte mir den Glauben daran, dass Du mich siehst und wahrnimmst, dass Du es gut mir meinst und mir die Kraft zum Zweifeln und Aushalten, zum Vertrauen und Umkehren gibst. Amen.

Dag Hammarskjöld (* 29.7.1905; † 18.9.1961)

Der Sohn eines schwedischen Politikers studierte Philosophie, Jura und Wirtschaftswissenschaften, schlug eine politische Laufbahn ein und wurde 1953 zum Generalsekretär der Vereinten Nationen gewählt. Als solcher setzte er sich in anstehenden internationalen Konflikten für den Frieden ein und versuchte, zwischen den gegnerischen Parteien zu vermitteln. Er starb bei einem Flugzeugabsturz nahe Ndola in Sambia, dessen Ursache – technischer Defekt oder Navigationsfehler oder Abschuss durch ein fremdes Flugzeug – umstritten ist. (Quelle s. 18.9.2024)

1179 † Hildegard von Bingen, Mystikerin und Äbtissin | 1575 † Heinrich Bullinger, Reformator in Zürich | 1833 Asyl Kaiserswerth eröffnet | 1961 † Dag Hammarskjöld, Generalsekretär der Vereinten Nationen (ev. Gedenktag; Sterbetag: 18.9.)

18. September

Mittwoch | SA 07:02 SU 19:29 MA 19:40 MU 07:13

Wochenspruch: 2. Timotheus 1,10b
Wochenlied: EG 115 oder EG.E 16

Wir lesen Jeremia 18,1–12

Geschöpf, bedenke die Folgen!

Zu den bekanntesten und am meisten missverstandenen Worten Friedrichs des Großen gehört eine Randnotiz, kurz nach seinem Regierungsantritt verfasst: in Preußen müsse „jeder nach seiner Façon selig werden". Was religiöse Toleranz bewirken sollte, verkam zum Freibrief für Beliebigkeit. Wenn jeder nach eigener Façon selig werden darf, kann getan, gelassen und gedacht werden, was das jeweilige Individuum, und nur das, selig macht. Ein Trugschluss, dem auch Gottes Volk unterlegen war. Jeremia bekam in dem Gleichnis vom Töpfer den Auftrag, dem Volk vor Augen zu halten und öffentlich zu sagen, was die Folgen sind, wenn jeder tut, was ihm gefällt: Gott wird das Volk so vernichten, wie ein Töpfer einen misslungenen Topf zerbricht und einen anderen daraus macht. Gott hat sein Volk geschaffen, er kann es auch vernichten, wenn es tut, was ihm missfällt; und dazu gehört ganz bestimmt das Hören und Befolgen ausschließlich der eigenen Stimme, nicht aber der Gottes. Das führt auf böse Wege und zu ungutem Wandel. Es ist müßig zu fragen, warum der Töpfergott seinem Geschöpf die Möglichkeit ließ, dass es sich von ihm entfernt. Es ist zu begrüßen, dass er ihm die Wahl schenkte, und wie mit jedem Geschenk sollen wir auch mit dem Geschenk der Freiheit sorgfältig, liebevoll und verantwortungsbewusst umgehen. Kein Verhalten bleibt ohne Konsequenzen. *Gabriele Suck*

Wir beten

Gott, ich danke Dir für meine Freiheit, bitte aber, dass Du mich unterstützt. Wie kann ich meinen von Deinem Willen unterscheiden? Ist alles, was ich will, nur darum böse, weil ich es will? Amen.

Dag Hammarskjöld (* 29.7.1905; † 18.9.1961) II

Hammarskjöld wurde 1961 postum der Friedensnobelpreis verliehen. Sein Grab findet sich auf dem Friedhof von Uppsala, und in der Friedenskapelle des Doms von Uppsala wurde zudem eine Gedenkstätte errichtet. Er hinterließ ein spirituelles Tagebuch, das nach seinem Tod veröffentlicht wurde unter dem Titel „Vägmarken" (Zeichen am Weg) und das 2022 noch einmal neu auf Deutsch aufgelegt wurde. (vgl. J. Schäfer, Art. D. Hammarskjöld, in: Ökumenisches Heiligenlexikon, online: heiligenlexikon.de)

705 † Lambert, Bischof und Glaubensbote in Brabant (ev. Gedenktag; Sterbetag: 17.9.) | 1426 † Hubert van Eyck, Maler | 1792 † August Gottlieb Spangenberg, Bischof der Brüdergemeine

19. September

Donnerstag | SA 07:04 SU 19:26 MA 19:54 MU 08:45

Wochenspruch: 2. Timotheus 1,10b
Wochenlied: EG 115 oder EG.E 16

Wir lesen Jeremia 19,1–13

Gott und Mensch brauchen einander

Ich bin entsetzt, diese Worte machen mich fassungslos. Ein Mensch spricht sie aus, ein Prophet; sie sind also im Namen Gottes gesprochen und erheben den Anspruch, Gottes Wort zu sein, von dem ich immer ausging, dass es ein heilsames Wort sei. Was ist das für ein Gott, der so unvorstellbare, schreckliche Vorstellungen aus sich schleudert, der seinem Volk mit Kannibalismus droht? Welche Verbrechen verdienen solche Strafen? Welche Enttäuschung muss ein Schöpfer erlitten haben, dass er seinem Geschöpf so etwas androht? Wo ist der liebe Gott meiner Kindheit? Habe ich einem Trugbild vertraut? Habe ich jemanden geliebt, den es so gar nicht gibt? Bin ich getäuscht worden? Die Fragen überstürzen sich. Ich ahne: Solange ich noch frage, habe ich diesen für mich so unverständlichen Gott noch nicht aufgegeben, ringe ich noch um ihn, löse ich mich nicht von ihm, nicht wirklich wissend, wie dieser Gott nun tatsächlich ist: barmherzig und gnädig und von großer Güte? Gekränkt und eifersüchtig und rächend aus Enttäuschung? Auf seinem Recht beharrend oder von meinem Unglück berührt? Gibt er mich auf? Ringt dieser

Gott um mich? Wir brauchen uns doch beide: Der Mensch ist ohne Gott nichts. Aber ohne den Menschen ist Gott auch nichts. Wer soll Gott denn noch loben, wenn er sein Geschöpf vernichtet hat? Löscht sich Gott mit dem Menschen selber aus? *Gabriele Suck*

Wir beten

Hab Nachsicht mit unserer Schwäche, Gott. Bedenke, wer Dich loben wird, wenn Du Dein Geschöpf vernichtest hast. Sei egoistisch, erhalte Dir unser Lob, so kärglich es oft auch ausfallen mag. Amen.

Dag Hammarskjöld (* 29.7.1905; † 18.9.1961) III

In seinem spirituellen Tagebuch „Zeichen am Weg" schrieb Hammarskjöld z. B. 1960 im Blick auf seine Berufung: „Mein Leben hat Wert nur durch seinen Inhalt für andere. Mein Leben ohne Wert für andere ist schlimmer als der Tod. Darum in dieser großen Einsamkeit – diene allen. Darum: wie unbegreiflich groß, was mir geschenkt wurde, wie nichtig, was ich opfere. […] Geheiligt werde dein Name, dein Reich komme, dein Wille geschehe" (zit. n. Joachim Schäfer, Artikel Dag Hammarskjöld, in: Ökumenisches Heiligenlexikon, online: heiligenlexikon.de).

1698 Franckesche Stiftungen in Halle gegründet | 1905 † Thomas von Barnado, Wohltäter in London | 1954 † Paul Gerhard Braune, Leiter von Lobetal | 1957 † Heinrich Held

20. September

Freitag | SA 07:05 SU 19:24 MA 20:10 MU 10:17

Wochenspruch: 2. Timotheus 1,10b
Wochenlied: EG 115 oder EG.E 16

Wir lesen Jeremia 20,7–18

Der Prophet wider Willen

Wir müssen uns in dem Menschen Jeremia einen Propheten wider Willen vorstellen, der gleichsam wie ein schwankender Baum im Wind mit seinem prophetischen Auftrag hin und her gerissen ist. Er wollte nicht Verkünder des Wortes Gottes werden, hat sich jedoch dem Druck Jahwes gebeugt. Allerdings hat er von seinen Zuhörern nur Spott und Hohn erfahren, so dass er sich entschied, nicht mehr im Namen Gottes zu predigen. Denn er prophezeite eine Botschaft des Herrn, die dem Volk Israel gar nicht passte. Ja, einige aus dem Volk wollten ihm eine Falle stellen und ihn verklagen. Zugleich betonte er jedoch für sich selbst die stärkende Nähe Jahwes. Und er ist sich sicher, dass seine Verfolger zuschanden kommen. Er bittet den Herrn um Rache gegen seine Widersacher. Er denkt daran, dass alle dem Herrn singen und ihn rühmen, der ihr Leben aus den Händen des Boshaften errettet. – Und plötzlich folgt ein biblischer Abschnitt der Klage, in dem der Prophet Jeremia seine eigene Geburt verflucht, den Tag der Geburt, die freudige Nachricht von der Geburt an seinen Vater; alles hätte ohne Erbarmen vernichtet sein sollen. Er wäre am liebsten im Bauch seiner Mutter gestorben und entsprechend gar nicht geboren worden. Nun aber muss er leben, und so stellt er die nicht zu beantwortende Frage nach dem Warum, weil er seine Tage nur in Schmach verbringen muss. *Klaus Wollenweber*

Wir beten

Gott, auch wenn wir manchmal Deine unerforschlichen Wege mit uns nicht verstehen, lass uns im Nachhinein erkennen, warum wir diesen oder jenen Auftrag im Leben ausführen mussten. Amen.

Die Märchensammler Brüder Grimm

Jacob Grimm (* 4.1.1785 in Hanau) gilt zusammen mit seinem Bruder Wilhelm als Begründer der germanistischen Sprachwissenschaft und der deutschen Philologie. Beide Brüder sind als Sammler (seit 1806) von Märchen bekannt, die von ihnen bearbeitet und herausgegeben wurden (1812–1815). Als zweites Sammelwerk haben die Brüder Grimm „Deutsche Sagen" zusammengestellt (1816–1818). Nach dem Abitur in Kassel hatte Jacob Grimm in Marburg Jura studiert. Sein Interesse galt der Entwicklung der deutschen Sprache und Literatur. Er starb am 20.9.1863.

1863 † Jacob Grimm, Sprachwissenschaftler | 1909 † Carl Heinrich Rappard, Glaubensbote in der Schweiz (ev. Gedenktag; Sterbetag: 21.9.) | 1942 † Fritz Müller-Dahlem

21. September

Sonnabend | SA 07:07 SU 19:22 MA 20:30 MU 11:50

Tagesspruch: Markus 16,15b
Tageslied: EG 154 oder EG.E 30

Wir lesen Jeremia 21,1–14

Die Botschaft vom Tod und Leben

Wir erkennen in diesem biblischen Abschnitt klar den Gerichtspropheten Jeremia. Das ist die politische Situation im Hintergrund: Vor den Toren Jerusalems stehen schon die Truppen des babylonischen Herrschers und belagern die Stadt. Die Gefahr der Einnahme der Königsstadt ist groß. Gesandte des jüdischen Königs Zedekia kommen nun zum Propheten, um von ihm zu erfahren, was Jahwe, der Herr, zu dieser lebensgefährlichen Kriegssituation sagt. Sie hoffen auf eine positive Botschaft. Stattdessen verkündet Jeremia als Wort des Herrn Unheil dem Volk Israel und die Einnahme der Stadt Jerusalem durch Hunger, durch Pest und durch das Heer des babylonischen Königs Nebukadnezar. Jeremia verheißt außerdem: Der König und die Großen werden in die Gefangenschaft gehen. Denn wegen des Götzenglaubens des Volkes Israel, ihrer bösen Taten und ihres Abfalls von Jahwe ist der Zorn Gottes so stark, dass die Bewohner Jerusalems ohne Gnade und Erbarmen sterben werden. Der Prophet zeigt jedoch neben diesem Weg zum Tode noch einen Weg zum Leben auf: Gerettet werden kann, wer zu den Babyloniern vor die Stadttore überläuft. Das Königshaus selbst kann nur überstehen, wenn jeden Tag ein gerechtes Gericht über schuldige Frevler abgehalten wird. Denn der Herr liebt die Gerechtigkeit und kennt in dieser Angelegenheit bei ungerechtem Handeln kein Erbarmen. *Klaus Wollenweber*

Wir beten

Herr, Gott des Lebens, Jesus Christus hat Deinen Zorn in seinem Tod gespürt und hat die Macht des Todes besiegt. Wir vertrauen auf Gnade und Barmherzigkeit in unserem eigenen Tod. Amen.

Seelsorge für Seeleute

Drei Komitees zur Versorgung deutscher Seeleute schlossen sich 1923 zu einem Dachverband zusammen, zum heutigen Verein „Deutsche Seemannsmission e. V.". Diese evangelische Seelsorgeeinrichtung betreibt 32 Stationen im In- und Ausland; sie hat den Sitz des Vereins in Bremen und die Geschäftsstelle in Hamburg. Nach dem Zweiten Weltkrieg hat sich der Verein dem „Evangelischen Werk für Diakonie und Entwicklung" angeschlossen. An größeren Standorten gibt es unter Leitung von Pastoren oder Diakonen zusätzlich Seemannsheime mit Übernachtungsmöglichkeit.

Tag des Apostels und Evangelisten Matthäus | 1522 Das Neue Testament in Deutsch (Septemberbibel) erschienen | 1923 Deutsche Evangelische Seemannsmission gegründet

22. September
Sonntag | 17. Sonntag nach Trinitatis

Wochenspruch: 1. Johannes 5,4c
Wochenlied: EG 346 oder EG.E 26
Altes Testament: Jesaja 49,1–6
Epistel: Römer 10,9–17(18)
Evangelium: Matthäus 15,21–28

Wir lesen Psalm 138

Da geht es lang

Wo die Angst ist, da geht es lang. Das ist fast schon ein geflügeltes Wort in der Psychologie, im Ratgeber und manchmal auch in unseren Gedanken. Der Psychotherapeut Günter Ammon soll es gesagt haben. Welcher Idee steckt hinter diesem Zitat? In der Auseinandersetzung mit unserer Angst kann es helfen, ihr nicht aus dem Weg zu gehen, sondern sie als Wegweiser zu nutzen. Wir wissen oft sehr genau, wo die Angst bei uns persönlich lauert und wo es ans Eingemachte geht. Auch wenn wir es vielleicht lieber nicht laut erzählen oder den Gedanken beiseiteschieben. – In Vers 7 heißt es: „Wenn ich mitten in der Angst wandle". Es kostet Mut und Kraft, sich der Angst zu stellen, durch sie hindurchzugehen oder sie sogar zu überwinden. Es gibt verschiedene Möglichkeiten, sich in diesem Prozess professionell begleiten zu lassen, etwa durch Beratungsstellen, Ärztinnen, Seelsorger und Therapeutinnen. Aber auch im Arbeitskontext können

Fortbildungen, Supervision oder Coaching eine Hilfe sein, Täler der Angst zu durchschreiten. – „Wenn ich mitten in der Angst wandle, so erquickst du mich." Gestärkt, voller Kraft und mit neuen Perspektiven aus einer schweren Lebensphase herausgehen – das wünschen wir uns, wenn wir uns unserer Angst stellen, sie bearbeiten oder in unser Leben integrieren. – Welche Rolle kann der Glaube an Gott in der Auseinandersetzung mit unseren Ängsten spielen? Wenn wir auf unserem Weg dem aktiv begegnen, was uns lähmt und unserer Seele Angst macht, kann der Glaube dabei eine Ressource und Kraftquelle sein. In Vers 3 steht: „Wenn ich dich anrufe, so erhörst du mich und gibst meiner Seele große Kraft." Gott erspart uns nicht den Weg durch das Tal der Angst, aber er schenkt uns Kraft. Und so können wir das geflügelte Wort für uns umformulieren: Wo die Angst ist, da geht es – mit Gott – lang.

Ricarda Schnelle

Wir beten

Gott, wir beten für die Menschen, die uns auf dem Weg durch die Angst begleiten. Sie hören zu und nehmen uns so, wie wir sind. Schenke ihren Seelen Deine große Kraft. Amen.

Herbst-Tagundnachtgleiche | 286 † Mauritius, Märtyrer aus Ägypten | 1530 Apologie der Confessio Augustana | 1533 † Veit Stoß, Bildhauer und -schnitzer in Nürnberg und Krakau | 1566 † Johann Agricola, Reformator in Brandenburg | 1826 † Johann Peter Hebel, Theologe in Baden

23. September

Montag | SA 07:10 SU 19:17 MA 21:35 MU 14:46

Wochenspruch: 1. Johannes 5,4c
Wochenlied: EG 346 oder EG.E 26

Wir lesen Jeremia 23,1–8

Gott selbst bringt die Wende

Die Verantwortung für den desolaten Zustand in Juda liegt bei den Hirten, den politischen und geistlichen Leitern des Volkes. Sie haben sich nicht um ihre Herde gekümmert, sondern hatten nur ihren eigenen Vorteil im Blick. Deshalb wird jetzt Gott selbst seine Herde sammeln und einen neuen Hirten einsetzen. – Eine konkrete Erfüllung dieser Ankündigung lässt sich kaum benennen. Einerseits hat Gott durch seinen Sohn Jesus Christus tatsächlich eine umfassende Wende gebracht. Der in Vers 6 genannte Name „Der Herr ist unsere Gerechtigkeit“ passt für ihn ganz genau! Auch die mit David begonnene königliche Linie findet sich im Stammbaum Jesu. Andererseits ist die politische Wirklichkeit bis heute völlig anders als das, was Jeremia ankündigt. Manches hat sich ganz grundlegend verändert: Anstelle der Hirten, die für alle die komplette Verantwortung übernehmen, ist heute jede und jeder Einzelne selbst mehr gefragt. – Doch auch wenn die endgültige Wende zum Guten noch aussteht: In den 2500 Jahren seit der Zeit Jeremias hat sich vieles getan. Immer wieder haben sich Menschen aus ihrem Glauben heraus und im Auftrag Gottes für das Heil und Wohl ihrer Kirche und Gesellschaft engagiert. Und wenn ich selbst kein großes Amt (mehr) habe, kann ich doch in meinem unmittelbaren Umfeld die Verantwortung für andere wahrnehmen, die mir bleibt. *Christoph Rösel*

Wir beten

Herr, unser Gott, wir danken Dir, dass Du in Jesus Christus unser guter Hirte bist. Lass uns Dir folgen und auch die im Blick behalten, die mit uns unterwegs sind. Amen.

Das Land des Nordens

Der Norden ist in der Prophetie Jeremias und Hesekiels mehr als nur eine Himmelsrichtung. Von Norden her kommt das Unheil (Jer 4,6) – auch wenn es dann letztlich die im Osten lebenden Babylonier sind, die Jerusalem zerstören. Aber auf ihrem Weg von Babylonien nach Juda konnten sie nicht der Luftlinie folgen. Stattdessen führte ihr Weg von Norden her über Syrien. In Hes 38,6 kommt mit Gog auch der letzte Feind aus dem „äußersten Norden". Doch weil Gott selbst sein Volk beschützt, verliert sogar dieser Gegner seine Schrecken.

1559 † Maria de Bohorques, Märtyrerin in Spanien (ev. Gedenktag; Sterbetag: 24.9.) | 1728 † Christian Thomasius, Jurist | 1828 Rheinische Mission gegründet | 1885 † Carl Spitzweg, Maler

24. September

Dienstag | SA 07:12 SU 19:15 MA 22:28 MU 15:55

Wochenspruch: 1. Johannes 5,4c
Wochenlied: EG 346 oder EG.E 26

Wir lesen Jeremia 23,16–29

Wem kann ich vertrauen?

Für die Zuhörerschaft des Propheten war das ein schreckliches Dilemma: Nach welchen Kriterien sollten sie entscheiden, welcher Prophet wirklich von Gott kommt? Die von Jeremia als Betrüger beschimpften Propheten wurden von den regulären Priestern am Tempel unterstützt. Sollten die alle im Irrtum sein? Gab es nicht auch genügend Beispiele, dass solche Außenseiter wie Jeremia am Ende dann doch nicht von Gott gesandt waren? – Aus unserer Perspektive ist klar, dass Jeremia in diesem Dilemma die richtige Wahl war. Schließlich haben seine Worte überdauert und sind Teil der Bibel geworden. Aber die vielen Erzählungen im Jeremiabuch zeigen sehr eindrücklich, dass das für seine Zeitgenossen längst nicht so eindeutig war. Und in seinen Klagegebeten bekennt auch Jeremia selbst, dass er sich seiner Sache häufig alles andere als sicher war. – Die Qual der Wahl haben wir auch heute noch. Selbstverständlich wollen wir Gott und seinem Wort folgen! Aber ist damit jeder, der mit diesem Wort wie mit einem Hammer dreinschlägt, schon ein wahrer Prophet? Und doch muss auch das manchmal sein. Wir müssen es wohl lernen, diese Spannung auszuhalten und immer wieder neu die Nähe Gottes zu suchen. Und neben der besonderen Aussage einer einzelnen Stelle gilt es, jeweils auch die Mitte der biblischen Botschaft in Jesus Christus im Blick zu behalten. *Christoph Rösel*

Wir beten

Herr Jesus Christus, wir danken Dir, dass Du uns Gott und sein Wirken in so besonderer Weise nahebringst. Hilf uns auch an diesem Tag, Dir nahe zu sein und auf Dich zu hören. Amen.

Sind Träume Schäume?

Nach Vers 25–28 sind Träume ein Kennzeichen vorgetäuschter Prophetie. An anderen Stellen in der Bibel sind es dagegen gerade die Träume, durch die Gott spricht. Das zeigen etwa die Josefsgeschichte (Gen 40–41) oder die Träume des Josef im Neuen Testament (Mt 1–2). – In der Bibel werden Träume immer mit der Zukunft in Verbindung gebracht. Heute sehen manche in Träumen eher eine Verbindung zu bereits Erlebtem. In jedem Fall sind Träume ein vielseitiges Phänomen, das manchmal dann doch mehr ist als nur Schaum auf dem Wasser.

1054 † Hermann der Lahme, Mönch und Lehrer in St. Gallen | 1541 † Theophrastus Bombastus von Hohenheim (Paracelsus), Arzt, Naturforscher, Philosoph | 1667 † Michael Franck, Liederdichter

25. September

Mittwoch | SA 07:13 SU 19:12 MA 23:35 MU 16:47

Wochenspruch: 1. Johannes 5,4c
Wochenlied: EG 346 oder EG.E 26

Wir lesen Jeremia 26,1–19

Ein überraschender Freispruch

Bereits in Kapitel 7 hatte Jeremia den Auftrag zu dieser Rede erhalten. Die erste Reaktion der Zuhörerschaft ist verheerend. Es scheint so, als seien alle gegen Jeremia (V. 8). Doch dann tritt mit den „Oberen von Juda“ eine neue Gruppe auf den Plan. Gemeint sind Richter, die jetzt ein Verfahren gegen Jeremia einleiten. – Für die Priester und (anderen) Propheten, die die Anklage übernehmen, ist allein schon der Gedanke an eine Zerstörung Jerusalems oder gar des Tempels strafbar. Wie könnte Gott das zulassen? Er kann sich doch nicht gegen sein eigenes Haus wenden! – Jeremia verteidigt sich mit dem Hinweis darauf, dass Gott selbst ihn beauftragt hat. Erstaunlicherweise nehmen die Richter diese Argumentation an. Erst nach dem Freispruch kommt ab Vers 17 der Hinweis auf einen Präzedenzfall, den die „Ältesten von Juda“ vortragen. Vielleicht hatte das schon die Entscheidung der Richter beeinflusst. Etwa 100 Jahre vor Jeremia hatte Micha aus Moreschet ebenfalls den Untergang Jerusalems angekündigt. Das belegt ein Zitat aus dem Michabuch (Mi 3,12). Damals wurde die Stadt nur verschont, weil man auf seine Botschaft gehört hatte und sich die Warnung zu Herzen nahm. Doch obwohl die Richter Jeremia freisprechen, verhallt seine Warnung ungehört. Deshalb wurde der Untergang Jerusalems in seiner Zeit nicht erneut abgewendet. *Christoph Rösel*

Wir beten

Du unser Gott, wie oft ignorieren wir Dein Wort und leben lieber nach unseren eigenen Regeln. Lass uns heute auf Deine Weisung vertrauen und gib uns den Mut zur Umkehr. Amen.

Das Haus Gottes in Silo

Von einem Haus Gottes in Silo erzählen 1. Samuel 1–4. Zur Zeit Elis stand dort die Bundeslade. Wann dieses Haus zerstört wurde, wird in den Samuelbüchern nicht gesagt. Aber die Art und Weise, wie man zur Zeit Elis mit der Bundeslade umging (1. Sam 4), erinnert stark an das falsche Vertrauen auf den Tempel zur Zeit Jeremias. Doch wenn das eigene Verhalten im Alltag, in Politik und Gesellschaft, nicht mehr der Weisung Gottes entspricht, wird auch der Gottesdienst wertlos. Dann kann Gott sogar seine Wohnung preisgeben – sei es in Silo oder in Jerusalem.

1392 † Sergej von Radonesch | 1555 Augsburger Religionsfriede | 1794 † Paul Rabaut, Glaubenszeuge in Frankreich,

26. September

Donnerstag | SA 07:15 SU 19:10 MA – MU 17:23

Wochenspruch: 1. Johannes 5,4c
Wochenlied: EG 346 oder EG.E 26

Wir lesen Jeremia 28,1–17

Gott und den Menschen verpflichtet

Wem soll man heute eigentlich noch glauben? Die einen prophezeien angesichts der globalen Krisen den Weltuntergang, die anderen können auch aus noch so heftigen Schreckensmeldungen nicht ableiten, dass in unserer Welt sich irgendetwas zum Unguten gewendet hätte. Ob unsere Enkel in 50 Jahren noch leben können wie wir, werden wir oder vielmehr sie erst sehen, wenn es so weit ist. So ist das mit aller Prophetie. Nur selten wird ein Prophetenwort so schnell eingelöst wie im Fall des Todes des Hananja. Und es ist doch wahr: Man möchte sich in Sicherheit wiegen; möchte glauben, der Klimawandel sei doch nicht so schlimm wie von manchen befürchtet, um sich nicht so viele Gedanken über das eigene Verhalten machen zu müssen. Jeremia wäre es auch lieber, Hananja wäre im Recht. Er ist doch auch Teil seines Volkes und leidet mit ihm, hofft das Beste für seine Zukunft. Und doch kann Jeremia nicht wider die Wahrheit, die Gottes Wort ihm aufzwingt. Vielleicht ist auch das ein Kennzeichen echter Prophetie: sich nicht gleichsam von einem Beobachterstandpunkt aus hinzustellen und den anderen das Wort um die

Ohren zu schlagen, sondern der Wahrheit unbedingt verpflichtet und gleichzeitig so empathisch mit denen verbunden zu sein, denen man die üblen Aussichten anzusagen hat – in dem Wissen: Auch dem Propheten gilt das Gericht – und am Ende das Heil. *Hillard Heimann*

Wir beten

Du unser Gott, lass uns die Zeichen unserer Zeit wachsam wahrnehmen, uns an Deinen Weisungen ausrichten und in allem Dir und Deinen Verheißungen vertrauen! Amen.

Prophetische Zeichenhandlungen

In der Bibellese geht es noch einmal um das Joch, das Jeremia sich auferlegt hat und Hananja ihm nun abnimmt. Dabei handelt es sich um eine Zeichenhandlung, die, wie schon vor über 70 Jahren der Alttestamentler Georg Fohrer eindrucksvoll gezeigt hat, Gottes bevorstehende Taten symbolisch darstellt. Viele Propheten vollziehen solche anschaulichen Handlungen absichtlich und zweckhaft, denn diese sind „aus Gottes Willen geboren und in seiner Vollmacht getan" und damit „Zeugnis der geschehenen Offenbarung und der künftigen Tat Gottes" (Fohrer, S. 97).

1559 † Antonio Herrezuelo, Märtyrer in Spanien | 1568 † Leonor de Cisnere, Märtyrer in Spanien | 1848 Innere Mission gegründet

27. September

Freitag | SA 07:17 SU 19:08 MA 00:50 MU 17:47

Wochenspruch: 1. Johannes 5,4c
Wochenlied: EG 346 oder EG.E 26

Wir lesen Jeremia 29,1–14

Gott – unsere Heimat

Ich erinnere mich genau: Noch in den 80er Jahren verkündete meine Klassenkameradin – wie ich in Ostfriesland geboren – nicht ohne Stolz: „Meine Heimat ist Schlesien!" Längst hatten ihre Eltern ein Haus in der „Fremde" gebaut, einen Garten gepflegt, Nachwuchs gezeugt. Wie schwer es doch ist, sich auch innerlich von der Heimat zu lösen, wenn ihr Verlassen erzwungen wurde! Jeremias Brief an die Vertriebenen in Babel ist deshalb ebenso hoffnungsvoll wie verstörend. Wie ein Hammer für alle, die um die verlorene Heimat trauern. Noch mehr für diejenigen, die gerade unmittelbar Gewalt und Brutalität erlitten haben von denen, für die sie nun beten sollen, damit es am Ende ihnen selber gutgeht. Hat man einmal die gewaltige Zumutung wahrgenommen, die in Jeremias oder vielmehr in Gottes Worten steckt, spürt man auch ihren Zuspruch: Wenn es doch keine Rückkehrmöglichkeit gibt, warum soll man die Menschen mit falschen Perspektiven vertrösten?! „Zukunft und Hoffnung", das ist so offengehalten, dass jede und jeder sich etwas anderes darunter vorstellen mag, aber das Leben geht weiter, ganz gleich, wo ich mich befinde. Und das geht nur *mit* den anderen. Gott ist der Herr über Babel und über meinen Lebensort. Überall schenkt er Heil und kann ich mich ihm anvertrauen, überall sucht er mich und lässt sich von mir finden. *Hillard Heimann*

Wir beten

Du unser Gott, auch wo wir uns fremd und verlassen fühlen, bist Du uns nah und gibst uns Heimat. Lass das durch uns auch die Menschen erfahren, die in ihrer Not zu uns kommen. Amen.

„Golah" – die jüdische Exilsgemeinde in Babylon

So rosig, wie Jeremias Brief klingt, dass man in Babel Häuser bauen und Gärten anpflanzen konnte, mag die Perspektive der ersten Vertriebenengeneration nicht gewesen sein. Anders war es offenbar mit deren Nachkommen. Jeremias Ermutigung, auch in der Fremde, weitab vom Tempel, Gottes Heil zu suchen, ist der Grundstein für die bedeutenden jüdischen Auslandsgemeinden, die in Babylon, aber auch in Ägypten und anderswo gegründet wurden. Ihr Sich-Einrichten „vor Ort" hat schließlich das Überleben des jüdischen Volkes bis zum heutigen Tage gesichert.

Orthodoxer Feiertag: Kreuzerhöhung | 1660 Vinzenz von Paul, Wohltäter in Frankreich | 1817 Kirchenunion in Preußen | 1898 Diakonenanstalt Martinshof in Rothenburg/Oberlausitz gegründet | 1970 † Hermann Maas, Pfarrer und Prälat in Baden, „Gerechter unter den Völkern"

28. September

Sonnabend | SA 07:18 SU 19:06 MA 02:06 MU 18:05

Wochenspruch: 1. Johannes 5,4c
Wochenlied: EG 346 oder EG.E 26

Wir lesen Jeremia 31,1–14

Gottes Liebeserklärung

Ich erinnere mich noch gut an meinen ersten Liebesbrief. „Ich libe dich wilst du mit mir gejen? Dain Moritz", stand da in krakeliger Erstklässlerschönschrift. Schon als Siebenjährige begriff ich, dass eine Liebeserklärung zu den großen Momenten im Leben zählt. Auch wenn die Liebe nur knapp zwei Wochen hielt, regt sich beim Gedanken an diese Episode noch immer ein warmes Glücksgefühl. Ob auch die Menschen, die die Worte des Propheten Jeremia hörten, diesen großen Moment erkannten? „Ich habe dich je und je geliebt; darum habe ich dich zu mir gezogen aus lauter Güte." Diese Liebeserklärung kommt im Kontext des Jeremiabuches durchaus überraschend. Denn eigentlich steht das Versagen Israels im Mittelpunkt, durch das es den Zorn Gottes auf sich gezogen hat. Es hat andere Götter verehrt und die Gebote seines Gottes vergessen. Israel ist ein wahrhaft schlechter Liebespartner, eine untreue Braut, die man nur mit Schimpf und Schande fortschicken kann, Scheidung mit sofortiger Wirkung! Doch das Gegenteil geschieht. Gottes Zorn ist verraucht. Mitten im Gericht tut er seine unverbrüchliche und unauslöschliche

Liebe kund, die Israel durch nichts verdient hat. Diese Liebe gilt auch uns. Wir müssen sie nicht verdienen, wir bekommen sie geschenkt – aus lauter Güte. Und sie hält nicht nur zwei Wochen, sondern seit jeher und für immer! *Eva Mündlein*

Wir beten

Unser Vater im Himmel, hab Dank für Deine Liebe, die uns immer umgibt und in der wir geborgen sind. Lass uns auch an schweren Tagen auf Deine liebende Gegenwart vertrauen. Amen.

Lioba, Glaubensbotin im Taubertal (700/710 – 782)

Sie wurde im englischen Wessex geboren, kam mit sieben Jahren in ein Benediktinerkloster und genoss dort eine umfangreiche Ausbildung. Später als Missionarin nach Deutschland geschickt, stand Lioba dem neugegründeten Benediktinerinnenkloster im heutigen Tauberbischofsheim als Äbtissin vor. Unter ihrer Leitung entwickelte es sich schnell zu einem bedeutenden Bildungs- und Kulturzentrum für das untere Maintal. Bemerkenswert für ihre Zeit war Liobas Einsatz für die Bildung und die Missionstätigkeit von Frauen. In der katholischen Kirche wird sie als Heilige verehrt.

782 † Lioba, Glaubensbotin im Taubertal | 1529 † Adolf Clarenbach, Märtyrer in Köln | 1529 † Peter Fliesteden, Märtyrer der Reformation | 1859 † Karl Johann Philipp Spitta, Liederdichter

29. September

Sonntag | Tag des Erzengels Michael und aller Engel (Michaelis) / 18. Sonntag nach Trinitatis

Wochenspruch: Psalm 34,8 / 1. Johannes 4,21
Wochenlied: EG 142 oder 331 / EG 414 oder EG.E 30
Epistel: Offenbarung 12,7–12 / Epheser 5,15–20
Evangelium Lukas 10,17–20 / Markus 10,17–27

Wir lesen Psalm 142

Vielgestaltige Hilfe aus arger Not

Dieses Klagelied ist ein einziger Schrei. Es ist ein Ruf nach Hilfe. Vielleicht spricht manchen eine der Bitten aus dem Herzen. Es ist schlimm, in großer Not zu sein, und niemand hört. Der Psalmbeter frisst seine Verzweiflung nicht in sich hinein. Sie hat eine Adresse. Er ruft zu Gott. Man kann sein Herz nicht in den leeren Raum ausschütten. Wir wissen nicht, ob der Rufer tatsächlich gefangen ist und auf die Verurteilung durch andere wartet – oder ob es sinnbildlich gemeint ist. Aber wir wissen genau, dass er tiefes Vertrauen hat. Gott kennt seinen Lebensweg. Er ist seine Zuversicht. Jetzt vertraut er auf Gottes Macht. Deshalb seine ungebremste Klage. – Der Michaelistag erinnert seit frühchristlicher Zeit an das Wirken der Engel als Boten Gottes. Damit kommt seine machtvolle Kraft in den Blick. Sie ist vielgestaltig und manchmal unsichtbar wie die Schwerkraft oder die Magnetkraft – und doch real. Dazu gehört auch alles, was wir mit Engeln verbinden. – Heutzutage fällt es vielen Menschen leichter, die Realität von Engeln anzuerkennen als Christus und dem Wirken seines Geistes zu vertrauen. Engel sind Hinweisschilder und Fingerzeige, um zum Ursprung der Hilfe und unseres Vertrauens zu finden. – „Du bist ein Engel!“ Vielleicht hat das schon jemand zu uns gesagt bei einem unerwarteten, längst fälligen Besuch oder beim Einsatz bei einem Notfall. Engel im Einsatz müssen nicht immer Flügel haben und unsichtbar sein. Gottes Boten sind Helfer. Sie sind Mutmacher und warnen vor Irrwegen. Durch sie trifft uns eine aufmunternde oder warnende Botschaft als Anrede und Wort Gottes. Und in welcher Gestalt? Martin Luther gab den guten Rat: „Wenn du einen Engel recht malen willst. So male dir, so freundlich du kannst, einen hilfsbereiten Menschen.“ An guten Tagen oder in Notzeiten können wir auch auf diese Hilfe hoffen. *Christoph Münchow*

Wir beten

Guter Gott, in Notzeiten lass uns nicht verstummen. Schenke uns offene Augen, Ohren und Herzen für die Hilfe, die von Dir vielfältig zu uns kommt, und mache uns zu Deinen Helfern. Amen.

1521 Erstes evangelisches Abendmahl in Wittenberg | 1560 † Gustav I. Wasa, König von Schweden | 1874 Diakonissenanstalt Flensburg gegründet | 1993 † Günter Jacob, Mitbegründer des Pfarrernotbundes

30. September

Montag | SA 07:21 SU 19:01 MA 04:34 MU 18:29

Wochenspruch: Psalm 34,8 / 1. Johannes 4,21
Wochenlied: EG 142 oder 331 / EG 414 oder EG.E 30

Wir lesen Jeremia 31,27–34

Mitten ins Herz

„Schreib dir das doch mal hinter die Ohren!“, so entfährt es frustrierten Eltern manchmal, wenn der Nachwuchs einfach nicht hören will. Immer und immer wieder dieselben Ermahnungen aussprechen zu müssen, das nervt. Wie praktisch wäre es dagegen, wenn sie direkt hinter den Ohren des zu Ermahnenden stünden. Denn dann könnten sie nicht mehr überhört werden, und es bräuchte keine elterliche Stimme mehr von außen. Ähnlich ist es auch mit dem neuen Bund, den Gott Israel in Jeremia 31 ankündigt. Er ist dadurch bestimmt, dass Gottes Gesetz für die Menschen nichts Äußerliches mehr sein wird. Etwas, das man befolgen sollte, vor dem man aber auch Augen, Ohren und Herz verschließen kann. Nun werden ihnen Gottes Gebote direkt ins Herz gelegt und in den Sinn geschrieben. Sie werden zu einem Teil der Menschen selbst, untrennbar mit ihnen verbunden. Und deshalb können sie gar nicht anders, als danach zu handeln. Im Neuen Testament wird die Verheißung in Jer 31,31–34 auf den neuen Bund zwischen Gott und Mensch bezogen, der durch Tod und Auferstehung Jesu Wirklichkeit geworden ist. Der christliche Glauben sieht die Überwindung aller Sünde und Schuld im Kreuzestod des Messias Jesus. Der Weg zu Gott ist frei, Gottes Tür ist offen, seine Hand ausgestreckt. Als seine geliebten Partner dürfen wir eintreten und in seiner Gegenwart unser Herz erneuern lassen. *Eva Mündlein*

Wir beten

Unser Vater im Himmel, hab Dank, dass Du durch Deinen Sohn Jesus Christus einen neuen Bund mit uns gestiftet hast. Du öffnest uns Deine Tür und lädst uns ein, ein Leben in Deiner Gegenwart zu führen. Amen.

Hieronymus (347 – 420 n. Chr.)

Hieronymus war ein Gelehrter und Theologe der Alten Kirche. Er wird in verschiedenen christlichen Konfessionen als Heiliger und Kirchenvater verehrt. Neben Ambrosius von Mailand, Augustinus von Hippo und Gregor dem Großen gehört er zu den vier großen Kirchenvätern der Spätantike. Er verfasste die Vulgata, die lateinische Übersetzung der Bibel. Sein Todestag am 30. September wird in den orthodoxen Kirchen, der römisch-katholischen und der armenischen Kirche begangen. Auch der Evangelische Namenkalender führt ihn an diesem Tag auf.

420 † Hieronymus, Kirchenvater in Bethlehem | 1770 † Georg Whitefield, methodistischer Erweckungsprediger

1. Oktober

Dienstag | SA 07:23 SU 18:59 MA 05:45 MU 18:39

Wochenspruch: Psalm 34,8 / 1. Johannes 4,21
Wochenlied: EG 142 oder 331 / EG 414 oder EG.E 30

Wir lesen Jeremia 36,1–19

Um jeden Preis

Es sind schwierige Zeiten um das Jahr 604 v. Chr. Die politischen Kräfte haben sich von den Ägyptern hin zu den Babyloniern verschoben. In dem kleinen Juda, zwischen den großen Mächten, herrscht Unsicherheit. In eben dieser will sich Gott ins Gespräch bringen. Nicht, dass er dieses Gespräch je unterbrochen hätte …, aber Wille und Fähigkeit, auf das Reden Gottes zu hören, hatten in seinem Volk gelitten. So lässt Gott nichts unversucht, um sein Volk zu gewinnen. Um jeden Preis. Gerade auch da, wo Jeremia Worte des Gerichtes anzusagen hat. Gerade da will Gott sein Volk gewinnen zu dessen eigenem Heil und Wohlergehen. Denn: „Gott glaubt dem Menschen offenbar gerade seinen Unglauben nicht …", so formuliert Karl Barth in seiner Kirchlichen Dogmatik. Hier ist die Rede von Gottes Geduld und Hartnäckigkeit allein zu unseren Gunsten. Darum dieses „vielleicht". Vielleicht werden sie auf mich hören – wörtlich: mich ernst nehmen. Unser Gott sieht auch noch auf den verfahrensten Wegen unseres Lebens das Potenzial zu Umkehr und Heil. So wirbt auch heute der barmherzige Gott um unser Ohr und unser Herz.

Und wir sind eingeladen, es denen nachzutun, von denen es heißt: „Und als sie all die Worte hörten, entsetzten sie sich." Nicht im Sinne von Angst, sondern von einem Ernstmachen mit Gott. Stets zum eigenen Vorteil! *Klaus Sperr*

Wir beten

Du ewiger und barmherziger Gott! Wir danken Dir, dass Du uns nachläufst. Auf den leichten und schweren Wegen unseres Lebens willst Du uns begegnen. Auch heute. Amen.

1386 Universität Heidelberg gegründet

Sie ist die älteste Universität Deutschlands und eine der ältesten in Europa, gegründet auf Weisung von Papst Urban VI. und Kurfürst Ruprecht I. Im Jahr 1556 wurde sie in eine evangelische Landeshochschule umgewandelt. Philipp Melanchthon sorgte für Satzungen und Statuten, nach denen gelehrt und gelernt werden sollte. Die Universität sollte eben nicht nur ein Ort der Wissensvermittlung, sondern vor allem der (Persönlichkeits-)Bildung sein. Es ging um Herzensbildung, die zur Lebensweisheit führen sollte.

1386 Universität Heidelberg gegründet | 1571 † Petrus Herbert, Liederdichter in Böhmen

2. Oktober

Mittwoch | SA 07:25 SU 18:57 MA 06:54 MU 18:48

Wochenspruch: Psalm 34,8 / 1. Johannes 4,21
Wochenlied: EG 142 oder 331 / EG 414 oder EG.E 30

Wir lesen Jeremia 36,20–32

So kann es auch gehen

Im gestrigen Abschnitt war davon die Rede, dass Gott um Ohr und Herz seines Volkes wirbt. Und von der Reaktion: da „entsetzten sie sich" – wörtlich: Da erbebten sie. Da gab es Menschen, die Gott wieder ernst genommen haben, die sich haben erschüttern lassen, ernst gemacht haben mit ihm und ihrer Beziehung zu ihm. So wird dasselbe Gotteswort noch einmal verlesen. Diesmal beim König, und diesmal ist die Reaktion die gegenteilige: „niemand entsetze sich". So kann es auch gehen! Der Herrscher wollte nicht. Aus Leichtfertigkeit oder Hass? Wer weiß das schon. Jedenfalls hat er jede Erschütterung abgelehnt und es – wie später Unzählige nach ihm – mit Bücherverbrennung versucht. Erfolglos übrigens, damals wie heute. Bücher kann man vernichten, Gottes Reden aber nicht. Dieses überdauert alle Angriffe und findet immer wieder Möglichkeiten weiterzuwirken. Der schwäbische Theologe J. A. Bengel schrieb einmal: „Gottes Wort besteht, der fahrlässige Mensch fließt vorüber." Ja, es gibt auch eine äußerst unkluge Reaktion auf Gottes Reden. Auch Jojakim musste das erfahren, geht doch nach seinem

Sohn die davidische Dynastie ihrem Ende entgegen. Was hätte werden können, wenn es zu einem Hören und Handeln gekommen wäre? Wie viel Lebensgewinn steckt doch gerade darin, dass Gottes Wort auch uns heute immer wieder erreichen kann! *Klaus Sperr*

Wir beten

Herr, unser Gott. Lass uns heute Dein Reden nicht überhören. Hilf uns zu einem Hören und Handeln, das Deinem Willen entspricht. Amen.

Pietro Carnesecchi, Märtyrer in Italien († 1567)

Nicht nur im Blick auf Gottes Reden, auch im Blick auf menschliches Reden kann es zu unklugen Reaktionen kommen. Pietro Carnesecchi wurde 1508 in Florenz geboren. Bei seinem Onkel in Rom, einem Kardinal, wurde er humanistisch erzogen und brachte es bis zum päpstlichen Geheimsekretär. Dann entdeckt er reformatorisches Gedankengut und fällt so schließlich der Inquisition zum Opfer, wird enthauptet und verbrannt. Die Kirche verehrt ihn als Märtyrer, der sein Leben für die Wahrheit gelassen hat.

1567 † Pietro Carnesecchi, Märtyrer in Italien (ev. Gedenktag; Sterbetag: 3.10.) | 1733 † Josef Schaitberger, führender Exulant aus Salzburg

3. Oktober

Donnerstag | Tag der Deutschen Einheit
SA 07:26 SU 18:54 MA 08:04 MU 18:58

Wochenspruch: Psalm 34,8 / 1. Johannes 4,21
Wochenlied: EG 142 oder 331 / EG 414 oder EG.E 30

Wir lesen Jeremia 37,1–21

Zeugen gesucht!

Mit diesem Kapitel beginnt ein längerer Abschnitt, der uns über das Ergehen des Propheten berichtet. Meist wird dieser Abschnitt zusammengefasst mit „Das Martyrium des Jeremia". Es geht um die Wirklichkeit, die in der Bibel mit „Zeuge" beschrieben wird. Ein solcher kann nicht innerlich auf Distanz bleiben. Er kann nicht persönlich unbeteiligt Sachinformationen von sich geben. Der Zeuge im Sinne Gottes steht mit seinem ganzen Leben für die ihm aufgetragene Botschaft ein. Das Neue Testament verwendet dafür das griechische Wort ‚martys' – Zeuge oder eben auch Märtyrer. Jede Generation braucht Menschen, die mutig mit ihrer ganzen Existenz für Gottes ewige Wahrheit einstehen. So warnt Jeremia seine Mitmenschen vor Selbsttäuschung: „Betrüget euch nicht …" Es braucht solche, die Gottes leidenschaftliche Menschensuche immer wieder zum Gesprächsthema machen. Solche, die den Kontakt zu Gott herstellen können: „Bitte den *Herrn*, unseren Gott, für uns!" Weil Menschen es nicht können, vielleicht auch nicht mehr können. Weil ab und an Menschen ratlos sind im Umgang mit Gott. Aber sich insgeheim doch nach ihm sehnen. Jeremia war bereit, sich mit seinem ganzen Leben – auch mit den unangenehmen Folgen – hineinzustellen in diese Berufung. Und es ist nicht nur seine Berufung, es ist die der ganzen Kirche zu allen Zeiten! *Klaus Sperr*

Wir beten

Mit großer Leidenschaft suchst Du, Gott, gerade die, die Dich noch nicht kennen. Lass uns heute, mit unserem ganzen Leben, Zeugen Deiner Wirklichkeit sein. Amen.

Tag der Deutschen Einheit

Wenige Stationen meines Lebens haben sich mir so tief mit Bildern eingegraben wie die beiden Nächte des Mauerfalls und der Wiedervereinigung. Für mich bilden sie das Wunder Gottes meiner Generation. Gleichermaßen ein Tag mutiger Menschen wie der gnädigen Geschichte Gottes. Und welch ein unverdientes Geschenk nach den Schrecken des Dritten Reiches und zweier Weltkriege! Dass wir solche Wunder mit einem langen Atem immer wieder erhoffen und erbitten, dass wir sie Gott glauben, auch das macht uns Christen aus!

Jüdischer Feiertag: Rosch Haschana (Neujahrsfest, Beginn des Jahres 5785) | 1226 † Franz von Assisi, Ordensgründer in Italien | 1990 Beitritt der DDR zur Bundesrepublik Deutschland

4. Oktober

Freitag | SA 07:28 SU 18:52 MA 09:14 MU 19:09

Wochenspruch: Psalm 34,8 / 1. Johannes 4,21
Wochenlied: EG 142 oder 331 / EG 414 oder EG.E 30

Wir lesen Jeremia 38,1–13

Am Tiefpunkt

Die Botschaft Jeremias für König Zedekia ist überdeutlich: Die Stadt soll dem Heer des Königs von Babel übergeben werden. Jeder soll fliehen. Für das Volk geht es um Leben und Tod. Aber niemand will auf Jeremia hören, denn seine Botschaft ist unangenehm. Das hat für ihn selbst lebensbedrohliche Folgen. König Zedekia ist schwach. Er folgt der Meinung seiner Beamten und liefert den Propheten der Willkür dieser Berater aus. In der Zisterne ist er in größter Not, am tiefsten Punkt seines Lebens, abgestürzt, versunken, einsam. In dieser Situation kann er nicht für sich selbst sprechen und sich auch nicht selbst befreien. Jeremia kennt die Worte aus Psalm 130: „Aus der Tiefe rufe ich, Herr, zu dir. Herr, höre meine Stimme! Lass deine Ohren merken auf die Stimme meines Flehens." Wer sonst könnte ihm jetzt helfen? Nur von Gott kann er Hilfe erwarten, auf ihn kann er vertrauen. Gott, der ihm nach seiner Berufung gesagt hatte: „Wenn sie auch wider dich streiten, können sie dir doch nichts anhaben, Ich bin bei dir, dass ich dich errette." (Jer 1,19) Hilfe kommt für Jeremia tatsächlich von unerwarteter Seite. Ein Fremder hilft ihm aus der Not heraus. Gott braucht seinen Propheten noch. In Bedrängnis gilt auch für uns: „Du kannst nicht tiefer fallen als nur in Gottes Hand, die er zum Heil uns allen barmherzig ausgespannt.“ (Arno Pötzsch) *Adelheid Schnelle*

Wir beten

Barmherziger Gott, auch wenn wir es nicht immer gleich erkennen: Du willst das Leben für die Menschen. Lass uns heute darauf vertrauen, dass Du errettest und zum Leben hilfst. Amen.

Die gregorianische Kalenderreform

Die Kalenderreform von 1582 wurde nach Papst Gregor XIII. benannt. Auf päpstliche Anordnung wurden die zehn Tage zwischen dem 4. und 15. Oktober ausgelassen, so dass die etwas geringere Umlaufzeit der Erde um die Sonne im Kalender ausgeglichen werden konnte. Nun traf der 21. März wieder mit der Tagundnachtgleiche im Frühling zusammen. In deutschen protestantischen Regionen fand die Anpassung des Kalenders aber erst später statt (1699 auf dem Reichstag in Regensburg), weil man sich nicht nach einer päpstlichen Reform richten wollte.

1540 † Eobanus Hessus, Humanist | 1582 Gregorianische Kalenderreform | 1669 † Rembrandt van Rijn, Maler in den Niederlanden

5. Oktober

Sonnabend | SA 07:30 SU 18:50 MA 10:27 MU 19:23

Wochenspruch: Psalm 34,8 / 1. Johannes 4,21
Wochenlied: EG 142 o. 331 / EG 414 o. EG.E 30

Wir lesen Jeremia 38,14–28

Auf die Stimme des Herrn hören

Erneut sucht König Zedekia das Gespräch mit dem Propheten. Dabei wird deutlich: Es geht dem König vornehmlich um sein eigenes Wohl, er will seine Haut retten. Und er fürchtet nicht Gott, sondern Rache und Hohn des Volkes. Vielleicht würde er Gottes Weisungen sogar folgen, aber es fehlt ihm an Mut. Er hat schlicht Angst. So hilft ihm der Rat Jeremias nicht weiter: „Gehorche doch der Stimme des Herrn, die ich dir sage, so wird dir's wohlgehen und du wirst am Leben bleiben." (V. 20) Wer in Politik und Gesellschaft Verantwortung übernommen hat, dem gilt dieses Wort besonders: Höre auf Gottes Stimme! In unserer Zeit fehlt dieses Hören oft im politischen Denken und Handeln. Menschen wollen selbst die letzte Instanz sein und niemanden über sich anerkennen. Das Wort „Herr" ist schon anstößig, weil es angeblich Macht ausdrückt. Bei der feierlichen Vereidigung eines Politikers finde ich es aufschlussreich, ob der- oder diejenige die Glaubensformel „So wahr mir Gott helfe" spricht. Die Öffentlichkeit sollte wahrnehmen, ob ein Politiker sein Handeln an Gottes Willen bindet. Ist es nicht wichtig, ob jemand sein Vertrauen auf

Gottes Hilfe setzt? Sogar Kirchenferne äußern zuweilen ihre „Furcht vor einer religionslosen Gesellschaft". Der Stimme des Herrn zu gehorchen, ist auch für uns ein guter Rat. Gott wird unser Vertrauen nicht enttäuschen. *Adelheid Schnelle*

Wir beten

Herr, unser Gott, es ist wichtig, auf Dich zu hören, wenn wir den Weg zu einem guten Leben finden wollen. Voll Vertrauen wenden wir uns zu Dir und hoffen auf Deine Hilfe. Amen.

Beginn im Gartenhaus

Theodor Fliedner (1800–1864) war Pfarrerssohn und wurde selbst Pfarrer in Kaiserswerth. Der durch Schließung einer Textilfabrik entstandenen Not in seiner Gemeinde begegnete er mit Spendensammlungen. Aus der Haft entlassene Frauen nahm er in sein Gartenhaus auf. Dieser Ort stand am Beginn einer umfassenden diakonischen Arbeit, zusammen mit seiner Frau Friederike, nach deren Tod mit seiner zweiten Frau Caroline. Mit der Gründung der Kaiserswerther Diakonissenanstalt sorgte Fliedner für eine ganzheitliche professionelle Krankenpflege.

1609 * Paul Fleming, Liederdichter | 1864 † Theodor Fliedner, Diakonissenvater im Rheinland, Begründer der Kaiserswerther Diakonie (ev. Gedenktag; Sterbetag: 4.10.) | 1886 Evangelischer Bund gegründet | Weltlehrertag (seit 1994)

6. Oktober

Sonntag | Erntedanktag / 19. Sonntag nach Trinitatis

Wochenspruch: Psalm 145,15 / Jeremia 17,14
Wochenlied: EG 502 o. EG.E 15 / EG 324 o. EG.E 24
Altes Testament: 5. Mose 8,7–18 / 2. Mose 34,4–10
Epistel: 2. Korinther 9,6–15 / Jakobus 5,13–16
Evangelium: Markus 8,1–9 / Markus 2,1–12

Wir lesen Psalm 65

Es ist für alle genug da

Alle erwarten, dass die Regale in den Supermärkten übervoll gefüllt sind. Wird etwas knapp, beginnt misstrauisches Hamstern. Viele Leute finden das normal. Da ist Erntedank eine notwendige Unterbrechung. – Wir müssen denen danken, die auf dem Land und in der Stadt dafür sorgen, dass unser Tisch reich gedeckt ist. Vor allem danken wir unserem Gott. Er ist der verlässliche Geber aller guten Gaben. Statt Jammern ist Danken und Singen angesagt wie in diesem Psalm. Gottes Fürsorge zeigt sich in der Schöpfung, im beständigen Wachsen und Reifen bis zur Ernte als Krönung des Jahres. An den Erntekronen, Erntekränzen und farbenprächtig geschmückten Kirchen sehen wir, dass Gott Jahr für Jahr und Tag für Tag für uns alle sorgt. – Anstatt der knappen Feststellung „es regnet" erinnert das Loblied, dass Gott es regnen lässt. „Ohne Gott und Sonnenschein bringen wir die Ernte ein", war eine Kampflosung zu DDR-Zeiten. Pfarrer

Oskar Brüsewitz konterte: „Ohne Regen, ohne Gott geht die ganze Welt bankrott." Auch in einem aufgeklärten Zeitalter vertrauen wir auf die Stabilität der Schöpfung Gottes und seine wunderbare Gerechtigkeit und Fürsorge, trotz schlimmer Katastrophen. – Aber der reguläre Lauf der Schöpfung Gottes ist gefährdet infolge des menschlichen Raubbaus und der Ausbeutung der Natur aus Gewinnstreben. Dennoch können wir Gottes Gaben dankbar genießen ohne Gewissensbisse. Selbst unser eigenes Fehlverhalten vergibt Gott, damit wir nicht im alten Trott verharren, sondern endlich vernünftig und frei werden, das Notwendige anzupacken. In unserem Land und weltweit ist trotz akuter Notlagen genug für alle da. Miteinander oder einzeln können wir beitragen, dass es eine gerechte Verteilung der Güter dieser Erde und gerechte Lebenschancen für alle gibt. Dazu kann uns bestärken, dass wir jeden Tag für Gottes gute Gaben danken und auf seine Fürsorge und seinen Segen vertrauen. *Christoph Münchow*

Wir beten

Gott, wir danken Dir. Du beschenkst uns reich mit Gütern der Erde. Sie reichen für alle. Mache uns hilfsbereit, dass alle Menschen satt werden und unbeschwert leben können. Amen.

Jüdischer Feiertag: Tzom Gedaljah (Fasten) | 1536 † William Tyndale, Märtyrer aus England | 1546 † Pierre Leclerc, Märtyrer in Frankreich | 1772 † David Nitschmann, Bischof der Brüdergemeine

7. Oktober

Montag | SA 07:33 SU 18:46 MA 12:57 MU 20:07

Wochenspruch: Psalm 145,15 / Jeremia 17,14
Wochenlied: EG 502 o. EG.E 15 / EG 324 o. EG.E 24

Wir lesen Jeremia 39,1–18

Die Treue Jeremias und die Treue Gottes

Es kommt, wie Jeremia es angekündigt hatte. Dem Wort und Willen Gottes, durch Jeremia treu verkündet, wird kein Gehör geschenkt. Der König und das Volk müssen nun die Konsequenzen für ihren Ungehorsam gegenüber Gott tragen. Jerusalem wird gestürmt und erobert. Der Untergang ist unausweichlich. Zwar versucht der König zu fliehen, aber es gibt kaum ein Entrinnen. Bei aller grausamen Schilderung der Verschleppung und Vernichtung der Bewohner der Stadt und der Bestrafung des Königs Zedekia gibt es auch Positives zu vermerken: Gott steht zu seinem Wort, Vertrauen wird belohnt. Die Armen, die nichts zu verlieren haben, werden verschont, verbleiben im Land Juda und sind versorgt. Jeremia wird geschützt und erlebt nach großer Not und hartem Gefängnis seine Rettung. Wieder ist es ein Fremder, der den Plan Gottes erfüllt, indem er sich an Jeremias Handeln erinnert und ihn verschont. In all dem erfährt Jeremia die Treue Gottes. Und auch der Äthiopier Ebed-Melech, der Jeremia aus der schlammigen Zisterne befreit hatte, wird am Ende verschont bleiben. Es soll ihm kein Leid geschehen. Jetzt ist verständlich, warum er Jeremia half: Er vertraute auf Gott. Obwohl er eigentlich andersgläubig ist, schenkt Gott ihm sein Leben. Er soll es „wie eine Beute davonbringen“. Diese Beute, nämlich seine Rettung, ist der Lohn dafür, dass er Gott vertraute. *Adelheid Schnelle*

Wir beten

Treuer Gott, immer wieder sind Menschen eigene Wege gegangen, die zu Unheil und Leid führten. Lass uns erkennen, dass Du für uns das Gute willst, und lass uns auf Dich vertrauen. Amen.

Schriftsteller Siegfried Lenz

Vor zehn Jahren starb Siegfried Lenz (geb. 1926 in Ostpreußen), ein bedeutender Erzähler der Nachkriegs- und Gegenwartsliteratur. Als sein wichtigstes Werk gilt der Roman „Deutschstunde“, der in der Zeit des Nationalsozialismus spielt und in dem es um falsch verstandenes Pflichtgefühl geht. „So zärtlich war Suleyken“, eine Sammlung von Kurzgeschichten (1955), hatte besonderen Charme durch die Verwendung der ostpreußischen Mundart. Es folgten zahlreiche Romane und Kurzgeschichten. Ab 1963 lebte Lenz in Hamburg, wo er am 7.10.2014 starb.

Röm.-kath. Feiertag: Rosenkranzfest | 1787 † Heinrich Melchior Mühlenberg, Glaubensbote in Nordamerika | 1931 * Desmond Tutu, Bischof und Friedensnobelpreisträger in Südafrika

8. Oktober

Dienstag | SA 07:35 SU 18:43 MA 14:08 MU 20:45

Wochenspruch: Psalm 145,15 / Jeremia 17,14
Wochenlied: EG 502 o. EG.E 15 / EG 324 o. EG.E 24

Wir lesen Jeremia 40,1–16

Verheißungsvoller Neubeginn

Neuanfänge sind mit Euphorie, Hoffnungen und Idealismus verbunden: Das Alte ist vorbei, nun beginnt etwas Neues. Man lässt die Vergangenheit hinter sich und wendet sich der Zukunft zu, die besser zu werden verspricht. – Diese Stimmung vermittelt auch die Darstellung der Ereignisse nach der Eroberung Jerusalems durch die Babylonier im Jahr 586 v. Chr. Ein großer Teil der Bevölkerung der Stadt und ihres Umlandes wurde weggebracht und fern von ihrer Heimat angesiedelt. Wer zurückblieb, hatte Glück. Wie der Prophet Jeremia, der im letzten Moment umkehren darf. Die Leitung dessen, was von dem einstigen Königreich Juda übrig war, übertrugen die babylonischen Machthaber einem Mann namens Gedalja. Gedalja wirbt dafür, die neue Situation anzunehmen und das Beste daraus zu machen. Seine Verheißung, dass es den Menschen gutgehen werde, erfüllt sich. Sie liegt auf einer Linie mit der Verkündigung des Propheten Jeremia. Wer sich der Machtübernahme durch die Babylonier beugt, wird gerettet, lautete seine Botschaft. – Ganz in diesem Sinne soll der Neuanfang nach dem Ende des Krieges gestaltet werden. Und das Lernen aus der Geschichte trägt erste Früchte. Menschen, die sich in Sicherheit bringen konnten, kehren zurück. Das Land gibt ihnen, was sie zum Leben brauchen. Doch nicht alle scheinen damit zufrieden zu sein. Sie haben offenbar nichts begriffen. *Kay Weißflog*

Wir beten

Es geht weiter. Manchmal ist das mehr als eine leere Floskel. Manchmal ist nach einer Katastrophe wirklich nicht alles aus und vorbei. Danke, guter Gott, für diese Erfahrung. Amen.

Unabhängigkeitstag Kroatien

Der 8. Oktober ist in Kroatien ein nationaler Feiertag. An diesem Tag stimmte das kroatische Parlament 1991 für die Unabhängigkeit von Jugoslawien. Erst vier Jahre später endete der Kroatienkrieg, mit dem die von Serbien dominierte jugoslawische Armee die Unabhängigkeitsbestrebungen verhindern wollte. Hierzulande ist Kroatien besonders als Reiseziel bekannt und beliebt, vor allem wegen seiner Küste an der Adria mit den vielen Inseln. Seit 2013 ist das Land Mitglied der Europäischen Union und seit 2023 auch Teil des Schengen-Raums und der Eurozone.

1565 † Johann Mathesius, Prediger in Böhmen | 1844 Diakonissenhaus Nonnenweier gegründet

9. Oktober

Mittwoch | SA 07:36 SU 18:41 MA 15:10 MU 21:38

Wochenspruch: Psalm 145,15 / Jeremia 17,14
Wochenlied: EG 502 o. EG.E 15 / EG 324 o. EG.E 24

Wir lesen Jeremia 41,1–18

Ein feiger Mord

Für seine Gegner war Gedalja ein Kollaborateur, der mit der verhassten babylonischen Besatzungsmacht zusammenarbeitet. Deshalb bringen sie ihn und sein Gefolge um. Anschließend fliehen sie mit dem Rest der judäischen Bevölkerung nach Ägypten. Die alten Muster wiederholen sich. Statt auf Gottes Wort und den Propheten Jeremia zu hören, handeln Menschen eigenmächtig und setzen ihre Überzeugungen mit Gewalt durch. – Selten ist so klar wie hier, was Gottes Wille ist und was er bis hinein in politische Entscheidungssituationen konkret bedeutet. Was ist richtig, was ist falsch? Oft weiß man das erst im Nachhinein. Selbsternannte Propheten, die etwas anderes behaupten, gibt es viele. Da ist Vorsicht geboten. – Die biblische Sicht auf die Eroberung Jerusalems im Jahr 586 v. Chr. und die Ereignisse danach lassen sich nicht ohne Weiteres auf andere Situationen übertragen. Und vor allem darf Menschen heute diese Sichtweise nicht von außen aufgezwungen werden. Es ist das biblische Israel selbst gewesen, das die Machtübernahme durch die Babylonier als Strafe Gottes verstanden und die Schuld dafür bei sich gesucht hat. Ergebung statt Widerstand war deshalb für sie das Gebot der Stunde. Die Ermordung Gedaljas und die Flucht nach Ägypten können vor diesem Hintergrund nur als erneute Fehleinschätzung der Lage und ihrer wahren Ursachen betrachtet werden. *Kay Weißflog*

Wir beten

Häufig werden Hoffnungen durch Gewalt schon im Keim erstickt. Warum gelingt es uns nicht, Konflikte mit friedlichen Mitteln zu lösen? Herr, ich bitte Dich: Hilf uns dabei. Amen.

Herbst 1989

Die friedliche Revolution in der DDR jährt sich in diesem Jahr zum 35. Mal. Der 9.10.1989 ist dabei ein besonderes symbolisches Datum. Nach dem Montagsgebet in der Nikolaikirche demonstrierten damals etwa 70.000 Menschen auf dem Leipziger Innenstadtring. Das befürchtete Blutbad blieb aus. Heute werden diese Ereignisse teilweise für sehr zweifelhafte Zwecke vereinnahmt und missbraucht. Weder leben wir in einer Diktatur noch bedeutet Freiheit, dass es immer nach meinem Willen geht. Und zum „Wir sind das Volk!“ gehört auch das „Keine Gewalt!“.

1477 Universität Tübingen gegründet | 1555 † Justus Jonas, Theologe in Sachsen | 1841 † Karl Friedrich Schinkel, Baumeister | 1989 Montagsgebet und Friedensdemonstration in Leipzig

10. Oktober

Donnerstag | SA 07:38 SU 18:39 MA 15:58 MU 22:47

Wochenspruch: Psalm 145,15 / Jeremia 17,14
Wochenlied: EG 502 o. EG.E 15 / EG 324 o. EG.E 24

Wir lesen Jeremia 42,1–22

Eine mahnende Stimme

Wer möchte schon in der Haut des Propheten Jeremia stecken. Seine Aufgabe ist, dem Volk eine unangenehme Wahrheit zu verkünden, die lautet: Wenn ihr so weitermacht wie bisher, werdet ihr viel Leid erfahren. Damit macht er sich nicht gerade beliebt. In einer schwierigen Zeit, gekennzeichnet durch fremde Einflüsse, fehlt es an klaren Positionen in Glaubensfragen. Die Eroberung Jerusalems droht, damit verbunden das Ende der Königszeit und als weitere Folge das Ende des Reiches Juda. Von Jeremia wird verlangt, Fürsprache für die Menschen bei Gott einzulegen. Entgegen den Erwartungen seiner Auftraggeber lautet die Gottesbotschaft: „Ihr müsst euch ändern! Kehrt ihr nicht um, müsst ihr die Folgen tragen, die ihr selbst verschuldet habt! Euer Weg, den eigenen Vorteil zu suchen, geht einher mit der Abwendung von denen, die eure Hilfe wirklich brauchen." Recht und Gerechtigkeit für Fremde, Witwen und Waisen wären ein Schritt in die richtige Richtung. Dieser Appell an das Volk findet aber trotz klarer Worte nur schwer Gehör – damals wie heute. Die Reden von einem Neuanfang sind auch uns wohlbekannt. Schwierig ist es jedoch, ihnen Taten folgen zu lassen. Aber es gibt Hoffnung. Einer jungen Frau aus Schweden ist es gelungen, der Jugend dieser Welt eine Stimme zu geben. Schluss mit der Zerstörung unserer Erde, denn es gibt nur die eine. *Marianne Sandkaulen*

Wir beten

Gott, wir nehmen uns vieles vor. Hilf uns, nicht an unseren Ansprüchen zu scheitern. Lass uns an Stärke gewinnen und unseren Mitmenschen ein Beispiel werden durch Deine Kraft. Amen.

Dora Rappard

Als Tochter des späteren Bischofs von Jerusalem, Samuel Gobat, und seiner Frau Maria wurde sie am 1.9.1842 in Malta geboren. Sie wuchs in einem frommen Elternhaus auf und besuchte das Töchterpensionat der Brüdergemeine in Montmirail. 1867 heiratete sie Carl-Heinrich Rappard, den Leiter der Pilgermission St. Chrischona in Alexandrien, wurde Mutter von zehn Kindern und leitete in der Folgezeit als Anstaltsmutter die Pilgermission. Bekannt wurde sie als Autorin vieler Bücher und evangelischer Liedtexte. Sie verstarb am 10.10.1923.

965 † Bruno von Sachsen, Erzbischof von Köln (ev. Gedenktag; Sterbetag: 11.10.) | 1923 † Dora Rappard, Schriftstellerin | 1976 † Reinold von Thadden-Trieglaff, erster Präsident des Deutschen Evangelischen Kirchentages

11. Oktober

Freitag | SA 07:40 SU 18:37 MA 16:33 MU –

Wochenspruch: Psalm 145,15 / Jeremia 17,14
Wochenlied: EG 502 o. EG.E 15 / EG 324 o. EG.E 24

Wir lesen Jeremia 43,1–13

Ein Weg ins Ungewisse

Jeremia steht für seine unerbittliche Gerichtspredigt, doch findet wenig Gehör. Ihm bleiben nur noch die Klage und ein Leben in Einsamkeit. Das Schicksal führt ihn nach Ägypten, wo sich seine Spur verliert. – Die Gründe für eine Flucht sind vielfältig. Ein zu allen Zeiten wiederkehrendes Muster: Armut, Ungerechtigkeit und Verfolgung führen auf den Weg ins Ungewisse. Sehnsucht nach einem besseren Leben und Hoffnung auf eine sichere Zukunft sind Begleiter solch eines Unterfangens. Oft scheinen sich diese Wünsche kurzfristig zu erfüllen. Von Jeremia wird berichtet, er habe seine Heimat nicht freiwillig verlassen, sondern sei nach Ägypten verschleppt worden. Aber bringt nicht jeder erzwungene Weg in die Fremde Probleme mit sich, die in Enttäuschung enden können? In Demütigung und Ausgrenzung, die das Leben erschwert? Das Gefühl der Ohnmacht macht sich breit. Die Erwartungen an die neue Existenz schwinden mit den unerwarteten Hürden, und erschwerend kommt hinzu, dass auch Gedanken an eine Rückkehr in die Heimat keinen Ausweg versprechen, solange sich die Verhältnisse dort nicht ändern.

Wir Heutigen stellen uns die Frage, wie die Ursachen von Flüchtlingsbewegungen zu verhindern sind. Darin scheiden sich die Geister, und Machtfragen stehen einer Lösung im Weg. Da heißt auf den Propheten Jeremia hören, uns dieser unbequemen Wahrheit zu stellen. *Marianne Sandkaulen*

Wir beten

Gott, hilf uns, den richtigen Weg in unserem Leben zu finden. Bewahre und beschütze uns vor Hochmut und vor Vorurteilen. Lehre uns bedenken, dass wir alle Deine Kinder sind. Amen.

Huldrych Zwingli

Der aus wohlhabenden bäuerlichen Kreisen stammende Reformator wurde als Ulrich Zwingli am 1.1.1484 in Wildhaus geboren. Er besuchte Schulen in Basel und Bern und studierte in Wien. Sein Anliegen war die Neugestaltung des kirchlichen Lebens aufgrund des wiederentdeckten Evangeliums. Es kam zum Bruch mit dem katholischen Kultus und der katholischen Verfassung. Seine Theologie wurde geprägt von der Prädestinations- und Sakramentslehre. Sie fand ihren Mittelpunkt in einem stark ethischen, gesetzlich wirkenden Zug des reformierten Protestantismus.

1531 † Huldrych Zwingli, Reformator in Zürich | 1962 Eröffnung des Zweiten Vatikanischen Konzils

12. Oktober

Sonnabend | SA 07:41 SU 18:35 MA 16:58 MU 00:08

Wochenspruch: Psalm 145,15 / Jeremia 17,14
Wochenlied: EG 502 o. EG.E 15 / EG 324 o. EG.E 24

Wir lesen Jeremia 44,1–14

Gottesverletzung

Schrecklich sind die Worte, die Jeremia im Namen Gottes an die Judäer richtet, die nach Ägypten migriert sind. Sie leben in Kolonien, von Norden nach Süden über das Land verstreut. Die Auswanderung hatte sich verstärkt, seit die Städte Judas, einschließlich Jerusalem, von den Persern zerstört waren. Wo war da ihr Gott? Sie arrangieren sich, passen sich an die ägyptischen Verhältnisse an. Die (vielleicht gar nicht so) fremden Kulte sind verlockend. Ägypten hatte schon der Sippe Jakobs geholfen zu überleben; Hungersnot hatte Abraham dazu gebracht, in Ägypten mit dem König Melchisedek zu paktieren, auf Saras Kosten. Der Auszug aus Ägypten, das Heilsereignis der Israeliten schlechthin – hier kehren sich die Verhältnisse wieder um. „Ihr werdet alle umkommen! Durch Schwert und Hunger und Seuchen!" Gottes Zorn bricht sich hemmungslos Bahn. „Warum setzt ihr fort, was eure Eltern und Vorfahren begonnen haben? Euer Treiben wird sich ins Gegenteil verkehren. Es gibt kein Entrinnen." Fünfmal das hebräische Wort Übel allein in Vers 9. „Ihr habt euer Gesicht abgewandt, deshalb richte ich meines gegen euch." Wechselseitig sind sie verletzt, gekränkt, haben sie sich verloren, Gott und Volk. Jeremia, der große Gesandte, hat nichts ausrichten können. Der Fluch ist gesprochen. Etwas Sehnsucht scheint auf. Einige wenige werden entkommen und heimkehren. *Ulrike Schilling*

Wir beten

Krieg, Flucht und Vertreibung bestimmen unsere Gegenwart, auch in Europa. Womit haben die Opfer das verdient? Viele fühlen sich von Dir, Gott, verraten und bestraft. Steh zu uns. Amen.

Elizabeth Fry († 1845)

Die englische Bankierstochter Elizabeth Fry (1780–1845) wurde nach ihrer Heirat seit 1813 zu einer wirkungsvollen Reformerin des britischen Gefängniswesens. Es gelang ihr, bessere Bedingungen für Gefangene, auch für Frauen, zu erreichen. Daneben ließ sie Schulen für die Kinder der Gefangenen und für verurteilte weibliche Gefangene gründen und setzte sich für eine bessere Behandlung von Geisteskranken ein. Durch ihre Tätigkeit motivierte sie auch Theodor Fliedner und Johann Hinrich Wichern. Sie wird auch „Engel der Gefängnisse" genannt.

Jüdischer Feiertag: Jom Kippur (Versöhnungstag) | 1492 Christoph Kolumbus entdeckt den Seeweg nach Amerika | 1845 † Elisabeth Fry, Wohltäterin in England | 1909 † Carl Hilty, Schweizer Schriftsteller

13. Oktober

Sonntag | 20. Sonntag nach Trinitatis

Wochenspruch: Micha 6,8
Wochenlied: EG 295 oder 408
Altes Testament: 1. Mose 8,18–22; 9,12–17
Epistel: 2. Korinther 3,3–6(7–9)
Evangelium: Markus 10,2–9(10–12)13–16

Wir lesen Psalm 106,1–23

„Semper idem – sed aliter"

„Immer dasselbe, nur anders" – ist das die mutmachende Botschaft für den heutigen Sonntag? Immer Kriege, Flucht, Hunger, Demütigung? Immer hoch zu Ross und im Panzer sitzend, immer auf Sieg und Macht aus? Immer das zum Hass aufgeputschte und mit dem Leben bezahlende Volk, das im Dreck die Schlachtrufe der Herren, die mit weißen Westen in weißen Häusern sitzen, umzusetzen hat: Vergebung niemals, Vernichtung total!? – Verdun, Stalingrad, Hamburg, Dresden, Vietnam, Afghanistan, Kosovo ... Wir stünden in der Aufzählung von Schuld und Vernichtung in nichts der langen Liste des Psalmbeters nach. Semper idem? Wir können auch anders. Nach den Weltkriegen gab es Friedensinitiativen, die von Parteipolitik und Geld unabhängige Wege zum Frieden vorschlugen. Es gab Friedenspräsidenten wie den Bundespräsidenten Gustav Heinemann und das Motto „Absage an Geist, Logik und Praxis der Abschreckung" (1987). Das waren

Wegstrecken voller Buße und Umkehr, Zeichen dafür, dass wir gelernt hatten, wie Reue und Einsicht zu Leben und Vergebung führen. Der Psalmbeter gibt die Erfahrung des Volkes Israel an uns weiter. In seiner Geschichte voller Hochmut und Selbstüberschätzung, Gottvergessenheit und Undankbarkeit bahnt sich ein Schrei den Weg: „Gedenke meiner, Herr, und erweise uns deine Gnade" – uns, die wir deine Wunder als eigene Errungenschaften und deine Rettung als unseren Sieg ausgeben. „Du Gott, der mich sieht" – sieh, wie oft wir gefangen sind in unseren Panzern aus Macht und Gewalt, in Hass und Hochmut. „Da gedachte Gott, sie zu vertilgen, wäre nicht Mose gewesen." Springen wir, wie einst Mose, mit unserem Gebet vor Gott in die Bresche. Beten wir für uns um Demut und Gott um Vergebung. Hoffen wir, dass er uns herausführt aus dem tödlichen Kreislauf des „Immergleichen, nur anders" zu neuem Leben, das mit Dank und Lob über seine Güte den Morgen beginnt. *Elfriede Teresa Begrich*

Wir beten

Unser Gott, Du gehst mit uns, mit unserem Leben und unserer Geschichte. Lass uns hören und lernen, wie der Weg zu Dir uns zum Frieden untereinander und zu einem Leben führt, an dem Du Wohlgefallen hast. Amen.

1605 † Theodor Beza, Theologe in Genf | 1781 Toleranzedikt in Österreich | 1836 Diakonissenanstalt Kaiserswerth gegründet

14. Oktober

Montag | SA 07:45 SU 18:30 MA 17:32 MU 03:06

Wochenspruch: Micha 6,8
Wochenlied: EG 295 oder 408

Wir lesen Jeremia 44,15–30

Scheidung

„Was willst du, Jeremia? Es ging uns doch gut hier in Ägypten, seit wir und unsere Frauen der Himmelskönigin opferten. Sogar Opferkuchen mit ihrem Abbild haben sie der Göttin gebacken. Wir bleiben dabei, bei unseren Worten." Das ist völlig verkehrte Welt. Abkehr vom Gott Israels, vom Bilderverbot, von seinem Wort, von seiner Weisung. Damit ist der Bund gebrochen. Jeremia lässt nicht davon ab, Gottes Urteil und Strafe anzusagen. Sie hören nicht. Sie nehmen auch den Schmerz nicht wahr des um sie, um sein Volk ringenden Gottes. „Macht nur weiter so mit euren Gelübden! Bei meinem Namen dürft ihr nicht mehr schwören, das habe ich mir geschworen." Alle, bis auf wenige, die heimkehren, werden sie umkommen, durch Hunger und Schwert. Am Ende wird sich erweisen, wessen Wort gilt und Bestand hat. Er kündigt sein Zeichen an: Auch den Pharao wird das Unheil treffen. Es gibt keine Einsicht, keine Reaktion. – Nach dieser letzten Verkündigung Jeremias verliert sich seine Spur. Ein bitteres Ende, das hier auf uns trifft. Wechselseitige Verwerfung. Eine gerechte Strafe? Oder Selbstzerstörung? Migration und die

Folgen: Die religiöse Kultur verändert sich. Selbstverständlichkeiten tragen nicht mehr. Wo gehen wir hin? Worauf höre ich? Maria, die ihren Sohn Jesus stillt, hat in den bildlichen Darstellungen in der ihren Sohn Horus stillenden Göttin Isis eine Vorläuferin. *Ulrike Schilling*

Wir beten

Richtender Gott, ich danke Dir, dass Jeremias prophetische Worte nicht Deine letzten Worte geblieben sind, dass Du uns weiter forderst, unsere Nähe, unser Hören und unsere Antwort. Amen.

Jakob der Notar († um 430)

Er war griechisch-römischer Herkunft, Notar des sasanidischen Königs Bahram V. (420/21–438/39). Um 430 zusammen mit 15 weiteren Notaren des Königs verhaftet, sollten sie dem Christentum absagen und Feuer und Sonne anbeten. Trotz Zwangsmaßnahmen blieb Jakob standhaft. Er wurde zu „neunfachem Tod“ verurteilt, d. h. dem Abschneiden verschiedener Körperteile, zuletzt des Kopfes. Seine Leichenteile wurden von Christen in Jakobs Heimatstadt verbracht. Seine Mutter sorgte für deren Beerdigung und stiftete ihr Vermögen für ein Hospiz.

um 430 † Jakob der Notar, Märtyrer in Persien | 1867 Bethel bei Bielefeld als Anstalt für Epileptiker gegründet

15. Oktober

Dienstag | SA 07:46 SU 18:28 MA 17:45 MU 04:36

Wochenspruch: Micha 6,8
Wochenlied: EG 295 oder 408

Wir lesen Jeremia 45,1–5

Weiterleben

Das genannte Jahr 605 bringt mit Nebukadnezars Herrschaft eine weltpolitische Veränderung, die Jeremia den Menschen als Gottes Gericht über die ganze Erde zu verkünden hat. Eine Rückblende. Nach nicht mehr zu überbietender Gottesferne folgt ein nahezu intimes Gespräch zwischen Gott und Baruch, vermittelt über Jeremia. Baruch schreibt auf, was Jeremia ihm diktiert. Gott hat Baruchs Klagen gehört und antwortet ihm. Dreimal ergeht das Gotteswort an ihn. „Ja, ich werde zerstören, was ich gebaut habe, ausreißen, was ich gepflanzt habe. Das Große, was du suchst, wird nicht geschehen. Hör auf damit! Überfordere dich nicht. Gegen mich kommst du nicht an: Ich bleibe dabei: Ich werde Unheil bringen über alles Fleisch! Aber: Ich will mit dir sein und dein Leben schützen, wohin du auch gehst." Baruch überlebt und zieht gemeinsam mit Jeremia und vielen anderen nach Ägypten. Obwohl es chronologisch nicht stimmt, wird er ein Beispiel für zuvor (44,28) Einzelnen versprochenes Überleben. Übernimm dich nicht! Das klingt tröstlich auch für mich. Ich kann die großen Probleme in der Welt nicht stemmen und soll mich nicht in der Klage verlieren. Ich kann Leid mittragen und anderen zur Seite stehen, so, wie Baruch Jeremia in seinem von Gott zugemuteten prophetischen Auftrag unterstützt hat. Und ich kann mich, von Gott begleitet, meinen Aufgaben stellen. *Ulrike Schilling*

Wir beten

Gott, ich vertraue darauf, dass Du mich hörst. Ich möchte an den mich bedrängenden Problemen nicht scheitern. Hilf mir, das heute Notwendige zu tun. Zeige mir Wege, die ich gehen kann. Amen.

Gundula Gause, ZDF-Moderatorin

„Am 24. Februar 2022 moderierte ich die ‚heute'-Sendungen um 12 und 17 Uhr. … Wie vielen Christen ist mir der Glaube als Wertorientierung, Stütze und Trost in individuellen und gesellschaftlichen Verwerfungen eine Hilfe. Das ist für mich aber eine so selbstverständliche Grundkoordinate meines Lebens, dass ich es gar nicht hervorheben möchte. Vielleicht ist es gerade die permanente Auseinandersetzung mit Krisen und Katastrophen, die für mich dazu führt, aktiv an meiner positiven Grundhaltung zu arbeiten." (Kieler Nachrichten, 7.2.2023)

1243 † Hedwig von Schlesien, Glaubensbotin | 1582 † Teresa von Ávila, Kirchenlehrerin in Spanien | 1850 Neinstedter Anstalten gegründet | 1855 Evangelische Diakonissenanstalt Augsburg gegründet | 1905 Theologische Hochschule Bethel gegründet

16. Oktober

Mittwoch | SA 07:48 SU 18:26 MA 17:58 MU 06:06

Wochenspruch: Micha 6,8
Wochenlied: EG 295 oder 408

Wir lesen Klagelieder 1,1–11.17–22

Wie konnte es so weit kommen?

Jerusalem, die heilige Stadt, ist zerstört und in die Hand der Feinde gefallen. Was war geschehen? Die Könige Judas hatten eine riskante Politik gegen die Übermacht Babylonien betrieben. 586 ist die heilige Stadt und mit ihr das Königreich Juda nach langer Belagerung den Babyloniern in die Hände gefallen. Die Stadt und der Tempel wurden zerstört, der König und die Oberschicht nach Babylon verschleppt, die Felder verwüstet. Wüst und menschenleer war die Stadt. Es ist Zeit der Klage. Weinend schaut man auf das, was man verloren hat. Schamerfüllt sieht man sich den spottenden Blicken der Feinde ausgesetzt. Flüchtig ab Vers 9 und dann erst zum Schluss ab Vers 20 wird deutlich, dass dieses Klagelied in Wirklichkeit ein Gebet ist. Gott wird nun direkt angesprochen: Ach, Herr, sieh an mein Elend! Aus der Klage erklingt leise ein erstes Fragen, wie es so weit kommen und das Unvorstellbare geschehen konnte. Jerusalem erkennt sein eigenes Versagen: Wir haben Gott vergessen, sind ungehorsam geworden und haben zu sehr auf die eigene Stärke gebaut. Darum hat Gott uns den Feinden preisgegeben. Eine tiefe Wehmut und Trauer durchzieht das Lied. Wir spüren und erfahren: Es gibt Momente und Zeiten, da kommt jeder Trost noch zu früh. In diesen Momenten Gott wieder zu suchen, ist der erste Schritt, um neu anzufangen. Auch dafür wird die Zeit kommen. *Till Hüttenberger*

Wir beten

Gnädiger Gott, manchmal schauen wir mit Schrecken auf diese Welt. Wir spüren, wie wir in ihre Schuldgeschichten verstrickt sind. Gib uns den Mut, immer wieder neu mit Dir anzufangen. Amen.

Jeremias Klagelieder?

In der Hebräischen Bibel stehen die Klagelieder selbständig hinter dem Buch des Predigers und heißen dort schlicht „Ach!“ oder „Weh!“. In unseren christlichen Bibeln sind die fünf Klagelieder an das Buch Jeremia angehängt und dem Propheten zugeschrieben. Inhaltlich passt das gut. Auch Jeremia ist ein klagender Prophet und sein Buch erzählt vom Untergang Jerusalems. Allerdings gibt es keinen Hinweis auf eine Autorschaft des Propheten. Aber schon früh begann man, diese poetischen Texte mit der Jeremia-Überlieferung in Verbindung zu bringen.

um 645 † Gallus, Mönch und Glaubensbote am Bodensee | 1456 Universität Greifswald gegründet | 1553 † Lucas Cranach d. Ä., Maler in Wittenberg

17. Oktober

Donnerstag | SA 07:50 SU 18:24 MA 18:13 MU 07:39

Wochenspruch: Micha 6,8
Wochenlied: EG 295 oder 408

Wir lesen Klagelieder 3,1–33

Gott ist in allem, was geschieht

Dieses dritte Klagelied ist das persönlichste und berührendste aller fünf. Hier spricht ein einzelner Mensch und erzählt in eindringlichen Bildern von seiner Not. Auch die Erfahrung des Schweigens Gottes bringt er zum Ausdruck (V. 8): Gott „stopft sich die Ohren zu vor meinem Gebet". Es ist faszinierend zu sehen, wie er Gott in starken Worten und Bildern direkt als den Urheber seiner Leiden benennt und über seine Erfahrung mit Gott nicht mit frommen Allgemeinplätzen spricht: Er hat meinen Weg vermauert mit Quadern … Er hat auf mich gelauert wie ein Bär, wie ein Löwe im Verborgenen … Er hat mir seine Pfeile in die Nieren geschossen … Er hat mich auf Kiesel beißen lassen … Welch eine abgründige Gotteserfahrung kommt hier zur Sprache! Aber dieses Klagelied ist zugleich das Zeugnis eines ungemein starken Glaubens, der trotz aller Heimsuchungen an Gott festhält. In Vers 19 wandelt sich die Klage zu einer direkten Anrede an Gott, zu einem Gebet: Gott, bitte gedenke meines Elends! An dieser Hoffnung, ja Gewissheit hält er sich fest: Gott wird seiner gedenken. Gott hat ihn nicht vergessen. Gott wird treu sein. Gottes Güte schenkt Neuanfang. Er gewinnt die Kraft, geduldig zu sein und auszuhalten. Dieses Gebet macht Mut, in allen Situationen des Lebens an Gott festzuhalten. Auch wenn wir nicht alle seine Wege verstehen. *Till Hüttenberger*

Wir beten

Gott, lass uns auch in schweren Zeiten auf Deine Güte vertrauen. Gib uns die Kraft, Schweres auszuhalten und geduldig auf Dich zu hoffen, wenn unser Glaube angefochten ist. Amen.

Die Komposition der Klagelieder

Die fünf Klagelieder sind eine kunstvolle poetische Komposition, was in der deutschen Bibelübersetzung leider nicht so schön zum Ausdruck kommt. In vier von fünf Liedern sind die Versanfänge nach dem hebräischen Alphabet aufgebaut, das aus 22 Buchstaben besteht. Vier von ihnen haben daher genau 22 Verse. Das dritte Klagelied, die Mitte, ist dreimal so lang und umfasst 66 Verse. Jedem Buchstaben sind hier drei Verse zugeordnet. In jedem Lied wird der Untergang Jerusalems aus verschiedenen Blickwinkeln und in großer Bewegtheit betrachtet.

Jüdischer Feiertag: Sukkot (Laubhüttenfest, 1. Tag) | um 110 † Ignatius, Bischof und Märtyrer in Kleinasien | 1552 † Andreas Osiander, Reformator in Nürnberg | 1555 † Nicholas Ridley, Bischof und Märtyrer in England (ev. Gedenktag; Sterbetag: 16.10.) | 1849 † Frédéric Chopin, Komponist | 1993 † Helmut Gollwitzer, Theologe

18. Oktober

Freitag | SA 07:51 SU 18:22 MA 18:31 MU 09:13

Tagesspruch: Markus 16,15b
Tageslied: EG 154 oder 250

Wir lesen Klagelieder 3,34–66

Prüfe dich selbst

Wenn eine Katastrophe geschieht, wird ein Schuldiger gesucht. Das ist menschlich. In unserer Welt wird die Schuld meist bei anderen gesucht. Ganz anders hier in den Klageliedern, die den Untergang Jerusalems und Judas beweinen. Es ist ein Geschenk dieser Überlieferung des Alten Testaments an die Menschheit, nicht die Schuld woanders zu suchen, sondern in sich selbst. Im Zentrum unseres heutigen Abschnitts aus dem dritten Klagelied steht der Aufruf, das eigene Tun und Lassen kritisch zu befragen: „Lasst uns erforschen und prüfen unseren Wandel." Es war der eigene Wandel, der zum Untergang führte. Es wird nicht die Schuld auf Gott geschoben oder auf ein unpersönliches Schicksal. Natürlich hatte Gott seine Hand im Spiel im Untergang Judas. „Wer darf sagen, dass solches geschieht ohne des Herrn Befehl." Aber der eigentliche Grund ist unser eigenes Vergehen, das Gott erst dazu herausgefordert hat. – Auch heute sind wir in den Konflikten unserer Gegenwart gefordert, nicht nur mit dem Finger auf andere zu zeigen, sondern uns immer wieder zu befragen, was wir dazu beitragen. Wir müssen uns selbst in den Fragen unserer Zeit kritisch betrachten, worin unser Anteil besteht. Der Mensch steht mit allem in der Verantwortung vor Gott und kann immer wieder umkehren und den richtigen Weg finden. Das ist seine Aufgabe, aber auch seine Würde vor Gott. *Till Hüttenberger*

Wir beten

Gott, gib uns die Größe, unsere eigenen Wege kritisch zu befragen und zu erkennen, wo wir von Deinen Wegen und Deiner Liebe abweichen. Gib uns den Mut umzukehren, wo es nötig ist. Amen.

1502 Universität Wittenberg gegründet

Noch sehr jung, gerade sechs Jahre alt, war die Universität Wittenberg, als 1508 Martin Luther als Professor für biblische Theologie dorthin berufen wurde. Als Reformuniversität, die viele junge humanistische Gelehrte anzog, gewann sie schnell einen guten Ruf. Neben Martin Luther prägte vor allem Philipp Melanchthon die Hochschulstudien und das evangelische Deutschland. Für drei Jahrhunderte war sie ein Zentrum lutherischer Gelehrsamkeit, bis sie 1813 ihren Lehrbetrieb einstellte und in der Universität Halle-Wittenberg aufging.

19. Oktober

Sonnabend | SA 07:53 SU 18:20 MA 18:55 MU 10:49

Wochenspruch: Micha 6,8
Wochenlied: EG 295 oder 408

Wir lesen Klagelieder 5,1–22

… dass wir wieder heimkommen …

Das fünfte Klagelied nimmt noch einmal die Botschaft der anderen vier auf und spitzt sie zu. Gott wird erneut gebeten, seines Volks zu gedenken. Gott soll seine Not sehen. Es hat alles verloren und lebt nun in bitterer materieller und geistlicher Armut. Es ist sich seiner Schuld bewusst und bittet Gott angesichts des Elends um seine Barmherzigkeit und seine Treue. Gott möge sich seiner Verheißungen erinnern, die er einst Israel gegeben hat. Denn das Land, das nun anderen gehört, bleibt ja Gottes Land. Die Klagelieder schließen mit der Bitte um Gottes Beistand zur eigenen Umkehr: „Bringe uns, Herr, zu dir zurück, dass wir wieder heimkommen." Gott möge helfen, das Verhältnis Judas zu ihm wieder zu richten und dem Volk den rechten Weg zu zeigen, damit beide, Gott und sein Volk, wieder neu beginnen können im verheißenen Land. Gott wird der Not gedenken und diese Bitte eines Tages erfüllen. Das babylonische Reich wird knapp 50 Jahre später von den Persern besiegt und erobert. Das Volk wird zurückkehren, den Tempel und die Stadt neu aufbauen und mit seinem Gott neu beginnen. Ein erneuertes Judentum wird als religiöse Gemeinschaft aus der tiefen Krise hervorgehen. Die Klagelieder halten in der dunkelsten Stunde Israels am Glauben fest. Es ist trostvoll, in Zeiten der Not sie neu zu lesen und zu bedenken. *Till Hüttenberger*

Wir beten

Gerechter Gott, bewahre uns vor Krieg, Unterdrückung und Freiheitsverlust. Hilf uns, nach dem zu suchen, was dem Frieden dient, und Dich in den Wirrungen unserer Zeit zu finden. Amen.

1945 Stuttgarter Schuldbekenntnis

Nach den nationalsozialistischen Verbrechen erwarteten die Christen in der Ökumene, dass die deutschen Kirchen selbstkritisch Stellung bezögen, damit eine Versöhnung und ein Neuanfang möglich würden. Die evangelische Kirche bekannte sich am 19.10.1945 zum ersten Mal zu einer Mitschuld. Sie klagte sich an, „nicht mutiger bekannt, nicht treuer gebetet, nicht fröhlicher geglaubt und nicht brennender geliebt" zu haben. Das Schuldbekenntnis wurde zum Beginn einer langen Debatte über die Verantwortung der Kirchen im Dritten Reich.

1694 Universität Halle a. d. Saale gegründet | 1896 † Johann Ludwig Schneller, Glaubensbote in Palästina (ev. Gedenktag; Sterbetag: 18.10.) | 1934 Bekenntnissynode in Dahlem | 1945 Stuttgarter Schuldbekenntnis

20. Oktober

Sonntag | 21. Sonntag nach Trinitatis

Wochenspruch: Römer 12,21
Wochenlied: EG 377 oder EG.E 31
Altes Testament: Jeremia 29,1.4–7(8–9)10–14
Epistel: Epheser 6,10–17
Evangelium: Matthäus 5,38–48

Wir lesen Psalm 106,24–48

Gottes Basta – eine offene Tür

Schon wieder ein Sonntag der nationalen Beichte. Die begonnene Liste der Untaten Israels nimmt kein Ende. Und das Vergessen ist groß: ob in Ägypten, in der Wüste oder im gelobten Land, kein Dank, kein Lobgesang, kein Staunen über Gottes Führung. Wohl aber schwärmendes Erinnern an die ach so reichen Fleischtöpfe in Ägypten, Protestdemonstrationen gegen Mose und seine schwache Führung. Angekommen im Land übernehmen sie, was vor Augen ist: Die Götzen sind ihnen anzubetende Götter, der Tribut sind ihre Söhne und Töchter. Statt Milch und Honig zu ernten, tränken sie das Land mit unschuldigem Blut. Und so geht es nahezu endlos weiter mit der Aufzählung von Schuld und Unrecht, Abfall und Verfehlung. Eine nationale Beichte. Wie würde eine Beichte unserer Nation ausfallen? Jammern auf hohem Niveau? Söhne und Töchter geopfert zur Verteidigung oder zum Studium gegen Bezahlung? Wohlstand und

Bequemlichkeit und ihr fordernder Tribut: sterbende Wälder, verseuchte Meere, eroberte Welträume? „Da entbrannte der Zorn des Herrn über sein Volk und sein Erbe wurde ihm zum Abscheu." Schluss mit dem Augapfel Israel? Ende mit der Barmherzigkeit? Aus mit der Vergebung? Schluss, Ende, aus – basta! Mit Gottes Basta fällt die Tür ins Schloss. Und doch lässt er einen Spalt offen, durch den das Weinen und der Herzensschrei „Hilf uns! Hosianna!" hindurchdringt: Unsere Reue und unser Klagen haben eine große Kraft, sie vermögen Gott zur Umkehr zu bewegen, so dass er selbst die Tür zu seinem Herzen öffnet. So hoffen wir, das Basta Gottes durch Buße und Reue abzuwenden und in die Bitte und das Bekenntnis zu verwandeln: „Nada te turbe, (nichts soll dich beunruhigen), nada te espante (nichts soll dich erschrecken), nada le falta (nichts soll dir fehlen). Solo Dios basta (Gott allein genügt)!" – „und alles Volk spreche: Amen! Halleluja!" (Ps 106,48). *Elfriede Teresa Begrich*

Wir beten

Du unser Gott, wie wunderbar sind Deine Geduld und Deine Güte, jeden Morgen neu. Hilf uns, dass wir Dich nicht ermüden und erzürnen mit dem, was wir tun, und dem, was wir von Dir erbitten. Amen.

1889 Pfeiffersche Stiftungen Magdeburg-Cracau gegründet | 1896 † Karl Segebrock und Ewald Ovir, Missionare und Märtyrer in Ostafrika | 1978 † Anders Nygren, schwedischer Theologe

21. Oktober

Montag | SA 07:57 SU 18:16 MA 20:17 MU 13:40

Wochenspruch: Römer 12,21
Wochenlied: EG 377 oder EG.E 31

Wir lesen 2. Korinther 1,1–11

Wie die Eltern am Zeugnistag

„Du bist wohl nicht ganz bei Trost!", sagen wir, wenn jemand einmal ziemlich abwegig gehandelt hat. So wie der zwölfjährige Junge im Lied „Zeugnistag" von Reinhard Mey, der einmal so schlechte Noten auf dem Schulzeugnis bekommt, dass er sie vor seinen Eltern verheimlicht. Er fälscht ihre Unterschrift, was der Rektor der Schule jedoch bemerkt. Als er die Eltern zur Rede stellen will, springen sie jedoch für ihr Kind in die Bresche und bezeugen, dass es ihre eigene Unterschrift sei. Damit ist der Sohn ziemlich gut bei Trost. Denn er hat Eltern, denen er auch in selbst verschuldeten Schwierigkeiten vertrauen kann. Trost kommt von Vertrauen. Wer nicht ganz bei Trost ist, dem fehlt dieses Fundament. – Paulus ist ebenfalls gut bei Trost. Gleich nach dem Eröffnungsgruß des Briefs dankt er Gott für die Rettung aus einer schweren Bedrängnis. Worin genau die Gefahr und die Rettung bestanden, bleibt im Unklaren. In jedem Fall hat Paulus in dieser Situation Gottes heilsamen Trost erfahren. Paulus Ermutigung steht wie ein Vorwort all den Sorgen und Problemen voran, die in diesem Brief noch folgen: Auch wenn wir Gottes Gebote und unsere eigenen Ansprüche verfehlen, antwortet Gott auf unser Scheitern mit seinem Beistand und Trost. Denn „er ist ein Vater, der sich erbarmt, und ein Gott, der auf jede erdenkliche Weise tröstet und ermutigt". *Tobias Crins*

Wir beten

Gott allen Trosts, wenn es schlecht um mich bestellt ist, wenn ich keinen Ausweg sehe und nicht weiß, wem ich mich anvertrauen kann, lass mich spüren: Ganz unten am Boden bist Du mein Fundament. Amen.

Orioniden-Maximum

„Der frühe Vogel fängt den Wurm" lautet heute das Motto für alle, die den Sternschnuppen-Schwarm der Orioniden auf seinem Höhepunkt erleben wollen. Dabei handelt es sich um lose Wolken zerstreuten Materials vom Halleyschen Kometen, die sich über einen Zeitraum von Jahrtausenden entlang der gesamten Kometenbahn verbreitet haben. Sie zählen zu den fünf aktivsten Meteorströmen und können jedes Jahr in der Zeit vom 19.–23. Oktober insbesondere in den Morgenstunden in Gestalt von Sternschnuppen entdeckt werden.

1710 Cansteinsche Bibelanstalt gegründet | 1913 † Elias Schrenk, Erweckungsprediger in Süddeutschland

22. Oktober

Dienstag | SA 07:58 SU 18:14 MA 21:21 MU 14:41

Wochenspruch: Römer 12,21
Wochenlied: EG 377 oder EG.E 31

Wir lesen 2. Korinther 1,12–24

Ja, nein, ich mein – Jein!

Ein „Ja" ist nur dann etwas wert, wenn es verlässlich ist und danach nicht direkt ein „aber" folgt oder am Ende ein „doch nicht" daraus wird. Eine Zusage, die nicht eingehalten wird, hat oft sogar noch schlimmere Folgen als eine Absage. Das erlebt auch Paulus. Er hat bei seinem ersten Besuch versprochen, noch einmal nach Korinth zu kommen. Doch der Apostel sagt kurzfristig ab, mit der Begründung, er wolle die Gemeinde schonen. Es gab nämlich bei seinem letzten Aufenthalt auch persönliche Beleidigungen gegen ihn. Die Leute vor Ort erleben das aber als Wortbruch. Sie sind enttäuscht, und auch die Glaubwürdigkeit seiner Verkündigung leidet unter dieser Absage. Vielleicht ist das bedingungslose „Ja" Gottes am Ende auch nur ein „Ja, aber"? Dem widerspricht Paulus entschieden. Er stellt klar: Das, was wir euch von Jesus erzählt haben, gilt ohne Wenn und Aber. Das Evangelium ist keine Floskel und auch keine Masche, die einem erst Erlösung ohne Leistungsanspruch allein aus Gnade verspricht und dann doch Bedingungen stellt oder gar ausbleibt. Es ist eben kein zauderndes menschliches Wort, sondern Gottes Versprechen.

In Jesus kommt Gottes gute Nachricht so komprimiert und deutlich wie nur möglich zur Welt. Sein Leben, Sterben und Auferstehen ist Gottes Bekenntnis. Jesus ist nicht „ja, aber“ oder „jein“, sondern klipp und klar Gottes „Ja“. *Tobias Crins*

Wir beten

Gott, gib mir Mut zur Klarheit, wo ich mich hinter Ausflüchten verstecke: In meiner Sprache, im Handeln und im Glauben, hilf mir zum aufrichtigen Bekenntnis durch „Ja“ und Amen.

Jeremias Gotthelf (* 4.10.1797; † 22.10.1854)

Der Schriftsteller und Pfarrer wurde am 4.10.1797 als Albert Bitzius in Murten geboren. Seine von christlichen Motiven geprägte Novelle „Die schwarze Spinne“ gilt als Meisterstück des deutschen Biedermeier. Die auf der Grundlage überlieferter Sagen basierende vielschichtige Erzählung mit gleichnishaftem Charakter setzt sich mit den zeitgenössischen Vorstellungen von Gut und Böse auseinander. Die Handlung zielt darauf ab, wie wichtig es für Christen ist, dass die traditionellen Sagen erhalten bleiben. Es gibt viele Adaptionen, zuletzt einen Film von 2020.

1854 † Jeremias Gotthelf, Pfarrer und Dichter in der Schweiz (ev. Gedenktag; Sterbetag: 21.10.) | 1906 † Paul Cézanne, Maler | 1965 † Paul Tillich, Theologe | 1993 † Hans Walter Wolff, Theologe

23. Oktober

Mittwoch | SA 08:00 SU 18:12 MA 22:35 MU 15:23

Wochenspruch: Römer 12,21
Wochenlied: EG 377 oder EG.E 31

Wir lesen 2. Korinther 2,1–11

Raus aus dem Vorwurfskarussell

Er: „Nie ziehst du deine Schuhe aus, wenn du reinkommst." Sie: „Warum auch? Du hast den Flur ja eh noch nicht gesaugt." Er: „Und hast du etwa schon den Müll runtergebracht?" Sie: „Den kannst du mitnehmen, wenn du endlich mal einkaufen fährst." Es ist der Beginn einer Kette von gegenseitigen Beschuldigungen, die sich immer weiter verstärken. Am Ende werfen sich die Beteiligten oft verletzende Beleidigungen an den Kopf, die sie später selbst bereuen. Doch ist das Vorwurfskarussell erst einmal angelaufen, fällt es schwer, den Absprung zu schaffen. Paulus gelingt es. Er wurde in Korinth so schwer beleidigt, dass es ihn lange beschäftigt hat. Doch statt die Korinther mit Vorwürfen gegen diese Person aufzuhetzen, bittet er die Gemeinde darum, ihr zu vergeben. Der Apostel sieht hinter dem Vorwurfskarussell nämlich den Satan selbst am Werk, der als Versucher die Menschen entzweien will. Tatsächlich kann es teuflisch schwer sein, vom Vorwurfskarussell abzuspringen, wenn es richtig Fahrt aufgenommen hat. – Paulus erinnert mich daran, dass Gott noch ein anderes Karussell in Gang gesetzt hat. Das

Vergebungskarussell hat seinen Antrieb in der Liebe Gottes. Wo ich Liebe erfahre, kann ich selbst leichter großherzig und liebevoll vergeben, und bei wem mir das gelingt, stoße ich vielleicht eine Bewegung an, die weg von Vorwürfen und hin zur Liebe führt. *Tobias Crins*

Wir beten

Gott, auf dem Lebenskarussell gibt es viele Mitfahrgelegenheiten. Hilf mir, nicht bei den Lästermäulern und Vorwurfsvollen einzusteigen, sondern lass Deine Liebe mein Antrieb sein. Amen.

„Hanas Koffer: Die Geschichte der Hana Brady"

Hana Brady war ein tschechoslowakisches jüdisches Mädchen, das am 23.10.1944 im KZ Auschwitz-Birkenau hingerichtet wurde. Im Jahr 2000 fiel einer japanischen Lehrerin Hanas Reisekoffer auf, den sie in einem Archiv fand. Zusammen mit ihren Schulkindern forschte sie weiter und fand so Hanas Bruder Jerzy in Kanada, der als einziges Familienmitglied den Holocaust überlebt hatte. Auf Basis der Gespräche mit ihm entstand das Buch „Hana's Suitcase", das in über 50 Ländern erschienen ist und bis heute in vielen Schulen gelesen wird.

1542 † Johannes Zwick, Liederdichter in Konstanz und in der Schweiz | 1844 * Wilhelm Leibl, Maler | 1956 Volksaufstand in Ungarn

24. Oktober

Donnerstag | SA 08:02 SU 18:10 MA 23:53 MU 15:52

Wochenspruch: Römer 12,21
Wochenlied: EG 377 oder EG.E 31

Wir lesen 2. Korinther 2,12–17

Eine Tür war aufgetan in dem Herrn

Für den Apostel Paulus war eines sonnenklar: Alle seine mühevollen Reisen zu den Nationen werden vergeblich sein, wenn der auferstandene und gekreuzigte Herr Jesus Christus die Herzen der Menschen nicht vorbereitet. Die Tür wird von *ihm* her aufgetan. Paulus wird von diesem geistlichen Geheimnis getragen und motiviert. Daneben steht zur gleichen Zeit seine väterliche Sorge um den Apostelschüler Titus. Er findet ihn am Reiseziel, der Stadt Troas, nicht vor. So hatten sie es aber beide ganz fest ausgemacht. Überall sucht der Lehrer seinen Schüler. Er fragt viele Gemeindeglieder. Titus wurde nicht gesehen. Eine innere Unruhe bewegt den Apostel Paulus sogar zur vorzeitigen Abreise. – Diese beiden Wahrnehmungsebenen mischen sich innerhalb seines Verkündigungsdienstes: einmal die Gewissheit über Christi Gegenwart und zum anderen die tiefe Sorge um den rätselhaften Verbleib seines Weggefährten Titus. Kennen wir das nicht auch von uns? Wenn das einem so großen Apostel Paulus ebenso erging, dann sollten wir von uns selbst keine stoische Ruhe erwarten. So verlaufen unser Leben und unser Dienst als Jesu

Jünger und Jüngerinnen nun einmal. Wir tragen Sorgen und leiden deswegen unter innerer Unruhe. Wir erleben parallel aber auch die Gewissheit von Gottes Gegenwart und Größe. Beides gehört in unser Christenleben. Manchmal auch zur gleichen Stunde. *Anne Helbig*

Wir beten

Unser Herr Jesus Christus, öffne uns heute eine Tür bei den Menschen für Dein Wort. Tröste uns in unseren persönlichen Nöten. Amen.

Das Problem mit den Ängsten und Sorgen

Die Autoren der Bibel kommen uns auch als Menschen nahe. Sie kennen Sorgen und Angst, so auch Paulus. Es gibt in unserer Frömmigkeit jedoch ungeschriebene Regeln bei Menschen mit traumatischen Erlebnissen. Die Kriegskinder gehören dazu: Ängste auszusprechen, war tabu. Es wurde gearbeitet. Das war der Überlebensmodus der Erwachsenen. Inmitten der Gemeinde Jesu dürfen Ängste und Sorgen wieder ihren Raum erhalten. Der Mensch gewordene Sohn Gottes ist unter uns anwesend. Er hält uns aus, und zwar mit allem. Die Kraft seiner Auferstehung hilft uns in unseren Nöten zu seiner Zeit.

Jüdischer Feiertag: Schmini Atzeret (Laubhüttenfest, 8. Tag) | 1648 Westfälischer Friede | 1841 † Starez Leonid, Mönch und Seelsorger in Russland | 1900 Evangelisches Diakonissenkrankenhaus Leipzig eröffnet | 1938 † Ernst Barlach, Bildhauer, Graphiker, Dramatiker

25. Oktober

Freitag | SA 08:03 SU 18:08 MA – MU 16:12

Wochenspruch: Römer 12,21
Wochenlied: EG 377 oder EG.E 31

Wir lesen 2. Korinther 3,1–11

Ihr seid unser Brief, in unser Herz geschrieben

Das Voraussenden von Briefen war eine Strategie des Pharisäers Saulus. Er schickte Briefe nach Damaskus; es ging um Vollmachten für das Verhaften, Foltern und Töten der Glieder der Gemeinde Jesu. Diese Art von Briefen schreibt der verwandelte Paulus nun nicht mehr. Er ist ein ganz und gar erneuerter Mensch. Inzwischen sitzt er selbst in Untersuchungshaft um der frohen Botschaft willen, der guten Nachricht von Christi Retterliebe. Dabei bleibt der Apostel frei von Bitterkeit und Hass gegenüber den Feinden. Während des Briefeschreibens gilt seine Aufmerksamkeit und Liebe ganz und gar der Gemeinde Jesu Christi. Er nennt sie einen Liebesbrief Gottes, in sein eigenes Herz geschrieben. Und dieses Herz pulsiert. Es ist aus Fleisch und Blut und vollkommen erfüllt mit dem Geist des Sohnes Gottes. Wie kam es denn zu des Saulus Verwandlung? Hannah Ahrendt hat einmal geschrieben: „Vergebung ist der einzige Weg, den unumkehrbaren Gang der Geschichte umzukehren." Die Jerusalemer Gemeinde hatte ihrem Peiniger vergeben. Der auferstandene Christus selbst war dem Verfolger auf dem Wege nach Damaskus erschienen. Statt Hetzbriefen schreibt er nunmehr Liebesbriefe an die Gemeinden. Das allein bewirkt die Liebe Gottes, die durch den Heiligen Geist in unsere Herzen ausgegossen wurde. Vertrauen wir darauf. Auch wir sind ein Liebesbrief Christi Jesu! *Anne Helbig*

Wir beten

Herr Jesus Christus, lass auch uns unsere Geschwister im Glauben als Deine Liebesbriefe in unseren Herzen bewahren wie einen kostbaren Schatz. Wir befehlen sie Deinem liebenden Herzen an. Amen.

Der Briefeschreiber Paulus

Paulus hat nicht ahnen können, dass seine Briefe an die Gemeinden in Rom, Griechenland, Kleinasien, Arabien, Judäa einmal einen großen Teil des Neuen Testamentes ausfüllen würden. Wie oft saß er im Gefängnis und diktierte einem Gefährten seine Briefe. Er ließ es sich nicht nehmen, die Briefe eigenhändig abzuschließen: Grüße voller Wärme, Zuneigung und dem Auftrag, sich mit gegenseitigen Küssen seiner zu erinnern. Jesu Liebe hatte ihn ganz persönlich verwandelt. Sein Leben und sein Dienst wurden zu einem Instrument unvergleichlicher Gnade.

Jüdischer Feiertag: Simchat Thora (Thorafreudenfest) | 451 Konzil von Chalcedon | 1608 † Philipp Nicolai, Liederdichter in Westfalen und Hamburg (ev. Gedenktag; Sterbetag: 26.10.) | 1896 Diakonissenhaus Borsdorf bei Leipzig gegründet | 1902 Universität Münster gegründet

26. Oktober

Sonnabend | SA 08:05 SU 18:06 MA 01:10 MU 16:26

Wochenspruch: Römer 12,21
Wochenlied: EG 377 oder EG.E 31

Wir lesen 2. Korinther 3,12–18

Wo aber der Geist des Herrn ist, da ist Freiheit

Niemand bringt so viel Geduld auf gegenüber harter Ablehnung wie der Apostel Paulus. Das Evangelium Jesu Christi wird gemeinsam mit dem Boten verfolgt und mit Gewalt zum Schweigen gebracht. Paulus mahnt die verfolgten Christen deshalb zur Geduld. Die Menschen und Zuhörer brauchen noch Zeit. Besonders für seine leiblichen Geschwister aus dem jüdischen Volk möge man einen langen Atem bewahren. Im Römerbrief (11,28–29) wird er noch deutlicher. „Im Blick auf das Evangelium sind sie zwar Feinde um euretwillen, aber im Blick auf die Erwählung sind sie Geliebte um der Väter willen." Der Geist des Herrn lehrt Freiheit und Geduld. – Die Christenheit ist dieser Weisung des Apostels leider nicht immer gefolgt. Gewaltsame Bekehrungen oder grausame Verfolgungen der jüdischen Gemeinden waren nicht selten. Paulus selbst hat in seinem Leben lernen müssen, dass psychische und körperliche Gewalt keine Mittel und Wege Gottes sind. Ja, Menschen wollen ihren geistlichen Auftrag durchsetzen. Jesu Geist hingegen kennt die heilsbedeutsamen Zeiten, in denen ein Menschenherz sich berühren lässt. Unter seiner

Leitung finden wir das Taktgefühl und die Liebe, während der Same des Wortes Gottes von uns ausgestreut wird. Die Freiheit eines langen Atems ist allein in dem Heiligen Geist möglich. Wir können ihn darum bitten. *Anne Helbig*

Wir beten

Wir bitten Dich, Herr Jesus Christus, um Deinen Heiligen Geist. Schenke uns innere Freiheit und zeige uns heute den nächsten Schritt auf unserem Weg. Amen.

Freiheit lehrt die Kunst des Wartens

Die Freiheit, die der Heilige Geist uns schenkt, führt uns auf den Weg der Geduld. Unsere Kenntnis von ungeduldigen, ja sogar gewaltsamen Wegen in der Geschichte der Verkündigung sollte uns dennoch nicht dazu verleiten, „das Kind mit dem Bade auszuschütten". Jeder Mensch verdient es, die gute Nachricht von Jesus Christus zu hören. Taktgefühl und menschliche Bescheidenheit sowie das demütige Bewusstsein, um unsere Geschichte zu wissen, werden uns gute Ratgeber sein, wenn wir diese gute Nachricht weitererzählen.

um 383 † Frumentius, Glaubensbote in Äthiopien | 1863 Rotes Kreuz in Genf gegründet

27. Oktober

Sonntag | 22. Sonntag nach Trinitatis

Wochenspruch: Psalm 130,4
Wochenlied: EG 251 oder EG.E 29
Altes Testament: Jesaja 44,21–23
Epistel: Römer 7,14–25a
Evangelium: Matthäus 18,21–35

Wir lesen Psalm 143

Sehnsucht nach Gott

Die biblischen Psalmen sind eine Schule des Gebetes. Wo mir die Worte fehlen, kann ich sie mir aus den Psalmen leihen: Worte des Dankes und der Bitte, Worte der Angst und des Vertrauens, Worte des Lobes und der Klage. Und Worte der Sehnsucht. Ich wundere mich immer wieder, wie treffend die Bibel genau das ausspricht, was ich fühle und wonach ich mich sehne. Nicht ohne Grund sind die Psalmen das biblische Buch, in dem Menschen ausgesprochen finden, was sie glauben und hoffen. Wenn ich Menschen nach ihrer Beziehung zu Gott frage, antworten sie oft mit Gedanken und Bildern aus den Psalmen. – Zwei Aspekte sind es, die mich in dem Psalm für heute besonders ansprechen: Das eine ist das Gefühl, dass mir die Welt um mich herum feindlich gegenübersteht. Mit dem Bild der Feinde spricht der Psalmbeter alles das an, was mich bedrückt: Ich bin zu Boden geworfen, ins Finstere gelegt, mein Herz ist erstarrt. Darum bittet der Beter Gott, die

Feinde zu vernichten. – Viel stärker aber höre ich die Sehnsucht des Beters nach Gott. Denn wo die Feinde, die Kälte, die Dunkelheit mich umfangen, droht mein Band zu Gott zu reißen. Aber meldet sich die Erinnerung daran, wie er mir geholfen hat, das Wissen darum, dass er mir nahe sein will, und weckt in mir die Sehnsucht nach Gott, die Sehnsucht, wieder solche Erfahrungen der Nähe, der Rettung und der Bewahrung zu machen. „Meine Seele dürstet nach dir wie ein dürres Land" – was für ein starkes Bild der Sehnsucht. Und die Geste kommt dazu: die ausgebreiteten Hände, die ein Symbol sind für das Verlangen, von Gott mit seiner Zuwendung gefüllt zu werden. Ich frage mich oft, ob wir solche Sehnsucht nach Gott noch verstehen können. – Viele Menschen haben das Gefühl, dass ihnen im Leben etwas fehlt. Könnte vielleicht das, was fehlt – oder besser: der, der fehlt –, Gott sein? Nehmen wir diese Frage mit in die Woche! *Klaus Grünwaldt*

Wir beten

Gott, manchmal fühlen wir uns wie erstarrt. Wir spüren vor Traurigkeit und Erschöpfung nicht einmal mehr uns selbst. Wende Dich zu uns und wecke in uns wieder die Sehnsucht nach Dir. Amen.

1552/1574 † Olaus und Lorenz Petri, Reformatoren in Schweden | 1553 † Michael Servet, reformierter Theologe in der Schweiz | 1897 Gnadauer Gemeinschaftsverband gegründet

28. Oktober

Montag | SA 07:09 SU 17:02 MA 02:35 MU 15:48

Tagesspruch: Jesaja 52,7
Tageslied: EG 264 oder EG.E 27

Wir lesen 2. Korinther 4,1–6

Die Wahrheit der Verkündigung

Der Apostel Paulus hatte in der Gemeinde in Korinth Gegner, welche seine Verkündigung anzweifelten. Ihnen gegenüber rechtfertigte er sich und brachte zum Ausdruck, dass er Christus verkündigt und dass dieser der vollgültige Offenbarer Gottes ist. Paulus predigt allen Menschen, nicht nur den Korinthern, dass der gekreuzigte Jesus der auferweckte Heilsbringer ist und als solcher die Kraft und Herrlichkeit seines himmlischen Vaters besitzt. Paulus spürt, dass es Menschen gibt, die diese frohe Botschaft nicht oder nur zum Teil annehmen. Einige dieser Zweifler oder Verfälscher des Evangeliums gehören leider auch zur korinthischen Gemeinde. Paulus nimmt nun im sechsten Vers Bezug auf seine Bekehrung, als ihm Jesus Christus vor Damaskus begegnete. Dieses Erlebnis ging mit einem Licht vom Himmel einher, und der Bekehrte empfindet es so, dass er dort die Erleuchtung empfangen hat und zu der Erkenntnis gekommen ist, dass Jesus der Sohn Gottes ist. Das ist die Wahrheit seiner Verkündigung, an der es keine Abstriche geben kann. Die klare Position, die Paulus damals bezog, ist auch heute wichtig. Jesus ist Gott und

Mensch zugleich. Er ist der Sohn Gottes und unser Heiland und Erlöser und nicht nur der gute Mensch aus Nazareth, der mit seinen ethischen Weisungen die Entwicklung des Christentums im dritten Jahrtausend bestimmt. Wir können zu ihm beten, ihn im Heiligen Abendmahl empfangen, und wir dürfen darauf hoffen, dass er einst wiederkommt und ewiges Leben für uns ermöglicht. *Peter Amberg*

Wir beten

Herr Jesus Christus, wir danken Dir für Deine Nähe und Liebe und dafür, dass Du unter Brot und Wein uns mit Deinem Leib und Deinem Blut stärkst. Wir bitten um Deine Hilfe für alle Trauernden. Tröste sie und festige in ihnen die Hoffnung auf die Auferstehung. Amen.

Bartholomäus Helder – Kantor und Pfarrer

Bartholomäus Helder wurde 1585 in Gotha geboren. Er war Lehrer und Kantor in Friemar und Pfarrer in Remstädt, komponierte viele geistliche Gesänge und schrieb auch die Texte dazu. Bis heute steht mit „Ich freu mich in dem Herren" (EG 349) eines seiner Lied im Evangelischen Gesangbuch. Er starb 1635 in Remstädt an der Pest.

Tag der Apostel Simon und Judas | 298 † Marcellus und Cassius, Märtyrer in Nordafrika | 1635 † Bartholomäus Helder, Liederdichter | 1951 † Karl Koch, Präses der Evangelischen Kirche in Westfalen

29. Oktober

Dienstag | SA 07:10 SU 17:00 MA 03:44 MU 15:57

Wochenspruch: Psalm 130,4
Wochenlied: EG 251 oder EG.E 29

Wir lesen 2. Korinther 4,7–18

Hoffnung trotz Leiden

Auch im Leiden, auch in der Verfolgung bleibt Paulus tapfer. Er schildert den Korinthern die Situation eines aufgrund seines Glaubens verfolgten Menschen, und er meint damit sich selbst und etliche andere, denen das Martyrium droht. Sie tragen das Sterben Jesu an ihrem Leibe, das heißt: Es ist abzusehen, dass sie getötet werden, weil sie das Evangelium verkündigt haben. Für Paulus ist es wohl so gekommen, eine absolute Sicherheit besteht aber nicht. – Heute kommt es in Europa kaum zu Christenverfolgungen, aber in anderen Teilen der Welt durchaus. So kann man den Mut und die Glaubensfestigkeit von Christinnen und Christen, die bedroht sind, nur immer wieder demütig bewundern. Paulus war gewiss, dass für ihn und andere Verfolgte mit dem Ende des irdischen Lebens nicht alles aus ist, weil es eine Perspektive über das Hier und Jetzt hinaus gibt. Da Gott, der himmlische Vater, Jesus von den Toten auferweckt hat, ist die Hoffnung auf die Auferstehung für diejenigen, die glauben, begründet. Deshalb richtete Paulus den Blick auf das Unsichtbare, auf das Geschehen der Auferweckung, von dem wir nicht wissen, wie es sich vollziehen wird, das aber ganz gewiss ewig ist. Das mit Christus begonnene Heilsgeschehen wird vollendet werden. Dies gilt sowohl für diejenigen, die von den Toten auferweckt werden, wenn Jesus wiederkommt, wie auch für alle, die dann noch in den Zusammenhängen dieser Welt leben. Dies kann uns immer wieder Trost und Hilfe in unserem Alltag schenken.

Peter Amberg

Wir beten

Heiliger Geist, wir danken Dir, dass Du uns mit Deiner Kraft beschenkst. Wir bitten Dich, wecke den Glauben bei Menschen, die auf der Suche sind. Bitte verhilf der Verkündigung des Evangeliums zu einer guten Wirkung. Amen.

Andreas Hammerschmidt – Organist und Komponist

Andreas Hammerschmidt wurde 1612 im böhmischen Brüx geboren. Er war Organist in Wesenstein, Freiberg und Zittau. Er komponierte viele Lieder (z. B. „Freut euch ihr Christen alle", EG 34), Kantaten und Motetten. Hammerschmidt starb 1675 in Zittau.

1525 erster deutschsprachiger Gottesdienst in Wittenberg | 1675 † Andreas Hammerschmidt, Komponist | 1685 Toleranzedikt von Potsdam | 1910 † Henri Dunant, Gründer des Roten Kreuzes aus der Schweiz (ev. Gedenktag; Sterbetag: 30.10.)

30. Oktober

Mittwoch | SA 07:12 SU 16:58 MA 04:53 MU 16:07

Wochenspruch: Psalm 130,4
Wochenlied: EG 251 oder EG.E 29

Wir lesen 2. Korinther 5,1–10

Stühle

In der Sakristei der Bachkirche Divi Blasii zu Mühlhausen gibt es einen alten, mit inzwischen brüchigem Leder an Rücken und Armen gepolsterten Prachtstuhl. Vermutlich war er für die „höhere Geistlichkeit" reserviert und befand sich einst im Chorraum der Kirche. Mit der „höheren Geistlichkeit" ist es ja so eine Sache, und so kam er nicht nur aus restauratorischen Gründen in die Sakristei. Auf dem gepolsterten Lederrücken ist ein nur noch schwach eingraviertes Bild zu erkennen: Jesus am Kreuz auf dem Berg Golgatha, rechts und links die beiden Mitgekreuzigten. – Dieser Stuhl kommt mir bei unserem Bibeltext wieder in den Sinn. Vor welchem Gericht werden wir uns zu verantworten haben? Wie sieht der Richterstuhl Christi aus? Ehemals prächtig und versehen mit einer Kreuzigungsszene? Wenn wir Christen im Tod am Kreuz den Sieg des Lebens über den Tod erkennen und daran glauben, dass dieser Tod der Sieg ist, der die Welt überwunden hat, ja, dann wird der Richterstuhl Christi doch sehr wenig mit unseren Gerichten zu tun haben. Und vielleicht ist dieser brüchige, ehemals prächtige Stuhl aus der Sakristei von Divi Blasii das passende Bild. Denn eine Kreuzigungsszene, die Darstellung eines jämmerlichen und für Verbrecher vorbestimmten Todes also, als Schmuckstück auf einen herrschaftlichen Stuhl zu setzen, darauf können wirklich nur Christen kommen. Christen, die auch im Gericht auf diesen gekreuzigten Herrscher trauen. *Teja Begrich*

Wir beten

Ewiger Gott, wir bitten Dich für unser Leben: Führe uns weg vom Bösen und leite uns hin zum Guten. Amen.

Gottschalk (ca. 806/8 – ca. 866/9)

Was für ein Name! Dass ein (Vor- oder) Nachname ausreicht, kennen wir heutzutage von Fußballspielern: Zico, Pelé, Messi, Ronaldo. Und hier nun Gottschalk. Der Mönch, groß geworden im Kloster Fulda, entwickelte eine Lehre von der doppelten Prädestination. Das heißt, dass Gott das Geschick der Menschen vorherbestimmt und die einen von vornherein zum Heil beruft und die anderen, auch wenn sie getauft sind, zur ewigen Verdamnis. Diese Lehre hat die Kirche, Gott sei es gedankt, als Irrlehre verurteilt.

868 † Gottschalk, Mönch und Theologe in Frankreich | 1553 † Jacob Sturm, Bürgermeister in Straßburg | 1954 † Hermann Ehlers

31. Oktober

Donnerstag | Gedenktag der Reformation (Reformationstag)

Tagesspruch: 1. Korinther 3,11
Tageslied: EG 341 oder 360
Altes Testament: 5. Mose 6,4–9
Epistel: Römer 3,21–28
Evangelium: Matthäus 5,1–10(11–12)

Wir lesen 2. Korinther 5,11–15

Anlass zum Rühmen

Es gibt Tage, da tut es einfach not, das Wichtige zu sagen. Das, worauf es ankommt. Wenn ich meiner Frau nie gesagt hätte, dass ich sie liebe, was wär's geworden? Wenn ich meinen Kindern nicht sage, dass ich stolz darauf bin, dass sie selbständig und selbstbewusst werden, wie sollen sie dann in Freiheit heranwachsen? Wenn ich meinen Eltern nicht sagte, wie wichtig sie für mich sind, ja, woher sollen sie es dann wissen? Es gibt sie also, die Tage, an denen es nottut, das Wichtige zu sagen. Das, worauf es ankommt. Das, wovon wir leben. Als Mensch und als Christ. Nämlich dieses: Ich bin, was ich bin, nicht aufgrund meiner Fähigkeiten oder meiner Leistungen, sondern aufgrund dessen, was Gott in Christus aus mir ein für alle Mal gemacht hat: geliebtes Gotteskind aus freier Gnade! Heute also, am Reformationstag, ist so ein Tag. Denn heute feiern wir die Wiederentdeckung des Evangeliums. Des

Evangeliums, ohne das, nach dem Urteil Martin Luthers, die Welt voller Tod und Finsternis wäre. Dieses Evangelium als die frohe und heil machende Botschaft wieder entdeckt zu haben, das ist das bleibende Verdienst der Reformation, auf die – so sagt es der Theologe Eberhard Jüngel – die Protestanten ungeniert stolz sein dürfen. Stolz – so, wie es der Apostel Paulus auch war. Der wusste nämlich, dass er das, was er ist, nur und allein durch Gott ist. Und darum suchte er Menschen zu gewinnen, für Gott zu gewinnen. Dieses ist für ihn ein Anlass zum Rühmen und darum heute auch für uns. Wir dürfen uns rühmen, wir dürfen stolz sein: auf unseren Glauben, auf die Reformation, auf den Apostel Paulus, so sagt er es ja – nicht ganz unbescheiden – selber in unserem Abschnitt. Und natürlich auch auf die Heilige Schrift! *Teja Begrich*

Wir beten

Ewiger Gott, allzu oft rühmen wir uns selbst. Schenke uns ein weites Herz und einen offenen Geist, damit wir Dich rühmen im Alltag unseres Lebens. Amen.

994 † Wolfgang, Bischof von Regensburg | 1517 Reformation | 1731 Vertreibung der evangelischen Salzburger | 1811 † Christian Gotthilf Salzmann, Pädagoge | 1844 Diakonenanstalt Duisburg gegründet | 1971 † Gerhard von Rad, Theologe

1. November

Freitag | SA 07:16 SU 16:55 MA 07:15 MU 16:31

Tagesspruch: Epheser 2,19
Tageslied: EG 253 oder EG.E 27

Wir lesen 2. Korinther 5,16–21

Neues ist geworden

In den letzten Jahren habe ich in etwa zwanzig Muslime, vorwiegend Iraner, getauft. Anfangs war es mir unheimlich: Gläubige, die ihren Glauben aufgeben? Später verstand ich: Sie waren aus dem Iran geflohen, weil sie das politische System ablehnten. Dort sind Staat und Religion eins. Also erschien ihnen eine Konversion als logischer Schritt. Damit begeben sie sich jedoch in Lebensgefahr, denn im Iran wird Apostasie (d. h. Abfall vom Glauben) mit dem Tod bestraft. Und dennoch wollten sie sich taufen lassen. Anfangs war ich skeptisch: Wollten sie sich „nur" taufen lassen, um in Deutschland Asyl zu bekommen? So gab es immer eine einjährige Vorbereitungszeit. Das Taufbekenntnis wurde dann auf Farsi und auf Deutsch gesprochen, und zusätzlich mussten sie sagen: Ich sage mich vom Islam los und Mohammed ist kein Prophet. Ein harter Satz, aber Taufe ist eben kein interreligiöser Dialog. Einer der ersten Täuflinge wählte sich als Taufspruch: „Ist jemand in Christus, so ist er eine neue Kreatur; das Alte ist vergangen, siehe, Neues ist geworden." Seitdem habe ich alle Konvertiten mit diesem Taufspruch getauft. Er passt beim Wechsel der Religion: Das Alte ist vergangen, das Neue ist geworden, und nun legen wir es in Gottes Hand. *Teja Begrich*

Wir beten

Ewiger Gott, wir wollen gerne sprechen: Lasst euch versöhnen mit Gott! Gib uns Glaubensmut und Glaubenskraft dafür. Amen.

Gedenktag der Heiligen

In der römisch-katholischen Kirche wird heute Allerheiligen begangen. In der evangelischen Kirche fand dieser Brauch erst in den 50er Jahren Eingang in den Kirchenkalender. Im 21. Kapitel des Augsburger Bekenntnis lehrt Martin Luther: „Christus ist der einzige Fürsprecher, nicht die Heiligen, so sehr wir ihrer als Vorbilder des Glaubens gedenken sollen." Wir sollen der Heiligen also gedenken, damit wir unseren Glauben stärken. Ein Ergebnis dieser Aufforderung ist auch dieser tägliche Gedenkkalender bei „Sonne und Schild".

Gedenktag der Heiligen / Röm.-kath. Feiertag: Allerheiligen | 1539 Reformation in Brandenburg | 1558 † Erhard Schnepff, Reformator in Württemberg | 1942 † Hugo Distler, Komponist | 1971 † Gertrud von Le Fort, Schriftstellerin

2. November

Sonnabend | SA 07:17 SU 16:53 MA 08:30 MU 16:48

Wochenspruch: Psalm 130,4
Wochenlied: EG 251 oder EG.E 29

Wir lesen 2. Korinther 6,1–10

Hochstapler-Syndrom

Zuletzt errang eine psychologische Diagnose breite Aufmerksamkeit: das „Hochstapler-Syndrom". Trotz klarer Erfolge zweifeln die Betroffenen an ihren guten Fähigkeiten. Paulus versucht zu belegen, dass er und seine Kollegen keine Hochstapler sind. Leidenschaftlich belegt er, was er durchgemacht hat beim Dienst an den „Waffen der Gerechtigkeit". Er klingt fast atemlos beim Nachweis, kein Scharlatan zu sein. Beides – was Paulus durchmachte, sowie das „Hochstapler-Syndrom" selbst – macht Christinnen und Christen oft Probleme. Wie zeigen wir, dass wir gläubig, aber keine Hochstapler sind? Wie bestätigen wir uns selbst, dass unser Glaube bei aller Unvollkomenheit authentisch ist? Beides hat mit Außenwahrnehmung zu tun. Doch es ist nicht einfach, unsere reinen Intentionen zu belegen. Wir müssen unseren Glauben einfach wagen. Der Eröffnungssatz hilft: „Als Mitarbeiter Gottes …" Auch wenn wir vertrauen, dass unser Glaube nicht von uns selbst stammt, sondern von Gott, werden wir es doch nie kontrollieren können, wie andere Menschen unseren Glauben einschätzen. Wir müssen glauben und lieben, obwohl uns andere das absprechen, als wären wir Hochstapler. Wir können würdig leben und glauben – irgendjemand wird das immer anzweifeln. Auch wenn andere mäkeln, dürfen wir fest darauf vertrauen, dass unsere Fähigkeiten gut sind. *Dwight C. Hein*

Wir beten mit Worten von Charlotte Elliott

„So wie ich bin, obwohl in viele Konflikte geschleudert, in viele Zweifel, Kämpfe und Ängste, innerlich, äußerlich: O Lamm Gottes, ich komme, ich komme!" Amen.

Leo Baeck (23.5.1873 – 2.11.1956)

Der seinerzeit wichtigste Vertreter des liberalen deutschen Judentums und international hochgeachtete Repräsentant des progressiven Judentums lebte nach der Befreiung des Ghettos Theresienstadt in London und wirkte eine Zeitlang als Professor am Hebrew Union College in Cincinnati/Ohio. Er sagte: „Amerika ist das Zentrum jüdischer Studien und Lebens. Das Zentrum hat sich von Europa verschoben. Nun gibt es zwei Zentren: Palästina und die Vereinigten Staaten, und die Verbindungen zwischen ihnen sind stark. Ich sehe keine Zukunft für den Judaismus ohne Israel, ebensowenig ohne die USA."

Röm.-kath. Feiertag: Allerseelen | 1752 † Johann Albrecht Bengel, Theologe in Württemberg | 1956 † Leo Baeck, Rabbiner

3. November
Sonntag | 23. Sonntag nach Trinitatis

Wochenspruch: 1. Timotheus 6,15b.16a.c
Wochenlied: EG 351 oder 430
Altes Testament: 2. Mose 1,8–20
Epistel: Philipper 3,17–21
Evangelium: Matthäus 22,15–22

Wir lesen Psalm 125

Geborgen in Gott

Zwiespältige Gefühle löst er in mir aus, dieser Psalm. Da ist einerseits dieses Bild von Geborgenheit. Wenn ich auf Gott hoffe, wird es gut werden. Ich kann mich auf ihn verlassen wie auf einen Felsen. Ich bin von ihm beschützt und umgeben wie von schützenden Bergen. Das zu lesen, tut gut und stärkt. – Andererseits die Bitte, die Guten zu belohnen und die Bösen zu bestrafen. Ist Gott so? Oder ist es unser Wunsch nach einer einfachen, klaren Welt, der zu einer solchen Aufteilung und einer solchen Bitte führt? Da sind die Guten und da die Bösen und Gott möge entsprechend mit ihnen umgehen. Ist es so einfach? – Klar ist: Ich gehöre zu den Guten. Ist das wirklich so? Bin ich nicht beides: für die einen ein Segen, für die anderen böse? Beides bin ich je nachdem, was jemand von mir erwartet und was mein Tun und Lassen für diejenige bedeutet. Oft bin ich jedoch weder gut noch böse. – Den Wunsch, die Bösen mögen bestraft werden, stellt der Psalmbeter neben die Erfahrung der Geborgenheit in Gott. Sie wird erhöht, wenn sich der Wunsch nach Bestrafung der Bösen erfüllt. Die Überzeugung, dass die ‚Bösen' bestraft werden, hilft mir in schwierigen Situationen, lässt mich gelassener werden. Meinem Bedürfnis nach Ausgleich und Gerechtigkeit wird damit Genüge getan. – Jesus hat die vermeintlich Bösen nicht bestraft. Er hat für sie gebetet, mit ihnen geredet und gegessen. Er hat ihnen einen Weg zurück in die Gemeinschaft gezeigt. Ich bin nicht Jesus, doch vielleicht hilft mir sein Vorbild. Durch ihn kann ich lernen, zu verstehen und zu vergeben, damit ich nicht selbst ungerecht werde. Unsere Welt ist so kompliziert, dass ein einfaches Denken in gut und böse nicht weiterbringt. Helfen könnte Vertrauen in Gott, in seine Gerechtigkeit ebenso wie die Erfahrung der Geborgenheit in ihm, gepaart mit dem Wissen, dass er es wohlmacht. *Hiltrud Schneider-Cimbal*

Wir beten

Danke für die Geborgenheit und den Halt, die ich in Dir, Gott, erfahre. Hilf mir, einen angemessenen Umgang mit Menschen zu finden, die ich als böse erfahre, und lehre mich zu vergeben. Amen.

753 † Pirmin, Glaubensbote in Südwestdeutschland | 1625 † Adam Gumpelzhaimer, Komponist

4. November

Montag | SA 07:21 SU 16:50 MA 10:58 MU 17:45

Wochenspruch: 1. Timotheus 6,15b.16a.c
Wochenlied: EG 351 oder 430

Wir lesen 2. Korinther 6,11–7,1

Grau zählt

Einst hängten wir in Campbelltown/Pennsylvania folgende Botschaft in unseren Kirchenschaukasten: „Leben wird in Grauzonen gelebt. Nutzen Sie Ihre grauen Zellen!" Für unsere Gemeinde war das ein Weg, Menschen zu ermutigen, die Welt nicht als Entweder-oder und Schwarz-Weiß zu sehen. Es war ein Statement dagegen, das Leben engzuführen und überall nur zwei Möglichkeiten zu sehen. Denn unsere grauen Zellen ermöglichen uns ja, Wissen und Weisheit zu nutzen, um uns über unseren Glauben zu informieren, statt im Schwarz-Weiß des gedruckten Bibelbuchtextes zu verharren. Stellt die heutige Textpassage das in Frage? Scheinbar werden hier Entscheidungen nach dem Raster „richtig–falsch" gefällt. Entweder Christus oder Bosheit. Entweder Licht oder Finsternis. Verpassen wir nicht eine Menge, wenn wir das Leben nur in solchen Gegensätzen wahrnehmen? Zwischen Licht und Finsternis, zwischen Morgengrauen und Abenddämmerung gibt es die schönste Farbenvielfalt! Zwischen Gläubigen und Gottzweiflern bietet sich ein Fülle von Dialogmöglichkeiten! Zwischen Christus und der Bosheit liegt die Tiefe des alltäglichen Ringens um den gottgefälligen Weg für uns und die Menschheit! In den Grauzonen zählen unsere gottgegebenen grauen Zellen. Weitherzigkeit und Offenheit eröffnen Nuancierungen und Abstufungen. Wir würden viel verpassen, wäre das Leben nur zweifarbig! *Dwight C. Hein*

Wir beten

Wenn ich bei den täglichen Entscheidungen über Leben und Glauben mit einengenden Alternativen kämpfe: o Gott, lass mich den Reichtum der Übergänge sehen, die die Zwischenräume öffnen. Amen.

Felix Mendelssohn Bartholdy (3.2.1809 – 4.11.1847)

Nach gefeierten Konzerten in London reiste Mendelssohn durch Schottland. Am 7.8.1829 erreichte er Oban an der schottischen Westküste. Die pittoreske Landschaft begeisterte ihn. Er zückte sein Skizzenbuch für einen Entwurf der Szenerie: Dunollie Castle vor Mull, einer Hebriden-Insel. Musikalisch schlug sich Mull doppelt nieder: In Mendelssohns Ouvertüre „Die Hebriden“ und im gälischen Weihnachtslied „Leanabh an àigh“ (Kind in der Wiege). Dessen Melodie machte Cat Stevens 1971 weltberühmt: „Morning has broken“ (Morgenlicht leuchtet; EG 455).

1698 † Claude Brousson, Märtyrer in Frankreich | 1847 † Felix Mendelssohn Bartholdy, Komponist

5. November

Dienstag | SA 07:23 SU 16:48 MA 12:03 MU 18:33

Wochenspruch: 1. Timotheus 6,15b.16a.c
Wochenlied: EG 351 oder 430

Wir lesen 2. Korinther 7,2–16

Von Umkehr und Verbundenheit

Glücklich beschreibt Paulus eine Erfahrung mit der Gemeinde in Korinth. Etwas Schmerzliches war vorgefallen, woraufhin er den Gemeindegliedern unter Tränen einen Brief schrieb, den auch die Empfänger mit Tränen gelesen haben müssen, denn er hat schließlich eine tiefe Reue bei ihnen hervorgerufen. Die hat sie zur Umkehr geführt, nämlich dazu, dass sie zu Paulus und seinen Anweisungen in dem schmerzlichen Vorfall standen und alles zu seiner großen Zufriedenheit bewältigten. Und dazu, dass Paulus' Mitstreiter Titus voller Liebe von ihnen behandelt wurde und bei seiner Rückkehr zu Paulus diesen dadurch ermutigen konnte. Paulus zeigt hier ein ganz spezielles Selbst- und Sendungsbewusstsein: Wer zu ihm steht, der steht zu Gott. Woher nimmt er das? Nun, er hat es ja selbst erlebt, wie Gott ihn zur Umkehr geführt hat. Drastisch und nachhaltig. Daraus ist ihm sein Auftrag erwachsen. Aber nicht nur der beseelt Paulus, sondern auch sein beständiges Hören auf Jesus gibt ihm dieses Bewusstsein. Aus seinem inneren Hinhören nährt sich sein Verhalten. Er vertraut seiner Verbundenheit mit Jesus ebenso, wie er volles

Vertrauen zu den Korinthern hat – sind sie doch wiederum mit ihm durch Christus verbunden. Jesus also hat die Umkehr bewirkt, nicht Paulus. Wie Beziehungen durch die Verbindung mit Jesus gelingen können – das kommt hier voller Freude zum Ausdruck. *Tanja Jeschke*

Wir beten

Jesus Christus, wenn wir mit Dir verbunden sind, dann können wir die Wahrheit ertragen. Dann macht sie uns frei zur Umkehr. Und wir bleiben auch miteinander verbunden. Danke dafür. Amen.

Missionseinsatz im eisigen Norden

Hans Egede war ein norwegischer Pastor, der schon in seiner Jugend als hartnäckig aufgefallen war. Er setzte nach langen Kämpfen bei Vorgesetzten und dem König seinen Plan von der Missionierung Grönlands durch und reiste 1721 mit seiner Familie dorthin aus. Weder Eiseskälte noch schwierige Nahrungsbeschaffung noch die sprachliche Verständigung hielten ihn von seiner Aufgabe ab. Er ließ junge Inuit bei sich wohnen, um ihre Sprache zu lernen, und blieb viele Jahre lang dort, auch wenn der Erfolg bescheiden war.

1414 Konzil zu Konstanz | 1758 † Hans Egede, Missionar in Grönland

6. November

Mittwoch | SA 07:24 SU 16:46 MA 12:55 MU 19:37

Wochenspruch: 1. Timotheus 6,15b.16a.c
Wochenlied: EG 351 oder 430

Wir lesen 2. Korinther 8,1–15

Geld und Freiheit

Es ist erstaunlich, wie geschickt Paulus das hier macht: über das liebe Geld reden. Denn das ist keine einfache Angelegenheit! Wenn es an den Geldbeutel geht, fangen die Geister an, sich zu scheiden, sich aufzuregen oder sich zu verstecken. Ist es nicht auch verständlich, dass jeder sein Eigentum am liebsten selbst verwalten, kontrollieren und auch behalten möchte? Ja, das findet auch Paulus. Es geht hier um eine Spendensammlung für die Gemeinde in Jerusalem, zu der Paulus die Gemeinde in Korinth aufruft. Aber es ist keine strenge Mahnung, bei der er den Finger in den Geldbeutel der Leute bohrt, ihnen Druck macht oder ihnen ein schlechtes Gewissen einredet, um sie zum Geben zu manipulieren. Nein, Paulus schafft es, in einem ganz leichten Tonfall die Sachlage anzusprechen und doch klar zu sagen, was er sich vorstellt. Er kommt den Menschen nicht zu nahe, will sie nicht schröpfen, aber dass sie geben, was sie können – das will er schon. Er macht es ihnen zu einer Selbstverständlichkeit aus Liebe, bei der sie nichts zu befürchten haben. Sie werden nicht zu kurz kommen, sie sollen einen Ausgleich erfahren. Seine Worte sind mit Klugheit und Bedacht gewählt, einfühlsam und freundlich, offen und ohne Hintergedanken. Es ist ein Geist, der über dem Thema Geld steht, nein: schwebt. Freiheit in Jesus heißt der. Danke, Paulus, das ist vorbildlich! *Tanja Jeschke*

Wir beten

Jesus, wenn es ums Geld geht, sind wir empfindlich. Deshalb brauchen wir dich da besonders. Du zeigst uns, wie wir auch hier frei sein können. Lass uns Liebe üben in Bezug aufs Geld. Amen.

Kirchenmusiker des Frühbarock

Heinrich Schütz gilt als der erste deutsche Musiker von europäischem Rang. Der Sohn eines Gastwirtes wurde 1585 in Köstritz geboren und starb 1672 in Dresden. Bereits 1599 wurde sein Talent vom Landgraf entdeckt und gefördert. Weder der Dreißigjährige Krieg noch die Pest hielten ihn von seinem Schaffen ab. Welche Musik brauchen Menschen, deren Dasein von Schmerz, Leid und Tod umgeben ist? Schütz widmete seine Kompositionen dieser Frage und dem geistlichen Trost und kam bis nach Venedig, Breslau, Kopenhagen und Dresden.

1632 † Gustav II. Adolf, König von Schweden | 1672 † Heinrich Schütz, Kirchenmusiker in Sachsen | 1832 Gustav-Adolf-Verein gegründet | 1893 † Peter Tschaikowsky, Komponist

7. November

Donnerstag | SA 07:26 SU 16:45 MA 13:34 MU 20:53

Wochenspruch: 1. Timotheus 6,15b.16a.c
Wochenlied: EG 351 oder 430

Wir lesen 2. Korinther 8,16–24

Wie verwalten wir Geld?

Es soll einwandfrei zugehen. Die Gemeinden haben eine große Summe Geld gesammelt, um die Christen in Jerusalem zu unterstützen. Paulus hat vor, das Geld dorthin zu bringen, und soll von einem Bruder begleitet werden, so haben es die Gemeinden bestimmt. Paulus willigt darin ein, denn er weiß, was für eine Verantwortung es ist, so einen Batzen Geld zu verwalten. Man könnte ihn ja sonst auch verdächtigen, sich zu bereichern! Interessant ist, dass er keinen Versuch unternimmt, seine Glaubwürdigkeit unter Beweis zu stellen, dass man ihm doch auch allein vertrauen könnte und dass er alles zur Zufriedenheit der Gemeinden ausführen würde. Nein, er stellt sich unter die Sache. Natürlich ist auch entlastend, die Verantwortung nicht allein zu tragen. Aber vor allem geht es ihm darum, vor Jesus selbst durchlässig zu sein in dem, was er tut. Und nicht nur vor Jesus, sondern auch vor den Menschen, die das Geld gegeben haben. Mit seiner offenen, demütigen Haltung zollt er den Gebern großen Respekt und erweist sich als Diener, der keine Machtstellung innehat, sondern allein die Autorität Christi anerkennt, auch in Geldangelegenheiten. Machen wir das auch so? Wem ordnen wir uns unter, wenn es ums Geld geht? Lassen wir uns auf die Finger schauen? Wer hat hier das Sagen in unserem Leben? Das sind Fragen, die zu stellen sich lohnt. *Tanja Jeschke*

Wir beten

Herr Jesus, bitte rede Du mit, wenn ich auf mein Geld aufpasse oder es ausgebe. Es gehört ja alles Dir, danke dafür! Ich möchte gut damit leben und umgehen. Sei Du hier mein Berater. Amen.

Willibrord, Apostel der Friesen

Willibrord, „Apostel der Friesen“ genannt, war ein Missionar aus England, der 690 mit elf Glaubensbrüdern nach Friesland zog und 697/98 das Kloster Echternach gründete. Er distanzierte sich vom alten Missionsideal der asketischen Heimatlosigkeit der Wandermönche und arbeitete mit dem fränkischen Hausmeier Pippin und dem Papsttum zusammen. In Echternach, wo er 739 verstarb und dann als Heiliger verehrt wurde, findet jährlich die Echternacher Springprozession statt, bei der die Menschen zu Polkamelodien zu seinem Grab „springen“.

739 † Willibrord, Glaubensbote in Friesland | 1917 Revolution in Russland | 1924 † Hans Thoma, Maler

8. November

Freitag | SA 07:28 SU 16:43 MA 14:01 MU 22:16

Wochenspruch: 1. Timotheus 6,15b.16a.c
Wochenlied: EG 351 oder 430

Wir lesen 2. Korinther 9,1–15

Die Verheißung reicher Ernte

Paulus ermuntert hier noch einmal die korinthischen Gemeindeglieder, großzügig zu spenden für die Gemeinde in Jerusalem. Dabei betont er das fröhliche Herz des Gebenden, das die rechte Voraussetzung für jede Spende ist. Niemand soll sich gezwungen fühlen, eine bestimmte Summe zu geben, sei es viel oder wenig. Nein: Die Wohltätigkeit soll ein echter Liebesdienst sein, eine Freude auch für den Geber. Denn Gott selbst ist der fröhliche Geber hinter jeder Gabe! Paulus spricht von Gottes Macht, jeden reich zu beschenken, und zwar zuerst. Gott gibt so reichlich, dass genug da sein wird, um anderen abzugeben. Die Verheißung einer reichen Ernte steht über dem Aussäen, und jeder kann ein Sämann sein, egal, wie viel er gibt. Gott wird den Samen aufgehen lassen! Deshalb ist jede echte Spende eine Gabe des Dankes gegenüber Gott. Eine Gabe der Gnade, die Gott erweist. Und genau dieser Dank soll erwirkt werden durch die Sammlung, also nicht nur die Linderung der materiellen Not in Jerusalem. Die Korinther können auf diese Weise direkt Anteil haben am gnädigen Wirken Gottes und an der Vermehrung seiner Ehre. Es wird für sie gebetet werden, auch das verheißt Paulus, denn sie werden angesehen werden als von Gott Beschenkte, und man wird sich nach ihnen sehnen, sprich: Die Liebe wird wachsen. Und genau das ist Gottes Wille, auch für uns heute! *Tanja Jeschke*

Wir beten

Jesus, danke, dass Du immer der erste Geber bist und bleibst. Du sorgst für den Kreislauf der Liebe: dass wir mit anderen teilen können, was wir haben. Und dass genug da ist für alle. Amen.

Der erste Bischof von Bremen

Willehad, dessen Name „willensstarker Kämpfer" bedeutet, war im 8. Jahrhundert ein Missionar in Friesland und im Gebiet der Sachsen. Er arbeitete im Auftrag Karls des Großen an der Unterweser und begab sich später auf eine Pilgerreise nach Rom. Danach lebte er zwei Jahre lang im Kloster Echternach. Im Jahr 789 weihte er als Bischof den ersten Dom zu Bremen und starb eine Woche darauf an heftigem Fieber. Später wurde von Erzbischof Ansgar im „Wunder des Heiligen Willehad" beschrieben, wie an Willehads Grab 36 Kranke geheilt wurden.

789 † Willehad, Bischof in Bremen | 1920 † Abraham Kuyper, reformierter Theologe, Staatsmann, Wissenschaftler

9. November

Sonnabend | SA 07:30 SU 16:41 MA 14:21 MU 23:42

Tagesspruch: Jakobus 4,17
Tageslied: EG 146 oder 235

Wir lesen 2. Korinther 10,1–11

Paulus in Wort und Tat gleich

Paulus schreibt seine Mahnung mit Nachsicht und Milde Christi. In der Gemeinde in Korinth gibt es Menschen, die dem Apostel vorwerfen, dass er in seinen Briefen scharf formuliert, sich aber, wenn er anwesend ist, als Schwächling erweist. Paulus weist diese Anfeindungen – auch mit einem ironischen Unterton – klar zurück. In seiner „Schwäche" kann er nur an die Freundlichkeit Christi erinnern. Er möchte in der Gemeinde nicht herausgefordert werden; was seine Gegner über ihn verbreiten, ist unlauter und nicht geistlich. Wort und Tat, Briefinhalte und missionarische Wirksamkeit vor Ort sind für ihn im Blick auf die Verkündigung Christi nicht zu trennen. In seinen Briefen als Abwesender wie in seinen Reden als in Korinth Anwesender geht es allein um die Erkenntnis Gottes und den Gehorsam gegenüber Christus. Paulus spricht auch von seiner Not wendenden Bereitschaft, Ungehorsam zu strafen. Die Worte Jesu Christi sind jedoch nicht zur Zerstörung des Miteinanderlebens gesagt, sondern zur Erbauung untereinander, d. h. zur Freude am gemeinsamen Leben ohne Streit in der Gemeinde. Insofern braucht

Paulus sich nicht zu schämen, die christliche Freiheit in Wort und Tat zu rühmen. Er selbst kann sich der apostolischen Vollmacht rühmen in seinen Briefworten von ferne und in der Verkündigung Christi vor Ort. Paulus erweist sich immer als derselbe. *Klaus Wollenweber*

Wir beten

Gott des Lebens, auch wir erleben Mitmenschen, die mit uns nichts zu tun haben wollen und gegen uns sind. Hilf uns, dass wir ihnen mit der Milde und Freundlichkeit Christi begegnen. Amen.

Eine Bedeutung des 9. Novembers

Am 9.11.1938 brannten im Deutschen Reich Synagogen, wurden Schaufenster von jüdischen Geschäften zertrümmert, Geschäfte geplündert. Tausende Juden wurden verhaftet und ermordet. Viele deutsche jüdische Bürgerinnen und Bürger wurden anschließend in Konzentrationslager verschleppt. Die Reichspogromnacht gilt als vorläufiger Höhepunkt der Judenverfolgung, die im Völkermord endete; es war der Beginn des Holocausts. – Joseph Goebbels bewirkte in seiner antisemitischen Hetzrede, dass Angriffe geschahen durch Schlägertrupps der NSDAP und der SA.

Tag des Gedenkens an die Novemberpogrome | 1896 † Emil Frommel, Prediger in Baden und Berlin | 1918 Novemberrevolution in Deutschland | 1938 Reichspogromnacht | 1989 Öffnung der innerdeutschen Grenze

10. November

Sonntag | Drittletzter Sonntag des Kirchenjahres

Wochenspruch: Matthäus 5,9
Wochenlied: EG 152 oder 426
Altes Testament: Micha 4,1–5(7b)
Epistel: Römer 8,18–25
Evangelium: Lukas 17,20–24(25–30)

Wir lesen Psalm 90

Zuflucht für viele Generationen

„Herr, Gott, du bist unsere Zuflucht für und für." So steht es in altdeutscher Schrift auf dem neugotischen Bogen über dem Altarraum. Der Besucher aus Deutschland ist überrascht und bewegt. Die Martin-Luther-Kirche im brasilianischen São Paulo wurde im Jahr 1905 im Stadtzentrum erbaut. Deutsche Auswanderer suchten und fanden in ihr Zuflucht im fremden Land mit seiner fremden Sprache und seinen fremden Sitten. Zuflucht in der Kirche, in der Gemeinde, im Heiligen Abendmahl. Zuflucht bei Gott. – Das ist über hundert Jahre her. Die Kirche und die Gemeinde gibt es noch. Deutsch wird dort nicht mehr gesprochen, sondern Portugiesisch. Aber der Bibelvers, der steht noch da: „Herr, Gott, du bist unsere Zuflucht für und für." Heute sind es obdachlose Menschen, die in dieser Kirche Zuflucht suchen. In der Millionenstadt gibt es erschreckend viele von ihnen. An mehreren Tagen in der Woche erhalten sie in der Kirche etwas zu essen, können duschen, sich ausruhen – und erzählen. Erzählen von dem, was in ihrem Leben geschehen ist, dass es sie aus der Bahn warf. Erzählen von dem, was sie in ihrem Leben noch erwarten, wovon sie träumen. Viele dieser Menschen haben der Kirchengemeinde ihre persönlichen Dokumente – Ausweise, Zeugnisse, Urkunden – anvertraut. – Am 1.5.2018 brennt unmittelbar neben der Kirche ein Hochhaus. Das Gebäude stürzt ein und die Druckwelle erfasst die Martin-Luther-Kirche. Als die Staubwolken sich gelegt haben, zeigt sich: Das Kirchenschiff ist völlig zerstört. Aber der Kirchturm steht noch. Und der Altarraum mit der Inschrift darüber: „Herr, Gott, du bist unsere Zuflucht für und für." Während des Wiederaufbaus fragt eine Frau ungeduldig den Pfarrer: „Wann können wir endlich den obdachlosen Menschen wieder Zuflucht geben?" Vielleicht hat sie auch mit Psalm 90 zu Gott gebetet: „Ja, das Werk unserer Hände wollest du fördern." *Martin Dutzmann*

Wir beten

Ewiger Gott, wenn wir uns verloren fühlen, wenn wir Angst haben, wenn wir verzweifelt sind, wenn wir sterben müssen, dann bist Du unsere Zuflucht. Lass uns das nie vergessen. Amen.

461 † Leo der Große, Bischof in Rom | 1483 * Martin Luther | 1833 Elisabeth-Diakonissenhaus Berlin gegründet | 1943 † Karl Friedrich Stellbrink, Lübecker Märtyrer, hingerichtet zusammen mit den röm.-kath. Geistlichen Hermann Lange, Eduard Müller, Johannes Prassek

11. November

Montag | SA 07:33 SU 16:38 MA 14:50 MU 01:08

Tagesspruch: Matthäus 25.40b
Tageslied: EG 154 oder EG.E 27

Wir lesen 2. Korinther 10,12–18

Paulus kann sich auch rühmen

Den Maßstab für sein missionarisches Handeln und den Maßstab des Sich-Rühmens nimmt der Apostel Paulus nicht aus sich selbst, aus seinem eigenen Denken und Handeln, sondern Gott der Herr hat ihm den Maßstab gegeben. So kann sich Paulus nur dessen rühmen, was Gott ihm zu leisten geschenkt hat. Gott hat ihn nach Korinth kommen lassen, um dort eine Gemeinde zu gründen. Korinth bleibt sein ihm von Gott zugeordnetes Missionsgebiet. – Allerdings sind Gegner von ihm in Korinth in seinen Bereich eingedrungen und rühmen sich selbst ihrer Taten. Der Apostel will sich keinesfalls mit diesen Menschen vergleichen; er will sich nicht mit ihnen, die sich ihrer Überlegenheit rühmen, auf die gleiche Stufe stellen. Paulus bezieht seinen Missionsauftrag allein aus der Empfehlung Gottes. Und Gott schenkt ihm die Stärke zur Bewältigung auch größerer Aufgaben. Aus Dankbarkeit für die geschenkten Gaben und Fähigkeiten kann Paulus sich selbst rühmen; denn er ist zu seinem Dienst von Gott empfohlen. Sein Sich-Rühmen findet seine Grenze dort, wo die Botschaft Christi nicht mehr zur Geltung kommt, d. h. wo der eigene Ruhm – wie bei seinen Gegnern – über der Verkündigung Christi rangiert. Paulus will in Korinth keine eigenen Ansprüche erheben. Er weist auf den Propheten Jeremia hin, der schon vor Zeiten gesagt hat: „Wer sich rühmt, der rühme sich des Herrn!“ *Klaus Wollenweber*

Wir beten

Gott, bewahre uns vor dem Eigenlob, das uns wichtiger als der Lobpreis Deiner Güte und Barmherzigkeit ist. Lass uns dankbar sein für die Gaben und Fähigkeiten, die Du uns schenkst. Amen.

Der Bischof der Barmherzigkeit

Der in Ungarn geborene und in Norditalien aufgewachsene spätere Bischof von Tours (370/371 geweiht), der Heilige St. Martin, wurde am 11.11.397 in Tours beigesetzt. Im Jahr 356 verweigerte er als römischer Offizier seinen Dienst mit der Waffe und wollte fortan nur ein „miles Christi“, ein Soldat Christi sein. Er wurde Begründer des abendländischen Mönchtums mit der Errichtung des ersten Klosters 361 in Ligugé. In seine Zeit als Soldat des römischen Kaisers fiel das bekannte Ereignis seiner Mantelteilung am Stadttor von Amiens.

Martinstag | 397 † Martin von Tours, Bischof und Wohltäter in Gallien | 1855 † Søren Kierkegaard, dänischer Philosoph und Schriftsteller | 1947 † Martin Dibelius

12. November

Dienstag | SA 07:35 SU 16:37 MA 15:03 MU 02:35

Wochenspruch: Matthäus 5,9
Wochenlied: EG 152 oder 426

Wir lesen 2. Korinther 11,1–15

Apostelkonkurrenz

Vor einigen Jahren besuchte ich einen Gottesdienst in einer fremden Gemeinde. Der Pfarrer wirkte auf mich farblos und ohne Ausstrahlung. Dann geschah das Erstaunliche: Seine ohne große Rhetorik gehaltene Predigt sprach mich an. Ich konnte von Anfang bis Ende innerlich dabei sein. In seiner Bibeltextauslegung kamen mir eine Klugheit, eine Lebensweisheit und ein Trost entgegen, wie ich sie niemals von dieser unscheinbaren Person erwartet hätte! Ich dachte: ‚Was ist das doch für ein von Gott begnadeter Prediger!' Das war, glaube ich, die eigentliche Lektion, die mir Gott durch diesen Gottesdienst erteilte: Schaue genau hin! Höre genau hin! Die Ausstrahlung und „Verpackung" sind das eine. Nicht alles, was laut und glänzend daherkommt, ist automatisch richtiger, besser oder wahrer. Gerade durch den Unauffälligen, der kein Selbstdarsteller war, wurde Gottes Wort für mich mächtig. – Paulus sah sich wie einen Brautwerber, der die Gemeinde und Christus zusammenbrachte. Durch die anderen Apostel, die eine verfälschte Christusbotschaft verkündeten, sah er diese Verbindung jetzt bedroht. Er kam zwar nicht so redegewandt und beeindruckend herüber wie die von ihm ironisch bezeichneten „Überapostel“, wusste aber, dass er von der Sache her richtig lag. Es ging ihm nicht um das eigene Ego, sondern um die Gemeinde und die ursprüngliche Botschaft. *Friederike Hasse*

Wir beten

Herr, schenke uns Klarheit, damit wir unterscheiden können, was uns von Dir wegführt und was uns bei Dir bleiben lässt. Amen.

Universität Rostock

1419 wurde in Rostock die erste Universität im Ostseeraum gegründet. Im 15. und 16. Jahrhundert studierten hier bis zu 500 Studenten aus Norddeutschland, Holland, Skandinavien und dem Baltikum. Bekannte Absolventen waren der Astronom Tycho Brahe, der Altertumsforscher Heinrich Schliemann, nach dem das Institut für Altertumswissenschaften der Universität benannt wurde, die Schriftsteller Fritz Reuter und Erich Kästner sowie der ehemalige Bundespräsident Joachim Gauck. – 2018 wurde die Rostocker Universität zur schönsten Universität Deutschlands gekürt.

1419 Universität Rostock gegründet | 1560 † Caspar Aquila, Mitarbeiter der Reformation | 1862 † Christian Gottlob Barth, Missionsprediger in Württemberg | 1869 † Friedrich Overbeck, Maler

13. November

Mittwoch | SA 07:37 SU 16:35 MA 15:16 MU 04:04

Wochenspruch: Matthäus 5,9
Wochenlied: EG 152 oder 426

Wir lesen 2. Korinther 11,16–33

Was kostet der Glaube?

„Schluss mit lustig!" Jugendliche Klimaaktivisten sind enttäuscht von meiner Generation. Wir machen schöne Worte, reden auch in den Kirchengemeinden über Frieden, Gerechtigkeit und Bewahrung der Schöpfung, aber konkrete Schritte (die leider auch wehtun) vermissen sie von uns. – Es ist dagegen erschütternd, wie viel Lebensgefahr, Schmerzen, Leiden, Demütigungen und Entbehrungen Paulus auf sich nahm, um anderen die christliche Botschaft zu bringen. Das sind keine glänzenden Heldengeschichten, sondern traumatische Erlebnisse und Ohnmachtserfahrungen. Gleichzeitig war er voll Sorge und Anteilnahme für die Menschen in den Gemeinden, wenn sie Schwäche und Anfechtung erfahren mussten. Ob die Korinther all das schon wussten oder ob sie es zum ersten Mal erfuhren? Sie waren auf falsche Apostel hereingefallen, die sich gut darstellen konnten, schöne Worte machten und sich dafür bewundern ließen. Paulus aber hatte für die Mission in der Gemeinde viel durchlitten. Sein Glaube hatte ihn etwas gekostet. Ich ziehe demütig meinen Hut vor ihm. Er erinnert mich daran, dass es nicht reicht, meinen

Glauben nur als eine Art Wohlfühloase zu nutzen, sondern dass ich auch bereit sein sollte, für meine christliche Überzeugung etwas auf mich zu nehmen, wenn es notwendig ist. Klimaveränderung ist ein Beispiel für eine Not, die gewendet werden muss. *Friederike Hasse*

Wir beten

Herr, ich bitte Dich: Stärke mir den Mut zum Opfer und Verzicht für die Bewahrung Deiner guten Schöpfung. Amen.

„Erwecker der Heide“

Ludwig Harms (* 5.5.1808 in Walsrode) war ein bekannter Erweckungsprediger. Der Dichter Ludwig Uhland bezeichnete ihn als den volkstümlichsten Prediger seit Martin Luther. Während seines Theologiestudiums in Göttingen setzte er sich mit den Ideen der Aufklärung auseinander. Für ihn war Christus als Lebensmitte das Wichtigste. 1849 gründete er in der Lüneburger Heide die Missionsanstalt Hermannsburg. Dort wurden Missionare ausgebildet und mit dem Schiff „Candace“ nach Südafrika und Indien ausgesandt.

354 * Augustinus, Kirchenvater | 1618 Dordrechter Synode (bis 29.5.1619) | 1862 † Ludwig Uhland, Dichter | 1865 † Ludwig Harms, Missionar in Niedersachsen (ev. Gedenktag; Sterbetag: 14.11.)

14. November

Donnerstag | SA 07:38 SU 16:34 MA 15:32 MU 05:35

Wochenspruch: Matthäus 5,9
Wochenlied: EG 152 oder 426

Wir lesen 2. Korinther 12,1–10

Starke Schwäche – schwache Stärke

In unserer Welt hat Schwäche kaum Platz. Meist versuchen wir, sie zu verbergen. Oft kostet es viel Kraft, in einer Welt voller augenscheinlicher Sieger zu leben. Und so versuche ich, eine Fassade der Stärke aufzubauen. Was nur, wenn die Fassade bricht? Wenn ich nicht Sieger bin, nicht stark sein kann, ja nicht mal so tun kann als ob? In Korinth hat Paulus ein Problem mit vermeintlichen Superaposteln. Doch statt mitzutun, sogar zu übertrumpfen, rühmt sich Paulus seiner Schwachheit. Seine Begründung: „wenn ich schwach bin, dann bin ich stark“ (2. Kor 12,9). Je mehr es dem Menschen gelingt, sich seiner Schwachheit zu rühmen, sie anzunehmen, desto größer fällt der Sieg des lebendigen Gottes aus, so könnte man Paulus' Argumentation zusammenfassen. Das mutet seltsam an, aber für ihn steht außer Frage, dass christlicher Glaube an das Kreuz Jesu Christi gebunden ist. Ohne dieses Zeichen der Ohnmacht, der Schwäche, die Ausdruck tiefster Menschlichkeit ist, ist Gott nicht zu glauben. Wir haben unseren Platz an der Seite Jesu unter dem Kreuz. Einen besseren Platz gibt es nicht. In seiner größten Schwäche hat Gott seine Macht offenbart. Auch in unserer Schwäche will Gott mächtig werden. Darum können wir sein, wer wir sind. Im Vertrauen darauf, dass Gott sich unserer Schwäche annimmt, um sie mit auszuhalten – bis alle Verletzlichkeit und Schwäche einmal überwunden sein wird. *Jenny Caiza Andresen*

Wir beten

Gott, lass uns an Deiner Gnade genügen, dann können wir loslassen, was an unseren Kräften zehrt, und aushalten, was in uns schwach ist. Und dann fülle uns mit Deiner Kraft. Amen.

Samuel Keller (* 1856; † 1924)

Er studierte evangelische Theologie in Estland, wirkte anschließend als Hilfsprediger in Sankt Petersburg und als Pastor in Grunau. Auch die Gemeinde der Krimdeutschen betreute er. Er wurde Generalsekretär des Deutschen Sittlichkeitsbundes und Pfarrer in Düsseldorf. 1898 zog er nach Freiburg im Breisgau, von wo aus er als erfolgreicher Prediger und Publizist für die evangelische Evangelisation wirkte. Neben theologischen Texten verfasste Keller unter dem Pseudonym „Ernst Schrill“ auch erzählende Werke, die meist in Russland spielen.

1716 † Gottfried Wilhelm Leibniz, Gelehrter, Philosoph in Hannover | 1825 † Jean Paul, Dichter | 1831 † Georg Wilhelm Friedrich Hegel, Philosoph in Berlin | 1924 † Samuel Keller, Theologe und Publizist

15. November

Freitag | SA 07:40 SU 16:33 MA 15:53 MU 07:09

Wochenspruch: Matthäus 5,9
Wochenlied: EG 152 oder 426

Wir lesen 2. Korinther 12,11–21

In Beziehung bleiben

Zwischen Paulus und der Gemeinde in Korinth ist etwas gehörig schiefgelaufen. Paulus fühlt sich nicht ernst genommen. Er hat für seinen Lebensunterhalt gearbeitet, anstatt sich unterstützen zu lassen. So etwas tut ein richtiger Apostel nicht, denken die Korinther. Und Paulus? Er entschuldigt sich. Vielleicht mit einer Portion Ironie. Aber immerhin will er die Korinther nicht aufgeben. Er hätte auch anders reagieren können. So mancher würde sich revanchieren und nach Vergeltung trachten, die am besten noch härter trifft als der erlittene Schaden. Schließlich soll der andere ja etwas merken. Manche wartet darauf, dass sich der andere meldet und entschuldigt. Die wenigsten ergreifen die Initiative zur Versöhnung, schließlich ist man ja nicht schuld. Die kleine Episode zwischen Paulus und den Korinthern kann uns etwas über den Umgang mit erlittener Ungerechtigkeit lehren. Paulus vergilt Unrecht mit „Liebe". Er durchbricht den Teufelskreis, in dem Schmerz mit Schmerz und Böses mit Bösem vergolten wird. Das meint nicht, dass wir zum Fußabtreter werden. Unrecht muss deutlich beim Namen genannt und bekämpft werden.

Paulus kennt sich mit eigenem Unrecht und Verblendung aus. Weil Gott ihm Erbarmen erwiesen hat, kann nun auch Paulus Erbarmen erweisen. Er kann an der Beziehung zur korinthischen Gemeinde festhalten und den ersten Schritt zur Versöhnung tun. *Jenny Caiza Andresen*

Wir beten

Barmherziger Gott, ich lege Dir alle Menschen an Herz – auch die, die mich Mühe kosten, die mir Unrecht oder Böses tun. Schließe auch mich in Dein Herz, wenn Du Mühe mit mir hast. Amen.

„Doctor universalis" Albertus Magnus

Um 1220 geboren, lehrte der Dominikaner an verschiedenen Schulen seines Ordens. Thomas von Aquin war sein Schüler. Albert war Provinzial der deutschen Ordensprovinz, Lesemeister in Köln und Bischof von Regensburg, betätigte sich auf Geheiß des Papstes als Kreuzzugsprediger und kehrte schließlich wieder nach Köln zurück. Er besaß umfassende philosophische und naturwissenschaftliche Kenntnisse, die er mit eigenen Gedanken und eigener Beobachtung verband. Albert starb am 15.11.1280 in Köln. 1931 wurde er zum Kirchenlehrer erhoben.

1280 † Albert der Große, Kirchenlehrer in Paris und Köln | 1630 † Johannes Kepler, ev. Theologe, Mathematiker und Astronom | 1910 † Wilhelm Raabe, Schriftsteller

16. November

Sonnabend | SA 07:42 SU 16:31 MA 16:21 MU 08:43

Wochenspruch: Matthäus 5,9
Wochenlied: EG 152 oder 426

Wir lesen 2. Korinther 13,1–13

Den Glauben prüfen

„Die Gnade unseres Herrn Jesus Christus und die Liebe Gottes und die Gemeinschaft des Heiligen Geistes sei mit euch allen!" Die ganze frohe Botschaft Gottes schwingt da mit. Dies Segenswort hat Paulus eigenhändig geschrieben. Der letzte Satz eines Briefes war so etwas wie eine eigenhändige Unterschrift. Es war ihm wichtig, diese Worte noch zu sagen, nachdem er seine Hörer aufgefordert hat, ihren Glauben zu prüfen. Heißt das vielleicht, sich ehrlich zu fragen, ob ich den Reichtum der Liebe Gottes für mein Leben annehmen kann? Diesen Reichtum, den Paulus hier als Wunsch formuliert? Kann ich die Gnade Jesus Christi, die Liebe Gottes und die Gemeinschaft des Heiligen Geistes annehmen? Jesus wurde Mensch, lebte und wirkte als Heiland. Als Erlöser ging er seinen Weg bis ans Kreuz. Er öffnet uns den Weg zu Gott, der eine einzige Bedingung hat: Ich muss bereit sein für seine Liebe. Ich muss offen sein, sie in meinem Leben zu sehen und zu spüren, und bereit, in ihrem Sinne zu handeln. Gott liebt uns Menschen. Er hat uns geschaffen. Er hat uns die Welt anvertraut. Er wird sie vollenden. Auf dem Weg dahin ist uns der Heilige Geist an die Seite gestellt. Kraft, Mut, Fantasie, Geduld – alles, was nötig ist auf unserem Weg in Gottes neue Welt, will Gott in uns wirken lassen. Wenn wir diese Liebe Gottes zulassen können, dann haben wir den richtigen Glauben. *Jenny Caiza Andresen*

Wir beten

Gott, Vater, Sohn und Heiliger Geist, Deine Liebe ist zu groß und zu unbedingt, als dass wir sie begreifen können. Erhalte uns in Deiner Liebe, damit sie in uns und durch uns wirkt. Amen.

Der „Internationale Tag der Toleranz"

Dieser weltweite Aktions- und Gedenktag wird jährlich am 16. November begangen. Er wurde 1995 von der UNESCO ausgerufen. „UNESCO" ist die Organisation der Vereinten Nationen für Bildung, Wissenschaft und Kultur. Das Datum geht zurück auf die Unterzeichnung der „Erklärung von Prinzipien der Toleranz" am 16.11.1995 von 185 Mitgliedsstaaten der UNESCO. In Artikel 1 ist Toleranz beschrieben als „die Achtung, Akzeptanz und Wertschätzung der reichen Vielfalt der Kulturen unserer Welt, unserer Ausdrucksformen und unserer Art, Mensch zu sein".

1548 † Caspar Cruciger, Mitarbeiter und Freund Luthers | 1670 † Johann Amos Comenius, Bischof der Brüdergemeine (ev. Gedenktag; Sterbetag: 15.11.) | Internationaler Tag für Toleranz (seit 1995)

17. November

Sonntag | Vorletzter Sonntag des Kirchenjahres / Volkstrauertag

Wochenspruch: 2. Korinther 5,10a
Wochenlied: EG 149 oder 378
Altes Testament: Hiob 14,1–6(7–12)13(14)15–17
Epistel: Römer 14,(1–6)7–13
Evangelium: Matthäus 25,31–46

Wir lesen Psalm 51

Verwirf mich nicht

Gott hat den Hirtenjungen David erwählt. Dieser zeichnet sich durch mutige und kluge Taten aus und folgt Saul als König. Auf dem Höhepunkt seiner Macht begeht er ein schweres Unrecht. Er begehrt eine schöne Frau. Um sie zu bekommen, schickt er ihren Mann an die Front. Uria fällt, und David holt Bathseba zu sich. Da erzählt ihm der Prophet Nathan die Geschichte von dem reichen Mann, der viele Schafe hat, aber einem armen Mann sein einziges Schäfchen wegnimmt (2. Sam 12,1–14). David sagt: „Der Mann, der das getan hat, ist ein Kind des Todes!" Und der Prophet antwortet: „Du bist der Mann!" Im Spiegel dieser Geschichte erkennt der König seine große Schuld und tut Buße. Was ihn bewegt, bringt der 51. Psalm zum Ausdruck: Es wird David klar, dass er durch seine Tat nicht nur Menschen Schlimmes getan, sondern sich auch an Gott versündigt hat. Dass das Böse von Anfang an auch in ihm steckt, dass das aber keine Entschuldigung sein kann. Er kann Gott nur um Vergebung bitten und darum, dass Gott sich erbarmt und sein Herz rein und sein Denken neu macht. Dann will er auch anderen Mut machen, sich an Gottes Gebote zu halten. Gott vergibt David, auch wenn er die Folgen seiner Untat spüren muss. Was für David gilt, gilt auch für uns: Immer wieder entfacht der Versucher unsere Begierden, und immer wieder erliegen wir den Versuchungen. Das zieht sich durch die ganze Menschheitsgeschichte. Heute, am Volkstrauertag, wird es uns wieder bewusst, wie im sogenannten Dritten Reich ein selbsternannter „Führer“ die ganze Welt ins Verderben führte. Die Folge: unzählige Opfer des Krieges und entsetzlicher Verbrechen. Unser Volk hat es erkannt und Buße getan, und Gott hat ihm einen neuen Anfang geschenkt. Um Jesu willen dürfen wir auf seine Vergebung vertrauen und anderen Mut machen, auf dem Weg der Gebote zu gehen. *Christian Schmidt*

Wir beten

Schaffe in mir, Gott, ein reines Herz und gib mir einen neuen, beständigen Geist. Verwirf mich nicht von Deinem Angesicht, und nimm Deinen Heiligen Geist nicht von mir. Amen.

1624 † Jakob Böhme, Mystiker in Schlesien | 1808 † David Zeisberger, Missionar der Indianer in Nordamerika | 1850 Züllchower Anstalten gegründet | 1917 † Auguste Rodin, Bildhauer | 1947 † Ricarda Huch, Dichterin

18. November

Montag | SA 07:45 SU 16:29 MA 18:02 MU 11:24

Wochenspruch: 2. Korinther 5,10a
Wochenlied: EG 149 oder 378

Wir lesen 2. Petrus 1,1–11

Woraus wir leben

Unsere Welt wird unübersichtlicher, chaotischer. Immer wieder begegnen mir Menschen, die nicht mehr wissen, was noch gelten soll im Zusammenleben. Gleichzeitig lese ich, dass die beiden großen Kirchen in Deutschland einen bisher nicht dagewesenen Mitgliederschwund verzeichnen – weniger als die Hälfte der Menschen in Deutschland gehören ihnen inzwischen an. Alte, lange Zeit geltende Überzeugungen gelten anscheinend nicht mehr. Ich komme ins Nachdenken, ob das eine Erfahrung unserer Zeit ist, und entdecke bei Bertolt Brecht die Zeile „Wirklich, ich lebe in finsteren Zeiten". Sie stammt aus einer Zeit, die mehr als 80 Jahre zurückliegt. Im biblischen Text unserer heutigen Lesung, älter als 1900 Jahre, wird von Menschen erzählt, die im Dunkeln tappen. Was tritt an die Stelle fester Überzeugungen und Traditionen? Dunkles Umherirren oder jammerndes Klagen? Gibt es etwas, woran festzuhalten sich lohnt, ja, was vielleicht sogar lebensnotwendig ist? Bei Brecht ist es die Freundlichkeit, dass der Mensch dem Menschen ein Helfer ist, und die Nachsicht für die, die vor uns lebten und diese Freundlichkeit nicht selbst ausstrahlten. In unserem Bibeltext ist es die brüderlich-schwesterliche Liebe, die wir füreinander reichlich haben und in der wir von Anfang an geborgen sind, weil sie uns von Anfang an von Gott geschenkt ist. *Christoph Schuppan*

Wir beten

Gütiger Gott, in Dir ist das Gelingen unseres Lebens geborgen. Dafür danken wir Dir. Denn Du öffnest den Himmel über uns, das Angesicht unserer Mitmenschen, und Du kommst uns entgegen. Amen.

Wilhelm Hauff († 1827)

Kurz vor seinem 27. Geburtstag starb Wilhelm Hauff an Typhus. Er hatte sich auf einer Studienreise durch Tirol angesteckt, auf der er Material über den Freiheitskämpfer Andreas Hofer sammelte. In schwäbischen Dichterkreisen war er bekannt als Verfasser von Märchen und einer mittelalterlichen Rittergeschichte. Bis heute sind seine Geschichten vom kleinen Muck, von Zwerg Nase, vom Kalif Storch oder vom kalten Herz vielgeliebte Fabeln, die angesichts heftiger Obrigkeitszensur gegen Hartherzigkeit, Arroganz der Macht und Willkür voller Humor und Güte ankämpfen.

1575 † Johannes Aurifaber, Herausgeber der Jenaer Ausgabe von Luthers Gesamtwerk | 1827 † Wilhelm Hauff, Märchendichter | 1828 † Ludwig Hofacker, Erweckungsprediger in Württemberg

19. November

Dienstag | SA 07:47 SU 16:28 MA 19:14 MU 12:16

Wochenspruch: 2. Korinther 5,10a
Wochenlied: EG 149 oder 378

Wir lesen 2. Petrus 1,12–21

Ankommen und Leben gewinnen

Wir haben viel gelernt in unserem Leben. Von Anfang an, immer wieder neu, manchmal auch wieder von vorn beginnend, lernen wir im Leben und für das Leben. Im Kindergarten, in der Schule, manchmal auch in der Kirche, im Miteinander von Menschen, die uns nahe sind oder denen wir nur einen kurzen Augenblick begegnen: Immerzu machen wir Erfahrungen, hören anderen zu, reden mit anderen, ziehen Schlüsse, lassen uns bestärken in unseren Ansichten oder ändern unser Verhalten. Dabei sind manche Momente irgendwie bedeutsamer, wichtiger, länger nachwirkend als andere. Nicht immer sind wir uns dessen gleich bewusst. Was bewirkt, dass es solche Unterschiede gibt? Lässt sich das beeinflussen? Ich glaube, es hängt daran, wie eng wir mit anderen Menschen zusammen sind, was sie mit uns teilen und wir mit ihnen, was wir gemeinsam haben, was uns trennt. Wer teilt schon seine intimsten Wünsche und Träume, seine Hoffnungen und seine Ängste mit jedem x-beliebigen Menschen? Wenn das Licht des Morgensterns aufgeht, erscheint ein neues Bild am Horizont, unsere Ängste und Hoffnungen werden deutlich. Alles, was bisher gewesen ist, alles, was wir erfahren und gelernt haben, taucht in ein neues Licht, das immer heller wird und schließlich den ganzen Tag erleuchtet. Wir sehen unseren Mitmenschen ins Angesicht und erkennen den Weg neu, der vor uns liegt. *Christoph Schuppan*

Wir beten

Unser Gott, Du schenkst uns jeden Tag neues gemeinsames Leben. Lass es uns annehmen und mutig im Austausch mit anderen ausschreiten, denn Deine Liebe zu uns ist alle Morgen neu. Amen.

Otto Riethmüller († 1938)

1889 in Bad Cannstatt geboren, übernahm er als Pfarrer 1928 die Leitung des Burckhardt-Hauses, das sich seit 1893 die Förderung der evangelischen weiblichen Jugend zur Aufgabe gemacht hatte. Besonders geprägt war sein theologisches Denken von der Frömmigkeit Adolf Schlatters. „Der Morgenstern ist aufgedrungen" (EG 69) in seiner Bearbeitung eines Liedes von Daniel Rump zur Vorbereitung auf Weihnachten (1587) ist 1932 erstmals erschienen. Zur Bekennenden Kirche gehörend, versteckte er während des Nationalsozialismus Jüdinnen bei sich in Berlin-Dahlem.

1231 † Elisabeth von Thüringen, Wohltäterin in Hessen (ev. Gedenktag; Sterbetag: 16. oder 17.11.) | 1828 † Franz Schubert, Komponist | 1938 † Wilhelm Flor, Jurist der Bekennenden Kirche im Kirchenkampf | 1938 † Otto Riethmüller, Liederdichter

20. November

Mittwoch | Buß- und Bettag

Spruch: Sprüche 14,34
Lied: EG 299 oder 428
Altes Testament: Jesaja 1,10–18
Epistel: Römer 2,1–11
Evangelium: Lukas 13,(1–5)6–9

Wir lesen 2. Petrus 2,1–11

Das neue Miteinander

Alles, was wir tun oder lassen, hat Folgen in unserem Leben. Manchmal treten die Folgen gleich ein, manchmal später, manchmal erst, wenn der ursprüngliche Grund total vergessen und im Dunkel der Vergangenheit verschwunden ist, manches Tun bleibt ohne erkennbare Folgen. Wie wir mit unseren Mitmenschen umgehen, ja insbesondere wie wir mit unseren Kindern umgehen, ist geprägt von alten Weisheiten: „Was Hänschen nicht lernt, lernt Hans nimmermehr", „ohne Fleiß kein Preis", „wer Wind sät, wird Sturm ernten". In der Bibel wird dies als Zusammenhang zwischen Tat und Folge beschrieben, in anderen Religionen als Karma oder Folge böser Taten von Vorfahren. In unserem Abschnitt wird eine Warnung ausgesprochen vor allzu freiem Umgang mit Überlieferungen und Wahrheiten, vor Ausschweifungen und vor einem ungebundenen Leben. Schreckliche Folgen werden ausgemalt. Wem diese nicht plastisch genug sind, der kann sich

Anregungen bei Dante und seinem Abstieg durch die Kreise der Hölle holen. – Mühsam lernen wir, was an die Stelle der „schwarzen Pädagogik“ treten kann, wie wir ein Miteinander üben, das im anderen einen Menschen sieht, der wie Noah oder Lot auf dem Weg ist, Gerechtigkeit zu suchen und zu trainieren. Ja, auch wie wir mit unseren Kindern umgehen, braucht ein ständiges Einüben von Partnerschaft und Training. Was uns verbindet als Menschen untereinander, Eltern und Kinder, Männer und Frauen, Alte und Junge, ist unser Unterwegssein – der beste Weg wird nur im Miteinander erkennbar. Der Mensch neben mir ist ebenso wie ich unterwegs, manchmal schlauer als ich, manchmal auch dümmer oder weniger erfahren. Es lohnt sich, über nächste Weg zu beraten. Auch Irrwege der Vergangenheit helfen dabei, neue Weg in die Zukunft zu erschließen. Das ist ein wirklicher Buß- und Bettag, der uns dazu bringt, in der Besinnung auf die Vergangenheit das Neue zu erschließen. *Christoph Schuppan*

Wir beten

Gütiger Gott, wir fragen vor Dir, wo wir bei allem Irrtum Neues entdecken und Wege in die Zukunft finden können. Du hilfst uns dabei. Dafür danken wir Dir. Amen.

1022 † Bernward von Hildesheim, Bischof | 1541 Calvins Kirchenordnung in Genf | 1910 † Leo N. Tolstoi, russischer Dichter | 1947 † Wolfgang Borchert, Dichter und Dramatiker | 1972 Berliner Missionswerk in West-Berlin gegründet

21. November

Donnerstag | SA 07:50 SU 16:25 MA 21:53 MU 13:15

Wochenspruch: 2. Korinther 5,10a
Wochenlied: EG 149 oder 378

Wir lesen 2. Petrus 2,12–22

Das geschieht uns ganz recht

Die Ungerechten seien wie unvernünftige Tiere, sie würden in ihrem verdorbenen Wesen umkommen. Was für drastische Worte und Vergleiche! Sie bleiben sperrig und fremd. Ich ertappe mich dabei, sie wegzuschieben. Ich denke an Herrn P., einen hochaltrigen Patienten. Ich werde gebeten, ihn zu besuchen. Können Sie mir sagen, wie alt ich bin?, fragt er mich. Ja, sage ich, Sie sind 98 Jahre alt. Was, so alt? Er staunt. Dann schweigen wir eine Weile. Jeden Tag wiederholt sich das. Doch eines Tages unterbricht er das Schweigen. Er erzählt, wie er als Soldat 1945 ins zerstörte Berlin zurückkehrte. Das Elternhaus zerbombt, die Mutter krank und verwundet, der Vater gefallen. Eine Stadt am Abgrund. Das war schlimm, sagt er. Aber es geschah uns ganz recht. Was wir da in Russland gemacht haben … Und er berichtet. Ich höre zu und kann es kaum ertragen. Nach unserem Gespräch kippe ich das Gehörte förmlich vor Gott aus und ertappe mich im Gebet ähnlich drastischer Worte wie der Briefschreiber. Was macht es mit Menschen, wenn sie zu spät erkennen, wes Geistes Knecht sie geworden sind? 98 Jahre, eine Menschenewigkeit hat Herr P. gebraucht, um Worte dafür zu finden. Und was weiß denn ich, wer mich tagtäglich in die Irre treibt? Es ist gut, dass Gottes Wort den Horizont öffnet und wir mit unserem Bemühen um Leben und Glauben nicht allein bleiben. *Ulrike Reichardt*

Wir beten

Gott, welches Wort sprichst Du und welcher Verheißung folge ich wirklich? Stell Dich mir in den Weg, wenn ich ihn zu verlieren drohe. Bleibe auch heute bei mir in allem Tun und Lassen. Amen.

Wenn die Lehrenden heucheln

Zu allen Zeiten der Bibel hat es falsche Propheten und Lehrer gegeben. Aber nun, im frühen Christentum, scheint es noch einmal besonders schwer zu sein, die Geister zu unterscheiden. Einerseits gab es noch keine allzu lange christliche Lehrtradition. Andererseits waren die Zeiten hart und die Christen wurden verfolgt. Die Gemeinden brauchten Halt. Und so predigt der Schreiber des Petrusbriefs gegen diverse Kreuz- und Querprediger an, die leichte Erlösung versprachen. Er will seine Gemeinde vor Enttäuschung und seelischer Not bewahren.

1541 † Wolfgang Capito, Theologe in Straßburg | 1694 * Voltaire (François-Marie Arouet), französischer Schriftsteller und Philosoph | 1811 † Heinrich von Kleist, Dramatiker

22. November

Freitag | SA 07:52 SU 16:24 MA 23:09 MU 13:32

Wochenspruch: 2. Korinther 5,10a
Wochenlied: EG 149 oder 378

Wir lesen 2. Petrus 3,1–10

Fridays for Future

War es nicht entlarvend, als im Jahr 2019 die Kinder in ganz Europa auf die Straße gingen? Sie riefen laut zum Erhalt der Erde auf. Ich, Erwachsene, fühlte mich ertappt. Wo waren meine Jugenderfahrungen hin? Sie schienen mit den Jutebeuteln meiner Studienzeit zerschlissen und löchrig geworden zu sein. Habe ich etwa auch so eine Nach-mir-die-Sintflut-Haltung eingenommen? Angesichts des Klimawandels werden die apokalyptischen Brände, von denen unser Text spricht, erschreckend realistisch. Der Briefschreiber scheint hingegen eher eine geistliche Klimazerstörung zu beschreiben. In seinen Gemeinden waren viele Menschen enttäuscht. Sie hatten gedacht, die Erlösung der Welt käme rascher. Wann räumt denn Gott nun auf dieser Welt auf? In tausend Jahren? – Heute ist Freitag. Ich denke an die Kinder und ihre Rufe. Wollten sie uns Ältere wecken? Mit jeden ihrer Rufe trauen sie uns doch zu, dass wir gemeinsam Mut und Kraft für den Erhalt der Welt aufbringen könnten. Mir scheint, es würde auch heute nicht nur um die Zerstörung der Umwelt gehen. Sind nicht auch unsere Hoffnungen und unser Glaube zerschlissen und alt geworden? Doch in dieser erschöpften Welt brauchen wir diese Kräfte dringend. Unerschöpfliche Hoffnung und Lebenskraft schenkt Gott, sagt der Briefschreiber. Denn tausend Jahre sind für ihn wie ein Tag, und er wird Himmel und Erde erneuern. *Ulrike Reichardt*

Wir beten

Gott, Werden und Vergehen sind in Deiner Hand. Du willst, dass wir Leben gestalten, und Du lässt es einfließen in Deinen Plan für die Welt. Kein Tag vergeht, den Du nicht kennst. Amen.

Kommt Gott oder kommt er nicht?

Der Glaube, dass Christus seine Macht und Gewalt zeigen und sein Friedensreich auf Erden aufrichten würde, ist gefährdet. Die Apostel der ersten Generation leben nicht mehr. Die Gegenwart der christlichen Gemeinde ist von Verfolgung und Leid bestimmt. Und was heißt es, dass Christus bald wiederkommen soll? All das scheint dem Gespött der Leute zum Opfer zu fallen. Dabei ist Gottes Zögern seiner Liebe geschuldet. Er wartet auf jeden Menschen. Doch für den, der seinem Ruf nicht folgt, wird das Gericht kommen wie ein Dieb in der Nacht.

um 230 † Cäcilia, Märtyrerin in Rom | 1963 † John F. Kennedy

23. November

Sonnabend | SA 07:53 SU 16:23 MA – MU 13:45

Wochenspruch: 2. Korinther 5,10a
Wochenlied: EG 149 oder 378

Wir lesen 2. Petrus 3,11–18

Aufwachsen in ein Neues

Die Künstlerin schenkt mir eine Samenkapsel aus Ton. Ich betrachte das kunstvolle Gebilde. Eine zarte Hülle, vielfach verziert. Wie kann so etwas Zerbrechliches im Brennofen bestehen? Ich staune. Der Same will in die Erde gelegt werden und wachsen. Hier ist die Erde, der Ton, selbst erstarrt, gebrannt, und wirkt doch wie eine Verheißung auf Neues. Ich nehme die Samenkapsel mit zu einer jungen Frau. Sie trauert um ihre Mutter, die viel zu jung ums Leben kam. Die Mutter war nie da, immer auf der Flucht, erzählt sie. Karibik, Amerika, immer weiter weg. Dann kam der Lockdown, keine Möglichkeit zu reisen. Und jetzt? Die Mutter griff zum Alkohol. Es wurde immer schlimmer. Dann der Unfall. Ich lege die tönerne Samenkapsel der jungen Frau in die Hände. Was hätte wachsen können, wenn Mutter und Tochter sich näher gewesen wären? Erst kommen ihr nur langsam die Worte über die Lippen. Dann füllt sich unser Gespräch mit Bildern der Nähe, Geborgenheit und Liebe. Nichts davon konnte sein. Real aber wie eine Samenkapsel ist die Sehnsucht danach. Sie geht mit. Sie zeigt sich durch Trauer und Tränen hindurch wie eine zarte

Kraft, die dem Brennofen trotzt. Vielleicht sind wir nicht zu retten. Vielleicht ist diese Welt nicht zu retten. Aber vielleicht ist sie wie eine Samenkapsel, aus der in Gottes anderer Welt etwas Neues aufwachsen kann. *Ulrike Reichardt*

Wir beten

Gott, ich klage Dir das Leid und den Schmerz, der Menschen von Menschen trennt. Hilf mir, dennoch Deiner Gegenwart zu vertrauen und Deine Liebe zu spüren. Sie hält und trägt mein Leben. Amen.

Wo Gerechtigkeit und Frieden wohnen

Der Briefschreiber des 2. Petrusbriefes beruft sich auf Paulus: Ein Leben in Gerechtigkeit und Frieden ist möglich. Von Gottes Liebe können uns auch Verfolgung und Leid nicht trennen. Auch wenn es in der Gegenwart nicht leicht ist, sinnerfüllt zu leben, fordert er seine Gemeinde auf, den Glauben daran zu bewahren. Sie mögen genau hinschauen, wem sie vertrauen. Die, die Verschwörung und Irrlehren verbreiten, werden nicht das letzte Wort behalten. Gott wird diese Welt verändern und schließlich einen neuen Himmel und eine neue Erde schaffen.

um 100 † Clemens von Rom, Bischof | 615 † Kolumban, Glaubensbote aus Irland | 1685 † Kaspar Friedrich Nachtenhöfer, Liederdichter

24. November

Sonntag | Letzter Sonntag des Kirchenjahres (Ewigkeitssonntag)

Wochenspruch: Lukas 12,35
Wochenlied: EG 147/535 oder 153
Altes Testament: Jesaja 65,17–19(20–22)23–25
Epistel: Offenbarung 21,1–7
Evangelium: Matthäus 25,1–13

Wir lesen Jesaja 26,7–19

Gottes Gerichte

Am letzten Sonntag des Kirchenjahres geht es um Gericht, Tod und Ewigkeit. Und beim Gericht geht es nicht nur um das Gottesurteil am Ende unseres Lebens und am Ende der Weltgeschichte. Es geht, so der Prophet Jesaja, um Gottes Gerichte schon in dieser Zeit. Darüber zu sprechen, ist derzeit nicht in Mode. Aber hat Gott mit Pandemie, Krieg und Klimawandel nichts zu tun, will er uns dadurch vielleicht nicht etwas sagen? Direkt nicht, aber indirekt sicher. Gott verursacht das alles nicht, aber er hat uns Menschen seine Gebote gegeben. Und wo wir uns selbst so aufführen, als seien wir Gott, wo wir aus Profitgier, Genusssucht und Begierden seine Gebote mit Füßen treten, hat das seine Folgen. Wenn wir diese schlimmen Folgen als Gottes Gericht verstehen, kann es uns dazu führen, dass wir mit unseren Mitmenschen und unserer Mitwelt anders und besser umgehen, so, wie es Gott recht ist und wie es seinen Geboten, vor allem dem Gebot der Liebe entspricht. Wer sich aber selbst an Gottes Stelle setzt, wird egoistisch oder nationalistisch weiterhandeln. Aus der Katastrophe des sogenannten Dritten Reiches haben die Väter und Mütter des Grundgesetzes gelernt, dass all unser Handeln von der Verantwortung vor dem bestimmt sein soll, der uns einmal fragen wird: Wie seid ihr mit dem, was ich euch anvertraut habe, umgegangen? Wer sein Leben und Handeln von Gott bestimmen lässt, muss auch keine Angst vor dem letzten Gericht haben. Und er kann gewiss sein, dass Gott uns durch Tod und Gericht zu einer neuen, verwandelten Welt und zu einem neuen, verwandelten Leben führen wird: „Deine Toten werden *leben*, deine Leichname werden auferstehen!" Und alles unschuldig vergossene Blut, jedes nicht aufgedeckte Verbrechen wird ans Licht kommen, und den Opfern wird Gerechtigkeit widerfahren durch den, der alles neu machen kann und wird. *Christian Schmidt*

Wir beten

Herr Jesus Christus, Du kommst uns entgegen am Ende unseres Lebens und am Ende der Zeit. Lass uns in Deinem Lichte leben, in Deinem Frieden sterben und einmal auf ewig bei Dir geborgen sein. Amen.

1531 † Johannes Oekolampad, Reformator in Basel (ev. Gedenktag; Sterbetag: 23.11.) | 1572 † John Knox, Reformator in Schottland | 1943 † Helmut Hesse, Pfarrer, Gegner und Opfer des Nationalsozialismus

25. November

Montag | SA 07:56 SU 16:21 MA 01:32 MU 14:05

Wochenspruch: Lukas 12,35
Wochenlied: EG 147/535 oder 153

Wir lesen Jesaja 56,1–8

Ein ewiger Name, der nicht vergeht

Einen Tag nach dem Ewigkeitssonntag lesen wir diesen prophetischen Text, der einen ewigen Namen denen verheißt, die den Sabbat halten und sich davor hüten, Arges zu tun. Die kommende Adventszeit leuchtet auf in der Ankündigung, dass Gottes Heil nahe ist und seine Gerechtigkeit offenbar werde. Es ist ein bedeutsamer Text des jüdischen Volkes geworden durch Yad Vashem, die Holocaust-Gedenkstätte in Jerusalem. Sie ist nach Vers 5 benannt: „ein Denkmal und ein Name" wird in Gottes Mauern errichtet denen, die beschnitten sind, Gottes Sabbate halten und erwählen, was Gott wohlgefällt. Jesus hat einen Vers aus diesem Text zitiert, als er die Händler aus dem Tempel trieb (Mt 21,13). Und auch wir Christen dürfen Anteil daran haben, wenn wir uns trotz Verschiebung des Sabbats erweisen als „Menschen seines Wohlgefallens" (Lk 2,14). Selbstverständlich ist das alles nicht, sondern eine beständige Wahl, ein Festhalten an den Geboten Gottes, ein Bewahren des Bundes mit Gott in Gebet und Dankopfer (Eucharistie). Paulus unterscheidet in Galater 5,11–12 zwischen *Be*schneidung und *Ver*schneidung und polemisiert in Philipper 3,2 mit *Zer*schneidung. Deshalb lesen wir in diesem Jesaja-Text von *Beschneidung* und vermeiden jegliche Polemik mit dem abwertenden Ausdruck *Verschneidung*. Die Bibelrevision von 2017 hat hier einen schweren Übersetzungsfehler übersehen. *Peter Godzik*

Wir beten

Herr, Du sammelst uns durch Dein Wort zu einer wachsenden Gemeinschaft im Geist. Hilf, dass wir in den Konflikten dieser Zeit das Recht wahren und Gerechtigkeit üben. Amen.

Klaus-Peter Hertzsch

Mit seiner poetischen Begabung hat Klaus-Peter Hertzsch biblische Texte zum Klingen gebracht: „Der ganze Fisch war voll Gesang." Eines der meistgesungenen Kirchenlieder stammt aus seiner Feder: „Vertraut den neuen Wegen" (EG 395). Ursprünglich für eine Hochzeit gedacht, wurde es zum geistlichen Lied der politischen Wende. Äußerlich erkennbar sehbehindert, konnte er doch tief innerlich sehen und seine Einsichten anderen mitteilen. Hochgeachtet als Praktischer Theologe, Professor, Dichter und Buchautor starb er 2015 im Alter von 85 Jahren.

um 307 † Katharina, Märtyrerin in Ägypten | 2015 † Klaus-Peter Hertzsch, evangelischer Theologe, Dichter und Buchautor

26. November

Dienstag | SA 07:58 SU 16:21 MA 02:41 MU 14:15

Wochenspruch: Lukas 12,35
Wochenlied: EG 147/535 oder 153

Wir lesen Jesaja 56,9–12

Hirten ohne Sinn und Verstand

Sie bekommen alle ihr Fett weg: die stummen, faulen, gierigen „Hunde“, die eigentlich Hüter der Herde sein sollten und doch nur blind und ahnungslos unterwegs sind. Gemeint sind die Hirten, die ohne Sinn und Verstand agieren, nur auf den eigenen Weg achten und auf schnöden Gewinn aus sind. Sie lassen sich mit Alkohol volllaufen und warten auf „herrliche Zeiten“. Am besten soll sich an diesem bequemen Zustand nie etwas ändern. Die negativen Beispiele führen klar vor Augen: Hirten, *pastores* also, die so handeln, versündigen sich an ihrer Herde. Sie zerstören Vertrauen, missbrauchen ihre Stellung und bringen die Gemeinde durcheinander. Faule Hirten und schläfrige Hütehunde werden gemeinsam als Negativfolie benutzt, obwohl sie doch getrennt zu beachten wären. Aber: „Wie der Herr, so's Gescherr!“ Der „stumme Hund“ kommt sogar im Deutschen Wörterbuch der Gebrüder Grimm mit dem Eintrag vor: „weil aber ich in meinem sinn / ein stummer hund gewesen bin, / der nicht gethan nach seiner pflicht“. Vers 10 erinnert an den berühmten Ausspruch Kaiser Wilhelms II.: „Herrlichen Zeiten führe ich Euch entgegen!“

Prediger und Predigerinnen des Evangeliums sollen keine „stummen Hunde“ bleiben, sondern freimütig das Wort ergreifen, das jetzt gesagt werden muss – freilich nach Luthers Regel: „Tritt fest auf, mach’s Maul auf, hör bald auf!“

Peter Godzik

Wir beten

Herr, setze uns nicht der Gefahr fauler Hirten und schläfriger Hütehunde aus. Sie sollen bedächtig handeln, unsere Politiker, aber auch freimütig das Wort ergreifen und nicht stumm bleiben. Amen.

Joseph von Eichendorff

Joseph von Eichendorff war ein bedeutender Lyriker und Schriftsteller der deutschen Romantik. Er zählt mit etwa 5000 Vertonungen zu den meistvertonten deutschsprachigen Lyrikern und ist auch als Prosadichter („Aus dem Leben eines Taugenichts“) bis heute gegenwärtig. Sein Lied „Im Abendrot“, das Richard Strauss in einem seiner „Vier letzten Lieder“ kongenial vertont hat, handelt von einem älteren Paar, das langsam auf den Tod zugeht: „O weiter, stiller Friede! / So tief im Abendrot, / Wie sind wir wandermüde – / Ist dies etwa der Tod?“

975 † Konrad von Konstanz, Bischof von Konstanz | 1857 † Joseph von Eichendorff, Lyriker und Erzähler

27. November

Mittwoch | SA 07:59 SU 16:20 MA 03:51 MU 14:25

Wochenspruch: Lukas 12,35
Wochenlied: EG 147/535 oder 153

Wir lesen Jesaja 57,1–13

Wenn Gott aus dem Blick gerät

So geht's meistens los, wenn sich Kinder streiten: eine freche Grimasse, eine kleine Rempelei. Alles nicht weiter tragisch, bald ist es wieder vergessen und die Kinder spielen weiter miteinander. Aber es kann auch Streit daraus werden, Unfrieden entstehen, vielleicht sogar Feindschaft – geradewegs aus einer Lappalie. Solche Bilder verwendet Jesaja. Scheinbar hat sich das Volk Gottes auf Dinge eingelassen, die ihm nicht guttun. Der Prophet erhebt Klage, benennt Natur- und Fruchtbarkeitskulte, die mit der Nachfolge des lebendigen Gottes nichts zu tun haben. Er deckt Schuld auf und kündigt Gottes Gericht an. Grundlage allen Übels ist: Gott und seine Macht werden nicht mehr wahrgenommen. – Es fällt uns nicht schwer, die Parallelen in unserer Zeit zu entdecken. Wir fragen uns, wer sich in dieser „kultvollen" Welt noch Gedanken um Gottes Willen macht. Einzige Hoffnung: Gott hört und sieht das Geschehen, obwohl er nicht unmittelbar eingreift (V. 11b). Die selbstverschuldete Entfernung von Gott bedarf seiner erneuten Zuwendung; die Menschen schaffen es nicht aus eigener Kraft, damals wie heute. Darum versuchen wir zu Recht Kinder darauf hinzuweisen, die Anfänge eines scheinbar belanglosen Streites zu beachten, bevor Schlimmes daraus entsteht. Bei Erwachsenen ist es allerdings um ein Vielfaches schwerer. *Michael Seimer*

Wir beten

Guter Gott, wir sind so stolz auf unseren freien Willen. Gib, dass wir Dich und Deine Fürsorge nicht aus dem Blick verlieren, damit wir uns nicht verirren und verloren gehen. Amen.

Nationalsozialisten gründen „Kraft durch Freude“

Am 27.11.1933 wird die NS-Gemeinschaft „Kraft durch Freude“ gegründet, die sich um die Freizeitgestaltung der deutschen Bevölkerung kümmern soll. Sie bietet ein vielfältiges Erholungsprogramm. Die NS-Propaganda lobt sie als eine Organisation, die soziale Ungleichheiten einebne und eine „Volksgemeinschaft“ konstituiere, in der jeder Deutsche unabhängig von Schicht und Einkommen dieselben Rechte auf Erholung und Entspannung besitze. Aber in Wahrheit verfolgt sie das Ziel, Deutsche im Geist des Nationalsozialismus zu prägen und sie auf den Krieg vorzubereiten.

511 † Chlodwig, König der Franken | 784 † Virgilius von Salzburg, Bischof und Glaubensbote in Kärnten

28. November

Donnerstag | SA 08:01 SU 16:19 MA 05:02 MU 14:38

Wochenspruch: Lukas 12,35
Wochenlied: EG 147/535 oder 153

Wir lesen Jesaja 57,14–21

Gott als Wegweiser

Wenn wir uns auf einer Wanderung verlaufen haben und merken, dass wir in verkehrter Richtung unterwegs sind, muss die Wanderkarte oder App zu Rate gezogen werden. In besonders glücklichen Fällen weist uns ein Ortskundiger rechtzeitig darauf hin, dass wir auf falschem Weg sind, noch bevor wir es selbst bemerkt haben. So wie es uns beim Wandern nicht hilft, wenn wir für den Irrweg ausgeschimpft und dann stehen gelassen werden, so greift Gott liebevoll hinweisend ein. Auf dem Irrweg seines Volkes gibt der Prophet Jesaja helfend und fürsprechend den Weg bekannt. Gottes Zorn ist beendet, er besinnt sich und sagt seinem Volk Frieden zu. Der „Schalom" Gottes schließt dabei eine gute Zukunft auf, ein Neubeginn ist möglich. Man könnte meinen, dass damit der Weg klar ist. Doch die Gottlosen haben keinen Frieden (V. 21). Die Wegempfehlung ist zwar gegeben, der Wanderbegleiter stellt sich persönlich zur Verfügung. Aber wer nun unbedingt noch den verkehrten Weg weitergehen will, wird daran nicht gehindert. *Michael Seimer*

Wir beten

Es gibt so viele Wege, lieber Herr. Wir dürfen entscheiden, welche wir gehen. Gib, dass wir uns auf Irrwege hinweisen lassen. Danke, dass Du Korrekturen ermöglichst und Wegbegleiter für uns sein willst. Amen.

Wege zum Frieden

Ob zu Zeiten des Propheten Jesaja oder in unseren Tagen: Menschen, die sich als Kinder Gottes verstehen, sind als Wegbereiter des Friedens gefragt. Der biblische Schalom schließt das Wohlergehen aller Menschen ein und folgt der Sehnsucht nach Gerechtigkeit und Frieden für die gesamte Schöpfung. Wenn wir dieses Friedensangebot Gottes annehmen wollen, dürfen wir ihn um inneren und äußeren Frieden bitten. Bei uns selbst beginnend geht es darum, Frieden zu leben und zu gestalten. In unseren Gemeinden gibt es dazu vielfältige Unterstützung, z. B. die Allianzgebetswoche, die Friedensdekade, Gesprächskreise. Eigenen Ideen, das Thema lebendig werden zu lassen, sind keine Grenzen gesetzt.

1541 † Margareta Blarer, Gemeindemutter in Konstanz, Vorläuferin des Diakonissenamtes (ev. Gedenktag; Sterbetag: 27.11.) | 1898 † Conrad Ferdinand Meyer, Dichter

29. November

Freitag | SA 08:02 SU 16:18 MA 06:16 MU 14:53

Wochenspruch: Lukas 12,35
Wochenlied: EG 147/535 oder 153

Wir lesen Jesaja 58,1–9a

Neue Chancen

Das Volk Israel sollte während der babylonischen Gefangenschaft im Glauben reifen. Nach der Rückkehr in das verheißene Land war davon allerdings wenig zu spüren. Einige betrieben zwar strenge religiöse Übungen, doch die gingen am Willen Gottes vollkommen vorbei. Man war stolz auf das Fasten und eine bloß äußerliche Frömmigkeit. Da musste der Prophet mit seiner Kritik schon laut werden. Entrüstet stellten die Eiferer die Rückfrage an Gott: Warum fasten wir und quälen unseren Leib, und du willst es nicht wissen? Die Fragesteller hatten jedes Gespür für ihr eigensinniges Verhalten verloren. Doch Gott gab sie nicht auf. Er blieb auch ihnen so gesinnt, wie er schon immer war: barmherzig, gnädig, geduldig und von großer Gnade und Treue (2. Mose 34,6). – Gott hat nichts gegen Fasten und andere Formen der inneren Einkehr. Doch er will gläubige Menschen vor einer selbstgerechten Frömmigkeit bewahren. Er benennt, worauf es wirklich ankommt: unschuldige Gefangene befreien, Unterdrückten helfen, Hungrigen Brot brechen und sich der Obdachlosen annehmen. Es sind Aufgaben, die auch heute noch aktuell sind. Ich frage mich: Wo kann ich sinnvoll helfen, welche Chancen gibt es dafür heute? Der Blick zum Nächsten und der Blick in den geöffneten Himmel gehören zusammen. Als von Gott reich Beschenkte dürfen wir seine Liebe weitergeben. *Bernd Frauenlob*

Wir beten

Großer Gott, komme durch den Geist Jesu Christi in das tägliche Leben. Lass uns erkennen, wo Dein Reich schon heute beginnt. Schenke uns Mut und Kraft für die vor uns liegenden Aufgaben. Amen.

Wohnungslosigkeit hat viele Gesichter

Das Risiko, wohnungslos zu werden, ist besonders hoch bei Menschen, die sich in einer prekären Lebenslage befinden. Hierzu zählen oft diejenigen, die soziale Nöte haben, gesundheitlich beeinträchtigt sind oder aus der Haft entlassen wurden. Die Diakonie organisiert eine Nothilfe für Obdachlose und bietet Unterkünfte an. Viele ehrenamtliche Helfer wirken dabei mit.

250 † Saturnius, Märtyrer in Rom | 1543 † Hans Holbein d. J., Maler in Basel und England | 1975 † Heinrich Grüber, Propst in Berlin, Helfer der Juden

30. November

Sonnabend | SA 08:04 SU 16:18 MA 07:31 MU 15:15

Tagesspruch: Jesaja 52,7
Tageslied: EG 264 oder EG.E 27

Wir lesen Jesaja 58,9b–14

Perspektiven des Lebens

Der Prophet ermahnt die Heimkehrer noch einmal, im Einsatz für notleidende Menschen nicht nachzulassen. Es geht ihm um praktische Hilfen. Er bittet darum, das Herrschen über andere zu unterlassen. Er warnt vor lieblosen Bloßstellungen und übler Nachrede. Wer dagegen nach Gott fragt, begibt sich in dessen Kraftfeld. In einer wunderbaren Bildersprache wird ihm verheißen: Er wird gesättigt in der Dürre und bewässert wie ein fruchtbarer Garten, wie eine Quelle, die niemals versiegt. Eine helle Zukunft tut sich auf. Der Prophet ermutigt, mit allen Kräften den Wiederaufbau Jerusalems und des gesamten Landes voranzutreiben. Es geht um einen Neuanfang. Für uns gilt das ebenso. Morgen beginnt mit dem 1. Advent ein neues Kirchenjahr. Es hält freudige Ereignisse und zugleich lohnende Aufgaben in unserem Umfeld bereit: Verzagte aufrichten, Traurige trösten, eigene Ideen einbringen, Gleichgültige aus der Reserve locken. Das Entscheidende kann dabei nur Gott selbst tun. Deshalb ist es auch wichtig, Spannungen auszuhalten, um nicht zu resignieren. Bei allem Einsatz dürfen wir auf die nötige Ruhe und Besinnung achten. Der Körper braucht Entspannung und der Geist die Stärkung durch Gottes Wort. In den Höhen und Tiefen des Lebens will es uns begleiten und zugleich eine ewige Perspektive schenken. Sie reicht bis zu einem neuen Himmel und einer neuen Erde. *Bernd Frauenlob*

Wir beten

Menschenfreundlicher Gott, Du willst durch Jesus Christus in der bevorstehenden Adventszeit zu uns kommen. Mache uns bereit, Deine Liebe zu empfangen und sie dort weiterzugeben, wo unsere Hilfe nötig ist. Amen.

Zum Verständnis des Feiertages

„Wir sollen Gott fürchten und lieben, dass wir die Predigt und sein Wort nicht verachten, sondern es heilig halten, gerne hören und lernen." So schreibt Martin Luther im Kleinen Katechismus. Im Alten Testament ist der siebente Tag gefüllt mit Gottes Schöpfersegen. So verstand auch Jesus den Sabbat und befreite ihn zugleich von jeder gesetzlichen Enge. Die Alte Kirche begründete die Feier des Sonntags mit der Auferstehung Jesu am ersten Tag der Woche.

Tag des Apostels Andreas | 1728 † Alexandre Roussel, Märtyrer in Frankreich

1. Dezember

Sonntag | 1. Sonntag im Advent

Wochenspruch: Sacharja 9,9
Wochenlied: EG 4 oder 11
Altes Testament: Sacharja 9,9–10
Epistel: Römer 13,8–12
Evangelium: Matthäus 21,1–11

Wir lesen Psalm 24

Einzug

In den Ortsgemeinden der Vereinigten Protestantischen Kirche in Belgien ist das erste Lied im Sonntagsgottesdienst meistens ein Psalm und wird „Einzugslied“ genannt. In der ersten Kirchengemeinde, in der ich Pfarrer war, wurde dieser Psalm im Stehen gesungen, während der Gemeindekirchenrat – ebenfalls singend – den Kirchenraum betrat. Die feierliche Gelassenheit war immer sehr beeindruckend, sie hat mich berührt und mitgezogen. Für mich jungen, manchmal innerlich verunsicherten Pfarrer wirkte es wie ein himmlischer Ansporn, und ich fühlte mich als Teil eines großen Ganzen. – Psalm 24 hat alles, was es für solch einen Einzug braucht. Er ist ein Einzugslied voller Feierlichkeit und Gefühle. Es geht nicht nur um den Einzug der Menschen in Gottes Haus, sondern auch darum, dass Gott zu uns kommt. Heute feiern wir den ersten Sonntag im Advent. Wir treten ein in die Zeit der Erwartung, auf den Weg zu dem tiefen Wunder, dass

Gott sich entschlossen hat, bei uns zu sein, in unser Haus zu kommen. Voller Majestät, aber nicht durch die bleischweren Tempeltüren, sondern durch die Hintertür. Der Herr wählt die Hintertür, voller Armut und Bedürftigkeit. Nicht als Herrscher, sondern als ein äußerst verletzlicher Mensch. Diese Verwunderung regt an zum Innehalten, zum Nachdenken über sich selbst. Unser Psalm fragt, wer den Berg des Ewigen besteigen darf. Dazu muss man die Heiligkeit besitzen. Das klingt nach einer ganzen Menge; faktisch geht es dabei um Rechtschaffenheit: Dein Herz und deine Hände, deine Gedanken und deine Taten müssen rein sein. Das ist seltener, als Sie vielleicht denken. So sind wir gezwungen, uns selbst zu prüfen. Oh ja, auch Sie können gewiss den Berg besteigen, und es werden sich ungeahnte Höhen vor Ihnen auftun, aber vergessen Sie nicht, sich selbst zuerst genau zu prüfen, wie es um Sie steht und wer Sie wirklich sind. *Steven H. Fuite*

Wir beten

Du, der Du auch mein Gott sein willst, habe Geduld mit mir, wenn ich versuche, ehrlich zu mir selbst zu sein. Danke, dass Du mich immer liebst, auch wenn ich nicht allen Anforderungen entspreche. Du liebst mich und ich Dich. Amen.

660 † Eligius, Bischof und Wohltäter in Franken | 1709 † Abraham a Santa Clara, Prediger | 1898 Frauenmissionsschule Malche gegründet

2. Dezember

Montag | SA 08:06 SU 16:16 MA 09:55 MU 16:29

Wochenspruch: Sacharja 9,9
Wochenlied: EG 4 oder 11

Wir lesen Jesaja 59,1–15a

Aus Sehnsucht neu anfangen

Es ist ein rauer Ton, in dem hier gesprochen wird. Höre ich der Anklage des Propheten eine Weile zu, fühle ich mich wie die Besucherin einer Gerichtsverhandlung. Gäbe es ein Urteil, lautete es wohl: lebenslänglich – wegen besonderer Schwere der Schuld. Später kommt auch die Angeklagte zu Wort. Sie wirkt sichtlich angeschlagen. Traurig und enttäuscht steht sie da. Mitten in ihrer Rede richtet sie sich, kaum sichtbar, ein wenig auf. Aus ihren Worten höre ich Sehnsucht nach Leben in Frieden, Gerechtigkeit und Liebe. Sie spürt, was sie verloren hat: ihre Verbindung zu der Quelle, der sie ursprünglich ihr Leben verdankt: Gott. Sie sieht und benennt mit Bedauern das, was diese Verbindung gestört und verhindert hat. Während sie die Dinge beim Namen nennt, rollen ihr Tränen übers Gesicht. So soll es nicht weitergehen, sagt sie. Sie möchte einen Punkt setzen, umkehren, neu anfangen. Sie weiß, dass das bei Gott möglich ist. Und sie weiß, dass er sie trösten will, wie einen seine Mutter tröstet. In ihrem tiefsten Innern möchte sie Gott wieder nahe sein, fürs Leben. – Vielleicht fragen Sie sich gerade, wer „sie" ist. „Sie" ist das biblische

Volk Israel zur Zeit des Propheten Jesaja. Und womöglich hat das, was von „ihr" erzählt wird, auch etwas mit Ihrer und meiner Sehnsucht zu tun. „Ich lasse dich nicht, es sei denn, du segnest mich", höre ich den Jakob am Jabbok sagen, während er mit dem Engel Gottes ringt. *Anne Straßberger*

Wir beten

Gott, ich stehe vor dir und lege dir die Sehnsucht meines Herzens hin wie eine Schale. Du allein kannst sie stillen. Segne alle Begegnungen, die dieser Tag mir heute schenkt. Amen.

Alles beginnt mit der Sehnsucht

Alles beginnt mit der Sehnsucht, / immer ist im Herzen Raum für mehr, / für Schöneres, für Größeres. / Das ist des Menschen Größe und Not: / Sehnsucht nach Stille, / nach Freundschaft und Liebe. / Und wo Sehnsucht sich erfüllt, / dort bricht sie noch stärker auf. / Fing nicht auch Deine Menschwerdung, Gott, / mit dieser Sehnsucht nach dem Menschen an? / So lass nun unsere Sehnsucht / damit anfangen, Dich zu suchen, / und lass sie damit enden, / Dich gefunden zu haben. *Nelly Sachs*

1381 † Jan van Ruysbroek, Seelsorger in den Niederlanden | 1810 † Philipp Otto Runge, Maler

3. Dezember

Dienstag | SA 08:08 SU 16:16 MA 10:52 MU 17:29

Wochenspruch: Sacharja 9,9
Wochenlied: EG 4 oder 11

Wir lesen Jesaja 59,15b–21

Neue Räume bei Gott

Die Liturgie von Gottesdiensten gleicht einem Zwiegespräch der Feiernden mit Gott. Darin wechseln sich die „Tonarten" ab: Nachdem laut oder in der Stille ausgesprochen wurde, was die Teilnehmenden bewegt und belastet, sind die Herzen frei, Gott zu loben, singend, sprechend, hörend, betend. So ähnlich lese ich die Prophetenworte, die auf Klagen folgen: Jesajas „Liturgie" mündet in einen kräftigen „Gloria"-Lobpreis: Ja, Gott wird sein Volk erlösen und in die Freiheit führen. Das aus dem Mund Jesajas gesprochene Gotteswort verbindet sich mit den Hörenden und stellt auf diese Weise eine heilsame, zukunftstiftende Verbindung zu Gott her. Es scheint, als versiegele Gott durch seine Verheißungen schützend die ängstlichen Herzen der Hörenden. Am Ende können sie ruhig sein, denn Gott wird sie auch angesichts von Bedrohungen bewahren und führen. Gottes Wort löst die Enge, die durch Angst und Verbissenheit in Menschen entsteht. Es stellt ihre Füße auf weiten Raum. So können sich neue, unerwartete Räume öffnen, in denen Aufbruch und Leben möglich sind. Das Licht des Ankommenden im Advent will auch jede und jeden von uns in Liebe verorten und ankommen lassen. Auf Größe und Bedeutsamkeit kommt es bei Gott nicht an. Platz für Wunder ist in der kleinsten Hütte. Daran erinnert in wenigen Tagen die Geschichte vom Stall in Bethlehem.

Anne Straßberger

Wir beten

Lebendiger Gott, ich vertraue darauf, dass ich auch heute mit Dir verbunden bin. Fülle mein Herz mit Deiner Liebe und mach mich bereit für die Begegnung mit mir selbst und mit anderen Menschen. Amen.

Ämilie Juliane von Schwarzburg-Rudolstadt (1637–1706)

Sie war eine tief vom Glauben geprägte Frau. Bereits im Kindesalter verlor die spätere Reichsgräfin kurz nacheinander Vater und Mutter, dann den Pflegevater, mehrere Geschwister und Pflegegeschwister und zuletzt die eigene Tochter. Als Dichterin hinterließ sie fast 600 geistliche Lieder (u. a. „Bis hierher hat mich Gott gebracht", EG 329), in denen sie auch diese Abschiede verarbeitete. Weil Frömmigkeit und Alltag für die Landesherrin zusammengehörten, gründete sie mehrere Stiftungen für Waisen, Witwen und Arme und unterstützte eine Mädchenschule.

1544 Luthers Hauspostille erschienen | 1706 † Ämilie Juliane von Schwarzburg-Rudolstadt, Liederdichterin in Thüringen

4. Dezember

Mittwoch | SA 08:09 SU 16:15 MA 11:35 MU 18:43

Wochenspruch: Sacharja 9,9
Wochenlied: EG 4 oder 11

Wir lesen Jesaja 60,1–14

Die Herrlichkeit des Herrn

Mitten in einer wohl eher erbärmlichen Gegenwart hat der Prophet die Kraft, eine hell glänzende Zukunftsvision zu „sehen“. Wie ein neu aufscheinendes Himmelslicht wird Zion erstrahlen. Staunend sieht er schon die aus der Gefangenschaft befreiten Israeliten nach Zion zurückkehren, die Töchter werden auf den Armen getragen. Von allen Enden der Erde werden sie kommen, sogar auf Schiffen aus dem fernen Tarsis. Er sieht das verarmte Land erfüllt von reich beladenen Kamelen. Silber, Gold und der wertvolle Weihrauch werden herbeigebracht. Die edelsten Hölzer stehen für Zion bereit. Von den benachbarten Stämmen kommen die Opfertiere für den Altar. Für den Wiederaufbau der heruntergekommenen Stadt werden Fremde schuften müssen, und diejenigen, die das Volk Israel geknechtet hatten, müssen jetzt die zerstörten Mauern wieder aufrichten. Die herrlicher als vorher wiedererstandene Stadt öffnet ihre Tore für die Reichtümer, die zu ihr strömen. Sie wird Anziehungspunkt für die umliegenden Völker „der Heiden“. Diese hochgespannten Erwartungen des Propheten haben sich nicht erfüllt. Der Wiederaufbau Jerusalems vollzog sich nicht so glanzvoll und sehr viel mühsamer. Jetzt in der Adventszeit gewinnen die Worte der alten Prophezeiung neues Leben: Werde licht, denn dein Licht kommt! Gerade in der Dunkelheit der Welt strahlt das Licht Gottes auf. *Fritz Dorgerloh*

Wir beten

Dein Licht srahle auf, Herr. Lass es hell werden in uns, damit wir dazu beitragen, die Dunkelheit um uns zu erhellen. Lass Herzen und Türen sich öffnen für den Reichtum Deiner Güte. Amen.

Weihrauch und Gold

In der Weihnachtsgeschichte erzählt Matthäus von Weisen, die dem neugeborenen Jesuskind „Gold, Weihrauch und Myrrhe" darbringen. Sie kommen „aus dem Morgenland". Die Ausgestaltung dieser Episode, von der nur in dem einen Evangelium berichtet wird, könnte von dem Text aus dem Jesajabuch beeinflusst worden sein. Auch hier wird Gold und Weihrauch aus dem sagenhaften Saba zum Lobe Gottes dargebracht. So sind die Weisen auf vielen Gemälden und Altären mit „Gold und Weihrauch" in den Händen dargestellt und lassen die alte Prophezeiung aufleuchten.

306 † Barbara, Märtyrerin in Kleinasien | 1409 Universität Leipzig gegründet | 1563 Konzil von Trient beendet (seit 1545) | 1875 * Rainer Maria Rilke, Dichter | 1865 † Adolf Kolping, Organisator der katholischen Sozialen Bewegung | 1916 Kaiserswerther Verband gegründet

5. Dezember

Donnerstag | SA 08:10 SU 16:15 MA 12:05 MU 20:05

Wochenspruch: Sacharja 9,9
Wochenlied: EG 4 oder 11

Wir lesen Jesaja 60,15–22

Hoffnung auf den Erlöser

In sich immer weiter steigernden Bildern entwirft der Prophet die Szenerie einer Glanzzeit für das Volk, das aus der Verlassenheit des Exils kommt. Frieden und Gerechtigkeit werden herrschen, nicht mehr die Knute der fremden Antreiber. Vom befreiten Land werden Schaden und Verderben abgewendet sein, weil sich ihr Gott als machtvoller Erlöser erweist. An wertvollen Materialien fehlt es nicht mehr. Die Bilder steigern sich mehr und mehr. Die Mauern des wiedererstandenen Zion werden „Heil", seine Tore „Lob" heißen. Das Volk wird nur noch aus Gerechten bestehen. Das in der Exilszeit reduzierte Volk wird zu Tausenden anwachsen und nie mehr aus dem gelobten Land vertrieben werden. Bis dahin sind die Prophezeiungen zwar utopische, aber mögliche Szenarien. Aber nun gleiten die Hoffnungsbilder ins Überweltliche über. Der Sonne und des Mondes bedarf es nicht mehr, Gott selbst leuchtet seinem Volk. Das aber ist doch die Aufgabe eines Propheten: nicht, die Zukunft vorauszusagen, sondern Hoffnung zu wecken. Hoffnung auf Licht in einer dunklen Zeit. Seine Worte haben ihr Echo im letzten Buch der Bibel, wo „die Herrlichkeit Gottes" das neue Jerusalem Tag und Nacht zum Leuchten bringt. Es bedarf eines glaubensstarken Vertrauens auf Gottes Möglichkeiten, um solche Hoffnungsbilder zu verkünden in einer Zeit, die so weit entfernt war von dem verheißenen Glanz. *Fritz Dorgerloh*

Wir beten

Unser Gott, wir trauen Dir so wenig zu. Darum sind unsere Wünsche und Hoffnungen oft so klein. Du aber hast uns das Himmelreich verheißen. Darum beten wir: Dein Reich komme. Amen.

Karl Barth und Wolfgang Amadeus Mozart

Der große Dogmatiker Karl Barth (1886–1968) hat aus seiner Bewunderung für Mozart nie einen Hehl gemacht. Er würde sich, wenn er denn in den Himmel käme, ,,zuerst nach Mozart und dann erst nach Luther und Calvin erkundigen", konnte er launig bekennen. Er war auch der Meinung, im Himmel würden die Engel bei offiziellen Anlässen Musik von Bach, wenn sie aber unter sich seien, Mozart spielen. Er begann seinen Tag oft mit einem Stück Mozart'scher Musik, weil bei diesem Komponisten „das Schwere schwebt und das Leichte unendlich schwer wiegt".

1791 † Wolfgang Amadeus Mozart | 1862 † Aloys Henhöfer, Erweckungsprediger in Baden

6. Dezember

Freitag | SA 08:11 SU 16:15 MA 12:26 MU 21:29

Tagesspruch: Matthäus 5,7
Tageslied: EG 154 oder EG.E 27

Wir lesen Jesaja 61,1–11

Zwischen Erschöpfung und Resilienz

Erschöpfte Menschen begegnen uns in vielen Bereichen von Kirche, Schule und Gesellschaft. Erschöpfungssyndrome oder antriebslose Menschen sind zu einem Massenphänomen geworden, auch zu einem Warnsignal. Im Vokabular des vorgegebenen Jesaja-Textes kommen zu dieser Problematik treffliche Beispiele vor, Menschen, die mit betrübtem Geist und zerbrochenem Herz in den Trümmern ihrer Vergangenheit leben müssen. Aber Gott bietet durch den Propheten Heilung und Tröstung an. Gottes Liebe zu den Menschen will neues Leben. Das Alte ist vergangen, Neues soll aufblühen. Das ist leichter gesagt als getan. Resilienz ist gefragt, ein Begriff, der sich erst seit der Jahrtausendwende zu einem gängigen Modewort entwickelt hat. In Einrichtungen wie Respiratio oder Inspiratio wird damit therapeutisch gearbeitet. An einer Technischen Universität wie der in Clausthal werden Studierende der Materialwissenschaften auf den Ursprungsort von Resilienz gestoßen: Ein Vorgang ist dann resilient, wenn er elastisch, nachgiebig, „zurückspringend" ist. Autoreifen springen immer wieder zurück in ihre Ausgangsform, ebenso Tupperboxen oder auch Bambus und andere Pflanzen. Den Begriff Resilienz auf den Jesaja-Text, aber auch auf die heutige Situation gemünzt, kann es tröstend heißen: Gott will das Zerstörte aufbauen, verwüstete Städte und ihre Menschen erneuern, damit die Deprimierten wieder aufgerichtet und somit resilient werden. *Heiner Wajemann*

Wir beten

Tröstender Gott, Du willst in Deiner Treue unsere Kraftquelle sein. Gib, dass Deine Schöpfung aus der Erschöpfung zurückspringt in Deinen Willen. Kyrie, eleison! Amen.

Nikolaus, Bischof von Myra

Historisch verbürgt ist seine Teilnahme am Konzil von Nicäa 325. Es ranken sich um ihn viele populäre Legenden: Er hat zum Beispiel Kindern Lohn für ihre Sängerdienste, also Geld, Äpfel, Nüsse, Backwaren überbracht; Schiffer aus ihrer Seenot gerettet; Menschen von seelischen und körperlichen Leiden geheilt; insgesamt ein vorbildliches, der Nächstenliebe gewidmetes Leben geführt.

Nikolaustag (Bischof Nikolaus von Myra) | um 350 † Nikolaus, Bischof von Myra und Wohltäter in Kleinasien | 1564 † Ambrosius Blarer, Reformator in Konstanz

7. Dezember

Sonnabend | SA 08:13 SU 16:14 MA 12:43 MU 22:54

Wochenspruch: Sacharja 9,9
Wochenlied: EG 4 oder 11

Wir lesen Jesaja 62,1–12

Siehe, Gottes Gnade kommt zu dir!

Die enge Nähe Gottes wird oft mit dem Begriff *Zion* benannt. In etlichen Psalmen und mehr noch in evangelischen Chorälen geht es bei der Anrufung des Zions um ein inneres Geschehen, um Innerlichkeit. Gott naht sich dem Menschen. Gott hat sich dem Glaubenden genaht. Als der Genahte kann er zur Gnade im Allerinnersten werden. Laut Jesaja hat uns Gott einen neuen Namen gegeben, der ewig bleibt, der nicht vom Winde verweht wird. Und dieses gnadenbringende Geschenk tröstet, verleiht Kraft, kann eine neue Kreatur schaffen. Gott hat Lust am Menschen und gießt Gnade und Ewigkeit ins Herz. – Äußerlich ist hier im Jesaja-Kapitel mit Zion die Stadt Jerusalem gemeint, also wieder ein Ort enger Gegenwart Gottes, so dass von der zukünftigen Herrlichkeit Zions gesungen werden kann: Siehe, dein Heil komm zu dir! Die aus der babylonischen Gefangenschaft allmählich Heimkehrenden hören die trostvolle Verheißung, dass sie Jerusalem neu aus der Zerstörung aufbauen können. In den vergangenen Durststrecken der Einsamen und Verlassenen war die Sehnsucht nach Heil und Befreiung gewachsen.

Hinter der Zusage Gottes steht sein mächtiger Wille, dem Volk auf dem Zion eine königliche, schöne Krone aufzusetzen. Die Tochter Zion und die Wächter auf den Mauern sollen nicht schweigen, sondern Gott vergegenwärtigen und einnisten lassen. Der Lobpreis der in dieser „nie mehr verlassenen Stadt" Lebenden wird mit Freude und in Glanz erschallen. *Heiner Wajemann*

Wir beten

Du hocherhabener Zionsgott, Du schweigst nicht. Segne uns von Zion aus, damit wir als Erlöste leben können und Dein Volk Israel wieder befriedet als „Liebe Frau" unterwegs sein kann. Amen.

374 Bischofsweihe von Aurelius Ambrosius in Mailand

Ambrosius von Mailand war Kirchenlehrer und als lateinischer Hymnendichter stilbildend für die Entwicklung des Kirchenliedes. Martin Luthers lateinische Textvorlage zum Wochenlied der jetzigen 1. Adventswoche (EG 4) stammt von Ambrosius: „Veni, redemptor gentium ostende partum virginis" („Nun komm, der Heiden Heiland, der Jungfrauen Kind erkannt").

1724 † Märtyrer des Thorner Blutgerichts in Polen | 1874 † Konstantin von Tischendorf, Erforscher biblischer Quellen

8. Dezember

Sonntag | 2. Sonntag im Advent

Wochenspruch: Lukas 21,28
Wochenlied: EG 7 oder EG.E 8
Altes Testament: Jesaja 63,15–64,3
Epistel: Jakobus 5,7–8(9–11)
Evangelium: Lukas 21,25–33

Wir lesen Psalm 144

Ein Gebet um Schutz

Hier betet ein Mensch um Kraft in schweren Auseinandersetzungen. Wer es ist, wissen wir nicht. Früh hat man es als ein Gebet Davids vor seinem Kampf gegen Goliath verstanden. Aber die Psalmen sind auch Gebete für den Gottesdienst, in dem die Gemeinde betet. – Offenbar ist das Volk Israel durch Feinde bedroht. Sie werden „Fremde" genannt. Die Feinde drohen in das Land einzufallen und es zu erobern. Ich muss an den Krieg in der Ukraine denken. Einem Volk wie der Ukraine, das militärisch angegriffen wird und das um seine Existenz kämpft, werden die Worte dieses Psalms aus dem Herzen gesprochen sein. In einer solchen Lage lässt sich auch verstehen, was uns auf den ersten Blick fremd vorkommt: die Bitte, dass Gott die Fäuste lehren soll, Krieg zu führen. An anderen Stellen der Bibel lehrt uns Gott doch, dem Frieden nachzujagen. Und die deutsche Parole aus dem Ersten Weltkrieg „Mit Gott für Volk und Vaterland" empfinden wir als

Missbrauch des Namens Gottes. Aber hier ist es eine bedrohliche Lage, in der die Betenden zu ihrem Schutz auf Gottes Eingreifen hoffen. – Wichtig ist aber auch: Hier spricht jemand nicht von seiner eigenen Kraft und Stärke, wie es Kämpfer sonst oft tun. Die hier beten, kennen ihre Grenzen und sind sich der Vergänglichkeit allen Lebens bewusst. Sie wissen sich in Gottes Händen und staunen über das Wunder, dass Gott sich dem Menschen zuwendet, ihn beachtet, ihm also menschliche Würde verleiht. In dieser Demut beten sie um Gottes Hilfe gegen die Bedrohung. – Am Schluss geht es nicht mehr nur um den Kampf gegen die Feinde. Da wird um den Segen für den Alltag der Menschen gebetet. Die Gemeinde betet um Wohlstand und Gedeihen. Sie betet aber nicht nur für sich. So, wie wir es aus den Fürbittgebeten im Gottesdienst kennen, bittet die Gemeinde um Segen für das ganze Volk. *Karl-Heinrich Lütcke*

Wir beten

Gott des Friedens, wir bitten Dich heute für die vielen Menschen, die in Kriegsregionen leben. Binde denen, die ein Volk angreifen, die Hände; schaffe Frieden und stärke die Bedrohten und Bedrückten. Amen.

Röm.-kath. Feiertag: Mariä Empfängnis | 1649 † Martin Rinckart, Liederdichter in Sachsen

9. Dezember

Montag | SA 08:15 SU 16:14 MA 13:09 MU 00:17

Wochenspruch: Lukas 21,28
Wochenlied: EG 7 oder EG.E 8

Wir lesen Jesaja 63,7–14

Chancen eines neuen Lebens

Wie fühlt es sich an, wenn man glaubt, in einer Sackgasse zu stecken? Der Mensch hinter diesen Worten sieht sorgenvoll in die Zukunft. Er gehört zu denen, die aus ihrer Heimat Juda vertrieben wurden, Jahrzehnte in Gefangenschaft verbrachten und vielleicht schon zurückkehren durften. Er steht nun vor der ungeheuren, aber schönen Aufgabe, in diesem zerstörten Land sich wieder eine Existenz aufzubauen, es zur Heimat werden zu lassen, seinen Glauben wieder offen zu bekennen. Wie sollte man sich da nicht freuen. Doch so einfach ist es nicht. Auf die Vergangenheit blickt man vielleicht im Zorn zurück, die Zukunft liegt noch völlig im Ungewissen und die Gegenwart erfordert alle Kraft. Was tragen kann, ist die Gewissheit, im Vertrauten zu sein und Gleichgesinnte um sich zu haben. Man sammelt und erinnert sich. Wie war das mit unserer Geschichte, mit unserem Leben, unserem Glauben? Mit der Erinnerung kommt die Erkenntnis, wo man versagt und Fehler gemacht hat und Gott doch immer wieder bewahrt und geführt hat. Aus einem Rückblick wird ein Ausblick, neben der Erinnerung an Abwege und Versagen gibt es die Erinnerung an Rettung aus verfahrenen Situationen. Erkannte Schuld eröffnet Chancen für neues Leben. Das macht Mut. – Wir feiern Advent, das Kommen Gottes als Mensch in die Welt, zu uns. Diese Gewissheit kann uns keiner mehr nehmen. *Karin Elmer*

Wir beten

Gott, wir freuen uns über Dein Ja zu unserem Leben. Schenke uns die Kraft, Vergangenes hinter uns zu lassen, in der Gegenwart zu leben und sie zu gestalten in der Hoffnung auf Dein Kommen. Amen.

Richard Baxter (1615 – 1691)

Der Sohn eines Bauern war puritanischer Pfarrer der anglikanischen Kirche zur Zeit der Republik Englands. Das Wissen hatte er sich als Autodidakt beigebracht. Nach Wiederherstellung der Monarchie (1662) verlor er sein Amt, wurde ein paar Jahre später aber wieder als Prediger in London geduldet. Theologisch stand er Calvin nahe. Da er sich nicht der Staatskirche unterstellen wollte, wurde er 1686 für zwei Jahre ins Gefängnis geworfen. Er blieb seinem Glauben treu, verfasste viele Erbauungsschriften und gilt als Vorläufer des Pietismus.

1691 † Richard Baxter, Glaubenszeuge in England (ev. Gedenktag; Sterbetag: 8.12.)

10. Dezember

Dienstag | SA 08:16 SU 16:14 MA 13:22 MU 01:42

Wochenspruch: Lukas 21,28
Wochenlied: EG 7 oder EG.E 8

Wir lesen Jesaja 63,15–64,6

Bitte um Gottes Kommen

Hin- und hergerissen zwischen Hoffnung und Verzweiflung, Trauer und Freude, Wut und Erkenntnis. Wer kennt nicht diese widersprüchlichen Gefühle? Manchmal reichen die alltäglichen kleinen Widrigkeiten, um Macht über uns gewinnen. Ach Gott, dass du doch den Himmel zerreißen mögest – dieser Stoßseufzer überkommt mich an so manchem Berliner Dezembertag, an dem der Himmel so etwas von grau ist, dass es kaum zu ertragen ist. Aber was ist schon so ein Berliner Winterhimmel gegen die persönliche Geschichte der Menschen, die hier ihre Verzweiflung herausschreien: Du bist doch unser Vater, warum lässt du uns versagen und hast uns alles genommen: liebe Menschen, Heimat, Glauben. Sie sehen aber auch ihren Anteil an dem Geschehen und ringen mit sich, sehen in Gott ihre letzte Rettung: Gott, mach doch auch etwas! Das ist keine höfliche Bitte, sondern ein Schrei, fast schon ein Fordern. Er hat sie erhört. Nach ungefähr zwei Generationen können sie in ihr Land zurück mit Hoffnung im Herzen und anpackenden Händen. Ein Lichtblick im grauen Alltag, der Himmel hat sich geöffnet, Gott hat sich ihnen zugewandt. Gegen den grauen

Himmel zünden wir Kerzen an als Zeichen, dass Gott immer wieder den Himmel öffnet, damit wir die Fülle seines Wesen im Kommen seines Sohnes erfahren können. Herab vom Himmel lauf – Gott hat sich beeilt, lassen wir ihn ein. *Karin Elmer*

Wir beten

Gott, schenk uns Worte, wo wir sprachlos sind, vergib uns, wenn wir zaudern und ratlos sind. Lass uns erkennen, wo wir versagen, und schenke uns die Hoffnung, dass Du zu uns hältst. Amen.

Erklärung der Allgemeinen Menschenrechte

Als Reaktion auf die Ereignisse des Zweiten Weltkrieges verabschiedete die Generalversammlung der UN am 10.12.1948 eine Resolution zu den Grundrechten von Menschen. Alle Menschen sind frei und gleich an Recht und Würde geboren, so lautet der 1. Artikel. Freiheit, Gerechtigkeit und Frieden sollen das Zusammenleben der Völker bestimmen. Sie sind ein Ideal, leider keine Rechtsquelle. Sie haben zwar keine Kriege verhindert, sind aber wichtig für das Zusammenleben der Staaten und sollten uns immer wieder daran erinnern, was Menschenwürde und Freiheit bedeuten.

1520 Luther verbrennt die Bannandrohungsbulle | 1524 † Heinrich Zütphen, Märtyrer in Dithmarschen | 1561 † Kaspar von Schwenkfeld, evangelischer Mystiker | 1896 † Alfred Nobel | 1929 † Franz Rosenzweig, jüdischer Schriftsteller und Theologe | 1968 † Karl Barth, Theologe

11. Dezember

Mittwoch | SA 08:17 SU 16:14 MA 13:36 MU 03:08

Wochenspruch: Lukas 21,28
Wochenlied: EG 7 oder EG.E 8

Wir lesen Jesaja 64,7–11

Werk in Gottes Händen

Der Verfasser dieser Worte kommt nicht zur Ruhe, zu viele Gedanken stürmen auf ihn ein. Seiner Verzweiflung über die schlimme Situation folgt das Flehen zu dem, dem er sein Leben verdankt: Du bist doch mein Vater, tue doch etwas, lass mich nicht fallen. Er wagt so zu sprechen, er spürt: Das kann ich, ich bin doch sein Geschöpf, er hat mich gemacht. – Wer schon einmal in einer Töpferei war, kann die folgenden Worte gut verstehen. Aus einer unansehnlichen Masse wird unter den Händen des Töpfers etwas sehr Schönes, eine Vase, ein Teller, ein Krug. Noch eine Verzierung, danach wird es gebrannt für die Haltbarkeit, bereit, um mit schönen und nützlichen Dingen gefüllt zu werden. Wir werden hier erinnert an die Schöpfung Gottes, der am Ende sagen konnte: Alles, was ich gemacht habe, war gut, auch der Mensch. Gott hat uns geschaffen, mit Ecken und Kanten, leicht zerbrechlich und doch immer wieder von ihm gehalten. Als Individuum in die Gemeinschaft vieler gestellt, gefüllt mit Glauben und Liebe, so dass wir davon abgeben können, weil Gott uns immer wieder neu füllt, wenn Leere droht. Wie sollte er uns da fallen lassen, auch wenn wir oft unachtsam damit umgehen und uns manchmal gegenseitig zerstören. Wir dürfen Gott jederzeit an sein Werk erinnern, und er wird zu uns, seinen Geschöpfen halten. Das ist das Versprechen der Weihnacht. *Karin Elmer*

Wir beten

Gott, Du hast alles so wunderbar gemacht. Lass es uns wertschätzen und dankbar annehmen. Lass uns erkennen, wo wir abgeben können von dem, mit dem Du unser Leben immer wieder füllst. Amen.

Erhard Mauersberger (1903 – 1982)

1914 wurde er Mitglied des Thomanerchores, dessen Leiter er von 1961 bis 1972 war. Er spielte eine bedeutende Rolle in der Kirchenmusik der DDR, erhielt dafür mehrere Orden. Nach seiner Vergangenheit wurde nicht gefragt, die war aber nicht unumstritten: Nach 1933 folgte er in vielem der Nazi-Ideologie, wandte sich gegen jüdische Einflüsse in der Kirche und engagierte sich am Entjudungsinstitut in Eisenach. Für Kirchenmusik und Thomanerchor spielte er zwar eine große Rolle, aber eine Reflexion über sein Handeln vor 1945 blieb aus.

1817 † Max von Schenkendorf, Liederdichter | 1910 † Lars Olsen Skrefsrud, Missionar in Indien | 1942 † Jochen Klepper, Liederdichter, Schriftsteller | 1982 † Erhard Mauersberger, Thomaskantor

12. Dezember

Donnerstag | SA 08:18 SU 16:14 MA 13:53 MU 04:38

Wochenspruch: Lukas 21,28
Wochenlied: EG 7 oder EG.E 8

Wir lesen Jesaja 65,1–10

Gott lässt sich finden

Die Zahl der Menschen, die nicht nach Gott fragen, ist in Europa groß. Für viele ist Glaubens- bzw. Religionslosigkeit etwas Normales. Das liegt an verschiedenen Entwicklungen in der zweiten Hälfte des 20. Jahrhunderts, wie dem politischen Druck auf die Kirchen in totalitären Systemen und dem Nachlassen der Orientierung an Gott und Jesus Christus in Ländern, in denen Freiheit herrschte. Doch Gott gibt niemanden auf. Deshalb übermittelte er durch Jesaja diese eindrücklichen Worte: „Ich ließ mich suchen von denen, die nicht nach mir fragten, und ließ mich finden von denen, die mich nicht suchten." Es kommt immer wieder vor, dass Menschen, die nicht in konfessionellen Zusammenhängen aufgewachsen und erzogen worden sind, durch die Wirkung des Heiligen Geistes zum Glauben finden. Damals bei Jesaja wurden diejenigen, die nicht durch Gleichgültigkeit, sondern durch Abtrünnigkeit auffielen, ermahnt, ihr Verhalten zu ändern. Wer aus dem Volk Israel anderen Mächten als dem lebendigen Gott Opfer bringt, wird die Konsequenzen zu spüren bekommen. Diejenigen aber, die wieder nach Gott fragen, sollen Gutes erfahren. Die Adventszeit ist eine Zeit der Besinnung und der Umkehr. Die violetten Paramente in den gottesdienstlichen Räumen und die zurückhaltendere Liturgie zeigen dies an. Wir sind in diesen Tagen immer wieder dazu aufgerufen, darüber nachzudenken, wie wir uns Gott neu zuwenden können. *Peter Amberg*

Wir beten

Großer Gott, wir danken Dir, dass Du uns immer wieder nachgehst und zur Umkehr und zum Glauben rufst. Wir bitten Dich, sende denen, die sich auf den Weg des Glaubens begeben wollen, Deinen Geist und hilf ihnen, die Botschaft von Deinem Sohn Jesus Christus anzunehmen. Amen.

Vicelin – ein Glaubensbote in Holstein

Der Missionar und Bischof Vicelin wurde um 1090 in Hameln geboren. Er veranlasste viele Kirchbauten und prägte die kirchliche Topographie in Altholstein und im späteren Ostholstein. Vicelin war Bischof von Oldenburg und gilt als einer der Kirchenväter Nordelbiens. 1152 erlitt er einen schweren Schlaganfall und konnte sein Bischofsamt nicht mehr ausüben. Er starb nach zweieinhalbjährigem Krankenlager am 12.12.1154.

1154 † Vicelin, Glaubensbote in Holstein | 1766 † Johann Christoph Gottsched | 1836 Gossner Mission gegründet

13. Dezember

Freitag | SA 08:19 SU 16:14 MA 14:17 MU 06:10

Wochenspruch: Lukas 21,28
Wochenlied: EG 7 oder EG.E 8

Wir lesen Jesaja 65,17–25

Grund zur Hoffnung

Jesaja kann eine hoffnungsvolle Botschaft von Gott weitergeben. Es werden ein neuer Himmel und eine neue Erde entstehen. Dann wird der frühzeitige Tod der Vergangenheit angehören, und es wird Frieden herrschen. Dies ist eine Hoffnung, die auf Änderung in zwei sehr wesentlichen Gesichtspunkten hindeutet. Der Verlust, der Abschiedsschmerz durch das Sterben ist überwunden, und es gibt keine kriegerischen Auseinandersetzungen mehr, die der Grund für Leid und Tod sind. In der Adventszeit wird diese Hoffnung zum einen verdeutlicht durch den Blick auf das Christfest, auf die Geburt des Jesuskindes, mit der Gott Mensch wird und den Frieden verheißt. Zum anderen können wir den Blick auf die zugesagte zweite Ankunft Jesu richten. Wenn der auferstandene und einst zu seinem himmlischen Vater zurückgekehrte Christus wiederkommt, wird das schon angebrochene Reich Gottes vollendet. Dann werden Auferstehung und Eingehen zum ewigen Leben möglich, und es wird der umfassende Frieden verwirklicht, der schon von Jesaja angesagt wurde. Der neue Himmel und die neue Erde sind Bilder für eine Zukunft, auf die wir hoffen können. So zeigt sich, dass die Worte der Propheten uns immer wieder Grund zur Hoffnung schenken. Es ist also sinnvoll und eine Hilfe für unseren Alltag, an jedem Morgen in der Bibel zu lesen und die Botschaft mit in den Tag zu nehmen. So können wir gestärkt und getröstet werden. *Peter Amberg*

Wir beten

Guter Gott, wir danken Dir für Deine Botschaft von dem neuen Himmel und der neuen Erde und für die Hoffnung auf die Wiederkunft Deines Sohnes Jesus Christus. Bitte behüte uns an diesem Tag und verhilf uns zu Möglichkeiten der Ruhe und Besinnung. Amen.

Christian Fürchtegott Gellert – ein Philosoph und Kirchenlieddichter

Gellert wurde am 4.7.1715 in einem evangelischen Pfarrhaus in Hainichen geboren und studierte in Leipzig Philosophie und Theologie. Seit 1751 war er als Professor für Philosophie in Leipzig tätig. Er war einer der meistgelesenen Schriftsteller seiner Zeit und verfasste etliche Kirchenlieder, von denen einige im Evangelischen Gesangbuch stehen, z. B. „Jesus lebt, mit ihm auch ich“ (EG 115). Gellert starb am 13.12.1769 in Leipzig.

303 † Lucia, Märtyrerin in Syracus | 720 † Odilia, Äbtissin im Elsass | 1545 Eröffnung des Konzils von Trient | 1769 † Christian Fürchtegott Gellert, Liederdichter in Sachsen | 1863 † Friedrich Hebbel, Dichter

14. Dezember

Sonnabend | SA 08:20 SU 16:14 MA 14:52 MU 07:40

Wochenspruch: Lukas 21,28
Wochenlied: EG 7 oder EG.E 8

Wir lesen Jesaja 66,1–4

Alles, was ihr tut, geschehe aus Liebe (1. Kor 16,14)

Das Ende des Jesajabuches bezieht sich auf dessen Anfang. Der erste Jesaja erfuhr seine Berufung im Tempel (Kap. 6), seitdem ist viel Zeit vergangen. Jesaja ist lange tot, und den Tempel, der in der Vision des Propheten von einem Stück Saum des göttlichen Gewandes erfüllt wurde, gibt es nicht mehr. Nach Kriegen, Entweihung, Zerstörung, Verschleppung von Menschen, Rückkehr, hoffnungsvollem Neubeginn, auf den bald Rückschläge folgten, ist inzwischen der zweite Tempel in Betrieb genommen worden, und es wird noch weiter an ihm gebaut. Das Leben geht weiter, das Geschäft läuft, und endlich ist es auch wieder möglich, Opfer zu bringen. Also alles gut? Doch Gott lässt den Propheten sprechen: Der Himmel ist mein Thron und die Erde der Schemel meiner Füße, alles ist mein Werk. Gott erfüllt und bewohnt seine Schöpfung. Aber er blickt weder voller Stolz auf diese Schöpfung noch erfreut ihn das Tun der Tempelbauer und Opfer Darbringenden. Er verachtet sie, bezeichnet sie als seine Feinde. Denn Gott sieht hinter die Fassade und in die dunklen Ecken. Er erblickt die Elenden, Eingeschüchterten, Geistzerschlagenen, Lebensmüden. Er wendet sich denen zu, die vor seinem Wort erzittern, oder wie Martin Buber es übersetzt, den seiner „Rede Entgegenbebenden". Diese von ihren Mitmenschen Verlassenen haben zugleich große Sehnsucht nach Gottes Wort und große Ehrfurcht. *Martina Schmidt*

Wir beten

Gott, bewahre uns vor Gleichgültigkeit dem Leid gegenüber. Zu glauben, dass Du in die dunklen Abgründe menschlichen Denkens und Tuns siehst, beunruhigt, es motiviert zum Handeln. Amen.

Verseinteilung: Jesaja 66,1 – 6

Ich schlage vor, der Verseinteilung zu folgen, die Ulrich Berges in seinem Kommentar zu Jesaja 55 – 66 (HThKAT 2022) vornimmt und die unseren heutigen Abschnitt bis auf Vers 6 erweitert. Gottes vernichtendes Wort zum Tempelbau aus Vers 1 wird in Vers 6 wieder aufgenommen. Es wird nun zum Wort an die Menschen zerbrochenen Herzens, die seinem Wort entgegengebebt haben. Schließlich wird dieses Wort zu Gottes Vergeltungstat an seinen Feinden vom Tempel her. Und damit ist auch die Antwort auf die Frage aus Jesaja 6,11 „Herr, wie lange?" gegeben.

1272 † Berthold von Regensburg, Volksprediger in Süddeutschland | 1417 † John Oldcastle, Märtyrer in England | 1788 † Carl Philipp Emanuel Bach, Musikdirektor in Hamburg | 1990 † Friedrich Dürrenmatt, Schriftsteller

15. Dezember

Sonntag | 3. Sonntag im Advent

Wochenspruch: Jesaja 40,3.10
Wochenlied: EG 10 oder 16
Altes Testament: Jesaja 40,1–11
Epistel: 1. Korinther 4,1–5
Evangelium: Lukas 1,67–79

Wir lesen Psalm 130

Ein Gebet für unterwegs

Drei Kerzen brennen heute. Sie zeigen uns: Es liegt nur noch ein kleines Wegstück bis Weihnachten vor uns. Wie bereiten wir uns auf die Ankunft an der Krippe vor? Vielleicht wie die jüdischen Pilger damals auf die Ankunft in Jerusalem: Dreimal im Jahr zogen sie anlässlich der großen Feste zum Tempel, um dort gemeinsam zu feiern und Gott zu loben. Unterwegs sangen und beteten sie miteinander die sogenannten Wallfahrtspsalmen (Ps 120–134). Indem Psalm 130 der Sehnsucht nach unserem Retter Raum gibt, kann uns dieses Gebet auf Weihnachten vorbereiten. Je dunkler es ist, desto heller erscheint das Licht einer Kerze. Je mehr wir die Finsternis in und um uns erkennen, desto heller strahlt Jesus in der Krippe. Die Finsternis, das sind unsere Sünden: Selbstbezogenheit, Lieblosigkeit, Unzufriedenheit und Misstrauen gegenüber Gott. Der Zustand, in dem Gott weder Platz in unserem Leben noch in unserer Welt hat. Wer kann da bestehen (V. 3)? In dieser dunklen Nacht geht es uns wie den Wächtern. Sehnsüchtig warten wir auf Veränderung, auf den hellen Morgenstern, auf das Anbrechen des neuen Tages. Haben Sie in Vers 4–5 und 7 die vier Begriffe entdeckt, die wie die ersten Strahlen des Tages sind? Vier Begriffe, wie die vier Kerzen auf dem Adventskranz. Mit jedem wird es ein Stück heller in unserem Leben. *Vergebung*: ein für alle Mal, jeden Tag aufs Neue. Altes Versagen darf mich nicht länger quälen, meine Unzulänglichkeiten und Grenzen dürfen mir weder Schlaf noch Freude rauben. *Gottes Wort*: ein Licht, das mir Orientierung für mein Leben gibt. *Gnade*: die bedingungslose Annahme durch Gott, die mich wertvoll und würdig macht. *Viel Erlösung*: ausreichend fürs Leben und Sterben, für mich und für viele andere. – In Vers 1 lesen wir, an welcher Stelle des Pilgerwegs der Psalm gesungen werden soll. Bei mir gibt es fast jedes Jahr in der Advenszeit so einen Tiefpunkt, wenn mir die Erwartungen und Aufgaben über den Kopf wachsen. *Tina Arnold*

Wir beten

Auf dem Weg zur Krippe bedroht uns die Finsternis. Doch wir wissen: Dein Licht wird die Finsternis überwinden. Du schenkst uns Vergebung, Dein Wort, Gnade und viel Erlösung. Lob und Dank sei Dir! Amen.

1891 † Friedrich Oser, christlicher Schriftsteller | 1901 † Gerhard Uhlhorn, Theologe in Niedersachsen | 1911 † Eberhard von Rothkirch, Förderer des CVJM

16. Dezember

Montag | SA 08:21 SU 16:14 MA 16:49 MU 10:03

Wochenspruch: Jesaja 40,3.10
Wochenlied: EG 10 oder 16

Wir lesen Jesaja 66,5–14

Mutter Jerusalem

Mit dem heutigen Abschnitt wird unser Blick weg von den Feinden Gottes und ganz auf die Menschen gerichtet, die vergessen sind, weil sie im Schatten der Gleichgültigkeit leben, auf die Geistzerschlagenen, die Gottes Wort entgegenbeben. Der Prophet holt sie aus dem dunklen Hintergrund hervor und stellt sie in das Licht der Vorderbühne. Sie dürfen um Gottes Willen nicht länger die Übersehenen bleiben, ihnen wird Würde verliehen, sie werden zu geliebten Kindern, die Zuwendung erfahren. Satt, zufrieden und geborgen sollen sie sein. Aber vor allem fröhlich über Jerusalem, die zu ihrer Mutter geworden ist, ehe sie selbst es überhaupt fassen konnten. Das gilt übrigens sowohl für die Mutter als auch für die Kinder, wie an Vers 8 deutlich wird. Aber sie müssen nicht fragen, sie sollen sich einfach mit der Mutter Jerusalem freuen und sich auf diese Weise ihrer würdig zeigen. Sie ist nicht mehr die Verlassene und Ungeliebte (60,15). Gott selbst, der eben noch so furchtbar, tobend und ohne Gnade an denen gehandelt hat, die er wegen ihrer Gleichgültigkeit und Ablehnung den Elenden gegenüber zu seinen Feinden erklärt hat, wird Sanftmut. Schützende Arme, Wärme, leise Worte, Nähe. „Ich will euch trösten, wie einen seine Mutter tröstet“, sagt er zu denen, die bisher Ablehnung, Verachtung und Härte erfahren haben. Sie sollen stark werden und gedeihen. *Martina Schmidt*

Wir beten

Gott, öffne uns die Augen und das Herz, damit wir sehen, wo Du Dich zu erkennen gibst. Öffne uns die Hände, dass wir weitergeben von dem Segen, den Du auf uns gelegt hast. Amen.

Verseinteilung: Jesaja 66,7 – 14

Dass es sinnvoll ist, die Verseinteilung zu ändern, wird gerade an unserem heutigen Abschnitt besonders deutlich. Die Feinde sind zunächst besiegt. „Der Zorn an seinen Feinden“ kommt nur noch in 66,14c vor. Dieser Text ist den Knechten Gottes, den Kindern Jerusalems gewidmet. Sie werden ins Zentrum gerückt, es geht nur um sie und ihre Beziehung zu Gott und zur Stadt, um die Bedeutung, die sie von Gott her für die Gemeinschaft erfahren. Denn wirklicher Frieden ist nur möglich, wenn es keine Randfiguren und Schattenwesen mehr gibt.

999 † Adelheid, Kaiserin, Gemahlin Ottos I. | 1770 * Ludwig van Beethoven | 1859 † Wilhelm Grimm, Sprachwissenschaftler | 1878 † Karl Gutzkow, Schriftsteller

17. Dezember

Dienstag | SA 08:22 SU 16:14 MA 18:08 MU 10:46

Wochenspruch: Jesaja 40,3.10
Wochenlied: EG 10 oder 16

Wir lesen Jesaja 66,15–24

Gottes Herrlichkeit und das neue Jerusalem

Der Zorn an seinen Feinden wird zum Gericht über die ganze Erde und alles Fleisch. Alles, was unheilig, unrein und schändlich ist, was Gottes Herrlichkeit verdunkelt und sein Wirken verhöhnt, soll hinweggerafft werden. Das klingt wie eine Wiederholung der Urgeschichte, diesmal mit Feuer statt Wasser. So wird auch angeknüpft an den wegen der Sprachverwirrung unvollendeten Turmbau, wenn es heißt, dass Gott kommen will, um alle Völker und Zungen zu versammeln, damit sie seine Herrlichkeit sehen. Das Zentrum gegen die Zerstreuung ist dabei der Ort, den Gott selbst erwählt hat: Jerusalem und der heilige Berg. Die Völker werden kommen und bringen wie eine Gabe an Gott die Zerstreuten seines Volkes mit. Neuer Himmel, neue Erde, neuer Gottesdienst, alles ist gut. Aber dann der allerletzte, so verstörende Satz des Buches. Neben dem Bild der neuen Schöpfung steht der Anblick nie verlöschender Leichenverbrennungen. Scharfer Kontrast, weil die Verheißungen bis heute nicht erfüllt sind. Dieser Vers ist so etwas wie ein Stachel im Fleisch, ein Störfaktor, damit wir in den guten Zeiten unseres Lebens wachsam bleiben und nicht vor uns hindämmern. Wir haben eine Vorstellung bekommen von dem, was Gott mit seiner Schöpfung und uns im Sinn hat, dem sollen wir nacheifern. Dazu gehört auch, dass wir nicht abstumpfen gegenüber dem, was dagegen anstinkt. *Martina Schmidt*

Wir beten

Neu soll alles werden, Gott. Wir leben im Einklang mit unseren Nächsten und mit Dir. So soll es sein. An dieser Hoffnung wollen wir festhalten, auch wenn es kaum zu glauben ist. Amen.

Leseordnung

Sie werden jeden Neumond und jeden Sabbat feiern, haben wir in Vers 23 gelesen. So liegt es nahe, dass Jesaja 66,1–24 immer dann im Synagogengottesdienst gelesen wird, wenn der jüdische Monatsanfang (Rosch Chodesch) auf einen Sabbat fällt. Die Ordnung der Wochenabschnitte sieht vor, dass die Lesung nicht mit Vers 24 endet, sondern Vers 23 am Ende wiederholt wird. Eine gute Lösung, wie ich finde. Das, was so verstörend ist, Zweifel weckt und nicht zu begreifen ist, wird nicht einfach ausgespart, aber so bleibt es nicht als Letztes im Ohr.

779 † Sturmius von Fulda, Glaubensbote und Abt (Gedenktag; Sterbetag: 10. oder 20.12.) | 1939 † Einar Billing, schwedischer Bischof

18. Dezember

Mittwoch | SA 08:23 SU 16:15 MA 19:30 MU 11:15

Wochenspruch: Jesaja 40,3.10
Wochenlied: EG 10 oder 16

Wir lesen Lukas 1,1–17

Geschichtet

Lukas schreibt Geschichte. Wir sollen sie mit den Augen seines Schülers Theophilus lesen, wörtlich bedeutet der Name „Gottesfreund". Lukas' Geschichte ist geschichtet. Kunstvoll verwoben erklingen zwischen der Geburt des Propheten Johannes und der Geburt des Erlösers Jesus die Saiten der Lobgesänge der Maria, des Zacharias und des Simon. Aufeinander bezogen, harmonisch abgestimmt in der Herzensbegegnung, „d'accord" zwischen Elisabeth und Maria. Die Geschichte Jesu beginnt mit der Begegnung zwischen dem Erzengel Gabriel und Zacharias. Zur Zeit des Herodes sei ihm der Engel im Tempel begegnet, die Geburt seines Sohnes Johannes zu verheißen. Viele Motive der Geschichte Gottes aus dem ersten Testament klingen auf: zum Beipiel das hohe Alter der Eltern wie bei Abraham und Sara; die Verkündigung der Geburt im Tempel wie bei Samuel. Schließlich wird der Geist des Propheten Elia erwähnt. Seine Wiederkunft wurde am Ende der Tage erwartet. So schichtet Lukas viele Ebenen aufeinander, um das Leben Jesu als Teil der Geschichte Gottes mit dem Volk Israel zu erzählen. Er will sagen: Gott hat

Großes vor mit seinem Volk, mit Zacharias, Johannes, Jesus. Das soll ein „fester Grund“ für Theophilus sein, damit er sein Leben auf Gott gründet. Schicht um Schicht, Saite um Saite, damit Gottes Lied erklingt bis heute. *Ulrich Schöntube*

Wir beten

Gott, Du Herr der Zeiten, stärke unser Vertrauen darauf, das Du mit unserem Leben Geschichte schreiben wirst. Amen.

Antonio Stradivari, italienischer Geigenbauer († 1737)

Die Geigen, die Antonio Stradivari gebaut hat, gehören heute zu den wertvollsten Instrumenten. Sie haben einen so obertonreichen Klang, dass selbst ein leiser Ton große Konzertsäle füllen kann. Messungen haben ergeben, dass eine „Stradivari“ äußerst gut in dem Klangbereich von 2000 bis 4000 Hertz zu hören ist. In diesem Bereich ist das menschliche Ohr besonders empfindsam. Übrigens, eine seiner Geigen verkaufte Stradivari zu Lebzeiten nie: die sogenannte „Messias“. Wahrscheinlich klang in ihr das himmlische Saitenspiel für ihn besonders auf.

761 † Wunibald und 787 † Willibald, Glaubensboten in Franken (gemeinsamer ev. Gedenktag; Sterbetage: 15.12.761 und 7.7.787) | 1737 † Antonio Stradivari, italienischer Geigenbauer | 1803 † Johann Gottfried Herder, Theologe und Dichter

19. Dezember

Donnerstag | SA 08:23 SU 16:15 MA 20:49 MU 11:35

Wochenspruch: Jesaja 40,3.10
Wochenlied: EG 10 oder 16

Wir lesen Lukas 1,18–25

Immer diese Bedenkenträger!

Das erste Wort des Engels bei der Begegnung mit Zacharias war: „Fürchte dich nicht!“ (V. 13) Das Wort wiederholt sich bei der Verkündigung an Maria und in der Weihnachtsgeschichte. Aber Zacharias ist beunruhigt. Nach der Verkündigung der Geburt des Johannes hat er einige Fragen: Wie soll das bei uns Alten geschehen? Gabriel versteht die Bedenken als Unglauben. Zur Strafe lässt er Zacharias verstummen. Das ist hart. Neun Monate schweigen, wo ihn Elisabeth doch gerade jetzt braucht. Sind Fragen gleich Zweifel an Gottes Möglichkeiten? Vertrauen schließt doch Fragen und Zweifel nicht aus. Hier aber schon. Gabriel ist genau deshalb ungeduldig: immer diese Bedenkenträger! Denn es geht um Gottes Zukunft bei den Menschen, es geht um das Wunder, dass Gott in der Welt wirkt. Wer das zerredet und erklären will, macht zwar viele Worte, bringt aber den Glauben zum Schweigen. So macht der Engel kurzen Prozess. Er zeigt Gottes Macht. Darum geht es vor allem. Gott ist größer als die Fragen. Das führt zu einem symbolischen Rollenwechsel, der Zacharias betrifft. Nicht der Glaube soll im Zweifel verstummen, sondern der Zweifel im Glauben. Zacharias muss mit seinen Fragen schweigen, damit Gott in der Menschheitsgeschichte Raum gewinnt. Als er seinen Mund wieder öffnet, preist er Gottes Größe und Gegenwart. *Ulrich Schöntube*

Wir beten

Ach, Herr, Du wirkst in uns und in der Welt. Lass unseren Glauben größer sein als unsere Bedenken und Zweifel. Amen.

Clemens von Alexandrien, Kirchenvater († um 215)

Eines der Hauptwerke dieses frühen christlichen Autors heißt Stromateis, übersetzt Teppiche. Wie bei einem Teppich webt Clemens von Alexandrien die Erkenntniswege der griechischen Philosophie und des christlichen Glaubens zusammen. So sei die Philosophie die Vorstufe für die wahre Erkenntnis, die erst durch den christlichen Glauben komme. Allerdings meint Clemens damit keine plumpe Überlegenheit. Denn die wahre Erkenntnis des Glaubens wird sich erst durch die Wiederkunft Christi vollenden. Insofern werden Wissen und Glauben erst noch an ihr Ziel kommen.

um 215 † Clemens von Alexandrien, Kirchenvater | 1838 † Christian Gottlieb Blumhardt, pietistischer Pfarrer | 1944 † Paul Blau, Theologe in Polen

20. Dezember

Freitag | SA 08:24 SU 16:16 MA 22:05 MU 11:50

Wochenspruch: Jesaja 40,3.10
Wochenlied: EG 10 oder 16

Wir lesen Lukas 1,26–38

Mir geschehe

„Ave“ – So heißt der Gruß des Engels auf Lateinisch. Liest man das Wort rückwärts, wird man zur ersten Frau der Bibel geleitet: zu Eva. Diese Wortspielerei bestimmte lange Zeit die Bibelauslegung der Verkündigungsszene. In der Malerei war die Verkündigung wesentlich beliebter als das Weihnachtsbild. Das liegt wahrscheinlich an dem Schluss der Szene. Maria zweifelt nämlich. Dies legt der Erzengel Gabriel nun aber nicht als „Unglauben“ aus wie bei Zacharias, sondern er argumentiert und überzeugt sie mit dem Wunder der Schwangerschaft ihrer betagten Verwandten Elisabeth und mit dem anstehenden Wunder des Heiligen Geistes. Für Maria ist das plausibel, und sie antwortet darauf und sagt „Mir geschehe“. Hätte sie auch „Nein“ sagen können? Offenbar liegt Lukas dieser Gedanke nahe, obwohl Gabriel und Maria doch ungleiche Gesprächspartner sind. In der katholischen Auslegungstradition wird Marias „Mir geschehe“ als Mitwirkung am Erlösungswerk Jesu interpretiert. So weit muss man nicht gehen. Aber Lukas macht Gottes Wirken in der Welt von einer menschlichen Zustimmung abhängig. Es kommt auf das gläubige „Ja“ an, auf das „Mir geschehe“, damit Gott zu Welt kommen kann. Er wartet, wie bei Maria, auf mein und Ihr „Ja“, damit er in der Welt wirklich wird. *Ulrich Schöntube*

Wir beten

Gott, Du sprichst Ja zu unserer Welt mit ihrem selbsterzeugten Glanz und ihren Abgründen. Hilf uns, dass wir Ja zu Dir sagen, auf dass es durch Dich in uns hell werde. Amen.

Katharina von Bora, Luthers Ehefrau († 1552)

Die „Lutherin“, Martin Luthers Käthe, starb sechs Jahre nach Luther in Torgau. Sie war auf der Flucht vor der Pest auf dem Weg nach Torgau mit der Kutsche verunglückt. Sie wurde in der Torgauer Marienkirche beigesetzt. Viele neuere Forschungen zum sozialen Umfeld erhellen, dass sie, modern gesprochen, im Lutherhaus die Leiterin eines ausgewachsenen mittelständischen Unternehmens gewesen ist. Dazu gehörte nicht nur die Bewirtung der vielen Gäste, sondern auch die Bewirtschaftung mehrerer Gärten und landwirtschaftlicher Flächen. Sie muss hoch gebildet gewesen sein und großen ökonomischen Verstand gehabt haben.

1550 † Matthias Greiter, Mitarbeiter der Reformation | 1552 † Katharina von Bora, Luthers Ehefrau

21. Dezember

Sonnabend | SA 08:24 SU 16:16 MA 23:17 MU 12:02

Tagesspruch: Jesaja 52,7
Tageslied: EG 382 oder EG.E 27

Wir lesen Lukas 1,39–56

Vom Hüpfen und Hoffen

Maria singt vom Fall der Mächtigen und von Hungrigen, die satt werden. Es ist ein alter Traum, von dem schon Hanna im ersten Testament sang. Aber was ist seit Hanna, Elisabeth und Maria denn nun wirklich geschehen? Trotz solcher Träume sind die Zahlen der Hungernden immer noch hoch. Vielleicht steckt die Antwort in einem kleinen Detail der Begegnung der beiden Frauen. Als Maria und Elisabeth sich nämlich treffen, „hüpft das Kind vor Freude in ihrem Leibe"! Merkwürdig, dass so etwas in der heiligen Geschichte erwähnt wird. In der jüdischen Tradition wird vom Hüpfen beim Gebet gesprochen. Denn die Seraphim, die Engel, schwebten, als sie den Gesang des Dreimalheilig im Tempel vor Gott anstimmten (Jes 6). Wenn die Engel also schweben beim Gesang, dann sollten wir Menschen es beim Gebet auch tun: ein bisschen schweben durch Hüpfen. Tatsächlich hat sogar das deutsche Wort „hoffen" etwas mit hüpfen zu tun. Es kommt vom Mittelhochdeutschen „hopen" oder „hupen" her. Es bezeichne, so ist zu lesen, eine Lautgebärde, eine Bewegung von unten nach oben. Schweben, „hopen", „hupen", hupfen, hüpfen, hoffen:

Das ist es, was sich geändert hat seit Hanna, seit Elisabeth, seit Maria. Hoffnung! Deshalb hüpft das Kind. Hüpfen wir also mit den Frauen im Gebet, getragen von Engelsflügeln, weil Gott die Welt verändern wird. *Ulrich Schöntube*

Wir beten

Großer Gott, lass unsere Hoffnung schweben, auf dass unsere Herzen leicht werden, weil wir und die ganze Welt Deinem Licht entgegengehen. Amen.

Tag des Apostels Thomas

Als die Portugiesen im 16. Jahrhundert auf der Suche nach neuen Handelswegen bis Südindien vorstießen, trafen sie zu ihrer Überraschung auf gläubige Christen. Diese Christen leiten ihre Herkunft bis auf den heutigen Tag vom Apostel Thomas ab. Thomas, der Zweifler, der die Finger in die Seitenwunde legen musste, um zu glauben, ist – so erzählen es Legenden – um das Jahr 52 n. Chr. nach Indien gereist. Auch wenn die frühesten schriftlichen Zeugnisse darüber aus dem 3. Jahrhundert stammen, bezeugen sie doch, dass die Gemeinschaft der Thomaschristen älter als manche europäische Kirche ist.

Wintersonnenwende | Tag des Apostels Thomas (alternativ: am 3. Juli) | 882 † Hinkmar von Reims, Kirchenfürst des Frankenreiches

22. Dezember

Sonntag | 4. Sonntag im Advent

Wochenspruch: Philipper 4,4.5b
Wochenlied: EG 9 oder 19
Altes Testament: Jesaja 62,1–5
Epistel: Philipper 4,4–7
Evangelium: Lukas 1,26–38(39–56)

Wir lesen Psalm 102

Der du die Zeit in Händen hast

Die letzten Verse aus diesem Bußpsalm, in dem der Beter angesichts nahenden Endes Gott anruft, hat Jochen Klepper in ein Lied gefasst. „Der du die Zeit in Händen hast" entstand 1938. Ein Lied zum Ende des Jahres, zu einem Jahreswechsel in banger Zeit: „Wer ist hier, der vor dir besteht? Der Mensch, sein Tag, sein Werk vergeht: Nur du allein wirst bleiben. Nur Gottes Jahr währt für und für, drum kehre jeden Tag zu dir, weil wir im Winde treiben" (EG 64,3). Am 18.12.1938 hatte das Ehepaar Klepper geheiratet, wenige Wochen nach der Reichspogromnacht, im vollen Bewusstsein der eigenen Lebensgefahr. – Einen Halt angesichts von Verderben und eigenem Tod sucht auch der Beter des Psalms. Voller Sehnsucht nach Gottes Zuwendung singt der Psalm dieses „Gebet für den Elenden, wenn er verzagt ist und seine Klage vor dem Herrn ausschüttet" (Ps 102,1). Und wenn das im eigenen Leben nicht mehr möglich ist, dann bleibt dieses Vertrauen in Gottes Handeln und Herrlichkeit doch für die, die danach kommen. – Es sind bedrückende, jeden Trost meidende Bilder des Zerfalls, kurz vor dem Untergang einer gottverlassenen Umwelt. Die Erde liegt in Trümmern. Vertrocknet, verbrannt, zerstört, angekommen in tiefer Verzweiflung beschreibt der Psalm die Stimmung der Betenden. In ihrer eigenen Depression fehlt jeglicher Antrieb, zu Kräften zu kommen, durch eigenes Handeln beizutragen zu einer Rettung. Alles ist da – doch die Trauer über das eigene Schicksal ist zu groß. Lähmt, will und kann sich nicht trösten lassen, nicht mehr in den eigenen Tagen. Und weiß sich doch gehalten an Gottes Hand, seiner Gnade und bleibt geborgen und getröstet in seiner Ewigkeit: „Der du allein der Ewge heißt und Anfang, Ziel und Mitte weißt im Fluge unsrer Zeiten: bleib du uns gnädig zugewandt und führe uns an deiner Hand, damit wir sicher schreiten" (EG 64,6). *Karin Bertheau*

Wir beten

Guter Gott, lass uns Deine Zuwendung in die Welt tragen und Deinen Trost weitergeben an die Verzweifelten. Zeige ihnen Deine Gegenwart, damit sie im Leben hier wieder Halt finden. Amen.

1857 † Marie Nathusius | 1899 † Dwight L. Moody, Erweckungsprediger in Nordamerika

23. Dezember

Montag | SA 08:25 SU 16:17 MA 00:27 MU 12:22

Wochenspruch: Philipper 4,4.5b
Wochenlied: EG 9 oder 19

Wir lesen Lukas 1,57–66

Der Vorname

Im gleichnamigen Film (2018) von Sönke Wortmann breitet sich in der Runde einer Abendeinladung Entsetzen aus, als Thomas und seine schwangere Frau Anna im Scherz ankündigen, ihren Sohn Adolf zu nennen. Die Stimmung kippt. Gibt es falsche und richtige Vornamen? Es gibt sie noch, Vornamen oder zusätzliche Vornamen, die den Namen des Paten oder der Patin aufnehmen, den eines Eltern- und Großelternteils oder einen in der Familie gebräuchlichen Namen weitertragen in die nächste Generation. Werdende Eltern machen sich darüber viele Gedanken. Vornamen haben Bedeutung und stiften Identität. Nicht immer sind die Träger glücklich damit. – Die Irritation der Nachbarn und Angehörigen hier lässt sich nachvollziehen. Sie wundern sich und erschrecken vor dem Wunder, dass Zacharias mit der Bestätigung des Namens wieder sprechen kann. Sie spüren, dass „Johannes", hebräisch „Gott ist gnädig", mehr Bedeutung hat, als sie erfassen können. Dass Gott seine Hand im Spiel hat. Wir lesen zugleich Lukas 2 mit: Es kam die Zeit, dass sie gebären sollte, die große Barmherzigkeit, die Freude, das Zu-Herzen-

Nehmen, die Verbreitung der Nachricht in der ganzen Gegend. „Gott ist gnädig“: Im Namen kündigt sich heute, am Vortag, an, was wir morgen feiern. Durch die Jahrhunderte gehört Johannes in vielen Variationen – neben Elisabeth – zu den beliebtesten Vornamen überhaupt. *Ulrike Schilling*

Wir beten

Gott, ich bin überrascht, wie Lukas die beiden Geburtsgeschichten bis in die Wortwahl hinein verbindet. Und wie Du Dich bereits in Johannes zeigst. Das geht mir zu Herzen. Danke! Amen.

„Hänsel und Gretel“

Am 23.12.1893 wurde die spätromantische Märchenoper Hänsel und Gretel von Engelbert Humperdinck am Hoftheater in Weimar mit großem Erfolg uraufgeführt. Das Libretto verfasste Humperdincks Schwester Adelheid Wette, die Vorlage bildete das gleichnamige Märchen der Brüder Grimm. Seitdem erfreut sich das Werk größter Beliebtheit, vor allem in der Weihnachtszeit. Das Lied „Abends, wenn ich schlafen geh“ ist durch seine innige Melodie und die Vorstellung von Engeln, die die Schlafenden beschützen, auch außerhalb der Oper populär geworden.

1559 † Anne du Bourg, Märtyrer in Frankreich

24. Dezember

Dienstag | Heiliger Abend

Spruch: Lukas 2,10b.11
Lied: EG 24 oder 27
Altes Testament: Jesaja 9,1–6
Epistel: Galater 4,4–7
Evangelium: Lukas 2,1–20

Wir lesen Lukas 1,67–80

Der Bogen, die Hinführung

Ist sie da, die Pause zur Besinnung am Morgen des Heiligen Abend? Noch einmal innehalten, bevor es Weihnachten wird? Zacharias, beglückt durch die Geburt seines Sohnes, nimmt Psalmworte in den Mund, Gott zu loben und das Heil zu preisen, das er am eigenen Leib erfahren hat. Und das in den alten und neu gesprochenen Worten weit über ihn hinausweist und -greift. Erfüllt vom Heiligen Geist, vollmundig, schlägt er den Bogen von den Anfängen der Heilsgeschichte über die Gegenwart bis in die Zukunft, an der sein Sohn Johannes als Wegbereiter beteiligt sein wird. Gott sucht, besucht sein Volk, damals wie heute. Er hat sich gebunden und bindet sich neu. Rettung, Heil, Barmherzigkeit sind die Worte, die herausstechen, Gottes Initiativen, sein Einsatz aus Liebe, damit wir furchtlos, von Angst befreit, ihm verbunden, heilig und gerecht unser Leben bestehen können. Und alles noch einmal von vorn, von Neuem, weil sein Herz ihn, Gott, drängt, Licht in die Finsternis zu bringen, so dass wir überhaupt erst sehen können, wohin er uns führen möchte. Eine Weihnachtsgeschichte, weil schon alles da ist, nahe: Der Kommende soll unsere Füße auf den Weg des Friedens richten. Gott gibt, Johannes gibt, wir sind Empfangende, heute. Als Beschenkte dürfen wir uns freuen, als Erlöste können wir dem Frieden trauen und aus dem Frieden und für den Frieden leben. Johannes erwachsen seine Kräfte durch den Rückzug in die Wüste. Meine Kräfte werden gestärkt durch diesen großen Bogen der Nähe Gottes, den Lukas Zacharias mit prophetischer Kraft in den Mund legt. Das wünsche ich mir heute: dass das Licht mir begegnen möge, dass Frieden mich erfülle, dass Ängste vergehen. Dass Gottes Barmherzigkeit mich anrührt und mein Herz erreicht. Bald ist es so weit: Wir dürfen ihn einlassen, den hohen Besuch, den Besuch des Höchsten, das Kind in der Krippe. *Ulrike Schilling*

Wir beten

Gott, Du vermagst Menschen zu erreichen und Herzen zu erweichen. Lass Deinen Frieden heute ausstrahlen in alle Welt. Führe Menschen und Nationen durch Deine Liebe zueinander. Amen.

1541 † Andreas Karlstadt, erst Freund, dann Gegner Luthers | 1928 † Mathilde Wrede, Wohltäterin in Schweden (ev. Gedenktag; Sterbetag: 25.12.) | 1996 † Gottfried Forck, Bischof in Berlin-Brandenburg

25. Dezember

Mittwoch | 1. Christfesttag

Spruch: Johannes 1,14a
Lied: EG 23 oder 45
Altes Testament: Jesaja 52,7–10
Epistel: Titus 3,4–7
Evangelium: Johannes 1,1–5.9–14(16–18)

Wir lesen Lukas 2,1–14

Feierstimmung für „alles Volk“

Weihnachten – was für ein Fest! Einer der Höhepunkte der Geschichte der Menschheit! Viele, die sich einfinden auf der Bühne der ersten Weihnacht: eine Frau, begleitet von dem Mann, der sie heiraten will, Maria und Josef. Ein Kind, geboren in erbärmlichen Verhältnissen, weit entfernt von den Komfortzonen eines abgesicherten Lebens. Raue Gesellen, die für ein geringes Entgeld die Schafe anderer Leute hüten und um ihr Überleben kämpfen. Ohne dass er selber auftritt, ist auch der mächtigste Mensch seiner Zeit präsent: der Kaiser in Rom. Es ist Augustus, der durch seine Anordnung alle in Bewegung bringt. Der wissen will, welche Reichtümer sich in seinem Machtbereich finden lassen. Dem Statthalter vor Ort kommt nur die Rolle der Datierung der Ereignisse zu. Alles das, was berichtet wird, hat sich wirklich so zugetragen – während seiner Regierungszeit. Mit einem Mal richtet sich der Blick von der Erde in den nächtlichen Himmel.

Die Engel füllen aus, was an Raum übrig bleibt. Ihr Gesang übertönt die Stimme des Neugeborenen und das Blöken der Schafe. Ihre Botschaft hebelt all das aus, was zuvor den Gang der Welt bestimmt hat. „Allem Volk“ gilt ihre Botschaft, nicht nur einigen Auserwählten. Ein „Herr“ wird geboren, der so ganz anders ist als die Herren, die die Menschen bisher gekannt und erlitten haben. Ein Kind rückt ins Zentrum des Geschehens, wo vorher die Mächtigen das Sagen hatten. Und besungen wird, so als wäre er längst Wirklichkeit, der „Friede auf Erden“. Was fehlt, um aus all dem die Geschichte des Anbruchs einer neuen Zeit zu machen? Dass ich meine Rolle finde in diesem Fest des Anbruchs von Gottes neuer Welt! Mein kleiner Weihnachtsglaube genügt, um in der Nacht von Bethlehem das lichterfüllte Fest der Weihnacht wahrzunehmen, das all den finsteren Nächten meines Lebens den Garaus macht. *Traugott Schächtele*

Wir beten

Dem Wort der Engel will ich Glauben schenken, Gott! Dein Kommen lässt mich den Himmel entdecken – um mich herum und in mir. Dankbar lass mich dieses Fest der Weihnacht feiern. Amen.

Jüdischer Feiertag: Chanukkah (Reinigung des Tempels, 1. Kerze) | 498 Taufe Chlodwigs in Reims | 785 Taufe Widukinds | 800 Kaiserkrönung Karls des Großen

26. Dezember

Donnerstag | 2. Christfesttag

Wochenspruch: Johannes 1,14a
Tagesspruch: Psalm 116,15,17
Wochenlied: EG 32 oder 39 / Tageslied: EG 137 oder 154
Altes Testament: Jesaja 7,10–14
Epistel: Hebräer 1,1–4(5–14)
Evangelium: Matthäus 1,18–25

Wir lesen Lukas 2,15–20

Weihnachtlicher Rollenwechsel

Mit einem Mal sind die Engel verschwunden. Der Himmel, so scheint's, macht Pause. Plötzlich ist man auf der Erde wieder unter sich. Die Augen der Hirten müssen sich erst wieder an das Dunkel gewöhnen. Der Gesang der Engel ist nur noch im Inneren zu hören. Draußen nichts als Stille. Aber die Weihnacht ist mitnichten am Ende. Sie beginnt jetzt erst richtig. Mitten auf der Erde. Mitten im pulsierenden Leben. Es ist ein Fest der kleinen Leute. Unbedarfte Hirten machen sich auf zum Stall. Das junge mittellose Paar wärmt sein Neugeborenes im Stroh in einer Krippe. Maria macht sich ihre eigenen Gedanken. Sie muss erst begreifen, was für eine Rolle ihr Gott zugedacht hat. Die Engel schweigen. Aber die Hirten treten an ihre Stelle. Sie „breiten das Wort aus". Sie preisen und loben Gott. Gott wird Mensch. Und Menschen bringen eine himmlische Botschaft unter die Leute. So wird es erst wirklich Weihnachten. Diejenigen, die bestenfalls als Nebendarsteller eingeplant waren, übernehmen die Hauptrollen. Deshalb ist Weihnachten ein Mutmachfest. Das, was ist, ist allemal erst das Vorletzte. Was sein wird, kann ich noch gar nicht wissen. Aber ich kann mir sicher sein: Es wird die Gegenwart um ein Vielfaches übertreffen. Anders wäre sie ja auch kaum erträglich. Die Weihnacht geht weiter, auch dann, wenn im Kalender das Datum wieder vom festlichen Rot auf das Alltagsschwarz wechselt. Das Fest der Weihnacht geht weiter – das möchte ich feiern und mich vom Leben überraschen lassen. Und von Gott dazu. Nein, der Himmel macht keine Pause! Aber er lässt sich auf der Erde finden. Das feiern wir! Jede Weihnachten aufs Neue. *Traugott Schächtele*

Wir beten

Die Hirten lassen sich zum Aufbruch bewegen, Maria hört genau hin und richtet ihre Gedanken neu aus. Weihnachten zu feiern wie Maria und die Hirten – das möchte ich lernen, Gott. Amen.

Tag des Erzmärtyrers Stephanus

27. Dezember

Freitag | SA 08:27 SU 16:20 MA 05:14 MU 13:17

Tagesspruch: Markus 16,15b
Tageslied: EG 154 oder 267

Wir lesen Lukas 2,21–24

Taufe auf den einen Namen

Den passenden Namen für ihr Kind zu finden, fällt Eltern oft nicht leicht. Klangvoll soll er sein, kein Allerweltsname, aber auch nicht zu exotisch. Und eine schöne Bedeutung soll er haben, die vielleicht schon vorausweist auf das Leben dieses Menschen! Josef und Maria mussten da nicht lange suchen. Hatte doch der Engel ihnen schon bei der Ankündigung der Geburt gesagt, wie das Kind heißen wird. Der Vorname Jesus war damals recht verbreitet. Doch nun wurde er zu *dem* Namen, dem einen. Marias Sohn heißt nicht nur Jesus – Gott rettet –, er ist es! Seine Hingabe machte Riten wie die Darbringung von Opfertieren überflüssig. Nicht geändert hat sich das Staunen junger Eltern angesichts der Geburt eines Kindes. Auch heute sind viele überwältigt von dem Wunder in ihren Armen. Sie haben das tiefe Bedürfnis, Gott zu danken. Raum dafür ist im Taufgottesdienst, z. B. bei der Familiensegnung. Mit alten Worten sagen wir darin Gott Dank, dass er „den Eltern dieses Kind geschenkt und auch die Mutter in Schwangerschaft und Geburt gnädig bewahrt" hat. – Welchen Namen die Eltern ihrem Kind auch gegeben haben: Getauft wird es auf den einen Namen, den des dreieinigen Gottes. Er gilt für das ganze Leben. Als das Zeichen der Zugehörigkeit zu Gott ist die Taufe für uns Christen die „Beschneidung, die nicht mit Händen geschieht“ (Kol 2,11). *Julia Fricke*

Wir beten

Jesus, ich danke Dir, dass Du mich kennst und ich Dich beim Namen nennen darf. Geh mit mir durch diesen Tag. Hilf mir, Deinen Namen zu ehren in allem, was ich denke, sage und tue. Amen.

Mosaische Gesetzgebung

Neben der Beschneidung am achten Lebenstag setzt der Abschnitt zwei weitere jüdische Bräuche voraus. Zum einen das Reinigungsopfer: 40 Tage nach der Entbindung eines Jungen (bei Mädchen 80 Tage!) musste die Mutter in den Tempel gehen und dort zwei Opfertiere übergeben. Zweitens die Darstellung im Tempel: Seit der Rettung aus Ägypten gehörte alle Erstgeburt von Tier und Mensch Gott. Aus dem Grund wurden die erstgeborenen Söhne ins Gotteshaus gebracht, dort vor Gott „dargestellt“ und meist durch Geldzahlung ausgelöst (vgl. 3. Mose 12,1–8).

Tag des Apostels und Evangelisten Johannes | 1543 † Georg der Fromme, Markgraf von Brandenburg-Ansbach | 1878 † Johann Tobias Beck, Theologe in Basel und Württemberg

28. Dezember

Sonnabend | SA 08:27 SU 16:21 MA 06:29 MU 13:44

Tagesspruch: Psalm 116,15.17
Tageslied: EG 25 oder 378

Wir lesen Lukas 2,25–35

Sehnsucht nach dem Heiland

Einige Jahre nach der Wende in einem sächsischen Dorf: Der frühere Schuldirektor ist schwer erkrankt. Ihm bleibt nur noch wenig Zeit. Jeder hier weiß, was für eine „rote Socke" der Mann zu DDR-Zeiten war. Gerade mit dem Pfarrer war er oft aneinandergeraten, fast wie Don Camillo und Peppone. Doch nun ist er auf der Suche nach Glauben, will beten lernen, die Bibel lesen, sitzt sonntags in der Kirche. Als dazu die Kraft fehlt, kommt der Pfarrer zu ihm ans Krankenbett. Sie reden viel – über Gott, das Geheimnis des Lebens und darüber, wie man Christus begegnen kann. Eines Tages wird der Mann vom Pfarrer getauft. Im Dorf ist die Sache umstritten. Doch der Pfarrer sagt schlicht: „Das konnte ich ihm nicht verwehren. Mit Jesus stirbt es sich anders als ohne ihn." – Dieser Satz fällt mir ein bei der Geschichte von Simeon im Tempel. Ein berührendes Bild ist das, wie der Greis seine Arme um den Säugling schließt. Am Ziel seines Weges hat er ihn gefunden, den Heiland, auf den er so lange hoffte. Nun kann er im Frieden sterben. – Den Heiland finden, darum geht es auch für uns im Glauben. Wer Christus im eigenen Leben begegnet ist, lernt darauf hoffen, dass es gilt: „Mit Jesus stirbt es sich anders.“ Ob es so sein wird, ob der Glaube dann trägt, kann keiner im Voraus für sich sagen. Aber erbitten können wir es – wie Simeon, wie der Dorfschullehrer. *Julia Fricke*

Wir beten

Gott, ich danke Dir für die Menschen, die den Glauben in mir stärken und mir Christus vor Augen stellen. Hilf uns, füreinander da zu sein, so dass wir Jesus wahrhaftig begegnen. Amen.

500. Todestag eines Wegbereiters

Am 28.12.1524 starb der Augustinerabt Johann von Staupitz. Kaum einer würde ihn heute mehr kennen, wäre er nicht in Erfurt zum Beichtvater des jungen Ordensbruders Martin Luther geworden. Luther, den ständig Gewissensskrupel plagten, muss ihm einiges an Geduld abverlangt haben. Einmal dauerte die Beichte geschlagene sechs Stunden. Später schrieb Luther, wie viel er Staupitz verdanke. Durch ihn habe das Licht des Evangeliums in seinem gequälten Herzen zu leuchten begonnen. Er war es auch, der Luther 1518 aus den Ordensgelübden entließ.

Tag der unschuldigen Kinder | 1524 † Johann von Staupitz, Luthers Seelsorger | 1704 † Reinhard Hedinger, Prediger in Württemberg

29. Dezember

Sonntag | 1. Sonntag nach dem Christfest

Wochenspruch: Johannes 1,14b
Wochenlied: EG 34 oder 36
Altes Testament: Jesaja 49,13–16
Epistel: 1. Johannes 1,1–4
Evangelium: Lukas 2,(22–24)25–38(39–40)

Wir lesen Psalm 2

Gottes Sohn

Dieser Psalm löst ‚gemischte Gefühle' aus, denn er ist voller Spannungen und Ambivalenzen. Dies wird in Vers 11 am deutlichsten: „Dienet dem Herrn mit Furcht und freut euch mit Zittern." Mit Furcht dienen und mit Zittern freuen. Schließt sich das nicht irgendwie aus? Nicht unbedingt. Es gibt im Leben manche Situationen, die so großartig und wichtig sind, dass wir sie mit weichen Knien und jubelnden Herzen erleben. Ich denke da an den Weg mit meiner Frau zum Traualtar. Oder die Geburt unserer Kinder und das erstmalige Halten dieser kleinen Geschöpfe. Oder auch die Begleitung meines Großvaters beim Sterben. Diese Augenblicke sind absolut ambivalent. Sie sind nicht nur ‚schön' oder ‚bewegend'. Sie sind auch beängstigend und erschütternd. – Psalm 2 zeugt davon, dass Gottes Gegenwart und Gottes Handeln ebenfalls ambivalent sind. Wunderschön und zugleich verstörend. Überwältigend und zugleich beängstigend.

Diese Erfahrung wird in der Bibel oft beschrieben und wurde vom Religionswissenschaftler und Theologen Rudolf Otto als eine Mischung aus Faszination und Furcht beschrieben. Die Menschen, die Gott begegnen, machen diese doppelte Erfahrung: Es ist eine Begegnung, die man schwer erträgt und zugleich niemals missen möchte. Man kann sich nicht entziehen, sich aber auch nicht aussetzen. – Der Psalm schildert in prophetischer Weise das wohl spannungsvollste Handeln Gottes: die Zeugung und Sendung seines Sohnes. Gott, der sich mit den Menschen verbindet. Gott, der Teil der Welt wird und sich aufs Engste mit denen anfreundet, die ihn ablehnen. Gott, der Gericht ankündigt und dann am Kreuz die Strafe auf sich selbst nimmt. Gott, der klein, arm und verachtet und am Ende von allen verlassen wird. Gott, der den tiefen Abgrund zwischen sich und der Welt überbrückt. „Wohl allen, die auf ihn trauen!" *Felix Eiffler*

Wir beten

Allmächtiger und liebender Gott, Du bist uns nicht fern. Du bist bei uns. Ganz verborgen und doch immer nah. Danke, dass Du uns nicht aufgibst und dass Du uns aushältst und mit uns gehst. Amen.

Röm.-kath. Feiertag: Fest der heiligen Familie | 1170 † Thomas Becket, Bischof und Märtyrer in England | 1926 † Rainer Maria Rilke, Dichter | 1956 † Martin Albertz, Theologe

30. Dezember

Montag | SA 08:27 SU 16:23 MA 08:44 MU 15:17

Wochenspruch: Johannes 1,14b
Wochenlied: EG 34 oder 36

Wir lesen Lukas 2,36–40

Zitronenlimonade

„Wenn das Leben dir Zitronen gibt, mach Limonade daraus." Hannas Zitronen: seit etwa 60 Jahren Witwe, vermutlich kinderlos. Was machte sie daraus? Sie nutzte ihre Freiheiten, sich nicht um Familie, Haus und Feld kümmern zu müssen (V. 37). Das erinnert mich an zwei Freundinnen. Während ich früh geheiratet und Kinder bekommen habe, haben sie lange auf den Richtigen warten müssen. Während ich mit Windelwechsel beschäftigt war, wirkte die eine als Missionarin, die andere ehrenamtlich als Exerzitien- und Lobpreisleiterin. Manchmal schütteten wir uns gegenseitig das Herz aus und sagten dann: Lasst uns nicht auf das schauen, was uns fehlt, sondern aus dem, was Gott uns gerade gibt bzw. zumutet, im Vertrauen auf ihn das Beste machen; ihm dienen mit Taten, Worten, Gebet. Mit kleinen Kindern den Gottesdienst zu besuchen, war mir nicht möglich, dafür startete ich mit anderen Müttern einen Kindergottesdienst. – Damals hatten wir Freundinnen zwar keine direkte Begegnung mit Jesus wie Hanna (V. 38). Aber durch Gespräche und kleine Begebenheiten blitzte immer wieder die Gegenwart Christi in unserem Leben auf. Statt bitterer Gedanken setzte sich dann das Lob Gottes durch. Statt von uns selbst konnten wir von Jesus erzählen. So enstand Limonade, die andere erfrischen und im Glauben ermutigen konnte. – Was sind wohl Ihre Zitronen? Welche Lebensumstände sind für Sie so richtig sauer? Was haben Sie schon alles daraus gemacht? Was werden Sie noch daraus machen? *Tina Arnold*

Wir beten

Herr Jesus Christus, wie Hanna will ich an den Umständen nicht verzweifeln, sondern sie annehmen und gestalten. Ich will Dich sehen, Dich loben und anderen von Dir erzählen. Amen.

Beten mit allen Sinnen

Mir hilft eine symbolische Handlung beim Beten, eine „Gebetslimonade“: 500 ml Wasser mit 50 g Zucker und einer Prise Salz aufkochen. Dabei Christus loben, ihm danken, dass er da ist. Wie sich der Zucker in Wasser auflöst, so ist der Heilige Geist in uns. Zwei Zitronen nehmen, dabei Jesus das Herz ausschütten: Was fällt mir im Leben schwer und ist sauer? Nun die Zitronen auspressen: „Jesus, ich will dir vertrauen, dass du es gut mit mir meinst.“ Zitronensaft zum Zuckerwasser gießen, 500 ml kaltes Wasser dazu. Im Gebet bewegen, was ich über mich und mein Leben erkenne. Am Ende dankbar genießen.

1608 † Martin Schalling, Liederdichter in der Oberpfalz und in Nürnberg | 1819 * Theodor Fontane, Dichter

31. Dezember

Dienstag | Altjahrsabend / Silvester

Spruch: Psalm 31,16a
Lied: EG 58 oder 65
Altes Testament: Prediger 3,1–15
Epistel: Römer 8,31b–39
Evangelium: Matthäus 13,24–30

Wir lesen Lukas 2,41–52

Zurückgelassen

Das Jahr 2024 liegt fast hinter uns. Was mussten wir alles zurück- und loslassen? Vielleicht einen lieben Menschen, Freiheiten, Aufgaben, ein Lebensgefühl. Auch Maria musste etwas zurücklassen: die normale, unbeschwerte Kindheit ihres Sohnes. Sie spürte den ersten Einschnitt des Schwertes, von dem Simeon ihr prophezeit hatte (Lk 2,35). Wie ging Maria mit diesem einschneidenden Erlebnis um? Gemeinsam mit Josef stellte sie sich der Situation und betrat den Tempel. Dort formulierte sie Jesus gegenüber ihren Schmerz (V. 48). Doch sie erhielt eine Antwort, die sie nicht verstehen konnte (V. 50). Ob es uns ähnlich geht im Blick auf das, was wir im vergangenen Jahr zurückgelassen haben? Haben wir Gott den Schmerz geklagt, aber bis heute nicht verstanden? – Die einen verstehen nicht, die anderen wundern sich. Maria und Josef fehlte der Sohn. Dafür hatten die Menschen im Tempel ein besonderes Erlebnis: Die Weisheit Gottes war mitten unter ihnen. Ob es sich mit dem, was wir zurücklassen, genauso verhält? Wenn wir etwas aufgeben, könnten andere davon profitieren, nach dem Prinzip: Des einen Leid ist des anderen Freud. Zum Beispiel: Ein älteres Ehepaar tauscht das viel zu große Haus mit Garten gegen eine seniorengerechte Wohnung, dafür zieht eine junge Familie ein; in einer Gemeinde ziehen sich die älteren Verantwortlichen zurück, die Jungen machen vieles anders, manches gibt es nicht mehr; dafür entsteht Neues. Und Maria? Hat diese schwierige Situation sie nicht auch auf das vorbereitet, was später noch alles kommen würde? Jedenfalls war sie sich der besonderen Bedeutung bewusst (V. 51). – Übertragen wir Marias Erfahrung auf unser Erleben: Wenn wir etwas zurücklassen müssen, spüren wir zunächst oft Trauer, Schmerz, Abschied. Aber darin liegt zugleich eine doppelte Chance, für andere und für uns selbst. Andere bekommen Raum, und wir lernen, uns auf weitere Veränderungen einzustellen. Vielleicht stellen wir die Frage anders: „Was *durfte* ich alles loslassen?" *Tina Arnold*

Wir beten

Guter Gott, dieses Jahr lege ich zurück in Deine Hände. Du hast gegeben, Du hast genommen. Manches durfte ich loslassen. Jetzt kann Neues werden für andere und in mir selbst. Danke. Amen.

1384 † John Wyclif, Glaubenszeuge in England | 1948 Vereinigte Evangelisch-Lutherische Kirche Deutschlands konstituiert | 1951 † Gerhard Ringeling, Schriftsteller

Mitarbeiterinnen und Mitarbeiter Sonne und Schild 2024

Abromeit, Dr. Hans-Jürgen, Bischof a. D.	Greifswald
Acksteiner, Henrike, Pfarrerin	Rottendorf
Adomat, W. Otto Jörg, Militärdekan	Strausberg
Amberg, Dr. Peter, Pfarrer	Leipzig
Arnold, Tina, Pfarrerin	Filderstadt
Bauer, Hannes, Pfarrer	Friedrichshafen/Bodensee
Baumgärtner, Marcus, Pfarrer	Winterbach
Begrich, Elfriede Teresa, Pröpstin i. R.	Berlin
Begrich, Teja, Pfarrer	Havelberg
Begrich, Thomas, Ökonom	Magdeburg
Bertheau, Karin, Pfarrerin	Müncheberg
Beste, Hermann, Landesbischof i. R.	Schwerin
Bilz, Tobias, Landesbischof	Dresden
Blümner, Wilfried, Pfarrer i. R.	Magdeburg
Bohl, Jochen, Landesbischof i. R.	Radebeul
Burmeister, Ludwig, Pfarrer i. R.	Berlin
Burmeister, Martin, Pfarrer	Schönwalde
Caiza Andresen, Jenny, Pfarrerin	Gelsenkirchen
Chibici-Revneanu, Dr. Nicole, Pastorin, Leiterin des Bibelzentrums Barth	Barth
Crins, Tobias, Pfarrer	Königslutter-Lelm
Dantine, Mag. Olivier, Superintendent	Innsbruck, Österreich
Dantine, Silke, Pfarrerin	Innsbruck, Österreich
Dorgerloh, Fritz, Pfarrer i. R.	Potsdam
Dutzmann, Dr. Martin, Prälat, Präsident des Gustav-Adolf-Werkes e. V.	Berlin
Ebenauer, Urs, Pastor	Bad Sachsa
Eiffler, Dr. theol. Felix	Halle/Saale
Elmer, Karin, Pfarrerin i. R.	Berlin
Frauenlob, Bernd, Pfarrer i. R.	Leipzig
Frey, Dorothea	Leipzig
Fricke, Julia, Pfarrerin	Alsbach-Hähnlein

Fuite, Steven H., Pfarrer, Synodalpräsident	Brüssel, Belgien
Godzik, Peter, Propst i. R.	Mölln
Grün-Rath, Harald, Superintendent i. R., Vorsitzender der von Cansteinschen Bibelanstalt in Berlin e. V.	Berlin
Grünwaldt, Prof. Dr. Klaus	Wunstorf
Haaks, Enno, Pfarrer, Generalsekretär des Gustav-Adolf-Werkes e. V.	Leipzig
Hasse, Friederike, Pfarrerin	Mühlenbeck
Heimann, Hillard, Pfarrer	Elbingerode
Hein, Dwight C., Pastor	Campbelltown/PA, USA
Heinrich, Christine, Pfarrerin i. R.	Halle/Saale
Helbig, Anne, Pfarrerin	Leipzig
Herbst, Prof. Dr. Michael	Viereth-Trunstadt
Hinderer, Christina, Pfarrerin	Weilheim
Hoffmann, Roland, Altbischof	Jena
Hüffmeier, Dr. Dr. h. c. Wilhelm	Berlin
Hüttenberger, Till, Pfarrer	Mönchengladbach
Jeschke, Tanja	Hermannsburg
Kalthoff, Sabine, Pastorin	Marburg
Karzek, Thomas, Pfarrer i. R.	Berlin
Kiefer, Susanne, Pastorin	Greifswald
Kiefer, Torsten, Pastor	Greifswald
Klaiber, Dr. Walter, Bischof i. R.	Tübingen
Kölling, Dr. Gabriele, Pfarrerin	Hofgeismar
Kohlenberg, Guido, Pfarrer	Speicher
Koppehl, Dr. Thomas, Superintendent	Niesky
Koring, Reinhild, Pastorin, Gestaltarbeit, Therapeutische Beratung (DGV e. V.)	Langballig
Kühne, Dr. Michael, Pfarrer i. R.	Leipzig
Kuhlmann, Peter W. L., Dipl.-Theol., Autor expedition-bibel.de	Celle
Lehmann-Etzelmüller, Monika, Dekanin	Weinheim
Lütcke, Dr. Karl-Heinrich, Propst i. R.	Berlin
Mack, Ulrich, Prälat i. R.	Filderstadt

Magirius-Kuchenbuch, Ulrike, Pfarrerin	Heideland OT Königshofen
Marcus (†), Claus, Pfarrer i. R.	Teltow
Mascher, Konstantin, Prior der Kommunität OJC	Reichelsheim/Odenwald
Meixner, Heinz, Pfarrer i. R.	Michendorf OT Wilhelmshorst
Motel, Hans-Beat, Pfarrer i. R.	Königsfeld
Müller, Horst, Bischof i. R.	Pretoria, Südafrika
Münchow, Dr. Christoph, Oberlandeskirchenrat i. R.	Radebeul
Mündlein, Eva, Redaktionsleitung Bibelreport der Deutschen Bibelgesellschaft	Stuttgart
Neijenhuis, Prof. Dr. Jörg, Schulleiter, Pfarrer	Heidelberg
Neubacher, Mag. Fritz, Rektor	Attersee, Österreich
Petzoldt, Tobias, Diakon, Geschäftsführer VEDD Verband Evangelischer Diakonen-, Diakoninnen- und Diakonatsgemeinschaften in Deutschland e. V.	Berlin-Zehlendorf
Plate, Dr. Christian, Pfarrer	Münster/Westfalen
Reichardt, Ulrike, Pfarrerin	Berlin
Rösel, Dr. Christoph, Generalsekretär der Deutschen Bibelgesellschaft	Stuttgart
Roggenkamp, Volker, Pfarrer	Münster/Westfalen
Rolf, Prof. Dr. Sibylle, Kirchenrätin	Karlsruhe
Rostalsky, Carsten, Pfarrer	Dahme/Mark
Sablotny, Dieter, Dipl.-Theol., Prädikant	Mannheim
Sandkaulen, Marianne, Pfarrerin i. R.	Berlin
Schächtele, Prof. Dr. Traugott, Prälat i. R.	Freiburg/Breisgau
Schah-Mohammedi, Abbas, Pfarrer i. R.	Bozen, Italien
Schilling, Ulrike, Pastorin, Supervisorin DGSv	Kiel
Schlaberg, Wilma, Pastorin	Schönberg
Schlingensiepen, Tobias, Pfarrer	Topeka/KS, USA
Schmidt, Christian, Regionalbischof i. R.	Nürnberg
Schmidt, Martina, Pfarrerin i. R.	Calau
Schneider, Dr. Dr. h. c. Johann, Propst	Halle/Saale

Schneider-Cimbal, Hiltrud, Dekanin i. R.	Konstanz
Schneider-Harpprecht, Prof. Dr. Christoph, Oberkirchenrat i. R.	Bötzingen/Kaiserstuhl
Schnelle, Adelheid, Religionspädagogin	Süpplingenburg
Schnelle, Dr. Ricarda, Studienleiterin	Berlin
Schöntube, Dr. Ulrich, Pfarrer	Berlin
Schuppan, Dr. Christoph, Pfarrer i. R.	Berlin
Schwenkenbecher, Stephanie, Dipl. Theol.	Weitenhagen
Seele, Christoph, Oberkirchenrat, Beauftragter der Ev. Kirchen beim Freistaat Sachsen	Dresden
Seimer, Michael, Geschäftsführer Handwerk und Kirche	Dresden
Siebert, Helmut, Pfarrer	Meckenheim
Smid, Dr. Marikje, Pastorin i. R.	Syke-Okel
Söffing, Martin, Pfarrer	Köln
Spangenberg, Prof. Dr. Volker	Berlin
Sperr, Klaus, Pastor, Kommunität OJC	Reichelsheim/Odenwald
Stocker-Schwarz, Franziska, Pfarrerin, Leiterin Württembergische Bibelgesellschaft	Stuttgart
Straßberger, Anne, Pfarrerin, Supervisorin (DGSv)	Chemnitz
Suck, Gabriele, Pfarrerin i. R.	Heidelberg
Ulrich, Prof. Dr. Dr. Jörg	Halle/Saale
Vögele, Prof. Dr. Wolfgang, Pfarrer	Karlsruhe
Wajemann, Dr. Heiner, Pastor	Wintermoor
Weber, Dr. Beat, Pfarrer	Basel, Schweiz
Weidhas, Dr. theol. Annette, Verlagsleiterin	Leipzig
Weißflog, Dr. Kay, Pfarrer	Bautzen
Wenner, Rosemarie, Bischöfin i. R.	Nußloch
Wiesener, Christoph, Pfarrer	Reichenbach/Oberlausitz
Winde, Eckehart, Pfarrer	Blankenburg/Harz
Winkler, Prof. Dr. Eberhard	Petersberg OT Gutenberg
Wollenweber, Klaus, Altbischof	Bonn
Wulz, Gabriele, Prälatin	Ulm
Zeipelt, Stephan, Pfarrer	Dortmund

Übersicht der Bibeltexte Sonne und Schild 2024

Das zweite Buch Mose (Exodus)

1,1–22	16.02.
2,1–10	17.02.
2,11–25	19.02.
3,1–22	20.02.
4,1–17	21.02.
4,18–31	22.02.
5,1–6,1	23.02.
7,1–13	24.02.
7,14–25	26.02.
11,1–10	27.02.
12,1–20	28.02.
12,21–33.51	29.02.
13,17–22	17.06.
14,1–14	18.06.
14,15–31	19.06.
15,1–21	20.06.
15,22–27	21.06.
16,1–16	22.06.
16,17–36	24.06.
17,1–7	25.06.
17,8–16	26.06.
18,1–12	27.06.
18,13–27	28.06.
19,1–15	29.06.
19,16–25	01.07.
20,1–21	02.07.
23,1–9	03.07.
23,10–19	04.07.
23,20–33	05.07.
24,1–18	06.07.
25,1–22	08.07.
31,18–32,14	09.07.
32,15–29	10.07.
32,30–33,6	11.07.
33,7–11	12.07.
33,12–23	13.07.
34,1–10	15.07.
34,27–35	16.07.
35,4–29	17.07.
35,30–36,7	18.07.
40,1–17	19.07.
40,34–38	20.07.

Der Psalter

2	29.12.
24	01.12.
31	11.02.
36	09.06.
42	23.06.
51	17.11.
53	16.06.
65	06.10.
68,1–19	26.05.
68,20–36	15.09.
73	30.06.
86	21.01.
88	24.03.
89,1–19	01.01.
89,20–53	07.01.
90	10.11.
91	18.02.
96	21.04.
102	22.12.
106,1–23	13.10.
106,24–48	20.10.

119,25–32	14.07.
119,33–40	21.07.
119,41–48	28.07.
120	25.08.
122	04.08.
123	25.02.
125	03.11.
127	08.09.
128	04.02.
129	05.05.
130	17.03.
130	15.12.
131	12.05.
132	10.03.
133	02.06.
134	07.04.
135	28.01.
136	14.04.
138	22.09.
139	07.07.
141	03.03.
142	29.09.
143	27.10.
144	08.12.
145	11.08.
146	01.09.
147	18.08.
148	14.01.
149	28.04.
150	20.05.

Der Prophet Jesaja

26,7–19	24.11.
56,1–8	25.11.
56,9–12	26.11.
57,1–13	27.11.
57,14–21	28.11.
58,1–9a	29.11.
58,9b–14	30.11.
59,1–15a	02.12.
59,15b–21	03.12.
60,1–14	04.12.
60,15–22	05.12.
61,1–11	06.12.
62,1–12	07.12.
63,7–14	09.12.
63,15–64,6	10.12.
64,7–11	11.12.
65,1–10	12.12.
65,17–25	13.12.
66,1–4	14.12.
66,5–14	16.12.
66,15–24	17.12.

Der Prophet Jeremia

1,1–10	02.09.
1,11–19	03.09.
2,1–13	04.09.
3,1–10	05.09.
3,21–4,4	06.09.
6,9–26	07.09.
7,1–15	09.09.
7,16–28	10.09.
9,22–23	11.09.
12,1–6	12.09.
13,1–11	13.09.
14,1–16	14.09.
15,10–21	16.09.
16,1–13	17.09.
18,1–12	18.09.
19,1–13	19.09.
20,7–18	20.09.
21,1–14	21.09.
23,1–8	23.09.

23,16–29	24.09.
26,1–19	25.09.
28,1–17	26.09.
29,1–14	27.09.
31,1–14	28.09.
31,27–34	30.09.
36,1–19	01.10.
36,20–32	02.10.
37,1–21	03.10.
38,1–13	04.10.
38,14–28	05.10.
39,1–18	07.10.
40,1–16	08.10.
41,1–18	09.10.
42,1–22	10.10.
43,1–13	11.10.
44,1–14	12.10.
44,15–30	14.10.
45,1–5	15.10.

Die Klagelieder Jeremias

1,1–11.17–22	16.10.
3,1–33	17.10.
3,34–66	18.10.
5,1–22	19.10.

Das Evangelium nach Markus

1,1–8	02.01.
1,9–13	03.01.
1,14–20	04.01.
1,21–28	05.01.
1,29–39	06.01.
1,40–45	08.01.
2,1–12	09.01.
2,13–17	10.01.
2,18–22	11.01.
2,23–28	12.01.
3,1–6	13.01.
3,7–12	22.07.
3,13–19	23.07.
3,20–30	24.07.
3,31–35	25.07.
4,1–9	26.07.
4,10–20	27.07.
4,21–25	29.07.
4,26–29	30.07.
4,30–34	31.07.
4,35–41	01.08.
5,1–20	02.08.
5,21–34	03.08.
5,35–43	05.08.
6,1–6	06.08.
6,7–13	07.08.
6,14–29	08.08.
6,30–44	09.08.
6,45–56	10.08.
7,1–23	12.08.
7,24–30	13.08.
7,31–37	14.08.
8,1–9	15.08.
8,10–13	16.08.
8,14–21	17.08.
8,22–26	19.08.
8,27–33	20.08.
8,34–9,1	21.08.
9,2–13	22.08.
9,14–29	23.08.
9,30–37	24.08.
9,38–41	26.08.
9,42–50	27.08.
10,1–12	28.08.
10,13–16	29.08.
10,17–27	30.08.
10,28–31	31.08.
10,32–45	01.03.

Das Evangelium nach Lukas

Der erste Brief des Paulus an die Korinther

11,27–34	27.05.
12,1–11	28.05.
12,12–26	29.05.
12,27–31	30.05.
13,1–7	31.05.
13,8–13	01.06.
14,1–11	03.06.
14,12–25	04.06.
14,26–33a	05.06.
14,33b–40	06.06.
15,1–11	07.06.
15,12–19	08.06.
15,20–28	10.06.
15,29–34	11.06.
15,35–49	12.06.
15,50–58	13.06.
16,1–12	14.06.
16,13–24	15.06.

Der zweite Brief des Paulus an die Korinther

1,1–11	21.10.
1,12–24	22.10.
2,1–11	23.10.
2,12–17	24.10.
3,1–11	25.10.
3,12–18	26.10.
4,1–6	28.10.
4,7–18	29.10.
5,1–10	30.10.
5,11–15	31.10.
5,16–21	01.11.
6,1–10	02.11.
6,11–7,1	04.11.
7,2–16	05.11.
8,1–15	06.11.
8,16–24	07.11.
9,1–15	08.11.
10,1–11	09.11.
10,12–18	11.11.
11,1–15	12.11.
11,16–33	13.11.
12,1–10	14.11.
12,11–21	15.11.
13,1–13	16.11.

Der Brief des Paulus an die Epheser

1,3–14	19.05.

Der Brief des Paulus an die Philipper

2,5–11	09.05.

Der erste Brief des Paulus an Timotheus

1,1–11	15.01.
1,12–20	16.01.
2,1–7	17.01.
2,8–15	18.01.
3,1–13	19.01.
3,14–16	20.01.
4,1–11	22.01.
4,12–5,2	23.01.
5,3–16	24.01.
5,17–25	25.01.
6,1–10	26.01.
6,11–21	27.01.

Der zweite Brief des Paulus an Timotheus

1,1–12	29.01.
1,13–18	30.01.
2,1–13	31.01.

2,14–21	01.02.
2,22–26	02.02.
3,1–9	03.02.
3,10–17	05.02.
4,1–8	06.02.
4,9–22	07.02.

Der Brief des Paulus an Titus

1,1–9	08.02.
1,10–16	09.02.
2,1–10	10.02.
2,11–15	12.02.
3,1–7	13.02.
3,8–15	14.02.

Der Brief des Paulus an Philemon

1–25	15.02.

Der erste Brief des Petrus

1,1–12	02.04.
1,13–16	03.04.
1,17–21	04.04.
1,22–2,3	05.04.
2,4–10	06.04.
2,11–17	08.04.
2,18–25	09.04.
3,1–7	10.04.
3,8–12	11.04.
3,13–17	12.04.
3,18–22	13.04.
4,1–11	15.04.
4,12–19	16.04.
5,1–7	17.04.
5,8–14	18.04.

Der zweite Brief des Petrus

1,1–11	18.11.
1,12–21	19.11.
2,1–11	20.11.
2,12–22	21.11.
3,1–10	22.11.
3,11–18	23.11.